KB120884

동이 삼국지

마한백제, 고구려, 신라 3국의
한반도와 대륙을 뒤흔든 대서사 드라마

동이 삼국지

초판 1쇄 발행일 2024년 6월 28일
초판 2쇄 발행일 2024년 10월 5일

지은이 박 동
펴낸이 양옥매
디자인 표지혜 송다희
교 정 조준경
마케팅 송용호

펴낸곳 도서출판 책과나무
출판등록 제2012-000376
주소 서울특별시 마포구 방울내로 79 이노빌딩 302호
대표전화 02.372.1537 **팩스** 02.372.1538
이메일 booknamu2007@naver.com
홈페이지 www.booknamu.com
ISBN 979-11-6752-483-6 (03910)

마한백제 고구려 신라
3국의

동이
삼국지

한반도와
대륙을 뒤흔든
대서사 드라마

· 박동 지음 ·

책과나무

이 책은 서기 197년부터 475년 사이의 중요한 역사적 사건들을 소설 형식으로 다루고 있다. 이 기간 동안의 사건들을 사실에 입각해 재현하였으며, 시작은 부여 왕 구태가 백제를 세우는 장면에서부터, 마지막은 백제의 개로왕이 고구려의 장수왕에 의해 시해되는 장면까지를 포함하고 있다. 이 소설은 한국의 고대 역사를 보다 쉽고 재미있게 이해할 수 있도록 구성되었다.

서기 2세기 말부터 5세기 중반까지는 중원에서 후한 말의 혼란을 시작으로 위·촉·오 3국의 대립, 진나라의 건국, 그리고 5호 16국 시대가 이어지는 격동의 시기였다. 이와 동시에 한반도와 대륙의 동쪽에서는 마한백제, 고구려, 신라의 3국이 확립되어 한민족의 정체성이 뚜렷하게 나타났으며, 이 세 나라 간의 복잡한 정치적 연합과 대립, 중요 인물들의 갈등과 전쟁이 빈번하게 벌어졌다. 이 시기에 우리 민족이 어떠한 형태로 존재했는가를 제대로 이해하는 것이야말로 우리 선조들의 실체를 올바로 파악할 수 있는 지름길이라고 말할 수 있다.

그동안 우리는 북경 일대를 비롯한 하북성, 요녕성 일대, 그리고 산동성, 강소성 등의 지역에 살고 있었던 동이가 우리와 다른 별개의 세력이라는 왜곡된 역사를 주입받아 왔다. 그러나 대월지 금관의 세계적 분포, 성씨의 기원과 지명, 비문을 비롯한 각종 금석문 등 새로운 사료들을 기존의 사서 기록과 비교 분석한 결과 한민족의 시조들은 한반도만이 아니라 중원의 동쪽에 강력한 세력으로 자리 잡고 있었다는 사실을 확인할 수 있었다.

마한은 한반도의 서남부만이 아니라 대륙의 하북성, 산동성, 하남성, 강소성 등에 포진하고 있었다. 5호 16국 시대를 개막한 모용 선비족이 바로 조선의 후예로서 래이 마한의 주축 세력이었다. 백제는 한반도의 서남부 지역과 하북성, 산동성 지역에 포진한 부여족이 주축을 이루어 건국한 나라이다. 백제가 건국된 곳은 한반도가 아니라 하북성 당산시 남쪽의 해안가인 대방고지였다.

고구려는 요수인 조백하 동쪽의 당지산 북쪽과 한반도를 아우르며 건국된 나라이다. 주몽이 고구려를 건국한 비류수는 조백하의 상류인 백하를 가리키는 것으로 판명났다. 장안성이라고도 불리운 평양성은 북한이 아니라 북경 동쪽의 밀운구 일대에 존재했다. 안시성은 그 남쪽인 당지산 일대에 위치하고 있었다.

신라는 처음부터 한반도의 경주가 아니라 요동반도와 금주 일대에서 건국되어 나중에 한반도로 이주했다. 신라의 초기 왕성은 박씨와 석씨만이 아니라 선비족 노씨 또는 누씨, 모씨 등이 포함되어 있었다. 법흥왕은 김씨가 아니라 모씨이다. 김씨들이 신라를 장악한 것은 진흥왕 이후부터이다.

이 책은 한민족의 핵심을 이룬 이들 3개국이 대륙과 한반도에서 끊임없이 대립하고 협력해 온 역사를, 사실에 근거해 새롭게 구성한 것이다. 독자 여러분들의 많은 성원과 비판을 부탁드린다.

동이(東夷)는 누구인가? 동이는 고대 중국 문헌에서 한반도를 포함하여 중원의 동쪽에 거주했던 여러 민족을 지칭하는 용어이다. 한자의 뜻풀이로 해석하면 '활을 잘 쏘던 동방의 큰 사람들'로 번역할 수 있다. 이는 그들이 활쏘기에 능했으며 전쟁과 군사 기술에서 탁월했음을 나타낸다. 동이족은 서역에서 기원하여 중원을 장악하고 살았던 강력한 민족으로, 상고 시대부터 동서의 세력이 융합한 종족이었다. 그들은 수많은 역경을 극복하고 생존해 온 전쟁의 신(戰神)으로도 불리었다.

동이는 해 뜨는 동쪽으로 이주해 온 서융이요, 남만이고, 북적이기도 했다. 중원에 뒤늦게 진입한 다른 민족들과는 달리, 주요 씨족들을 중심으로 한 토착 세력이었다. 이들은 고대 시대에 글로벌 네트워크를 갖춘 거대한 해양 세력으로서 당시 세계 최강의 세력으로 활약했다.

동이족의 핵심 세력 중 하나는 월지족(月支族)이다. 이들은 현재의 우즈베키스탄과 아프가니스탄 지역에서 시작해 상고 시대부터 동쪽으로 끊임없이 이주해 왔다. 이들은 바다와 육지를 거치는 긴 여정 끝에 한반도와 중원의 동북부에 정착했다. 월지족은 원래 우이(嵎夷)족이라고도 불리었으며, 한반도 서남부와 산동성, 하북성 일대에서 마한을 창건한 후 서기 197년에 백제라는 나라를 건국했다. 『삼국지』와 『후한서』의 기록에 등장하는 부여 왕 구태는 동진 말기와 유송(劉宋) 시기 이후에 백제의 건국 시조로서 추앙받았다.

우이족은 태호 복희, 우순 임금, 백익의 후손들로서, 박씨·백씨·배씨·오씨·서씨·조씨·임씨·송씨·진(陳)씨·전(田)씨·손씨·차씨·설씨·임(任)씨·하씨·마씨·반씨 등 다양한 성씨를 포함한다. 이들은 곤륜산 일대에서 옥을 채취하고, 적봉 일대에서 홍산문명을 일구어 냈다. 이러한 역사적 배경은 동이족이 단순히 하나의 민족이 아니라, 다양한 문화와 역사를 지닌 여러 민족의 융합체임을 보여 준다.

동이족은 상고 시대부터 오손 축융족과의 융합을 통해 형성된 복잡한 민족 집단이다. 오손 축융족은 태양을 숭배하는 종족으로, 오늘날의 카자흐스탄과 키르기스스탄 지역에서 시작해 한반도와 중국 동북부에 자리 잡았다. 이들은 월지족과의 지속적인 갈등과 화합을 통해 상호 융합하면서 한민족의 중요한 구성 세력이 되었다. 특히, 산동성과 한반도의 영산강 일대, 남해안 지역에 정착한 래이(萊夷) 축융족들이 핵심을 이루고 있다.

축융 빛족에 속하는 성씨로는 노씨·나씨·강씨·최씨·정씨·고씨·정(丁)씨·황씨·모씨·한씨·문씨·양씨·홍씨·허씨·신씨·조(曺)씨·안씨·주씨 등이 있으며, 이들은 염제와 전욱 고양 임금의 후손들이다.

동이족 내에는 또한 소호 금천의 후손인 김씨, 윤씨, 장씨와 고요의 후손인 이씨, 그리고 동이 구이족 중 하나인 방씨도 포함되어 있다. 이처럼 동이족은 다양한 성씨와 민족적 배경을 가진 집단으로서, 상고 시대부터 형성되어 오늘날에 이르기까지 한민족의 중요한 부분을 이루고 있다. 이들의 역사와 문화는 한반도와 중국 동북부 지역의 역사 발전에 중대한 영향을 끼쳤다.

『삼국유사』의 단군사화에 따르면, 환웅은 인류에게 널리 이로움을 주기 위해 삼위산에서 태백산 신단수로 내려와 나라를 창건했다고 기록되어 있다. 이는 서역의 돈황에 위치한 삼위산과 섬서성 보계시의 태백산이 환웅이 중원으로 내려온 경로라는 사실을 보여 준다. 기록에 따르면, 환웅은 호랑이와 곰에게 쑥과 마늘을 주어 100일 동안 수련하게 했지만, 호랑이는 이를 견디지 못하고 뛰쳐나갔다고 한다.

고대 성씨의 유래를 탐구해 보면, 새나 태양, 금, 표주박, 오얏나무, 거북이와 같은 자연물을 숭배하는 토템에서 비롯되었음을 알 수 있다. 이러한 토템 숭배의 근원을 추적한 결과, 단군 사화에 나오는 환웅은 환족, 즉 밝족의 박씨를 상징하고, 호랑이는 노씨, 곰은 나씨를 상징한다는 점이 밝혀졌다. 노씨는 양이(陽夷)로 분류되며, 이들은 염제와 전욱 고양 임금의 후손이다. 이들이 바로 고대 모용 선비족들이었다. 이들은 한때나마 백제를 건국한 부여를 멸망시키고, 고구려를 공격하기도 했다. 이에 우리는 이들을 못된 오랑캐 정도로 간주해 왔다.

그 결과 우리는 그동안 모용 선비족이 한민족의 핵심 세력 중 하나였다는 사실을 충분히 인지하지 못했다. 모용 선비족은 주로 노씨 성을 사용했으며, 막(莫, 幕)·두(豆)·모(牟, 募)·복(伏)·포(蒲, 浦)씨 등 다른 씨족들과 연합을 이루었다. 특히, 부산 동래에 위치한 독로국(瀆盧國)의 독(瀆)은 중국어 발음으로 두(豆)와 동일하며, 이는 독로국이 두노(豆盧)씨, 즉 노씨 세력의 나라였음을 나타낸다.

「광개토왕비문」에 나타난 백잔과 왜의 여러 성(城) 중에서도 노·모·막·루·두 등의 성씨가 자주 언급되는 것을 볼 수 있다. 이들 성씨는 모두 노씨와 관련된 성들을 지칭한다. 노씨는 '盧' 외에도 '奴', '路'로도 표기되었으며, 중국어로는 루[lú]와 같이 발음되었다. 루씨는 소를 방목하는 생활 방식에서 유래한 명칭으로, '樓', '婁' 등으로도 쓰여 목축을 의미한다. 이와 관련해 산동 래이족의 족성인 모(牟)는 소의 울음소리를 상징한다. 이들은 상고 시대부터 부여족과 통합한 씨족으로 산동 지역과 한반도로 이주한 대월지의 주요 세력이었다.

고대 대월지 박트리아의 수도는 현 아프가니스탄 북부 발흐에 위치한 노람씨성(盧藍氏城)으로 알려져 있으며, 서쪽에는 박라성(薄羅城)이 위치했다. 같은 시기 마한 노람국(怒藍國)이 산동 청도에 위치하고 있었다. 한반도에는 발라(전남 나주), 막노국(전남 영광), 모로비리국(전북 고창) 등이 위치했다. 이들은 모두 동일한 세력들이다. 특히 박씨와 노씨는 대월지국을 형성한 주요 세력들이었다. 이러한 역사적 맥락은 모용 선비족과 그들의 씨족 연합이 한반도와 주변 지역의 역사에 얼마나 깊이 관여해 왔는지를 보여 준다.

「광개토왕비문」에는 월지족이자 선비족인 노씨 관련 성들이 많이 등장한다. 구모로성(臼模盧城), 각모로성(各模盧城), 모로성(牟盧城), 구모성(狗牟城), 고모야라성(古模耶羅城), 막ㅁㅁ성(莫ㅁㅁ城), 두노성(豆奴城), 누매성(婁賣城), 모루성(牟婁城), 우루성(于婁城), 연루성(燕婁城), 고모루성(古牟婁城), 윤노성(閏奴城), 관노성

(貫奴城), ㅁ고로성(ㅁ古盧城), 두노성(豆盧城), 모추성(模鄒城), 막고성(莫古城), 구모성(勾牟城), 모수성(牟水城), 파노성(巴奴城) 등 최소 20개가 이에 포함된다.

「광개토왕비문」과 여러 역사 기록을 통해, 한반도와 주변 지역에서 모용 선비족, 즉 래이마한 세력이 이끌던 여러 성들의 존재를 확인할 수 있다. 이 세력은 노씨를 중심으로 경기 북부와 충남 지역을 포함한 다양한 지역의 성들을 관할했다. 이를 통해 광개토왕이 중원만이 아니라 한반도 내에서도 모용 선비족, 즉 래이마한과 전쟁을 벌였다는 사실을 알 수 있다. 모용 선비가 바로 래이마한이었던 것이다.

『양직공도』에 따르면, "백제는 원래 래이마한에 속한 나라(百濟舊來夷馬韓之屬)"였으며, 『삼국지』에 기록된 마한 55국 중 노씨가 직접 관할했던 래이마한 17개국은 다음과 같다: 막로국(莫盧國, 하북 고양), 막로국(莫盧國, 전남 영광), 모수국(牟水國, 경기 양주), 상외국(桑外國, 산동 임기시), 우휴모탁국(優休牟涿國, 산동 조장시), 속로불사국(速盧不斯國, 경기 김포, 파주), 노람국(怒藍國, 산동 청도시), 자리모로국(咨離牟盧國, 충남 서산), 구노국(狗奴國, 충남 청양), 염로국(冉路國, 산동 유방시), 사로국(馴盧國, 산동 장청현), 신운신국(臣雲新國, 산동 임기시), 감해국(感奚國, 북경시 밀운), 만로국(萬盧國, 전북 군산), 불미국(不彌國, 나주시·광주시), 첩로국(捷盧國, 산동 거현), 모로비리국(牟盧卑離國, 전북 고창).

마한 55국 중 부여계 세력은 월지국(月支國, 나주·영암·해남), 백제국(伯濟國, 하북 당산시 남쪽), 원양국(爰襄國, 산동 추성시),

소석색국(小石索國, 산동 제남시), 대석색국(大石索國, 산동 요성시), 고원국(古爰國, 하북 랑방시), 점리비국(占離卑國, 하북 보정시), 원지국(爰池國, 전남 여수), 비리국(卑離國, 충남 부여), 비미국(卑彌國, 충남 서천), 감해비리국(監奚卑離國, 충남 공주), 고포국(古蒲國, 산동 치박시), 아림국(兒林國, 충남 서천), 내비리국(內卑離國, 대전 유성), 벽비리국(辟卑離國, 전북 김제), 여래비리국(如來卑離國, 전남 화순), 초산도비리국(楚山塗卑離國, 전북 정읍), 불운국(不雲國, 전남 보성), 불사분사국(不斯濆邪國, 순천 낙안), 건마국(乾馬國, 전북 익산), 신소도국(臣蘇塗國, 산동 태안) 등 21개국이다. 마한 연방은 래이 계열과 부여 계열이 팽팽하게 균형을 이루고 있었다.

이뿐만 아니라 변한의 12개국 중 노씨가 관할한 국가는 반로국(半路國, 경북 고령), 악로국(樂奴國, 경남 하동), 감로국(甘路國, 경북 김천), 독로국(瀆盧國, 부산) 등이며, 진한에는 호로국(戶路國, 경북 상주), 사로국(斯盧國, 경북 경주) 등이 있다. 또한 열도의 왜(倭) 지역에도 말로국(末盧國), 불미국(不彌國), 노국(奴國), 미노국(彌奴國), 저노국(姐奴國), 소노국(蘇奴國), 화노소노국(華奴蘇奴國), 귀노국(鬼奴國), 오노국(烏奴國), 구노국(狗奴國) 등 10개국이 노씨들의 나라이다.

이러한 기록들은 모용 선비족과 그들의 씨족 연합이 부여계와 더불어 한반도와 주변 지역의 역사에 깊숙이 관여했음을 보여 준다.

북주의 유명한 장군인 두노영은의 묘비에는 그의 본래 성이 모용(慕容)씨임을 밝히고 있으며, 조선공이었던 전연(前燕) 문명제 모용황의 후손이라고 기록되어 있다. 비문에 따르면, 공이 태어난 지역은 하북성 창려군이며, 이곳은 고대에 조선의 기자가 분봉된 땅으로, 고죽 백이의 나라였다고 한다. 한나라 시기에는 낙랑·현도·진번·임둔 등의 4성이 위치했으며, 진나라 때에는 이곳이 조선후의 영토였다. 이러한 기록은 전연국이 고죽국을, 고죽국이 조선국을 계승하며 건립되었음을 시사한다.

비문은 또한 고대의 조선 땅이 고류(高柳, 고대 대군)로 불렸으며, 산은 밀운(현 북경시 밀운구)으로 알려졌다고 전한다. 요양(현 요동 대량수와 조백하 합류 지점)에서 석륵의 조나라가 이 땅을 갈라치기 했고, 무수의 방성(方城)은 결국 전진(秦)에 의해 분할되었다고 기록하고 있다. 이러한 역사적 배경은 고대 동북아시아의 복잡한 정치적 변화와 여러 민족 및 국가들 간의 연관성을 드러내는 중요한 증거이다.

노씨의 시조는 춘추 시대의 고혜(高傒)로, 제나라 국조 강태공의 후손이다. 고혜는 노읍(현 산동성 장청현)을 자신의 식읍으로 받아, 이로부터 후손들이 노씨 성을 이어 갔다. 그의 선조는 3황 중 한 사람인 염제 신농씨로 거슬러 올라간다. 현재 하북성 범양군, 하간군 등에 많이 살고 있으며, 광동성, 광서성 등에도 많이 분포하고 있다.

원래 노씨는 다양한 복성을 사용하여 여러 씨족 연합을 상징했다. 이에는 노포(盧蒲), 갈노(葛盧), 토복노(吐伏盧), 복노(伏盧), 노포(盧浦), 막로(莫芦), 두노(豆盧), 해습노(奚什盧) 등이 포함되어 있다. 노씨는 선비족 연합의 핵심 세력 중 하나였으며, 특히 막로(莫盧)씨가 대표적이다. 해습노에서 알 수 있듯이 해족(奚族), 즉 고막해(庫莫奚)도 모용씨의 일원이었다. 이들은 마한 연방 중에서 중국 화북 평원에 막로국을 세웠고, 한반도에서는 영산강 북쪽인 전남 영광에 막로국을 건국했다. 또한 전북 고창의 모로비리국을 포함해 20여 개 씨족 연합국가를 창건하여 부여족과 더불어 마한을 사실상 양분하는 거대 세력이 되었다.

두노는 복성 중 하나로, 원래 모용씨에서 유래했다. 북위의 효문제 탁발굉(元宏)은 한화 개혁을 추진하며 두노를 간소화하여 노씨로 변경하도록 했다. 「광개토왕비문」에는 왕이 공격한 여러 성 중에 두노(豆奴)성과 두노(豆盧)성 등 노씨와 관련된 성이 20여 개나 언급되어 있다, 이는 노씨가 모용 선비족의 주축 세력이었음을 나타낸다. 광개토왕의 공격 대상은 래이마한 세력이었다. 백잔은 래이마한에 종속되어 있었던 십제 세력을 가리킨다. 『진서』에는 모용황의 직함이 조선공(朝鮮公)이라고 기록하고 있다. 이는 모용 선비가 고조선의 후계 세력이라는 사실을 의미하며 동이족의 중심 세력이었음을 보여준다.

이처럼 씨성과 지명 분석을 통해, 5호 16국 시대에 북방을 지배한 전연 · 후연 · 서연 · 남연 · 북연 등 모용 선비족 연나라가 모두 노씨 · 막씨 · 모씨가 주축이 된 래이마한의 국가였음을 확인할 수 있다. 이를 통해 고대 한민족의 뿌리와 역사적 연속성을 더 깊이 이해할 수 있게 되었다.

전욱 고양 임금의 후손이고, 순임금의 조상 막씨의 먼 후손인 모용 선비족의 시조 막호발은 보요관(步搖冠)을 특히 좋아했다. 걸을 때마다 금빛 보요의 장식물이 흔들리는 모습에 매료되어 자주 착용했고,

이로 인해 사람들은 그를 모용이라 부르게 되었다. 이후 막씨와 노씨는 모용씨로 성을 바꾸었다. 이러한 보요관의 기원은 고대 박트리아로 거슬러 올라간다.

1978년 아프가니스탄 북부의 틸리아 테페(Tillya Tepe) 배화교 신전 유적에서 서기 1세기 대월지 박트리아 황녀의 금관이 출토되었다. 투탕카멘 유적 발굴에 버금가는 일대 발견으로 평가되는 이 금관에 대해 수많은 학자들이 분석한 결과, 나무·나뭇잎·꽃 등 세 가지 특징을 갖고 있는 것으로 나타났다. 이 발견은 고고학계의 커다란 주목을 받았다.

그런데 서기 3~4세기에 걸쳐 요녕성 일대에서 발굴된 모용 선비족의 보요관도 대월지 금관과 동일한 세 가지 요소를 모두 갖추고 있음이 중국학자들에 의해 밝혀졌다. 한반도 나주 반남에서는 5세기경의 금동관이 출토되었는데, 이 또한 대월지 금관과 유사하게 나무·나뭇잎·꽃 등이 포함되어 있는 것으로 확인되었다. 나주 반남은 마한의 치소 월지국이 위치하고 있었던 것으로 비정되어 나주 세력과 아프가니스탄의 대월지 세력이 동일한 문화적 배경을 공유했을 가능성을 보여 준다.

신라에서 발굴된 다섯 점의 5~6세기 금관들도 대월지 금관과 동일한 특성이 모두 확인되고 있다. 다만 금관의 나무 조형이 사슴 뿔 형태를 하고 있다는 차이점만이 존재할 뿐이다. 6세기의 무령왕릉에서 발굴된 금관도 불타는 나무 모양, 나뭇잎, 꽃 등의 특성이 모두 구현된 것으로 나타났다. 이는 대월지 세력의 영향력이 한반도를 포함한 넓은 지역에 미쳤음을 나타낸다. 고구려, 가야, 일본에서 발굴된 금관들 역시 대월지 금관과 동일한 요소를 포함하고 있어, 이들 지역 모두에서 대월지 세력이 영향력을 행사했음을 보여 준다.

이러한 유물들은 우리가 서기 2~6세기 동안 우리 선조들의 지배 영역과 정치적 역학 관계를 이해하는 데 중요한 단서를 제공해 준다. 박트리아 대월지 금관과 그 후속 작품들의 발견은 중원의 모용 선비와 한반도, 그리고 열도 등에서 대월지 세력들의 문화적 연결 고리와 영향력을 새롭게 조명해 주고 있다.

모용씨의 시조 막호발은 현 북경 남쪽에서 마한의 55국 중 하나인 막로국을 세웠다. 『삼국지』에 따르면, 막로국은 두 곳에 위치해 있었는데, 하나는 하북성 임구시 고양 일대이고, 다른 하나는 전남 영광이다. 영광의 고대 지명인 모지현(牟支縣)은 막로국 세력이 있었던 지역을 나타낸다. 또한 고창의 모로비리국, 모양성(牟陽城), 무안군의 물아혜(勿阿兮), 광주의 고대 지명 노지(奴只=盧地), 함평 모씨, 광주 노씨, 광산 노씨 등 이 지역들도 모용 선비의 거점이었다. 노(盧)씨가 있었던 곳의 지명에는 빛(光)이 들어 있다. 광주, 광산, 영광, 광양, 중국 하남성의 광주와 광산, 산동성 청도의 고대 지명 광주 등이 바로 그것이다.

나주 복암리에서는 '모라(毛羅)'라고 적힌 목간이 출토되었으며, 이들 모두는 모용 선비 세력의 존재를 입증한다. 백제 개로왕 사후, 이들은 백제 왕권을 장악하였다. 문주왕, 삼근왕, 동성왕 등은 모두 모씨였다. 이들은 모용 선비족의 연나라가 멸망한 이후 부여씨와의 권력 투쟁에서 패배하여 세력이 쇠퇴했다.

서기전 296년, 고조선이 연나라 진개의 침공을 받고 난하 동쪽으로 후퇴한 뒤, 조양 일대에 머물렀다가 진한 교체기에 다시 조백하 서쪽의 요서 지역으로 이동, 막호발 시기에 막로국을 건국한 것으로 추정된다. 막씨의 시조들은 본래 산동반도에서 생활하던 래이족들이었다. 『성씨고략』에 따르면, 상고 시대에 전욱 임금이 막양성(鄚陽城, 현 하북성 임구현 막주진 일대)을 축조했고, 그 후손 중 일부가 막양성에 살면서 읍 이름을 따 막(莫)을 성씨로 채택했다고 한다.

바이두 검색 결과에 따르면, 서주 말기 주선왕 시기에 하북성 임구시 막양성을 서자 희망(姬望)에게 분봉하였으며, 그곳에서 막국을 건국했다고 한다. 이후 전국 시대의 연나라에 병합되었고, 연이 진에 멸망하자 마한 연방에 합류한 것으로 보인다. 막로국의 막(莫)은 모[mò] 또는 무[mù]로 발음되고, 노(盧)는 루[lú]로 발음되어 막로는 모루로 발음된다.

전북 고창의 모로비리국 역시 노씨가 건국한 나라이다. 영산강 북부와 전북 일대에는 노씨 세력이 분포해 있었으며, 전북에 백제 대성 팔족 중 하나인 사씨(沙氏) 세력들이 위치해 있었다. 이에 따라 서기 407년 광개토왕이 회군하는 길에 공격한 사구성, 루성은 전남 북부와 전북 일대에 위치한 것으로 비정할 수 있다.

모씨는 산동 래이족의 족성이며, 모용 선비족은 막(莫), 모(慕, 募), 모(牟), 루(樓, 婁)를 혼용하여 사용했다. 중국의 역사 기록에는 전진의 황제 부견 시절인 서기 382년 신라 국왕 누한(樓寒)이 사자 위두(衛頭)를 보내 조공을 바쳤다고 한다. 이때 신라왕은 내물이사금이다. 부견이 신라 사신에게 "항간에 들리는 바로는, 해동의 일이 옛날과 다르다고 하는데, 어찌 된 일이오?"라고 묻자 위두는 "그것은 마치 중국에서 시대 변혁이 이루어지고 명호가 변경되는 것과 같습니다."라고 답했다. 그리고 신라 법흥왕의 이름은 모진(募秦)으로 기록되어 있고, 울진 봉평리의 신라비에는 모즉지(牟卽智) 매금왕으로 기록하고 있다.

모씨는 산동성에 원래 거주하던 선주 동이족이다. 오회의 넷째 아들, 래언(萊言)은 운성(妘姓)의 후손으로, 래국의 시조가 되었다. 제곡 고신 임금에 의해 래국이 회허(축융지허)에 봉해졌다. 래국은 상나라 이전부터 존재했으며, 그 치소는 창락 임구현 부근이었다. 신석기 시대부터 이 지역에 거주한 래국은 모자국으로도 불렸으며, 축융의 후예로 알려져 있다. 『한서』「지리지」에 따르면, 태산군 모현은 고대 모국의 자리이다. 모자국은 축융의 후손으로, 이후 성씨를 모씨로 삼았다. 함평 모씨는 이 축융족 모국의 후손으로 알려져 있다.

5호 16국 시대에는 선비족 모용부가 전연·후연·서연·남연·북연을 포함한 다섯 개의 연나라 정권을 세웠다. 이들 연나라 정권이 멸망한 후, 그 후손들은 다시 연(燕)을 성씨로 채택했다. 현재 연씨는 주로 산동성에 거주하고 있다. 연나라 사람들은 마한 연방의 주축국 역할을 한 후, 부여족 중심의 백제 전성기에 이르러 백제의 대성 팔족 중 하나로 활약한 것으로 분석된다.

바이두 검색 결과에 따르면, 동해 밖 전욱의 아들 백칭(伯稱)의 호가 백복·래복(萊菔)이었으며, 려(蔾), 즉 래(萊)를 낳았다. 래는 노동의 후손으로, 중려와 오회를 낳았으며, 오회의 넷째 아들 래언이 래국의 시조가 되었다. 래언의 후손은 서쪽으로 이동하여 제곡에 의해 래의 회허에 봉해져 서주의 회국을 형성했다.

이러한 역사적 배경은 모씨와 래이족의 깊은 뿌리와 그들의 역사적 이동 경로를 잘 보여 준다. 래국은 동쪽으로 이동한 후 동래(東萊)라고 불렸는데, 서기전 567년 제나라에 의해 멸망되었다. 이때 래국의 노씨들은 한반도의 부산 동래(東萊)로 이주하여 독로국을 건국한 것으로 분석된다. 래국이 멸망하였으나 『관자』에서 관중이 말하였듯이 제나라는 본래 래이족의 나라였다.

래국은 동이족의 대표적인 나라 중 하나로, 구이족의 다수가 연합하여 세운 나라였다. 이와 관련하여 『시의소』에서는 래(萊)를 려(藜)라 불렀다. 『산해경』에서도 려와 래를 같은 종족으로 보고 있다. 려는 치우(蚩尤)의 후손이다. 또한 우이와 소호국 역시 래이에 포함된 것으로 기록되어 있다. 더 나아가 『상서』「요전」과 『사기』「오제본기」에서는 요임금이 희씨(羲氏)와 화씨(和氏)에게 명해 해와 달과 별의 운행 법칙을 헤아려 농사짓는 시기를 가르치도록 했다고 전한다. 이 기록들에 따르면 요임금 시기에 희중을 우이(嵎夷)에 옮겨 살도록 한 것이다.

우이, 즉 월지는 상나라를 지탱하던 강대 세력이었고, 고대 시대에 해가 뜨는 산동반도에서 울이(鬱夷) 또는 우이(嵎夷)로 활동하던 전통적 동이 세력이었다. 『사고전서』에는 우이족이 고조선의 핵심 씨족이라고 했다. 우이족은 월지족의 다른 표현으로 이들은 마한을 건국하여 통치했다. 『양직공도』에서는 래이마한(來夷馬韓)이라고 불렀다.

본래 래(來)는 래(萊)와 혼용되는 말이다. 『시경』 주공의 사문에는 "우리에게 보리를 주셨다(貽我來牟)"라는 노래가 나오는데, 여기서도 來와 萊가 혼용되고 있다. 래는 보리나 밀을 나타낸다. 래이의 건국 후 도성은 맥구(麥丘)였다. 이들은 광대한 산동 평야와 화북평원에서 소맥(밀)을 재배했는데, 이것이 옛 나라 이름이 된 것이다.

래인의 명칭은 원래 래인들이 소맥(밀)을 키운 데서 연유한다. 래인은 최초로 보리나 밀 등 맥을 발명한 사람들이었다. 이는 래이족이 원시 시대의 산동과 화북평원의 농업민족임을 보여 준다. 『사해』나 『사원』에서는 래(來)에 대해 "소맥의 이름이 래이다."라고 해석했다. 『설문(說文)』에는 래에 대한 해석을 "주나라가 하늘에서 받은 서맥(밀과 보리)은 하나의 보리에 두 개의 봉이 있어 보리의 줄기와 까끄라기 모양을 본떴다."고 주장하였다. 갑골문 래(來) 자는 맥(麥)의 상형초문에 해당한다.

춘추 시기에 제나라와 노나라의 마찰이 끊이지 않고, 강대국 사이에 모자국이 끼여 그 피해를 입어 동북쪽으로 끊임없이 이동할 수밖에 없었다. 그 결과 서기전 567년 제나라는 동쪽을 공격하여 모자국(지금의 산동 용구 일대)을 멸망시켰다. 모자국이 멸망당할 때 수도는 모평(牟平)이 되었다. 나라가 망한 후 그 후손이 나라 이름을 따라 '모씨'라 불렀다. 모씨는 한반도로 이주하였는데, 함평 모씨가 모씨 후손이다. 모평은 『삼국사기』에 나오는 지명이기도 한데, 현재의 함평을 가리킨다. 그리고 백제 동성왕의 이름이 모대(牟大)로 소개되고 있는데, 그는 모씨인 것으로 파악된다.

그리고 고구려의 시조 주몽은 추모대왕(鄒牟大王)이라 불리는데, 북쪽으로 이동한 치우의 구려 래이족의 후손으로 분석된다. 아울러 주몽의 탄생이 난생설화에 기초하고 있는 것으로 보아 부여 조이족이라는 것을 알 수 있다. 주몽은 성이 고씨로서 중모(中牟)라고도 한 것으로 보아 산동 모이족의 후손이다. 그리고 주몽의 모친인 유화부인은 하백의 따님인데, 하백은 황하의 신이었다. 황하의 신은 풍이(馮夷)이므로 유화부인의 이름은 풍유화(馮柳花)이다.

『동명왕편』에는 주몽이 모친과 이별할 때 보리 종자를 잃어버리고 왔는데, 한 쌍의 비둘기가 신모의 사자가 되어 보리를 물어다 주었다는 내용이 나온다. 여기서 보리는 래이족의 상징이기도 하다. 모용 선비족 노씨와 백제 왕성 부여씨, 동성왕의 모씨, 신라 내물왕~법흥왕, 고구려 왕성 고씨는 모두 그 뿌리가 같은 월지족이었던 것이다.

모씨는 사서의 여러 곳에 등장하는데, 『사기』 「전경중완세가」에는 위왕 33년 대부 모신(牟辛)이 살해당했다는 내용이 기록되어 있다. 그리고 『춘추좌전』 노소공 5년(서기전 537년)에서는 거나라 대부 모이(牟夷)가 모루(牟婁, 산동성 제성현 서쪽)와 방(防, 산동성 안구현 서남쪽), 자(玆, 산동성 제성현 서북쪽) 땅을 들어 노나라로 달아났다고 기록하고 있다.

거국(莒國)은 산동 동이국가 중 가장 강력한 나라였는데, 마한 연방의 첩로국이 위치하고 있어 이곳도 래이족의 영향력 범위 내에 있었다. 그런데 그 대부 모이(牟夷)가 노나라에 항복해 버린 것이다. 『춘추좌전』 등을 살펴보면, 래이족을 비롯한 산동 지역의 동이는 지속적으로 그 세력이 약화되고 나중에는 제나라 등에 흡수 병합되어 버린다. 이에 따라 주로 해안가에서 해상 교역 등에 종사한 사람들을 중심으로 한반도로의 이주가 본격화된다.

래이족을 비롯한 동이족의 한반도 이주는 일회성이 아니라 대륙에서 정치적 변동이 있을 때마다 지속적으로 이루어졌다. 따라서 이들이 한반도의 토착민을 구성한 것이다. 결국 동이족과 한반도 토착민들은 서로 계통이 같았다. 그러나 이들이 정체성을 형성하는 방식은 서로 달랐다. 예를 들어 나국과 노국은 초나라와의 전쟁에서의 패배를 계기로 동질성을 강화하고 하나의 씨족으로 연합하게 된다. 이에 반해 래이족은 제나라와의 갈등 과정에서 스스로의 정체성을 강화해 나간다.

이들은 월지족과 함께 마한 연방의 주축 세력이 되었으며, 그 일부는 중원의 동북부 지역으로 이주하여 고대 요동의 남쪽 대방고지에서 부여족과 연합하여 이후에 백제가 된 나라를 건국한다. 백제의 건국은 처음 부여계가 주도하다가 나중에 가서야 래이계와 연합했다. 이들은 진시황의 개산위민 정책에 반발하여 대규모로 한반도로 이주하게 된다. 래인의 존재 자체가 중요한 이유는 이들을 통해 수많은 북방의 부여계와 남·동방의 래이계 동이족들이 한반도로 유입된 것으로 파악되기 때문이다.

이 책에서 삼한은 마한백제, 고구려, 신라를 가리킨다. 백제 의자왕의 태자 부여융의 묘지명에 따르면 마한백제는 산동의 양곡에서 건국하였으며, 그 역사가 1,000년이 되었다고 했다. 『상서』 요전 등에 따르면 산동 양곡에 있었던 세력은 우이족이었다. 우이족과 래이족이 바로 한반도 및 중원 동쪽에서 마한 연방을 건국하고 나중에 국호를 연나라와 백제로 바꾸었다. 연나라와 백제는 후연 건국 이전까지 서로 적대적 경쟁관계였다. 여기서는 이들 세력을 마한백제로 지칭하였다.

　그리고 「천남생묘지명」에는 남생을 삼한의 영걸이라 하였고, 고구려 정벌로 삼한이 모두 복종하게 되었다고 기록해 고구려가 삼한 중 하나라는 사실을 보여 주고 있다. 「천남생묘지명」에도 고구려가 우이의 땅에 터전을 세웠다고 기록하고 있다. 최치원은 진한이 신라가 되었다고 했다.

　이에 따라 여기서는 마한백제와 고구려, 신라 3국의 역사를 전쟁사를 중심으로 재구성하였다. 마한백제의 핵심 세력 중 모용 선비족에 관한 내용은 주로 『진서』 「재기」 부분을 필자가 번역한 것임을 밝혀 둔다.

차례

구백제 건국 시기 평주 일대 녹산부여, 모용선비, 고구려의 정립(서기 1~4세기)

張家口

承德

張家口

고구려

녹산부여

상곡군

여양군

어양군

현도군

모용씨

요동군

낙랑군 마한

대방군

백제(百濟)

대방고지

서안평

용성

유주

계(薊)

요서군

모용선비

미양군

우북평군

保定

天津

灤縣

마한 55국의 강역과 위치 비정 결과

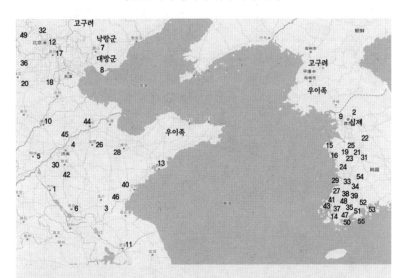

1.원양국(爰襄國), 2.모수국(牟水國), 3.상외국(桑外國), 4.소석색국(小石素國), 5.대석색국(大石索國), 6.우휴모탁국(優休牟涿國), 7.신분고국(臣濆沽國), 8.백제국(伯濟國), 9.속로불사국(速盧不斯國), 10.일화국(日華國), 11.고연자국(古誕者國), 12.고리국(古離國), 13.노람국(怒藍國), 14.월지국(月支國), 15.자리모로국(咨離牟盧國), 16.소위건국(素謂乾國), 17.고원국(古爰國), 18.막로국(莫盧國), 19.비리국(卑離國), 20.점리비국(占離卑國), 21.신흔국(臣釁國), 22.지침국(支侵國), 23.구노국(狗盧國), 24.비미국(卑彌國), 25.감해비리국(監奚卑離國), 26.고포국(古蒲國), 27.치리국국(致利鞠國), 28.염로국(冉路國), 29.아림국(兒林國), 30.사로국(馴盧國), 31.내비리국(內卑離國), 32.감해국(感奚國), 33.만로국(萬盧國), 34.벽비리국(辟卑離國), 35.구사오단국(臼斯烏旦國), 36.일리국(一離國), 37.불미국(不彌國), 38.지반국(支半國), 39.구소국(狗素國), 40.첩로국(捷盧國), 41.모로비리국(牟盧卑離國), 42.신소도국(臣蘇塗國), 43.막로국(莫盧國), 44.점랍국(占臘國), 45.임소반국(臨素半國), 46.신운신국(臣雲新國), 47.여래비리국(如來卑離國), 48.초산도비리국(楚山塗卑離國), 49.일난국(一難國), 50.구해국(狗奚國), 51.불운국(不雲國), 52.불사분야국(不斯濆邪國), 53.원지국(爰池國), 54.건마국(乾馬國), 55.초리국(楚離國)

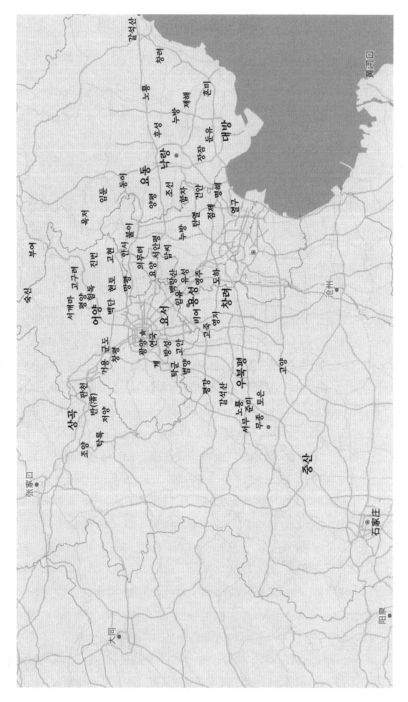

하북평원 일대 지명 분포도

모용선비 노씨의 분포 현황

범양 노[盧]씨

중산 奴縣
후연 모용수 막로국[莫盧國]
도읍지

하북성 고양
막로국[莫盧國]

파주
교하 노씨[盧氏]

청도 고대지명 광주
마한 挐藍國

일조[日照]시
마한 捷盧國

영광
막로국[莫盧國]
광주 광산
노씨[盧氏] 본관

부산 동래
독로국
[瀆盧國]

광산 광주 盧氏

1

공손탁과의 연합과
구태백제 왕조의 탄생

고구려 고국천왕의 서거,
그리고 발기와 연우의 왕위쟁탈전

밀운산 일대는 연산산맥이 병풍처럼 에워싼 지역으로, 산맥에서 흘러나온 여러 갈래의 물줄기가 매우 거세서 험한 물이라는 뜻의 '험독'으로 불린 곳이다. 산맥의 높은 봉우리에서 시작된 물줄기는 계곡을 따라 내려오면서 점점 힘을 얻는다. 여름이면 폭우가 산을 적시고, 그 물길은 거세게 조백하로 흘러든다. 이 거센 물줄기는 때때로 고구려 사람들에게 큰 시련을 안겨 주지만, 그들은 이 자연의 힘을 존중하며 그와 공존하는 법을 터득했다.

물줄기가 험한 바위를 만나 만들어 내는 소리는 마치 자연의 야성을 듣는 듯하며, 그 주변의 풍경은 그야말로 장관이다. 거친 물살이 바위와 부딪혀 내는 소리는 온 산을 울리며, 이는 밀운산 인근에 사는 사람들에게 자연의 위대함과 겸손의 가치를 일깨워 준다.

이 물줄기 주변에는 다양한 전설과 이야기가 전해진다. 고대부터 사람들은 이 거친 물줄기를 건너는 것이 큰 도전이었으며, 그것을 통과하는 것은 용기와 힘의 상징으로 여겨졌다. 마을의 젊은이들은 이 물줄기를 건너는 의식을 통해 성인으로 인정받기도 했다. 조백하의 상류인 조하는 조백하와 연결되어 조선하로 불리었다. 이 조선하를 배경으로 「공무도하가」라는 슬픈 노래가 전해져 온다.

임이여, 그 강을 건너지 마오, 임은 그예 그 강을 건너시네.

강물에 빠져 돌아가시니, 가신 임을 어이해야 하나?

또한, 이 거친 물줄기는 밀운 지역의 농경지에 필수적인 물을 제공한다. 마을 사람들은 복잡한 수로 시스템을 개발하여 이 거세고 풍부한 물을 자신들의 밭과 논으로 이끌어, 거친 자연을 이용한 풍요로운 생활을 이어 갔다.

이 세찬 물줄기는 밀운의 사람들에게 생명의 원천이자, 존중해야 할 자연의 힘의 상징이다. 그들은 이 물줄기와 함께 살아가며, 그로 인해 생겨나는 도전을 극복하는 방법을 세대를 거쳐 배워 왔다. 연산 산맥에서 흘러나온 거친 물줄기는 밀운 백성들의 삶과 문화, 그리고 이 지역 사람들의 정신을 형성하는 데 중요한 역할을 한다. 이 거센 물줄기와의 공존은 밀운산 고구려 사람들이 자연과 함께 살아가는 법을 배우게 하며, 그들의 삶에 깊은 의미와 가치를 더한다.

이곳은 단순한 자연의 경이만이 아니라, 권력의 욕망과 가족 내의 갈등이 얽힌 치열한 이야기의 무대가 되었다. 새벽의 어둠 속에서 벌어진 왕위 쟁탈전은 고구려의 역사에 한 획을 그었으며, 그 중심에는 두 형제, 발기와 그의 동생 연우가 있었다.

서기 197년 5월, 깊은 밤의 차가운 기운이 고요히 왕궁의 방 안으로 스며들었다. 고국천왕의 젊은 비, 우씨(于氏)는 깊은 잠에서 서서히 깨어났다. 그녀의 눈꺼풀이 무거운 채로 천천히 들어 올려졌고, 이내 차가운 공기가 그녀의 피부를 스치는 것을 느꼈다. 잠에서 깬 직후의 그 모호한 순간, 그녀는 무언가가 잘못되었다는 느낌을 받았다. 방 안은 너무 조용했고, 왕의 평소 숨소리마저 들리지 않았다.

우씨는 조심스럽게 옆을 돌아보았다. 왕이 고요히 누워 있었다. 그의 얼굴은 평화로워 보였지만, 뭔가 이상했다. 그녀는 살며시 손을 뻗어 왕의 이마에 닿았다. 차가웠다. 그녀의 심장이 멎는 듯한 충격에 손이 떨렸다.

"대왕마마?"

그녀의 목소리는 떨리며 나직하게 울렸지만, 대답은 없었다. 우씨의 마음은 순식간에 공포로 가득 찼다. 그녀는 급히 왕의 얼굴을 살폈다. 그의 입술은 파랗게 변해 있었고, 더 이상 숨을 쉬고 있지 않았다. 그녀는 소리도 없이 입을 벌렸다. 이 순간, 세상은 마치 멈춘 것 같았다. 고국천왕, 그녀의 남편이자 이 나라의 왕이 이렇게 조용히 세상을 떠난 것이다.

우씨는 잠시 그 자리에 얼어붙어 있었다. 그러나 그녀는 왕비였고, 이제 해야 할 일이 있음을 깨달았다. 그녀는 신속하게 행동해야 했다. 왕의 죽음은 단순한 비극이 아니라, 권력의 공백을 의미했고, 이는 곧 궁중 내부의 정치적 소용돌이로 이어질 수 있었다.

떨리는 손으로 종을 울렸다. 방문이 열리고, 놀란 시종들이 들어섰다. 우씨는 그들에게 왕의 죽음을 알리며, 이 사실이 밖으로 새어 나가지 않도록 명령했다. 그녀의 목소리는 단호했지만, 가슴속에서는 비통함과 두려움이 교차했다.

새벽의 찬 공기 속에서, 왕후 우씨는 깊은 슬픔과 함께 새로운 결심을 품었다. 왕의 죽음을 계기로 벌어질 궁중의 치열한 권력 다툼 속에서 그녀는 자신의 지위와 나라의 미래를 지키기 위해 싸워야 했다. 이 비극적인 밤은 그녀에게 있어 한 편의 긴장감 넘치는 이야기의 시작이었다.

왕후 우씨는 깊은 애도와 불안이 교차하는 마음으로 왕의 죽음을 비밀로 간직한 채, 고요한 밤을 헤치고 발기(發歧)의 집으로 향했다. 그녀의 발걸음은 무거웠지만, 마음속 깊은 곳에서는 고구려와 자신의 미래를 결정짓는 중대한 순간임을 알고 있었다.

발기의 집에 도착한 우씨는 문을 두드리며 조심스럽게 안으로 들어섰다. 발기는 그녀의 방문에 당황했으나, 왕후의 심각한 표정을 보고는 급박한 사태임을 직감했다. 우씨는 숨을 깊게 들이쉬고 그에게 말했다.

"왕이 방금 숨을 거두었습니다. 왕의 후손이 없으니 그대가 마땅히 이어야 합니다."

그 말에 발기는 순간 멈칫했다. 왕이 세상을 떠났다는 소식은 충격적이었고, 그가 갑작스럽게 왕위를 이어야 한다는 제안은 더욱 그러했다. 그러나 그의 대답은 신중했다.

"하늘이 정하는 운수는 돌아가는 곳이 있으므로 가볍게 의논해서는 안 됩니다. 하물며 부인이 밤에 돌아다니는 것을 어찌 예(禮)라고 하겠습니까?"

발기의 말에는 여러 겹의 의미가 담겨 있었다. 하늘의 뜻과 운명에 대한 경외, 그리고 깊은 밤에 여인이 혼자서 다니는 것에 대한 우려와 비판이 섞여 있었다. 그의 대답은 왕후 우씨에게 단순한 거절 이상의 것을 의미했다. 그것은 권력의 이양에 대한 심오한 철학과 그 과정에서의 예(禮)와 도덕을 중시하는 발기의 태도를 드러냈다.

우씨는 발기의 대답에 잠시 할 말을 잃었다. 그녀는 이 순간이 단순한 왕위 계승 문제를 넘어, 고구려의 근본적인 가치와 질서에 대한 시험대가 될 것임을 깨달았다. 밤의 어둠 속에서 두 사람 사이에 오간 대화는 고구려의 역사 속에 오래도록 회자되는 중대한 이야기가 되었다.

부끄러움과 결단의 무게를 안고, 왕후는 발기의 거절을 뒤로한 채 연우의 집으로 발걸음을 옮겼다. 밤은 깊었고, 은밀한 이 방문이 고구려의 운명을 뒤흔들 중대한 결정으로 이어질 줄은 아무도 몰랐다.

연우의 집에 도착했을 때, 연우는 즉시 일어나 의관을 갖추고 왕후를 맞이했다. 그의 태도는 존경과 예의를 담고 있었다. 그는 왕후를 자리로 안내하고, 소박하면서도 정중한 술자리를 마련했다.

왕후는 연우 앞에서 마음을 열고 말했다.

"대왕께서 돌아가셨으나 아들이 없으니, 발기가 연장자로서 마땅히 후사를 이어야 합니다. 그런데 첩에게 다른 마음이 있다고 하면서 난폭하고 거만하며 무례하여 당신을 만나러 온 것입니다."

그녀의 목소리는 절박함과 간절함이 뒤섞여 있었다. 연우는 왕후의 말에 깊은 생각에 잠겼다. 이에 그는 더욱 예의를 갖추고, 직접 칼을 들어 고기를 썰다가 실수로 손가락을 다쳤다. 이 사건은 긴장된 순간의 작은 해프닝이었지만, 왕후의 반응은 인간적인 따뜻함과 친밀함을 드러냈다. 그녀는 자신의 치마끈을 풀어 연우의 다친 손가락을 싸매 주었다. 이 작은 행동으로 두 사람은 순식간에 깊은 신뢰와 연대감을 형성했다.

그 밤, 연우는 심오한 감정의 소용돌이 속에 서 있었다. 왕후 우씨의 무거운 발걸음이 궁정의 고요한 정적을 깨뜨리며 그의 곁으로 다가왔을 때, 세상의 운명이 그들의 손안에 달려 있는 듯했다. 그녀가 막 돌아가려 할 때 연우는 왕후의 손을 잡아끌었다. 연우의 말은 조심스럽지만 결연했다.

"형이 죽었으니 형수를 동생이 취하는 것이 옳지 않겠소!"

이 말에 우씨는 잠시 망설였다. 그녀의 마음속에는 수많은 감정이 폭풍처럼 몰아쳤다. 슬픔, 두려움, 그리고 예기치 못한 희망까지. 하지만 그녀는 거절하지 않았다. 그들의 시선이 마주치는 순간, 두 사람 사이에 강렬한 전기가 흘렀다. 그 순간, 그들은 시간과 공간을 초월한 연결감을 느꼈다.

그들의 결합은 단순한 욕망을 넘어섰다. 이것은 권력, 책임, 그리고 운명에 대한 깊은 인식에서 비롯된 것이었다. 연우와 우씨 사이의 격정은 그들을 둘러싼 세계를 변화시킬 힘을 내포하고 있었다. 그들은 서로를 향해 다가갔고, 그 순간 모든 것이 의미를 갖기 시작했다.

연우의 손길은 조심스러웠지만, 우씨의 반응은 열정적이었다. 그들 사이의 긴장감은 점점 고조되어 갔고, 궁정의 차가운 벽들조차 그들의 열기로 따뜻해졌다. 그들은 순식간에 격정에 휩싸였으며, 그 격정은 그들이 함께 만들어 낸 새로운 세계의 시작을 알리는 신호탄이었다.

이야기는 그들의 비밀스러운 만남에서 끝나지 않았다. 그들의 연합은 고구려에 새로운 시대를 가져왔다. 연우의 결단력과 우씨의 지혜는 그들을 통해 나라를 이끌어 갈 새로운 힘을 형성했다. 그들의 사랑은 권력의 복잡한 무대 위에서 피어난 꽃처럼, 위험과 도전 속에서도 아름답게 빛났다.

그 밤, 연우와 우씨는 단지 서로를 향한 열정에만 휩싸인 것이 아니었다. 그들은 고구려의 미래를 향한 새로운 길을 함께 걷기로 한 것이다. 그들의 결합은 사랑과 권력, 그리고 운명이 얽힌 복잡한 이야기의 시작이었다.

격정의 시간이 지난 후 우씨는 연우에게 부탁했다.

"밤이 깊어서 예기치 못한 일이 있을까 염려되니, 그대가 나를 궁까지 바래다주시오."

연우는 그녀의 부탁을 거절하지 않았다. 왕후와 연우는 함께 궁으로 향했고, 그녀의 손을 잡고 궁 안으로 들어섰다.

다음 날 아침 해가 뜨자, 왕후는 대담한 결정을 내렸다. 선왕의 왕명이라 속이며 여러 신하들에게 명령하여 연우를 세워 왕으로 삼았다. 산상왕이 왕위에 오른 것이다. 발기가 이 소식을 듣고 크게 분노하여 군사를 이끌고 왕궁을 포위하며 외쳤다.

"형이 죽어 아들이 없으면 그다음 동생이 잇는 것이 예의이다. 연우 네가 차례를 뛰어넘어 왕위를 찬탈했으니, 큰 죄이다. 어서 나오거라. 그렇지 않으면 네 처자식까지 모두 목을 베어 죽일 것이다."

연우는 사흘 동안 문을 닫고 있었고, 고구려의 나라 사람들 중에도 발기를 따르는 이가 없었다. 발기는 자신의 처지가 어려워진 사실을 깨닫고 처자를 데리고 남쪽의 요동으로 도망쳐 공손탁(公孫度)을 찾아갔다. 그리고 자신의 사연을 털어놓았다.

"나는 고구려 왕 남무의 친동생입니다. 남무가 죽고 아들이 없자, 나의 동생 연우가 형수 우씨와 모의하여 왕위에 올랐습니다. 이로 인해 천륜의 의가 무너졌습니다. 이 때문에 분하여 상국에 투항하러 왔습니다. 엎드려 바라건대, 병사 30,000명을 빌려주시어 그들을 처단하여 난을 평정할 수 있게 해 주소서.”

공손탁이 곰곰이 생각하다가 말했다.

“좋소, 그대의 말대로 30,000명의 병력을 지원해 주겠소.”

공손탁은 서기 189년에 동탁의 중랑장으로 있었던 같은 군 출신 서영(徐榮)의 추천으로 요동태수가 되었다. 그는 취임하자마자 공손소, 전소(田韶) 등 뿌리 깊은 호족들을 숙청하며 요동에 새로운 질서를 수립했다. 그의 칼날은 여기서 멈추지 않았고, 100여 가문이 그의 손에 의해 멸문당했다.

그는 조백하 동쪽에 위치한 요동의 치소 양평에서 북쪽의 고구려, 그리고 서쪽의 선비족을 모두 제어하여 요동을 자신의 왕국으로 만들려는 야망을 품고 있었다. 이러한 때에 발기가 고구려 왕위쟁탈전에서 패해 자신을 찾아왔으니 그가 이러한 호기를 놓칠 리가 만무했다.

발기가 공손탁의 한나라 군사를 이끌고 고구려를 쳐들어오자, 고구려 산상왕은 자신의 아우 계수에게 명해 병력을 이끌고 전장에 나서도록 했다. 가슴속 깊이 묻어 두었던 형제간의 정과 나라를 위한 충성심 사이에서 갈등하며. 고구려의 운명은 이제 그의 손에 달려 있었다. 발기의 군대와 공손탁이 지원한 한(漢)의 병사들은 전쟁을 위한 정당한 명분이 없었다.

고구려군은 산상왕의 명령에 따라 일사분란하게 쳐들어오는 적에 맞서 용감하게 싸웠다. 그 결과 발기는 대패했다. 계수는 스스로 선봉이 되어 패배한 자들을 추격했다. 전장은 혼란과 절망으로 가득 찼으며, 피와 눈물이 섞인 먼지가 하늘을 뒤덮었다.

그 순간, 발기는 계수 앞에 섰다. 그의 눈빛은 절박했고, 목소리는 떨렸다.

"네가 차마 지금 늙은 형을 해칠 수 있겠느냐?"

발기의 호소는 계수의 가슴속 깊은 곳에 울려 퍼졌다. 형제간의 정은 그 어떤 전쟁보다 강한 것이었다. 계수의 손이 떨리며 칼날이 멈추었다. 계수의 대답은 무거웠다.

"연우가 나라를 양보하지 않은 것은 비록 의롭지 못한 일이지만, 당신은 한때의 분노로 자기 나라를 멸망시키려 하니 이는 무슨 뜻입니까? 죽은 후 무슨 면목으로 조상들을 보겠습니까?"

그의 말에는 진실과 슬픔이 담겨 있었다. 발기는 그 말을 듣고 깊은 부끄러움과 후회에 휩싸였다. 그의 야심이 얼마나 허무한 것이었는지 깨달았다. 발기는 전장을 벗어나, 깊은 산속으로 달아났다. 그의 발걸음은 무거웠고, 마음속 깊은 곳에서는 후회의 눈물이 흘렀다. 배천에 이르렀을 때, 그는 더 이상 견딜 수 없었다. 스스로 목숨을 끊으려 했으나, 죽음조차 그를 받아들이지 않았다. 그의 시도는 실패로 돌아갔고, 그는 땅에 쓰러졌다.

그 모습을 본 계수는 가슴이 찢어지는 듯한 고통을 느꼈다. 그는 소리 내어 슬피 울었다. 형제라는 이름 아래, 그들은 얼마나 많은 것을 잃었는가. 계수는 발기를 뒤로하고, 눈물을 흘리며 전장을 떠났다. 그의 마음속에는 승리의 기쁨 대신, 깊은 슬픔과 회한만이 자리 잡았다.

고구려 산상왕이 슬픔과 기쁨을 동시에 느끼며 계수를 궁으로 불러들였다. 긴장과 예의가 교차하는 궁중에서 연회가 열렸고, 계수는 가족과 같은 예로 대접받았다. 연회의 분위기는 엄숙했지만, 어딘가 따뜻한 기운이 감돌았다. 왕은 계수에게 말했다.

"발기가 다른 나라에 원병을 청하여 자기 나라를 침공하였으니 그 죄가 크고도 크도다. 지금 그대가 그를 이기고도 놓아주고 죽이지 않았으니 그것으로 충분하거늘, 그가 죽으려 하자 통곡하며 매우 슬퍼하는 것은 도리어 과인더러 도리가 없다는 것인가?"

계수의 얼굴색이 변하며 눈물을 머금고 대답했다.

"신이 지금 한마디만 말씀 올리고 죽기를 청하옵니다."

왕은 깊은 관심을 가지고 "그게 무엇이냐?"라고 물었다. 계수의 대답은 절절했다.

"왕후께서 비록 선왕의 유언에 따라 대왕을 세웠더라도, 대왕께서 이를 예로써 거절하지 않으신 것은 과거부터 형제 사이의 우애와 공경의 의리가 부족했기 때문입니다. 신은 대왕의 미덕을 이루어 드리기 위한 마음뿐이었습니다. 어찌 이것으로 대왕의 노여움을 사게 될 것을 헤아렸겠습니까? 대왕께서 만일 어진 마음으로 옛적의 악을 잊으시고, 형을 용서하신다면 누가 대왕을 의롭지 못하다고 하겠습니까? 이미 제 마음을 전했으니, 죽는다 해도 저는 여한이 없습니다. 그러니 죽음을 달게 받겠습니다. 관부로 가서 죽기를 청하옵니다."

왕은 계수의 말을 듣고 잠시 침묵했다. 그러나 그의 얼굴에는 이해와 따뜻함이 서렸다.

"과인이 불초하여 그대에 대한 의혹이 없지 않았는데, 지금 진심 어린 말을 들으니 짐의 잘못을 알겠다. 그대는 스스로 자책하지 말기 바란다."

계수가 절하자 왕도 역시 절하며 매우 기뻐했다. 그리고 그 자리를 파했다.

고대 요동을 둘러싼
패권 다툼

요동은 자연이 만든 요새와 같은 곳으로, 태행산맥과 연산산맥에 의해 둘러싸여 있다. 이 산맥들은 태행에서 시작하여 동쪽으로 펼쳐져 한반도에까지 이르며, 자연이 만들어 낸 거대한 성벽과도 같은 모습이다. 이러한 지형은 요동을 방어적으로 이상적인 위치에 놓이게 하며, 남과 북, 화(華)와 이(夷)를 자연스럽게 구분하는 듯한 경계를 형성하였다.

화북평원의 중심지로서 요동은 끝없이 이어진 평원과 거대한 산맥들이 병풍처럼 에워싸고 있는 모습으로, 자연의 아름다움과 웅장함을 동시에 보여 준다. 산과 평원이 어우러진 이 지역은 다양한 생태계와 풍부한 자연 자원을 가지고 있어, 오랜 세월 동안 다양한 생명체와 인간이 공존하는 터전이 되었다. 자연의 변화에 따라 계절마다 다른 풍경을 선사하며, 태행산맥과 연산산맥의 능선을 따라 이어지는 수많은 계곡과 강은 이 지역의 자연 경관을 더욱 돋보이게 해 주었다.

옛날, 요동의 대지는 동이족이 지키는 끝없는 평원과 우뚝 솟은 산맥으로 이루어진 땅이었다. 그들은 태고의 시간부터 이 땅을 거스르는 바람과 함께 호흡하며, 한 번도 외적에 의해 그 소중한 땅을 빼앗기지 않고 살아왔다.

서기전 296년, 전국 시대의 소용돌이가 한창이던 때, 조선에 인질로 붙잡혀 있던 연나라의 장수 진개는 기지를 발휘해 탈출에 성공하고, 고국으로 돌아가 연소왕에게 중대한 정보를 전달했다. 그는 제나라에 대한 복수심에 불타는 연소왕 앞에서 조선 요동 세력의 약점을 적나라하게 보고했다.

진개의 보고에 따르면, 조선 요동 세력은 내부적으로 통일되지 않은 채 취약한 상태였고, 이는 연나라에게 절호의 기회였다. 그는 조나라가 자신들의 야망이 집중된 중산국을 공격하는 순간을 노려, 연나라 군대가 거용관을 통해 요동으로 진입하면 조선 세력을 일거에 포위하여 섬멸할 수 있다고 설명했다.

"조선 요동 세력은 지금이 공격하기에 가장 적절한 시기입니다. 조나라가 중산국에 집중하고 있는 이때야말로 우리에게 완벽한 기회입니다. 조나라가 조선 세력을 치면 그곳 방어에 치중할 수밖에 없게 되고 이때 연나라군이 북쪽의 거용관을 통해 기습하면 조선 요동 세력들을 무방비 상태로 만들 것이며, 우리는 그 틈을 타 융적들을 섬멸할 수 있을 것입니다."

연소왕은 진개의 보고를 심각하게 듣고, 그의 제안에 따라 군사 작전을 준비하기로 결정했다. 진개의 전략적인 조언은 연나라에게 조선 요동 세력을 교란시킬 절호의 기회를 제공했으며, 이는 곧 요동의 평화를 깨뜨리고 역사의 흐름을 바꾸는 결정적인 순간으로 이어졌다.

진개의 보고 내용은 중산국을 도모하려던 조나라에도 급히 전달되었다. 조선 동호의 옷을 입고 말 타며 활을 쏘는 호복기사를 실천하면서 중산국을 가슴속 우환거리로 여기던 조나라 무령왕의 뒤를 이은 조하는 이 소식에 곧바로 출정하여 중산국을 쳤다.

화북평원의 남쪽으로부터 조나라의 공격을 받은 조선 세력들은 병력을 이곳으로 집중시키고 있었다. 당시 중산국의 치소는 노노현(盧奴縣, 현 하북 보정 일대)이었다. 노(盧), 루(樓), 막(莫) 등은 모용 선비족들이 사용하던 지명들이다. 이는 이곳에 조선에 속한 선비족들이 위치하고 있었다는 사실을 보여 준다. 나중에 후연의 모용수가 이곳에 도읍을 두었다.

선비족을 비롯한 조선 요동 세력들이 중산국을 지키는 데 전력을 기울이는 바로 그 틈을 타 진개는 연나라의 군대를 이끌고 요동을 기습 공격하였다. 연나라군은 눈부신 속도로 요동의 대지를 질주하며, 화북평원으로 진격해 들어왔다. 요동의 오랜 평화는 순식간에 깨어지고, 전쟁의 불길이 이 땅을 뒤덮기 시작했다.

연나라군의 기습은 조선 요동 세력을 완전히 불안정하게 만들었고, 곧 조선군은 조나라와 연나라의 두 세력에 의해 포위될 수밖에 없었다. 조선 요동 세력은 갑작스러운 공격에 당황했고, 연나라 군대의 힘에 밀려 결국 방어선을 유지하지 못하고 후퇴해야만 했다. 전투는 빠르게 진행되었고, 조선 요동 세력은 연산산맥 북쪽과 난하 너머, 그리고 해상으로 밀려났다.

중원에서 가장 약하다고 평가받던 연나라에 패배하고 굴욕적으로 후퇴한 이 사건은 요동의 땅과 그곳에 살아가던 사람들에게 커다란 충격을 안겨 주었다. 수천 년 동안 이어져 온 평화와 안정은 한순간에 무너졌고, 이 땅은 혼란의 소용돌이에 휩싸였다.

조선 왕은 난하를 건너 현 노룡현 영평부성에 새로운 거처를 마련했다. 조선의 중추를 이루던 우이(嵎夷)족과 모용 선비족은 원래부터 차지하고 있었던 연산산맥 너머 그리고 조양(朝陽) 일대와 한반도 등지로 뿔뿔이 흩어졌다. 그들 각자는 새로운 삶을 시작하기 위해 쓰라린 고통을 감내해야만 했다. 그 과정에서 그들은 새로운 세력으로 거듭났다.

서기전 296년 가을, 우이족들은 후퇴 과정에서 산동의 양곡(暘谷)에서 나라 이름을 한국(韓國=馬韓)으로 바꾸고 한반도 서남부의 영산강 일대에 치소인 월지국(月支國)을 세웠다. 여기서 달은 초승달로서, 보름달이 진 후 새로 시작하는 달을 의미한다. 이후 우이족 중 내몽골 등 중원 북방으로 이주할 수밖에 없었던 월지 세력(이들이 부여다)은 다시 흉노 묵돌에게 패해 동서가 양단되는 아픔을 겪었다. 어쨌든 영산강은 패전한 우이족들이 재기의 기회를 모색할 수 있는 힘과 기회를 제공해 주었다.

이렇게 조선 요동 세력의 후퇴는 요동의 역사에 새로운 장을 추가했다. 그들의 이동은 먼 훗날, 새로운 세력의 등장과 새로운 문화의 전성기로 이어지며, 잃어버린 영광을 되찾기 위한 끝없는 여정의 시작이 되었다. 이 모든 것은 요동의 대지 위에서, 그리고 그 너머에서 계속되는 이야기의 일부가 되었다.

진개의 침략으로 요동은 연나라의 손에 넘어갔다. 연나라는 난하 서쪽에 위치한 방대한 사방 2,000여 리(동서 1,000리 + 남북 1,000리)의 땅을 새롭게 확보하고, 이를 지키기 위해 거용관 일대를 중심으로 조양에서부터 연장성을 쌓기 시작하였다. 그러나 이 거대한 성벽은 요동의 중심부인 양평의 북쪽에서 끝이 났다. 조선 세력과는 난하를 경계로 마주했다. 연나라는 거용관 서쪽의 장가구와 탁록 일대에 상곡군, 밀운구 일대에 어양군, 하북 보정 일대에 우북평군, 그리고 조백하를 기준으로 동쪽에 요동군, 서쪽에 요서군 등 5군을 설치하여 동호, 즉 조선 세력의 공격을 방어하고자 했다.

　세월이 흘러 70여 년이 지난 후, 역사의 무대는 다시 한번 급변했다. 연나라는 진나라의 야심찬 확장 앞에 무너졌고, 진시황은 천하를 통일하는 대업을 이루었다. 그는 연장성을 이어서 요동에 더욱 길고 견고한 장성을 쌓았다. 그러나 진나라의 통치도 오래가지 못했다. 중원 통일 후 얼마 지나지 않아 진시황이 죽자 진나라는 내부 분열과 반란으로 10여 년 만에 멸망하고 말았다.

　진나라의 멸망과 함께 요동은 다시 한번 큰 혼란의 시기를 맞이했다. 이 땅을 오랫동안 지켜 온 부여족(우이족)과 선비족 등 조선 동호 세력들은 잃어버린 영토를 되찾기 위해, 다시금 요동으로 밀려들기 시작했다.

　이들의 진격은 마치 끝없이 펼쳐진 요동의 대지 위에 새로운 역사를 쓰는 듯했다. 한(韓)의 계승자 부여족은 그들이 잃어버린 땅을 되찾기 위해, 조선의 후손인 선비족과 함께, 때로는 협력하고 때로는 충돌하며 요동의 광활한 평원과 산맥을 넘나들었다. 그들의 발걸음은 요동의 땅 곳곳에 새로운 이야기와 전설을 남겼다.

　이 시기에 진나라의 장성 쌓는 고역에 동원된 수만의 사람들이 마한으로 도망쳐 왔다. 이에 대해 『삼국지』는 진한의 노인들이 세대를 거쳐 전해 오며 말하길, "우리들은 옛날의 망명인으로, 진(秦)의 고역을 피해 한국(韓國)으로 왔는데, 마한이 그들의 동쪽 땅을 나누어 우리에게 주었다."고 기록하고 있다. 진시황의 장성 쌓는 노역은 서기전 210년경에 끝났으므로 진한이 이 시기에 요동의 동쪽에 성립한 것을 알 수 있다. 마한은 이미 그 이전에 성립하고 있었던 것이다.

진나라의 말기와 초한 쟁패기에 이르러, 한나라의 초기 인물이자 창립 개국 공신인 노관(盧綰)은 현재의 북경 서남쪽에 위치한 계(薊)의 연왕(燕王)으로 봉해졌다. 그는 조선 세력과의 갈등이 커지자, 패수, 즉 조백하를 국경으로 삼아 여러 세력들이 공존할 수 있는 방안을 마련했다. 이러한 조치는 복잡한 지역 정세 속에서 각 세력 간의 균형을 유지하고, 상호 공존의 길을 모색하는 중요한 계기가 되었다.

래이족 출신이었던 노관은 항우의 패망 후 그 공적을 인정받아 연왕으로 봉해졌다. 그러나 한나라의 여후는 유방이 사망한 후 대규모 숙청을 계획했다. 여후가 계속해서 제후왕들을 철저히 견제하며 감시하자, 이미 흉노와 연계를 모색하고 있었던 노관은 자신 또한 숙청의 대상이 될 수 있다는 의심을 품고 결국 모반을 꾀했으나 사전에 발각되어 흉노로 투항하는 길을 택했다.

노관의 부하 장수였던 위만은 1,000여 명의 동료와 함께, 북상투를 하고 동호의 옷을 입은 채 동쪽의 조선으로 탈출을 감행했다. 그들은 요동의 옛 요새를 벗어나며 한때 자신들을 보호하던 성벽을 뒤로했다. 패수를 건너며, 그들은 진나라의 옛 영토였던 상하장에 이르렀고, 그곳에 새로운 삶의 터전을 마련하기로 했다. 이 땅은 넓고 기름진 땅으로, 새로운 시작을 꿈꾸는 이들에게 완벽한 장소였다.

조선 왕 준은 변화하는 시대의 흐름을 예의주시하고 있었다. 그의 결정으로, 난하 서쪽에 위치한 100여 리의 상하장 지역에 위만과 그의 무리가 안착할 수 있게 되었다. 이 결정은 단순한 관대함을 넘어서, 이 지역의 안정과 장기적 번영을 도모하려는 그의 깊은 계획의 일환이었다.

그러나 상나라 유민의 후손이었던 위만은 이 기회를 틈타 현재의 당산 남쪽에 해당하는 상하장에서 새로운 사회를 일구기 시작했다. 그는 진번과 조선에 속해 있던 다양한 동이족들, 그리고 옛 연나라와 제나라의 망명자들을 하나로 묶으며 점차 자신의 세력을 확대해 나갔다. 중원에서의 혼란이 더욱 심해지면서 유민들이 요동으로 대거 유입되자, 자연스레 위만의 세력은 급속도로 성장했다.

이에 왕위 찬탈을 노린 위만은 조선 왕 준에게 사람을 파견하여 속여서 말했다.

"한(漢)의 군대가 열 군데로 쳐들어오니, 왕궁에 들어가서 밤을 지새우며 지킬 수 있도록 해 주소서."

준은 이 말을 곧이곧대로 믿고 성문을 열어 주었다. 그러자 위만의 군대가 물밀 듯이 성안으로 진격하였다. 준왕의 군대는 위만군의 상대가 되지 못하였다. 준왕은 영평부성 후문을 통해 난하를 거쳐 바다로 도망쳤다.

위만은 요동 북쪽, 밀운구의 험난한 지역에서 자신을 왕으로 선포하고, 왕험을 새로운 도읍지로 정하며 요동의 새로운 지배자로 자리매김했다. 위만 조선은 요동 지역의 강대국으로 발돋움했다. 사방 수천 리를 아우르는 이 대국은 위만의 손자 우거가 다스리는 시기에 이르러 한나라와 여러 동이 세력과의 긴장 관계를 유지하며 성장했다.

서기전 109년, 한나라는 10만 대군으로 조선을 공격했다. 당시 한나라는 세계 최강이었으나 조선을 쉽사리 굴복시키지 못했다. 초조해진 한무제는 조선의 내부 분열을 획책했고, 조선 왕이 살해되었다. 결국 조선은 한무제의 무력이 아니라 내분으로 붕괴되었다.

　한무제는 조선이 붕괴한 후 요동 지역에 대한 한나라의 영향력을 확고히 하기 위해 낙랑군과 현도군을 설치했다. 낙랑군은 요동 지역의 남쪽에, 현도군은 북쪽의 밀운구와 고북구 장성 일대에 배치되었다. 이와 더불어 진번은 현도군의 남쪽에, 임둔은 낙랑군의 동쪽에 위치하게 되었다. 이렇게 설치된 네 군은 이후 소위 한사군으로 알려지게 되며, 한나라의 요동 지역 통치의 기반을 이루었다.

　이때 고구려는 요동의 북쪽인 현도에 이미 건국되어 있었다. 『한서』 지리지 현도군에는 고구려가 행정구역 이름으로 등장한다. 고구려의 시조 주몽이 건국한 시기는 서기전 220년경으로, 이는 연나라가 조선과 요동 지역에서 진나라에 멸망한 직후의 시기이다. 주몽은 북부여 출신으로, 연나라의 붕괴와 요동 지역의 권력 공백 상황에서 현 백하 상류인 비류수 유역에 고구려를 세웠다. 이러한 건국 과정은 중원의 사서와 고고학적 발견에 의해 뒷받침되며, 고구려 초기 무덤군 적석총은 이 시기의 것으로 확인되었다. 『신당서』에는 고구려 역사가 900년에 약간 못 미쳤다고 기록하고 있다.

부여 세력의 요동 진출과
백제 건국

부여국은 현도로부터 북쪽으로 1,000리 떨어진 고북구 장성 너머에 자리 잡고 있었다. 그 남쪽으로는 고구려가 있었고, 동쪽에는 읍루, 서쪽으로는 선비와 접하고 있었다. 땅은 사방 2,000여 리에 걸쳐 광대하고 널리 트여 있었다. 이 땅은 본래 예족의 영토로서 부여국은 예족의 후예였다.

부여의 시조는 동명이다. 옛날 북방의 색리국(索離國) 왕이 출행 중이었을 때, 그의 궁중에서 한 시녀가 임신하는 사건이 벌어졌다. 왕이 환궁하여 이 소식을 듣고 그녀를 죽이려 할 때, 시녀는 놀라운 이야기를 털어놓았다.

"앞서 하늘에서 큰 달걀만 한 기운이 내려오는 것을 보았는데, 거기에 감응되어 그대로 임신이 되었습니다."

왕은 그녀를 옥에 가두었는데, 그녀는 얼마 후 아들을 낳았다. 왕의 명에 따라 아이를 돼지우리에 버렸지만, 돼지가 아이에게 입김을 불어 죽지 않게 했다. 이어서 마구간에 옮겼으나, 말 또한 아이를 보호했다. 이 모든 일들로 인해 왕은 아이를 신이하게 여기게 되었고, 결국 그 어머니가 그를 거두어 기르게 했다. 그리고 아이 이름을 '동명(東明)'이라 하였다.

동명은 성장하여 활쏘기에 능숙해졌고, 그의 용맹함이 왕의 두려움을 자아냈다. 결국 색리국 왕이 그를 죽이려 하자, 동명은 남쪽으로 도망쳐 엄사수에 이르렀다. 그곳에서 활로 물을 쳤을 때, 고기와 자라들이 모두 모여 물 위로 떠올랐다. 동명은 그 위를 걸어 물을 건너 부여에 도착해 그곳의 왕이 되었다.

먼 세월이 흐른 서기 49년에 부여 왕이 사신을 보내어 후한 광무제에게 공물을 바쳤고, 광무제는 후하게 보답했다. 이에 사절이 해마다 왕래하면서, 부여와 한나라 사이의 관계는 점점 더 깊어만 갔다. 이 관계는 단순한 외교 이상의 의미를 가지게 되었으며, 두 나라 사이에는 동맹이 구축되기 시작했다. 두 나라가 동맹할 수 있도록 다리를 놓은 세력은 마한 진왕이다. 마한은 부여와 그 출자가 같았으므로 부여를 후원하면서 중원의 한(漢) 세력과의 동맹을 추진하였던 것이다.

그 옛날, 요동 땅은 여러 세력의 각축장이었다. 북방의 매서운 바람 속에 동호, 즉 조선의 후계 세력인 선비족, 오환족, 그리고 고구려와 예맥족, 부여족, 흉노족 등 다양한 세력들이 한국(韓國), 즉 마한과 더불어 요동과 요서, 그리고 우북평, 상곡, 어양(漁陽의 원래 표기인 魚羊은 조선의 鮮을 나타낸다) 등 화북평원 지역을 중심으로 잡거하면서 주도권을 다투고 있었다. 이들은 각자의 영향력을 확장하고자 끊임없이 서로에게 도전했다. 이때 마한의 눈에 들어온 것이 바로 부여였다. 부여와 마한은 오랜 세월 동안 그 뿌리를 같이했다. 마한은 이 강력한 기마 세력을 끌어들임으로써 요동의 패권을 확실히 장악하고자 했다.

부여와 한나라가 동맹을 모색한 것은 고구려가 요동에서 한나라에 대한 공세를 강화하고 있었기 때문이다. 서기 37년, 고구려의 기습 공격으로 낙랑은 불타오르고, 한나라는 물론이고 마한도 모두 커다란 위기에 봉착했다. 고구려는 더욱 강해져만 갔고, 요동의 땅은 끊임없는 충돌의 소용돌이 속에 빠져들었다.

한나라는 요동 지역에 관리를 파견하고 있었지만 이 시기만 해도 후한 광무제는 아직 나라의 안정을 이루지 못하고 있었다. 그 결과 조백하 동쪽의 요동을 돌아볼 여유조차 없었다. 마한과 한나라 요동 태수의 노력에도 불구하고, 그들이 꿈꾸던 평화로운 요동은 아직도 멀고 험난한 길을 걷고 있었다.

그러던 와중에 서기 44년 9월, 후한의 광무제가 바다를 건너 군사를 보내 낙랑을 공격하여 그 땅을 점령하고 군현을 설치했다. 이로 인해 조백하 상류인 살수(薩水) 이남의 땅이 한나라의 지배를 받게 되었다. 이에 따라 고구려의 영역이 현저하게 줄어들었고, 그 결과 새로운 갈등의 씨앗이 잉태되고 있었다.

같은 해 가을에 동이의 한국(韓國) 사람들이 무리를 이끌고 낙랑 군에 가서 부여의 요동 진입 문제에 대해 협의하였다. 이 시기 동이 에는 마한 · 변한 · 진한이 있어 이를 삼한(三韓)이라 불렀다. 마한은 선비, 오환과 더불어 조선의 후계 세력으로서 요동의 토착 세력이었다. 이들은 우이족으로 요동과 산동, 그리고 한반도에 그 근거를 두고 있었다. 광무제가 황제로 즉위한 이후 마한은 난하 동쪽의 변한, 그리고 요동반도의 진한을 모두 이끌고 한(漢)의 낙랑군에 가서 요동 지역의 안정을 위한 방안을 논의하였다.

서기 45년 가을, 요수의 서쪽에 있었던 선비(鮮卑)족이 요동군을 침략하자 요동태수 채융이 이들을 대파하였다. 선비족과 오환족은 흉노와 전쟁을 벌여 운중, 오원 등 병주 지역은 물론 상곡군, 우북평군, 요서군 등을 모두 장악하고 있었다.

같은 해 겨울 10월, 후한 광무제는 복파장군 마원(馬援)을 보내 변경을 넘어가 오환족을 공격했으나 한나라군이 대패했다. 이때 흉노족이 북방의 상곡군과 중산국을 침략했다. 요동의 정세는 하루가 다르게 변화하고 있었다. 서기 46년 오환이 흉노를 격파했다. 이때 흉노가 북쪽으로 이동해 사막 남쪽의 땅이 텅 비게 되었다.

서기 47년 겨울 10월, 고구려 잠지락부의 대가 대승 등이 10,000여 가의 무리를 거느리고 낙랑군에 와서 투항하였다. 이에 고구려는 커다란 타격을 입었다. 고구려의 핵심 세력들은 백하와 조하 일대에 살고 있었기 때문에 상시적으로 식량난을 겪고 있었다. 이에 고구려는 중원에 대한 공세를 강화하지 않으면 안 되었다.

서기 49년 봄 정월, 밀운구 북쪽에 근거하고 있었던 고구려 모본왕의 장수들은 말을 타고 서쪽으로 향했다. 그들의 목표는 한나라의 우북평(현재의 보정시 완현), 어양(북경시 밀운), 상곡(북경시 북서 회래현), 태원(산서성 태원시) 등을 정벌하는 것이었다. 고구려 왕은 현 북경시 동쪽 현도군 고구려현에 위치하고 있었다.

고구려 군대의 움직임은 용감하고 기민했다. 그들은 빠르게 한나라의 영토를 통과하며, 놀란 한나라 사람들에게 고구려의 이름을 각인시켰다. 그러나 이러한 고구려의 공격에도 불구하고 한나라는 이렇다 할 대응 수단이 없었다. 요동태수 채융은 고구려를 설득하는 방식으로 대응해야 했다. 그는 은혜와 신의를 바탕으로 고구려와의 화친을 추구했고, 결국 양측은 다시 평화를 맺었다.

서기 49년, 오환의 부족장이 한나라와 친선을 위해 입조했다. 겨울 10월에 한나라와 대립하던 동이족들이 모두 한나라와 화친하였다. 같은 해에 부여 왕이 한나라에 사신을 보내 토산물을 바치고, 부여의 요동 진입 문제에 대해 논의했다. 이해에 오환의 대인이 무리를 거느리고 한나라에 들어가 귀부하였고, 궁궐에 가서 조공을 바쳤다.

이후 고구려 태조왕이 태어나자마자 눈을 뜨고 사람을 바라볼 정도로 총명하니, 고구려 사람들이 그를 매우 사랑했고, 그의 성장을 지켜보며 큰 기대를 품었다. 태조왕은 장성하자 용맹스럽고 건장한 모습으로 자주 화북평원 일대를 침범하며, 고구려의 영토를 넓혀 갔다.

서기 55년 봄 2월에 태조왕은 북경 일대의 요서에 10성을 쌓아 한나라의 군대에 대비하였다. 고구려의 땅은 본래 주나라 시대에 기자가 봉해진 요서에 위치한 고죽국이었다. 『한서』 지리지에도 고구려가 요동의 북쪽 현도군 인근에 위치하고 있는 것으로 기록하고 있다. 따라서 고구려는 북경시 밀운구는 물론 연경구의 장성 일대를 모두 공격하였던 것이다. 더구나 태원은 지금의 산서성 태원시로 비정되므로 고구려가 산서성까지 진출하고 있었다는 사실을 보여 준다.

이후에도 고구려와 한나라 사이의 긴장은 계속되었다. 서기 105년의 봄 정월, 고구려 왕은 한나라의 요동으로 군대를 보내 여섯 현을 약탈했다. 한나라의 요동태수 경기는 군대를 이끌고 고구려의 공격에 맞섰고, 이 전투에서 고구려는 크게 패하였다. 그러나 고구려는 가을에도 다시 요동을 공격하였는데, 요동태수 경기가 다시 이를 막아 냈다.

서기 111년, 고구려 태조왕이 한나라에 사신을 보내며 평화의 손
길을 내밀었다. 그는 한나라에 토산물을 바치며, 현도군에 속하기를
요청했다. 그러나 평화는 잠시뿐, 서기 118년 여름, 태조왕은 예맥
과 함께 한나라의 현도군을 다시 습격했고, 화려성을 공격하며 고구
려의 힘을 과시했다.

이처럼 고구려와 한나라 사이의 역사는 끊임없는 쟁탈전과 평화의
시도, 그리고 다시 전쟁으로 이어지는 순환의 역사였다. 요동의 북
쪽에 있었던 고구려는 생존을 위해 전쟁을 통해서라도 풍요로운 경
작지가 있는 요동 일대로 진출해야만 했다. 따라서 전쟁 가능성은 상
존하고 있었다.

부여는 한나라와 평화적 방식으로 요동에 진출하기를 원했고, 한
나라는 중원과 먼 요동의 방어를 지원할 동맹 세력이 필요했다. 특히
고구려의 빈번한 침공을 막아 줄 굳건한 우군이 절실했다. 한나라 조
정에서는 부여와의 동맹의 대가로 부여 왕의 장사에 언제나 사용할
수 있도록 미리 옥갑(玉匣)을 현도군에 보관해 두었으며, 왕이 사망
하면 그 옥갑을 가져와 장례를 치르도록 하였다.

그러나 동맹의 길이 순탄한 것만은 아니었다. 서기 111년, 부여 왕
은 중대한 결정을 내렸다. 그는 한나라와의 동맹이 경시받고 있다고
느꼈고, 이에 동맹 파기 가능성을 경고하는 뜻을 전달하기 위해 낙랑
군을 공격하였다. 새벽안개가 자욱한 산맥을 넘어, 부여군의 보병과
기병 8,000여 명이 빠르게 진군했다. 그들의 발걸음은 결연했고, 전
투의 의지는 확고했다.

낙랑군은 불의의 공격에 전혀 대비하지 못했다. 그 관리와 백성들은 부여 군대의 강력한 진군 앞에서 방어선을 구축할 시간조차 없이 쓰러졌다. 곳곳에서 비명이 터져 나왔고, 낙랑군의 평화로운 일상은 순식간에 전쟁의 혼란 속으로 빠져들었다. 그러나 부여의 목적은 처음부터 파괴가 아닌, 한나라에 대한 경고와 동맹의 중요성을 일깨우는 것이었다.

이후 부여는 한나라와의 관계를 복원하였다. 서기 120년, 부여 왕은 낙양의 한나라 조정에 자신의 아들이자 계승자인 위구태(尉仇台)를 보내 공물을 바쳤다. 위구태의 임무는 평화의 의지와 부여의 연대의식을 담은 조공을 바치는 것이었다. 그의 여정은 부여와 한나라 사이의 가교를 놓는 중요한 역할을 했다.

한나라 조정에 도착한 부여 왕의 젊은 태자 위구태는 존경과 호기심의 대상이 되었다. 그의 용기와 외교적 재치는 많은 이들의 마음을 사로잡았고, 천자는 그의 노력을 높이 평가했다. 한나라 안제는 존중의 표시로 위구태에게 인수와 금채를 하사했다. 이 순간, 위구태는 두 나라 사이의 다리가 되어, 부여와 한나라의 동맹을 더욱 공고히 했다.

부여와의 동맹을 통해 요동의 한나라 세력들은 크게 고무되었다. 서기 121년 봄, 유주자사 풍환(馮煥)과 현도태수 요광(姚光), 그리고 요동태수 채풍(蔡諷)은 대담한 결정을 내렸다. 군사를 이끌고 현도와 요동을 빈번히 침공하는 고구려를 기습 공격하기로 한 것이다. 그들은 예맥거수를 공격하여 죽였고, 병마와 재물을 일거에 약탈해 갔다. 이 소식은 이내 고구려 태조왕의 귀에 들어갔고, 그는 분노했다.

태조왕은 즉각 아우 수성에게 명령을 내렸다. 군사 2,000여 명을 거느리고 가서, 풍환과 요광 등의 한나라 군대와 맞서 싸우라는 것이었다. 수성은 사자를 보내어 거짓으로 항복을 표하며, 풍환과 요광의 경계심을 늦추게 했다. 한나라의 장수들은 이를 믿고 방심했다.

그 순간, 수성은 기지를 발휘해 험요한 요충지를 점거했다. 그곳은 한나라 군대의 진격을 막을 수 있는 전략적 위치였다. 수성은 몰래 3,000여 명의 군사를 추가로 보내 현도와 요동의 두 군을 기습 공격했다. 그들은 성곽을 불태우고 2,000여 명의 한나라 군사를 살상했다.

이 소식을 들은 후한은 광양(북경시 대흥현), 어양, 우북평, 탁군, 요동속국(험독·방현·창려·도하·부려·빈도 등 요동과 요서 지역)에서 3,000여 명의 기마병을 출동시켜 요광 등을 구원하려 했다. 그러나 고구려의 맥인들은 이미 전투지에서 퇴각한 후였다. 고구려의 전략적 승리는 수성의 기지와 용기, 그리고 적을 속이는 능력 덕분이었다.

서기 121년 여름 4월, 요동은 불안정한 평화 속에 숨죽이고 있었다. 그러나 고구려 태조왕의 야심은 요동의 평화를 깨뜨리기에 충분했다. 그는 선비족 8,000여 명과 함께 살수 남쪽의 요수(遼隧)현으로의 대담한 침공을 결심했다. 태양이 작열하는 여름날, 고구려와 선비족 연합군은 요수현을 향해 진격했고, 그들의 발걸음은 전쟁의 그림자를 드리웠다.

요수현은 갑작스러운 공격에 속수무책이었다. 고구려 군대는 관리와 민간인을 가리지 않고 약탈하고 죽였다. 요동태수 채풍은 급히 군대를 이끌고 고구려군을 추격했지만, 신창현에서의 격렬한 전투에서 전사하고 말았다.

전투는 참혹했다. 공조인 경모와 병조연인 용단, 그리고 병마연인 공손포는 채풍을 보호하기 위해 온몸을 던졌다. 그들은 고구려 군대와 맞서 싸우며 필사적으로 저항했지만, 결국 전장에서 목숨을 잃었다. 그들과 함께 싸운 수많은 병사들도 함께 죽어, 죽은 사람의 수는 100여 명에 달했다.

이 전투는 요동의 땅을 피로 물들였고, 살아남은 이들의 가슴에는 슬픔과 복수심을 남겼다. 태조왕의 침공은 단지 땅을 넓히고 약탈하는 것 이상의 의미를 지니며, 요동 지역의 역사 속에 깊은 인상을 남겼다.

전투가 끝난 후, 요동의 평원은 침묵에 잠겼다. 살아남은 이들은 쓰러진 동료와 가족의 시신을 수습하며, 잃어버린 평화를 애도했다. 고구려 태조왕의 침공과 그에 따른 격렬한 저항, 그리고 많은 이들의 죽음은 요동 지역의 역사에 영원히 기록되어 후세 사람들에게 전해지게 되었다.

한나라는 요동의 안정을 위해 부여와의 동맹을 강화해야만 했다. 고구려가 날로 강성해져 가고 있었기 때문에 한나라에서는 이에 대항할 세력이 필요했다. 그러나 이 당시 한나라는 유주 지역만 해도 머나먼 국경 밖의 황량한 황외(荒外) 지역과 맞대고 있어서 재물과 비용이 많이 들어가고 있었다. 그 결과 요동은 중원으로부터 단절된 지역으로 간주되었다.

서기 121년 12월, 요동에서 전쟁의 물결이 잦아드는가 하던 즈음에, 고구려 태조왕은 마한과 예맥의 기병 10,000여 기를 거느리고 현도성을 향해 진군을 시작했다. 이들의 목표는 현도를 포위하여 그곳을 자신들의 손아귀에 넣는 것이었다. 현도를 장악하면 요동 북쪽의 평야지대를 모두 장악할 수 있었다.

원래 마한은 요동 전체 및 한반도를 장악하던 세력이었으나 한반도 평양 이북을 비롯하여 요동반도의 예맥계 마한 세력들은 고구려와 동맹했다. 마한의 일부 세력이 이탈하여 고구려와 합세한 것이다. 이들은 말을 타고 기동력을 발휘하여 급하게 현도군으로 집결하였다.

하지만 이 소식이 전해지자마자, 현도 북쪽의 부여 왕궁에서는 이에 대한 대응책이 준비되고 있었다. 부여 왕은 이 위기를 막기 위해 자신의 용맹한 아들, 위구태를 선택했다. 이제 갓 20세가 된 청년 위구태는 아버지의 명을 받들어 20,000여 명의 군사를 이끌고, 한나라 유주·현도군과 힘을 합쳐 대적하러 나섰다. 그들의 결속은 견고했으며, 그들의 의지는 꺾일 줄 몰랐다.

위구태의 군대는 적들을 향해 진격했고, 연산산맥에 구름이 걸린 장엄한 하늘 아래 벌어진 그 전투는 치열했다. 고구려와 맥족 계열의 마한, 그리고 예맥의 연합군은 부여의 용사들 앞에서 서서히 밀려나기 시작했다. 싸움은 치열했고, 땅은 전사들의 피로 얼룩졌다. 그러나 위구태의 지략과 용맹함은 그 어떤 적도 대항할 수 없었다.

결국, 위구태는 적들을 깨뜨리고 500여 명의 적의 머리를 베어, 승리를 거머쥐었다. 이 승리는 단순한 전투의 승리를 넘어, 부여와 한나라 동맹의 굳건함을 상징했다. 위구태는 동맹군으로서 현도를 지킨 영웅으로 기록되었고, 그의 이름은 부여와 한나라 사이의 우정과 연대를 상징하는 이야기로 전해졌다.

그날 이후, 위구태의 전설은 요동의 평원을 넘어, 수많은 마을과 도시에서 회자되었다. 그는 민족의 경계를 넘어 평화를 지키려 한 영웅으로서 후세 사람들에게 존경과 영감을 주었다. 그리고 가을의 바람이 부는 매년, 사람들은 위구태와 그의 용사들이 이룬 위업을 기리며 평화와 우정의 가치를 다시 한번 되새기게 되었다.

서기 122년 2월, 겨울의 끝자락에서 봄이 기지개를 켜기 시작했을 무렵, 고구려 태조왕은 마한, 예맥과 손을 잡고 다시 한번 현도의 남쪽, 요동을 향해 진군을 시작했다. 전쟁의 핏물이 채 씻기지 않은 땅은 또다시 긴장감으로 물들었다.

부여 왕은 이 소식을 듣고 위구태에게 병력을 주어 요동으로 나아가게 했다. 부여 왕은 이를 계기로 요동으로 진출할 수 있기를 기대하고 있었다. 용맹스러운 위구태는 아버지의 명령을 받고, 부여의 병력을 이끌고 요동으로 향했다. 그의 마음속에는 부여와 동맹국을 지키겠다는 확고한 결심이 자리 잡고 있었다.

고구려 태조왕의 군대는 요동의 평화를 위협하며 남쪽으로 진격했다. 그들은 무거운 발걸음을 이끌고 전장을 태울 듯한 눈빛으로 무장했다. 하지만 위구태가 이끄는 부여군의 분전은 그 어느 때보다도 강렬했다.

전투는 현도의 남쪽에서 벌어졌고, 양측의 군대는 서로를 향해 격렬하게 부딪혔다. 칼과 창이 부딪치는 소리, 전사들의 외침이 격전지를 가득 메웠다. 위구태는 전선에서 병사들을 이끌며, 고구려 군대에 맞서 싸웠다. 그의 용맹스러움에 한층 더 고무된 부여군은 더 큰 위력을 발휘했다.

결국, 위구태의 지략과 병력의 용맹함으로 부여군은 다시 한번 고구려 군대를 물리치고 승리를 거머쥐었다. 전투의 먼지가 가라앉은 후, 부여 왕은 한나라에 사신을 보내 공물을 바쳤다. 이는 대내외에 부여의 역할을 대대적으로 알리고 각인시키기 위한 고도의 전략적 조치였다. 이로써 한나라에는 부여가 확고한 동맹 세력으로 자리 잡게 되었다.

특히 두 번에 걸친 전투를 통해 위구태의 전설이 만들어졌다. 그의 용기와 지략은 다시 한번 부여의 영웅으로서의 명성을 드높였으며, 그의 이야기는 더욱 많은 사람들에게 전해졌다. 위구태는 단순한 전사가 아니라, 평화를 위해 싸우는 패배를 모르는 기마민족의 상징으로 기억되었다.

서기 136년, 부여 왕은 요동 진출 방안을 협의하기 위해 직접 한나라의 낙양을 방문하여 황제인 순제 유보(劉保)와 만났다. 황제는 이 특별한 방문을 기념하기 위해 황문의 북과 관악기 연주, 그리고 각종 공연을 마련하여 왕을 환대했다. 부여 왕은 이 화려한 연회와 공연을 관람하며, 한나라와의 우호 관계를 다시 한번 확인했다.

서기 146년 가을 8월, 고구려 태조왕이 장수를 보내 한의 요동군 서안평현에 대해 기습적인 공격을 가하였다. 이 장수는 대방현령을 죽이고 낙랑태수의 처자를 포로로 잡아 왔다. 이 승리는 고구려가 기동력을 통해 요동의 중심부를 타격했다는 점에서 요동 전체에 충격을 주었다.

한나라의 끝자락, 환령지말(桓靈之末)의 혼돈이 깊어 가던 서기 161년, 부여 왕은 한나라에 사신을 보내기로 하였다. 위구태는 서기 142년에 즉위하여 이제 남의 말을 잘 듣고 이해하는 나이인 이순(耳順)을 넘긴 상태였다. 위구태의 명령에 따라, 사신들은 풍부한 공물을 싣고 긴 여정을 떠났다. 부여 사신들은 모직물과 비단으로 만든 옷을 입고, 금 또는 은으로 만든 장신구로 허리를 장식했다. 그들이 가지고 간 것은 단순한 물품이 아니었다. 평화와 우정의 메시지를 담은, 무형의 가치가 훨씬 더 컸다.

낙양에 도착한 그들은 황제 환제 앞에서 경건한 태도로 조하하며, 부여와 한나라 간의 끊임없는 평화와 우정을 갈망하는 마음을 전했다. 그러나 그 시기의 한나라는 내부 혼란으로 요동을 먼 나라의 일로 여기며 관심이 현저히 떨어져 있었다. 황제는 매관매직에 연루되어 있었고, 십상시와 같은 환관들의 권력이 정점에 이르렀다. 그런 상황에서 요동의 문제에 대해 심도 깊은 논의를 할 여유가 없었다.

부여의 사신들은 한나라의 황궁을 떠나면서 무거운 마음을 감출 수 없었다. 그들은 두 나라 사이의 미래가 불투명하다는 사실을 인지했다. 그럼에도 불구하고, 그들은 부여로 돌아가 자신들의 경험을 위구태 왕에게 전달하기로 했다. 어쩌면, 이러한 시도가 미래에 새로운 길을 열 수 있을지도 모른다는 희망을 버리지 않았다.

낙양에서 사신들이 돌아온 지 얼마 되지 않은 서기 163년, 부여의 땅은 깊은 슬픔에 잠겼다. 위구태, 부여의 지혜롭고 용맹스러운 지도자가 세상을 떠난 것이다. 위구태의 후계자인 부태는 아버지의 유지를 이어받아 왕에 즉위하였다. 부태는 젊고 열정적이었지만, 그의 어깨에는 무거운 책임감이 실려 있었다. 아버지가 이루고자 했던 평화로운 미래를 실현시키기 위해, 그는 끊임없이 노력해야만 했다.

한나라에서는 위구태의 장례를 위해 현도군을 통해 특별한 선물을 보내왔다. 화려한 옥갑이었다. 고대의 신비로운 땅, 부여에서는 왕의 장례식이 그 어떤 의식보다도 중요한 의미를 지녔다. 부여 왕의 마지막 여정에는 특별한 물건이 사용되었는데, 그것은 바로 옥갑이었다. 이 옥갑은 단순한 장례용품이 아니었다. 그것은 부여와 한나라 간의 깊은 유대와 존중의 상징이었다.

한나라 조정에서는 이 옥갑을 매우 중요하게 여겼다. 그래서 언제나 부여와 가까운 곳에 위치한 현도군에 옥갑을 미리 보관해 두었다. 부여 왕이 세상을 떠나면, 이 옥갑을 취하여 장례를 치르게 했다. 이러한 행위는 부여를 단순한 이웃 국가가 아닌, 황제국과 같은 지위로 예우하고 있다는 한나라의 깊은 존중과 우정을 나타냈다.

위구태 왕이 세상을 떠나자 온 나라가 애도에 잠겼다. 그리고 한나라에서 옥갑이 도착했다는 소식이 전해지자, 모든 사람들은 옥갑의 화려함에 놀라움을 표하였고, 아울러 죽은 왕의 길을 밝혀 줄 것이라 여겨 한나라에 깊은 감사의 마음을 느꼈다. 부태는 옥갑을 아버지 구태의 온몸에 수의처럼 입혔다.

사실 옥갑은 한나라에서도 황제의 장례를 치를 때에만 사용하던 보물 중의 보물이었다. 이는 옥갑이 갖는 가치와 중요성을 말해 준다. 옥갑이 부여 왕의 장례에 사용된다는 것은, 부여 왕을 한나라 황제와 동등한 지위에 놓는 것을 의미했다.

장례식이 끝난 후, 부여 사람들은 옥갑의 비밀을 오래도록 기억했다. 그것은 두 나라 사이의 우정과 평화, 그리고 서로를 깊이 존중하는 마음을 상징하는 것이었다. 옥갑의 전설은 세대를 거쳐 전해져 내려오며, 부여와 한나라 사이의 깊은 유대를 영원히 기념하게 되었다. 위구태가 사망한 지 얼마 되지 않아 부태는 아들을 갖게 되었는데, 그의 이름을 아버지 위구태의 이름을 그대로 따서 똑같이 위구태라고 불렀다. 위구태는 부여와 한의 동맹의 상징이므로 이를 소중하게 여겼던 것이다.

그러나 한나라와 부여의 관계는 여러 가지 굴곡진 역사를 가질 수밖에 없었다. 한나라는 국가가 으레 갖는 말기적 증상을 보이며 조정이 환관과 간신들에 의해 좌지우지되고 있었다. 서기 167년, 부여 왕 부태는 한나라 조정의 결정에 경고의 신호를 보내기로 결심했다. 한나라가 부여를 요동으로 진출시키지 않은 것에 대한 불만이 쌓여 있었기 때문이다. 부태는 결국 20,000명의 군대를 이끌고 현도를 공격했다. 이 행동은 단순한 군사적 충돌 이상의 의미를 지녔다. 그것은 한나라에 대한 경고였으며, 부여의 자존심을 지키려는 시도였다.

현도태수 공손역은 부여의 공격을 받고 즉각 대응에 나섰다. 그는 뛰어난 군사 전략으로 부여 군사 1,000여 명의 머리를 베었다. 그러나 이 승리는 한나라 조정의 전정한 승리를 의미하는 것은 아니었다. 요동 자체가 공손씨들의 손으로 들어가기 시작했기 때문이다.

서기 168년, 한나라에서는 현도태수 경림에게 고구려를 공격할 것을 명령했다. 그가 요동 일대의 군대를 모두 모아 대군을 이끌고 고구려 땅을 침공해 왔다. 경림의 군대는 무자비했고, 고구려의 군사 수백 명이 그의 칼날에 쓰러졌다. 이 참혹한 전투는 고구려에 큰 타격을 주었고, 신대왕의 마음을 무겁게 만들었다.

고구려 신대왕은 깊은 고민에 빠졌다. 그의 나라와 백성을 위해, 그는 결국 항복을 선택했다. 자존심을 접고 현도에 속하기를 청하는 것은, 그에게 있어서 마지막 선택이었다. 신대왕의 이 같은 결정에 고구려는 새로운 시대를 맞이했다.

서기 174년에 이르러 부여는 다시 한나라와 우호 관계를 복원했다. 부태왕은 표장을 올리고 공물을 바쳐 한나라의 황제, 영제(靈帝)에게 우호적인 관계를 재확인하고자 했다. 이러한 행위는 부여가 한나라와의 관계를 중시하며, 과거의 충돌을 뒤로하고 다시 평화를 추구하려는 의지의 표현이었다.

부여는 본래 현도군에 속하였으나 한나라 환제(桓帝) 때부터 줄기차게 요동군에 소속하기를 원해 왔다. 한나라 내부의 정세 변화 및 요동 정세의 급변에 따라 더 나은 위치를 찾아 나선 부여는 결국 연산산맥 인근의 척박한 현도보다 더욱 유리한 위치인 요동에 속하기를 요청하였다. 이는 부여가 자신의 위치와 영향력을 더욱 확장하고자 하는 전략적인 움직임이었다.

이러한 일련의 사건은 부여와 한나라 간의 복잡한 관계와 역사적인 상호 작용을 보여 준다. 군사적 충돌에서부터 외교적 접근에 이르기까지, 두 나라는 갈등과 화해의 과정을 반복하며 서로에 대한 이해와 존중을 깊게 했다. 부여의 전략적 결정과 한나라와의 관계는 그들의 역사와 정체성에 큰 영향을 미쳤으며, 이는 후대에까지 영향을 끼쳤다.

한때 한나라는 번영했으나, 서기 189년경에는 혼란의 늪에 빠져 있었다. 황건적의 난으로 중원 전체가 커다란 혼란 상태에 빠지자 동탁이라는 강력한 군벌이 정권을 잡고, 그의 지배 아래에서 많은 이들이 권력의 놀음에 휘말렸다. 이러한 시기에, 요동군 출신인 서영이 동탁에 의해 중랑장으로 임명되었다. 서영은 동향 출신의 공손탁을 천거하여 요동태수가 되게 하였다.

공손탁의 가문은 황제(黃帝) 공손 헌원의 후손이다. 그러나 그의 아버지 공손연(公孫延)은 몰락하여 관리의 추적을 피해 가족을 데리고 현도군에서 숨어 살아야 했다. 공손탁은 그곳에서 소박한 삶을 시작했고, 말단 벼슬아치로 일하며 겸손한 생활을 이어 갔다.

운명은 때로 기이하게 흘러가곤 한다. 현도태수 공손역의 아들, 공손표라 불린 소년이 18세의 어린 나이에 세상을 떠난 것이다. 공교롭게도 공손탁의 어릴 적 이름도 공손표였고 그 나이까지 같았다. 공손역은 공손탁을 자신의 친자식처럼 사랑했고, 그에게 스승을 붙여 지식을 쌓게 하고, 심지어 아내까지 얻어 주었다. 공손역은 부여 왕 부태의 공격을 막아 낸 명장이기도 하였다. 그는 공손탁에게 군의 전략전술에 대해 직접 가르치기도 했다.

그러나 공손탁의 삶은 평탄치만은 않았다. 서기 169년, 상서랑에 임명되었고, 그 후 기주자사로 승진하는 영광을 누렸다. 하지만 그의 발길을 잡은 것은 근거 없는 소문이었다. 이 소문으로 인해 그는 파면당하고 만다. 이러한 시련에도 불구하고, 공손탁은 결코 굴하지 않았다. 그는 자신의 운명을 스스로 개척해 나갔고, 굴곡진 길을 통해 지혜와 용기를 얻었다.

서기 189년, 공손탁은 요동태수가 되었으나 그가 현도군의 말단 관리에서 시작해 집안을 일으켰으므로 요동군 사람들은 그를 업신여겼다. 공손탁이 요동태수가 되기 이전에 요동속국의 공손소가 양평현령으로 있을 때, 공손탁의 아들 공손강을 군대의 최하위 계층인 오장으로 임명했다. 이는 분명한 치욕이었다. 공손탁은 이 모욕을 결코 잊지 않았다. 그리고 그는 요동태수에 부임하는 즉시, 공손소를 체포하여 양평현(현 당산시) 시장의 만인이 쳐다보는 가운데서 그를 때려죽였다. 이는 요동 내에서 큰 충격과 공포를 일으켰다.

공손탁의 행보는 여기서 멈추지 않았다. 그는 요동 내의 소문난 호복이자 명문가인 전소(田韶)를 포함해, 오랫동안 우대를 받았으나 은혜를 갚지 않은 이들을 법에 따라 처형했다. 그의 철저한 숙청 작업으로 인해 멸문지화를 입은 가문이 100여 가에 이르렀다. 그의 무자비한 조치에 요동군 전체가 놀라움과 두려움에 휩싸였다. 그러나 공손탁의 야심은 이 땅에만 머무르지 않았다. 그는 동북으로는 고구려를, 서쪽으로는 오환을 공격하여 그의 위세를 나라 밖까지 떨쳤다.

서기 190년, 중원의 대지는 혼란의 소용돌이 속에 휩싸여 있었다. 한나라의 기운이 쇠약해지며, 무수한 영웅들이 그 빈자리를 차지하기 위해 소용돌이쳤다. 이때, 공손탁은 그의 심복 관원인 유의(柳毅)와 양의를 곁에 불렀다. 그들 앞에서, 그는 운명적인 선언을 했다.

"한 왕조가 망하려고 하는데, 한나라가 몰락한다면 나는 여러분과 함께 왕업을 도모하겠소."

그의 말은 무게감 있게 공기 중에 맴돌았고, 유의와 양의는 서로를 바라보며 그 말의 의미를 되새겼다. 이는 단순한 선언이 아니라, 새로운 시대를 열겠다는 결의였다.

그 시기에, 양평현 연리(延里)에 있는 토지의 신과 곡물의 신에게 제사를 지내는 제단인 사단(社壇) 근처에서 약 한 장(丈, 3미터) 길이에 세 개의 작은 돌이 받치고 있는 커다란 고인돌이 발견되었다. 이 고인돌은 단순한 석재가 아니었다. 그것은 과거와 현재, 미래를 잇는 상징적인 존재였다. 어느 날, 한 사람이 공손탁에게 다가와 그 돌에 대해 말했다.

"이것은 한나라 선제의 관석산의 상서로운 조짐이고, 또 마을 이름은 당신 부친의 성함과 같습니다. 사는 토지의 주신을 모시는 곳이므로 당신이 땅을 차지하고 삼공의 보좌를 받는다는 뜻입니다."

이 말을 듣고 공손탁은 마음 깊이 감동했다. 그것은 그가 걸어가야 할 길, 그리고 그의 운명에 대한 신의 가르침으로 여겨졌다. 그는 그 상서로운 조짐을 자신의 심정을 대변하는 것으로 여겼고, 이를 통해 그의 꿈과 야망이 정당함을 느꼈다.

그 순간부터, 공손탁은 자신의 운명을 새롭게 쓰기 시작했다. 그는 유의·양의와 함께, 한나라의 혼란을 기회로 삼아 새로운 역사의 장을 열었다. 그들의 결의는 고인돌처럼 단단했고, 그들의 행동은 한나라와 독립적인 요동 왕국을 설립하는 데 결정적인 역할을 했다.

이러한 시점에 고구려에서 왕위쟁탈전이 벌어져 발기가 구원을 요청해 왔다. 서기 197년 발기는 공손탁이 지원한 30,000명의 군대를 이끌고 고구려를 공격하였으나 대패했다. 발기는 하호 30,000명과 함께 비류수 가에 머물며 공손탁의 손길을 기다리고 있었다. 다른 한편 새롭게 왕위를 이은 북방의 부여 구태왕이 요동으로 진출하기를 원하고 있었다.

공손탁이 요동의 구도를 바꾸기 시작했을 때, 그의 야망은 단순히 권력을 장악하는 것을 넘어섰다. 그는 요동군을 나누어 요서에 중료군을 설립하고, 산동의 동래군 여러 현들을 규합하여 영주자사를 두었다. 이러한 세력 구축은 공손탁이 요동과 산동에 자리 잡고 있었던 마한 우이족과 연합하였다는 사실을 의미한다. 공손탁은 한족과 동이족이 잡거하는 요동에서 우이족과 손을 잡고 중원의 한나라와 독립된 자신만의 왕국을 건설하고자 했다.

자신의 힘을 과시하기 위해 공손탁은 스스로 요동후와 평주목이라 칭하며, 아버지 공손연을 건의후로 추봉했다. 한 고조 유방과 후한 광무제 유수의 제묘를 세우고 천지에 제사를 지내며, 왕이 몸소 농경의 시범을 보이는 논밭인 적전을 설치하고 어가를 타고 구류를 사용했다. 또한 모두기와 우림기를 편제하는 등 사실상 요동 왕 행세를 하기 시작하였다.

이러한 변화의 바람은 먼 곳까지 퍼져 나갔고, 황건적과 동탁의 난을 피해 안정을 찾는 이들이 요동으로 몰려들기 시작했다. 그중에는 산동성 북해 사람 관녕, 병원, 왕렬, 국연(國淵)과 같은 이름난 인물들도 있었다. 공손탁은 이들을 등용하려 했으나, 그들은 모두 그의 제안을 거절하고 험준한 초야에서 사람들을 가르치기로 했다.

젊은 시절에 관녕과 화흠은 깊은 우정을 나누는 친구 사이였다. 어느 날, 그들은 채소밭을 함께 김매고 있었다. 태양은 뜨겁게 내리쬐고, 땅은 그들의 땀방울로 촉촉이 젖어 있었다. 그때, 갑자기 관녕의 호미에 뭔가 단단한 것이 걸렸다. 그것은 바로 금이었다. 관녕은 금을 호미로 쳐내며, 그저 기와나 자갈처럼 여겼다. 반면 화흠은 금을 주워 들었다가 밭가에 던졌다. 이 일로 사람들은 두 사람의 우열을 알게 되었다.

왕렬은 젊은 시절부터 도량과 학업에서 뛰어난 재능을 보였다. 그의 명성은 병원과 관녕보다 높았으며, 그는 사람들을 가르치고 이끄는 데 있어 타의 추종을 불허했다. 어느 날, 마을에 소를 훔친 도둑이 있었다. 소 주인이 도둑을 잡자, 그는 죄를 인정하며 형벌을 받겠다고 청하며 말하였다.

"형벌을 달게 받겠으니 왕렬에게만큼은 이 사실을 알리지 말아 주시오."

왕렬은 이 이야기를 듣고 도둑에게 베 한 필을 보냈다. 어떤 사람이 그 이유를 묻자 왕렬이 대답했다.

"도둑이 내가 자기 허물을 들을까 두려워하니, 이는 악을 부끄러워하는 마음이 있는 것이고, 곧 그 마음에서 선이 자라날 것입니다. 그래서 베를 보내어 선하게 되도록 권한 것입니다."

시간이 흘러, 한 노인이 길에서 검을 잃어버렸다. 그 검을 발견한 사람은 그것을 지켜 두었다가 노인이 돌아와 검을 찾을 때까지 보호했다. 왕렬이 사람을 시켜 사실을 캐어 보니 그 사람이 바로 예전에 소를 훔쳤던 도둑이라는 것을 알게 되었다.

여러 사람들이 서로 옳고 그름을 다툴 때, 그들은 종종 왕렬에게 판결을 구하려다가도, 때로는 길을 되돌아오기도 하고, 또 어떤 때는 왕렬의 집을 바라보기만 하고 돌아서기도 했다. 결국, 모두가 정직함을 바탕으로 서로를 존중하며, 왕렬이 그 논쟁을 듣지 못하도록 자제하는 분위기를 만들었다.

특히 병원은 공손탁에게 큰 인상을 남겼다. 그는 죽을 뻔한 유정의 목숨을 구했다. 그날 밤, 공손탁은 병원을 자신의 처소로 초대했다. 두 사람 사이에는 깊은 대화가 오갔다. 공손탁은 병원에게 물었다.

"당신과 같은 뛰어난 인재가 왜 나의 제안을 거절하는가? 요동은 당신과 같은 사람이 필요하오."

병원은 잠시 생각에 잠겼다가 대답했다.

"진정한 가치는 권력에 있지 않습니다. 사람들을 널리 이롭게 해서 그 마음을 얻고, 세상에 긍정적인 변화를 가져오는 데 있지요. 제가 할 수 있는 일은 여기, 초야에 더 많습니다."

공손탁은 그의 말에 깊은 인상을 받았다. 그는 병원의 품격과 지혜를 높이 평가했다. 그날 이후, 공손탁은 자신의 통치 방식을 다시 생각하기 시작했다. 그는 권력을 통해 세상을 바꾸고자 했지만, 진정한 변화는 사람들의 마음에서 시작된다는 것을 깨달았다. 그래서 그는 힘보다는 덕으로 백성들을 감화시켜 나가기 시작했다. 공손탁의 요동은 점점 더 안정을 찾아갔고, 그의 명성은 더욱 높아만 갔다.

서기 196년 봄, 요동의 평화는 공손탁의 야심에 의해 새로운 전기를 맞이했다. 그는 요동의 남쪽에 위치한 둔유현 이남의 황무지를 나누어 대방군을 설치하고, 공손모와 장창을 보내 한나라의 유민들을 모아 군대를 일으켰다. 그의 계획은 한과 예를 압박하는 것이었다. 그러자 마한과 부여 세력들이 대방고지에 나라를 세워 정착하기를 희망하였다. 대방고지는 황하 하류의 범람으로 끊임없이 퇴적물이 쌓여 광대한 새로운 땅이 만들어졌던 곳을 가리킨다. 이 변화는 머지 않아 요동 바닷가를 중심으로 해상교역에 종사하던 왜(倭)와 한이 대방에 커다란 세력을 구축하게 되는 결과를 낳았다.

서기 197년, 요동 지역은 거대한 변화의 소용돌이 속에 있었다. 부여 왕 구태는 그 변화의 중심에서 한나라와 요동 진출 문제를 논의하기 위해 공손탁에게 사신을 보냈다. 부여는 그때 현도군에 속해 있었고, 공손탁은 이 지역의 관리로 일하며 부여에 대해 깊이 이해하고 있었다. 그는 부여인들이 신의를 지키며, 불필요한 약탈이나 전쟁을 하지 않는 평화로운 종족임을 알고 있었다. 그럼에도 불구하고 전쟁이 불가피할 때는 반드시 승리를 쟁취하는 단단한 각오를 지닌 사람들이었다.

이러한 이해를 바탕으로, 공손탁은 부여와의 관계를 더욱 강화하고자 했다. 한나라에서는 부여 왕의 장례를 치를 때 사용할 옥갑을 현도의 창고에 보관하는 등 부여를 높이 존중했다. 이는 단순한 예우가 아닌, 두 나라 사이의 깊은 신뢰와 존중의 표시였다.

공손탁이 요동태수로 부임한 이후 불과 몇 년 만에 동북 지역의 판도를 바꿔 놓았다. 그의 무력과 지략으로 외이들을 복속시키며 요동을 넘어 그 영향력을 확장해 나갔다. 이러한 변화의 바람이 불어오는 가운데, 이제 갓 왕위에 오른 부여 왕 구태는 자신의 나라와 백성들의 운명을 고민하였다. 고구려와 선비가 강성해지는 상황에서 부여는 두 강대국 사이에 끼여 위태로운 위치에 처해 있었다. 구태는 이를 타개하기 위한 방안으로 공손탁과의 동맹을 선택했다.

공손탁 또한 사실상 요동왕 행세를 하며 부여와의 동맹을 제안하며, 그 신뢰의 증표로 자신의 딸을 부여 왕에게 시집보내기로 했다. 이 결정은 단순한 정략결혼 이상의 의미를 지녔다. 그것은 두 나라 사이의 긴밀한 연대와 평화를 위한 약속이었다.

구태는 공손씨와의 혼인동맹을 통해 부여가 동이 중에서 가장 강한 나라로 거듭날 기회를 얻었다. 공손탁의 딸이 부여의 궁으로 걸어 들어올 때, 그녀는 단지 한 여인이 아닌, 두 나라의 미래를 이어 줄 중요한 가교였다. 그녀의 도착은 부여와 요동 사이에 새로운 시대의 시작을 알리는 신호였다.

구태는 고구려에서 망명한 발기가 이끌고 온 30,000명의 하호와 부여의 백성들을 결집시켜 요동 남쪽의 바닷가 지역인 대방군에 백제를 건국하는 대업을 이루어 냈다. 이러한 과정을 거쳐 마한 55국 중 하나인 백제(伯濟)가 건국되었다. 위구태는 백제의 개국 군주가 되었으며, 그가 사망한 지 200여 년이 지난 후에야 비로소 백제 국왕들은 구태의 묘를 왕성에 세우고 매년 네 차례 시조 구태의 사당에서 제사를 지냈다.

구태의 백제 건국과 관련하여 중국의 『주서』, 『북사』, 『수서』에는 모두 다음과 같이 기록되어 있다.

"백제는 그 선대가 마한의 속국이며 부여의 별종이다. 동명의 후손 중에 구태가 처음으로 대방 옛 땅에 나라를 세웠다. 한의 요동태수 공손탁은 딸을 구태에게 시집보냈는데, 일약 동이 강국으로 부상했다."

『삼국지』와 『후한서』는 마한 55국 중 하나로 백제(伯濟)를 기록하였으나 여전히 부여가 백제로 바뀐 사실을 제대로 인지하지 못했다. 그만큼 초기 백제는 모두에게 익숙치 않은 존재였다. 구태백제가 동이 강국으로 부상하게 된 것은 마한 세력들이 요동에서 자신들의 세력을 구태에게 몰아주었기에 가능한 것이었다. 당초에 백가가 건너왔다고 해서 나라 이름을 '백제'라고 불렀다.

공손탁은 이 모든 변화를 지켜보았다. 그는 대방군의 설립과 백제의 건국이 요동왕이 되기 위한 자신의 꿈을 향한 또 다른 발걸음이라고 믿었다. 그의 마음속에는 요동과 그 너머의 땅을 하나로 묶어 평화롭고 번영하는 세상을 만들겠다는 꿈이 자리 잡고 있었다.

공손탁은 또한 왜와 한, 그리고 예의 복속을 통해, 그의 지배가 중국 내륙을 넘어 동이의 땅까지 뻗어 나갈 수 있음을 알았다. 왜는 오나라의 멸망 후 발해만 일대에서 새로운 정체성을 찾은 이들이었고, 해양을 장악한 그들의 힘은 이제 공손탁의 꿈을 실현하는 데 중요한 역할을 할 것이었다.

서기 57년 봄 중원에 사신을 보낸 왜(倭)의 노국(奴國)의 국주는 열도로 진입한 선비족 노씨였다. 이제 공손탁은 자신의 영향력이 대륙을 넘어서 해외로까지 흘러넘칠 것이라고 확신했다.

서기 204년, 한나라 말기에 천하를 손에 넣기 위한 전쟁의 불길이 하늘을 뒤덮었다. 이때 조조가 표를 내려서, 공손탁을 무위장군과 영녕향후로 임명했다. 공손탁은 요동의 심장부에서 이 소식을 들었다. 그는 자신의 무기고로 걸어가며 외쳤다.

"나는 이미 요동에서 왕 노릇을 하고 있는데, 영녕향후가 가당키나

한 것인가!"

공손탁의 손에 들린 인수는 차가웠지만, 마음속의 불길은 더욱 뜨거워졌다. 그는 인수를 무기고 한쪽 구석에 처박았다. 그 순간, 공손탁의 마음속에는 요동을 지키고 그 너머의 세계를 정복하겠다는 거대한 꿈이 싹트기 시작했다.

공손탁이 요동에서 사실상 중원과 절연된 상태에서 왕 노릇을 하게된 것은 당시 요동의 세력 관계를 잘 파악하고 나름대로 강대한 세력을 구축할 수 있었기 때문이다. 여기에는 마한과 부여가 중요한 역할을 수행하였다. 이때 요동 · 창려 · 현도 · 대방 · 낙랑 등 5개의 군을 합하여 평주(平州)라 하였는데, 이에 속한 동이 9종이 모두 공손씨에게 복속하였다.

공손탁의 통치 아래 요동은 평화를 누렸으며, 그의 지혜와 용맹은 사람들 사이에서 전설처럼 퍼져 나갔다. 공손탁이 세상을 떠난 후, 공손탁의 장남인 공손강이 아버지의 유지를 이어받아 요동의 권좌에 올랐다. 그는 아버지의 뜻을 이어받아 요동을 더욱 번영으로 이끌겠다고 다짐했다. 한편, 차남인 공손공은 영녕향후에 봉해졌다. 그는 형제간의 경쟁을 뛰어넘어, 자신만의 길을 걸으며 요동의 평화와 번영에 기여했다.

공손탁의 사후에도 요동은 그의 후손들에 의해 계속 장악되었다. 공손탁 이후 공손강, 공손연 등 3대에 걸쳐 공손씨들이 계속 요동을 차지하게 되자 한나라 황제는 요동을 중원과 단절된 지역으로 여겨 공손씨에게 나라 밖의 일로 위임시켰다. 이 때문에 동이족들과의 관계가 끊어져 중원과의 교류와 왕래가 이루어지지 못하게 되었다.

구태백제의 왕력

왕명	왕력
동명	시조. 시기 불명
위구태	부여 왕 서기 120년 한(漢) 궁궐 등장 18세 재위 142~167년
부태	부여 왕 재위 서기 167년~197년
위구태	부여 왕 서기 197~230년 백제 개국 군주
부여간위거	백제 2대왕 서기 230~245년
부여마여	백제 3대왕 서기 245~255년 공립된 왕
부여의려	백제 4대왕 서기 255~285년
부여의라	백제 5대왕 서기 286~316년
부여현	백제 6대왕 서기 316~346년 전연에 멸망 후 망명 부여 잔류왕은 서기 494년 고구려에 망명
부여울	백제 7대왕 서기 346~372년
부여구	백제 8대왕 책봉 서기 372년 백제 왕 재위 서기 372년~386년
부여휘	백제 9대왕 책봉 서기 386년 백제 왕 재위 서기 386년~416년
부여영	백제 10대왕 책봉 백제 왕 서기 416~427년
부여비	백제 11대왕 책봉 서기 430년 백제 왕 서기 427~455년
부여경	백제 12대왕 책봉 백제 왕 서기 455~475년

2

조조의 북벌,
관도의 불똥이 요동으로 튀다

관도대전,
조조의 기발한 전술과 원소군의 몰락

관도대전은 동한 말기인 서기 200년 하남성 정주시 중모현의 나루 터에서 발생한 전쟁으로, 중원 역사상 약한 쪽이 강한 쪽을 이긴 유 명한 전투 중 하나이다. 이 전투에서 조조(曹操)는 기발한 전술을 사 용하여 원소(袁紹)의 군대를 성공적으로 격파했다.

원소와 조조 사이의 관도대전은 당초 원소가 공세를 취하는 쪽이었 다. 원소는 업성(鄴, 한단시 임장현)에서 출발해 황하를 건너 남쪽의 허도(許都)를 공략하여 한 헌제를 탈취하고, 조조의 심장부를 공격하 고자 했다. 그렇게 해서 궁극적으로 조조를 멸망시키는 것을 목표로 삼았다. 원소군이 관도대전에 나서기 이전에 진림(陳琳)이 격문을 통 해 조조의 죄상에 대해 다음과 같이 밝혔다.

"사공 조조의 조부 중상시 조등은 좌관, 서황 등의 환관들과 함께 요 사스럽게 굴며 탐욕을 부리고, 난폭하게 행동하여 세상의 풍속을 해치 고 백성들을 학대했다. 그 아비 조숭은 비렁뱅이로 살다가 환관의 양자 가 되어, 뇌물로 가짜 지위를 얻고, 권문세가에게 금은보화를 바쳐 삼 공의 권력을 도적질하여 사직을 무너뜨렸다. 조조는 버림받은 추악한 내시의 자손으로서, 본래 덕을 갖추지 못했으며, 사납고 교활하게 일을 꾸미며 혼란을 좋아하고 병란을 일으키기를 즐겼다."

서기 193년, 조조의 부친 조숭이 서주의 낭야로 피난을 가는 도중에 도겸의 부하들에게 살해당하는 일이 발생했다. 그 때문에 조조는 서기 194년 봄, 서주 지역을 흔적도 없이 파괴하고 그 백성들을 살육하여 복수했다. 조조가 사수(泗水)에서 남녀 수십만 명을 살해하니 강물이 흐르지 못할 정도였다. 사수 남쪽을 따라 여러 현들을 공격해 무고한 사람들을 도륙하였는데, 닭이나 개조차 살아남은 것이 없었고, 폐허가 된 성읍에는 다니는 사람을 찾아볼 수 없었다.

　그 결과 아버지와 아들을 잃은 서주 백성들이 조조를 철천지원수로 여겼다. 이후 조조는 서주 일대에 얼씬거리지도 못할 정도였다. 이에 대해 조조의 장수가 말했다.

　"전에 서주를 토벌하면서 위협과 처벌을 실행하여 그들의 자제들은 아버지와 형들이 받은 치욕을 기억하며 반드시 스스로를 지킬 것이고, 항복할 마음이 없을 것입니다. 가서 그들을 격파할 수 있을지라도 그곳을 차지할 수는 없습니다."

　원소는 당시 정병 10만 명, 기마 10,000필을 보유하고 있었다. 조조의 군대는 많아야 40,000명을 넘지 않았다. 서기 200년 2월, 원소의 대군은 황하 북안 여양(黎陽)으로 진격하였다. 이곳에서 대장 안량에게 황하를 건너 하남 활현 동쪽의 백마(白馬)를 포위하게 하였다.

　조조는 성동격서의 계책을 취하여 군사를 이끌고 연진(延津, 지금의 하남 연진북)을 공격하는 척하였다. 원소는 계략에 빠져 대군을 서쪽으로 조정하여 조조군을 막으려 하였다. 조조는 즉시 동쪽으로 방향을 돌려 백마로 쉬지 않고 달려갔다. 이에 백마 인근에 있던 안량이 크게 놀라 조조군에 맞섰다. 조조는 장료와 관우를 선봉으로 삼아 원소의 군대를 격파하고 안량을 참수했다. 원소군은 거의 전멸했다.

이때 원소군은 황하를 건너 조조군을 뒤쫓아 연진 남쪽까지 왔다. 원소는 패배의 교훈을 받아들이지 않고 전군에게 황하를 건너 연진을 덮치라고 명령했다. 조조는 후퇴하면서 일부러 무거운 수레를 길에 버리고, 원소군을 유인하여 사방으로 빼앗고, 그 틈을 타 반격하여 원소군을 무찔렀다. 원소의 또 다른 대장 문추가 주살되었다. 조조는 군대를 관도로 돌려보냈다. 이때 원소가 진군하여 양무를 지켰다. 이 틈을 타서 관우가 조조에게서 유비에게로 도망쳤다.

백마와 연진에서 벌어진 두 차례의 대전은 하남성 중모 동북부에서 벌어진 관도 전투의 전초전이었다. 당시 조조의 병사는 채 10,000명이 안 되었고, 그중 부상자가 2할에서 3할이나 되었다. 적이 강하고 아군이 약한 형세가 근본적으로 바뀌지 않았다는 점을 감안하여 조조는 적을 깊숙이 유인하기 위해 관도 일선으로 후퇴하여 방어선을 설치하기로 결정하였다. 원소는 군사와 식량이 풍족하여 연진에서 남하하였다. 쌍방이 관도에서 서로 대치하였다. 조조는 병사가 적고 식량이 부족하니 속전속결로 싸워야 한다는 것을 알고 있었다.

원소는 귀족 집안에서 자라 사람 보는 눈이 어두웠다. 대표적인 사람이 원소의 책사 허유(許攸)이다. 허유는 언변이 좋고 재주가 좋았으나 성품이 오만하고 재물을 탐하였다. 허유가 젊은 시절에 원소는 물론 조조와도 교류한 적이 있었으나 결국 조조 휘하의 장수 허저에게 목숨을 잃었다.

허유는 관도대전에 원소의 핵심 참모로 종군을 하게 된다. 이때 허유가 병력을 갈라 허도를 급습하자는 작전을 제시하였으나 원소는 이를 채택하지 않았다. 이후 허유는 조조의 첩자가 책사인 순욱에게 "군량이 다 떨어져 가니 시급히 보내 달라."는 밀서를 지닌 채 진영을 지나가려는 것을 붙잡았다. 그리고 이를 원소에게 보여 주며 조조를 당장 치자고 했으나 원소는 "조조의 속임수일 것이다."라며 허유의 주장을 무시했다.

이에 허유는 자존심이 뭉개지는 치욕을 느꼈다. 더구나 자신의 부정부패 혐의가 드러나 원소의 도읍인 업에서 자신의 가족들이 체포되자, 원소를 배신하고 조조에게 투항했다. 허유가 조조를 찾아왔으나 아무도 그를 알아보지 못했다. 그래서 그는 조조의 군영을 지키는 장수에게 말했다.

"조 승상을 만나러 온 남양의 허유라고 하면 잘 알 것이오."

이에 조조가 신발도 신지 않은 채 허유를 맞이하러 나왔다. 조조의 입장에서는 군량미가 다 떨어져 가는 마당에 원소의 책사가 찾아왔으니 어떻게 해서든 계책을 듣고자 온갖 정성을 다해 허유의 비위를 맞추었다. 그러자 허유는 조조에게 군량이 얼마나 있느냐고 되물었다. 조조는 1년 치 군량은 확보하고 있다고 거짓말을 했다. 그러자 허유가 정색을 하며 재차 물었고, 계속해서 조조는 한 달 치, 일주일 치 하는 식으로 사실을 숨기고자 했다.

그러자 허유가 밀서를 꺼내 들며 말했다.

"군량이 하루치도 안 남았으면서 계속 허풍을 칠 것인가?"

조조는 마침내 식량이 바닥이 났다고 이실직고했다. 그러자 허유가 조조에게 보병과 기병 5,000명을 이끌고 원소군의 식량창고인 오소(烏巢)를 급습하라고 계략을 알려 준다.

이에 조조는 조홍에게 남아 지키게 하고, 친히 군대를 이끌고 오소를 지키던 순우경 등을 공격했다. 조조군은 원소군의 깃발을 올리고, 원소군의 복장을 입었으며, 밤에 행군했다. 원소군의 방어선을 넘어 관도 동북방에 있던 원소군의 뒤를 잇는 오소에 침투하여 원소군의 군량을 모두 불태웠다. 원소는 미처 대비하지 못하고 후퇴할 수밖에 없었다. 원소군은 마음이 동요되어 싸우지도 못한 채 혼란에 빠져들었다.

조조는 전군을 진격시켜 대승을 거두었다. 원소의 군대는 후퇴하는 도중에 조조의 추격 부대에 의해 큰 손실을 입었다. 황하 이남의 원소군 70,000명이 전멸하자, 원소는 많은 보물을 버리고 기병 800여 명만 데리고 황하를 건너갔다. 관도 전투를 통해 조조는 북방을 통일시킬 수 있는 토대를 마련하였다. 원소는 이때부터 주저앉았다.

관도대전은 삼국 시대의 중요한 사건 중 하나로, 조조가 급부상해 북방 지역의 강자로 부상하였음을 보여 주는 사건이다. 이 전투는 삼국 시대의 정세를 변화시키는 것은 물론, 조위 정권이 발전할 수 있는 기반을 제공해 주었다. 관도의 지리적 위치는 전략적 가치가 매우 컸다. 관도는 황하 중하류 교차 지점에 위치해 있어 남북 교통의 요충지였다. 이에 따라 조조와 원소가 모두 이 지역을 차지하기 위해 쟁탈전을 벌인 것이다.

이후 허유는 조조군이 기주를 공략할 때에도 큰 공을 세웠다. 그러나 허유는 오만한 성품을 버리지 못하고 계속해서 공치사를 해댔다.

"아만(조조의 아명)이 이기게 된 것은 다 나 허유 때문이다."

그러자 조조의 장수 허저가 말했다.

"모든 장수들이 전력을 다해 싸워 승리한 것이지 누구 혼자만의 공이라고 할 수 없지 않소?"

그럼에도 허유는 자신이 일등공신이라고 오만방자하게 거드름을 피웠고, 마침내 허저가 단칼에 그의 목을 베어 버렸다.

원소는 조조에게 패하기 전에 기주와 유주, 병주, 청주 일대를 모두 장악하고 있었다. 그의 권력은 마한 고원국(古爰國, 하북성 랑방)과 원양국(爰襄國, 산동 추성시) 등 원씨들의 풍부한 지원으로 더욱 강해졌다. 원소의 가문은 고대 순임금의 후손으로, 득성 시조는 춘추 시대 진(陳)나라 상경인 원도도(袁涛涂)이다. 원씨는 하북성의 맑고 푸른 규수(嬀水)에서 유래했다. 당시, 원(袁)과 그 음이 같은 원(爰, 轅, 榬, 溒, 援)은 모두 같은 소리로 불렸다. 이로 인해, 후손들은 이 여섯 글자 중 하나를 선택하여 자신들의 성으로 삼았다.

원소, 한때는 화북평원을 장악한 강력한 지배자였으나, 결국 패배의 쓴맛을 봤다. 서기 202년 6월의 어느 날, 원소는 치열한 전투 끝에 병상에 누워 피를 토하며 세상을 떠났다. 그의 죽음의 영향은 그가 남긴 무거운 유산과 함께 널리 퍼져 나갔다.

원소의 삼남 원상은 아버지의 뒤를 이어 가문을 이끌어야 했다. 원소는 생전에 장자 원담을 형의 양자로 보내며 그가 자신의 후계자가 아님을 분명히 했다. 이 결정으로 가족 사이에 긴장감이 흘렀고, 원상의 측근 심배와 봉기는 이 기회를 이용해 권력을 장악했다. 원담을 멀리 청주자사로 내쫓은 그들은 어린 원상을 이용해 자신들의 영향력을 확대했다.

이때 저수(沮授)가 원소에게 충심으로 간언했다.

"적장자를 멀리 쫓고 어린 아들을 총애하는 것은 분명 화의 시작입니다."

원소가 그의 말을 들으려 하지 않고 말했다.

"나는 아들들에게 각각 하나의 주를 주어 다스리도록 할 것이오."

그리고는 둘째 아들 원희를 보내 유주를 관할하도록 하고, 외조카 고간(高幹)에게 병주를 다스리게 했다. 그는 수십만 명의 병력을 집결시켜 허유, 전풍(田豊), 순심 등을 참모로 삼고 안량과 문추를 장수로 임명하여 군대를 이끌도록 했다. 그리고 정예부대 10만 명과 오환족 기병 10,000기를 뽑아 허도를 공격할 준비를 했다.

화북평원의 지형 지세와 지명

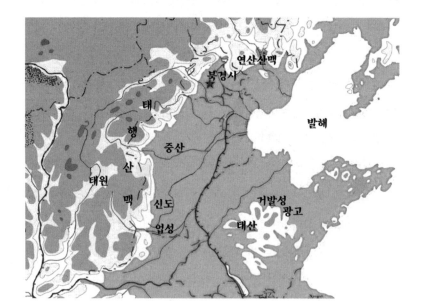

서기 200년 1월, 유비가 서주를 차지하고 조조에게 반기를 들었을 때의 상황은 원소에게 완벽한 기회였다. 하지만 원소는 삼남 원상이 아프다는 핑계로 조조의 배후를 치지 못했다. 전풍은 천재일우의 기회를 젖먹이 때문에 놓쳤다고 애석해하다가 원소의 미움을 받아 내쳐졌고, 마침내 원소에게 죽임을 당했다.

원소의 군대는 한때 무적으로 여겨졌으나, 그의 갑작스러운 서거로 인해 가문의 운명은 한순간에 불확실성의 늪으로 빠져들었다. 뒤늦게 부친의 사망 소식을 들은 원담은 비통한 마음으로 산동의 청주에서 기주로 향하는 길에 여양에 주둔했다. 이때 원담은 자신을 원소가 자처했던 거기장군으로 선언하며, 원소의 진정한 후계자임을 공개적으로 선포했다. 이로써 원담과 원상 사이의 후계 싸움이 본격화하기 시작했다.

이러한 상황 속에서 조조의 군대가 북상하며 원담의 주둔지를 위협하기 시작했다. 절박한 상황에 내몰린 원담은 동생 원상에게 구원을 요청했다. 하지만 심배의 간곡한 만류에 원상은 움직이지 않았다. 결국, 원담은 원상의 측근인 봉기를 죽였고, 이 일로 원상은 마침내 형을 구하러 직접 군대를 이끌고 나섰다.

그렇게 두 형제는 기주의 땅에서 마주쳤다. 원상의 군대가 원담을 구원하려 했지만, 그것은 두 형제간의 권력 다툼의 시작에 불과했다. 결국 원상에게 패한 원담은 조조에게 항복하며 도움을 청했다.

원소의 죽음 이후 발생한 혼란은 한때 거창했던 가문이 어떻게 내분과 외부의 위협으로 몰락하는지를 잘 보여 준다. 결국, 원소의 유산은 그의 자녀들 사이의 권력 싸움과 배신으로 얼룩졌다.

조조는 이 기회를 활용해 원담의 딸과 자신의 아들 조정을 결혼시켜 두 가문의 연결 고리를 만들었다. 원상은 조조가 북쪽으로 치고 올라온다는 말을 듣고 업성으로 돌아갔다. 업성에 당도한 조조군은 흙산을 쌓고 지하도를 파며 공격을 시작했다. 마침내 흙산과 지하도를 무너뜨리고 성 주위에 참호를 파고 강물을 터 성안으로 물이 들어가게 하니 성안에서 굶어 죽은 자가 부지기수였다. 원상은 중산(현 하북성 보정시 서남쪽 정주)으로 도망쳤다.

서기 204년 8월, 조조는 심배를 생포하여 참수함으로써 업성을 평정했다. 그의 승리는 무자비했지만 결정적이었다. 업성의 땅은 평화를 되찾았고, 조조의 권력은 더욱 확고해졌다. 조조는 친히 원소의 묘를 찾아가 무릎을 꿇고 곡을 하며 눈물 흘렸다. 그의 눈물은 과거의 적이었던 원소에 대한 존경과, 전장에서의 용맹함을 추모하는 것이었다.

원소는 처음 거병하였을 때, 조조에게 말했었다.

"남쪽으로 황하에 의지하고, 북쪽으로 연(燕)과 대(代)에 기대어 융적(戎狄)과 세력을 합치며, 남쪽으로 진군하여 패권을 다투면 천하가 평정될 것이오."

조조는 원소의 묘 앞에서 그 말을 회상하며, 한때는 서로의 적이었지만, 이제는 서로를 이해하고 존중하는 마음으로 그를 기렸다. 이제 조조는 원소가 말한 대로 자신이 천하를 평정할 수 있을 것이라는 확신을 갖게 되었다.

조조가 업성을 포위했을 때, 원담은 감릉현·안평현·발해국·하간국 등을 공략해 빼앗았다. 원상은 전투에서 패해 중산국으로 돌아 갔다. 원담이 계속해서 원상을 공격하자, 원상은 하북성 고안현으로 달아났다. 그렇게 해서 원담은 원상의 군대를 모두 병합시켰다.

그러나 이는 조조와의 약속을 파기하는 행위였다. 조조는 원담에게 편지를 보내 약속을 어긴 원담과의 사돈 관계를 청산하고 그의 딸을 돌려보냈다. 이후 조조군이 원담에 대한 공격을 시작하자 원담은 조조군의 강한 기세를 이기지 못하고 대패했다. 조조는 원담을 참수하며 그 처자식까지 주살하였다.

이로써 기주가 평정되었다. 기주를 장악한 후 조조는 원소에게 관도로 나아가면 안 된다고 간언하여 미움을 받게 된 최염(崔琰)을 불러들여 별가종사로 삼았다. 그리고 말했다.

"어제 호적을 조사해서 병사를 30만 명이나 얻을 수 있었소. 그러니 기주를 큰 땅이라고 부르는 것이구려."

최염이 말했다.

"지금 두 원씨 형제가 골육상잔을 벌여 기주 백성은 백골을 황야에 드러내 놓고 있습니다. 그런데 명공께서는 병사들의 수를 조사하고, 오직 이 일에만 매달리고 있으니 이것이 어찌 궁벽한 곳에 사는 주의 백성들이 바라는 바이겠습니까!"

최염은 조식이 조카사위였음에도 불구하고 조조가 조비를 태자로 세우는 데 앞장서기도 하였다. 그는 맑고 충직했으며, 반듯하고 곧게 처신했다. 최염은 사마랑과 절친한 벗이었는데, 그의 동생 사마의를 보고 여러 차례 칭찬하며, 그의 재능을 높이 평가했다.

"자네 동생은 총명하고 밝으며, 공정하고 영특하니, 그대와 비교할 바가 아니네."

최염은 자신의 사촌동생 최림(崔琳)에 대해서도 "아직 명성이 없으나 대기만성형이니, 결국 심원한 곳에 이를 것이오."라고 평했다.

서기 208년, 최염의 인물평을 듣고 조조가 사마의를 초청하였으나, 그는 풍습병이 있다는 핑계로 이를 사양했다. 조조가 분노하며 그를 잡아들이라 하자 그제야 사마의가 관직으로 나아갔다. 최림은 삼공의 관직에서 사상 최초로 열후로 봉해졌다.

이후 최염은 거록의 양훈을 천거하였고, 조조가 그를 예를 다해 초빙하였다. 조조가 위 왕으로 등극한 후, 양훈이 그의 공적과 전공을 칭송하는 표문을 올렸다. 최염은 양훈으로부터 그 표문의 초안을 받아 본 후, 깊은 탄식과 함께 한 통의 편지를 썼다.

"그대의 상주문을 살펴보니, 오직 위 왕의 사적이 뛰어나다는 것뿐이오. 아, 시대여! 시대여! 응당 변혁해야 할 시대로다."

이 말은 그의 순수한 마음과 시대에 대한 깊은 안타까움을 담고 있었다. 그러나 이 말이 조조의 귀에 들어갔을 때, 그의 반응은 최염이 기대했던 것과는 전혀 달랐다. 조조는 최염의 편지를 반역으로 받아들였다. 그의 비판적인 목소리는 조조에게 위협으로 다가왔고, 조조는 자신의 권위에 도전하는 것으로 여겼다. 결국, 이 사건은 최염의 몰락을 초래했다.

조조는 위 왕으로 등극한 것에 대한 최염의 비판을 용납할 수 없었다. 그는 최염에게 벌을 내려 노역장에서 잡일을 하는 노예로 만들어버렸다. 조조가 사람을 시켜 최염을 살펴보게 하였는데, 빈객들을 대하는 그의 말과 얼굴에 굴복하는 기색이 하나도 보이지 않았다. 조조는 마침내 최염에게 죽음을 명했다.

조조의
요서 오환족 토벌

기주가 조조의 손아귀에 들어간 후 원상과 원소의 차남 원희는 우북평군·요서군·요동속국 등 3군의 오환(烏桓)족에게 달아났다. 오환족은 까마귀를 태양신으로 숭배하던 환족, 즉 동이 밝족들이었다. 조조는 북방 지역을 평정해야 천하를 다툴 수 있다는 사실을 잘 알고 있었다. 그래서 조조는 오환족 토벌에 나섰다.

삼군의 오환족이 천하가 어지러운 틈을 타서 유주를 공략하여 10만 명이 넘는 한나라 가구를 공략했다. 과거 원소는 오환 부락의 우두머리를 선우라 하고, 먼 친척의 자식을 딸로 삼아 그들에게 시집을 보냈다. 원소는 오환족의 일족인 셈이다.

한나라 말에 요서의 오환 대인 구력거는 5,000여 부락을 거느렸고, 상곡의 오환 대인 난루(難樓)는 9,000여 부락을 거느렸는데, 모두가 왕을 자처했다. 요동속국(요동과 요서 북부, 어양군 일대)의 오환 대인 소복연(蘇僕延)은 1,000여 부락을 통솔하며 '초왕(峭王)'이라 했고, 우북평의 오환 대인인 오연은 자칭 '한로왕'이라 불렀다. 오환족은 청주, 서주, 유주, 기주 등 네 주를 공략하여 세력을 뻗치고 있었다.

요수의 서쪽 요서의 선우였던 답돈(踏頓)은 특히 세력이 강해 원소로부터 후한 대접을 받았다. 원소는 하북 땅을 겸병하고 삼군의 오환을 손에 넣었다. 원소의 정예 기병은 실상은 오환족들이었다. 이러한 인연으로 인해 원상과 원희 형제는 답돈에게 의탁했다. 이로써 관도의 전투에서 튄 불똥이 요서 지역에까지 튀게 되었다.

한나라 영제 말년, 유우(劉虞)가 유주목이 되면서 호인들을 불러 모으고 설득과 타협으로 북방의 안정을 가져왔다. 이때 요서군 영지현 출신이었던 공손찬이 유우와 함께 공을 세워 유우가 대사마로 승진할 때, 계후(薊候)로 봉해졌다. 유우는 한때 황제로 옹립될 수도 있었으나 본인 스스로가 이에 반대할 정도로 신망이 높았다. 한나라 황제는 시중이었던 유우의 아들 유화에게 자신이 동탁에게서 도망칠 것이니 유우에게 말하여 군을 일으켜 자신을 맞이하라고 명했다.

이때 공손찬은 유우가 군을 일으키는 것에 반대했다. 유우는 공손찬이 난을 일으킬까 두려워 그를 공격했으나 오히려 패해 거용에서 공손찬에게 생포되었다. 공손찬은 유우가 황제를 칭하려 했다고 무고하여 그를 참수해 버렸다. 이후 공손찬은 마침내 원소에게 패할 것을 알고 자진했다.

한편, 우북평군 무종현(하북성 보정 일대) 사람인 전주(田疇)는 유우에게 의탁하고 있었다. 유우는 전주를 황제인 헌제에게 보내 자신의 우국충정을 보여 주고자 했다. 그런데 전주가 돌아와 보니 유우가 이미 죽임을 당한 상태였다. 전주는 하북성 보정 포음현의 서무산으로 들어가 은둔하였다. 그런데 그는 평소에 오환족이 우북평군의 관리들을 여럿 죽이자 이들을 토벌해야 한다고 생각하고 있었다.

서기 207년, 조조가 북벌을 단행하여 오환족 정벌에 나섰다. 조조는 원상 형제와 오환족 토벌을 위해 태행산맥에서 발원하여 석가장 일대를 거쳐 흐르는 호타(呼沱)에서 그 동북쪽 고수(泒水)에 이르는 평로거라는 운하를 팠다. 그리고 구하(泃河) 입구에서부터 현 북경 동쪽의 북운하의 줄기인 노하(潞河)에 이르는 천주거라는 운하를 파서 바다로 통하게 했다. 조조가 북방을 정벌할 당시까지 그곳에는 제대로 된 길이 뚫리지 않아 군대가 행군하는 데 수많은 어려움이 존재했다.

이때 조조는 우북평 지역의 은둔거사인 전주에 대해 알게 되었다. 그는 대군이 당도하기도 전에 사자를 보내 전주에게 도움을 요청했다. 이에 전주는 망설임 없이 오환족 토벌을 위한 길라잡이 역할을 수행하였다. 조조가 무종에 도착하여 보니 강가를 따라 낮은 곳에 위치하고 있어서 길이 막혀 통하지 않았다. 이때 전주가 말했다.

"옛날 북평군의 군치는 평강에 있었고, 길은 노룡에서 나와 유성에 이르렀습니다. 광무제 건무 연간(서기 25~56년) 이래로 이 길이 무너져 끊어진 지 200년이 되었습니다만, 좁고 작은 지름길이 있어 통행할 수 있습니다. 오환족들은 승상의 대군이 무종에서 막혀 후퇴할 것이라 여겨 방심하고 있으니, 노룡의 입구에서 백단의 험난함을 뛰어넘고 텅 빈 곳으로 나아간다면 답돈의 머리를 쉽사리 취할 수 있을 것입니다."

조조가 전주의 안내에 따라 서무산에 올라가 노룡으로 나와 평강을 지나 백랑퇴에 올라 요동속국의 선비족 영토를 건너 동쪽의 유성으로부터 200여 리까지 갔을 때, 오환족들은 그제야 비로소 깜짝 놀랐다. 조조가 비밀리에 백랑산에 올랐다가 갑자기 오환족과 마주치게 되었는데, 생각지도 못했던 자들을 공격하여 단번에 답돈을 평정했다.

답돈 세력이 무력하게 조조군에게 궤멸되자 요동의 오환 선우 소복연은 원상, 원회와 더불어 요수인 조백하를 건너 요동태수 공손강에게로 도망쳤다. 그러자 조조 휘하의 장수들이 모두 초조해하면서 조조에게 요수를 건너 요동을 공격할 것을 주청했다. 그러자 조조는 말했다.

"내가 요동으로 가지 않더라도 공손강이 모든 뒤처리를 할 것인데 무슨 걱정이 있겠는가? 번거롭게 요수를 건너지 않아도 모든 일이 우리가 원하는 대로 될 것이다."

모든 장수들이 의아해했으나 조만간 조조의 말뜻을 이해하게 되었다. 공손강이 소복연과 원상, 원희 등 요동으로 도망친 답돈 잔존 세력들의 목을 베어 조조 진영에 보내온 것이다. 장졸들이 조조의 선견지명을 찬탄하면서 기뻐했다. 요동까지 행군하지 않고서도 북방을 평정하는 데 성공한 것이다. 조조는 요서 유성에서 회군하여 허창으로 돌아갔다. 마침내 조조의 위세가 북방 지역에 떨쳤다.

이때 선비족은 과거 흉노의 땅을 모두 차지하여 운중, 오원 동쪽에서부터 요수에 이르는 지역을 모두 차지하고 있었다. 오환과 선비는 중원 세력으로부터 '동호'라 불렸다. 동호는 화북평원 일대를 차지하고 있었던 조선 세력을 가리키던 호칭이다. 『전국책』 「연책」과 『삼국지』 「동이전」에는 태행산맥 서쪽에 있었던 연나라의 동쪽에 조선, 요동 세력이 있었다고 기록하고 있다.

북방이 안정되자, 조조는 손권을 칠 준비를 했다. 그 결과 서기 208년에 적벽대전이 발생했다. 적벽에서 조조군은 주유의 20,000명의 군대와 유비의 10,000명도 안 되는 병력에 참패해 북쪽으로 후퇴했다. 이때 공손강은 북방을 장악한 조조 세력과의 충돌을 피했기 때문에 요동을 안정적으로 지배할 수 있었다.

공손강은 요동태수로서 창해의 동쪽, 요동의 광활한 땅을 다스리고 있었다. 그는 백만의 군사를 거느렸으며, 부여와 예맥 같은 동이의 강력한 부족들을 통솔하고 있었다. 그는 요동의 안정과 번영을 우선시하며, 복잡한 정치적 상황 속에서도 요동의 독립성을 유지하고자 했다. 그래서 공손강은 조조에게 복종을 공식적으로 표하지 않으면서도, 북방의 권력자로서 조조와의 불필요한 충돌은 회피하는 전략을 선택했다.

이러한 공손강의 선택은 요동의 안정을 유지하는 동시에, 조조와의 평화로운 공존을 가능하게 했다. 그는 조조와의 대결보다는 요동 내부의 발전과 강화에 더 많은 주안점을 두었으며, 이는 요동의 장기적인 번영을 위한 결정이었다. 공손강의 이러한 전략은 조조와의 직접적인 충돌을 피하면서도 요동을 안정적으로 다스리는 데 큰 역할을 했다.

그러나 공손강의 세력이 점점 강력해지자, 그는 평주목을 자처하고 사자 한충(韓忠)을 파견하여 초왕(峭王)에게 선우의 인수를 주었다. 초왕은 여러 부족의 우두머리들을 대거 소집했고, 한충 역시 그 자리에 참석했다.

이때 한충이 말했다.

"우리 요동은 창해(滄海)의 동쪽에 있으며 백만 군사를 끼고 또한 부여, 예맥을 부리고 있소. 작금의 형세는 강한 자가 우선이니 어찌 조조만 유독 옳단 말이오?"

요동에서 새로운 반란의 기운이 피어오르고 있었다.

3

포상팔국전쟁과
가야의 마한 진왕체제 재편입

영산강 발라의
마한 치소 월지국

옛날, 한반도와 산동, 화북평원을 아우르는 마한의 대지에는 고요
와 평화가 가득했었다. 그러나 서기전 296년, 연나라의 진개가 조선
과 요동을 침공하면서 마한은 갑작스럽게 변화를 맞이하게 되었다.
드넓은 땅을 빼앗긴 마한은 분노와 절망 속에서도 새로운 시작을 준
비했다.

『삼국지』「위서 동이전」'한조'에 따르면, 마한의 지배자인 진왕은
월지국(月支國)에서 사방 4,000여 리에 달하는 삼한 중에서도 가장
광대한 영역을 지배했다. '월지'에서의 '월'은 새로운 시작을 상징하
는 초승달을 나타낸다. 삼한의 땅이 사방 4,000여 리에 달한다는 것
은 서쪽의 마한이 단지 한 지역 국가에 그치지 않고 한반도와 대륙을
아우르는 광범위한 영향력을 행사한 세력임을 나타낸다.

한편, 사마천의 『사기』에는 서기전 177년 무렵, 월지 세력이 흉노
와 오손 세력에게 연달아 패해 중앙아시아로 이동했다고 기록되어
있다. 이처럼 기록된 역사 속에서, 대월지 세력이 과연 한반도에 존
재했는지는 오랫동안 미스터리로 남아 있었다.

그런데 한반도에는 오랜 시간 동안 전해져 내려온 '월지'라는 이름
을 지닌 마을들이 있다. 이 마을들은 한반도 곳곳에 퍼져 있으며, 각
기 다른 위치에 있음에도 불구하고 동일한 명칭으로 서로 연결되어

있다. 월지는 나주 반남의 대월리에서 영암의 월지리, 무안의 대월산, 해남의 대월리, 충남 서천의 월지 마을, 그리고 북한 황해남도 안악의 월지리에 이르기까지 다양한 곳에 위치한다. 경주 안압지의 원래 이름도 월지였다. 이러한 지명들은 한반도 곳곳에 월지라는 고유한 역사적·문화적 의미가 깊게 자리 잡고 있음을 보여 준다.

이러한 월지 지명들의 존재는 한반도에 얽힌 수많은 이야기들을 품고 있다. 어느 한 마을에서, 월지라 불리는 이유를 두고 먼 옛날이야기가 전해져 내려온다.

옛날, 영암의 고요한 마을에는 '월지'라 불리는 신비로운 연못이 있었다. 전설에 따르면, 밤이 유난히 밝을 때면 달의 여신 상아가 부끄러움을 느껴 월지 속으로 숨어 버리고 연못 주위는 칠흑 같은 어둠에 휩싸인다고 한다. 마을 사람들은 그 비밀을 아는 몇 안 되는 이들 중 하나였으며, 월지의 신비로움은 세월이 흘러도 변하지 않았다.

어느 여름밤, 마을에는 윤하라는 젊은이가 도착했다. 윤하는 먼 곳에서 온 탐험가로, 월지의 전설을 듣고 그 비밀을 밝혀내기 위해 이곳까지 여행을 왔다. 마을 사람들은 그에게 월지의 비밀에 대해 조심스레 이야기해 주었다.

"월지에는 특별한 밤이 있어. 바로 달이 가장 밝게 빛나는 밤이지. 그날 밤이 되면, 달은 월지 속으로 스며들어 연못가를 어둠으로 뒤덮어 버린다네."

윤하는 호기심이 발동해 그날 밤 월지로 향했다. 밤하늘에는 달이 환하게 빛나고 있었고, 월지 주변은 조용했다. 그러나 자정이 되자, 갑자기 주변이 신비로운 분위기로 바뀌기 시작했다. 달빛은 점점 월지 속으로 빨려 들어가 스며들었고, 연못 주변은 칠흑 같은 어둠에 휩싸였다.

윤하는 그 순간을 믿을 수 없었다. 월지의 물은 검은색으로 변해 있었고, 달은 완전히 사라져 버렸다. 그는 어둠 속에서 월지를 바라보며, 이곳에 숨겨진 또 다른 세계가 있을지도 모른다는 생각에 사로잡혔다.

그 순간, 월지에서는 신비로운 빛이 서서히 스며 나오기 시작했다. 이 빛은 점차 밝아져 연못 전체를 환하게 비추었다. 윤하는 눈앞에 펼쳐진 장면에 숨을 죽였다. 연못에서는 아름다운 꽃들이 피어오르고, 물속에서는 황금빛 물고기들이 유영했다. 이 모든 것은 달빛이 사라진 후에만 나타나는 월지만의 비밀이었다. 달이 월지에 숨어들었다가 밤이 깊어지면, 월출산에서 다시 떠오르는 것이 그 비밀 중 하나였다.

그날 밤, 윤하는 월지의 신비로움과 아름다움에 완전히 매료되었다. 그는 마을 사람들에게 자신이 목격한 경이로운 장면을 이야기했고, 그들은 그것이 월지가 지닌 진정한 비밀이라고 말했다.

월지의 비밀은 이후에도 오랫동안 전설로 남았다. 달이 밝게 빛나는 밤, 달이 월지에 숨어 모든 것을 어둠으로 뒤덮은 뒤에야 비로소 드러나는 월지의 진정한 아름다움. 그 비밀은 세월이 흘러도 변하지 않는 마법 같은 이야기로, 후세에 계속해서 전해졌다.

마한 왕국은 영산강의 넓은 유역인 발라(發羅=潘南)를 도읍으로 하여 자리를 잡았다. 이는 강이 풍요로운 생명을 부양할 수 있는 엄청난 능력을 가지고 있었기 때문이다. 영산강은 고대인들을 끌어들이는 마력을 가진 곳이었다. 비옥한 토지와 충분한 물은 그들에게 완벽한 농사 환경을 제공했다. 시간이 지나면서 이곳은 문명의 중심지로 성장했다. 세계에서 가장 많은 고인돌이 이 지역에 집중되어 있었다. 이는 이 땅이 고대 사회에서 얼마나 오랫동안 많은 사람들을 끌어들였는지를 보여 주는 증거물이다.

강이 생명을 키우고 문명을 유지하는 데 필수적이었던 고대 시대에 영산강은 그 역할을 톡톡히 해냈다. 이곳은 단순한 강이 아니라, 삶의 터전이자 문명의 발원지였다. 메소포타미아의 '두 강 사이'와 같은 역할을 한 것이다. 영원한 역사의 흐름 속에서, 영산강의 물결은 고대 한반도에 생명의 씨앗을 뿌렸다. 이 물길은 전남 담양의 신비로운 용소에서 시작하여, 풍요로운 담양호를 거쳐, 광주의 심장을 관통하고, 나주의 땅을 비옥하게 적셔, 마침내 무안과 영암 사이를 유유히 흘러 목포에서 그 여정을 마쳤다.

이 강은 단순한 물길이 아니었다. 영산강은 그 주변에 살아가는 사람들에게 삶의 터전을 제공했고, 경작지의 규모가 곧 인구수를 좌우하는 고대 시대에, 식량은 곧 군사력이 되었다. 영산강의 비옥한 토지는 농경의 기초를 다졌고, 이는 곧 병력의 근간이 되었다. 이처럼 영산강은 고대 한반도에서 세계 4대 문명에 버금가는 영산강 문명의 발생지로서 중요한 역할을 했다.

영산강은 광주를 지나며 그 흐름이 완만해져, 여름 홍수가 찾아올 때마다 황톳빛 물결을 나주까지 끌고 가며 강바닥에 엄청난 양의 황토를 쌓아 올린다. 이곳에서 강은 저평하고 고요한 흐름을 이어 가며, 느린 유속 덕분에 유기물이 풍부하게 생성되어 갯벌을 형성했다. 이 갯벌은 풍요로운 생태계의 기반이 되었고, 어패류에게는 번성의 땅이 되었다.

바닷물과 민물이 서로 어우러지는 이곳에서는 물고기 떼들이 모여들어 큰 생명의 축제를 벌였다. 이러한 물고기들을 뒤따라 수많은 철새 떼들이 영산강의 하늘을 어둡게 덮으며, 겨울을 나기 위해 이곳에 머물렀다. 그 철새들의 풍성한 식탁을 노리며, 매들이 하늘을 유영하며 그들의 숙명적인 사냥을 이어 갔다. 영산강 유역은 매들이 노는 응유(鷹遊)의 공간으로 명성이 높아졌다.

이처럼 철새와 매의 삶이 교차하는 영산강 유역에서, 황토가 가라앉아 형성된 갯벌은 다른 용도로도 활용되었다. 그 점성이 높은 갯벌은 옹관묘의 제작에 이상적인 재료가 되었다. 영산강의 갯벌은 고대인들에게 삶과 죽음을 아우르는 자원이었으며, 강의 물결과 함께 역사 속으로 깊이 흘러 들어갔다.

그렇게 영산강은 생명을 키우고, 문명을 이어 가는 소중한 공간으로, 끊임없이 변화와 성장의 이야기를 만들어 냈다. 철새와 매, 물고기와 사람이 공존하는 이곳에서 영산강은 시간을 초월한 생명의 강으로, 그 흐름을 이어 간다.

영산강의 지류는 많고, 그 각각은 생명을 품은 평야지대로 이어졌다. 이 평야에서는 풍부한 곡물이 자라, 마한 황실을 떠받치는 기둥이 되었다. 나주 반남의 평촌에 위치한 황실은 넓게 펼쳐진 평야를 배경으로 하였다. 황실 인근에는 자미산성과 일곱 개의 연못으로 이루어진 북두골이 있어 천연의 방어막을 형성하고 있다. 여기서 자미(紫薇)는 북극성을 가리키고, 북두는 북두칠성을 가리킨다.

북극성은 항상 같은 자리를 지키는 붙박이별로서 하늘의 왕이자 지상의 모든 존재와 운명을 관장하는 자미원의 주인이다. 마한의 지배자가 진왕(辰王)을 칭한 것도 자미원의 북극성을 나타내고자 한 것이다. 천자가 거주하는 북극성을 둘러싼 자미원에서는 세상 모든 일이 결정되었고, 그 권력의 중심에는 세 개의 원이 있었다. 태미원은 정부의 기능을 수행했으며, 천시원은 경제의 흐름을 관장했고, 자미원은 모든 정치적 결정이 내려지는 곳이었다.

이 세계에서 가장 신성한 장소는 바로 북두골이었다. 북두골은 북두칠성과 직접적인 연결 고리를 지니고 있었고, 북두칠성의 국자는 은하수가 시작되는 곳으로 생명의 물, 계화주를 지상의 일곱 개 연못으로 내려보내는 임무를 가졌다.

자미산성은 고대부터 신성한 장소로 여겨졌으며, 거기에 사는 사람들은 북두칠성에서 내려온 후손들이라 믿었다. 그들은 생을 마감하면 다시 별들 사이로 돌아간다고 여겼으며, 그렇기에 죽음을 두려워하지 않았다. 오히려 죽음은 영광스러운 귀환으로 여겨졌다.

삼포강 인근, 영산강의 자애로운 품에서 수만 년 동안 거대한 갯벌이 형성되었다. 사람들의 발걸음마다 진흙이 무릎까지 찰싹 달라붙었고, 발을 내딛는 것조차 어려울 지경이었다. 하지만 그 무엇보다 그들의 삶을 풍요롭게 한 것은 영산강 유역의 풍부한 곡창지대였다.

영산강과 한강을 비교해 보면 한강은 유속이 매우 빠르고 하상이 깊어 하류에 평야지대가 형성될 수 없었다. 물의 흐름이 빠르고 수위 변동이 클 경우 대규모 관개나 댐 건설이 어려운 고대 시대에는 사람이 살 수 있는 경작지가 줄어들 수밖에 없다. 하류에는 갯벌이나 평야지대가 아니라 모래가 쌓여 경작지로 쓸 수가 없다. 한강 하류는 뻘이 아니라 모래가 지천에 널려 있었다.

식량이 없으면 인구가 살 수 없고, 인구가 없으면 군사력도 증강할 수가 없다. 식량은 나주평야를 비롯한 곡창지대에서 확보할 수 있었다. 어느 시대에서나 영산강 유역이 차지하는 비중이 클 수밖에 없었다. 영산강 지역에는 많은 인구에 기반한 강력한 정치 세력이 성장할 수 있는 모든 토대가 존재했다.

섬진강이나 낙동강, 금강 하구에도 갯벌이 있지만 영산강과 달리 모래가 쌓여 만들어진 모래갯벌이어서 비옥한 곡창지대가 대규모로 형성되기 어려운 환경이었다. 금강 상류 지역에는 높은 산이 많아 물살이 세차게 흐르면서 공주 공산성 일대는 천연의 요새를 이루었다. 이곳은 백성들을 부양할 식량을 자급할 수조차 없는 환경이다. 운반과 이동 수단이 제한적일 수밖에 없었던 고대로 거슬러 올라갈수록 강을 비롯한 지리적 환경의 영향력이 커질 수밖에 없었던 것은 분명한 사실이다.

마한 진왕이 나주 반남에 치소를 두었다는 사실과 함께, 영산강 유역 하류에 위치한 영암에서 발견된 고지명에 주목할 만한 특징이 있다. 영암은 나주와 함께 왕릉급의 옹관묘가 집중적으로 분포하는 지역으로, 『삼국사기』「지리지」 '반남군편'에서는 영암의 옛 지명을 '곤미(昆湄)' 혹은 '고미(古彌)'로 기록하고 있다. 구체적으로, 곤미 세력은 영암 해안가 일대를 포함하는 곤일시·곤일종·곤이시·곤이종 등 4개 면에 걸쳐 분포하였다.

곤미와 고미 지명의 유래를 깊게 들여다보면, 이는 역사적으로 오손족이 자신들의 왕을 지칭하는 고유명사와 연관이 있음을 알 수 있다. 스키타이 계통의 사카족인 오손족은 자신들의 왕을 곤미(昆彌) 또는 곤막(昆莫)으로 불렀는데, 이는 태양왕이라는 뜻이다. 그런데 단군사화에 나오는 단군(檀君) 또한 태양왕이라는 의미를 나타낸다. 따라서 영산강 일대에 고조선 단군이 존재했다는 사실을 유추해 볼 수 있다.

이와 관련하여 나주 반남 일대와 영암, 해남 등의 고대 지명을 추적해 보면 놀라운 사실을 알 수 있다. 영암의 면 단위 지명은 북일시, 북일종, 북이시, 북이종, 군시, 군종, 서시, 서종, 곤일시, 곤일종, 곤이시, 곤이종 등 모두 시(始)와 종(終)으로 끝난다. 그리고 해남의 경우에도 옥천시, 옥천종, 북평시, 북평종, 송지시, 송지종으로 이루어져 있다. 이는 고대 시대에 이곳에 시종(始終)이라 불리던 나라가 존재했음을 보여 준다. 시종은 진개의 공격 이전 하북성 보정 일대에 있었던 무종(無終)과 대칭을 이루는 나라이다.

오손족은 상고의 하나라 시대에 돈황과 기련 지역에서 유목 생활을 하던 곤오족(昆吾族)의 후손으로, 월지족과 함께 중앙아시아의 타림 분지·곤륜산맥·천산산맥·파미르 고원 일대에 거주했던 것으로 기록되어 있다. 타림분지는 중국 신장 웨이우얼 자치구 서쪽에 위치한 역사적·지리적 중요성을 가진 지역이다.

이처럼 영암의 고지명이 밝혀 주는 역사적 연결 고리는 한반도와 중앙아시아 사이에 오래전부터 존재했던 교류와 영향력의 증거로 볼 수 있다. 또한, 마한과 백제, 그리고 중앙아시아 유목 민족들 사이의 복잡한 관계와 문화적 교류의 흔적을 엿볼 수 있게 한다.

오손은 말 그대로 까마귀(태양)의 후손을 가리킨다. 역사서에는 상고 시대에 오손족과 월지족, 흉노족, 사카족은 하나로 융합된 것으로 기록되어 있다. 특히 월지족은 현재는 우즈베키스탄 민족을 이루는 조상들인데, 상고 시대에는 중원으로 이동하여 산동반도를 중심으로 활약한 우이(嵎夷)로 고조선의 핵심을 이루던 구이족의 대표 종족이었다. 현재 카자흐스탄의 위슨족이 오손족의 후손으로 파악되고 있다. 한민족은 동쪽으로 이동하여 몽골로이드와 혼혈된 반면, 이들 종족은 서쪽으로 이동하여 서양인들과 혼혈되었다.

문제는 어떻게 해서 나주와 영암 일대에 월지국이 있고, 더 나아가 오손족의 태양왕을 가리키는 지명이 존재하느냐 하는 것이다. 사마천의『사기』에 따르면 월지와 오손은 서기전 3세기 무렵에 돈황 일대에서 서로 갈등하다가 오손이 흉노로 도망치고, 이후 오손이 흉노의 묵돌 선우와 손잡고 월지를 공격하여 대월지 세력이 서역으로 밀려난 이후 박트리아를 정복하고 나중에 쿠샨제국을 건국했다는 것이 전부이다. 어쨌든 이러한 전쟁과 갈등, 협력 등을 통해 세 종족은 서로 융합한 것으로 나타난다.

대월지 세력이 서천했음에도 월지와 오손이 한반도에 이미 자리 잡고 있었다는 사실은 이들이 상고 시대부터 이미 한반도와 중원대륙에 이주해 살고 있었다는 사실을 보여 준다.『산해경』에는 월지족과 오손족을 가리키는 곤륜산(昆侖山), 곤륜구, 곤륜지허, 곤오산 등 수많은 곤계 지명들이 등장한다. 이에 따르면 오손족과 월지족은 상고 시대에 이미 그 세력을 널리 확대해 나가고 있었다. 서기전 11세기경 서주의 성왕이 개최한 성주지회에도 월지족의 선조인 우씨(禺氏)가 참석한 것으로 나온다. 서기전 7세기 무렵의 상황을 기록한『관자』에도 제나라와 변산(邊山) 옥을 교역하던 우씨(禺氏)가 등장한다. 이들

우씨는 모두 월지족을 가리킨다.

『관자』에 나오는 우씨옥은 신장옥(新疆玉)을 가리킨다. 『관자』에서는 "우씨의 옥을 귀중하게 사용한다."고 했는데, 우씨는 바로 월지의 다른 표현이다. 당시 월지는 지금의 돈황 일대에 분포하였는데, 신장이 중원의 공도로 진입할 때여서, 옛 중원 사람들은 신장옥을 우씨옥이라고 불렀다. 이에 따르면 월지족은 신장에 위치한 변산(邊山)에서 옥을 캐어 제나라와 교역했다는 것을 알 수 있다.

어쨌든 월지와 오손족들이 한반도에 선주한 이후 강력한 세력으로 성장하면서 마한을 건국한 것으로 보아 이들이 바로 영산강 지역 옹관묘의 주인들이었음을 알 수 있다. 이들은 바로 곤륜산맥, 천산산맥 일대에서 수많은 세월 동안 중원을 거쳐 옥을 실어 나르면서 세력을 형성하고 강력한 씨족으로 성장하였으며, 한민족의 뿌리를 형성하였던 것이다. 『삼국지』한조에 따르면 마한 사람들은 금·은·비단보다 옥을 더 귀하게 여겨 옷에 장식으로 꿰매거나, 목걸이 또는 귀걸이로 착용하기도 했다.

그렇다면 영산강 유역의 발라에 도읍하고 있었던 마한 진왕은 어떠한 세력이었을까? 진왕의 실체에 대한 질문은 오랫동안 많은 이들의 궁금증을 자아냈다. 이에 대한 답은 『진서』「진한조」에 숨겨져 있었다.

"진한은 언제나 마한 사람을 임금으로 삼아 비록 대대로 계승하지만, 진한 사람이 스스로 임금이 되지는 못했다. 그들이 다른 나라에서 흘러 들어온 사람이 분명하기 때문에 마한의 지배를 받는 것이다."

요동에서 진시황의 명령으로 만리장성을 쌓는 고역을 치르던 사람들은 서기전 210년 무렵 진시황이 죽자마자 마한 땅으로 대거 망명하였다. 이때 진한으로 파견된 왕이 박혁거세를 비롯한 박씨 왕들이다. 이는 역으로 박씨가 마한 세력의 주축을 이루고 있었다는 사실을 보여준다. 박씨 왕은 원래 월지족 출신이었다. 밝, 발, 박, 번, 벌, 불, 보, 부, 비리, 부리는 모두 월지족의 지표지명이자 씨족명이었다.

이로부터 마한 진왕의 성씨가 박씨임이 드러났다. 이 발견은 한반도 남부에서의 마한과 박씨 세력의 역사적 관계를 새로운 시각에서 조명하게 해 준다. 마한 진왕과 박씨 세력은 어떻게 그들의 문화와 정치를 발전시켜 나갔을까? 이들의 이야기는 한반도의 남부에서 수 세기에 걸쳐 이어져 내려왔다.

박씨 세력이 월지족 출신이라는 사실은 마한 진왕의 정체성과 역사적 배경을 이해하는 데 중요한 역할을 한다. 한반도의 남부에 깊이 뿌리내린 이들의 역사는 오늘날까지도 많은 이들에게 큰 흥미를 불러일으키고 있다.

박(朴)이라는 성씨는 '밝다'라는 의미를 담고 있으며, 이는 밝은 세력을 상징하는 이름이다. 중원에서 박씨는 드물게 보인다. 이유는 중원에서 밝이라는 단어를 한자로 옮길 때 박(薄, 博, 亳), 발(發), 포(蒲), 파(巴), 부(扶) 등 다양한 방식으로 표기했기 때문이다. 중원의 파촉 지역에 있던 파국(巴國)은 박씨가 세운 나라였으며, 중국어에서 '파'는 '박'으로 발음된다.

밝족은 고조선의 원주민으로 부여족에 속한다. 부여족의 핵심은 마한이었다. 서기전 3세기 초, 진한의 6부족 사람들이 마한으로 피신하게 되며, 마한은 이들에게 동쪽 땅을 내어주어 나라를 세울 수 있게 했다. 이는 마한이 월지족 출신인 박혁거세를 신라의 왕으로 파견한 사실을 시사한다.

『삼국사기』「신라본기」에 따르면, 진한은 마한에 속한 상태로 건국되었다. 서기전 20년, 박혁거세의 사신인 호공이 마한에 도착했다. 그의 방문 목적은 마한과의 관계를 재확인하고 두 나라 사이의 우호를 다지는 것이었다. 하지만 마한왕의 반응은 예상과 달랐다. 왕은 호공을 앞에 두고 꾸짖기 시작했다.

"진한과 변한은 우리의 속국이거늘 근래 직분에 맞는 공물을 보내지 않으니 사대의 예가 어찌 이와 같을 수 있는가?"

마한은 한반도 서남부와 중원 대륙을 아우르며 55개의 소국을 지배하던 강대국이었다. 이 대국의 지배층은 밝족, 즉 월지족에서 비롯된 것으로 알려져 있다. 특히 월지족은 밝족에 속하는 박씨 성씨를 가진 이들로 구성되어 있었다. 이 밝족은 마한 내에서 주도적인 역할을 했으며, 고대 나라명에서 자주 등장하는 '밝'은 바로 이 박씨들이 중심이 된 나라임을 의미한다.

발조선은 은나라의 후예인 부여족에 의해 세워진 나라였다. 당초에 부여는 산동의 부산(鳧山)에서 태호 복희를 중심으로 건국되었다. 실제로 복희의 묘는 산동 제녕시 어대현 부산을 포함한 부산산맥 범위 안의 여러 곳에 위치해 있으며, 이 지역은 부여족의 발원지로 여겨지고 있다. 부산, 또는 팔괘산은 부여와 깊은 관련이 있는 것으로 알려져 있다. 산동 추현의 부산이 부유(鳧臾), 즉 부여의 발원지로 파악된다.

서기전 296년경, 조선과 요동이 일시적으로 점령당하면서 한반도로 이주한 월지족은 프리기아족과 스키타이 사카족이 융합된 기마민족이었다. 이들은 흉노족과 비교할 수 있는 우수한 철기 문명을 가지고 있었으며, 이동하며 발계 지명을 남기는 특징을 보였다.

　'발(發)'은 프리기아족과 사카족을 포함하는 박씨 씨족을 지칭한다. 월지족이 [ㅍ]과 [ㅂ]을 호환하여 사용했다는 점에서 프리기아는 브리기아, 즉 부리로서 부여라는 뜻이다. 파르티아도 바르티아, 즉 발흐로 박트리아의 도읍과 이름이 같다. 실제로 파르티아는 박트리아에서 기원한 국가이다.

　월지족은 서기전 2세기에 박트리아를 건국하고, 그 도읍을 '박트라' 또는 '발흐'라고 불렀다. 이 이름은 배달과 음운상 유사성을 갖고 있다. 따라서 박족은 배달족의 직계 후손으로 볼 수 있다. 중앙아시아의 고고학적 유물과 유적에 따르면, 박트리아의 건국은 서기전 2500년경, 인도·이란인들의 진입으로 시작된 것으로 알려져 있으며, 서기전 2300년부터 서기전 1500년까지 이 지역의 청동기 문명은 박트리아-마르기아나 복합문화(BMAC)로 불리고 있다.

　사마천의 『사기』는 서기전 2세기의 대월지와 소월지에 대해서만 언급하고 있다. 그러나 월지족은 대홍수 이후 곤륜산에서 중원과 한반도 등으로 옥을 실어 날랐던 것으로 나타난다. 우이족 또는 월지족은 서기전 6000~5000년경부터 산동에서 활동한 것으로 알려졌다. 그리고 『사고전서』 「경부」 '우공추지' 권4에는 우이족이 조선의 주축 세력이었다고 기록하고 있다.

　"[청주에서] 바다를 건너면 요동과 낙랑, 삼한으로 땅이 나뉘어 있다.

서쪽으로는 요수에 이른다. 이러한 설명이 가장 설득력이 있다. 그런데 삼한의 땅은 너무 멀고, 현도에는 [관리를] 파견할 수도 없었다. 한무제가 낙랑과 현도의 두 군을 설치한 것으로 조심스레 의문이 드는데, 그곳은 모두 고대 우이족의 땅이었다. 청주는 [우이만의 땅으로] 삼한에 포함되지도 않았다. 우이는 희화가 살았던 곳이고, 조선의 기자가 봉해진 곳으로, 중원에 불응하고 교화가 미치지 못하는 곳이었다."

발(發, 渤), 박(朴, 博, 薄, 亳), 백(白), 배(裵), 복(卜), 포(布), 파(巴) 등은 모두 '밝다'는 의미를 갖고 있으며, 나라 이름, 지명, 씨족명으로 사용되었다. 또한, 『관자』에 나오는 리지(離支), 령지(令支), 불이(不而), 비리(比里), 불리지(弗離支), 비여(肥如), 비이(卑耳), 비류(沸流), 예(濊), 그리고 『산해경』 대황북경의 불여(不與) 등은 부여를 지칭하는 단어들이다.

『사기』와 『춘추좌전』에 등장하는 박(亳, 薄, 博), 포고(蒲姑), 부고(薄古), 반고(盤古), 반호(盤瓠) 등 또한 '밝'과 관련된 지명으로 부여와 깊은 관련이 있다. 이런 다양한 부여 관련 지명을 종합하면, 발은 박씨 씨족을 나타내며, 월지족의 '월'이 중국어 발음 예[yuè]와 일치함으로써 월지족이 예맥족의 예족임을 시사한다.

이러한 밝족 또는 박족의 시조는 태호 복희로 알려져 있다. 복희가 포희(包犧)로도 불렸듯이 파국도 발국(發國)을 음사한 것임을 알 수 있다. 중국어로 파(巴)는 바[Bā]로 발음되며 파씨는 태호 복희의 풍성(風姓)이다. 『산해경』 「해내경」에 따르면, "태호가 함조를 낳고, 함조가 승리를, 승리가 후조를 낳았으며, 후조가 파(巴)의 시조가 되었다."고 기록되어 있다.

『성씨고략』과『노사』에는 상고 시기 복희씨 후손들이 파수(巴水), 즉 지금의 사천성 동부 일대에 살았다고 기록하고 있다. 파수의 이름을 따서 파성이라고 했다. 이 지역에는 파씨·번씨·담씨·상씨·정(鄭)씨 등 다섯 부족이 살았는데, 칼 던지기와 노 젓기 경주에서 모두 이긴 파씨의 늠군(廩君)이 다섯 부족의 지도자가 되었다고 한다.

중원 서남부 지역의 대홍수 신화에 따르면, 태호 복희와 여와는 대홍수를 피해 큰 표주박 안에서 생존했다고 한다. 이들이 표주박에서 살아 나왔다고 해서 '복희'라는 이름이 붙었다.『삼국사기』「박혁거세조」에는 "진한 사람들이 표주박을 박(朴)이라 칭하였으며, 혁거세가 태어난 큰 알이 표주박과 같았기 때문에 박(朴)을 성으로 삼았다."라고 기록되어 있다. 태호 복희의 홍수 신화와 박혁거세의 탄생 신화 모두에 표주박이 등장하는 점으로 미루어, 두 신화의 모티브가 동일하다는 사실을 알 수 있다.

단군사화에 따르면, 상고 시대의 역사는 박달국, 즉 배달국에서 비롯된다고 할 수 있다. 태호 복희는 고대 사서, 특히『삼국유사』에서 언급되는 배달국의 창시자 환웅의 후손으로 여겨진다. 환웅과 복희는 샤먼왕, 즉 박수를 상징한다. 박달국의 환웅은 '밝은 수컷'을 의미하는데, 이는 박수로 해석될 수 있다. 박수는 남자 무당을 의미하며, 이는 박사(博士), 박수(拍手), 복사(卜師) 등의 단어에서 유래된다. 복희의 이름에서 '복'은 박·복·벅의 발음으로 연결되며, '희'는 시를 의미한다. 따라서 복희는 박시·복시·벅시로 이해될 수 있다.

더 나아가 복희는 밝은 해를 상징한다. 박이라는 단어는 본래 밝음을 의미하며, 이는 배달 조선의 초기에 그 기원을 둔다. 환웅과 복희는 박씨·백씨·배씨가 숭상했던 밝은 태양을 섬기던 고조선의 제사장, 즉 무당의 역할을 담당했다고 볼 수 있다. 환웅과 복희씨는 고조선의 제사장으로서 밝은 해를 숭상하던 박씨·백씨·배씨의 시조인 것이다.

중원에서 박씨는 동한 시기 사천성을 중심으로 살았던 박(朴), 나(羅), 독(督), 악(鄂), 도(度), 석(夕), 공(龔) 등 판순만이의 일곱 대성 중 하나이다. 『삼국지』 위서 무제기에는 "서기 215년 9월, 파(巴) 7성의 이왕 박호(朴胡)가 파이(巴夷)를 들어 내부하였다."고 기록되어 있다. 이는 월지족이 중원의 외곽, 특히 사천성과 익주 등 파촉 지역을 거쳐 한반도로 이주했음을 시사한다. 『잠부론』 「지씨성조」에서 언급된 양(良), 시(時), 백(白), 파(巴), 공파공파(公巴公巴), 섬(剡), 부(復), 포(蒲)와 같은 이름들은 모두 백익의 후손인 영성(嬴姓)으로 분류된다.

송나라 정초의 『통지략』 이적대성에서는 "박씨는 박(樸)으로도 쓴다. 보(普)와 목(木)의 반절음이 박(朴)이다."라고 했다. 박의 중국어 발음은 포[po] 또는 푸[pú]이다. 마한의 55개국 중에는 고포국(古蒲國)이 있는데, 여기서의 포(蒲)는 지명이자 동이족의 주요 씨족 중 하나를 지칭한다. 포씨, 박씨 또는 밝씨는 순임금의 후손으로, 포여(蒲與), 즉 부여를 창건한 씨족으로 알려져 있다. 고대에는 'ㅍ'과 'ㅂ' 소리가 상호 호환되어 사용되었고, 포씨는 순임금, 유우(有虞)씨를 조상으로 삼았다. 『만성통보』에 따르면 순증(舜曾)은 포판(蒲坂, 산서성 포주 일대)에 도읍을 세웠다고 한다.

고포국은 고조선의 중심 세력 중 하나였다. 이 나라는 한글 발음으로 '거발국'으로 발음되며, 나중에는 백제의 거발성이 되었다. 그 위치는 산동성 치박시 일대로 비정된다. 치박시는 고대 제나라의 수도이자 동이족의 중요한 거점이었다. 치박 북쪽에는 박흥현이, 중남부에는 박산구가 위치해 있다. 이 지역은 태호 복희씨, 전욱 고양, 제곡 고신 등 역사적 인물들의 활동 무대였다고 전해진다. 치박시에는 상구씨, 포고씨 등 여러 고국들이 존재했다고 기록되어 있는데, 포고씨는 주나라 건국에 반대하여 삼감의 난에 참여한 씨족으로 알려져 있다.

『잠부론』의 「지씨성」 조에는 다음과 같이 전한다.

"복희씨가 진(陳) 땅에 수도를 세우고, 목덕(木德)을 가지고 용(龍)을 상징으로 삼았다. 그래서 용사(龍師)를 만들어 용(龍) 자로 이름을 붙였다. 팔괘를 창시하고 실로 그물을 만들어 물고기를 잡았다."

복희씨의 세력은 용봉을 숭배했으며, 이러한 숭배는 나주 반남면 신촌리 9호분에서 출토된 마한 용봉문 환두대도를 통해 확인할 수 있다. 나주 반남면 고분군은 마한 월지국을 통치했던 반남 박씨 선조들의 무덤으로 추정되며, 이는 복희 세력과 밀접한 관련이 있다는 것을 시사한다.

서기전 3세기 말에 건국된 월지국의 수도는 나주 반남이었다. 이 지역의 박씨는 발람 박씨, 발랑 박씨 등으로도 불리어, 사실상 발라 박씨라는 것을 알 수 있다. 이들이 한반도로 가장 먼저 이주한 박씨 세력이다. 이와 더불어 무안 박씨도 월지국의 주축이었다. 무안 박씨의 무안은 고대 지명이 물아혜(勿阿兮)로, 이는 산동성에 위치한 무라 · 모루 계열의 지명과 관련이 있다. 산동성의 래이족, 즉 우이족과 같은 계열인 이들은 모루(牟婁)·모라(牟羅) 등의 지명을 사용하며, 무안 박씨는 이 무라계 세력을 대표한다.

한반도 동남부 가야 지역의 오손 축융족 결집

영암만의 조용한 물결 너머로, 오손족들의 발걸음은 멀리 여수에서 광양, 진주, 그리고 포항까지 이어졌다. 그들은 한반도 서남부를 넘어 남해안과 동해안까지 그들의 영역을 확장했다. 이들의 선봉에 선 것은 곤오씨, 즉 축융족들이었다. 이들은 태양을 숭배하며 이동한 자리마다 태양과 관련된 이름을 지역에 남겼다. 대표적으로 '곤(昆)'과 '양(陽)'이 그들의 발자취를 따라 펼쳐졌다.

변진의 땅, 진주와 사천에도 이들의 흔적이 깊이 새겨져 있었다. 곤미국(昆彌國), 또는 변군미국(弁軍彌國)은 축융족이 세운 나라 중 하나였다. 이곳은 고대의 경남 진주로, 그 옛 지명 진양은 중원의 진양과 이름을 같이했다. 사천, 지금의 이 이름 아래 곤양과 곤명이라는 지명은 곤오씨의 후손들이 이 땅을 밟았음을 증명한다. 그리고 포항에는 곤륜산이라 불리는 산이 있어, 타림분지의 남쪽을 장엄하게 지키는 곤륜산맥을 연상케 한다. 이곳에도 오손족의 선조들이 살았다.

진주에는 오손의 조상이자 곤오의 후손인 소씨들이 오래전부터 그 뿌리를 이 땅에 내렸다. 진주 강씨는 염제의 직계 후손이다. 축융 팔족 중 하나인 창녕 조씨들이 내륙에 자리 잡고 있었다. 이들은 한반도 남부에서 조상인 곤오씨와 축융족의 후예로서 그 명맥을 이어 왔다. 태양을 숭배하며 그 빛을 따라 이 땅에 정착한 이들은 이제 그 지역의 일부가 되어, 그들만의 독특한 문화와 전통을 남겼다.

오손족과 월지족이 언제 이곳에 왔는지 정확히 알 수는 없지만, 그들의 존재는 영산강 유역과 섬진강, 그리고 포항을 포함한 광범위한 지역에 영향을 미쳤다. 이들은 고대부터 변하지 않는 태양을 따라 동서를 막론하고 광활한 연결망을 구축하며, 그들만의 세계를 만들어 갔다. 고대의 세력들이 이 땅에 남긴 발자취는 시간을 거슬러 오늘날까지도 그 영향을 미치고 있다.

옛날, 중원의 대지는 거대한 부족들의 이야기로 가득 찼다. 그중에서도 곤오씨는 특별했다. 그들은 곤륜산의 깊은 곳에서 중원으로 걸어 들어와 역사의 무대에 자리 잡았다. 곤오, 그 이름은 태양 아래서도 빛나는 하나라의 패자였으며, 오손족의 선조들이었다.

이야기는 곤오씨의 시조, 육종에서 시작된다. 육종은 축융족의 힘과 지혜를 상징하는 기(己)씨의 시조였고, 그의 혈통은 시대를 거듭하며 강력한 영향력을 발휘했다. 그러나 그들의 이야기는 단지 힘에 관한 것만이 아니었다. 사랑과 배신, 전쟁과 평화가 교차하는 인간 군상의 드라마였다.

전욱 고양 임금의 후손인 오회는 제곡 고신의 화정, 불의 신 축융의 후계자였다. 그는 육종을 낳고, 이어서 번과 곤오가 그 혈통을 이어받았다. 곤오는 하나라의 황금시대를 이끈 후백이었다. 그들은 산서성 운성 일대에서 곤오국을 세웠다가 하남성 복양 일대로 이주 했다.

주무왕 대에 이르러, 곤오의 후손 중 한 사람인 분생이 소(蘇)에 봉해지며 새로운 역사를 썼다. 소분생은 하남성 온(溫)으로 이동했고, 그곳에서 소씨의 시조로 존경받게 되었다. 소씨의 이야기는 그 봉지를 따라, 새로운 이름으로 계승되었다.

시간이 흐르고, 진주 소씨는 그들의 선조 곤오씨의 이야기를 품은 채 한반도의 남쪽으로 이동했다. 그들은 그곳에서 곤오씨의 정신을 계승하며, 고대부터 이어져 온 태양을 숭배하는 전통을 이어 갔다.

오랜 옛날, 섬서성의 보계시 기산현 일대에는 청강하라 불리는 맑고 푸른 강이 흘렀다. 이 강가에서 인류의 가장 오래된 성씨 중 하나인 강씨가 태어났다. 염제, 서강(西羌)족의 시조이자 축융족의 위대한 영웅이 바로 이곳에서 세상에 그 모습을 드러냈다. 염제는 우주의 신비와 대자연의 기운이 어우러진 순간, 신룡의 감응 아래 탄생했다.

염제의 어머니 임사(任姒)는 소전의 정비로서, 그녀의 이름은 여계(女癸)였다. 여계는 화양의 땅에서 햇볕을 쬐던 중 신룡의 감응을 받아 임신하게 되었고, 그렇게 염제를 세상에 탄생시켰다. 강성은 바로 여계의 이름에서 유래되었다는 전설이 전해진다. 갑골문에 따르면, '계(癸)'와 '여(女)'의 합체자가 '강(姜)'이다. 강씨는 여계의 자손임을 상징하는 것이다.

여계는 소전 임금에게 출가한 뒤, 아들 염제에게 강씨 성을 부여했다. 염제는 그 성을 가지고 자신의 업적을 쌓아 갔다. 청강하의 기운을 받으며 자라난 염제는 뛰어난 지혜와 용기로 서강족과 축융족을 하나로 이끌었다. 그는 그들의 문명을 발전시키고, 그들의 영토를 확장하는 데 중심 역할을 했다.

시간이 흐르며 강씨의 후손들은 강태공이 건국한 산동 제나라를 거쳐 먼 진주 땅으로 이동했다. 그들은 자신들의 선조 염제와 강태공의 정신을 계승하여 그 지역에서 새로운 삶을 시작했다. 강씨 후손들은 선조의 위대한 유산을 이어받아 진주에서도 그 명성을 빛냈다. 염제의 혈통은 진주 강씨로서, 그들은 축융족의 태양을 숭배하는 전통을 이어 갔다.

강씨의 역사는 5000년 이상, 성씨로서는 제나라가 멸망한 뒤부터 적어도 2,300년간 계속되었다. 진한 때 강씨는 하남 영보의 함곡관에서 동쪽으로 이미 대족으로 발전하여 관동 대족으로 서쪽으로 이주하여 관중을 충실하게 한 후, 염제가 태어난 천수에 유명한 군망을 형성하였다. 강태공으로부터 지금까지 역사적으로 수많은 성씨가 번성하였다. 그중에는 대표적으로 강씨, 정(丁)씨, 최씨, 고씨, 허씨, 국(國)씨, 방(方)씨, 문(文)씨, 신(申)씨, 노(盧)씨 등이 포함되어 있다.

창녕은 고대에 불사국이 있었던 곳으로 비화가야, 빗불, 비사벌, 비자벌 등으로 불리었다. 이곳은 불의 신비와 마법이 가득한 곳이었다. 창녕 조씨들은 이 불사국의 주인이었으며, 축융족의 피를 이어받은 사람들이다.

전욱의 현손 육종의 다섯째 아들 안(安)이 조씨이다. 주무왕이 그를 주(邾)에 봉했는데, 초나라에 멸망당한 후 조로 이름을 되찾았다. 그 후손들은 시대의 변화 속에서도 조씨 성을 이어 가며 창녕 땅에서 비화가야라는 가야국 중 한 나라를 건국하였다. 그들은 불의 기운을 숭배하며 그 힘으로 나라를 지켰다.

신라 경덕왕 시기에 화왕군(火王郡)으로 명명된 이 땅에서 조씨들은 비자벌 군주로 기록되며, 그들의 지배 아래 창녕은 번영을 누렸다. 하지만 그들의 나라는 단지 불꽃처럼 화려한 것만이 아니었다. 그 안에는 축융족의 깊은 역사와 전통, 그리고 오랜 시간 동안 이어진 지혜가 담겨 있었다.

조씨의 득성 시조인 조숙진탁은 주무왕의 아우인데, 상나라를 멸망시킨 후 정도(현 산동 하택시)에 봉해졌고, 송나라 경공에게 멸망당한 이후 후손들이 나라 이름을 성씨로 삼았다. 나라가 멸망당한 이후 이들은 먼 중원에서 창녕 땅에 도착했다. 그들은 새로운 터전을 마련하고, 소실된 나라의 이름을 성씨로 삼아 다시 일어섰다. 조씨들은 창녕 땅에서 새로운 시작을 알렸으며, 그들의 통치 아래 창녕은 다시 한번 '불의 나라'로 불리게 되었다.

창녕 조씨들은 축융족으로서 불의 신과 대자연의 기운을 숭배하는 전통을 이어 갔다. 그들은 불을 통해 신과 소통하고, 그 불꽃을 통해 미래를 예측하며, 불의 힘으로 나라를 지키는 지혜로운 지배자들이었다.

전남 여수 지역에 위치한 돌벅수에 새겨진 '남정중(南正重) 화정려(火正黎)'라는 명문은 신비로움을 자아낸다. 이 돌벅수에 담긴 문구는 고대 전욱 고양 임금이 하늘과 땅의 연결을 끊어 버리는 결정적 행위, 즉 절지천통(絕地天通)을 기록한 것이다. 우리나라의 여러 지역에는 마을의 수호신으로 장승을 세우고, 이들에게 천하대장군, 지하여장군이라는 칭호를 부여하는 것이 일반적이다. 그러나 여수의 돌벅수에는 이러한 일반적인 칭호 대신, 아리송한 문구가 적혀 있어 궁금증을 자아낸다.

이 명문의 기원과 그 의미는 고대의 역사적 사건과 인물들을 다루며, 고대 한반도와 중국 대륙 사이의 복잡한 관계와 문화적 교류의 증거를 제공한다. 여수의 돌벅수에 새겨진 명문은 이러한 역사적 맥락 속에서 그 의미를 찾을 수 있으며, 한반도 고대 역사의 신비로운 한 조각을 이해하는 데 중요한 열쇠를 제공한다.

아주 먼 옛날, 인류는 대홍수를 겪은 뒤 고원지대에서 살아가다가 시간이 흘러 평원으로 서서히 이동했다. 이 고산고원에서의 생활은 각 부족의 역사적 기억에 깊이 녹아들며, 고산에 대한 숭배를 낳았다. 이 숭배는 천산, 곤륜산 등의 이름으로 기억된다. 그 시절, 인간과 신은 서로 통하였다. 대홍수 이후, 모든 인류는 표주박 안에서 살아남은 태호 복희와 여와의 후손임을 공통적으로 인식했다.

이들이 대홍수 이후 처음 오른 산은 곤륜산이었다는 전설이 있다. 복희와 여와는 산 정상에서 신들에게 기도를 올렸고, 만약 그들의 결합을 신들이 동의한다면 하늘의 구름을 하나로 모아 달라는 청원을 했다. 신들은 그 청을 들어주어 구름이 한데 모이게 하였고, 이에 대해 복희와 여와는 자신들의 결합을 승인하는 신의 응답으로 받아들였다.

태호 이후 상고 시대에는 사람과 신이 통하였지만 서로 섞이지 않고 질서가 있었다. 사람의 정기는 혼란스럽지 않았고, 신들의 질서를 침범하지 않았다. 신들은 인간 세계의 규칙을 존중해 주었다. 그래서 하늘과 땅, 신과 인간의 관리가 있게 되었고, 각자 그 순서를 맡아 혼란스럽지 않게 하였다.

그러나 황제와 소호의 쇠퇴와 함께, 신과 사람이 서로 다투기 시작하여 하늘과 땅의 질서를 어지럽혔고, 사람과 신이 섞여 방물을 정할수 없게 되었다. 제사에는 제한이 없고, 사람과 신이 같은 지위를 갖게 되었다. 사람들은 신의 경계를 더럽히고, 엄격한 위엄이 없었다. 신 또한 사람의 규칙을 경시하고, 좋은 생명이 내려오지 않고, 제사를 지낼 것이 없게 되었다. 재난과 재앙이 끝없이 이어졌다.

이후 제위를 계승한 전욱 임금은 하남성 복양의 제구에서 살았는데, 중과 려 두 신하를 통해 하늘과 땅이 서로 통하는 능력을 끊어 버리고 서로 침범하지 않게 하는 절지천통(絕地天通)을 단행했다. 하늘의 일은 남정중이 맡아 행하였고, 땅의 일은 화정려, 즉 축융이 담당함으로써 신과 인간 세계가 분리되었다. 이로 인해 남정중과 화정려는 하늘의 신계와 땅의 인간계가 제도적으로 구분되고 서로 단절되었음을 상징한다. 하계의 사무는 남방의 불의 신, 화정 축융이 맡게 되었다.

전욱이 이러한 결정을 내린 것은 황제 헌원과 치우의 전쟁에서 지상의 인간들이 하늘의 신과 함께 전쟁을 벌이고, 남방에서 공공씨와 축융족 사이에 패권 경쟁이 치열하게 벌어졌기 때문이다. 전욱은 신들의 전쟁에 인간이 참여하지 못하도록 하늘로 통하는 길을 모두 차단하고 자신을 통해서만 하늘로 통할 수 있도록 하는 신권정치를 단행했다. 전쟁과 갈등이 난무하는 시대 상황 속에서, 전욱은 신과 인간 세계의 경계를 명확히 하여 자신의 영향력을 극대화한 것이다. 이 결정으로 강력한 제사장 계급이 등장하게 되었다.

축융은 전욱 임금의 신하로서 남방의 불의 신을 가리키는데, 그는 가라, 즉 빛의 땅을 다스렸다. 가야 지역에 축융 세력이 집중해 있는 것은 바로 이들이 빛을 숭배하던 종족들이라는 사실을 나타낸다. 『산해경』에는 다음과 같이 기록되어 있다.

"전욱이 노동(老童)을 낳고 노동이 중과 려를 낳았다. 상제가 중에게 명령하여 상천(上天)에게 권하게 하고, 려에게 명령하여 하지(下地)를 받들게 하였다. 하지는 이에 열(噎)을 낳았는데, 열은 서쪽 끝에 살면서 해와 달과 별과 별들의 행하는 차례를 맡았다. … 남쪽의 축융은 짐승의 몸에 사람의 얼굴을 하고 두 마리 용을 타고 있다."

여기서 축융은 남방의 불을 다스리는 신으로서 중려가 축융의 역할을 담당했다. 그의 동생은 오회로서 불의 책임자이다. 결국 여수의 돌벅수는 축융족이 여수 지역에 들어왔다는 사실을 보여 준다. 축융족은 양계 지명을 사용했는데, 여수의 인근에 광양과 진양(진주), 곤양 등이 소재한다. 이들 지명으로 비추어 볼 때 곤오 축융족은 여수, 광양, 진양(=진주), 곤양(=사천) 일대에 상고 시대부터 이주했음을 알 수 있다.

가야 지역의 맹주국 창원 골포국과
부산 동래 독로국

상고 시대의 먼 옛날, 창원과 황산하 사이의 골포국(骨浦國)은 마산만과 낙동강이 품은 비옥한 대지 위에 자리 잡고 있었다. 황이(黃夷)의 후예인 골포국의 왕은 자신의 선조들이 남긴 풍요로운 땅을 바탕으로 국가를 번영으로 이끌었다. 그는 축융족으로서 다른 씨족들과 함께 농사와 무역에 힘써, 중원 남부와 멀리 떨어진 열도까지 그 영향력을 뻗쳤다.

골포국의 사람들은 바다를 자신들의 길로 삼았다. 선조들이 남긴 거대한 배를 타고 상해를 비롯한 중원 남부와 열도 사이를 오가며 무역을 했고, 이를 통해 먼 땅의 문화와 상품을 자신들의 땅으로 불러들였다. 바다를 건너온 이국의 상인들과 만나 교류하며, 골포국은 다양한 문화의 융합점이 되었다.

그러나 황이족의 왕은 단순한 부의 축적에 그치지 않았다. 그는 거대한 성을 지어 국가의 위엄을 드높였고, 자신의 백성들이 평화롭고 풍요로운 삶을 영위할 수 있도록 했다. 성안에서는 축제가 끊이지 않았고, 백성들은 왕에 대한 충성과 함께 행복을 누렸다.

하지만 평화로운 나날 속에서도 왕은 항상 경계심을 늦추지 않았다. 그는 먼 땅의 위협과 가까운 이웃의 시기를 항상 의식하며, 골포국의 안위를 지키기 위해 군사와 전략에도 큰 힘을 기울였다. 경쟁적인 역사의 무대 위에서 골포국은 힘과 지혜로 자신의 자리를 굳건히 지켜 나갔다.

시간이 흘러 골포국의 이야기는 전설이 되어, 창원 · 김해 · 부산의 땅 곳곳에 그 흔적을 남겼다. 황이족의 후예들은 조상들의 업적을 기리며 그들의 땅에서 새로운 역사를 써 나가고 있었다.

오래전, 신화와 전설이 현실을 이루던 시절, 순임금의 신하 백익은 우와 함께 대홍수를 막기 위한 치수 사업에 큰 공을 세웠다. 그의 탁월한 능력은 순임금으로부터 크게 칭송받았고, 영성(贏姓)을 사여받는 영예를 안았다. 황씨는 영성 14대 성 중 하나이다.

전욱 임금의 손자 오회는 육종을 낳았으며, 그의 둘째 아들 혜련은 요임금 시대에 치수 공로로 참호에 봉해져 참호의 영주가 되었다. 요임금은 혜련의 공로를 높이 평가하여 그에게 '황운(黃雲)'이라는 이름과 '황국'이라는 새로운 영토를 부여했다. 이때부터 혜련과 그의 후손들은 황씨라 불리며, 그들이 다스리는 땅은 분양이라는 이름으로 현재까지 전해지고 있다. 황제의 직계 후손으로서, 황씨 가문은 창의 · 한류 · 전욱 · 칭 · 노동 · 오회 · 육종 · 혜련에 이르기까지 끊임없이 이어졌다. 황씨를 비롯한 축융 팔족은 모두 동이 계열로 하나라를 건국하는 중추 역할을 수행하였다.

황씨의 토템은 여러 성씨의 토템 중 가장 특이한데, 황씨의 씨족을 상징하는 족휘는 천원귀(天黿龜)이다. 천원귀는 하늘의 황금 자라 또는 하늘의 큰 황금 거북을 상징한다. 황제의 후손이었던 황씨들은 큰 거북을 씨족의 표시로 삼았다. 큰 거북은 헌원이며 황제족의 표식이자 족장이다. 고대 황씨는 거북을 원시 토템으로 삼았던 것이다.

춘추 시기에 황국은 하남성 동남부 황천(潢川)현에 건국되어 있었는데, 지리적 이점을 활용하여 초나라와 대립했다. 그러나 서기전 648년, 먼 거리에 있는 초나라가 공격하지 못할 것이라고 방심하는 사이에 초나라의 공격을 받아 멸망당했다. 초기에는 황이(黃夷)로 불리었고, 동이 구이족 중 하나였다. 상고 시대부터 동이족들이 해안가에서 해상교역을 통해 세력을 키우는 과정에서 황씨들도 일찍이 한반도에 정착하였다.

한반도의 남부 지역인 창원 북쪽에서 김해 일대까지 흐르는 낙동강의 고대 명칭이 황산하로, 이곳에 황씨들이 일찌감치 이주해 왔다는 사실을 알 수 있다. 그리고 그 동쪽인 부산 동래 일대에 노씨와 정씨들의 나라인 독로국이 있었다. 황씨와 노씨는 중원의 광주(=황천현)라는 동일한 공간을 배경으로 하던 축융 빛족들로서, 이들이 한반도에서 나라의 위치를 서로 조정할 정도로 긴밀한 관계였다는 사실을 보여 준다.

동래 정씨는 산동의 동래(東萊)와 접한 유방시에 근거를 두고 있었던 축융족이다. 정씨는 주나라를 건국한 후직(后稷)의 직계 후손으로 살덩어리에서 탄생한 씨족이다. 중원 정 중앙에 위치한 정나라의 나라 이름을 따 정씨라 했으며, 노씨와 더불어 독로국의 주축 세력이었다.

한편, 독로국의 이야기는 양이족 노씨와 축융족 정씨의 용맹과 모험으로 가득 차 있다. 한반도는 물론 중원 대륙과 열도의 깊은 산과 넓은 바다를 넘나들며 그들의 영토를 확장해 나간 노씨와 정씨들은 과감한 모험가이자 뛰어난 전사였다. 독로국의 노씨와 정씨들은 자연의 거친 요소들을 단순히 극복하는 것을 넘어, 그것을 자신들의 힘으로 삼았다.

독로국의 수도는 해안가에 위치해 있었고, 그곳에서는 항상 선박들이 오가며 바쁜 모습을 보였다. 노씨와 정씨들은 자신들의 배를 타고 먼바다로 나아가, 그곳에 사는 사람들과 교류했다. 그들은 멀리 떨어진 섬나라들과의 교역을 통해 독특한 상품들을 얻어 왔고, 그 상품들로 인해 독로국은 더욱 풍요로워졌다.

하지만 이들의 모험은 단순히 상업적인 이유만이 아니었다. 그들은 새로운 지식을 얻고, 자신들의 문화를 널리 퍼트리며, 다른 땅의 사람들과의 우정을 나누었다. 그리하여 독로국은 멀리 떨어진 곳에서도 그 이름이 알려진 나라가 되었다. 독로국의 왕은 용맹스러운 지도자였으며, 그는 자신의 백성들을 이끌고 더 넓은 세상으로 나아가는 길을 모색했다. 왕과 그의 전사들은 바다를 건너 신비로운 섬들을 발견하고, 그곳에서 새로운 동맹을 맺었다.

서기 42년 이전까지 가야 지역은 두 강대 세력, 황이의 골포국과 양이의 독로국에 의해 지배되고 있었다. 창원, 김해, 부산을 근거지로 삼은 이들은 중원 대륙과 멀리 떨어진 열도까지 그들의 영향력을 뻗치며 번성했다.

그런데 황씨 가문과 노씨 가문, 정씨 가문이 지배하는 평화로운 가야 땅에 갑자기 커다란 변화의 바람이 불어닥쳤다. 어느 날 예기치 않게 김해 땅에 새로운 세력들이 대거 유입하는 사건이 발생한 것이다.

서기 42년, 중원의 격동 속에서 삶의 터전을 잃은 김일제와 김륜의 후손 김씨들이 왕망 정권이 망하면서 급히 한반도로 피난해 왔다. 그

규모는 70,000여 명이 넘었다. 엄청난 난민이 밀려들어 온 것이다. 이들은 산동에서 마한의 지원을 받아 임시로 영산강 유역으로 진입하였다. 그들의 도착은 가야의 두 강대국에게 예상치 못한 도전이었다. 마한 진왕은 이들을 변한 지역으로 받아들일 것을 제안했다. 남해안의 축융족들은 이들을 받아들일 준비가 되어 있지 않았다.

골포국의 황씨와 독로국의 노씨, 정씨 사이에는 긴장감이 흘렀다. 골포국 왕이 김씨 가문을 수용하겠다고 발표했을 때, 그 소식은 빛의 땅 가야 곳곳에 파장을 일으켰다. 평화롭던 땅에 갑자기 이주해 온 이들에 대한 불안과 궁금증이 교차했다. 골포국의 황산하 인근 지역이 이들에게 내어질 때, 그 결정은 가야의 역사에 큰 전환점이 될 것이라는 예감이 들었다.

새로운 외래 세력의 유입은 기존의 균형을 깨트리며 불가피하게 변화를 초래했다. 이에 따라 골포국과 독로국, 그리고 새로운 세력인 김씨 가문 사이에서 새로운 관계 정립이 요구됐다. 이러한 변화의 바람 속에서 가야의 각 세력은 자신들의 위치를 재정립하고, 새로운 균형을 찾아가야 했다.

수년간에 걸쳐 이들을 받아들일 것인지, 받아들이면 어디로 보내야 할 것인지에 대한 협의가 이루어졌다. 마한 진왕은 이들이 변한 지역으로 이동하기를 희망했다. 그러나 변한 지역에서는 어느 나라도 선뜻 이들을 받아 주려는 나라가 없었다. 이때 골포국 황씨들이 이들을 수용하겠다는 의사를 나타냈다. 골포국 왕이 말했다.

"우리 골포국의 역내인 황산하 인근 지역을 내어 드리리다."

이렇게 해서 빛족 가야 세력이 선주한 한반도 동남부에 흉노족이 들어오게 되었다. 김수로 세력을 한으로 수용하면서 마한 진왕과 골포국 왕을 비롯한 선주 세력들은 이들에게 나라를 세울 수 있도록 하되 몇 가지 조건을 걸었다.

우선 국호를 빛을 뜻하는 가야로 한다는 것, 불교를 수용하여 전파한다는 것, 그리고 혼인동맹을 추진해 역내 평화를 유지한다는 것, 열도 진출을 위한 교역로를 침해하지 않는다는 것 등이 바로 그것이다. 중원에서 이주한 이후 갈 곳이 없었던 김수로의 입장에서는 이를 반대할 하등의 이유가 없었고, 더구나 혼인동맹은 김수로 스스로가 가장 원하던 일이었다. 그렇게 해서 김씨들 중 가장 먼저 김수로 세력이 한반도로 들어오게 되었다.

김씨의 유래와 김수로
그리고 김알지의 한반도 진입

서기 42년, 머나먼 땅에서 온 한 남자가 가야의 땅에 발을 디뎠다. 그의 이름은 김수로, 그가 어디에서 왔는지, 어떠한 운명을 타고난 자인지 아무도 몰랐다. 그는 구봉에 올라서 가락 9촌을 바라보았고, 그곳에서 그의 새로운 왕국을 꿈꾸었다. 그렇게 그는 마침내 그 땅에 이르러 나라를 열고, 그곳을 가야라 칭했다. 그의 나라는 나중에 금관국으로 이름을 바꾸었고, 그의 자손들이 이어받아 김구해에 이르기까지 9대에 걸쳐 번성했다.

신라인들도 자신들을 소호 금천씨의 후예라 자처하며, 성을 김씨라 했다. 김유신의 무덤에 새겨진 글귀처럼, 그는 황제 헌원의 후예이자 소호 금천의 자손이었다. 그로 인해 남가야의 시조인 김수로와 신라는 같은 김씨 성으로 이어져 있었다.

김씨 성은 상고 시대의 소호 금천씨에서 비롯된 것이다. 소호 금천씨의 후손들이 그의 호, 금천씨를 간소화하여 성으로 채택한 것이 오늘날의 김씨 성의 시작이다. 소호 금천의 아버지는 황제 헌원이다. 소호는 동이 백조국의 임금으로서 지위를 누리다가 사후에는 서방대제로 숭앙받게 되었다.

김씨의 기원에 대해 『풍속통의』는 "소호 금천의 후손"이라고 기록하고 있다. 또한 『산해경』과 『습유기』 등에서는 "소호 금천의 아버지는 태백 금성이고, 어머니는 천산의 선녀 황아(皇娥)"라고 적고 있다. 태호 복희의 가르침을 이어받아 소호라고 불렸다. 오행학설에 따르면, 흙이 금을 낳으므로 금덕을 갖춘 왕이 되었고, 금천씨라 했다.

『제왕세기』에 따르면 "소호 금천은 궁상에서 제위에 오른 후 곡부로 이동하였다."고 한다. 궁상은 지금의 산동성 곡부시 북쪽에 있다. 『춘추좌전』 소공 17년(서기전 525년)조에 "소호씨가 즉위했을 때 봉황새가 날아왔다. 그래서 새로 일을 기록하게 돼 조(鳥) 자로 관명을 삼게 되었다."고 했다.

서기 65년 봄 3월, 신라 왕실에서는 놀랄 만한 사건이 발생했다. 깊은 밤 금성 서쪽, 시림의 나무 사이에서 닭의 울음소리가 울려 퍼져 호기심이 발동한 왕은 즉시 호공을 그 소리의 근원지로 보냈다. 호공이 보니 그곳에 금빛 상자가 나뭇가지에 걸려 있고, 그 아래에서 흰 닭이 울고 있었다.

이 소식을 들은 왕은 궁금증을 참지 못하고 사람을 보내 그 상자를 가져오게 해 열어 보았다. 상자 안에서는 한 작은 사내아이가 눈을 반짝이며 왕을 바라보고 있었다. 왕은 크게 기뻐하며 좌우의 신하들에게 이 아이를 바라보며 말했다.

"이 아이는 분명 하늘에서 내게 보낸 귀한 후손이 아니겠는가?"

그리하여 왕은 아이를 자신의 자녀로 받아들여 사랑으로 키웠다. 왕은 그를 '알지'라고 명명했다. 아이가 금색 상자에서 나왔기 때문에 그의 성을 김씨로 정했다. 이와 함께, 시림의 이름을 계림으로 바꾸며, 그 이름을 나라 이름으로 삼았다. 이렇게 해서, 신라의 또 다른 전설이 탄생했다. 이는 김씨들이 조이족의 후손이라는 것을 의미한다.

소호 금천씨는 황제의 후손 중 기(己)성이었고, 이름은 지(鷙)였다. 우리나라의 다수 김씨는 소호 금천이 산동으로 이동한 이후 한반도로 이동한 성씨들이다. 그런데 「문무왕비문」에도 신라 김씨들과 관련된 기록이 등장한다.

"우리 신라의 조상은 멀리서 이어진 화관(火官)의 후예들로, 그 터전 위에 튼튼하고 높은 기초를 마련해 번영을 이룩했다. 이로써 가지와 뿌리가 갈라지며, 하늘에 제사를 지내는 특별한 후예, 투후(秺候)가 태어났다. 7대에 걸쳐 전해진 이야기는 15대조인 성한왕의 등장으로 이어졌다."

화관은 고대의 불을 담당하던 관직인 화정을 의미하며, 이는 염제와 전욱 고양의 후손인 축융족 또는 오손족, 즉 까마귀의 자손인 태양족을 가리킨다. 소호 금천은 오행설에 따라 화덕이 아닌 금덕에 해당한다. 『한서』에 따르면, 흙의 덕을 지닌 황제는 불의 덕을 가진 염제의 후손 세력과 전쟁을 벌였으며, 두 세력은 상극이었다.

그렇다면 소호 금천은 축융족과 어떠한 관계를 맺고 있었을까? 이와 관련하여 『산해경』 대황동경은 "동해 밖에 큰 골짜기가 있고 그곳이 소호국이며, 소호가 전욱 임금을 이곳에서 키웠다."고 기록했다. 전욱 고양은 소호 금천의 조카이자 축융족을 이끌던 임금으로, 이 기록을 바탕으로 김씨 계보에 포함되었다고 볼 수 있다. 그러나 김씨는 소호 금천의 후손이지, 화관의 후손이 아니다. 금은 불과 상극이기 때문이다. 투후는 산동의 투(秺) 지역(현재의 산동 하택시 성무현)에 봉해진 김일제를 가리키며, 「문무왕비문」은 경주 김씨들의 유래를 담고 있다.

「문무왕비문」, 「김인문묘비」, 「흥덕왕비문」 등에는 성한왕을 김씨 왕실의 시조 또는 태조로 기록하고 있는데, 김알지를 성한왕으로 보는 것이 타당하다. 특히, 「문무왕비문」에는 "투후(秺侯) 제천지윤(祭天之胤)이 7대를 전하였다."는 구절과 함께, "15대조 성한왕(星漢王)은 그 바탕이 하늘에서 내렸다."고 언급되어 있어, 김일제의 7세손이 성한왕이며, 이 인물이 김알지임을 시사한다. 성한왕은 산동성 투지역의 제후 또는 왕을 의미할 가능성이 높다.

김일제는 흉노의 강력한 지도자 휴도왕의 태자로 태어났다. 그의 아버지 휴도왕은 감숙성 금성군 북쪽의 무위 일대를 방어하며, 흉노의 위엄을 떨치던 인물이었다. 서기전 121년 봄, 한무제의 명령으로 표기장군 곽거병이 기병 10,000명을 이끌고 급습했을 때, 흉노군은 큰 타격을 입었다.

그때 혼야왕이 한에 투항하려는 움직임을 보였지만, 이를 단호히 반대한 휴도왕은 자신의 의견을 굽히지 않았다. 그러나 내부의 분열은 이미 시작되었고, 결국 혼야왕의 손에 의해 휴도왕은 목숨을 잃는다. 김일제는 그 순간을 목격한 뒤, 아버지의 죽음과 함께 자신의 운명이 어둠 속으로 빠져들었음을 느꼈다.

아버지가 사망한 후, 김일제는 어머니 연지와 동생 김륜과 함께 포로로 잡혀, 어두운 미래를 마주하게 된다. 한편, 흉노 혼야왕은 곽거병에게 40,000명을 이끌고 항복을 선언했다. 이 모든 사건 속에서 김일제는 자신의 운명을 어떻게 개척해 나갈지 고민하기 시작했다.

포로가 된 김일제와 김륜 형제는 궁정에서 말을 길렀다. 이후 김일제는 독실함과 삼감으로써 한무제의 눈에 들어 경호를 담당하는 중요한 위치까지 올라섰다.

그러던 어느 날, 한무제를 둘러싼 권력의 어두운 그림자가 현실로 드러났다. 태자를 무고하여 죽게 만든 망하라 일족의 반란 소식이 전해졌다. 망하라는 김일제와 함께 붙잡혀 온 흉노 출신으로, 한무제의 신뢰를 얻기 위해 암흑의 계략을 꾸민 자였다. 망하라와 강충은 공모하여 한무제의 태자를 무고하게 죽음으로 몰았고, 그 결과 한무제는 깊은 슬픔에 빠진다.

노쇠한 한무제는 뒤늦게 진실을 깨닫고 강충 일족을 주멸했다. 이에 망하라 형제는 화가 자신들에게까지 미칠 것을 직감하고 역란을 꾸몄다. 그날 밤, 궁정의 경계를 강화하고 있던 김일제의 앞에 망하라가 칼을 들고 나타났다. 침소로 향하는 복도는 긴장감으로 가득 찼다.

김일제는 망하라의 기습을 예상치 못했으나, 순간적으로 반응하여 그의 칼날을 온몸으로 막아섰다. 그는 최후의 순간에도 목소리를 높여 외쳤다.

"망하라가 반란을 일으켰다!"

그의 용감한 외침은 궁정을 뒤흔들며 반란의 실패를 예고했다. 그날 밤, 김일제는 한무제를 지키기 위해 자신의 목숨을 걸었고, 그 용기는 후세에 길이 남을 전설로 기록되었다. 그제야 황제는 놀라면서 깨어났다. 한무제는 자신의 두 눈으로 직접 확인한 김일제의 충효와 절의에 감탄하여 그를 투후에 임명하였다. 산동성 성무현의 투(秺) 지역은 그에게 주어진 봉지였고, 이곳에서 그의 가문은 대대로 명성을 이어 갔다.

김일제의 가문이 성대해진 것은 그의 뛰어난 용맹과 지혜 덕분만이 아니었다. 그의 조상 중 한 사람인 휴도왕은 천주에게 금인을 만들어 제사를 지냈고, 그 덕분에 김씨의 성을 받았다고 한다. 김일제는 봉국을 후사(後嗣)에게 전하며 7대에 걸쳐 매우 성대해졌고, 김씨 가문의 명성은 한무제의 시대를 넘어 후세까지도 빛을 발하게 되었다.

김일제의 동생 김륜은 젊은 나이에 세상을 떠났지만, 오히려 그의 후손들이 더욱 번성하였다. 김일제 자신은 서기전 134년에 태어나 서기전 86년에 생을 마감했다. 김흠(金欽)과 그의 집안 형제인 투후 김당(金當)이 봉작을 받아 가문의 이름을 이어 갔다. 최초에는 김당의 증조부인 김일제가 봉국을 자신의 아들 절후 김상(金賞)에게 전했으며, 이어 김륜의 아들이며 김흠의 조부인 김안상이 아들 이후(夷

侯) 김상(金常)에게 그 봉국을 전해 주었다. 하지만 둘 다 후손이 없어 봉국이 중단되는 위기에 처하자, 왕망은 김흠과 김당에게 가문을 잇도록 명령했다. 이를 통해 김일제의 가문은 다시금 성장의 길을 걷기 시작했다.

김일제의 증손자 김당은 왕망과 이종사촌 사이였다. 김당의 모친 남(南)은 왕망의 모친인 공현군의 동복동생이었다. 김일제와 김륜의 후손들은 대대로 한나라의 제후로서 권세를 누렸으며, 왕망이 신나라를 세우자 왕족의 지위를 얻었다.

전한 시대 말, 외척들의 발호가 심각해지고 연달아 어린 황제가 옹립되는 혼란 속에서, 마침내 서기 8년에 왕망은 유씨 황제를 폐위시키고 신나라를 건국하게 된다. 이 시기 중원은 사람들이 서로를 잡아먹을 정도로 기근이 심했고, 장정들은 반란군에 가담해 중원 전역이 반란의 소용돌이에 휩싸여 있었다. 이 기간 동안 일어난 '적미의 난'은 중원의 혼란을 극명하게 보여 주는 사건이었다.

중원의 대지는 전쟁과 기근으로 시달렸고, 왕망은 급진적 개혁을 추진했으나 실패로 돌아갔다. 민생은 파탄에 이르렀고, 그 결과 중원은 수많은 농민 봉기로 몸살을 앓았다. 이 시기는 역사에 도탄의 시기, 천지대란의 시기로 기록되었다. 왕망 정권 아래에서 신나라는 짧은 호흡으로 급변하는 중원의 풍경 속에서도 권력을 유지하려 애썼다. 그러나 그의 무리한 정책과 민심의 이반은 결국 커다란 대가를 치르게 되었다. 중원의 수많은 마을에서는 굶주림과 절망이 횡행했고, 이는 거대한 폭풍우처럼 불만을 일으켰다.

그러던 중, 광무제가 등장하여 혼란의 중심에서 중원을 다시 하나로 모으기 시작했다. 곤양전투에서의 결정적 승리는 신나라군을 대파하고 후한의 재건을 가능하게 했다. 광무제는 지친 중원에 새로운 희망의 불씨를 지피며, 수천 년 동안 이어져 온 중원 땅을 다시금 통일로 이끌었다.

신나라가 멸망당하자, 김일제의 후손들은 후한의 공적으로 전락해 매우 위험한 상황에 처했다. 이에 김씨 가문은 크게 두 방향으로 갈라졌다. 김일제의 직계 김알지 세력은 육로로 중원을 벗어나 요동으로 도망쳤다. 김륜의 후손인 김수로 세력은 바다를 통해 도망치고자 하였다. 그런데 이들은 원래 해상 세력이 아니었기에, 절체절명의 위기에서 벗어나기 위해서는 해상 세력이 강한 산동의 래이마한 세력의 지원을 받아야 했다.

더구나 한반도는 이미 마한 세력이 대부분을 장악하고 있었기에, 이들의 이주에 관해 여러 차례에 걸쳐 정치적 협상이 이루어졌다. 이 과정은 과거 진한인들이 한국에 처음 들어왔을 때, 마한이 그 동쪽 땅을 내주어 왕을 파견했던 상황과 유사했다. 당초 김일제와 함께 항복한 흉노족이 40,000여 명에 달했기 때문에, 150여 년이 흐른 후 인구가 늘어났고, 그 가족까지 포함하면 10만여 명이 넘었을 것으로 추정된다. 이들의 이주는 대규모로 여러 방향으로 진행되었다.

이때 김륜의 자손들은 상당수가 한반도 등지로 이주하게 되는데, 김륜의 5대 후손 중 성도대후 김탕(金湯)이 김수로와 연배나 정치적 위상이 비슷하다. 이러한 이유로 김탕이 김수로일 가능성이 매우 높다. 김수로는 신나라가 멸망하자마자 흉노 김씨족들을 이끌고 대규모 이주를 감행했다. 김탕은 먼저 성도에서 가족들이 있는 산동의 내륙인 투 지역으로 이동했다. 이 지역은 산동의 내륙 지역에 해당하는

데, 여기서 탈출하려면 산동반도에서 동쪽 바다로 나가거나 또는 동북쪽인 요동 등지로 이동하는 것이 가장 현실적인 선택이었다.

　김수로와 김알지의 운명은 여기서 갈렸다. 김수로는 바로 영산강 유역으로 들어간 반면, 김알지 일가는 요동으로 이주한 뒤 경주로 향했다. 이 차이는 나주 복암리, 광주 신창동 및 복룡동, 그리고 해남 군곡리에서 발굴된 왕망의 신나라 화폐인 화천의 대량 발견을 통해 입증된다. 이러한 발굴 결과로 미루어 볼 때, 김수로 세력은 영산강 유역을 경유해 김해로 진입한 것으로 추정된다. 한편, 김알지 세력은 한반도가 아닌 요동으로 먼저 이주한 후, 김수로보다 23년 뒤에 경주로 이동했다. 이는 「대당고김씨부인묘명」에 상세히 기록되어 있다.

　"태상천자께서 나라를 태평하게 하시고 가문을 여셨으니 이름하여 소호금천씨라 한다. 이분이 곧 우리 가문이 성씨를 받게 된 세조이시다. … 먼 조상 이름은 김일제(金日磾)시니 흉노 조정에 몸담고 계시다가 서한에 투항하시어 한무제 아래서 벼슬하셨다. 명예와 절개를 중히 여기니 그를 발탁해 시중(侍中)과 상시(常侍)에 임명하고 투정후(秺亭侯)에 봉하시니, 이후 7대에 걸쳐 벼슬함에 눈부신 활약이 있었다. … 한나라가 덕을 보이지 않아 혼란과 고통이 많았다. 이에 곡식을 싸 들고 나라를 떠나 난을 피해 멀리 도망쳤다. 그래서 우리 가문은 머나먼 요동에 숨어 살게 되었다. 공자께서 말씀하시길, '말에는 성심과 신의가 있어야 하고 행동은 독실하고 신중해야 한다.'고 하였으니, 비록 야만적인 모습일지라도 그 도를 행하였다. 이제 우리 가문은 요동에서 다시 번영하게 되었다."

한편, 요동반도에서는 석탈해 왕의 신라 또한 한반도로의 이주를 모색하고 있었다. 그 결과 1세기 중반에 수많은 흉노족들이 대거 한반도로 이동해 왔던 것이다. 신라는 초기에 한반도가 아니라 요동반도에서 건국하고 있었다. 김수로가 한반도 남부에 이주하여 가야를 건국한 것이 서기 42년이다. 이에 반해 김일제의 7대손인 성한왕(星漢王) 김알지는 요동으로 갔다가 65년에야 신라 왕도인 금성에 모습을 드러냈다.

흉노족 김씨는 감숙성 무위시 남쪽의 금성군이라는 지명을 따 성씨로 삼았다. 금성군에 대해서는 처음 성을 쌓으면서 금을 얻어 금성이라고 했다고 한다. 이 군이 경사의 서쪽에 있으므로 오행설에 따라 금성이라고 했다. 오행상으로 금은 서쪽을 가리킨다. 금성군은 서기전 81년에 설치되었다. 그 후 음력 7월에 변새는 광활하게 펼쳐져 천수군, 농서군, 장액군의 속현 각 2현을 금성군에 포함시켰다. 금성군은 현재 감숙성 란주의 서쪽과 청해성 일부인 고란현 서북 황하 북안 일대를 관할하고 있다.

한반도로 이주한 김씨들은 금성이라는 지명을 신라에 그대로 옮겨와서 사용했다. 초기 신라의 도읍도 금성이었다. 『삼국사기』「박혁거세조」에는 "서기전 37년에 수도에 성을 쌓고 금성(金城)이라고 불렀다."고 한다. 이때 금성은 경주의 금성이 아니라 요동반도의 금성을 가리킨다. 신라는 한반도의 경주가 아니라 요동반도에서 건국된 것으로 파악되기 때문이다.

연나라 진개의 공격을 받아 조선·요동 세력들이 동서 1,000리, 남북 1,000리의 사방 2,000리 땅을 빼앗긴 후, 한반도 서부 그리고 산동반도와 난하 동쪽 일대를 중심으로 마한 연방이 건국되었다. 이 시기 마한 연방에는 선비족과 오환족이 모두 포함되어 있었다. 선비족들은 조양 일대에 근거를 삼았다.

이후 진나라가 중원을 통일한 후, 많은 사람들이 진나라의 엄격한 진역을 피해 대규모로 한국, 즉 마한으로 이주했다. 이 과정에서 마한은 그 동쪽 땅을 내주어 변한과 진한이 세워졌다. 특히 진한은 진나라에서 온 사람들을 의미하는데, 이 중에는 흉노족들이 대규모로 포함됐을 것으로 보인다. 이는 진시황의 진나라 북쪽 지역에 흉노족이 대거 거주하고 있었기 때문이다. 이러한 사실은『삼국지』「위지동이전」에 자세히 기록되어 있다.

"진한은 마한의 동쪽에 위치하고 있다. 그 노인들은 대대로 전하여 말하길, '우리들은 옛적의 망명자로서 진의 고역을 피해 한국으로 왔는데, 마한이 그 동쪽 경계의 땅을 나누어 주었다.'고 하였다. … 그들의 말은 마한과 다르며, 나라를 방이라 하고, 활을 호로, 도적을 구로, 술잔을 돌리는 것을 행상이라 한다. 서로를 도라 부른다. 이는 진나라 사람들과 유사하며, 단순히 연나라나 제나라의 명칭이나 물건들에 국한되지 않는다."

월지 마한 세력과 오손 세력은 하서회랑에서 흉노족과 복잡한 대립과 갈등 속에서 서로 융합되어 나갔다. 마한 세력은 산동 지역과 난하 동쪽 일대에 자리를 잡고 요동을 장악하기 위한 권토중래를 추진하며, 이 지역에서 다양한 세력을 수용하였다. 이에 따라 변한은 대릉하와 양평 일대에, 진한은 요동반도 일대에 위치했다. 현재 요동반도에는 신라 6부의 성씨촌뿐만 아니라 여러 개의 금성(金城)이라는 지명도 존재하는 것으로 나타났다. 이는 진한인들이 진나라의 엄격한 진역 정책을 피해 마한으로 대거 이주하였음을 의미하며, 이 경우 진한의 이주 시기는 진시황이 사망한 서기전 3세기 초로 추정된다.

이후 건국된 신라의 초기 기록을 보면 갑자기 왜가 쳐들어오고, 낙랑도 쳐들어온다. 왜와 낙랑은 연이어 쳐들어오기도 한다. 신라가 처음부터 한반도 남부의 경주에 위치하고 있었다면 이러한 기록은 성립할 수 없다. 신라가 주축이 된 6부의 씨족들은 마한에서 파견된 박혁거세를 왕으로 옹립하여 외란에 대처하고자 하였으나, 요동반도 자체가 전략적 요충지였기 때문에 초기 신라가 매우 어려운 환경에 처해 있었다는 것을 알 수 있다.

이때 혜성처럼 등장한 이가 바로 석탈해다. 석탈해는 월지 마한인으로서 신라의 곤경을 알고 마한에서 파견된 사람으로 분석된다. 석탈해를 비롯한 신라 왕가 세력들은 해로를 통해, 그리고 6부의 촌장과 백성들은 육로로 험난한 남하를 시도한 것으로 파악된다. 석탈해는 남쪽으로 이동하다가 가야 지역에 이르러 그곳에 정착하려다 이미 그곳을 차지하고 있던 김수로 세력과 경합한다. 『삼국유사』「가락국기」에는 석탈해가 김수로와 도술로 겨루다 패하여 계림의 국경으로 달아났다고 했다. 신라 세력이 김해를 둘러싸고 가야 세력과 대립한 결과 패배하여 동해안을 따라 북상해 경주에 도달하여 새롭게 세력을 구축하였던 것이다.

오손 사카족 허유의 후예
허황옥

허씨의 득성 시조는 요임금 시기에 곤오족의 최고 지도자였던 허유(許由)이다. 요임금은 10개의 태양이 동시에 떠오른 것으로 표현된 중원의 대혼란이 발생하자, 덕과 능력을 겸비한 허유에게 제위를 넘겨주려는 의사를 전달했다. 허유는 이를 거절하고 영수의 양기산에 은거한다. 이후 요임금은 그를 다시 구주장관으로 청했는데, 그는 듣고 싶지 않다는 표시로 영수 물가에 가서 귀를 씻었다. 허유는 사후에 기산에 묻혔는데, 요임금은 그를 '기산공신'이라 하였고 후세인들은 기산을 '허유산'이라고 불렀다.

이후 하나라 곤오족은 상탕에 의해 멸망당한 이후 하남 허창(許昌)으로 대거 이주하였다. 허창은 과거의 허주로 허씨들의 본향이다. 허창성은 본래 허유의 거소였다. 안사고는 『급취편』 주에서 "허씨는 허유의 후손이다."라고 했다. 오늘날 하남성 등봉시 기산과 영수 유역의 허창시 일대는 영하 유역을 따라 허씨의 조상들이 살던 곳이며, 지금까지도 허씨와 관련된 수많은 전설과 유적들이 전해져 내려오고 있다.

허씨는 불의 왕 염제의 후예이기도 하다. 염제는 남방 천제로 '불사조', '주작'으로 불리기도 하는데, 그가 바로 태양 축융족 오손의 시조이다. 허씨의 허(許)는 천상을 바라보는 모양을 성으로 만든 것이다. 허의 우측 오(午)는 태양이 가장 강렬한 정오를 나타내고, 이는 현조(玄鳥)의 날개를 가리킨다. 즉, 하늘에 태양이 정중앙에 떴을 때를 글자로 표현한 것이다.

서기전 11세기 주성왕 때 대규모의 땅을 제후들에게 분봉하였는데, 허나라(許國)는 이때 분봉된 강씨 성을 가진 제후국 중 하나였다. 그 시조는 문숙으로, 허문숙(許文淑)이라고도 한다. 허주(지금의 허창)에 허국이 있었다.

춘추 시대에는 정(鄭)·초(楚) 등의 세력이 강력했고, 허(許)나라는 이들 제후국의 침공을 계속 당하였으나 이를 막아 내지 못하였다. 서기전 654년, 초나라가 허국을 정벌하자 허후가 저항할 힘이 없어 사죄하고서야 초나라가 퇴군하였다. 허나라는 전국시대 초기에 초나라에 의해 멸망당했고, 각국에 포진해 있던 허씨는 사방으로 흩어졌다.

허나라가 망한 후, 후손들은 나라 이름을 씨로 삼고 허씨라 칭했다. 곤오 축융족 허씨들은 하북 고양, 하남 상채, 하남 낙양, 산서성 진양 등을 군망으로 삼았다. 이들이 사는 곳에는 양계 지명이 유독 많았다. 한반도로 들어온 이후로도 양천, 하양 등 양계 지명을 사용했다.

허씨들 중 일부는 인도 방면으로도 이주했다. 아유타 또는 아요디아는 인도 옛 아유타국의 수도로, 북부 주 파자바드 현 경내에 있었다. 아요디아는 빼앗을 수 없고, 이길 수도 없다는 뜻을 갖고 있다. 아요디아는 코살라 왕국의 수도였는데, 이때는 '사케타'라고 불렀다.

아유타 왕국은 허씨들이 세운 나라였다. 그런데 서기전 2세기에 흉노가 흥기하여 감숙 서쪽 끝에서 돈황 일대에 살던 월지 세력을 축출하고, 흉노와 손잡은 오손 세력이 월지에 대한 공세를 강화한다. 그러자 월지 세력의 주축은 타림분지에서 내려와 서쪽의 소그디아나와 박트리아로 이주하여 대월지국을 건국했다. 이때 그곳에 있던 사카족의 지배 세력들이 월지 세력을 피해 다른 곳으로 이주해 버린다. 그리고 월지의 다섯 족장 중 쿠샨족이 인도 북부 일대까지 세력을 확장해 쿠샨 왕조를 건국하게 되고, 그 결과 아유타국은 멸망하게 된다.

이들은 나라가 멸망한 후 인도 북부에서 차마고도 또는 미얀마 오지를 통과하는 오척로를 거쳐 중국 사천성 보주 지역으로 이주했다. 이때 중원으로 이주한 인도계 오손 사카족들이 지금의 운남성 곤명과 사천성 일대에 정착한 것으로 보인다.

허황옥은 서기 32년 사천성 보주(普州, 현 사천성 자양시 안악 서운향)에서 탄생했다. 허황옥이 보주 출신이라는 것은 지명과 씨족의 일치를 통해서 입증 가능하다. 안악현에는 현재 허가패, 허가구 등 14개의 허씨 집성촌에 15만 명이 살고 있다.

안악은 현재 사천성에서 가장 큰 현으로 보주의 별칭이다. 험준한 산악지대에 편안하게 살 수 있는 곳이라 해서 붙여진 지명이다. 보주가 속한 자양시와 안악현의 '어머니 강'인 악양하는 오손족의 지표 지명인 양계 지명이고 인근에 곤륜산이 있다. 안악은 "중국 석각예술의 고향"이며, 중국불상의 수도라 불릴 정도로 수많은 불교 석각 예술품들로 유명하다.

보주에 있는 『신정기(神井記)』라는 금석문에 따르면, 서기전 54

년에 기근이 들어 많은 사람들이 고향을 떠났는데, 이때 허황옥의 증조모가 산기가 있어 마을에 잔류했다고 한다. 고향에 남은 증조부가 식량을 구걸하면서 연명하였고, 조부에게 먹일 젖이 없었다고 한다. 그래서 증조부가 우물가에서 경건히 하늘의 도움을 빌자 우물 속에 물고기가 튀어 올라 그것을 쪄서 죽을 만들어 먹었다고 한다.

이를 통해 허황옥 일가는 매우 빈곤한 지경에 처하고 있었다는 것을 알 수 있다. 우물의 물고기를 매일 두 마리씩 잡아 몇 년을 버틸 정도였으니 생존 자체가 어려웠을 것으로 파악된다. 이 시기 중원 전체는 수많은 농민반란이 발생하고 있었다. 서기 39년, 광무제는 농지 측량과 호적 조사를 명령하고, 각 주·군별로 논밭 수와 호구 등을 철저히 조사하여 토지와 노동력을 통제하도록 했다. 또 호강지주의 토지 인구를 사찰해 호강 가문의 토지 흡수와 노역 인구수를 제한함으로써 국가 세입을 증가시키고자 하였다.

그런데 호강지주들은 지방 관리와 결탁하는 방식으로 이 정책에 반대했다. 그리고 호강지주들과 지방 관리 등이 이를 악용해 중소 지주와 농민들에 대한 착취를 강화함에 따라 보주의 허씨들도 권세가들과 갈등을 빚었으며, 여러 차례에 걸쳐 봉기하였다. 정리하면 허황옥은 김수로왕과 혼인하기 이전에 빈곤선에 있었고, 더구나 거듭된 반란으로 그 뿌리가 송두리째 뽑힌 상태에 있었다.

가야 김수로왕과 허황옥의 국제결혼 그리고 170여 년의 평화 공존

아홉 명의 흉노족 추장, 아도간, 오도간, 여도간, 피도간, 신귀간, 유천간, 유수간, 신천간, 오천간이 각자의 부족을 이끌고 축융빛족의 나라 가야 땅으로 들어왔다. 이들은 각각 백성들을 통솔하여 총 75,000명의 대가족을 이루었다.

서기 42년, 김수로를 필두로 한 새로운 집단이 변한에 유입되면서 황씨들은 고초를 겪기 시작했다. 김수로는 김해에 들어오면서 다음과 같이 주장했다.

"마한 진왕께서 나에게 명하셨소. '그대는 가야에 가서 나라를 새로 세우고 임금이 되시오.' 이런 까닭으로 내가 이곳에 내려왔소."

그리고 구지봉에 올라 그 신하인 아홉 추장들에게도 일렀다.

"너희들은 모름지기 산봉우리 꼭대기를 파고 흙을 모아 노래하길, '거북아 거북아, 머리를 내밀어라. 만일 내밀지 않는다면 불에 태워 먹으리.'라고 하며 뛰면서 춤을 추어라. 그렇게 하면 곧 대왕을 맞이하여 기뻐 뛰게 될 것이다."

마한 진왕은 왕망 정권이 붕괴한 이후 광무제 유수에게 쫓겨 죽음의 위기에 처한 김수로 세력을 수용하면서 현재의 김해 일대에 땅을 하사했다. 이에 따라 황산하 일대에 살고 있었던 황씨들은 고향을 등지고 멀리 떠나가야만 했다. 이는 동이 구이족 중 하나인 골포국왕과 사전 약조하에 이루어진 것이다. 그러나 정작 김해 일대에 살고 있었던 황씨들은 모두 구지봉을 비롯한 산봉우리에 숨어 살면서 나가기를 거부하였다.

이에 매일같이 「구지가」를 힘차게 불러 댄 것이다. 「구지가」의 내용을 해석하면 다음과 같다.

황씨들아 황씨들아 정체를 드러내고 나가라.
만일 정체를 드러내고 나가지 않으면 모두 불에 태워 죽이겠다.

이야기는 김해 일대에서 펼쳐진 긴장감 넘치는 드라마의 한 장면처럼 시작된다. 황씨 일가는 오랜 세월 창원과 김해 일대를 지배했던 축융 빛족의 후예들이었다. 그들은 창원과 김해의 터전 위에 세워진 수많은 기억과 역사의 증인이었다. 하지만 시간이 흘러, 김해의 땅은 새로운 세력, 김수로왕의 세력에 의해 요동치기 시작했다.

「구지가」는 이러한 변화의 시기에 황씨 일가에게 전해진 강력한 메시지였다. 거북이, 즉 황씨를 상징하는 이 노래는 그들에게 모습을 드러내고 김해를 떠날 것을 요구하는 군가였다. '머리를 내밀어라'라는 구절은 고향 김해에 남아 있는 황씨들에게 땅속에 숨지 말고 모습을 드러내고 이 땅에서 떠나라는 것을 의미했다. '그렇지 않으면 구워 먹으리'라는 구절은 떠나지 않는다면 불을 질러 태워 죽이겠다는 협박을 의미했다.

마한 진왕과 변한 축융족들 사이의 수차례 합의에도 불구하고, 많은 황씨들이 김해를 떠나길 거부하며 자신들의 고향에 대한 사랑과 애착을 드러냈다. 이러한 배경 속에서, 「구지가」와 거북을 밟는 춤은 흉노족 김씨들의 김해 진입을 알리는 고통과 회한이 담긴 선언이 되었다. 이는 단순한 위협이 아니라, 실제로 황씨들을 죽일 수도 있다는 강력한 메시지였으며, 결국 김해는 김씨들의 터전으로 변하고 말았다.

서기 48년 7월에 김수로의 신하인 구간 등 고위 관리들이 조회에서 아뢰었다.

"대왕이 강령하신 이래로 아직 좋은 배필을 얻지 못하셨습니다. 청컨대 신들의 집에 있는 처녀 중 가장 예쁜 여인을 골라서 궁중에 들여보내겠습니다."

구간의 목소리가 회랑을 가득 메웠다. 이에 김수로왕이 단호하게 말했다.

"짐이 여기에 내려온 것은 하늘의 명령이오 짐에게 짝을 지어 왕후를 삼게 하는 것도 역시 하늘의 명령일 것이니 경들은 염려 말라."

그러던 어느 날, 드디어 유천간에게 준마를 가벼운 배에 태우고 망산도로 가서 기다리라는 명령을 내렸다. 그리고 동시에 신귀간에게는 승점으로 가라고 명했다. 유천간은 망산도의 해변에 서서 기다렸다. 바람은 가볍게 부는데, 파도는 부드럽게 해안을 쓸어 갔다. 그는 무엇을 기다리고 있는지, 무엇을 바라고 있는지 알 수 없었다. 하지만 왕의 명령이었기에, 그는 믿음을 가지고 기다렸다.

한편, 신귀간은 승점으로 향하는 길에 있었다. 그의 발걸음은 가벼웠고, 마음은 기대로 가득 찼다. 그는 하늘의 명령을 받들어, 왕을 위한 왕후를 찾아 나선 것이다.

마한 진왕은 한반도의 국력을 강화하기 위해 흉노 세력의 인구를 수용하는 대담한 결정을 내렸다. 그러나 단순한 수용을 넘어, 이들을 마한과 변한 사회의 일원으로 통합시키기 위한 방안이 필요했다. 이러한 상황에서 진왕은 혼인을 통한 동맹이 가장 효과적인 방법임을 깨달았다. 그래서 그는 국혼을 준비하기 시작했다.

마한과 변한의 신하들은 넓은 대륙을 횡단하여 진왕의 명을 받들어 사천성 보주에서 인도의 몰락한 왕가를 찾아냈다. 그곳에서 그들은 아름답고 지혜로운 공주를 발견했다. 하지만 한 가지 문제가 있었다. 공주가 아직 어렸기 때문에, 결혼식을 올리기 위해서는 몇 년을 기다려야만 했던 것이다.

김수로왕은 이 상황을 인내심을 가지고 기다렸다. 그는 건국 이후 6년간 독신으로 지냈다. 마침내 결혼이 이루어질 때가 도래하자, 김수로왕은 신하들을 보내 인도의 공주를 마중하게 했다.

그날, 가야 전역에서 백성들은 화려한 옷을 입고 길거리로 쏟아져 나왔다. 신하들의 호위를 받으며 공주가 마차에 올라 가야의 수도로 향했다. 마을마다 그녀를 환영하는 사람들의 모습이 보였다. 공주가 도착하자, 가야 지역은 축제의 분위기로 가득 찼다. 김수로왕과 오손 축융족 출신 공주의 국혼은 여러 세력들 사이의 평화와 번영을 상징하는 중요한 사건이 되었다.

김수로왕과 허황옥의 혼인은 우연하게 이루어진 것이 아니라 정교하게 기획된 국제결혼이었던 것이다. 그것은 한나라 유방이 흉노와 협정을 맺은 바대로 흉노 선우에게 왕비를 보내는 것과 유사하다. 다만 이 경우는 더 강력한 세력이 김수로를 사위로 삼은 것에 해당한다.

고대에는 '화친(和親)' 사건이 자주 있었는데 소군출새(昭君出塞), 즉 왕소군(王昭君)이 한나라에서 흉노로 시집가는 경우가 대표적이다. 일반적으로 이웃 나라로 시집가 화친하는 미녀는 조정에서 배치하는 것으로, 조정의 목적은 양쪽의 관계를 돈독히 하기 위한 것이었다.

　허황옥의 경우도 바로 그와 같은 소군출새의 사례 중 하나로 분류된다. 그런데 왕소군은 한나라에서 흉노 선우에게 시집을 간 것이지만 오손 축융족 출신의 허황옥은 사실상 가야국을 공동으로 건국한 시조로 평가할 수 있다.

　이러한 혼인동맹을 강력하게 요구한 것은 변진국들 중 경남 진주시를 비롯한 경남 창원시, 함안시, 창녕시, 고성군, 부산시 등에 위치한 포상국가들이었을 것으로 분석된다. 이들은 가야에 이질적 세력이 이주할 경우 교역에 타격을 입을 수밖에 없었다. 따라서 대부분 오손 축융족들인 이들이 월지 마한과 협의하여 김수로와 혼인동맹을 추진한 것으로 보인다.

　몰락한 왕조의 빈한한 허황옥에게 마한과 변한의 여러 나라에서 엄청난 혼수를 마련해 주었다. 그 결과 허황옥이 가져온 금수능라, 의상필단, 금과 은, 주옥과 구슬 장신구들은 기록하기 어려울 정도로 많았다.

　고요한 밤, 은은한 등불 아래 침전에서 조용한 대화가 오갔다. 왕후가 부드러운 목소리로 자신의 이야기를 시작했다.

　"저는 아유타국의 공주로 성은 허씨이고 이름은 황옥이며, 나이는 16살이 되었습니다."

그녀의 말은 김수로왕의 가슴을 뛰게 만들었다. 그녀는 이어 말했다.

"부모님께서 저에게 말씀하시길, '우리가 어젯밤에 함께 황천을 뵈었는데, 가락국의 김수로왕이 바로 하늘이 내려 준 영웅이니 공주를 보내 그의 배필로 삼으라.'고 하셨습니다. 그래서 가야를 향해 떠나온 것입니다."

왕후의 이야기는 이국의 땅에서도 그녀가 가야의 땅으로 오게 된 신비로운 인연을 드러냈다. 부모님의 꿈속에 나타난 황천의 말씀대로, 허황옥은 가락국의 왕 김수로를 만나기 위해 이국땅에서 먼 여정을 떠났던 것이다.

김수로왕은 공주의 이야기에 깊이 감동했다. 공주의 먼 여정과 그녀의 순수한 마음이 그의 마음속에 깊은 울림을 남겼다. 그는 공주에게 말했다.

"나는 나면서부터 자못 성스러워서 공주가 멀리에서 올 것을 미리 알고 있어서 신하들이 왕비를 맞으라는 청을 하였으나 따르지 않았소. 이제 현숙한 공주가 스스로 왔으니 이 사람에게는 매우 다행한 일이오."

드디어 두 사람은 혼인해서 이틀 밤과 하룻낮을 함께 보냈다. 그들에게 밤은 너무나 짧게만 느껴졌다. 그 밤, 가야의 침전에서는 두 사람의 운명이 하나로 얽히며 새로운 이야기가 시작되었다. 허황옥이 타고 온 배를 돌려보낼 때, 뱃사공 15명에게 각각 쌀 10석, 그리고 베 30필씩을 나눠주어 본국으로 돌아갈 수 있게 했다.

김해시와 양산시 사이를 흐르는 낙동강의 옛 지명은 황산하(黃山

河)로, 황씨들이 이곳에 살았다는 것을 알 수 있다. 마한과 변한은 초기에 가야와 신라 사이의 전쟁을 통해 신라를 견제하였다. 황산진(현 양산 일대)에서 신라와 가야 사이의 전쟁이 수차례 발생하였다.

서기 77년의 가을 8월, 황산진의 어귀에서는 가야의 병사들과 신라군이 치열한 싸움을 벌였다. 칼날이 부딪치고, 외침이 울려 퍼지는 가운데, 신라군은 아찬 길문의 지휘 아래 가야군을 물리치며 승리를 거두었다.

서기 94년 봄 2월, 가야군이 신라의 마두성을 포위하여 공격하였다. 가야군의 포위망을 뚫고 아찬 길원이 기병 1,000명을 인솔하고 가야군을 공격하여 성공적으로 물리쳤다. 그러나 평화는 잠시뿐, 서기 96년 가을 가야인들이 남쪽 변경을 습격해 가성주 장세가 전투 중 참수되는 비극이 발생했다. 신라왕이 분노하여 용맹스러운 군사 5,000명을 인솔하여, 가야군을 크게 패배시켰고, 많은 사람을 포로로 사로잡았다.

서기 106년 가을 8월, 신라 마두성주에게 가야 정벌 명령이 내려졌다. 그 후 115년 봄 2월, 가야가 다시 신라의 남쪽 변경을 노략질했다. 그해 가을 7월, 왕은 직접 가야를 정벌하기 위해 나섰고, 황산하를 건너다 가야인들의 복병에 에워싸였으나, 기지를 발휘해 위기를 탈출했다.

서기 116년 가을 8월, 신라왕이 장수를 보내 가야를 침략하도록 했고, 왕이 직접 10,000명의 정예병을 이끌고 뒤따랐다. 가야는 성문을 걸어 잠그고 굳세게 방어했으나, 장기간 지속된 비로 인해 공격이 어려워져 군대는 결국 돌아설 수밖에 없었다.

역사 속 치열한 전투와 전략, 그리고 변화무쌍한 전황이 가야와 주변 세력 간의 긴장과 갈등, 협력의 역사를 짙게 물들였다. 시간이 흐를수록 신라군과 가야군의 병세는 더욱 강해져만 갔다. 이는 마한과 변한에서 미처 깨닫지 못한 사실이었다.

한반도 남부 최대의 포상팔국전쟁의 발발과 가야의 마한 진왕체제 편입

서기 2세기까지 유지되던 삼한의 평화는 3세기 초에 들어서 급반전하여 전운이 감돌기 시작한다. 서기 3세기 초에 가야 세력과 마한 세력은 결정적으로 틀어져 포상팔국전쟁이라는 한반도 남부 최대 규모의 전쟁을 치르게 된다. 포상팔국전쟁은 가야가 해상권을 쥐고 마한과 변한 세력이 열도와 교류하는 것을 차단한 것이 결정적 원인이 되어 발발한 전쟁이다. 가야는 풍부한 철 생산을 통해 한반도와 열도로 연결되는 해상무역로를 장악하려 했던 것이다. 이 당시 가야는 철 생산을 통해 부강한 나라로 거듭났다.

서기 205년의 어느 날, 가야의 시장에서는 바쁜 움직임이 계속됐다. 중원의 한인과 예인, 그리고 왜의 상인들은 멀리서도 이 철을 사기 위해 가야에 왔다. 시장에서의 거래는 모두 철로 이루어졌고, 그 가치는 마치 중국에서 쓰이는 돈과 같았다.

가야의 한 상인이 한인에게 자랑스럽게 말했다.

"보세요, 이 철은 가야에서 나온 최고 품질입니다. 당신의 나라에서도 이만한 철을 찾기 어려울 거예요."

가야의 땅은 철로 인해 날로 번성했다. 가야에서 생산된 철은 그 품질이 좋아 모두 그 철을 구하기 위해 찾아왔다. 요동의 낙랑군과 대방군에까지 가야의 철이 수출되면서, 가야의 경제력과 정치적·군사적 위상은 하늘을 찌를 듯 높아졌다. 가야는 오랜 평화 속에서 힘을 축적해 왔고, 그 힘의 핵심은 바로 철이었다. 철을 바탕으로 한 해상교역로를 장악한 가야는 그 위세를 더욱 확장하고자 했다. 이에 주변의 포상국가들은 가야의 성장을 위협으로 느끼고 있었다.

서기 207년 4월, 신라와 가야가 아라가야 등과 연합하여 골포국을 비롯한 포상의 여러 나라들을 억압하고 열도로 통하는 마한의 교역로를 차단하는 일대 사건이 발생하였다. 그리고 가야는 나라 이름을 '금관국(金官國)'으로 고쳤다. 서기 42년, 가야가 한반도의 김해 지역에 나라를 건국한 이후 최초로 마한 진왕으로부터 자주적인 김씨의 국가를 선포한 것이다. 그리고 철을 무기로 지역 패권을 차지하기 위해 금관국, 안야국, 신라국 등이 동맹하였다.

진왕을 중심으로 하는 마한인들은 열도의 문화와 생활 수준을 향상시키기 위해 지속적으로 문물을 전달하고 있었다. 특히, 열도에 세워진 말로국, 불미국, 노국, 미노국, 저노국, 소노국, 화노소노국, 귀노국, 오노국, 구노국 등 래이마한 계열의 노씨 나라들은 마한으로부터 받은 우수한 철제 무기와 생활용 토기들로 인해 큰 변화를 맞이했다.

서기 207년 봄, 마한의 사절단과 해상 교역인 30여 명은 가야를 거쳐 열도로 향하는 문물 교류의 여정에 나섰다. 그들은 평화롭게 문화와 상품을 교환할 계획이었지만, 뜻밖의 비극이 그들을 기다리고 있었다.

　금관국의 국경을 넘자마자, 평온한 여행은 갑작스러운 공격으로 돌변했다. 금관국 김씨 세력들이 신라와 손을 잡고 해상 교역로를 차단했던 것이다. 사절단과 무역상들은 공격을 받고, 그들이 가지고 있던 귀중한 거래물들을 빼앗겼다. 금관국은 이들을 포로로 잡아 감옥에 가두었다.

　그날 밤, 가야 남해안의 칠흑 같은 어둠 속에서 마한 사절단의 운명이 급전환했다. 그들은 금관국의 순찰대에 의해 불시에 붙잡혀 어두운 감옥으로 끌려갔다. 그들의 눈에 비친 가야는 신라인들의 그림자로 가득 차 있었다. 그들은 감옥에서 오랜 시간 동안 굶주림과 공포에 시달리며, 죽음의 위협을 매일같이 마주했다.

　"이대로 죽을 순 없어. 뭔가를 해야만 해."

　마한 사절단의 일원인 나설이 속삭였다. 나설과 두 명의 동료들은 죽음을 눈앞에 두고 필사적인 탈출 계획을 세웠다. 별들만이 유일한 빛이었던 밤, 그들은 조심스레 감옥의 쇠창살을 헤치고 바깥으로 몸을 던졌다. 하지만 자유를 향한 그들의 발걸음은 곧바로 금관국 순찰대의 눈에 띄고 말았다.

　"도망쳐라!"

　나설이 소리쳤다. 쫓고 쫓기는 추격전 속에서 사절단과 교역인들 대부분이 참혹한 최후를 맞이했다. 오직 나설과 두 명의 동료만이 살아남아 가까스로 숲속으로 도망쳤다. 숨 가쁘게 달아나며 그들은 겨우 안전한 곳에 도착해 동료들의 비극적인 운명을 알렸다.

"가야와 신라의 연합에 의해 우리는 배신당했고, 많은 동료들이 생명을 잃었다. 이제 가야를 거쳐 열도로 들어가는 길이 완전히 막혔다."

탈출한 사절의 이야기는 마한과 포상의 국가들에게 커다란 충격을 안겼다. 그들의 평화로운 교류의 꿈은 비극으로 종말을 고했고, 이 사건은 한반도 남부의 국제 관계에 커다란 파장을 일으켰다. 구사일생으로 살아난 나설이 마한 진왕에게 보고했다.

"신들은 길을 잃어 가야 남해안에 이르렀는데, 갑자기 신라인들이 저희들을 붙잡아 감옥에 감금하였습니다. 저희가 당황해서 어쩐 일인지 파악해 보니 가야에 신라인들이 진주하고 있었습니다. 그리고 저희를 오랫동안 감금하고 장차 죽이려고 하였습니다. 저희들 30여 명이 모두 한밤중에 몰래 도망을 쳤으나 저들에게 들켜 대부분 죽고 저희 3명만 살아남을 수 있었습니다."

이 사건은 사실상 마한 진왕 체제에 대한 명백한 선전포고였다. 철 생산을 통해 얻은 강대한 재력과 군사력을 바탕으로 가야 세력들은 마한 진왕에게 반기를 들고 배신하기 시작했다. 가야는 나라 이름을 금관국으로 바꾸고 자주국가의 길을 걷기로 결정했다.

당초 아라가야는 경남 함안(咸安)에 자리 잡은 가야국 중 하나로, '안야(安邪)' 혹은 '안라(安羅)'라 불렸으며, 이는 안씨들의 나라라는 뜻이다. 안씨 가문이 거주했던 중원의 죽계는 서기전 202년에는 무릉(武陵)현으로 알려졌다. 그런데 함안에는 무릉산성이 자리 잡고 있으며, 칠서면에는 무릉리가 있다. 칠원에는 무릉산이 우뚝 솟아 있고, 이곳의 별칭도 무릉이다. 또한 칠서에는 안곡산과 안기라는 지명이 있으며, 안곡산은 안국산(安國山)으로도 불린다.

안씨 가문은 고대 서아시아의 파르티아(番兜) 왕국, 즉 안식국(安息國)의 후손으로 전해진다. 『원화성찬』에 따르면, "전욱의 현손인 육종의 다섯째 아들 안(安)이 조(曹)씨이다."라고 기록되어 있다. 이는 안씨와 조씨가 상고 시기 축융의 후손임을 의미한다.

서주 시기부터 안씨들은 이미 중원으로 이주해 생활하고 있었다. 감숙성 안강(安康)시 바로 밑의 호북성에는 죽계(竹溪)와 죽산(竹山)이라는 지명이 나란히 존재한다. 안씨는 강국(康國)인과 혼인 관계로 서로 연결된 동족이었다. 죽계, 죽산은 서주 시기 용국(庸國)에 속했으며, 『한서』 「지리지」에 따르면 한중군에 무릉현이 위치했다. 이는 중원의 호북성에서 살던 안씨들이 한반도로 이주하며 지명을 복제하여 본관으로 삼았다는 사실을 드러낸다.

아라가야는 지정학적으로 골포국이 위치한 마산만을 통해 바다로 나아갈 수 없다면, 낙동강 하구까지 긴 여정을 돌아가야 했다. 남강으로 나아갈 수 있는 수로가 있으나 이곳이 빈번히 봉쇄되곤 하였다. 이는 아라가야에게 큰 약점이자 불만의 원인이었다. 이에 아라가야는 골포국을 합병하는 것을 목표로 삼고, 신라 · 금관국 · 비화가야 등과 연합하여 골포국 공략에 나섰다.

해상 교역에 종사하던 포상의 여러 나라들이 마한 진왕에게 이구동성으로 아라가야와 금관국에 대한 토벌을 촉구했다. 골포국은 창원만에 위치한 나라로서 당초 가야가 중원에서 사지를 헤맬 때 그 땅을 내주어 흉노 세력들이 한반도에 진입할 수 있도록 해 주었다. 김수로는 허황옥과 혼인동맹을 통해 오랫동안 가야 세력과 공존했다. 그러

나 170여 년이 지난 후 가야는 강성해졌고, 이제 지역의 패권을 다툴
정도로 성장하였다.

  마한과 포상국들의 사절단과 교역인들의 피습 소식을 접한 마한 진
왕은 격노하였다.
  "아니, 어찌 이럴 수가 있단 말인가? 저들이 중원에서 쫓겨나 살
곳을 찾아 천지 사방을 헤맬 때 살 곳을 마련해 준 것이 과연 누구였
는가?"
  마한 진왕은 곧 사신을 보내 중원의 화북평원에 위치한 막로국(莫
盧國)의 막호발에게 상황을 설명했다. 그리고 대방고지에 백제를 건
국한 부여 왕 구태에게도 병력 지원을 요청했다. 상황이 너무도 급박
하게 진행되다 보니 마한 진왕은 단기간 내에 많은 수의 병력을 끌어
모아야 했다. 이때 진왕의 위솔선 박홍이 상황을 보다 구체적으로 설
명했다.
  "폐하, 저들이 동맹을 맺은 것으로 확인되었습니다. 아라가야와
가야국, 신라 등이 연합을 맺고 가야 지역을 장악함과 동시에 전체
진왕 체제를 뒤흔들고자 하는 것 같사옵니다."
  서기 201년 봄 2월에 가야국은 신라에 사신을 보내 화친을 맺고 동
맹한 상태였다. 이에 진왕이 말했다.
  "아니, 저들이 아무리 아둔해도 그렇지, 중원과 한(韓)에만 수만의
병력이 있는데 그걸 모른단 말이오?"
  박홍이 대답했다.
  "저들이 아직 폐하의 존재가 얼마나 강력하고 광대한지 실감하지
못하는 것 같사옵니다. 그리고 가야 지역에 들어온 후 철 생산으로

커다란 부를 거머쥐고, 이를 바탕으로 군사력까지 키워 왔사옵니다. 이번 기회에 저들을 완전히 제압하지 않으면 커다란 우환거리가 될 것이옵니다."

진왕이 박흥을 응시하며 말했다.

"그대가 이번에 마한 전체 병력을 일으킬 수 있도록 먼 길을 다녀 와야겠소."

박흥은 바닷길을 통해 대륙의 우북평으로 떠났다. 마한 진왕이 파견한 사절인 박흥을 맞이한 마한 막로국의 막호발은 호탕하게 웃으며 말했다.

"저는 한에서 진왕에게 반기를 드는 세력이 있다니 놀라울 따름입니다. 영광에 또 우리 막로국이 있고, 고창에 모로비리국 등이 있으니 이들과 연합해 공격을 하도록 하시지요. 무엇보다 영산강 북쪽에 불미국이 있잖습니까?"

진왕의 사신 박흥이 말했다.

"네, 그렇습니다. 불미국에는 명장 목라근자가 있지요. 진왕께서 이미 목라근자 장군을 총사로 임명하고 공격을 준비하라 명하셨습니다. 아울러 건마국의 사씨 세력에게도 참전을 명하셨습니다."

진왕의 사신은 막호발에게 상황을 전달한 후 조백하 동쪽에서 백제를 건국한 부여 왕 구태를 찾아갔다. 그리고 말했다.

"진왕 폐하께서 왕이 평안하신지 물으셨습니다. 아울러 한의 남쪽에서 가야와 신라가 변란을 일으켜 병란이 불가피한 상황입니다. 왕께서 이번 전쟁에 참전해 주시길 원하옵니다. 그뿐만 아니라 전란이 마무리되면 한의 중심지인 고마에 백제의 도성을 구축할 수 있도록 해 주시겠다고 약조하셨습니다."

구태왕은 마한 진왕의 약조에 흐뭇한 표정을 지으며, 부여 백제의 병력 10,000명을 파병하기로 약속했다. 부여는 비록 나라를 세운 지 얼마 안 되었지만 거친 황야에서 말 달리던 사람들인지라 전쟁만큼 은 자신 있었다.

서기 208년 2월, 신라의 나해 이사금이 직접 서쪽으로 내려와 한 (韓) 세력의 집결 상황을 10일 동안 점검하고 돌아갔다. 신라는 마한 세력의 총공세를 대비하여 수만의 병력을 동원하여 아라가야와 금관 국을 지원하고 신라를 방어할 수 있는 태세를 갖추기 시작했다. 신라 는 서기 167년 8월에 병사 20,000명을 거느리고 백제를 공격하였으 며, 왕이 직접 기병 8,000명을 통솔할 정도여서 스스로 강하다고 자 부했다.

이러한 일촉즉발의 상태에서 서기 208년 4월, 부산 동래에 거점을 둔 독로국 세력이 국경을 넘어 신라를 공격하였다. 독로(瀆盧)국은 모용 선비족의 시조인 막호발의 막로(莫盧)국과 마찬가지로 노씨가 주축이 된 나라였다.

노씨는 염제에서 비롯된 제나라 국조 강태공의 예손인 고혜(高傒) 의 후손이며, 범양(范陽) 노씨의 후예이기도 하다. 갑골음으로 노 (盧)는 빛을 나타내는 '가라'로 발음된다. 가라 또는 가야는 빛의 땅 이라는 뜻으로 상고 시대 축융족들의 지표 지명인 것으로 나타나고 있다. 특히 노씨는 부산 동래에 근거지를 두고 가야를 지배하고 있었 다. 노씨들은 서기 3~5세기에 전쟁의 신으로 불린 모용 선비족의 주 축을 이루고 있었다.

독로국 세력은 해안을 중심으로 교역에 종사하면서 머리를 짧게

깎고 온몸에 문신을 하고 있었다. 그래서 신라 사람들에게 왜(倭)로 불리었다. 이들은 대륙 북방의 낙랑군과 대방군은 물론 열도와 서역까지를 제집 드나들듯 하던 선진 세력이었다. 또한, 노씨들은 여러 노국을 건설해 열도를 모두 장악하고 있었던 동이 왜의 대표 세력이요, 월지족의 주축 세력이었다. 이들은 원래 우이 밝족 박씨와 더불어 신라의 건국 초기 사로국(斯盧國)의 핵심을 이루던 세력이기도 하였다. 그러나 신라에 흉노 세력들이 다수 유입되면서 노씨의 지배력이 약화되었다. 그 결과 미추왕 시기에 김씨에게 왕권을 빼앗기기도 하였다.

이후 독로국의 노씨를 중심으로 하는 월지 세력들은 끊임없이 신라를 침공했다. 이들 독로국 세력은 영산강 북쪽, 그리고 한강 북쪽, 중원의 산동 지역과 하북성 지역, 요녕성 지역, 강소성 지역 등 대륙의 동쪽을 모두 차지하고 있었던 동이 한민족의 양대 세력 중 하나였다.

노씨는 상고 시대에 중원에서 서융으로 불리었는데, 지금의 감숙성과 섬서성, 사천성 등에 살고 있었다. 이들 지역은 옛날의 삼위지지(三危之地)로 불리던 곳으로, 중국 한강(漢江)의 발원지이기도 하다. 단군사화를 보면 천계에서 삼위를 지켜본 환웅이 태백산을 택해 '신시', 즉 최초의 부족국가를 만들었다. 상고 시대 노씨의 근거지는 단군사화의 배경과 동일한 지역이었다.

이 지역에는 한강을 비롯하여 한반도의 지명과 유사한 지명들이 다수 존재한다. 삼위·태백은 노융이 발원한 곳으로서 돈황에 있는 삼위산에서부터 섬서성 진령산맥 주봉인 태백산에 이르는 지역을 가리킨다. 태백산 오른쪽 편에 하남성 노씨현이 존재하는데, 이곳이 바로 노씨가 본격적으로 중원으로 진출한 거점으로 파악된다.

역사 기록에 따르면, 서기전 2030년에 노씨들은 하남 광주에 광국(光國)을 건국하였다. 광국은 춘추시대에 황국이 되었다. 지금의 황천현에 위치한 광국과 황국 출신인 노구자(盧丘子)와 황헐(黃歇)은 모두 초나라의 재상을 역임하였다. 아득히 먼 시기에 한반도와 중원을 차지하고 있었는데, 노국과 나국이 초나라에 멸망한 서기전 690년 무렵에 특히 많은 노씨들이 한반도로 이주한 것으로 보인다.

서기 208년 4월 신라에서는 장군 이음을 보내 국경을 침범해 쳐들어온 독로국 병력을 막게 하였다. 독로국 군대의 신라 공격은 서기 209년 7월에 발발한 포상팔국전쟁의 전초전 성격을 띠고 있었다. 독로국에서는 신라에 대한 지속적인 공격을 통해 가야 지역에 대한 신라 주력군의 개입을 차단하려고 하였다.

서기 209년 5월부터 부여 구태왕이 보낸 장수와 병력들이 속속 골포국의 마산만 경내로 진입하기 시작했다. 그들은 북방 대륙에서 바닷길을 따라 먼 길을 항해해서 왔다. 포상의 여러 국가들도 모두 군대를 파견했다. 그렇게 해서 약 50,000명의 병력이 집결하였다. 이렇게 해서 한반도 남부에서 역사상 최초로, 그리고 최대 규모로 국제적인 다국가 연합의 전쟁 시작을 알리는 불꽃이 점화되기 시작하였다.

서기 209년의 가을, 한반도 남부는 거대한 전쟁의 불길에 휩싸였다. 포상팔국전쟁이라 불리는 이 대규모 충돌은 그 어느 때보다도 치열한 전투를 예고했다. 한에서만 50,000여 명의 군사가 참전했고, 가야 연맹과 신라의 6부 군사 등 총 30,000여 명이 이 전쟁의 운명을 가를 준비를 마쳤다. 이는 한반도의 역사에서 볼 수 없었던 규모의 전쟁으로, 서기 208년 인구 800만 명의 위·촉·오 삼국이 벌인 적벽대전과 비교해도 그 규모와 치열함에서 결코 뒤지지 않았다. 모든 나라가 생존을 걸고 전투에 임했다.

서기 209년 7월, 포상팔국의 연합군이 아라가야를 공격하기 시작했다. 이는 안야국, 금관국, 신라의 동맹에 대한 집중적인 공세였다. 마한 진왕의 발라국을 필두로 한 연합군은 창원의 골포국에 집결하였다. 골포국에서는 황권(黃權) 장군이 왕의 명을 받고 전쟁에 나섰다.

바다를 넘어 마한 진왕의 장수 목라근자(木羅斤資)와 백제 구태왕이 파견한 보병과 기병 30,000명의 병력이 골포국으로 진입하는 모습은 장관이었다. 기마 민족 부여족들이 마한 진왕 체제의 안정을 위해 대규모 원정길에 나선 것은 역사상 유례를 찾아볼 수 없는 일이었다. 그리고 창원시 마산합포구 일대의 골포국과 부산의 독로국, 하동에서 곤양까지 이어지는 고사포국, 진주와 사천을 아우르는 군미국과 사물국, 고성과 통영의 고자미동국, 그리고 칠원의 칠포국까지 20,000여 명의 병력이 추가로 전장에 투입되었다. 각 나라는 생존을 걸고 전투의 폭풍 속으로 뛰어들었다. 이 대규모 전쟁은 한반도 남부의 역사에 새로운 장을 열었다.

골포국의 장수 황권은 막 목라근자 일행을 맞이하며 긴장된 표정으로 말했다.

"장군, 적절한 시기에 오셨습니다. 독로국과 좌우에서 협공하는 공동작전으로 아라가야와 금관국을 한꺼번에 정복할 수 있을 것입니다."

목라근자는 차분하게 답했다.

"두 곳에서 전투를 벌이는 건 위험합니다. 병력이 흩어지면 집중력을 잃게 됩니다. 지금은 아라가야에 모든 힘을 집중해야 합니다. 독로국 병사들도 바다를 통해 집결하게 해 주세요."

황권은 고개를 끄덕이며 신속히 명령을 내렸다. 골포국의 병사들은 전투 계획을 받아 들고 긴장된 기대감 속에 준비를 시작했다. 바람이 차가운 밤, 병사들의 발걸음 소리만이 골짜기를 메우며, 전쟁의 서막을 올렸다.

보병과 기병 50,000명의 병력이 마산만의 파도를 가르며 함안의 아라가야로 나아갔다. 평화로운 아침 해가 떠오르는 것과 대조적으로, 바다는 전쟁의 서막을 알리는 전함들로 가득 찼다. 육지에 상륙한 마한 진왕의 군대는 거침없이 성점산성을 점령하고 성산산성과 안국산성을 향해 진격했다. 칠원과 함안의 경계에 위치한 안국산성은 그 높이에서 두 지역을 모두 내려다볼 수 있는 전략적 요새였다. 아라가야의 병사들은 산성 주변에서 봉화를 올리며, 한의 침공을 널리 알리고 전투의 의지를 불태웠다.

아라가야의 성문을 넘기 위한 싸움은 치열했다. 아라가야 군대는 끝까지 저항하며 양측에 막대한 피해를 입혔다. 수많은 병사들이 전사하거나 포로로 잡혔다. 전투가 한창인 가운데, 신라군이 뜻밖에 포로 6,000여 명을 구출하는 데 성공했다. 그러나 한의 주력 부대가 산성을 점령하면서, 신라군은 결국 무위로 돌아설 수밖에 없었다.

물계자(勿稽子)는 신라 나해왕 시대에 살았던 대대로 평범하고 한미한 집안 출신의 사람이었다. 그러나 그의 마음속에는 언제나 웅대한 뜻이 자리 잡고 있었고, 그 기개는 남달랐다. 어려서부터 그는 자신만의 큰 꿈을 품고 있었다.

서기 209년 7월, 마한 진왕의 발라국, 고성의 고자국, 사천의 사물국 등 포상의 여덟 나라가 합세하여 아라국을 공격하자, 아라국은 위급함을 느끼고 신라에 사신을 보내 구원을 요청하였다. 나해왕은 태자 날음과 장군 일벌 등에게 명하여 인근의 군현과 6부의 군사를 모두 이끌고 가서 구원하게 하였다. 그들은 여덟 나라의 장군을 쳐 죽이고, 포로로 잡힌 6,000여 명을 탈환하여 돌려보냈다.

신라가 탈환한 전쟁포로만 6,000여 명에 달해 전체 전쟁 규모는 사상 최대 규모였다. 신라는 이미 40여 년 전에 병사 20,000명을 거느리고 백제를 공격하였으며, 이때 기병 8,000여 명을 동원할 정도였다. 따라서 신라가 이보다 국력을 신장한 시기인 포상팔국전쟁에서는 신라에서만 최소 20,000명 이상의 병력이 참전하였다. 그리고 가야의 두 나라 또한 그와 비슷한 규모의 병력이 참전하였다.

신라와 가야가 동맹을 맺고 30,000여 명의 병력을 동원하자, 공격 측에서는 50,000명 이상의 병력을 투입했다. 이에 따라 양측을 합쳐 총 80,000여 명에 달하는 대규모 병력이 전투에 참여했다. 고대에 인구가 현저히 적었던 것을 고려할 때, 이는 국가의 존망을 건 엄청난 규모의 전쟁이었다고 볼 수 있다. 이로써 서기 209년에 벌어진 전쟁은 한반도 남부에서 발생한 유례없이 큰 규모의 전쟁 중 하나로 기록될 만하다.

이 전투에서 신라의 물계자는 혼신의 힘을 다해 싸웠으며, 주요 전투에서 여러 차례 승리를 거두었다. 신라군에서 첫째가는 공을 세웠으나 그 공훈을 인정받지 못하고 그 공을 보상받지 못했으며, 전공조차 기록되지 않았다. 신라와 가야 동맹군이 전쟁에서 패배하였기 때문에 전투의 승리를 논할 수 없었던 것이다.

한 사람이 물계자에게 다가와 물었다.

"자네가 이번 전투에서 거둔 공이 가장 컸음에도 불구하고 공적을 인정받지 못했으니, 원망스럽지 않은가? 태자가 자네를 시기해서 공을 인정하지 않으려는 것이 아닌가?"

물계자가 조용하게 말했다.

"어찌 원망할 수 있겠는가? 그리고 임금이 계시는데 태자가 나를 시기할 이유가 없네. 전쟁의 승패는 한 사람의 힘으로 결정되는 것이 아니네. 내가 한 일에 대해 후회하지 않네. 내 공적이 기록되지 않았다 해도, 나는 내가 해야 할 일을 했고, 그것으로 충분하네."

또 다른 이가 다시 되물었다.

"그렇다면 어찌하여 이를 왕에게 아뢰지 않습니까?"

물계자는 조용히 말했다.

"공을 다투고 명성을 구하는 것은 뜻있는 선비가 하는 일이 아니오. 나는 그저 마땅히 마음을 가다듬고 뜻을 세워 때를 기다릴 뿐이오."

아라가야가 함락된 후, 한 장군이 전장을 뒤덮은 슬픔과 분노를 안고 성산으로 스며들었다. 그는 용맹하게 싸웠지만, 전쟁에서 패한 것을 원망하며 눈물을 흘렸다. 그의 울음소리가 성산의 깊은 숲으로 사라지고, 그 뒤로 그를 본 이도, 그의 행적이나 사후의 어떠한 흔적도 없었다. 전설처럼, 아라가야의 마지막 장군은 역사 속으로 사라져 갔고, 그의 이름은 미지의 영웅으로 남겨졌다.

서기 210년, 신라왕은 군읍에 사신을 보내 감옥에 갇힌 죄수들 중 사형에 해당하는 죄를 지은 자들을 제외한 모든 죄수들을 풀어 주었다. 그리고 그들을 군사로 충원하여 전쟁에 대비하게 했다.

서기 212년 봄이 되자, 마한 진왕은 골포국의 황권(黃權)과 독로국의 노현(盧鉉)을 장군으로 임명하였다. 그리하여 골포국의 마산만에서 집결하여 군사를 정돈하고 금관국과 신라를 공격하도록 하였다. 당시 신라는 20,000여 명의 정예병을 보유하고 있었다. 따라서 209년 전쟁과 마찬가지로 대규모 병력이 필요했다.

서기 212년 3월, 마한 진왕은 목라근자에게 정예병을 이끌고 김해의 금관국과 신라에 대한 정벌을 재개하였다. 골포, 칠포, 고사포 등 포상국들이 각각 군대를 이끌고 와서 금관국을 공격했다. 이번에는 목라근자와 황권이 이끄는 마한 진왕과 포상국들의 군대가 마산만에서 김해를 향해 진격하고, 부산의 독로국이 황산하를 건너 금관국을 협공하자 그 나라가 견디지 못하고 항복하였다. 금관국 왕은 신라에 왕자를 보내 증원군을 요청하였지만 왕자가 돌아오기도 전에 금관가야가 점령되어 버렸다. 그러나 포상팔국은 금관국을 넘어 갈화성(竭火城, 현재의 울산)까지 전선을 북상시켰다.

마한 진왕의 목라근자 장군은 골포국의 황권 장군과 더불어 삽라(경남 양산)의 황산진 아래에서 신라군과 운명을 건 대결을 벌였다. 그러나 신라군은 북방의 기마부대를 당해 낼 수가 없었다. 이제 목라근자의 목표는 다름 아닌 신라의 심장, 금성이었다. 두 장수는 부여군과 포상의 연합군을 이끌고, 신라의 도읍 금성을 향해 진군하기 시작했다.

이때, 신라 나해왕은 직접 군대를 이끌고 갈화성을 구원하기 위해 전선에 나섰다. 왕의 군대는 새벽안개 속을 뚫고 나아가며, 마침내 마한 진왕의 군대와 마주쳤다. 나해왕의 마음 한편에는 전장에서 또 다시 피를 흘리는 것에 대한 무거운 짐이 있었다.

갈화성 아래에서의 결전은 처절했다. 신라의 군대는 강력한 기세로 포상 연합군을 몰아붙였고, 갈화 땅은 전쟁의 아픔으로 뒤덮였다. 위기의 순간, 나해왕은 가까스로 목숨을 구하며 군대를 재정비했다. 그러고는 갈화성을 향해 다시금 진격의 명령을 내렸다. 전투는 더욱 치열해졌고, 나해왕은 전선 최전방에서 군대를 이끌며, 모든 것을 걸고 싸웠다. 나해왕은 나라가 멸망할 뻔한 위기를 맞이했으나 태화강을 경계로 마한군의 진군을 막아 내는 데 성공했다. 전쟁이 소강상태로 접어든 이후, 나해왕은 피폐해진 땅을 바라보며 비로소 평화를 되찾은 안도감을 느꼈다.

이 전투에서도 물계자는 눈부신 활약을 보였다. 그는 수십 명의 적을 베어 죽이고, 포로로 잡았다. 그러나 공을 논함에 이르러서는 또 그에게 아무런 보상도 주어지지 않았다. 신라는 전체적으로 전쟁에서 패배했고, 이로 인해 개별 전투에서의 승리는 크게 의미를 갖기 어려웠다. 이로 인해 물계자의 뛰어난 공훈도 묻히고 말았다.

물계자가 자신의 아내에게 말했다.

"나는 일찍이 신하가 군주를 섬기는 도리에 대해 들은 바 있었소. 위험을 보면 목숨을 바치고, 어려움에 처하면 자신을 잊어버리는 것이라고. 무릇 포상국들과의 보라(保羅, 발라로 나주)·갈화 전쟁은 나라가 어려움에 처하고 임금조차 위험에 빠질 만한 것이었소. 그러나 나는 자신을 잊고 목숨을 바칠 만한 용기가 부족했소. 이것은 불충한 것이오. 더구나 공을 인정받지 못하여 목숨을 바치고 몸을 돌보지 않았음을 사람들에게 알릴 수도 없게 되었으니, 장차 무슨 낯으로 시장이나 조정에 얼굴을 들고 다닐 수 있단 말이오!"

이에 머리를 풀어 헤치고 거문고를 매고 사체산으로 들어가 돌아오지 않았다. 그는 슬픔에 잠긴 채 대쪽 같은 성격을 병으로 여기며, 그것에 기대어 노래를 만들고 계곡과 시냇물의 졸졸거리는 소리에 맞춰 거문고를 타며 곡을 만들었다. 은둔하며 다시는 세상에 나타나

포상팔국의 공격 대상인 아라가야와 금관가야

지 않았다.

　금관국의 운명은 한순간에 뒤바뀌었다. 마한 진왕의 목라근자 장
군에 의해 점령당한 후, 이 나라는 전에 없던 위기에 직면했다. 마한
사절단을 죽인 책임자들은 가혹한 처벌을 받았고, 금관국은 외교와
군사권을 모두 빼앗기는 등 자주권을 상실하고 말았다. 마한 진왕은
항복한 사람들도 존중하는 원칙에 따라 금관국의 왕위를 유지하도록
용인했다.
　그러나 금관국은 엄청난 배상금을 마한에게 지불해야 했고, 이제
나라 이름을 금관국에서 부여가야로 다시 바꾸는 등 마한 진왕에게
예속된 상태가 되었다. 이러한 압박 속에서 금관국의 운명은 불투명
해졌고, 더 이상의 선택권은 남아 있지 않았다.
　209년 전쟁에서 끝까지 항전하다가 패전한 아라가야에 대해서는
더욱 가혹한 조치가 취해졌다. 안씨의 아라가야 왕국은 해체되고,
그 세력들은 한반도 동해안 북부 지역으로 강제 사민되었다. 패전한
아라가야 일부 왕족들은 신라로 도망쳤다.

　포상팔국전쟁의 먼지가 가라앉으면서 변진 땅은 새로운 질서의 시
대를 맞이했다. 이제 마한과 변한을 포괄하여 통치하게 된 마한 진왕
은 변한 12개국을 지배하는 별도의 진왕을 임명하였다. 마한 진왕은
항상 자신의 신임을 받는 마한 사람을 변진 진왕으로 삼았다. 이는
가야가 다시는 마한 진왕에게 도전장을 내밀지 못하게 하기 위한 조
치였다. 포상팔국전쟁에서 마한을 위해 싸운 부여의 병력 일부는 아
라가야에 배치되어 그 지역의 안정화를 도모했다.

특히, 전쟁에서 눈에 띄는 활약을 보인 마한의 선비족 출신 노씨가 변진 진왕으로 임명되었다. 목라근자의 목씨들도 변진에서 사실상 진왕의 명령을 전달하는 중요한 직책을 떠맡았다. 노씨는 대대로 변진 진왕의 자리를 세습하게 되었지만, 자립하여 스스로 왕이 되는 것은 허용되지 않았다.

이런 지배 체제를 마련한 주된 이유는 가야 세력이 외부에서 옮겨온 사람들로 구성되어 있어, 이들에 대한 제재가 필요했기 때문이다. 마한의 지배 아래에서도 각자의 왕국을 유지할 수 있도록 적절한 조치를 취한 것이다. 마한의 진왕이 황제에 버금가는 위상을 가졌다면, 변진의 진왕은 그에게 예속된 지위의 왕으로 존재했다.

독로국 왕은 이러한 변화를 무겁게 받아들였다. 그는 자신의 나라가 변진의 강력한 나라로서 어떻게 진왕에게 충성을 유지하면서도 독립적인 정체성을 지킬 수 있을지 고민했다. 그러던 중, 변진의 여러 나라를 순방하는 마한 진왕의 방문 소식을 듣게 된다.

진왕의 방문을 앞두고 변진을 대표하는 독로국과 골포국 왕은 나라의 발전과 미래를 위한 계획을 세웠다. 진왕과의 만남에서 그들은 변진의 평화와 번영을 위한 제안을 하기로 결심했다. 진왕이 아라가야의 새로운 변진 진왕을 방문하러 왔을 때, 그를 화려한 연회와 함께 따뜻하게 맞이했다.

연회가 끝난 후 진지한 대화가 이어졌고, 독로국과 골포국 왕은 진왕에게 변진의 미래에 대한 자신들의 비전을 공유했다. 이들은 치열하게 전투가 벌어졌던 안국산에 올라 한혈마를 희생으로 회맹하고 승리의 연회를 벌였다.

마한 진왕체제 하의 변진 진왕에 속한 12개국의 위치 비정

마한 진왕은 목라근자 장군을 앞세워 남해안 일대를 순행하였다. 그리고 강진에 이르러 남쪽의 탐라를 정복하게 하였다. 마한 진왕이 승전하고 발라에 돌아오자 십제의 초고(肖古)와 왕자 귀수(貴須)가 와서 승전을 축하하며 마한 진왕 체제가 굳건할 수 있도록 하겠다는 맹약을 하고 돌아갔다. 이제 한반도의 십제와 가야가 모두 마한 진왕의 신민이 되었다.

전쟁이 끝난 후 마한 진왕은 그의 통치 아래에 있는 신지들에게 특별한 호칭을 부여했다. 신운신국 신지에게는 견지보, 새로 취임한 아라가야 신지는 축지, 신분고국의 신지는 리아, 그리고 새로 국호를 변경한 부여가야 신지는 진지렴이라는 칭호를 부여하기로 결정했다.

진왕은 자신의 결정을 밝히며 신지들에게 이야기했다.

"가야 지역이 안정화된 것에 대해 감사를 표하며, 이 호칭들을 여러분에게 드립니다. 이 이름들을 받아들임으로써 우리 마한 여러 나라들은 더욱 강해질 것입니다."

아라가야와 부여가야의 신지들은 진왕에게 깊은 경의를 표했다. 그들은 새로운 이름을 받아들이며, 월지국과 진왕에 대한 무한한 충성과 사랑을 다짐했다. 이로써, 진왕은 자신의 통치 아래 신지들의 충성심을 더욱 공고히 하고, 월지국의 번영을 위해 한 걸음 더 나아갔다.

두 차례에 걸친 포상팔국전쟁이 보라국, 즉 마한 진왕 중심의 포상팔국 연합 세력의 승리로 끝났다는 것은 『삼국지』한조의 기록을 통해서도 파악할 수 있다.

"마한 진왕은 월지국에서 통치한다. 신지에게는 간혹 우대하는 호칭인 신운견지보 안야축지 분신리아 부례구야진지렴의 칭호를 더하기도 한다. 그들의 관직에는 위솔선·읍군·귀의후·중랑장·도위·백장이 있다."

『삼국지』가 출간된 것이 서기 280~290년이므로 이는 그 이전에 마한 진왕이 벌인 전쟁 결과를 기록한 것이다. 여기서 신운은 신운신국, 안야는 아라가야, 분신은 신분고국, 부례구야는 금관가야를 가리킨다. 여기서 부례는 부여를 음차표기한 것이다. 금관국의 나라 이름은 다시 부여가야로 바뀌었던 것이다. 신운신국은 산동의 낭야(현 임기시)에 위치한 것으로 나타나고, 신분고국은 구태백제가 건국되었던 하북성 대방(현 당산시 남쪽)으로 비정된다. 이들은 모두 큰 나라들이었다. 그런데 가야 지역의 두 나라, 즉 안야와 가야가 마한 진왕에게 복속된 신지로 등장하고 있는 것으로 보아 이들이 전쟁에서 패했다는 사실을 확인할 수 있는 것이다.

그 결과 『삼국사기』에도 서기 212년의 기록을 끝으로 가야가 사라졌다가 서기 481년에 가서야 다시 등장함으로써 269년간의 공백이 존재한다. 이 시기에 가야는 『삼국지』에 나타난 바와 같이 진왕체제에 복속하고 있었던 것이다. 가야는 서기 481년 무렵에 가서야 마한 진왕 체제에서 벗어나 자주권을 회복했다는 사실을 알 수 있다.

그러나 이 시기에 신라는 흉노 출신의 김씨 가문이 이끄는 강력한 군사력을 바탕으로 더욱 세력을 확장해 나갔고, 이러한 군사적 우위는 결국 서기 532년 가야의 멸망으로 이어진다. 이 과정은 신라의 군사적 확장과 한반도 통일 과정의 일부로, 당시 지역 간의 권력 역학 관계에 중대한 변화를 가져왔다.

4

사마의의 공손연 토벌과
모용 선비족-고구려의 부상

사마의의
요동 공손씨 토벌 전쟁

요동태수 공손연은 손권이 보낸 사절을 모두 목 베어 조위 조정에
보냈다. 그러나 조위 조정에서는 대사마 낙랑공이라는 직책을 하사
했을 뿐이다. 공손연은 이 작호가 전혀 성에 차지 않았다. 이에 조위
조정에 대해 노골적으로 불만을 표명했다. 마침내 그것을 명분으로
모반하였다.

공손연은 공손탁의 손자이다. 공손탁의 시기에 요동태수로서 요동
을 장악하였고, 그 아들인 공손강의 시기를 거쳐 공손연까지 공손씨
3대가 요동을 중원과 분리시켜 사실상 독립정권을 유지하고 있었다.
공손연의 부조(父祖) 3대가 계속해서 요동을 차지하자, 천자는 그 지
역을 중원과 단절된 지역으로 간주하고 공손씨에게 나라 밖의 일로
위임시켰다. 그 결과 동북방의 동이족과 중원의 관계가 절연될 수밖
에 없었다.

조위 조정에서는 서기 236년 황제 조예가 요동(현 하북성 당산시
일대)의 공손연을 토벌하려는 계획을 세우고 형주자사이던 관구검을
유주자사로 전임시켰다. 관구검은 유주의 군대를 이끌고 양평현을
지나 요수현에 주둔하고 있었다. 이때 하북 보정 일대 우북평군의 오
환족 선우 구루돈, 요서 오환족 도독솔중왕 호류 등 과거 원상을 따
라 요동으로 도망쳤던 자들이 5,000여 명의 군대를 이끌고 와서 항복
했다.

서기 237년, 관구검은 공손연에게 황제의 낙인이 찍힌 서신을 보냈으나, 공손연이 이를 무시하고 오히려 맞받아 공격하려 했다. 그래서 관구검은 차제에 공손연을 정벌하고자 했다. 그러나 요수 일대에 갑자기 비가 열흘 가까이 쏟아지면서 홍수가 발생했다. 결국 관구검은 요동 정벌을 포기하고 우북평으로 퇴각했다.

관구검이 물러난 것을 승리로 해석한 공손연은 아예 연왕(燕王)을 칭하였다. 공손연의 공공연한 반란 소식을 접한 조위 조정의 분위기는 긴장으로 가득 차 있었다. 요동태수 공손연의 반란 소식이 전해진 이후, 조위의 황제 조예는 고민에 빠졌다. 당시 조예는 궁전 건축에 미쳐 조정의 모든 경비를 여기에 쏟아붓고 있었다.

이때 사마의는 황제인 조예와 더불어 섬서를 나누어 동쪽은 조예가, 서쪽의 관중은 사마의가 나누어 다스리는 분섬이치(分陝而治)를 행하고 있었다. 조예는 특출한 역량을 지닌 데다 강력한 군대를 보유한 사마의를 견제함과 동시에 공손연을 토벌할 수 있는 방책을 고민했다. 그 결과 사마의를 낙양으로 불러들였다.

황제 조예가 말했다.

"이번 일로 태위를 수고롭게 했소만, 이번만큼은 북방의 안정을 위해 그대의 웅략이 필요하오. 반드시 승전하고자 그대를 부른 것이오. 태위가 보시기에 공손연이 어떤 계략을 쓸 것 같소?"

사마의가 잠시 생각에 잠겼다가 대답하며 말했다.

"신이 보기에, 가장 현명한 계책은 성을 버리고 미리 도망치는 것입니다. 그다음으로 현명한 것은 요수에 의지해 대군과 맞서 싸우는 것이지요. 그러나 공손연이 앉아서 양평을 지키려 한다면, 그는 분명 사로잡힐 것입니다."

천자의 눈빛은 복잡했다. 그는 사마의의 말을 심사숙고하며, 이번 사건이 단순한 반란이 아니라, 조위의 운명을 가를 중대한 전환점임을 깨달았다. 사마의의 조언에 따라, 천자는 자신의 다음 행동을 결정해야 했다.

30대 초반의 젊은 천자가 궁정의 대청에서 60세를 바라보는 태위 사마의를 바라보며 다시 말했다.

"그렇다면 그 계책 중에 공손연이 장차 어떤 것을 쓸 것 같소?"

사마의가 진지하게 대답했다.

"현명한 자만이 자신과 적의 역량을 깊이 헤아려 미리 항복할 수 있지만, 공손연은 그럴 사람이 아닙니다. 우리가 멀리서 정벌하는 군대를 보내면, 그는 우리가 오래 버티지 못할 것이라 여겨 필시 요수에서 먼저 맞서고, 그 뒤 양평을 지킬 것입니다. 이는 그의 중책과 하책이 될 것입니다."

천자가 이어서 물었다.

"그렇다면 전쟁을 마치고 돌아오는 데 얼마나 걸리겠습니까?"

사마의는 조조의 요서 원정 등을 이미 검토하였기 때문에 군사 작전의 시간을 계산하며 대답했다.

"가는 데 백 일, 돌아오는 데 백 일, 그리고 공격하는 데 백일이 필요합니다. 휴식을 포함하면 총 1년이면 충분할 것입니다."

조예는 사마의의 말에 깊은 생각에 잠겼다. 그리고 결단하듯이 엄숙하게 말했다.

"좋소. 그대에게 모든 군대의 통솔과 군량 충당에 관해 전권을 맡기겠소."

사마의는 천자 조예 앞에 섰다. 그때 조위 조정은 궁실 수리와 신축 등의 토목공사를 벌이고 있었다. 여기에 전쟁까지 겹치게 되니 백성들이 굶주리고 피폐해질 수밖에 없었다. 사마의의 눈빛에는 염려가 서려 있었다.

그는 조심스레 간언했다.

"옛날 주나라의 주공이 낙읍을 건설하고, 소하가 미앙궁을 지었다 하였으니, 오늘날 궁실이 미비한 것은 전적으로 신의 책임이옵니다. 그러나 하수 이북의 백성들이 극도로 고통받고 있으며, 안팎으로 노역이 많아 사세를 볼 때 이들을 함께 병행하기 어렵습니다. 의당 안의 일은 잠시 중단하여, 한때의 위급함을 풀어 주어야 합니다."

조예는 심각한 표정으로 사마의의 말을 경청했다. 그는 궁정의 화려함과 국가의 안정 사이에서 어려운 결정을 내려야 했다.

천자는 잠시 침묵한 후에 말했다.

"그대의 말을 듣고 깨달은 것이 있소. 국가의 안위와 백성들의 고통, 두 가지를 모두 고려해야 할 시기가 분명하오. 그대의 조언에 따라 궁실 수축을 잠시 중단하겠소."

사마의는 내부를 단속한 이후 지도 앞에 서서, 북방의 여러 종족과 세력을 면밀히 관찰하고 있었다. 그의 눈은 먼저 하북 보정시 남쪽 창려에 자리 잡고 있는 모용 선비족의 막호발 세력에 머물렀다. 이 막씨 세력은 원래 염제 또는 전욱 고양 계열의 축융족으로 태양 숭배 종족이었다. 막(莫)은 중국어로 모[mò] 또는 무[mù]로 발음된다. 이들은 산동의 토착 세력인 래이족으로 '양이(陽夷)'라고도 불렀다. 이들의 성씨는 막(莫)씨, 노(盧)씨 또는 모(牟, 慕)씨였다.

막호발의 모용 선비족은 동북방에서 고구려와 더불어 가장 막강한 세력을 구축하고 있었다. 막호발이 중원에 복귀한 시기는 서기 190년경이다. 이들은 유주 고양군(현 보정시 일대)에 마한 연방에 속한 막로국(莫盧國)을 건국하고 있었다. 이뿐만 아니라 전남 영광과 전북 고창에 막로국과 모로비리국을 건국하여 한반도와 중원을 오가고 있었다.

막호발의 래이마한 세력은 우이족이 부여를 끌어들여 요동 남쪽의 대방고지에서 백제를 건국하는 것을 못마땅하게 생각했다. 그러다가 모용외 이후 시기에 요동 장악에 걸림돌이라고 생각하고 부여 세력을 멸망시키기도 한다. 부여현 시기에는 아예 선비 세력에게 부여가 흡수되기까지 했다. 어쨌든 서기 121년과 서기 122년에 마한의 일부 세력이 고구려 태조왕과 더불어 유주의 요동군에 위치한 현도성과 요동성을 공격하는 바람에 마한이라는 국호는 중원에 적대적인 존재로 각인되었다. 따라서 우이족은 부여 왕 위구태와 함께 대방고지에서 백제를 건국하였다.

막호발은 중원이 위·촉·오로 나뉘어 대립하던 삼국 시기에 북경 일대의 요서와 우북평 지역에 살던 선비족 최고 지도자였다. 그는 동호, 즉 조선의 후손으로 마한인이기도 하다. 마한 연방에 속한 막로국을 비롯한 래이마한 13국을 건국한 막강한 세력이다. 이후 백제 무령왕은 『양직공도』를 통해 백제는 래이마한에 속한 나라였다고 밝히기도 했다. 막로국은 한반도 서남부의 영광에도 근거지를 두고 있었으며, 함평 모씨, 무안(勿阿兮), 고창의 모로비리국, 나주와 광주의 불미국 등 영산강 북부를 근거지로 하고 있었다. 이들은 광주, 광산, 영광, 광양 등 광(光)·양(陽) 계열의 지명을 주로 사용하였다.

막호발은 관구검(毌丘儉)을 따라 고구려를 공격하는 데 앞장서기도 했다. 사마의가 요동에 할거하던 공손연을 칠 때 오환 및 고구려와 손잡고 공손씨 토벌에 대한 공로를 인정받아 솔의왕으로 임명되었다. 막호발은 처음 요서군 창려 극성의 북쪽에 나라를 세웠고, 후에 요동으로 이주했다.

막호발은 동호의 후예로 서기전 296년 연나라 진개가 동호, 즉 조선, 요동 세력을 공격할 때 1,000리 퇴각하여 난하를 건너 오늘날 대릉하 일대의 조양시 인근으로 후퇴한 조선의 후예이다. 이후 그의 조상들은 다시 흉노의 공격을 받아 몽골 선비산, 오환산 일대로 이동하여 이 일대도 모두 장악하였다. 이 시기에 모진 시련을 이겨 내며 이들은 강철 같은 세력으로 거듭났다.

서랍목륜하(西拉木伦河) 상류 일대에도 근거지를 두고 있었다. 원래 근거지는 화북평원이다. 진개의 공격 이전에 화북평원에서 살았던 것이다. 고조선 시기에는 북경시 밀운구 백단현에 위치한 험독성에 왕험성을 두고 있었다. 진개의 침공으로 1,000리를 퇴각한 이후 중원이 혼란한 틈을 타 다시 북경~보정 일대로 이동했다.

모용 선비족 연나라의 시조 막호발은 위나라 초기 여러 부락을 인솔하고 요서(북경 조백하 서쪽)에 들어왔다. 사마의가 공손씨를 토벌하는 데 공이 있어 솔의왕으로 임명되었다. 모용 선비가 화북평원으로 진입하여 나라를 세우자, 한나라에서는 그곳에 요동속국을 설치하고 창려현을 세웠다. 연나라 시기에 보요관(步搖冠)이라는 관을 여럿이 썼는데, 막호발이 이를 보고 좋아했다. 이 보요관은 아프가니스탄 북부의 틸리아 테페에서 출토된 대월지 금관과 동일하게 나무, 나뭇잎, 꽃 등으로 구성되어 있었다. 머리를 모으고 관을 쓰니, 여러 부락에서 이로 인해 '보요'라 불렀고, 그 뒤 음이 전화하여 마침내 '모용'이라 불렀다.

모용 선비라는 호칭은 바로 여기서 유래된 것이다. 모용 선비는 원래 동호로 조선을 가리킨다. 대릉하 유역까지 후퇴하였다가 진나라 시기에 다시 중원으로 복귀했다. 진나라 시기에 진 세력이 요동에 대한 방어를 하지 못하자 난하를 건너 요동으로 진입하였고, 영평부성 일대의 준왕은 위만을 그 서쪽에 받아들였으나 그 뒤 요동으로 진·조·연 유민들이 몰려들어 위만의 세력이 불어나자 나라를 빼앗기고 한반도 평양으로 도망친다. 이후 우이족 마한과 부여, 막호발의 막씨 모용 선비, 고씨 고구려, 오환족 등 조선 세력들은 북경 일대를 장악하게 된다. 중원에서는 관리를 파견하였을 뿐이다.

북경 일대의 화북평원은 조선 세력이 진개의 공격에 의해 밀려난 이후 70여 년 동안 연나라가 건국되어 있었고, 원래 간적이 제비 알을 받아먹고 임신하여 상나라의 시조 설을 낳은 곳이다. 인근의 산맥이 연산산맥이어서 자연스럽게 지역 이름이 연(燕)이 되었고, 이후 연왕을 칭하는 이가 많았다.

막호발은 모용목연(慕容木延)을 낳고, 모용목연은 모용섭귀(慕容涉歸)를 낳았으며, 모용섭귀가 모용외를 낳았다. 이들은 모두 선비 대선우로서 전욱 고양의 후손, 즉 축융족을 칭했다. 유주 고양군(현 하북 보정시 일대)에 마한 연방의 핵심 국가 중 하나인 막로국(莫盧國)을 건국하였다. 이 밖에도 산동성 일대에 우휴모탁국(산동 조장), 노람국(산동 청도), 사로국(산동 장청), 첩로국(산동 거현, 일조시) 등의 나라를 거느리고 있었다. 이뿐만 아니라 한반도에도 토착 세력

으로서 영광의 막로국, 고창의 모로비리국(牟盧卑離國) 등 마한의 10
여 국을 건국하고 있었다.

사마의는 지도를 따라 손가락을 옮겨 조백하 북쪽에 위치한 고구려
를 가리켰다. 고구려 동천왕은 요동 중심부로의 진출을 호시탐탐 노
리고 있었다. 고구려 역시 왕성이 고(高)씨로, 전욱 고양의 후손을
자처하고 있었다. 고씨는 강성(姜姓)으로 어양군, 요동군 등에 몰려
살았다.

사마의는 자신의 선조가 전욱 고양 임금의 아들인 중려로부터 나
온 사실을 생각하며, 이 모든 세력들과의 관계를 심사숙고했다. 그
의 마음속에는 전략적인 계획이 서서히 자리 잡아 가고 있었다. 사
마의는 순간 북방을 안정시키는 지름길은 자신과 선조가 닿아 있는
전욱 고양족들에게 북방을 내맡기는 것이라고 생각했다. 당시 북방
의 지역적·정치적 복잡성을 반영해 안정을 도모하는 최선책은 막
호발의 모용 선비족과 고구려 세력에게 화북평원을 경합하도록 하
는 것이었다.

사마의는 동이 축융족들에게 북방의 주도권을 넘겨줌으로써 북방
을 안정시키는 교묘하고 원대한 계책을 세우고 있었다. 그래서 공손
씨 토벌 이후 막호발의 마한 세력과 고구려가 서로 요동에서 경합하
게 하면 중원이 안정될 수 있다고 보았다.

따라서 사마의는 사신을 보내 막호발과 고구려 동천왕에게 전쟁에
참여하도록 권유했다. 그의 사신들은 두 세력에게 전쟁의 이익과 기
회를 설득력 있게 전달했다. 고구려는 이미 서기 237년에 조위에 사
신을 보내왔다. 이때 사마의는 고구려 사신에게 요동의 공손씨 정벌

에 대한 전략을 설명하고 장기전이 될 경우 식량을 지원해 줄 것을 요청했다.

사마의의 전략은 냉철하고 계산적이었다. 그는 동북 지역의 모든 우호적인 세력을 동원해 공손씨를 고립시켰다. 그의 목표는 명확했다. 그것은 북방을 안정시키고 중원을 보호하는 것이었다. 그의 계획은 잘 진행되었고, 공손씨는 점차 고립되어 갔다. 사마의는 차분하게 다음 수를 기다렸다. 그의 전략적 사고는 중원의 미래를 결정짓는 데 중대한 역할을 하게 될 것이었다.

서기 238년, 봄의 푸르름이 만연한 가운데, 사마의는 우금·호준 등과 함께 보기 40,000명의 병력을 이끌고 낙양을 출발했다. 황제의 수레가 서명문을 나와 그를 전송했다. 동생 사마부와 아들 사마사는 군대의 전송을 맡았고, 그들은 곡식과 비단, 소와 술을 하사하며 군수와 전농 이하 관원들에게 방문하도록 명령했다.

사마의의 군대는 고향인 온현(溫縣)을 지나갔다. 온현은 축융족들의 고향이기도 했다. 그곳에서 그는 노인들과 옛 지인들을 만나 여러 날에 걸쳐 잔치를 열었다. 사마의는 탄식하며 창연해하다가 감흥이 일자 노래를 읊었다. 그의 목소리는 강렬했다.

"하늘과 땅이 새로 열리어 해와 달이 다시 빛나니,
 절호의 기회를 잡아 온 힘을 다해 멀리 원정하노라.
 장차 온갖 더러움을 쓸어버리고 돌아와 고향길을 거닐겠노라.
 10,000리를 깨끗이 하고 온 천하를 통일하리니.
 공이 이루어진 것을 고한 뒤 고향에 내려와 무양에서 대죄하겠노라."

사마의는 병력을 이끌고 떠나면서, 그의 고향 온현에 마지막 인사를 건넸다. 이는 그의 삶과 경력에서 중대한 순간이었다. 사마의는 군대를 이끌고 고죽을 지나 갈석을 넘어 요수에 이르렀다. 사마의 군대가 우북평에 도착했을 때, 관구검이 합류해 다시 요동 정벌에 참여하였다. 요수에서 공손연의 군대가 이미 전선을 구축하면서 기다리고 있었다. 공손연은 보기 수만 명을 보내 요수에 의지해 견고한 방어선을 만들고, 남북으로 60~70리에 걸쳐 사마의의 대군에 맞섰다.

사마의는 대군을 결집하고 많은 기치를 펼쳐 적의 남쪽으로 출군했다. 공손연의 군대는 정예병을 모두 동원해 사마의에 맞서 나왔다. 치열한 전투가 예상되었다. 하지만 사마의는 예상치 못한 전술을 구사했다. 그는 배를 띄워 몰래 강을 건너 적의 북쪽으로 출격했다. 공손연의 군대가 남쪽에 집중되어 있을 때, 그는 북쪽을 공격하여 적을 혼란에 빠뜨렸다. 사마의의 군대는 적의 둔영에 가까워지자 배를 가라앉히고 다리를 불태웠다. 그 후 요수 가에서 길게 포위하여 적을 내버려 두고 양평으로 향했다.

관구검을 필두로 여러 장수들이 사마의에게 다가와 불만을 표현했다.

"적을 공격하지 않고 포위만 하니, 이는 군사들에게 보여 줄 만한 좋은 방책이 아닙니다."

사마의는 차분하게 대답했다.

"적이 둔영을 견고히 하고 보루를 높이는 것은 우리 군사들을 피로하게 하려는 것이오. 적을 공격하면 그 계책에 빠지게 되오. 옛사람이 말하길, 적이 비록 보루를 높이고 있다 하더라도, 반드시 나와 싸우게 되는 것은 우리가 그들이 구원해야 할 곳을 공격하기 때문이라 했소. 적의 대군이 여기 있으니, 그 소굴은 비어 있을 것이오. 우리가 양평으로 향한다면, 그들은 내심 두려움을 품을 것이고, 두려워하면 싸우러 나설 수밖에 없소. 그렇게 되면 반드시 격파할 수 있을 것이오."

제장들은 사마의의 설명을 듣고 고개를 끄덕였다. 그의 냉철한 전략적 사고가 이 전쟁의 흐름을 바꿀 수 있다는 것을 깨달았다. 사마의는 전술 회의를 마치며 마지막으로 말했다.

"전쟁은 단순한 힘의 대결이 아니라 심리와 전략의 미묘한 조화인 것입니다. 우리의 승리는 이미 시작되었습니다."

사마의는 양평 북쪽에 위치한 고구려군의 안내를 받아 양평을 급습했다. 고구려 동천왕은 주부와 대가를 보내 병사 수천여 명을 거느리고 이를 돕게 하였다. 막호발의 모용 선비족 군대는 사마의의 본대를 지원했다. 사마의는 진(陣)을 정돈하고 나아갔다. 공손연은 사마의의 군대가 자신들의 배후로 출격하는 것을 보고 요격을 시도했다. 사마의가 여러 휘하 장수들에게 말했다.

"그들의 둔영을 직접 공격하지 않고 그 배후의 양평성을 친 것은 바로 이렇게 되기를 바란 것이니, 이 기회를 절대 놓쳐서는 안 되오."

그의 명령에 따라 연합군은 역공을 펼쳐 적을 대파했다. 사마의는 세 번의 전투에서 모두 승리를 거두었다. 적은 패하여 양평으로 물러났고, 사마의는 진군하여 양평을 포위했다. 양평성에 대한 급습과 후속 전투는 사마의의 군사적 지능과 전투에서의 치밀한 계산 능력을 여실히 보여 주었다. 전쟁은 치열한 듯 보였으나 범과 고양이가 싸우는 격이었다. 애당초 승부가 되지 않는 싸움이었던 것이다.

제장들은 사마의의 전략적 판단과 용기에 감탄하며 이구동성으로 말했다.

"진실로 태위의 지도력과 전투 능력에 탄성이 절로 납니다."

사마의는 양평을 포위한 채 적의 다음 움직임을 예의주시했다. 그의 전략적 사고는 전투의 흐름을 지배하였고, 그의 군대는 승리를 향해 나아갔다.

공손연은 위나라 군대의 출격 소식을 듣고 손권에게 구원을 요청하는 서신을 보냈다. 그런데 이때 손권은 공손연의 배신에 대해 치를 떨고 있었다. 5년 전인 서기 233년, 손권은 공손연과의 연합을 통해 조위를 공격하기 위해 공손연을 연왕(燕王)에 봉하고, 태상 장미(張彌)와 집금오 허안(許晏), 그리고 장군 하달 등을 사자로 해서 병사 10,000명을 이끌고 뱃길로 금은보화 등 각종 진귀한 보물을 주도록 명령했다. 이에 대해 장소를 비롯한 오나라 대신 절대다수가 반대 상소를 올렸다. 그럼에도 손권은 자신에 차서 반대를 무릅쓰고 공손연에게 사절을 보냈다.

장미와 허안 등이 공손연의 근거지인 양평에 도착했을 때, 그곳에 동행한 오나라 관리와 종사자들이 400여 명에 달했다. 공손연은 당초부터 손권과 연합하는 것에 아무런 관심도 갖고 있지 않았다. 그래서 장미와 허안을 주살하고자 했다. 그런데 그들의 무리가 상당한 수에 달해 이들을 분산 배치할 필요가 있었다.

먼저 그들 무리를 요동군의 여러 현에 나누어 배치했다. 그리고 중사인 진단, 장군(張羣), 황강(黃彊), 두덕 등과 60명의 관리 및 병사들은 현도군으로 보냈다. 현도군은 요동의 북쪽에 위치해 있으며, 요동군과는 서로 200리 정도 떨어져 있었다. 그런데 요동군에 배치된 장미 등의 목을 베어 그 머리를 위나라에 보냈다. 손권은 화가 치밀 대로 치밀어 공손연 토벌까지 도모하려 했으나 상서복야 설종 등의 만류로 그만둔 적이 있다.

당시 현도태수 왕찬은 약 200호와 300~400명의 사람들을 거느리고 있었다. 진단 등은 모든 생활을 지역 주민들에게 의존하며 민가에서 지냈다. 40여 일이 지난 후, 진단은 황강 등과 함께 상의했다.

"우리는 먼 길을 와서 국명을 욕되게 하고 이곳에 버려졌으니 어찌 이미 죽은 것과 다를 바 있겠소? 이제 이 현도군을 보니 세력이 심히 미약하오. 만약 우리가 어느 날 마음을 합해 성곽을 불태우고 그 관리들을 죽여 나라를 위해 설욕한다면 그 연후에 비록 죽음을 당하더라도 족히 여한이 없을 것이오. 구차하게 살아남아 오래도록 죄수가 되는 것과 비교해 어떠하오?"

이에 황강 등은 이 계획을 옳다고 여겼다. 그래서 비밀리에 서로 약속하여 8월 19일 밤에 거사를 진행하기로 했다. 그날 낮에는 부중의 장송이 이 사실을 왕찬에게 알렸고, 왕찬은 즉시 병사들을 모으고 성문을 닫았다. 진단, 장군, 황강, 두덕 등은 모두 성을 넘어 도망쳤다. 그때 장군의 무릎에 종기가 발병하여 일행을 잘 따라가지 못했고, 두덕은 계속 그를 부축하며 함께했다. 그들은 험한 산골짜기를 통해 약 600~700리를 이동하다가 상처가 더욱 심해져서 더 이상 앞으로 나아가지 못했다. 그들은 풀숲에 누워 서로를 지키며 비통해하고 흐느꼈다. 그때 장군이 말했다.

"내가 불행히 상처가 심해 죽을 날이 머지않았소. 경들이 속히 길을 나아가면 도착할 곳이 있으리라 믿소. 헛되이 서로 지키다 깊은 골짜기에서 함께 죽는 것이 무슨 이익이 있겠소?"

이에 두덕(杜德)이 말했다.

"10,000리를 떠돌며 생사를 함께했으니 차마 내버릴 수 없소."

그리고는 진단과 황강을 앞서가도록 떠밀고, 두덕은 홀로 남아 장군을 돌보며 과일과 나물을 채취해 먹었다. 이처럼 현도로 분리되어 있었던 자들이 서기 233년, 고구려 동천왕에게로 도망쳤다. 이에 요동으로의 진출을 모색하고 있었던 동천왕은 이들을 두텁게 대우해주고 오나라로 돌려보냈다.

이후 서기 236년, 손권은 고구려와 연합을 모색하기 위해 다시 사신 호위(胡衛) 등을 보냈다. 그러나 고구려 동천왕은 오나라가 보낸 사신을 모두 참수하여 위나라에 보냈다. 손권은 공손연과 고구려 동천왕에게 모두 헛된 외교를 하고 있었다. 그 결과 배신과 실패를 경험했다. 손권은 공손연의 구원 요청에 대해 다음과 같이 답신을 했다.

"사마공은 용병에 능하고 변화가 신과 같아, 그가 향하는 곳에 앞을 가로막을 자가 없을 텐데. 그대의 어리석은 행동거지가 심히 염려되오. 부디 세상을 원망하지 말고 그대 자신을 돌아보기 바라오."

공손연은 손권의 서신을 받고 깊은 생각에 잠겼다. 사마의의 군사적 능력과 그의 무서운 진격은 서신의 내용과 일치했다. 더욱 심각한 것은 자신의 과오로 인해 손권이 자신에 대한 일말의 기대감도 갖지 않고 있다는 사실이었다. 공손연은 더욱 초조해졌다.

공손씨는 공손연의 조부 공손탁 이래로 오랫동안 요동을 차지하고 있었다. 공손탁 시기에는 마한 세력과 부여를 비롯한 구이가 모두 공손씨에게 복종했다. 공손탁은 부여 왕 구태에게 딸을 시집보내는 등 혼인동맹까지 맺어 마한백제 세력을 끌어들였다. 고구려도 왕위쟁탈전에서 밀려난 발기가 공손탁에게 병력 지원을 요청할 정도였다.

그런데 부친 공손강이 사망한 이후 숙부 공손공이 어린 공손연을 대신해 뒤를 이었다. 그러나 공손연은 서기 228년에 숙부인 공손공을 내쫓고 권력을 장악하였다. 그리고 손권이 보낸 장미와 허안 등의 목을 베어 조위 조정에 보냈다. 이에 조예는 공손연을 대사마 낙랑공으로 봉하였다. 공손연은 위나라에서 내려 준 작호가 자신의 눈높이에 맞지 않다고 생각했다. 그리하여 스스로 연왕을 칭하고 위나라에 반기를 들었던 것이다.

따라서 공손연이 사지에 몰리자 손권에게 손을 벌리는 것은 염치가 없는 일이었다. 손권이 먼저 보낸 사신을 모두 죽여 놓고서 손권에게 도움을 요청하다니…. 요동의 연왕을 칭한 이후 공손연은 동이 구족들과 한인들을 모두 강압적으로 지배하고자 했다. 공손연이 왕을 칭하자, 조위에서는 유주자사 관구검에게 요동을 정벌하도록 명령했다. 그러나 공손연은 요수를 근거로 관구검의 공격을 잘 막아 냈다. 그런데 이제는 모든 동이 구족이 공손씨와 대척점에 서고, 사마의와 연합하여 자신을 공격한다는 사실을 뒤늦게 깨닫게 되었다.

공손연의 양평성 본영에는 긴장감이 흐르고 있었다. 공손연은 자신의 정치적 상황을 되돌아보며 깊은 고민에 빠졌다. 그의 선택이 스스로를 어려운 상황에 몰아넣었던 것이다. 그는 이제 자신의 운명을 어떻게든 바꿔 보려 애썼다.

공손연은 신의가 없고 자신의 눈앞의 이익에만 집착하는 소인이었다. 그는 10여 년간 요동을 지배했으나, 그의 지배는 배신과 부질 없는 욕망에 의해 얼룩져 있었다. 공손연의 눈앞에는 자신의 선택의 결과가 펼쳐졌다. 그의 권력에 대한 욕망과 신의 부족은 그를 혼란과 위기로 이끌었다. 그의 본영은 그의 욕망과 배신의 증거였다.

사마의는 40,000명의 군대를 이끌고 있었다. 그와 함께 막호발의 10,000명의 군대와 고구려의 3,000여 명이 연합군으로 참가했다. 이들은 힘을 합쳐 공손연을 토벌하기 위해 출정했다.

공손연은 위군이 먼 길을 행군한 뒤 군량미가 바닥나 물러갈 때까지 기다리려 했다. 하지만 사마의는 군사를 우회시켜 공손연의 본영을 공격하는 것처럼 꾸몄다. 이 전략은 공손연을 다급하게 만들었다. 결국 공손연은 위군과 맞서 싸웠으나 패배했다. 그는 패한 뒤 양평성으로 들어가 수비에 치중했다. 공손연의 본영에서는 혼란과 긴장감이 흐르고 있었다. 사마의는 공손연의 수비에 대응하여 양평성을 포위하기 시작했다. 그의 전략은 효과적이었고, 그의 군대는 승리를 향해 나아갔다.

큰비가 연일 내리며 홍수가 발생했다. 한 달 가까이 비가 쏟아져 요동 일대에도 물이 가득 찼다. 평지에서도 빗물이 수척에 이르렀고, 삼군은 두려워하며 진영을 옮기고자 했다. 이에 사마의는 군중에 엄한 영을 내렸다. 관구검은 열흘의 비를 견디지 못하고 후퇴했는데, 사마의는 한 달가량의 비는 충분히 버텨 낼 수 있다고 보았다.

"감히 진영을 옮기자고 말하는 자가 있으면 참수하겠다."

그런데 도독영사 장정이 그 영을 범했고, 사마의는 그를 참수했다. 이로써 군중은 안정되었다. 사마의의 용병술은 관구검의 그것을 뛰어넘는 것이었다. 공손연의 군대는 물을 믿고 태연하게 나무를 하고 방목했다. 여러 장수들이 이들을 공격하고자 했으나, 사마의는 들어주지 않았다. 사마 진규가 말했다.

"예전 상용을 공격할 때는 밤낮으로 쉬지 않았으니, 이 때문에 견고한 성을 함락하고 맹달을 참수할 수 있었습니다. 지금은 멀리 와서 편안하고 느슨하게 하니 당혹스럽습니다."

사마의는 진규의 말을 들으며 고민에 잠겼다. 그의 결단력은 군대를 단결시켰지만, 전투의 어려움은 계속되었다. 그는 군대를 이끌며 제장들 앞에서 말했다.

"맹달의 군사가 적어 식량이 1년을 지탱할 수 있었습니다만, 우리 장병들은 맹달의 군사보다 네 배에 달해 한 달을 버틸 수 없었소. 한 달로 1년을 도모하는 셈이니, 어찌 서두르지 않을 수 있었겠소? 넷으로 하나를 공격하니, 설령 절반을 잃더라도 당적할 수 있었습니다."

그는 계속해서 말했다.

"무릇 병(兵)은 기만술이고 일의 변화에 잘 대처해야 하오. 지금은 적의 군사가 우리보다 많아, 적은 굶주리고 우리는 배부릅니다. 큰 비가 내리는 것이 이와 같아 공력을 펼칠 수 없으니, 급히 서두른다 해도 무엇을 할 수 있겠소? 적들이 병력 수가 많고 큰비가 내려 우리가 곤경에 빠질 것이라 믿고 굶주리고 곤궁해도 손을 묶고 항복하려 하지 않으니, 우리는 응당 무능함을 보여 그들을 안심시켜야 하오. 작은 이익을 취하기 위해 그들을 놀라게 하는 것은 좋은 계책이 아니오. 경사를 출발한 이후 나는 적이 공격하는 것은 전혀 우려하지 않았으나, 적이 달아나는 것을 오히려 걱정했소.”

사마의의 말은 그의 군사적 지혜와 전략적 판단을 반영했다.

“적의 군량이 거의 소진되었고, 우리의 포위망이 아직 완성되지 않았소. 저들이 우마를 약탈하고 땔나무 캐는 것을 노략질한다면, 이는 그들을 내몰아 달아나게 하는 것이오. 병은 속임수이고, 상황 변화에 잘 대처해야 하는 법이오.”

제장들은 사마의의 말에 깊은 인상을 받았다. 그의 전략적 사고는 그들을 안심시키고, 전투에 대한 새로운 시각을 제공했다.

조위 조정에 사마의의 군대가 홍수를 만났다는 소식이 전해졌다. 모두가 원정군을 소환하도록 황제에게 청했다. 그러나 천자 조예는 확신에 찬 목소리로 말했다.

“사마공은 위기에 처해 변화를 제어할 수 있습니다. 오래지 않아 공손연을 붙잡아 올 것입니다.”

사마의는 장졸들에게 토산(土山)을 일으키고 땅굴을 파고 창과 방패, 장대로 만든 사다리 등을 쓰며 성을 타고 오르도록 했다. 화살과 돌을 폭풍처럼 쏟아부으며, 밤낮으로 끊임없이 공격을 가했다. 공손연의 양평성은 견고했지만, 사마의의 군대는 끈질긴 공격으로 성을 압박했다. 제장들과 병사들은 사마의의 지휘 아래 무한한 공력으로 공격을 지속했다. 포위망 안에서, 공손연과 그의 군대는 점점 더 압박감을 느꼈다. 화살과 돌의 비는 그치지 않았고, 공격의 강도는 날로 증가했다.

사마의는 차분하게 전투를 지켜보며, 다음 단계의 전략을 생각했다. 그의 군사적 재능과 황제의 신뢰는 이 전투에서의 승리를 향한 확신을 굳건히 했다.

양평성에 대한 포위 공격이 한창이던 상황에서, 밤하늘에는 색이 희고 빛나는 꼬리가 있는 혜성이 나타났다. 이 혜성은 양평성 서남쪽에서 동북쪽으로 흘러 대량수에 떨어졌다. 성안의 사람들은 이 현상을 보고 놀라고 두려워했다. 특히 공손연이 크게 두려워했다. 그는 상국 왕건과 어사대부 유보를 보내 사마의에게 항복을 요청하며, 포위를 풀면 자신의 양손을 결박하고 얼굴을 들어 사람들에게 보이겠다고 제안했다.

하지만 사마의는 이를 불허했다. 그는 왕건과 유보를 붙잡아 모두 참수했다. 사마의의 이러한 결정은 그의 냉철함과 전쟁에서의 무자비한 태도를 보여 주는 것이었다. 공손연은 사마의의 거부에 절망했다. 그와 그의 군대는 점점 더 큰 압박을 느끼며, 전투의 불확실한 미래를 맞이했다.

사마의는 공손연에게 격문을 보냈다. 그의 말은 강렬하고 단호했다.

"옛날 초나라와 정나라는 대등한 나라였으나, 정백은 초나라군을 영접하기 위해 웃통을 벗고 양을 끌었다. 나는 왕의 신하로서 지위가 상공이다. 왕건 등이 나에게 포위를 풀고 물러나라고 요구하는 것은 어찌 초나라, 정나라의 전례에 비길 수 있겠는가!"

그는 덧붙여 말했다.

"두 사람은 늙고 혼미하여 필시 본뜻을 그르쳤을 것이다. 그래서 이미 그들을 죽였다. 만약 할 말이 더 남았다면, 명료하게 판단할 수 있는 젊은이를 다시 보내도록 하라."

이 격문은 공손연의 본영에 도착했다. 공손연은 이 전갈을 받고 깊은 충격과 압박을 느꼈다. 사마의의 단호한 태도와 결단력은 공손연을 절망으로 몰아넣었다. 사마의의 격문은 제장들 사이에서도 강렬한 인상을 남겼다. 그들은 사마의의 지도력과 불굴의 의지에 경의를 표했다.

"태위의 결단력은 우리의 승리를 확신하게 합니다."

공손연은 시중 위연을 사마의에게 보내어 볼모를 보낼 것을 청했다. 위연은 조심스레 사마의의 진영에 도착했고, 공손연의 요청을 전달했다.

사마의는 위연에게 단호하게 말했다.

"군사의 대요에는 다섯 가지가 있소. 싸울 수 있으면 싸우고, 싸울 수 없으면 지키고, 지킬 수 없으면 달아나는 것이오. 나머지 두 가지는 오직 항복하거나 죽는 것뿐이오. 당신들은 면박하지 않으려 하니, 이는 죽음을 각오한 것일 터, 볼모를 보낼 필요가 없소."

위연은 사마의의 단호한 거부에 놀라며 본영으로 돌아갔다. 공손연은 위연이 전달한 사마의의 말을 듣고 깊은 절망감을 느꼈다. 사마의의 거부는 그의 냉정함과 전쟁에서의 불굴의 의지를 드러냈다. 그는 군사적 원칙에 충실했으며, 항복에 대한 어떠한 융통성도 보이지 않았다.

공손연은 탈출도 할 수 없고 항복도 받아들여지지 않자 절망에 빠졌다. 그러던 중, 그는 마침내 결단을 내렸다. 망연자실한 상태에서, 공손연은 갑작스럽게 양평성 남쪽을 공격하여 포위망을 뚫고 성 밖으로 나갔다. 그리고 말을 타고 급하게 도망쳤다. 그러나 사마의는 군대를 풀어 이를 격파했다. 그리고 대량수 가의 혜성이 떨어진 곳에서 공손연을 참수했다.

사마의는 성으로 들어가 두 개의 표지를 세워 신구를 구별했다. 그리고 나이가 15세를 넘긴 남자 7,000여 명을 모두 살해하여, 그 인골로 경관을 만들었다. 공손연이 임명한 공경 이하의 가짜 관원들을 모두 처형하고, 필성 등 공손연의 장군 2,000여 명을 처형했다. 그리고 한(漢)인 40,000호, 30여만 구를 거두어 낙양으로 압송해 갔다.

사마의에게 정벌당한 이후 공손씨가 다스린 평주 지역의 인구는 창려군과 요동국, 낙랑군, 현도군, 대방군 등 5군의 호(戶)를 모두 합하면 18,100호이고, 호당 5명으로 계산하면 90,500명에 불과해 요동의 한족들이 절대 다수가 죽거나 중원으로 끌려갔다는 것을 알 수 있다. 『삼국지』 「부여조」에 공손연이 주살된 이후에도 현도군의 창고에 옥갑이 있었다는 것을 보면 부여(백제) 세력은 전화(戰火)의 피해를 입지 않은 것으로 나타난다.

이로써 요동 지역은 권력의 진공 상태에 빠졌다. 막호발의 모용 선비족과 우이족 백제와 고구려 사이에서 치열한 쟁탈전이 시작되었다. 이들은 이후 요동 지역을 장악하기 위해 서로 경쟁했다.

당초 공손연은 숙부 공손공의 지위를 빼앗고 그를 가두었으며, 자신에게 모반하지 말라고 간언한 장군 윤직과 가범을 죽였다. 사마의는 갇혀 있던 공손공을 석방하고 윤직 등의 묘의 흙더미를 쌓아 북돋웠다. 그는 그들의 후손을 현창하며 영을 내렸다.

사마의는 말했다.

"옛날 나라를 정벌할 때는 흉포한 악인만을 처단했습니다. 공손연에게 연루되어 잘못을 범한 자들은 모두 그 죄를 용서합니다. 중원 사람들이 옛 고향으로 돌아가고자 한다면, 원하는 대로 들어주도록 하겠습니다."

제장들과 병사들은 사마의의 결정에 감탄했다. 그들은 그의 리더십과 관용에 존경심을 표했다.

"태위의 관용은 우리의 승리를 더욱 값지게 합니다."

공손연의 잔혹한 행위와 대조되는 사마의의 행동은 전쟁 후의 새로운 시작을 상징했다. 그는 정의와 관용으로 요동 지역에 새로운 희망을 가져다주었다.

이 무렵 병사들 중 추위에 떨며 저고리를 요청하는 자가 있었지만, 사마의는 관물을 사사로이 사용할 수 없다며 주지 않았다. 어떤 이가 헌 저고리는 줄 수 있다고 제안했다. 그러나 사마의는 단호하게 말했다.

"저고리는 나라의 관물이니, 신하된 몸으로 사사로이 베풀 수 없소."

하지만 사마의는 군인 중 나이 60세 이상 1,000여 명의 군역을 파하여 되돌려 보내는 관대함을 보였다. 장리 중 종군하다 사망한 자의 장례를 치러 그들을 집으로 돌려보냈다.

군대를 이끌고 낙양으로 되돌아온 사마의를 맞이하기 위해, 천자는 사자를 보내 유주 계에서 군의 노고를 위로했다. 봉읍을 늘려 곤양을 수여함으로써, 그의 공로를 인정했다. 사마의의 군대는 그의 엄격함과 관용 사이에서 균형을 이루는 리더십하에 통합되었다. 그

의 결정은 전쟁 후의 병사들을 존중하고 보상하는 데 중요한 역할을
했다.

　당초 양평에 도착했을 때, 사마의는 천자 조예가 자신의 무릎을 베
개 삼아 누워 있는 꿈을 꾸었다. 천자가 "내 얼굴을 보시오."라 말했
고, 사마의가 고개를 숙여 주변을 살펴보니 평상시와 다른 점이 있어
마음속으로 불안함을 느꼈다. 조령이 내려와 사마의에게 관중을 진
수하도록 했으나, 백옥에 이르자 천자로부터 소환 조서가 도착했다.
사흘 동안 다섯 번의 조서가 도착했다. 천자가 직접 쓴 조서에는 다
음과 같이 적혀 있었다.
　"그대가 도착하길 기다리고 있으니, 곧바로 합을 밀치고 들어와 나
를 만나도록 하라."
　사마의는 크게 두려워하며 추봉거를 타고 밤낮으로 겸행하여 급히
낙양으로 향했다. 가복전 침실 안으로 인도되어 황제의 침상에 올랐
다. 눈물을 흘리며 천자의 병세에 대해 물었다. 천자 조예는 사마의
의 손을 잡은 채 눈짓으로 제왕 조방을 가리키며 말했다.
　"뒷일을 그대에게 맡기오. 죽으려는 것을 겨우 견뎠으니 내가 차마
죽지 못한 것은 그대를 기다린 것인데 이제 서로 만났으니 아무 여한
이 없소이다."
　사마의와 대장군 조상은 함께 유조를 받들어 나이 어린 천자 조방
을 보좌했다.

고구려 동천왕의 요동 진출과
지역 권력지형의 급변

서기 238년, 사마의가 군대를 이끌고 공손연을 토벌할 때, 고구려 동천왕은 군사 수천 명을 거느리고 사마의의 군대를 지원했다. 이를 통해 동천왕은 요동 진출을 위한 교두보를 확보했다. 그리고 요동 정벌을 준비하기 시작했다. 동천왕의 패자였던 득래는 왕이 요동을 정벌하고 중원의 조위 세력과 정면 대결하려는 것에 반대하며 간언했다.

"폐하 요동을 장악하기에는 아직 우리의 인구와 국력이 미치지 못하옵니다. 전화로 인해 백성들이 화를 입게 되오니 이를 감안해 주소서."

그러나 요동 정벌을 숙원으로 삼았던 동천왕은 그의 말에 따르지 않았다.

"요동의 풍요로운 땅을 차지하지 못하면 국력을 키우는 것 자체가 불가하오."

이에 득래가 탄식하며 말했다.

"이 환도성이 얼마 안 가 쑥대밭이 되어 장차 쑥이 자라는 것을 보겠구나."

그러고 나서 마침내 음식을 먹지 않고 굶어 죽었다.

고구려 내부에서 동천왕의 주전론에 찬성하는 세력이 커진 결과,

왕은 공손연 토벌 이후 4년 만인 서기 242년에 장수를 보내 요동의 요충지인 서안평을 공격했다. 서안평은 유주자사 관구검이 있었던 유주를 단숨에 침공할 수 있는 목줄이나 마찬가지였다.

관구검은 고구려가 자신의 목을 조여 온다고 느꼈다. 이로 인해 유주에는 다시 전운이 깃들기 시작하였다. 관구검은 사마의의 군대가 철수한 이후 요서의 막호발과 연대하여 요동에서 고구려의 공격에 대응하고 있었다. 막호발의 모용 선비족 세력도 관구검과 함께 고구려를 공격하는 전략을 택했다.

이러한 군사적 연합은 고대 요동 지역에서의 복잡한 국가 간 관계와 전략적인 대응의 필요성을 반영했다. 관구검과 막호발의 공동 작전은 고구려에 대한 압박을 가중시켰다. 동시에, 이러한 연합은 동아시아 지역의 권력 균형과 전략적 우위를 위한 국가들 사이의 끊임없는 경쟁을 보여 주었다.

고구려 동천왕의 서안평 공격으로 인해 위나라 관구검은 물론 모용 선비족과 고구려 사이의 기나긴 전쟁이 본격적인 막을 올리고 있었다.

서기 246년 8월, 위나라는 유주자사 관구검에게 명하여 보병과 기병 10,000명의 군대를 이끌고 백하의 상류에 해당하는 현도로부터 고구려를 침략하도록 했다. 고구려 동천왕은 보병과 기병 20,000명을 이끌고 비류수(지금의 백하)에서 위나라 군대와 맞섰다. 격렬한 전투 끝에 고구려는 승리를 거두었으며, 적의 베어진 머리가 3,000여 급에 달했다.

이어진 전투에서 동천왕은 당지산(唐指山) 일대의 대량수가 흐르는 양맥(梁貊)의 골짜기에서 다시 위나라 군대를 대패시켰다. 목을 베거나 사로잡은 적군이 3,000여 명에 이르렀다. 동천왕은 장수들에게 말했다.

"이제 직접 싸워 보니 위나라의 대병력이 우리의 적은 병력보다 못하고, 관구검이란 자는 위의 명장이라고 하지만 오늘은 목숨이 내 손 안에 있구나."

고구려 군대는 승리의 기쁨에 휩싸였다. 이제 방어에서 벗어나 5,000명의 철기 부대를 이끌고 공격에 나섰다. 이때 관구검은 무모한 공격으로 인해 너무 많은 병력이 손실되었다고 판단하여 수정전에 대비하고 있었다. 그는 전투 경험이 많은 노련한 장수였다. 그런데 고구려 동천왕은 그를 풋내기 장수 정도로 얕보았다.

이후의 전투에서 관구검은 막호발의 지원을 받아 병력을 보충하고, 부여 왕 마여로부터 군량을 지원받았다. 간위거의 서자로 태어난 부여마여는 그의 아버지가 적자를 남기지 못하고 세상을 떠난 후, 제가들의 추대를 받아 공립되어 왕위에 올랐다. 마여왕은 한나라와의 동맹에 따라 유주자사 관구검이 현도태수 왕기를 통해 구원을 요청하자, 대가(大加)를 보내 식량을 지원했다.

이후 벌어진 전투에서 관구검은 방진을 치고 결사적으로 싸웠다. 쌍방의 교전에서 고구려 군사가 크게 궤멸되어 죽은 자가 18,000여 명에 이르렀다. 동천왕은 기병 1,000여 기를 이끌고 북쪽의 압록원으로 달아났다.

서기 246년 10월에 위나라 관구검은 재차 환도성을 공격하여 함락시키고 성안을 도륙하였다. 그리고 현도태수 왕기(王頎)를 보내 동천왕을 추격하게 했다. 이때 동천왕은 남옥저로 1,000여 리를 도망쳐 죽령에 이르렀는데, 군사들은 산산이 흩어져 거의 다 없어졌다. 오직 동부의 밀우만이 홀로 왕의 옆을 지키고 있다가 왕에게 말했다.

"지금 적의 추격병이 가까이 닥쳐오고 있으니 이 형세를 벗어나는 일이 시급합니다. 신이 결사적으로 적을 막을 테니 왕께서는 도망치십시오."

밀우는 결사대를 편성해 그들과 함께 대담하게 적진으로 가서 힘껏 싸웠다. 동천왕은 샛길을 통해 도망쳐 산골짜기에 숨어 이곳저곳으로 흩어진 병사들을 모으고, 자신을 방어하면서 말했다.

"밀우를 데려오는 사람에게는 후하게 상을 주겠다."

이에 하부의 유옥구(劉屋句)가 왕의 앞으로 나서며 대답하여 말했다.

"신이 가서 살펴보겠습니다."

마침내 그는 전투가 가장 치열하게 벌어졌던 곳에서 땅에 쓰러져 있는 밀우를 발견하고 곧장 그를 업고 돌아왔다. 왕이 밀우를 무릎에 눕혔더니 한참 만에 깨어났다. 그제야 동천왕은 안도의 눈물을 흘렸다.

왕이 험준한 연산의 샛길로 이리저리 돌아다니며 남옥저 바닷가(현재의 난하 하류)에 도착했다. 그러나 위군은 계속 추격했다. 왕이 계책이 다하고 기세가 꺾인 나머지 어찌할 바를 몰랐다. 이때 동부 사람인 유유가 나서서 왕에게 말했다.

"형세가 매우 위태롭고 급박하지만 헛되이 죽을 수는 없습니다. 신에게 어리석은 계략이 있습니다. 청컨대 음식을 가지고 가서 위나라 군사에게 대접하면서 틈을 엿보아 저들의 장수를 찔러 죽이겠습니다. 만일 신의 계략이 성공하면, 왕께서는 힘껏 공격하여 반드시 승리를 거두소서."

동천왕이 말하였다.

"그렇게 하겠소. 부디 그대의 무운을 빌겠소."

왕은 유유의 계략을 실행하기로 결정했다. 유유가 위군에 들어가 거짓으로 항복하여 말했다.

"우리 임금께서 큰 나라에 죄를 얻고 도망쳐 바닷가에 이르렀으니, 몸 둘 땅이 없어서 장차 진영 앞에서 항복을 청하고 죽음을 사구(司寇)에게 맡기려고 하는데, 먼저 소신을 보내 변변치 못한 물건이라도 드려 부하들의 음식거리나 되고자 합니다."

관구검의 부하 장수가 이 말을 듣고 항복을 받아들이려 했다. 그때 유유가 식사 도구에 칼을 숨기고 앞으로 나아가 그 칼을 뽑아 위나라 장수의 가슴을 찔렀다. 유유가 그와 함께 죽자, 위군이 마침내 혼란에 빠졌다.

동천왕이 적진이 혼란스러워진 틈을 타 군대를 세 길로 나누어 신속하게 이들을 공격하게 했다. 그의 명령에 따라, 고구려 병사들은 신속하고도 치밀하게 움직여 위나라 군대를 급습했다. 순식간에 위군은 혼란에 빠졌고, 전투의 기세를 잃었다. 결국 위군은 전열을 가다듬지 못하고 조백하 동쪽의 낙랑 지역에서 전면 퇴각했다.

왕이 나라를 회복하고 공을 논하면서 밀우와 유유를 최고의 공신으로 칭했다. 밀우에게는 거곡과 청목곡을, 유옥구에게는 압록두눌하원을 식읍으로 주었다. 유유는 구사자로 추증되었고, 그의 아들 다우는 대사자로 임명되었다.

이 전투에서 위의 장수는 숙신의 남쪽 국경에 도착한 후 자신의 공적을 돌에 새겼고, 또 환도산(현 북경 순의구 당지산 일대)에 이르러 큰 바위에 '불내성(不耐城)'이라 새기고 돌아갔다. 관구검이 모든 군사들에게 명령하여 득래의 무덤을 허물지 말고, 무덤 주변의 나무는 한 그루도 베지 못하게 했으며, 그의 처자식들을 포로로 사로잡았지만 모두 석방하여 보내 주었다.

환도산의 불내성은 고구려의 국내성이었다. 돌로 쌓아 성을 만들었다. 환도산은 이후의 당지산을 가리키는 것으로 국내성이 가까이 접하고 있었다. 서기 247년 2월, 동천왕은 환도성이 전란을 겪어 다시 도읍으로 삼기 어렵다고 판단하고, 환도성 북쪽의 밀운구 일대 백단현에 평양성을 쌓았다. 평양성 인근에는 연산산맥이 장관을 이루고 돌이 많아 축성하는 데 커다란 어려움은 없었다. 그러나 많은 백성들이 동원되어 고역을 감내해야 했다. 성이 다 만들어지자 백성과 종묘사직을 옮겨 새로운 도읍지로 정했다. 평양은 본래 조선 왕검의 땅이었다.

동천왕이 도읍한 평양성은 조선의 왕험성으로 불리던 곳이다. 한나라 시기 중원 세력과의 국경이고, '밝은 물'이라는 뜻을 지닌 패수, 즉 백하와 남쪽으로 접하였다. 평양성의 동쪽으로는 조하가 흘렀다. 밀운구의 북쪽에 조하와 백하가 합류하여 물줄기가 화북평원에서 가장 험해 '험독'이라고도 불렸다.

고구려는 바로 이 망평의 북쪽, 백하와 조하 사이에 평양성을 세웠다. 홍수 시에는 물이 급격하게 불어나며, 평소에도 접근이 어려운 천혜의 지형을 가지고 있어 지키기 유리한 곳이었다. 평양성은 '장안성'이라고도 불렀다. 한나라 때 평양성은 낙랑군에 속하였으며, 중원의 중심부인 장안에서 동쪽으로 5,000리 밖에 있었다.

고구려는 산의 굴곡을 따라 외성을 쌓았다. 외성의 사방으로 물이 넘쳐흘렀다. 평양성 남쪽에서 소요수인 조하와 패수인 백하가 합류하여 대요수, 즉 조백하가 된다. 그리고 그 남쪽 환도산에 국내성으로 불린 안시성이 있고, 그 남쪽 대방에는 한성(漢城)이 위치하고 있었다.

안시성 남동쪽에서 양수(梁水)가 서쪽으로 흘러 조백하와 합류한다. 조백하의 상류는 마자수라고 하였는데, 말갈의 백산에서 흘러나와 물빛이 오리머리와 같다고 해서 '압록수(鴨淥水)'로 불렸다. 압록수의 동남쪽에 평양성이 있으며, 큰 배로 사람이 건너다니므로, 이를 해자(天塹)로 여겼다.

5

막호발의 황금 보요관 전설과
모용씨의 탄생

모용 선비족의 시조 막호발과
대월지 보요관의 전설

래이마한의 공동 건국자요, 모용 선비족의 시조인 막호발이 사마
의의 공손연 정벌에 앞장서면서 사마씨들은 동북 지역을 사실상 막
씨와 우이족의 땅으로 여겨 이곳에 대한 경계를 늦추고 있었다. 그도
그럴 것이, 조조가 이미 오환족의 답돈을 정벌해 중원에 적대적인 세
력들이 사라졌기 때문이다.

우이족과 래이족들은 중원과 비교적 평화로운 관계를 맺으며 자신
들의 영향력을 확대해 나갔다. 더구나 마한의 일부 세력이 고구려 태
조왕과 더불어 현도를 공격하는 등 중원에 적대적인 전략적 태도를
보임에 따라 우이족들은 서기 197년에 공손탁의 지원을 받아 부여 왕
구태를 창건자로 하는 백제를 건국하기까지 했다. 백제라는 국호가
마한 연방 내에서 널리 확산되는 데에는 많은 시간이 소요될 수밖에
없었다.

막호발의 증손자인 모용외는 막씨에서 모용씨로 성을 바꾸었다.
그러나 원래부터 이들은 산동의 토착 세력인 래이족으로서 모(牟)씨
였다. 막(莫)은 중국어로 '모'로 발음된다. 모용씨는 막(莫)씨로 마한
막로국 또는 모로비리국의 후손이다. 막호발은 요서 막양성(하북성
임구현 막주진 일대)에 막국(莫國)을 건국하였다.

연(燕)과 대(代)의 땅은 다양한 문화와 전통이 교차하는 곳이다. 이

지역에서는 모용 선비의 왕족들이 보요관(步搖冠)을 많이 썼다. 보요관은 나무 모양으로 만든 독특한 금관 장식의 관을 가리킨다. 이는 대월씨들이 흔들잎 장식이 특징인 금관을 만들어서 머리에 쓰면서 왕권을 상징하게 되었다. 아프가니스탄의 틸리아 테페 유적에서 서기 1세기 박트리아 대월지 황녀의 금 보요관이 출토되었는데, 이 보요관은 나무 모양, 나뭇잎, 꽃 등을 특징으로 하고 있었다.

북방 초원에서 활동하던 모용씨들은 우이족과 더불어 월지족의 후손으로서 난하 동쪽의 조양 일대에 거주할 때 많은 보요관을 만들어서 썼다. 이 보요관은 마한 치소 월지국의 발라에서도 사용되었고, 가야 지역과 신라 지역, 고구려, 백제, 열도에서도 왕족들이 착용하였다. 이들 금관 또는 금동관들은 나무 모양과 나뭇잎, 꽃 등의 특징을 모두 갖추고 있어 이들이 월지족의 후예들이라는 사실을 보여준다.

막호발은 보요관의 모양과 장식에 매료되어 자신의 머리를 단정하게 거두어 묶고 이 관을 쓰기 시작했다. 그의 이러한 모습은 사람들의 눈길을 끌었고, 여러 부족들이 그를 '보요'라고 불렀고, 그 뒤 음이 와전되어 마침내 모용(慕容)이 되었다. 혹은 하늘과 땅의 덕을 흠모하고(慕) 해·달·별 등 삼광의 용모(容)를 계승했다 하여 마침내 모용을 성씨로 삼았다고도 한다.

모용 선비는 명망 높은 가문이었다. 모용외의 조부 모용목연(木延)은 선비족 좌현왕으로 존경받았고, 그의 아버지 모용섭귀는 요서군 유성을 지키는 데 큰 공을 세워 선비 선우로 임명되었다. 그 후, 그의 가문은 요동 북쪽으로 읍락을 옮겼다.

모용외는 어려서부터 몸집이 크고 우람한 체격을 가졌으며, 그의 용모는 아름다움으로 칭송받았다. 그의 키는 8척(189.6㎝)에 달했으며, 그의 품성에서는 웅대한 기질이 드러났다. 어린 시절부터 그의 넓은 아량과 기개는 뚜렷하게 두드러졌다.

모용외는 증조부 막호발이 하북성 임구시 일대의 창려 극성에 나라를 건국함에 따라 그곳에서 어린 시절을 보냈다. 그런데 그가 13세의 어린 나이 때인 서기 282년 서진 조정에서 유주로 좌천당한 장화(張華, 서기 232~300년)와 조우하는 일이 있었다. 장화는 원래 북경 남쪽의 범양 사람으로 사람 보는 분이 남달랐으며, 박학다식한 사람이었다. 그는 보잘것없어 보이는 새일지라도 그 때문에 갖게 된 여러 가지 덕들을 찬미한 「굴뚝새」라는 글을 써서 그 재능이 만천하에 알려진 사람이다.

하늘의 숨결, 만물에 퍼져,
굴뚝새 작지만 굳세게 살아.
색깔 없어도 소박함이 넘쳐,
자연 그대로 모든 것을 지녀.

그물 두려워 않고 살며,
독수리조차 굳이 잡으려 하지 않네.
어디서든 둥지를 틀고,
먹을거리 곳곳에 널려 있어.

평안을 찾아 날개를 펴고,
천지의 이치 따라 살아가.
자연의 품에서 자만하지 않고,
움직임은 자연스럽고 간단해.

아름다움, 풍성함 없어도,
세상의 욕심에 휘둘리지 않아.
자유의 가치를 소중히 하며,
단순하고 조화로운 삶을 살아가네.

장화는 모용외가 자신에게 인사를 하러 왔을 때 하늘을 쳐다보고 찬탄하며 말했다.

"군의 인물됨을 보니 하늘이 내리신 분이군요. 장성하면 반드시 세상을 구할 빼어난 인물이 되어 혼란스러운 시대를 바로잡아 구제할 것이오."

모용외의 부친 모용섭귀가 오히려 놀라며 사실을 부인하고 나섰다.

"세상이 어지럽습니다. 어린아이가 무슨 큰일을 하겠습니까?"

내심으로 아들이 난세의 영웅으로 자라날 것이라는 자부심이 강했으나 조선 세력이 연나라에 공격을 당해 2,000리나 되는 땅을 빼앗기고 북방의 황무지로 쫓겨난 역사를 잘 알고 있었기 때문에 신중함이 몸에 배어 있었다. 모용외는 조선의 후예 왕족이었던 것이다.

모용외의 아버지가 손사래를 쳐 댔음에도 장화는 다시 말했다.

"천하에 난세가 찾아오고 있는데, 이를 바로잡을 인물이 바로 여기에 있었군요. 군께서는 저의 얼굴을 잘 보아 기억해 주십시오. 제가 언젠가 군에게 도움이 될 수 있을 것입니다."

모용외는 장화의 인물됨이 진실되고 많은 것을 알고 있다고 느꼈다. 그래서 반드시 이런 인물들과 우호적인 관계를 맺는 것이 좋다고 생각했다. 장화가 스스로 자신을 소개했다.

"저는 군과 고향이 200리도 떨어지지 않은 유주 범양군 방성현에 있습니다. 저도 원래 동이족이었고, 부친이 어양태수를 역임하셨지요. 유주 지역의 군무를 총괄하고 있습니다."

장화는 사실상 유주의 가장 큰 실력자였다. 그러나 사마염이 자신의 후계를 묻자 그의 정적인 사마유를 비호하는 듯한 발언을 했다는 설화로 인해 유주로 좌천되었다. 그럼에도 그는 자신의 신분을 넘어 어린 모용외에게 예의 바르고 겸손한 태도로 일관했다.

장화는 모용외와 헤어지기 전 자신이 착용하고 있던 비녀와 관모를 벗어 모용외에게 선물했다. 이는 단순한 물건 이상의 의미를 가진 것이었다. 이는 장화가 모용외에게 보낸 은근한 정과 신뢰의 표시였으며, 두 사람 사이에는 깊은 유대가 형성되었다.

장화는 동이족 출신으로, 사마염이 오나라 손씨 정권을 공격해 통일 대업을 이룰 수 있도록 지원한 공로로 출세가도를 달리고 있었다. 그러나 빠르게 성장하는 그를 시기하는 자들이 많아 장화는 일대 위기를 겪을 수밖에 없었다.

그런데 장화가 보기에 사마염은 중원을 통일했으나 사마씨 집안의 내분은 해소하지 못하고 있었다. 사마염은 조위가 자신들과 같이 동족이 아닌 세력들을 지원함으로써 결국 멸망했다고 믿었다. 그 결과 자신들의 친족, 그리고 여타의 혈족들을 중용했다. 그러나 이러한 조치는 필연적으로 집안 내의 내분을 불러일으킬 수밖에 없었다. 이 당시만 해도 사마씨 집안 내부의 분란이 장차 중원을 대혼란의 도가니로 밀어 넣을 것이라고는 아무도 생각하지 못하고 있었다.

사마염은 서기 265년 12월 조조의 손자 조환으로부터 제위를 선양받아 황제의 자리에 올랐다. 그리고 서기 275년 형주의 양호가 조정에 표를 올려 오나라를 멸해야 한다고 주청했다. 그러나 장화와 두예를 제외한 대부분의 대신들이 전쟁을 반대했다.

서기 279년 사마염은 장화와 바둑을 두고 있었는데, 두예가 오나라를 정벌해야 한다는 표문을 올렸다. 이에 사마염이 서두를 것이 없다는 듯이 쳐다보지도 않자, 장화는 바둑판 위의 바둑알을 모조리 쓸어내리면서 사마염에게 절을 올리며 강력히 진언하였다.

"폐하의 성무하심으로 나라가 부강해지고 군사가 모두 강성해졌지만, 오의 주군이 포악하여 현명한 신하와 무고한 백성들을 주살하니 천하가 그의 토벌을 고대하고 있습니다. 마땅히 지금 그를 토벌해야 수고를 들이지 않고서 평정할 수 있습니다."

이에 사마염이 드디어 오나라 정벌을 결정하게 되었다. 이때, 사마염은 조서를 내려 말했다.

"상서 관내후 장화는 이전에 고(故) 태보 양호와 함께 대계를 함께 세웠으니, 이제 군사를 총괄하여 각 방면을 나누고, 권략을 계산하여 승리를 결정하는 일을 맡기노라."

대규모의 군대가 출발하자 아직 승리를 거두지 못한 상황에서, 가충과 같은 인물들은 장화를 처형하여 하늘과 세상에 사과할 것을 건의했다. 그러나 황제는 말했다.

"이것은 나의 의지이며, 장화는 나와 함께한 것뿐이다."

그때에 대부분의 대신들은 경계하면서 진출하기에는 아직 이른 것으로 생각했지만, 장화는 단호하게 주장하며 반드시 승리할 것이라고 믿었다. 오가 멸망한 후, 황제는 공문에서 이렇게 말했다.

"상서 관내후 장화는 예전에 태부 양호와 함께 큰 계획을 세우고 군사를 지휘하여 여러 지방에 나누어 정책을 수립하였으며, 전략을 설계하고 승리를 결정하기 위해 계획을 수립하였다. 그의 뛰어난 계획과 조언으로 큰 공을 세웠다. 그에게 고격을 수여하여 광무(廣武)현 후(侯)로 승진시키고 땅을 만 척으로 늘리며, 그의 아들을 정후로 승진시켜 1,500채의 집을 주고, 비단 10,000필을 하사하노라."

장화는 양호와 함께 오나라 공격 계획을 세웠고, 무제의 신임을 받아 군사 작전을 총괄하였다. 결국 오나라가 멸망한 것은 장화의 공헌이 컸다고 할 수 있다. 이 시기 중원이 인구가 호당 5명을 기준으로 해도 1,300만 명이 되지 않아 융적의 땅으로 변할 수도 있다는 우려가 많이 제기되고 있었다. 이에 시어사 곽흠(郭欽)이 사마염에게 상소하였다.

"융적들이 강하고 거칠어 예로부터 걱정거리가 되어 왔습니다. 위나라 초기 백성들이 적어서 서북쪽 여러 군에 모두 융적들이 살았고, 경조, 위군, 홍농에도 이들이 있었습니다. 전쟁이라도 일어나면 호족의 기병들이 평양, 상당에서부터 3일도 안 되어 맹진에 이를 것이니 북지, 서하, 안정, 상군, 태원 등이 다 북적의 마당이 될 것입니다. 마땅히 오를 평정한 위엄을 발휘하여 호족들을 변방으로 옮기시고, 사이(四夷)들의 출입을 엄격히 막는 황복제도를 밝히소서."

황제 사마염은 이를 받아들이지 않았다. 이미 중원은 화하족의 영역이 아니었기 때문이다. 오나라를 정벌한 이후 장화는 관내후에서 광무현후로 책봉되었다. 이때 사마염은 장화를 신임하여 여러 가지 현안에 대해 자문하였다.

그런데 어느 날, 사마염이 자신의 후계 문제에 대해 장화에게 조언을 구했다.

"누구에게 후사를 맡기는 것이 좋겠소?"

장화가 대답하였다.

"밝은 덕을 갖춘 가까운 친족으로는 제왕 사마유만 한 분이 없습니다."

장화는 사마염의 제위 경쟁자 중 한 사람이었던 사마유를 높이 평가하는 발언을 했다. 이로 말미암아 사마염의 역린이 발동했다. 이에 장화를 몹시 질투하던 중서감 순욱과 시중 풍담은 황제에게 참소하여 장화를 유주로 좌천시켰다. 사마염 치세에는 궁중 암투가 심각하게 벌어지고 있었고, 장화와 같은 인물도 이러한 세찬 권력 투쟁의 흐름을 비껴갈 수 없었던 것이다.

장화가 모용외를 치켜세운 지 얼마 되지 않은 서기 282년, 동이 마한 신미(新彌)의 여러 나라들이 유주로 몰려왔다. 월지국 진왕이 마한과 변진의 여러 나라들을 중원의 사절로 보내온 것이다. 이에 대해 『진서』 「장화열전」에는 다음과 같이 기록되어 있다.

"동이 마한과 신미(新彌)의 여러 나라들은 산을 의지하고 바다를 끼고 있는데, 유주에서 약 4,000여 리에 떨어져 있다. 역대로 내부하지 않은 나라가 20여 국이 함께 사절을 보내 조공하였다. 먼 곳의 동이가 복속하니 사방에 걱정거리가 없고, 여러 해 동안 풍년이 들어 병사와 군마가 강성해졌다."

장화는 마한 우이족과 래이족 모용씨들이 서기 209년과 212년의 두 차례에 걸친 포상팔국전쟁의 대승 이후 자신들의 세력을 과시하기 위해 내방한 것이라는 사실을 잘 알고 있었다. 한반도의 미(彌)자가 들어가는 동이족 국가는 마한의 불미국(지금의 나주와 광주), 비미국(충남 서천 비인), 그리고 변진의 미오야마국(경남 창원), 군미국(경남 진주), 고자미동국(경남 고성 · 통영), 미리미동국(경남 밀양), 난미리미동국(경북 의성) 등 미륵 사상을 신봉하는 나라들이었다. 이들 나라는 대부분 모용 선비족 래이마한과 깊은 연관이 있는 나라들이다.

장화에게 있어 동이 마한 세력의 내조는 자신을 사지에서 구원해주는 동아줄과 마찬가지였다. 장화는 중원에서 견문이 넓기로 유명한 사람이었다. 그는 오나라에서 무슨 일이 일어나고 있는지를 꿰뚫고 있었고, 동이족 마한 내부에서도 무슨 일이 발생하고 있었는지를 잘 알고 있었다.

그는 당시 젊은 사관이었던 진수(陳壽)를 천거하여 『삼국지』라는 사서를 저술하게 했는데, 특별히 동이 삼한에 대해 기록할 것을 요청했다. 그래서 진수 일행은 마한을 직접 방문한 적도 있었다. 그때 진수는 한반도 남부의 가야 지역에서 80,000여 명이 참여한 대규모 전쟁이 발생한 사실과 그 결과에 대해 소상하게 파악할 수 있었다. 이후 장화는 사마염을 비롯한 여러 사마씨들에게 동이 마한 세력이 매우 강성한 세력이라는 사실을 주지시키고 있었다.

장화가 동이마한 사절단을 환영하면서 말했다.

"동이 마한에서 수천 리 길을 마다하지 않고 이렇게 유주를 찾아 주시니 사방에 걱정이 없어지고, 이제 병사들도 집으로 돌아가 농사일을 하게 될 테니 모두가 풍년 세월을 구가할 것 같습니다. 말도 살이 찌게 생겼습니다."

동이마한 사신단을 인솔하고 온 마한 진왕 휘하의 위솔선 박열이 응답했다.

"저희 진왕께서 사마염 황제의 중원 통일을 경하드린다는 뜻을 전하라 하셨습니다. 그리고 유주와 산동 지역의 마한 여러 나라들이 무탈한지 살펴보고 오라 하셨습니다."

장화가 다시 말했다.

"그래도 오랜 세월 동안 저희 진(晉)을 찾아오지 않으셔서 긴장이 되기도 했습니다. 제가 태어나기도 전에 발생한 서기 209년과 212년의 포상팔국전쟁에 대해서도 잘 듣고 있었습니다."

박열이 말했다.

"네, 그렇지 않아도 진수라는 사관이 저희 마한을 직접 방문해서 그와 관련해 자세히 살펴보고 갔습니다. 그래서 잘 아시다시피 저희가 화북평원에서부터 산동, 강소성 등은 물론 바다 건너 청구 땅의 서쪽과 남쪽을 모두 차지하게 되었습니다. 그리고 이제 열도로도 세력을 늘려 가는 중입니다. 앞으로 중원의 화(華)와 이(夷)가 평화롭게 지내기를 바라는 의미에서 이렇게 찾아뵙게 되었습니다."

장화가 응대해 말했다.

"마한의 국세가 커 가는 것이 정말 부럽습니다. 그런데 중원은 안정되지 못하고 북방의 이민족들이 밀려 들어와 점차 혼란이 더해 가는지라 걱정이 많습니다."

다시 마한의 위솔선 박열이 말했다.

"여차하면 저희 마한 세력들이 혼란을 수습해야 할지도 모르겠군요."

장화는 눈앞이 아찔해지는 것을 느꼈다. 그러나 일단 이들은 중원과 화의의 뜻을 가지고 온 세력들인지라 최대한 겸손한 마음으로 환대했다. 동이 마한의 사신단이 공물들을 전하고 돌아가자, 장화는 곧바로 수하 장수를 불러 황궁으로 마한 사신단의 내조 사실을 알렸다. 장화는 동이 마한 세력들이 중원에 내조하여 앞으로 서로 긴밀히 협력해 나가기로 합의했다는 사실을 황제에게 보고했다. 장화로부터 이 같은 연락을 받은 사마염은 기쁨을 금치 못하며 말했다.

"짐이 성덕을 입어 중원의 최대 위협 세력들이 화친을 청하고 갔다 합니다. 이제 모든 걱정거리가 없어졌으니 종친들을 중심으로 황실의 안전을 위해 모두가 힘을 합쳐야 할 것입니다."

그리고 나서 사마염은 교지를 내려 유주로 좌천당한 장화를 다시 황궁으로 불러들이라고 명했다. 장화는 포상팔국전쟁 후 강성한 세력으로 알려진 마한 세력의 중원 방문 하나로 다시 내직으로 복귀하게 되었다. 그러나 내직으로 복귀한 이후, 장화는 얼마 가지 않아 팔왕의 난에 휘말려 죽임을 당하고 만다.

서기 300년에 조왕 사마륜이 손수와 황제의 위를 찬탈하려고 음모를 꾸몄는데, 여기에 장화를 끌어들이려 사마아를 시켜 다음과 같이 말했다.

"조왕께서 공과 더불어 사직을 구하고, 천하를 위해 해로운 사람들을 제거하고자 합니다."

장화는 이러한 제안을 단호히 거절했다. 거사에 성공한 사마륜과 손수는 먼저 서진 조정의 신망 있는 관리들을 제거하며, 묵은 원수를 갚고자 마침내 장화, 배외, 해계(解系), 해결(解結) 등을 전전에서 사로잡았다.

장화가 장림에게 말했다.

"경이 정녕 충신들을 죽이고자 하는가?"

장림이 조서를 들먹이고, 장화를 나무라며 되물었다.

"경은 재상이었음에도 황후 가남풍이 태자를 폐위할 때 죽음으로 절개를 지키지 못하였는데, 이게 어찌 된 일이오?"

장화가 대답했다.

"식건전에서 논의할 때 제가 건의한 내용이 모두 남아 있을 것이니, 다시 살펴보면 알 것이오."

장림이 되받아 다시 말했다.

"간언을 했는데도 듣지 않았는데, 경은 어찌하여 자리를 떠나지 않았소?

장화가 이에 대해 답변을 하지 못하였다. 이에 장화는 가남풍의 폭정을 도왔다는 죄목으로 삼족이 몰살당해 죽었다. 이후 팔왕의 난이 본격화되었고, 그 과정에 사마륜이 실각당해 처형되면서 장화는 복권되었다.

삼국 시대의 대미를 장식한 진(晉)의 사마염은 조위가 고립될 수밖에 없었던 폐단을 경계하여 종친들을 크게 책봉하고 높은 직책을 주었다. 또한 여러 왕들에게 모두가 스스로 자신의 봉국 안에서 장리를 선발하도록 명령하였다.

사실상 사마염이 자신의 친족들에게 지방 할거를 할 수 있도록 강제 조치를 한 것이다. 진나라의 내정은 폭정으로 내달리고 있었고, 국가 기강은 무너진 지 오래였다. 사마염은 황족의 권력을 최대한 강화하고, 왕으로 책봉된 황족들에게 관리 임명권을 주었으며, 5,000명의 군사도 둘 수 있도록 했다.

문제는 사마염이 있을 때에는 이들에 대해 어느 정도 통제가 가능했으나 서기 290년 사마염이 죽자 모든 통제가 불가능해지기 시작했다는 사실이다. 그 결과 발생한 것이 서기 291년 사마씨의 골육상잔인 팔왕의 난이다. 15년에 걸친 팔왕의 난 이후인 서기 307년에는 영가의 난이 일어나 서진은 결국 멸망하고 만다. 이후 진나라는 양자강 이남으로 건너가야 했다. 사서에서 말하는 동진이 바로 이 나라이다.

모용외의 부친인 모용섭귀는 모용목연의 후계자로서 선비족 대선우의 지위를 이어받았다. 이를 통해 모용부가 선비족 내에서 중요한 위치를 차지하게 되었다. 그리고 이후 모용 선비족은 북방의 주요 세력 중 하나로 부상하게 된다. 모용섭귀는 모용부의 강력한 국가를 형성하는 기반을 구축하게 된다.

모용섭귀는 대선우로 취임한 후 얼마 지나지 않아, 근거지를 극성(요서 창려)에서 요동군(조백하 동쪽) 북쪽으로 옮겨 갔다. 그는 중원의 동북방에서 여러 차례 중국 왕조의 군대와 함께 출정하여 전투에 참여하고 공을 세웠다.

그러나 서기 281년 10월에는 군대를 이끌고 진나라에 속한 요서의 창려군을 공격하기 시작했다. 그런데 서기 282년 3월에는 창려군에서 진나라의 안북장군 엄순의 군대에 패배하여 그의 병사들이 10,000명이나 살해되거나 포로로 잡혔다. 이로 인한 충격으로 모용섭귀는 서기 283년 12월에 세상을 떠났다.

모용섭귀의 죽음 이후, 모용씨 가문 내의 권력은 위태로워졌다. 모용섭귀의 동생인 모용산(廆)이 권력을 찬탈하였고, 장차 세자인 모용외를 제거하려는 계획을 세웠다. 위험을 감지한 모용외는 곧바로 도망쳐 요동의 서욱(徐郁)이라는 사람의 집에 숨어서 화를 피했다. 서기 285년 겨울에 모용외가 숨어 있는 동안, 모용산의 부하들은 그의 통치에 반발해 그를 죽이고 모용외를 영접하여 즉위시켰다. 서기 285년, 모용외는 다시 권력을 장악했다.

당초 모용외의 아버지 모용섭귀는 우문선비에게 깊은 원한을 품고 있었다. 이에 모용외는 장차 아버지의 원한을 풀기 위해 서진 조정에 표문을 올려 우문선비를 토벌하자고 청했다. 하지만 진무제 사마염은 이에 반대했다. 모용외가 분노하여 요서 지역으로 침략해 사람들을 많이 죽이고 약탈했다.

사마염이 유주의 여러 군사를 파견하여 모용외를 쳐서 요서 비여에서 격렬한 전투를 벌였다. 이 전투에서 모용외의 군대는 대패를 당했다. 그러나 모용외는 굴복하지 않고 창려를 약탈하는 등 매년 전쟁을 지속했다. 모용외가 해마다 변경을 침범하자, 사마염은 유주 지역의 안정을 이룰 수 없었다.

부여의 몰락과 부활:
모용외의 침공에서 사마염의 구원까지

서기 285년, 모용외는 거대한 군대를 이끌고 요수를 건너 동쪽으로 향했다. 그의 목표는 강력하지만 아직 그 정체를 제대로 드러내지 않은 부여라는 나라였다. 이 나라는 나중에 백제의 시조로 추앙받게 되는 위구태가 세웠다. 하지만 그 시절, 백제라는 이름은 세상에 널리 알려지지 않았고, 오직 '부여'라는 이름으로만 기록되어 있었다. 중국 사서들 중 백제가 처음 등장하는 것은 5세기 중반의 남북조 시대를 다루는 『송서』가 최초이다. 이 시기를 다룬 『삼국지』와 『후한서』, 『진서』에는 「동이열전」에 백제조 자체가 없다.

모용외가 이끄는 선비족은 원래 래이마한의 일부였지만, 부여에 대해서만큼은 유독 적대적인 태도를 보였다. 모용외는 어린 시절부터 아버지 모용섭귀의 입을 통해 공손씨의 이야기를 들으며 자랐다. 공손씨가 3대에 걸쳐 요동을 차지하며 왕 노릇을 하는 모습을 바라보는 것은 막호발과 그 후손인 모용씨 가문에게 있어 가장 큰 고통이자 분노의 원천이었다.

"공손씨는 우리의 영원한 적이다. 그들과 손을 잡는 자들도 모두 적으로 간주해야 한다."

아버지의 말은 모용외의 마음속에 깊이 새겨졌다. 이 말은 그에게 단순한 충고가 아니라, 가문의 명예와 존재 이유를 상기시키는 경고였다. 그 시절, 부여 왕 구태는 공손탁의 딸과 결혼하여 혼인동맹을 맺었으며, 고구려 왕위 계승 전쟁에서 패배한 발기 세력과 연합하여 새로운 나라 백제(伯濟)를 건설했다.

이 연합은 모용외의 증조부인 막호발에게 있어 공손씨와 그들의 동맹 세력이 한데 모여 자신의 가문에 대한 도전을 준비하고 있다는 명확한 신호로 받아들여졌다. 공손씨 세력이 3대에 걸쳐 요동을 차지하면서 막호발은 요동에서 고전을 면치 못한 바 있었다. 부여 세력을 제압하지 않고서는 화북평원의 패권을 장악할 수 없었다.

이에 따라 대권을 거머쥔 직후 모용외의 시선은 곧바로 요서 건너편, 요동 남쪽의 대방 지역에 자리한 부여로 향했다. 모용외는 자신의 신하들과 장군들을 모아 놓고 그들에게 엄중히 말했다. 그의 목소리는 단호했고, 그의 눈빛은 결의에 차 있었다.

"부여 세력이 공손씨와 손을 잡고 세력을 확장하려다, 공손씨 토벌 이후 주춤하고 있으나 반드시 이들을 토벌해야 한다. 그래야 우리가 요동 남쪽으로 진출할 수 있다."

그의 말은 모든 사람들에게 강렬하게 다가왔다. 이 말은 단순한 선언이 아니라, 모용씨 가문의 운명을 결정짓는 명령이었다. 모용외의 말에 모두가 깊은 침묵에 빠졌다. 그들은 모용외의 결심이 얼마나 굳건한지 알고 있었다. 이제 그들 앞에 놓인 임무는 명확했다. 부여를 토벌하고, 그들의 세력 확장을 막아야만 했다.

모용외는 전략회의를 진행하며, 자신의 군대를 어떻게 배치하고, 적을 어떻게 공략할지에 대한 구체적인 계획을 세웠다. 그는 전쟁의 어려움을 잘 알고 있었지만, 가문의 명예와 미래를 위해 어떤 희생도 감수할 준비가 되어 있었다. 모용외는 자신의 군대를 이끌고 부여,

즉 백제를 습격할 모든 준비를 마쳤다. 그날, 병사들은 긴장감 속에 침묵을 지키며, 모용외의 명령을 기다렸다.

"전진하라!"

모용외의 진격 명령이 떨어지자, 10,000여 명의 병사들이 요수의 거센 물결을 타고 동쪽으로 진군하기 시작했다. 백제의 땅은 평화롭고 조용했지만, 이내 전쟁의 불길이 그들의 삶을 집어삼켰다.

모용외의 군대가 요수를 건너 대방 지역으로 진군했다는 소식을 듣고 백제 왕 부여의려는 절망했으나, 겉으로는 침착함을 유지했다. 그는 자신의 나라가 위대한 조상 위구태의 피를 이어받은 자랑스러운 땅임을 잘 알고 있었다. 그러나 모용외의 갑작스러운 공격은 그와 그의 백성들에게 커다란 충격을 주었다. 모용외의 군대와 백제군 사이에 치열한 전투가 벌어졌다. 화살과 창이 오가고, 용사들의 함성과 신음이 공중에 뒤섞였다.

결국, 모용외의 압도적인 군사력에 의려의 부여 백제는 무너졌다. 의려왕은 요동 정세가 급변하는 가운데 이에 능동적으로 대처하지 못하고 외침에 대한 아무런 대비를 하지 못했다. 부여의려는 자신의 운명을 직감하고 결국 스스로 생을 마감했다. 그의 자제들은 북쪽의 옥저로 도망쳤다. 모용외는 부여의 국성을 평정하고, 10,000여 명의 포로를 잡아 돌아왔다. 이는 요동의 정세와 정치적 합종연횡이 얼마나 복잡하게 얽혀 있었는가를 잘 보여 주는 사례이다.

부여의려의 죽음으로 인해 백제는 역사 속으로 사라지는 듯했다. 그의 끝은 세월의 소용돌이 속에서 한 편의 비극적인 이야기로 남을 뻔했다. 그러나 그 죽음이 전해지자, 멀리 서진의 황궁에서는 예상치 못한 움직임이 있었다.

사마염, 서진의 황제는 고요한 궁정의 아침에 의려의 비극적인 최후를 듣고 깊은 생각에 잠겼다. 그의 눈앞에는 한·위·진을 거치며 오랜 세월 동안 동맹의 의리를 지키고, 고구려·마한·예맥의 공격으로부터 현도와 요동을 방어한 부여 왕의 모습이 떠올랐다. 특히 북방이 위기에 처했을 때, 위구태가 이끈 구원군의 용맹한 행적은 사마염의 마음에 깊이 각인되어 있었다. 이는 궁중의 도서를 통해 확인되었다.

"북방의 의로운 세력이 부여였다. 그런데 그들이 몹쓸 오랑캐에게 멸망의 운명을 맞이하게 되다니… ."

황제의 목소리에는 안타까움이 가득했다. 그는 잠시의 침묵 후 결단을 내렸다. 황제는 즉시 자신의 신하들을 불러 모았다. 그의 명령으로 황실의 조서가 작성되었다. 조서는 부여의 유족과 그들의 복국 가능성에 대한 희망을 담고 있었다.

"부여 왕은 대대로 충성과 효도를 지켜 왔다."

조서는 부여의 과거를 기리며, 유족 중에서 복국할 만한 인물이 있다면 나라를 다시 세울 수 있도록 도와주겠다는 황제의 약속을 담고 있었다.

이 조서는 빠르게 부여의 유민과 유족에게 전달되었고, 그들의 마음에 작은 빛을 밝혀 주었다. 사마염의 조서는 부여의 재건을 위한 첫걸음이 되었다. 부여 유민들은 각지에서 모여들기 시작했고, 의려의 죽음 이후 절망적인 상황 속에서도 다시금 희망을 품게 되었다. 부여의 복국 작업은 많은 도전과 어려움에 직면했지만, 서진 황제의 지원 아래 점차 그 형태를 갖추기 시작했다.

의려의 죽음으로 끝날 뻔한 이야기는 사마염의 조서로 인해 새로운 시작을 맞이하게 되었다. 그리고 이 새로운 시작은 백제(당시에는 부여로 호칭)와 서진, 두 나라 사이의 깊은 우정과 연대의 증거로 남게 되었다.

사마염이 조서를 내리자 유사가 보고했다.

"호동이교위인 선우영이 부여를 제대로 구원하지 않아서 기민하게 대처할 기회를 놓쳤습니다."

이 소식에 황제는 더욱 심란해졌다. 결국 사마염은 다시 조서를 내려 선우영을 파면시키고, 하감(何龕)을 새로운 동이교위로 임명하였다. 서기 286년, 부여의 후예인 부여의라가 새로운 동이교위인 하감에게 사신을 보냈다. 부여의라는 남은 무리들을 이끌고 옛 나라를 회복하고자 하는 간절한 소망을 전했다. 그리고 서진 조정에 원조를 요청하였다.

"우리 부여는 건국 이후 모용씨에게 끊임없이 공격을 당했습니다. 심지어 우리를 노예로 팔아먹는 일도 서슴지 않고 있습니다. 우리의 남은 사람들은 반드시 독자적인 나라를 다시 세우고자 합니다. 부디 동이교위께서 저희를 잘 도와주시길 바랍니다."

부여(=백제)의 마지막 희망, 의라는 한때 번영했던 그들의 땅이 모용씨의 끊임없는 공격으로 폐허가 되어 가는 것을 목격했다. 백제의 건국과 그들의 세력 확장은 모용씨에게 또 다른 위협이 되었다. 요동의 패권 장악을 위한 모용 선비족의 공세는 더욱 심해졌고, 그들의 백성들조차 노예로 팔려 가는 비극이 일상이 되었다.

부여의라는 깊은 절망 속에서도 마지막 희망을 잃지 않았다. 선비족에게 빼앗긴 대방고지를 반드시 되찾아 백제를 다시 세우겠다는 강한 의지를 가지고 있었다. 그의 결심은 단단했고, 그의 마음은 불타올랐다. 그는 서진의 동이교위, 하감에게 사신을 보내 절박한 메시지를 전달했다.

하감은 부여의라의 메시지를 접하고, 그의 용기와 결심에 깊은 감명을 받았다. 그는 즉시 전열을 정비하고, 가장 신뢰하는 장군 중 한 명인 독호 가침을 파견했다. 가침의 임무는 명확했다. 군사를 이끌고 부여 왕의 아들 부여의라를 안전하게 호송하여, 그를 왕으로 즉위시키는 것이었다. 독호 가침과 그의 군대는 부여의라가 숨어 있는 요동 북쪽으로 향했다. 그들의 여정은 험난했지만, 가침의 결심은 굳건했다.

그들은 밤낮으로 진군하여, 마침내 부여의라가 기다리는 장소에 도착했다. 부여의라는 가침과 그의 군대를 보고 크게 감동했다. 그는 자신의 운명이 이제 서진의 도움으로 새로운 전환점을 맞이할 것임을 알았다. 가침은 부여의라에게 다가가, 하감의 메시지를 전달했다.

"동이교위께서는 당신을 부여 왕으로 즉위시키기를 원하십니다. 당신의 용기와 결심이 부여의 재건을 이끌어 낼 것입니다."

부여의라는 눈시울이 붉어졌다. 그는 가침과 그의 군대에게 깊은 감사를 표하며, 자신도 하감의 기대에 부응할 것을 맹세했다. 그리고 그날, 부여의라는 자신의 땅에서, 자신의 백성 앞에서 왕으로 즉위하는 의식을 거행하고자 했다.

서기 286년, 모용외는 서진의 황제 사마염이 부여의 복국을 지원한다는 소식에 분노했다. 그는 부여의 복국을 저지하기 위해 자신의 가장 신뢰하는 장수, 손정(孫丁)을 파견했다. 손정은 기병을 이끌고, 조백하를 건너 요동으로 진군하여 가침의 계획을 좌절시키려 했다. 모용외는 손정의 성공을 확신하며, 부여의 재건을 막기 위한 그의 움직임에 큰 기대를 걸었다.

손정은 가침과 부여의 유민들이 모일 것으로 예상되는 지역으로 빠르게 진군했다. 그는 모용외의 명령을 받들어, 부여의 복국을 저지하고 그들을 사로잡는 것을 목표로 삼았다. 가침도 이 위협을 인지하고, 부여의 왕 의라를 호송하며 조심스럽게 진군했다.

양측은 요동의 땅에서 마주쳤고, 그 순간 두 군대 사이에는 긴장감이 감돌았다. 치열한 전투가 벌어졌다. 손정의 기병대와 가침이 이끄는 서진의 군대 사이에서 먼지가 하늘을 뒤덮었다. 무기와 갑옷이 부딪히는 소리, 전사들의 외침이 전장을 가득 채웠다. 손정은 뛰어난 전략가였지만, 가침과 그의 군대는 부여의 재건을 위한 굳은 결의로 똘똘 뭉쳐 있었다.

전투는 하루 종일 이어졌고, 해가 지평선 너머로 사라질 무렵, 결정적인 순간이 찾아왔다. 가침은 손정의 방어선을 뚫고 중심을 향해 돌진했다. 손정은 막아서려 했지만, 가침의 공격은 너무도 강력했다. 결국 손정은 가침에게 패배하고 목숨을 잃었다. 가침의 승리는 부여 백제의 복국이 성공적으로 이루어질 수 있는 길을 열었다. 그는 부여의라를 왕으로 즉위시키며, 부여 백성들에게 새로운 희망을 불어넣었다. 부여 백제는 이제 새로운 부활의 길을 걷기 시작했다.

그러나 모용외는 패배를 인정할 수 없었다. 그는 여러 차례에 걸쳐 부여 백제 사람들을 공격했지만, 가침의 승리로 인해 부여와 서진의 동맹은 더욱 견고해졌고, 부여 백제의 재건은 멈출 수 없는 흐름이 되었다. 모용외의 계속되는 공격에도 불구하고, 부여 백제는 서진의 지원 아래 점점 더 강력한 나라로 거듭났다. 가침의 승리는 부여의 역사에 길이 남을, 결정적인 순간이었다.

모용외가 부여를 공격하게 된 결정은 그 선조들의 과거 경험에서 비롯된 것이었다. 증조부 막호발은 사마의와 손을 잡고 공손씨를 토벌하는 데 앞장섰다. 그 전투에서 고구려마저도 그의 편에 섰다. 그러나 부여 왕 의려의 아버지 간위거는 공손연이 연왕을 자칭하고 반란을 일으킨 직후에야 비로소 공손씨와 거리를 두기 시작했고, 그로 인해 사마의의 칼날에서는 벗어날 수 있었다.

이와 관련해 『삼국지』에는 공손연이 주살되었을 때, 현도군의 창고에 옥갑 한 구가 그대로 남아 있었다고 기록하고 있다. 그러나 여러 씨족이 얽힌 요동에서 구태만 한 영향력을 발휘할 수 없었고, 부여의 국세는 날로 위축되어 갔다. 이후 모용외가 부여를 멸망시키고 복국이 이루어지는 복잡한 역사적 흐름이 조성된 것이다.

진(晉) 황제 사마염의 결단과 모용 선비족의 요서 진출

유주 지역에서 진나라 조정과 모용외 세력이 매년 치열한 전쟁을 하게 되자 지역의 안정 문제가 심각한 현안으로 부상하였다. 서진 조정에서는 북방의 안정을 위해 모용외 세력을 인정하기로 결정하였다. 모용외도 전쟁과 갈등이 연속되는 가운데 중요한 결정을 내렸다.

모용외가 그의 무리들과 모의하며 말했다.

"나는 선공 이래 대대로 중원과 친교하였으며, 또한 중국인은 아니지만 문화적으로 중국인과 가까운 화예(華裔)로서 서로 다스림이 다르고 강약이 실로 차이 나니 어찌 진나라와 더불어 다투겠는가? 어찌 진나라와 불화하여 내 백성들을 해롭게 하겠는가!"

그리고는 사신을 파견하여 투항했다. 서기 289년 5월, 서진 황제 사마염이 그를 높이 평가하고 조서를 내려서 모용외를 선비도독으로 임명했다. 모용외는 동이교위부에서 경의를 표하고 두건과 의복을 착용한 후, 동이부의 문에 도착하여 사대부에 필적하는 예를 갖추어 행했다. 동이교위 하감은 삼엄하게 군대를 늘어놓고서 그를 맞이하려 했다. 그러자 모용외는 분위기에 맞추어 융복으로 갈아입고 들어왔다.

사람들이 군복으로 갈아입은 까닭을 묻자, 모용외가 말했다.

"주인된 사람이 예의로써 손님을 대하여 주지 않으니 손님된 사람이 어찌하겠소?"

하감이 이를 듣고 아주 부끄러워하며 그를 더욱 공경하며 경외했다. 당시 선비족 우문씨와 단씨는 강성하였으나 모용외의 위덕이 날로 빛나므로 자신들을 병탄할 계획이 있을까 두려워하였다. 이로 인해 그와의 관계를 조심스럽게 유지했다. 모용외는 겸손한 언사와 후한 폐물로 이들을 달래며 그들과의 긴장을 완화시켰다.

단국의 선우인 단계(段階)가 그의 딸을 모용외의 처로 삼게 하니 그녀가 모용황, 모용인, 모용소를 낳았다. 서기 289년, 모용외는 요동 지역이 편벽하고 멀리 떨어져 있는 곳이라 여겨 그의 사람들을 이끌고 조백하를 건너 요서군 도하(徒河)의 청산으로 이주했다. 이 지역은 그에게 새로운 시작을 약속하는 터전이었다.

모용외는 대극성(大棘城)이 자신의 조상인 전욱 고양 임금의 옛 터라고 생각했다. 이에 서기 294년에 그곳으로 옮겨 와 살기 시작했다. 이곳에서 그는 농사와 누에치기를 가르치며, 지역 사회의 발전에 기여했다. 또한, 그는 법제를 진나라와 같게 하여 지역의 안정과 질서를 도모했다.

6

불꽃 튀는 북방,
고구려와 모용 선비족의 충돌

고구려 봉상왕의 폭정과
미천왕의 등극

서기 292년 즉위한 고구려 봉상왕은 그 성격이 교만하고 방자하며 의심과 시기가 많았다. 그래서 서기 292년 3월, 왕위에 오르자마자 안국군 달가를 죽였다. 왕은 달가가 아버지의 항렬에 있어 왕위를 위협한다고 느꼈다. 게다가 큰 공과 업적으로 백성들의 존경을 받자, 그를 의심하고 음모를 꾸며 결국 살해했다. 고구려 사람들이 모두 말했다.

"안국군이 없었다면 백성들은 양맥(梁貊)과 숙신의 난을 피할 수 없었을 것이다. 이제 그가 죽었으니 앞으로 누구에게 의지해야 할 것인가?"

고구려의 많은 사람들이 눈물을 흘리고 서로 조문하지 않는 자가 없었다. 이처럼 고구려의 내부 불안이 제기되는 가운데 모용외는 그 틈을 비집고, 서기 293년 8월, 고구려를 침략하였다. 봉상왕은 신성으로 가서 정면 대결을 피하고자 하였다. 왕의 행차가 곡림에 이르렀을 때, 모용외가 왕이 밖으로 나갔다는 사실을 알고 병력을 인솔하고 그를 추격하였다. 모용외가 일행을 거의 따라잡게 되자, 봉상왕이 매우 두려워하였다.

이때 신성재 북부 소형 고노자(高奴子)가 기병 500여 기를 이끌고 봉상왕을 영접하러 왔다가 모용외를 전력을 다해 공격했다. 소수의 무리로 봉상왕을 쫓던 모용외의 군대가 패하여 물러갔다. 이에 봉상왕이 매우 기뻐하며 고노자에게 벼슬을 올려 대형으로 삼았다. 그리고 이에 더해 곡림을 하사해 식읍으로 삼도록 했다.

모용외가 물러간 직후인 서기 293년 9월, 고구려 봉상왕은 그 아우 돌고가 반역할 마음을 가지고 있다는 핑계를 들어 독약을 내려 죽였다. 나라 사람들은 돌고가 아무 죄가 없음에도 왕이 그를 죽였다고 여겨 이를 애통해하였다. 돌고의 아들 을불(乙弗)은 봉상왕이 어린 자신까지 죽이려 하자 성 밖으로 도망쳤다.

서기 296년 8월, 모용외는 다시 고구려를 공격하였다. 고국원(故國原)에 이르러, 서천왕의 무덤을 보고 그 병사들을 시켜 파게 하였다. 그런데 무덤을 파는 사람들 중에 갑작스럽게 죽는 이가 있었고, 또 무덤 안에서는 음악 소리가 들려왔다. 모용외의 군대는 귀신이 있다고 두려워하여 곧 물러갔다.
고구려 봉상왕이 여러 신하들에게 말했다.
"모용외의 병마가 우수하고 강성하여 계속해서 우리의 영토를 침범하니 이 상황에 어떻게 대응하는 것이 좋겠는가?"
국상 창조리가 대답하여 말했다.
"북부의 대형인 고노자(高奴子)가 현명하고 또한 용감합니다. 대왕께서 적을 방어하고 백성을 안정시키고자 한다면, 고노자만 한 인물이 없습니다."
이에 봉상왕이 고노자를 신성태수로 임명했는데, 그가 백성을 잘 다스려 위세와 명성이 높아졌기 때문에, 모용외는 다시 쳐들어오지 않았다. 봉상왕은 서기 298년 10월, 왕궁이 비좁다면서 궁실을 더 지었는데 극히 사치스럽고 화려하였다. 이 당시 고구려는 평야지대가 매우 적은 곳에 도읍하고 있어서 백성들이 굶주리고 또 괴로워했다. 창조리를 비롯한 여러 신하들이 여러 차례 상소를 올려 시정을 건의하였으나 왕은 이에 따르지 않았다.

서기 298년 11월, 봉상왕이 자객을 보내 을불을 찾아서 죽이고자 하였다. 그러나 그를 찾지 못했다. 이 사실이 만천하에 알려지자 봉상왕에 대한 고구려 사람들의 원성이 하늘을 찔렀다. 서기 300년 8월, 봉상왕이 다시 나라 안의 남녀 15세 이상을 대대적으로 징발하여 궁궐을 수리한다고 했다. 백성들은 식량 부족과 고된 노역에 시달려 고구려를 떠나 유랑하게 되었다. 이에 국상 창조리가 간언하여 말하였다.

"하늘의 재난이 연이어 발생하여 올해의 곡식이 제대로 영글지 못했습니다. 식량이 부족해져 백성들이 살 곳을 잃었습니다. 장정들은 먹을 것을 찾아 사방으로 흩어졌고, 노인과 어린이는 구렁텅이에 방치되어 있습니다. 이는 하늘을 두려워하고 백성을 걱정해야 하며, 자성하고 수양할 때임을 보여 줍니다. 대왕께서 이를 고려하지 않고 굶주린 백성을 고된 건축 공사에 투입하는 것은 백성의 부모가 되는 의무에 어긋납니다. 또한, 강력한 이웃 적국이 우리의 약점을 이용해 침입할 경우, 우리는 사직과 백성을 어떻게 보호할 수 있을까요? 부디 대왕께서 이 상황을 깊이 헤아리소서."

봉상왕이 화를 내며 말했다.

"임금이란 백성들이 우러러보는 존재요. 궁전이 장엄하고 화려하지 않다면 무슨 수로 위엄을 드러내 보인단 말이오. 혹시 지금 국상은 과인을 비방함으로써 백성들의 칭찬을 얻으려 하는 것이오?"

창조리가 말했다.

"임금이 백성을 걱정하지 않는다면 인자하지 못한 것이고, 신하가 임금에게 충언하지 않는다면 충성스럽지 못한 것입니다. 신은 재주가 없음에도 국상의 자리에 있기에 침묵할 수 없습니다. 어찌 감히 칭찬을 바랄 수 있겠나이까?"

왕이 웃으며 말했다.

"국상은 백성들을 위해 목숨이라도 바칠 것이오? 다시는 거론하지 말기 바라오."

국상 창조리는 왕의 태도가 간언으로 고치지 못할 것이라는 사실을 깨닫게 되었다. 장차 자신에게 화가 미칠 것을 두려워하여 물러 나와서 여러 신하들과 함께 왕을 폐하려는 모의를 하였다. 그리고 길거리를 헤매 다니던 을불을 찾아 새로운 왕으로 삼았다.

봉상왕은 자신의 죽음을 피할 수 없다는 사실을 깨닫고 스스로 목숨을 끊었으며, 그의 두 아들도 그를 따라서 죽었다. 봉산(烽山)의 들에 장사 지냈다 해서 봉상왕이라 불렀다.

굶주린 유주 민심을 사로잡은 모용외

서기 301년, 유주의 연 땅에서 큰 홍수가 발생해 백성들이 굶주리자, 모용외는 창고를 열어 식량을 나누어 주며 유주 땅의 사람들을 구제했다. 그의 이러한 행동은 중원이 팔왕의 난으로 지극히 어려운 상태에 빠진 가운데 흐트러진 민심을 수습하는 데 망설임이 없음을 보여 주었다.

서기 290년, 서진 무제 사마염이 55세의 나이로 사망한 이후 그 아들 사마충이 제위를 이어받았다. 그런데 그는 백치나 다름없는 사람이었다. 그 결과 황후 가남풍을 비롯한 외척들이 발호하였고, 결국 팔왕의 난이 벌어져 서진은 사실상 유명무실한 존재로 전락하였다. 이러한 위기의 시기에 모용외는 중원을 도모하기 위해 민심을 얻는 여러 가지 조치들을 시행했다. 서진 조정에서는 동북 지역에서 모용외의 세력이 커 가는 것을 지켜볼 수밖에 없었다. 그들은 단지 모용외와 잘 지내는 것에 만족해야만 했다.

이에 황제의 이름을 앞세워 모용외의 선정을 크게 칭찬했다. 그들은 모용외에게 관복을 하사하는 등 실속 없는 치하만을 거듭했다. 어쨌든 이러한 모든 일들은 대혼란기를 맞이한 중원에서 모용외가 단순한 군사 지도자가 아니라, 자신의 백성들과 지역 사회에 기여하는 지도자라는 사실을 대내외적으로 각인시켜 주었다.

서기 302년, 자신의 부족이 강성해졌다고 생각한 우문부의 선우 우문막규가 동생 굴운을 보내 모용외의 변경 성들을 공격했다. 굴운의 부하 대소연(大素延)은 여러 성들을 공략하여 모용외의 영토에 큰 위협이 되었다. 이에 모용외는 직접 나서 대소연의 공격을 격파했다. 이 승리는 모용외의 군사적 능력을 다시 한번 입증했다.

그러나 대소연은 이를 수치스럽게 여겨 다시 군사 10만 명을 이끌고 극성을 포위했다. 이때 모용외의 장수와 병사들은 두려움에 휩싸였고, 맞서려는 자가 거의 없었다. 모용외는 자신의 군사들에게 용기를 북돋우며 말했다.

"대소연의 군대가 비록 개나 양, 개미 떼처럼 많이 모였지만, 군을 제대로 통제할 방법이 없고 이미 우리의 계략에 빠져들었다. 여러분들은 그저 힘껏 싸우기만 하면 걱정할 것이 없다."

그는 몸소 갑주를 입고 말을 타고 성 밖으로 나가 좌우의 군을 따르게 하여 적을 직접 공격했다. 과감한 공격으로 모용외는 대소연의 군대를 대파하는 데 성공했다. 그는 달아나는 적들을 100리에 걸쳐 뒤쫓으며 10,000여 명을 참획했다. 이 승리는 그의 전략적 능력과 용기를 보여 주는 결정적인 순간이었다.

요동 사람 맹휘가 먼저 우문부를 배회하다가 그의 무리 수천여 가를 인솔하고서 모용외에게 항복했다. 모용외는 그를 건위장군으로 삼았다. 모용외는 그의 신하 모여구가 청렴하고 부지런해 부고를 관리하게 했다. 모여구는 신중하게 마음속으로 기억해 두고서 장부에 의거하지 않았지만 시종일관 누락시키는 일이 없었다. 모여하도 옥송을 공정하고 깨끗하게 처리해 모용외의 조정이 흐트러지지 않도록 했다.

이때 서진은 팔왕의 난을 겪으며 북방의 여러 민족들이 발흥하여 각기 나라를 세우기 시작하게 된다. 서기 304년 유연이 한(漢)나라를 건국하여 서진에서 독립한 것을 시초로 하여 갈족(葛族)의 석씨들이 남하해 부족을 규합하기 시작했다.

서기 307년, 모용외도 선비대선우를 자칭하면서 서진에서 독립했다. 이는 그가 자신의 권력과 영향력을 더욱 공고히 하고자 하는 표시였다. 이 무렵 요동태수 방본이 사적인 원한으로 서진 동이교위 이진(李臻)을 살해했다. 이로 인해 요동 지역에 혼란이 일어났다. 소련(素連), 목진(木津) 등 변경의 선비족들은 이진의 원수를 갚는다는 명목으로 난을 일으켰으나, 실제로는 이를 틈타 자신들의 세력을 확장하고자 했다. 마침내 요동군 산하의 여러 현들을 공략해 함락시키고 사족과 백성들을 죽이고 약탈했다.

요동태수 원겸(袁謙)은 이 반란에 맞서 여러 차례 싸웠으나 이기지 못했다. 이에 동이교위 봉석(封釋)은 두려워하여 우문선비에게 화친을 청했다. 이들이 매년 침입하여 노략질을 하자 백성들이 생업을 잃고 떠돌게 되었으며, 결국 많은 사람들이 모용외에게 귀부하게 되었다.

모용외의 아들 모용한(翰)이 모용외에게 말했다.

"소련과 목진과 같은 제후를 돕는 것은 근왕(勤王)의 차원에서 요동군을 돕는 것보다 못합니다. 역사적으로 임금이 된 자 중 근왕에 의지하지 않고 큰 업적을 이룬 사람은 없습니다. 현재 소련과 목진이 반란을 일으켜 왕의 군대가 패배하고, 백성들이 고통받고 있습니다. 이보다 더 심각한 상황이 어디 있겠습니까! 겉으로는 방본 주살을 명분으로 삼지만, 실제로는 침범을 바라는 이들이 있습니다. 봉석이 방본을 죽이고 화해를 청했지만, 상황은 더욱 악화되었습니다. 요동이 무너진 지 거의 2년이 되었고, 중원에서는 여러 번 군대가 패했습니다. 지금이 바로 근왕하고 대의에 의거할 때입니다. 선우께서는 위엄을 표명하여 위기에 처한 백성들을 구하고, 소련과 목진의 죄를 꾸짖어 의병과 함께 처벌해야 합니다. 요동 땅을 복구하고 소련·목진의 두 부를 병탄하며, 진나라에 충의를 보여 주면서도 우리의 이익을 증진시키는 것은 우리의 세력 강화의 시작이며, 최종적으로 제후들 사이에서 뜻을 이루는 길입니다."

모용외는 모용한의 조언을 과감하게 받아들였다. 그리고 바로 그날, 기병을 이끌고 요동의 소련·목진을 쳐서 대패시키고 목을 베어 죽였다. 그리고 두 부족이 모두 항복하자 소련·목진의 사람들을 극성으로 이동시켰다. 모용외는 또한 요동군(현 당산시 일대)을 재건하고 안정을 되찾은 뒤 돌아왔다. 이러한 행동은 그의 영토를 확장하고 그의 지배를 공고히 하는 데 중요한 역할을 했다.

모용한은 모용외의 서장자로서, 성정이 용감하고 대담하며 많은 계략을 가진 사람이었다. 특히 그는 팔이 다른 사람들보다 유독 길어 활을 잘 쏘았을 뿐만 아니라 용력이 다른 사람보다 강했다. 모용외는 그의 능력을 인정하여 적을 물리치는 임무를 맡겼다. 그가 여러 차례 출병하여 정벌하자 가는 곳마다 군공을 세우고, 그 명성을 크게 드러내어 멀고 가까운 곳에서 여러 세력들이 그를 두려워하였다. 요동에 진을 치자 고구려는 감히 출병하지 못했다. 그는 교류를 잘하고 유학을 사랑하여 사대부부터 일반 병졸까지 모두 기꺼이 그를 따랐다.

막장으로 치닫는 서진 왕조와
모용씨 왕국의 신지평 개막

서진 혜제 사마충의 뒤를 이은 회제 사마치는 산서 평양으로 몽진한 상태에 있었다. 이는 흉노족인 유연이 서기 304년에 자립하여 세운 한(漢)나라와 연관이 있다. 유연의 아들 유총은 서기 311년에 진나라의 수도 낙양을 함락시키고 회제를 인질로 사로잡아 한나라 수도인 평양으로 데려갔다. 이 사건은 당시의 정치적 혼란과 권력의 변화를 나타낸다.

왕준은 황제의 명의로 모용외에게 여러 높은 직위를 제안했다. 모용외는 산기상시 관군장군 전봉대도독 대선우로 임명되었으나, 이를 받아들이지 않았다. 그가 이러한 지위를 거절한 것은 그의 독립적인 정치적 입장과 전략적 사고를 반영한다. 모용외는 과거 조선이 그러했듯이 중원의 동북방을 주축으로 새로운 왕조를 구상하고 있었다. 그런데 중원의 세력은 이제 몰락의 길로 접어들고 있었기 때문에 그들의 인정을 받을 필요가 없다고 생각했다. 모용외의 아들 모용한이 새 왕조 건국의 필요성을 역설했다.

"진나라는 이제 그 막장을 향해 달려가고 있습니다. 백성들은 새로운 세력의 등장을 학수고대하고 있습니다. 이제는 명분을 내세워 동북방의 패자로 우뚝 설 때라고 봅니다. 따라서 중원 세력들이 작위를 준다면 굳이 마다할 이유가 없다고 봅니다."

서진 마지막 황제인 민제 건흥 연간인 서기 313~317년에, 민제는 다시 사자를 파견하여 모용외를 진군장군 창려요동이국공으로 임명했다. 이는 한의 유총을 공격해 달라는 구원의 요청이기도 했다. 이번에는 모용외가 임명을 받아들였다. 이는 그의 정치적 전략과 시대의 변화하는 상황에 대한 그의 적응을 나타낸다.

서기 317년 초, 동진 원제 사마예가 모용외를 가절 산기상시 도독요좌잡이유인제군사(요동의 여러 동이족과 유망인들을 관할하는 도독) 용양장군 대선우 창려공으로 임명하였다. 그러나 모용외는 이를 사양하며 받아들이지 않았다.

진나라의 정로장군 노창(魯昌)은 모용외를 설득하기 위해 나섰다.

"이제 낙양과 장안이 무너지고 천자가 몽진한 가운데, 낭야왕 사마예가 강동에서 황제처럼 관직을 임명하고 국정을 결정하고 있습니다. 많은 사람들의 운명이 그의 손에 달려 있습니다. 명공은 바다 북쪽에서 한쪽 방면을 차지하고 있으며 이를 총괄하고 있습니다. 그러나 여러 부가 수적 우위만을 믿고 병사를 일으키며 명령을 따르지 않는 것은 그들이 받은 관직이 정식 황제의 명령에 따른 것이 아니기 때문일 것입니다. 또 그들 스스로를 강성하다 여기고 있습니다. 이제 의당 낭야왕에게 사자를 보내 황제로 즉위하도록 권하고, 그 후에 황명을 선포해 죄 있는 자들을 처벌해야 합니다. 그렇게 되면 누가 감히 따르지 않겠습니까!"

노창은 모용외에게 그의 위치와 영향력을 강조하며, 정식 왕명에 따른 관직 수락의 중요성을 역설했다. 노창의 설득에 모용외는 고민에 빠졌다. 모용외는 당시의 복잡한 정치적 상황을 인식하고, 자신의 결정이 어떤 영향을 미칠지 신중하게 고려했다. 그의 결정은 단순히 개인적인 영향력의 문제를 넘어, 그가 속한 지역과 더 넓은 정치적 맥락에 영향을 미칠 수 있었다.

　모용외는 노창의 조언을 받아들여 자신의 장사 왕제를 파견해 바다를 건너가도록 하여 낭야왕이 황위에 오르도록 권했다. 그러다 원제가 즉위하자, 알자 도요를 파견하여 다시 이전의 명을 전달하고 모용외에게 장군과 선우의 직을 제안했으나, 모용외는 공으로 봉해지는 것만은 고사했다. 당시 낙양과 장안이 무너지고 유주와 기주가 함락되었을 때, 모용외는 형정을 밝게 닦고 겸손한 마음으로 사람들을 맞아들였다. 이로 인해 떠돌던 많은 사족과 백성들이 아이를 포대기에 업고 등짐을 지고 와서 그에게 귀부했다.

　모용외는 유망민들을 효과적으로 관리하기 위해 새로운 군을 세웠다. 기주 사람들은 기양군에, 예주 사람들은 성주군에, 청주 사람들은 영구군에, 병주 사람들은 당국군에 속하도록 했다. 이는 그가 행정적인 조직력과 사회적 안정을 추구하는 모습을 보여 준다.

　이뿐만 아니라 모용외는 현명한 인재들을 천거하여 여러 정무를 위임하였다. 하동의 배억(裴嶷), 북평의 양탐(陽耽), 대군의 노창(魯昌) 등을 핵심 참모로 삼고, 다른 중요한 인물들을 고위직에 배치했다. 그리고 북해의 봉선, 북평의 서방건, 광평의 유수, 서하의 송석(宋奭), 발해의 봉추, 하동의 배개 등을 고굉지신으로 삼고, 발해의 봉혁, 안정의 황보급, 평원의 송해(宋該)와 난릉의 무개 등은 문장 솜씨가 뛰어나다 하여 요직에 임명하였다. 그리고 회계의 주좌거(朱左車), 노국의 공찬, 태산의 호무익 등은 오랜 덕성과 청렴결백함,

그리고 진중함을 인정하여 빈우로 삼았고, 또한 평원의 유찬은 유학에 능통하여 동상제주로 임명하였다.

모용외가 중원에서 여러 세력들 중 월등하게 두각을 나타낼 수 있었던 데에는 이들 인재들이 중요한 역할을 했다. 특히 배억은 하동군 문희현 사람으로 동이 배달족, 밝족의 후손이다. 배씨는 태호 복희 풍성의 후손으로 득성시조는 순임금 시기 현사 백익이다. 영성 백익의 후손 중에 비자(非子)가 있어 그 후손들이 배를 성씨로 삼았다.

배억의 부친인 배창은 사례교위를 지냈다. 배억은 청렴하고 정직했으며 재간과 모략이 뛰어났다. 그는 여러 차례 승진하여 중서시랑에 이르렀고, 급사황문랑과 형양태수를 역임했다. 그러다 천하가 어지러워지자, 배억의 형 배무가 앞서 현도태수가 되었으므로 이에 배억이 스스로 청하여 창려태수가 되었다. 창려군에 부임한 지 얼마 되지 않아 배무가 사망하고, 배억은 수도로 소환되었다. 이에 배무의 아들 배개와 함께 배무의 상여를 수행하면서 남쪽으로 이동하였다.

요서에 도착한 후 도로가 막혔을 때, 배억은 배개를 데리고 함께 모용외에게 의탁했다. 당시 여러 유랑 선비들이 객지에서 생활하면서 모용외의 새로운 시작을 보고 이를 따르려는 마음을 품었다. 배억은 이들 선비들을 위해 명분을 정립하고 앞장서서 모용외를 따르도록 인도하였다. 모용외가 매우 기뻐하며 배억을 장사로 임명하고 그에게 군국의 모책을 수립하는 일을 맡겼다.

모용외의 세자인 모용황이 왕족과 귀족 자제들을 이끌고 유찬을 스승으로 모셔 그에게서 학문을 전수받았다. 모용외는 정무를 보는 중에도 시간을 내어 이 교육 과정에 참여했다. 이렇게 해서 도로 위에 공덕을 기리는 글이 생겨났고, 예의를 지키고 사양하는 기풍이 자리 잡게 되었다.

고구려 미천왕과 모용외, 요동 갈등에서 깊어진 원한

고구려 나라 사람들이 봉상왕을 폐하고 을불(乙弗)을 찾아 미천왕(서기 300~332년)으로 옹립했다. 당초 봉상왕은 동생 돌고가 왕위를 탐내고 있다고 의심하여 그를 살해했다. 그의 아들 을불은 자신에게도 위험이 닥칠 것을 두려워하여 도망쳤다.

처음에는 수실촌 사람 음모의 집에서 머슴살이를 했다. 음모는 을불이 어디서 온 누구인지 전혀 몰랐고, 그를 매우 힘들게 부렸다. 그의 집 옆에 있는 연못에서 개구리가 울자, 을불에게 밤에 돌이나 기와를 던져 그 소리를 내지 못하게 했고, 낮에는 땔나무를 해 오도록 시키는 등 잠깐도 쉬지 못하게 했다.

고된 일을 견디지 못하고, 을불은 일 년이 지나 동촌 사람 재모와 함께 소금을 팔러 갔다. 배를 타고 조하의 상류인 압록에 도착하여 소금을 강동 사람 집에 맡겼다. 그 집의 노파가 소금을 달라고 해서 한 되 정도 주었다. 노파가 더 달라고 하자 주지 않았고, 노파는 성이 나서 몰래 신발을 소금 속에 넣었다.

이 사실을 모르고 을불은 소금을 지고 길을 가는데, 노파가 쫓아와 신발을 숨겼다고 거짓으로 고소했다. 압록재의 관리는 신발값으로 소금을 노파에게 주고 을불을 채찍질한 후 풀어 주었다. 그 결과, 그는 수척해지고 옷은 낡고 누더기가 되어 사람들이 그가 왕손인지도 전혀 알아챌 수 없게 되었다.

당시, 국상 창조리가 봉상왕을 폐위하고 그 후임으로 을불을 세우고자 북부의 조불과 동부의 소우 등을 보내 산과 들의 여러 곳에서 그를 찾도록 했다. 그들이 비류하, 즉 백하의 강가에 이르러 한 남자가 배 위에 있는 것을 보았다. 그의 용모는 초췌해 보였으나 이목구비와 태도가 비범했다. 이에 소우 등이 그가 을불일 것이라고 짐작하여 그에게 절하며 말했다.

"현재 국왕이 무도하여 국상과 신하들이 비밀리에 그를 폐위시키려 합니다. 왕손은 행실이 검소하고 인자하여 사람들을 사랑하시므로, 조상의 업을 잇기에 적합하다고 하여 신들을 보내 맞이하도록 한 것입니다."

을불은 의심하며 말했다.

"저는 들에서 일하는 사람이지 왕손이 아닙니다. 다시 한번 자세히 살펴보시기 바랍니다."

소우 등이 확신에 찬 어투로 말했다.

"지금 국왕이 오랫동안 백성의 마음을 잃어 국주로서 자격을 잃어 버렸습니다. 그러므로 여러 신하들이 왕손을 간절히 기다리고 있습니다. 더 이상 의심하지 마소서."

그러고는 그를 모시고 돌아왔고, 창조리는 기뻐하며 그를 조맥 남쪽 집에 숨겨 두고 다른 사람들이 알지 못하게 했다.

서기 300년 9월, 봉상왕이 후산 북쪽에서 사냥을 하였다. 국상 창
조리가 왕을 동행하였는데, 여러 사람들에게 다음과 같이 말했다.
"나와 같은 마음을 가진 자는 내가 하는 행동을 따라서 하라."
그리고 갈댓잎을 관에 꽂자 주변의 사람들이 모두 따라서 꽂았다.
창조리가 여러 신하들이 모두 같은 마음을 가진 것을 알고, 드디어
함께 왕을 폐위하여 별실에 가두었다. 그리고 왕손 을불을 모셔다가
옥새와 인수를 바쳐 왕위에 오르게 하였다.
미천왕(美川王)은 수년 동안 끝없는 바닥 생활을 했기 때문에 백성
들의 곤궁한 처지를 잘 이해하고 있었다. 더구나 산천을 떠돌며 사물
의 이치를 누구보다 더 자세하게 깨달았다. 그 결과 왕위에 오르면서
고구려가 가진 장점과 단점을 모두 알게 되었다. 이러한 깨달음으로
인해 미천왕은 고구려 최대의 정복군주 중 한 사람이 될 수 있었다.

5호 16국 시대에 접어들면서, 중국 대륙은 거대한 격변의 소용돌
이 속에 빠져 있었다. 이 무렵, 고구려의 미천왕은 패수 동쪽의 평양
에 도읍하면서 시대의 혼란을 기회로 삼아 한 걸음 더 나아가기로 결
심했다. 그의 야심은 바로 요동의 서북 지역, 현도군을 시작으로 그
남쪽 요동의 심장부 서안평에 이르기까지 고구려의 세력을 확장하는
것이었다.
서기 308~316년 사이에 발생한 영가의 난을 전후로 하는 시기에
선비족 모용외는 요서의 창려 대극성에 웅거하고 있었다. 이때 원제
가 그를 창려·요동·낙랑·현도·대방 5군을 관할하는 평주자사에

제수하였다. 그러나 이 땅의 평화는 오래가지 못했다. 고구려의 미천왕이 요동으로 빈번히 침입하여 왔기 때문이다. 요동의 평화를 지키던 모용외는 이 끊임없는 공격 앞에서 점점 더 큰 압박을 느끼게 되었다.

서기 302년 9월, 고구려 미천왕은 군사 30,000명을 거느리고 요동 북쪽에 위치한 현도군을 침범하여 격파하고, 8,000명을 포로로 잡았다. 그리고 포로들을 모두 밀운구의 평양(平壤)으로 옮겼다. 미천왕의 군대는 불과 몇 달 만에 현도군을 공략, 그곳을 자신의 영토로 편입시켜 버렸다. 이 승리로 고구려는 요동을 향한 더 큰 욕망을 품게 되었다.

서기 311년 8월에는 요동 서안평을 습격하여 빼앗았다. 이번에도 고구려군은 압도적인 힘으로 서안평을 점령하는 데 성공했고, 이로써 요동 지역의 상당 부분을 통제하게 되었다. 서기 313년 10월에는 요동 남쪽의 낙랑군까지 진출하여 남녀 2,000여 명을 포로로 잡았다. 서기 314년 9월에는 발해만 남쪽의 대방군을 침공하였다.

이처럼 모용외가 재위하는 동안 고구려의 미천왕이 요동으로 자주 쳐들어와 현도군, 서안평과 낙랑군, 현도군을 여러 차례 쳤다. 이에 모용외가 매우 큰 고통을 받았다. 여기서 마한 연방의 모용 선비와 고구려 사이의 길고도 깊은 원한 관계가 시작되었다.

한사군 중 낙랑과 대방은 서기 313년과 314년, 고구려 미천왕의 공격 앞에 무너졌다. 그들은 5호 16국 시대의 대혼란 속에서 서진의 보호막이 약화되자, 고구려의 침략을 견디지 못하고 붕괴하고 말았다. 이로써 낙랑과 대방은 이름만 남은 존재로 전락했다. 서기 315년 2월의 현도성 공격과 서기 320년의 요동 정벌은 미천왕의 병력이 얼마나 강력한지를 세상에 다시 한번 증명해 보였다. 미천왕의 군대는 두 곳 모두에서 대규모 정벌에 성공하며 고구려의 영토를 한층 더 넓혔다.

고구려의 기세는 막을 수 없는 것처럼 보였다. 미천왕은 마치 전장의 신이라도 되는 듯, 그의 군대를 이끌고 요동을 휩쓸었다. 그의 침공은 번개처럼 빠르고, 그의 전략은 절묘했다. 모용외는 처음에는 견고했던 요동의 성벽이 서서히 허물어지는 것을 보며 절망감에 빠졌다. 미천왕의 이러한 업적은 후대에까지 전해지며 그를 한 시대를 풍미한 위대한 정복자로 기록하게 만들었다. 고구려의 기상이 대륙의 한쪽을 휩쓸며 신화처럼 펼쳐졌던 시기, 그것이 바로 미천왕 시대였다.

서기 4세기 초, 고구려의 미천왕은 당대 최강의 정복자로 이름을 떨쳤다. 그는 요동의 서안평을 넘어 낙랑과 대방까지 그의 손아귀에 넣으며, 한때나마 조백하 동쪽의 요동 전체를 장악하기도 하였다. 그의 후계자인 광개토왕과 장수왕은 미천왕이 장악한 새로운 요동 질서를 더욱 공고화하는 임무를 수행해야만 했다.

미천왕의 대대적인 정복 활동은 한반도와 대륙에 걸쳐 새로운 권력 균형의 문제를 제기했다. 그의 대대적 정복 성공은 서기 4세기 초부터 5세기 초까지 전례 없는 힘의 진공 상태를 만들어 냈으며, 이는 고구려와 모용씨 세력 간의 격렬한 각축전으로 이어졌다.

이 시기 고구려는 한층 강화된 국력을 바탕으로 요동을 넘어 유주까지를 자신들의 영향력 아래 두고자 했다. 한편, 모용씨 세력은 중국 대륙의 대혼란을 기회로 삼아 자신들의 세력을 대륙 서쪽으로 대폭 확장하고자 했다. 모용씨가 본격적인 서진을 도모하기 전에 동이의 두 강대 세력 사이의 충돌은 불가피했다. 모용씨는 서진을 위해 동쪽의 고구려를 묶어 두어야만 했다. 고구려와 모용씨 사이의 경쟁은 점차 고조되어, 두 세력 간의 갈등과 전투는 지역의 역사적 판도에 큰 영향을 미쳤다.

모용씨의
천하 정벌 디딤돌 4국 대전 승리

진나라의 평주자사이자 동이교위인 최비(崔毖)는 스스로 명망이 있는 선비들 사이에서 신망이 높다고 생각했다. 최비는 청하 최씨인 최염(崔琰)의 증손자로, 중원에서도 명망이 높은 가문 출신이었다. 그래서 유민들을 품어서 모을 뜻을 갖고 있었으나 유망하는 자들 중에 그에게로 넘어오는 자가 거의 없었다. 그의 주변에는 고첨(高瞻)이라는 뛰어난 책사가 있었을 뿐이다.

고첨은 발해 사람으로 서기 306년에 상서랑에 임명되었다. 그러다가 영가의 난이 발생하자 중앙의 혼란을 피해 고향으로 돌아갔다. 그리고 고향의 노인들과 더불어 의논하며 말했다.

"지금 황제의 기강이 약해지고 전란으로 세상이 혼란스러워졌습니다. 발해군은 비옥한 땅과 하수 및 바다를 기반으로 굳건히 지켜 왔지만, 만약 전쟁으로 인한 기근과 같은 재앙으로 인해 해마다 흉작이 든다면 이곳은 도적들의 소굴이 될 것이므로 안전하게 거처하기어렵습니다. 왕준은 이미 유주 계 지역에 있으며, 연과 대 지역의 물자를 바탕으로 군사가 강하고 나라가 부유하여 의지하기에 적합합니다. 여러분은 이에 대해 어떻게 생각하십니까?"

여러 사람들이 모두 고첨의 말이 옳다고 여겼다. 그래서 고첨은 숙부 고은(高隱)과 함께 수천여 가를 이끌고 북쪽의 유주로 이주하였다. 그런데 왕준의 정령이 변덕스러워 고첨은 얼마 뒤에 최비에게 의탁하고 그를 따라 요동으로 갔다.

왕준은 태원군 진양현 사람으로 왕침(王沈)의 아들이다. 그는 진나라 혜제 시절, 황후 가씨의 심복으로 일하다 유주도독으로 임명되어계 지역을 다스렸다. 팔왕의 난과 영가의 난으로 진나라가 혼란에 빠져들자, 그는 유주, 기주 일부를 기반으로 우문선비와 친교를 맺으며 자립을 도모하고자 했다. 그런데 사람을 제대로 보는 눈이 없어인재들을 제대로 등용하지 못했다.

대표적인 인물이 양유(陽裕)이다. 양유는 본래 우북평 무종 사람이었다. 그는 어린 나이에 고아가 되고 형제들마저 일찍 세상을 떠나외로운 삶을 살아, 주변 사람들로부터 크게 주목받지 못했다. 그러나 그의 숙부 양탐은 양유의 잠재력을 일찍이 알아보고 그를 기특하게 여기며 말했다.

"이 아이는 우리 집안의 빼어난 인재일 뿐만 아니라, 당대의 뛰어난 군주를 보좌할 수 있는 훌륭한 인물이 될 것이다."

양유는 유주자사 화연(和演)의 눈에 띄어 주부로 임명되었다. 이후 왕준이 유주로 부임하자 양유는 치중종사로 승진하였으나, 왕준은 양유를 신임하지 않아 중요한 위치에 배치되지 못하였다.

서기 314년, 석륵이 계성을 함락하고 왕준을 살해한 후 조숭(棗嵩)에게 물었다.

"유주의 선비 중에서 누가 가장 뛰어난 인물이오?"

조숭이 말했다.

"연국(燕國) 출신의 유한(劉翰)이 평소 덕이 높고, 북평 출신인 양유(陽裕)는 일을 처리하는 능력이 뛰어납니다."

석륵이 말했다.

"만일 그대의 말이 맞다면 왕준은 왜 그들을 임용하지 않은 것이오?"

조숭이 말했다.

"왕공이 그들을 임용하지 않았기 때문에 지금 황제께 격파되는 신세가 된 것이 아닙니까?"

석륵이 바야흐로 임용하려 하니 양유가 미복 차림으로 달아나서 숨어 버렸다.

최비는 고첨과 의논한 결과, 유민들이 자신을 찾지 않는 것이 모용외가 유민들을 구류한 탓이라 생각했다. 그러고는 고구려, 우문선비, 단선비 등과 은밀히 연락을 취해 모용외를 공격해서 멸망시키고 그 땅을 나누어 가지려는 모사를 꾸몄다. 이로 인해 4국 대전이 발발했다.

서기 318년, 세 나라, 즉 고구려 · 우문 · 단국이 모용외의 극성을 공격했다. 모용외는 이를 최비의 음모와 눈앞의 이익을 노리는 군대들의 무질서한 집결로 판단했다. 그는 적군이 통일되어 있지 않고, 서로 신뢰하지 않을 것이라 예측했다. 모용외가 자신의 장수들에게 말했다.

"저들은 최비의 거짓 감언이설에 속아 단기적인 이익을 노리고 까마귀가 모이듯이 쳐들어왔을 뿐이다. 저들은 단합되지 못하고 서로 협력하지 않기 때문에 우리가 지금 반드시 격파할 수 있다. 그러나 저들의 군대는 갓 합쳐져 그 예봉이 날카롭기 때문에 우리가 섣불리 공격하길 바라고 있다. 바로 공격하면 저들의 계책에 말려드는 것이다. 우리가 편안히 기다리면 저들은 필시 의심과 분열을 겪게 될 것이다. 첫째, 저들은 우리와 최비가 함께 음모를 꾸민다고 의심할 것이고, 둘째로는 세 나라 중 한 나라가 우리와 손잡고 한나라나 위나라를 속이는 모책을 꾸미고 있을지 의심할 것이다. 이렇게 저들의 마음이 흔들리고 혼란스러워지길 기다려 그때를 노려 공격해야 한다."

모용외는 적의 마음이 혼란스러워지기를 기다리며, 그들이 서로를 의심하고 분열되는 순간을 노렸다. 그는 이를 통해 적의 결속력을 약화시키고, 적절한 시기에 반격을 가할 계획을 세웠다. 그리하여 세 나라 연합군이 극성을 공격했을 때, 모용외는 극성의 성문을 굳게 닫고 직접 싸우지 않았다. 그리고 서장자 모용한에게 예비대를 통솔하게 하여 옛 수도인 청산을 지키게 하였다.

삼국 연합군의 예봉을 막아 낸 후 모용외는 우문씨에게만 사자를 보내 군사들을 소고기와 술로 유혹하며, 그들에게 말했다.

"사실은 최비의 사자가 지난번에 저희 주군을 찾아와 화친을 의논하고 갔소이다."

모용외의 사자는 유언비어를 크게 떠벌렸다. 이 소문이 삽시간에 퍼져 고구려와 단국의 의심을 사는 데 성공했다. 모용외가 펼친 이간 계와 심리전은 아주 효과적이었다. 고구려와 단국은 우문씨가 모용 외와 암암리에 결탁한 것이라고 의심하여 결국 군대를 이끌고 철수 했다. 그러나 우문씨의 실독관은 두 나라가 돌아갔음에도 불구하고 단독으로 모용외를 공격할 것이라고 말했다.

"두 나라가 비록 돌아갔으나 우리는 응당 혼자서라도 모용외의 나 라를 병합할 것이다. 다른 나라가 무슨 도움이 되겠는가!"

우문부는 수십만의 대군으로 극성을 포위하고 30리에 걸쳐 군영을 늘어세웠다. 우문실독관이 성을 포위하고 안팎을 동요시킬 때, 모용 외가 배억에게 그에 관한 책략을 물었다. 배억이 말했다.

"실독관이 비록 많은 병력을 가지고 있지만, 군대에 명확한 지휘 체계가 없고 정렬된 대오가 부족합니다. 따라서 정예병을 선별해 그 들이 방비하지 않는 틈을 노려 공격한다면, 실독관을 격파하고 사로 잡을 수 있습니다."

이에 모용외는 정예 군사를 가려 뽑아 아들 모용황과 장사 배억에 게 배속시켰다. 그리고 선봉에서 적진을 돌파하도록 명령했다. 모용 한에게는 정예 기병을 배정하여 기습 부대로 활용하고, 측면을 따라 우회하여 곧바로 우문 실독관의 군영을 공격하도록 지시했다. 모용 외 자신은 대군을 이끌고 방진을 치며 진격하였다.

우문 실독관은 자신들의 병력 수만을 믿고 방비하지 않다가 모용 외의 군대가 급습해 오자 군대를 이끌고 이에 맞섰다. 모용황과 배억 의 선봉대가 막 교전을 시작했을 때, 모용한의 기습 부대가 우문씨의 후방에서 갑자기 군영으로 치고 들어가 불을 놓고 군영을 불태웠다. 양면에서 협공을 당한 우문부의 군사들이 모두가 놀라고 혼란스러워 어떻게 해야 할지 몰라 허둥지둥하다가 결국 대패하였다.

우문 실독관은 간신히 홀로 피신하였으나 그의 군대는 모조리 붙잡혔다. 모용외는 그의 영후에서 황제의 옥새 삼뉴를 노획했다. 옥새 삼뉴는 우문부의 선조인 보회(普回)라는 대인이 사냥을 하다가 얻은 인장으로 거기에 '황제새'라 적혀 있어 그들의 풍속에 천자를 우문이라 불렀으므로 부의 이름으로 삼은 것이다. 우문의 상징과 같은 인장이 모용외의 손에 들어온 것이다. 이에 모용외가 말했다.

"이까짓 옥돌이 뭐라고 이것에 목을 맨단 말인가? 일찍이 오나라의 손견이 옥새 때문에 화살에 맞아 죽었고, 원술도 옥새를 얻은 후 황제 행세를 하다가 몰락했다. 나는 이러한 옥돌을 얻었다고 나라를 얻은 것처럼 행동하지 않을 것이다."

이 승리로 모용외의 위덕은 더욱 빛났고, 장차 동진의 건업에 사자를 파견하여 전리품을 헌상하고자 하였다. 사자는 옥새 삼뉴를 바치면서 그에 합당한 여러 가지 명분을 획득해야 하는 막중한 임무를 띠게 되었다. 이때 사자로서 길 떠날 사람을 가려 뽑으니 이에 배억이 선발되었다. 배억은 서기 320년 3월 동진 조정에 도착했다. 모용외는 우문부에서 빼앗은 옥새 삼뉴를 장사 배억을 시켜 동진 조정으로 보내 자신이 황제의 자리를 탐내지 않음을 만천하에 드러냈다.

당초 동진 조정에서는 유주의 모용외가 황량하고 먼 땅에 고립되어 있음에도 불구하고, 도리어 변경의 호걸들이 그에게 모여들고 있다는 사실을 알게 되었다. 배억이 사자로 방문한 후, 모용외의 위략이 매우 풍부하다는 사실과 천하의 유능한 인재들이 그에 의해 부려지고 있다는 것도 새롭게 깨닫게 되었다. 이에 동진 조정 사람들은 모용외의 존재를 달리 보게 되었다.

배억이 돌아가려 할 때, 황제는 그를 잠시 머물게 하여 그의 행동을 관찰하려고 했다. 이때 배억이 사양하며 말했다.

"신은 대대로 조정의 은혜를 입어 영화로운 관직에 올랐으나 사고로 인해 멀리 떨어진 황량한 땅에서 지내게 되었습니다. 이제 평화로운 시기를 맞아 조정을 뵙게 되고 다시 은혜로운 조령을 받아 경사에 머무르라 하시니, 이는 저에게 커다란 은총입니다. 그러나 황제의 거처가 파천하고 산릉이 모욕을 당하는 상황에서 용양장군 모용외는 멀리 변경에서도 왕실을 염려하며, 성심으로 강개하고 천지를 감동시킬 의로움으로 중원을 평정하여 어가를 받들려 하였습니다. 이를 위해 저를 사자로 보내 10,000리 길을 달려 성심을 표한 것입니다. 그런데 만약 신을 돌려보내지 않고 머물게 하신다면, 모용외는 필시 국가가 벽루한 이 배억을 남겨 둔 것을 배신으로 여기며 의로운 마음을 소홀히 할 것입니다. 그러므로 미미한 신이 자그마한 몸이나마 나라를 위하는 마음으로 청하오니, 신을 모용외에게 돌려보내 복명하게 해 주십시오."

이에 동진 조정에서는 충격을 받고 배억을 곧바로 돌려보냈다. 배억이 조정에서 돌아오자, 모용외는 그의 귀환을 환영했다. 모용외는 여러 신료들에게 배억의 명성과 그의 헌신에 대해 언급하며, 배억이 하늘이 자신에게 내려 준 선물이라고 말했다.

"장사 배억의 명성이 동진 조정에서 무거우면서도 여기에서 몸을 굽히고 있으니, 이 어찌 하늘이 내게 내려 준 것이 아니겠는가!"

배억의 뛰어난 능력과 충성심은 그에게 새로운 기회를 가져다주었다. 그는 바깥으로 나가 요동상이 되었으며, 이후 낙랑태수로 전임되었다. 이러한 임명은 배억의 능력과 모용외의 신뢰를 반영하는 것이었다. 4국 대전에서 승리한 모용외는 장차 모용씨의 중원 장악을 위한 기틀을 마련했다. 모용씨의 강력한 경쟁 상대였던 우문선비는 일대 타격을 받고 모용씨에게 투항했다.

최비는 모용외가 자신에 대한 원한을 가질까 두려워하여, 형의 아들 최도를 거짓으로 승전을 축하하라는 명목으로 극성의 모용외에게 보냈다. 이는 최비가 얼마나 모용외를 두려워했는가를 보여 주는 행동이었다. 그때 세 나라의 사자들도 모용외에게 도착해 화친을 청하면서 모두 말했다.

"우리가 극성을 침입한 것은 원래 우리의 의도가 아니었습니다. 평주자사 최비가 우리에게 그렇게 하도록 시켰기 때문입니다."

모용외가 최도를 데리고 포위된 곳을 보여 주며, 최비의 속임수에 대해 비판했다.

"너의 숙부 최비가 세 나라에게 나를 멸하라고 가르쳐 놓고는, 어찌 속임수를 쓰고 나에게 와서는 축하를 한다는 것이냐?"

최도가 두려워하며 자복했다. 그러자 모용외는 최도를 보내 주며 돌아가서 최비에게 전하라 하며 말했다.

"항복하는 것이 상책이고 달아나는 것이 하책이다."

서기 319년 12월, 모용외가 뒤따라 요동을 습격하자 진나라의 동이

교위, 평주자사 최비는 가족을 버린 채 수십 기의 기병과 함께 고구
려로 달아났다. 모용외는 그의 부하들을 모두 항복시킨 후, 최도와
고첨(高瞻) 등을 극성으로 이동시켜 그들을 빈객으로 예우했다.

처음 최비가 고구려·단부·우문부 등 세 나라를 끌어들여 모용외
를 토벌하려고 하자, 고첨이 이를 불가하다고 여러 차례 간언하였으
나 최비는 그의 말을 듣지 않았다. 그러다 결국 최비가 모용외에게
패하여 고구려로 달아나자, 고첨은 자신을 따르는 무리들을 이끌고
모용외에게 투항했다. 모용외가 그를 장군으로 서임했으나 고첨은
병을 핑계로 이를 받지 않았다. 모용외는 고첨의 자질과 그릇을 존경
하여 수차례 그를 찾아가 병문안을 하면서 그의 마음을 위로하며 말
했다.

"그대의 병은 여기에 있지 다른 곳에 있는 것이 아니오. 현재 천자
가 파천하고 온 나라가 분열되어 무너져 백성들이 혼란에 빠져 어디
에 의지할지를 모르는 형국이오. 나는 제군들과 함께 황실을 바로잡
아 복구하고, 낙양과 장안에서 고래와 돼지 같은 석륵 등을 제거한
후, 오회에서 천자를 맞이하고 팔방을 정화하여 옛 선열들과 같은 공
훈을 세우고자 하오. 이것이 나의 마음이자 바람이오. 그대는 중토
의 대족이자 관족의 후손으로, 나라 걱정으로 마음과 머리가 아프고
적을 토멸할 각오로 창을 베고 누워 아침을 기다릴 것이니, 어찌 화
(華)와 이(夷) 사이에 서로 차이가 있으며, 마음에 어떤 다름이 있겠
소? 게다가 우임금은 서강에서, 주문왕은 동이에서 태어났으니, 출
신이 중요한 것이 아니라 지략이 어떠한지가 중요하오. 풍속이 다르
다고 해서 사람들의 마음을 얻을 수 없다는 것은 옳지 않소!"

모용외가 고첨을 장군으로 임명하려 하였으나, 고첨은 여전히 병

을 핑계로 사양하니 모용외의 마음이 편치 않았다. 고첨은 또한 송해와 관계가 원만하지 못해 송해가 은밀히 모용외에게 고첨을 제거하도록 권했다. 고첨이 그 사실을 알게 된 후, 스스로 더욱 불안해하다가 마침내 근심이 깊어 죽었다. 고첨의 고씨는 본래 동이 고구려의 고씨였으니 그의 사례는 화와 이의 차이가 어떤 정체성을 갖느냐의 문제였다는 것을 극명하게 보여 준다.

모용외가 아들 모용인에게 요동을 지키도록 하니 관부와 저잣거리가 예전과 같이 평온해졌다. 이때 고구려의 장수 여노는 하성(河城)에 주둔하고 있었으나, 모용외가 장군 장통(張統)을 보내 습격하여 여노를 포로로 잡고 그의 부하 1,000여 명을 포로로 삼아 극성으로 돌아갔다.

이듬해, 고구려 미천왕이 자주 병력을 보내 요동을 공격하였다. 모용외는 모용한과 모용인에게 군대를 보내 이를 격파했다. 고구려 미천왕이 화해를 청하니 모용한과 모용인이 더 이상 공격하지 않고 돌아왔다. 이러한 조치들은 모용외의 군사적 능력과 영토를 보호하려는 결단력을 보여 주는 사건들이었다. 이로써 모용씨는 요동과 요서에 안정적인 기반을 구축할 수 있었다.

화북평원에서의 4국 대전에서 승리를 거둔 이후 모용외는 동북 지역의 맏형으로 불리며 강동으로 망명한 동진 왕조로부터 충분한 존경을 받았다. 동진에서는 모용외를 제후의 지위로 올려놓고 그에게 요동을 마음대로 통치하도록 하였으며, 이후 한족과 북방의 유민들이 끊임없이 모용외에게 투항했다. 모용씨는 이때부터 동북의 패자가 되었다.

　동진의 황제는 모용외를 도독유주동이제군사 거기장군 평주목으로 삼고, 요동군공으로 올려 봉하였다. 그리고 식읍을 10,000호로 하고 산기상시 대선우는 모두 예전대로 유지하도록 했다. 이뿐만 아니라 제후왕에게 내리던 신표인 단서철권(丹書鐵券)을 주어 나라 동쪽에서 관리를 임명하고, 백관을 갖추도록 명하고 평주의 지방장관을 두도록 하였다. 이는 사실상 모용외를 왕으로 인정하는 것과 마찬가지였다.

　배억이 동진의 건업으로부터 돌아올 때, 동진의 황제는 사자를 보내 모용외를 감평주제군사 안북장군 평주자사로 임명했다. 또한 식읍을 2,000호 늘려 주었다. 그리고 서기 321년 12월, 모용외는 다시 지절 도독유주동이제군사 거기장군 평주목으로 임명되었고, 요동군공으로 올려 봉해져 식읍이 10,000호로 증가되었다. 이러한 직책과 특권의 증가로 모용외는 그 지위를 더욱 공고히 하는 동시에, 그의 권력과 영향력을 넓혀 나갔다.

　단부 선비의 단말파가 통치하는 지역이 방비가 잘되어 있지 않았을 때, 모용외는 아들 모용황을 보내 요서군 영지(令支)를 습격했다. 이 습격을 통해 단말파의 명마와 보물을 노획하였다.

모용씨가
연(燕)나라를 칭한 이유

석륵(石勒)이 모용외에게 사자를 보내 교류와 화친을 제안했다. 모용외는 석륵에 대해서는 적대적인 기조를 유지하는 것이 옳다고 보았다. 석륵의 석씨들은 마한 연방의 대석색국과 소석색국의 후손들이었다. 따라서 같은 마한에 속하고 있었지만 모용외는 석씨가 자신들보다 위에 서서 황제를 칭하는 것에 대해 못마땅하게 생각했다.

석륵은 상당 무향의 갈(羯)족 사람이었다. 그의 선조는 흉노의 별도 부족인 강거(羌渠)의 후손이었다. 그는 젊은 시절 길거리를 헤매다니며 노예살이를 하기도 했다. 서기 307년 전조의 유연에게 항복한 이후 독자적인 세력을 구축하고 하북 및 하남 지역을 휩쓸고 다녔다. 서기 311년, 서진의 수도 낙양 전투에 참여하여 태위 왕연의 무리 10만 명을 죽이거나 사로잡았다. 이때 석륵이 왕연 등에게 서진의 몰락 이유에 대해 물었다.

"그대들은 왜 서진이 이토록 참담하게 붕괴했다고 보시오?"

왕연이 참담한 표정을 지으며 대답했다.

"이는 사마씨 황족들 사이의 내분 때문이지, 저에게는 어떠한 책임도 없습니다."

이에 석륵이 왕연을 꾸짖으며 말했다.

"그대는 명성이 천하를 뒤덮을 정도로 자자했고, 지금도 중책을 맡고 있는데, 천하를 그대가 아니면 누가 망쳤다는 것인가?"

석륵은 왕연 등 48명을 흙 담장을 무너뜨려 깔려 죽였다. 이후 석륵은 낙양을 함락시키고 회제인 사마치를 포로로 잡았다. 낙양을 함락한 이후에도 황하 남쪽에서 꾸준히 약탈전을 지속했다. 석륵은 글을 읽을 줄 몰랐으나 남다른 식견으로 사세를 판단했고, 인재 등용을 중시했다.

서기 312년, 석륵은 양국(현 하북성 형태시)을 수도로 하여 하북 일대에 세력을 구축하였다. 서기 316년, 석륵은 병주의 유곤을 공격하여 격파하고, 병주 일대를 차지했다. 서기 318년 석륵은 유요와 불화하여 독자적인 세력으로 서게 되었고, 서기 319년 11월에는 후조를 건국하여 스스로 조왕(趙王)의 자리에 올랐다. 후조를 건국한 이후 석륵은 청주와 연주 등을 차지했다.

서기 325년 석륵은 병주와 사주 일대를 모두 장악하였으며, 화북의 동진 세력을 크게 위축시키고 회수 이북을 모두 장악하게 되었다. 그리고 이후 서기 330년 금용전투에서 크게 승리해 유요를 포로로 잡아 전조를 멸하고 황제에 즉위하였다. 이러한 중차대한 시점에 모용 선비족 모용외가 동진 조정에 석륵과 맞설 뜻을 내비치며 자신을 연왕(燕王)으로 임명해 주길 청하고 있었다.

모용외는 석륵의 화친 제안을 단호히 거부하고 석륵의 사자를 붙잡아 동진의 건업으로 보냈다. 모용외가 자신의 사신을 동진 조정에 압송해 버린 것을 알고 석륵이 분노하여 우문걸득귀를 보내 모용외를 공격했다. 모용외는 모용황을 보내 이를 방어했다. 그리고 배억을 우부도독으로 삼아 탁발선비를 이끌고 우익이 되게 하고, 그의 막내아들 모용인에게 명령하여 평곽에서 백림으로 진격시켜 좌익을 맡게 했다. 그러고 나서 우문걸득귀를 공격하여 승리하고 그의 부하들을 모두 사로잡았다. 승세를 타고 그 국성을 함락한 그들은 헤아릴 수 없이 많은 물자를 거두고 그 백성들 수만 호를 붙잡아 돌아왔다.

서기 325년, 동진의 성제가 즉위하면서 모용외에게 시중(侍中)의 직을 더함과 동시에 특진의 지위를 주었다. 동진의 입장에서 모용외는 구세주나 마찬가지였다. 서기 330년에는 또한 개부의동삼사를 더했으나 모용외는 이를 고사하며 받지 않았다. 모용외는 일찍이 조용한 목소리로 다음과 같이 말한 적이 있다.

"형옥은 사람의 목숨과 관련된 중대한 일이므로 신중하게 처리해야 한다. 현인과 군자는 나라의 근본이므로 반드시 공경해야 한다. 농업은 나라의 근본이기 때문에 중요하게 다뤄야 한다. 술과 여성을 탐하고 아첨하는 주색편녕(酒色便佞)은 덕을 해치는 일이므로 반드시 경계해야 한다."

그러고는 수천 자로 된 법령을 지어 자신의 의견을 펼쳤다. 모용외는 동진의 태위 도간(陶侃)에게 편지를 보내 말했다.

"명공 사군 귀하, 덕을 베풀고 위엄을 빛내며 중원 사방을 평화롭게 하고, 문무를 행하여 병마가 무탈하게 하시니 오랫동안 흠앙하고 우러러 왔습니다. 왕도가 연(燕), 월(越)로 멀리 떨어져 매번 강변을 바라볼 때마다 서글퍼집니다. 하늘의 시련으로 여러 번 재난이 닥쳐 옛 도읍을 지키지 못하고 오랑캐의 궁정이 되어, 오·초의 힘을 빌려 왕실이 다른 곳으로 옮겨졌습니다. 진나라가 창업되어 천명이 아직 바뀌지 않았다는 것은 분명합니다. 그래서 의로운 사람들이 분노합니다. 저는 나라의 은총을 받았지만, 석씨 갈족들을 쓸어버리지 못하고 국난을 해결하기 위해 앞장서지 못해 여러 번 수도를 위기에 빠뜨렸습니다. 왕돈과 소준이 앞장서서 화를 일으켜 그들의 흉포함이 동탁보다 더하고 그 악역함이 이각과 곽사보다 심했습니다. 세상 어느 누가 함께 분노하지 않겠습니까? 문무의 선비들이 중원의 적을 멸하여 천하의 치욕을 씻어 내지 못하니 심히 괴이한 일입니다."

모용외는 당시 상황을 이처럼 진단하면서 이어서 말했다.

"군후께서는 강북 땅에 자리 잡고 형(荊)과 형(衡) 지역에서 유명해졌습니다. 춘추 시대 초나라의 섭공(葉公) 심제량(沈諸梁)처럼 큰 권력을 지니고, 신포서의 뜻을 품었으나, 백공과 오자서가 난폭하게 행동하도록 놔둔 것은 수치스러운 일입니다. 초나라의 자중(子重) 같은 부류도 약한 왕과 부족한 신하들을 부끄러워하며 자신과 동료들을 일깨워 진(陳)·정(鄭)을 항복시켰고, 월(越)의 문종과 범려는 구천을 보좌해 황지에서 위세를 떨쳤습니다. 지금 강북의 유명한 사람들도 그들처럼 성주를 도와 강북을 정복할 수 있어야 합니다. 곧장 의로써 소리 높여 반역하고 난폭한 갈족을 토벌하고 옛 선비들에게 명을 내려 근본을 지키는 사람들을 모은다면, 바람이 불어 낙엽이 떨어지듯 순조롭게 일이 진행될 것입니다. 손견은 처음에 장사의 사람들을 이끌고 동탁을 격파하려 했습니다. 비록 도중에 도적에게 해를 입었지만, 그의 굳은 뜻 때문에 신명을 돌아보지 않았습니다."

모용외는 의로운 사람들이 나서서 반역을 일으킨 갈족을 토벌해야 한다고 촉구했다.

"그러다 손권은 양과 월 지역을 기반으로 주씨와 장씨의 외부 지원과 고씨·육씨의 내부 지원을 받아 적벽에서 위나라를 이겼고, 양양을 차지했습니다. 이후 세 주가 왕위를 이어받으며 계속해서 서주와 예주를 공격해 위나라가 편히 쉴 수 없게 만들었습니다. 그런데 왜 지금 강남에선 현준과 익명 같은 현명한 사람들이 재능을 숨기고 여몽·능통 같은 오나라의 옛 영웅들을 본받지 않고 시간을 낭비하는지 모르겠습니다. 더욱이 지금의 흉악한 갈족은 사납고 잔인해 중주 사람들이 매우 어려운 상황에 처해 있습니다. 갈족이 거짓으로 자신을 높이며 사람들을 억압하니 사람들의 마음이 떠나 버렸고, 적에게 약점이 있어 그들을 무너뜨리기는 어렵지 않습니다. 왕랑과 후한 말기의 원술이 황제를 참칭했지만, 그들의 기반이 약하고 근본이 미미하여 미처 발꿈치를 돌리기도 전에 곧바로 화가 닥쳤으니, 이는 군후께서도 잘 알고 있는 사실입니다."

그리고 이어서 말했다.

"사도 왕도(王導)는 맑고 욕심이 적어 자신을 온전히 보전했습니다. 옛 조참(曹參) 역시 이 길을 숭상하여 소하의 한 획을 그은 것 같은 법을 잘 지켜 '획일(畫一)'의 칭송을 얻었습니다. 유량(庾亮)은 국구의 존경을 받으며 옛 주나라 신백의 임무에 처하여 초연하게 은거해 지혜로운 권위를 밝혔습니다. 나 모용외는 침략과 재난의 때를 맞이하여 진나라로부터 누대에 걸친 은혜를 받고도 절역에 떨어져 아무런 도움이 되지 못하고, 마음만 10,000리에 걸쳐 바람을 기다리며 분노를 품습니다. 지금 나라 안에서 초·한의 경중이 될 만한 자는 오로지 군후뿐입니다. 만약 다섯 주의 군사를 모두 일으켜 연주·예주 경계를 점거하여 의로운 선비들이 갈구에 반대해 창을 거꾸로 잡고 갑옷을 벗게 한다면, 갈구는 반드시 멸해져 나라의 수치가 제거될 것입니다. 나 모용외는 한쪽 구석에 있어 감히 적극적으로 석륵을 공격하며 목숨을 다하지 못했습니다. 내가 홀로 경솔히 진격해 봐야 석륵으로 하여금 머리와 꼬리가 모두 두려워하게 만들기에는 부족합니다. 이 때문에 멀리서 뜻을 진술하며 글을 지은 것이지만, 하고 싶은 말을 다 펼치지는 못하였습니다."

모용외는 갈족 석씨의 위협을 멸하고 나라의 수치를 제거하기 위해 적극적인 행동을 해야 한다고 촉구했다.

모용외의 사자가 진나라로 가던 중 풍랑을 만나 바다에 침몰하는 사고가 발생했다. 그 뒤 모용외는 이전에 보낸 편지를 다시 베껴 쓰고, 그의 동이교위 봉추(封抽), 행 요동상 한교(韓矯) 등 30여 명이 지은 소(疏)를 함께 보냈다. 이들은 도간의 부(府)에 올린 글에서 다음과 같이 말했다.

"진(晉)나라가 흥기한 이후, 혜황제 말기에 황후 가씨 일당이 반란을 일으켜 경기에서 혼란을 야기하고 공족들 사이에 불화를 조성하여, 결국 갈구가 그 틈을 타 중국을 뒤집어 예전의 도읍을 파괴하고 산릉을 훼손하였습니다. 과거 험윤이 번성하고 흉노가 강성했을 때조차, 현재의 갈구처럼 중원에 사는 이민족인 화예(華裔)를 이처럼 잔혹하게 짓밟고 왕위를 빼앗은 적은 없었습니다. 거기장군 모용외는 젊은 나이부터 나라에 충성하고 공손하며 엄숙한 태도로 공을 세웠습니다. 산해와 갈구에 둘러싸여 있음에도 불구하고, 그는 늘 경사를 염려하며 밤을 지새우고 나라를 위해 몸을 아끼지 않았습니다. 이제 갈구가 번성하여 조와 위의 땅에 기반을 두고 연과 제를 침략하였습니다. 모용외는 의로운 세력을 이끌고 대역한 갈구를 격파하려 했으나, 그의 지위는 낮고 작위가 가벼우며 부여받은 명예도 없습니다. 이는 번신에 대한 특별한 총애와 뛰어난 공적을 세운 이들을 격려하는 바가 아닙니다. 지금은 조명이 간격이 벌어지고 왕로가 험난하고 멀어 사자가 오가는 데 1년이 걸립니다. 춘추전국 시대의 옛 연나라 강역은 북쪽으로 사막에 도달했고 동쪽으로 낙랑에 닿았으며, 서쪽으로 대산에 이르고 남쪽으로 기주 구석에 달했으나 이제는 모두 오랑캐 조정이 되어 버렸고 이제 조정의 영역이 아닙니다. 저희 모용외의 장령과 좌리들은 모용외를 연왕으로 삼고 대장군의 사무를 행하도록 하여 여러 부를 총괄하고 적의 경계를 할손하는 것이 기주 사람들로 하여금 그의 풍모를 우러르고 교화를 이끌어 역적을 격멸하는 데 도움이 될 것이라고 제안하였습니다. 이는 제환공·진문공의 공에 해당하는 것이니, 실로 사직에 도움이 되는 일이라면 진나라의 정식 임명 없이도 임의로 실행될 수 있는 가치 있는 일입니다. 그러나 모용외는 계속해서 임명을 사양하고 있으니, 그를 연왕으로 책봉해 주십시오."

　모용외의 관리들은 그를 연왕으로 올려 봉해 주기를 청했다. 이에 도간이 봉추 등에게 답장을 보냈다.

　"거기장군 모용외는 나라를 위해 몸을 바치며 진나라에 공물을 바치고, 갈구가 화친을 청할 때는 사자를 붙잡아 우리에게 보냈습니다. 또한 단국과 새외를 정벌하고 멀리 탁발 선비까지 평정했습니다. 그의 공로로 황복 땅에서 공물을 바치게 했지만, 북부의 석륵이 아직 복종하지 않아 여러 차례 군사를 보내 정벌했습니다. 이러한 모용외의 공로를 인정하여 거기장군을 연왕으로 올리고자 하는 제안에 대해 여러분이 진술한 바를 잘 알고 있습니다. 무릇 공을 세우면 작위를 올리는 것은 고대부터 이어진 제도입니다. 이제 편지를 올려 황상께 보고할 것이며, 모용외를 연왕으로 삼을지 여부와 처리 속도는 상서대에 맡길 것입니다. "

모용외의 세력들이 연왕을 칭하기를 원한 것은 자신들의 핵심 거점이 옛 연나라 땅인 데다, 연산산맥이 위치해 사람들이 스스로 연에 속한다고 생각하고 있었기 때문이다. 유주 일대를 장악한 한나라의 노관, 공손연 등도 모두 연왕을 칭했다. 화북평원 일대에 연이라는 나라 이름이 너무 자연스럽게 자리 잡고 있어서 연나라는 중원인들에게도 금방 쉽게 받아들여질 수 있는 나라 이름이었다.

서기 333년 동진 조정의 의논이 아직 정해지지 않았는데, 모용외가 죽자 연왕을 칭하는 문제에 대한 논의를 그만두었다. 모용외가 죽었을 때 나이는 65세이고, 모용 선비부의 수장으로 재위한 것은 49년이다. 황제가 사자를 파견하여 대장군 개부의동삼사로 추증하고 시호를 내려 요동양공이라 하였다. 그러다 뒤에 모용준이 황제를 칭하게 되자 모용외를 무선황제(武宣皇帝)라 하였다.

모용외 시기를 거치면서 모용씨는 이미 중원의 패자로 부상하였으며, 그 판도에는 현재 북경 일대 화북평원, 조백하 동쪽의 요동, 요녕성 조양 일대, 내몽골 일부, 하북성 북부가 포함되어 있었다. 대극성 서쪽 100여 리 지방에 새로운 수도인 용성(요서군)을 건설한 모용외는 다음 단계로 중원을 경략하여 새로운 중원왕조로 진화하는데, 이때 배후의 고구려가 뒷걱정이 되어 고구려를 풍류운산(風流雲山), 즉 뿔뿔이 흩어지게 쳐야 마음 놓고 남하할 수 있었다.

서기 333년 5월, 거기장군이자 요동공인 모용외가 죽고 아들 모용황이 지위를 이었다.

7

연나라 창업의 횃불, 모용황

조선공 모용황의 등극

모용외의 아들로서, 모용황은 아버지의 유산을 이어받으며 새로운 책임과 도전에 직면했다. 그는 아버지의 업적을 계승하고 그의 명성을 더욱 드높이기 위해 노력해야 했다.

모용황은 모용외의 셋째 아들로서, 얼굴은 용처럼 생겼으며, 가지런한 이를 가졌다. 키는 7척 8촌(179.4㎝)이다. 그는 굳세고 날렵한 성격을 가졌으며, 권략에 능통했다. 또한 천문학에 능통하고 경학을 존중하는 지식인이기도 했다. 아버지 모용외가 요동공이 되자, 그는 세자로 지명되어 가문의 후계자가 되었다.

서기 317~318년 벼슬길에 올라 관군장군 좌현왕으로 임명되었고, 망평후(요동군 망평현 조백하 시발점)에 봉해졌다. 군대를 이끌고 여러 차례 토벌에 나서며 누차 공을 세웠다. 서기 323~325년, 평북장군에 임명되고 조선공(朝鮮公, 낙랑군 조선현)으로 봉해졌다.

모용외가 세상을 떠난 서기 333년 5월, 그 지위를 승계하였으며, 평북장군 행평주자사(요동군, 현도군, 창려 일대 포함)가 되어 모용부 내부를 감독하였다. 얼마 후 우문걸득귀가 그의 별부 일두귀에게 축출되어 도망쳤으나 결국 바깥에서 죽음을 맞이했다. 모용황이 기병을 이끌고 토벌에 나서자, 일두귀는 두려움에 휩싸여 화친을 청했다. 모용황은 유음과 안진에 두 개의 성을 쌓고 승리를 확정 지었다.

모용황의 이복형 건위장군 모용한은 날래고 용맹하며 웅대한 재주를 가졌다. 모용황은 그의 능력에 질투를 느꼈다. 또한, 그의 동복 동생 정로장군 모용인과 광무장군 모용소도 아버지 모용외의 총애를 받았기 때문에 모용황은 그들에게도 불평하는 마음을 품었다. 그러다 아버지 모용외가 세상을 떠나자, 모용황과 그의 형제들은 두려움에 각자의 생존과 권력을 위한 경쟁을 준비했다.

모용한은 단요에게로 도망쳤고, 모용인은 모용소에게 모용황을 폐위시키자며 거병을 권유했다. 모용황은 이 위협을 감지하고 재빠르게 대응했다. 모용황은 단호하게 모용소를 처단했다. 그러고는 자신의 믿을 만한 사자를 파견하여 모용인의 허실을 살피게 했다. 그가 험독(조선 왕험성·평양성)에서 우연히 모용인을 만났다.

모용인은 자신의 계획이 발각되었음을 깨닫고, 모용황의 사자를 살해한 후 동쪽 평곽으로 피신했다. 모용황은 이에 대응하여 동생 건무 모용유와 사마 등수를 보내 모용인을 공격하게 했다. 모용유와 그의 군대는 모용인에게 대패하였고, 모용인은 모용유와 그의 군대를 포로로 잡았다. 요동군 양평(襄平) 현령 왕빙과 장군 손기가 요동에서 모용황에게 반기를 들었다. 동이교위 봉추, 호군 을일, 요동상 한교(韓矯), 현도태수 고후 등은 모두 성을 벗어나 도망쳐 모용황에게 돌아갔다.

모용인은 요좌(遼左) 땅을 전부 차지하고 스스로 거기장군 평주자사 요동공을 자칭했다. 우문귀, 단요, 그리고 선비 여러 부가 그를 지원했다. 이로써 모용인의 영향력은 크게 확대되었다. 모용황은 이러한 상황에 직면하여 큰 위기를 맞았다. 그는 모용인의 확장하는 영향력에 맞서기 위해 새로운 전략을 모색해야만 했다. 그는 가문 내부의 반역자들과 외부의 적들에 맞서 싸우며 가문의 안위를 지키기 위해 분투했다.

서기 334년, 모용황은 사마 봉혁을 파견하여 백랑(白狼, 북경 남쪽 요서군)에서 선비족 목제(木堤)를 공격하게 했다. 동시에 양위장군 숙우에게는 평강에서 오환족 실라후를 공격하도록 지시하여 그들을 모두 격파했다. 재관 유패는 을련을 공격했으나 실패했다.

한편, 단요가 요서군 도하(徒河)를 침범했을 때, 모용황의 장수 장맹이 이를 역격하여 격파했다. 단요의 동생 단란이 모용한과 함께 영주 치소인 유성(요서군 마수산 서남쪽)을 공격하였다. 모용한은 단요에게로 달아난 이후 단요로부터 존경과 사랑을 받고 있었다. 모용황의 도위 석종이 이를 공격하여 패퇴시켰다. 열흘쯤 후에 단란과 모용한이 다시 유성을 포위했다.

모용황이 영원장군 모용한과 봉혁 등을 보내 그들을 구원하게 했다. 모용황이 모용한(慕容汗)에게 경계하며 말했다.

"적의 숫자가 많고 기세가 드세 직접 맞서 싸우기 어려우므로 반드시 신중하게 처신해야 하며, 경솔하게 진격하지 말라. 반드시 군대가 완전히 집결하고 진형이 정비된 후에 공격을 시작하도록 하라."

그러나 성정이 사납고 날카로운 모용한은 그 말을 듣지 않고 1,000여 기를 선봉으로 보내 진격하게 하였다. 봉혁이 경솔한 진격을 말렸으나 모용한은 듣지 않았다. 그 결과 모용한의 군대는 단란에게 패하여 절반 이상의 병사들이 죽었다. 단란이 다시 유성을 공격하며 구름사다리를 만들고 땅굴을 파는 등 20여 일간 포위하였다.

모용황의 유성이 패하자 단란이 승세를 이어 깊숙이 진격하려 하니, 모용한(慕容翰)은 연나라에 피해가 갈 것을 우려하여 단란을 속이고 설득해 결국 단란이 나아가지 않도록 만들었다. 석종이 스스로 장수와 병사들을 인솔하고 출격하여 격파하고 1,500명을 참수하니 이에 단란이 달아나 돌아갔다.

서기 334년, 동진의 황제인 성제가 서맹, 여구행 등을 파견하여 모용황에게 부절을 전달했다. 모용황은 진군대장군 평주자사 대선우 요동공으로 임명되었으며, 지절과 도독으로서 임의로 승제하여 관작을 봉배하는 권한을 부여받았다. 이 임명은 모용외의 전례와 유사했다. 모용황은 스스로 요동을 공격하여 양평(襄平, 당산시 일대)을 차지했다.

모용인이 임명한 거취(居就, 요동국 거취현) 현령 유정(劉程)이 성을 들어 항복했고, 신창(新昌, 요동국 신창현) 사람인 장형도 현령을 붙잡고 항복했다. 이에 모용인이 임명한 태수와 현령들을 처형하고 요동의 대성들을 극성으로 옮겼다. 또한, 화양·무차·서락의 세 현을 설치한 후에 돌아왔다.

모용황의 군사적 성취와 동진 성제로부터의 인정은 그를 강력한 지도자로 만들었다. 그는 능숙한 정치적 움직임과 군사적 능력으로 자신의 위치를 확고히 했다. 그의 리더십 아래, 그의 영토는 안정과 번영을 이룩했다.

서기 335~336년 무렵, 모용황은 봉혁을 보내 우문선비의 별부 섭혁우를 습격하게 하였다. 봉혁은 전리품과 포로를 노획하는 등 크게 이겼다. 돌아오는 도중에 섭혁우의 기병에게 추격을 받았지만, 혼수(渾水, 영정하)에서 싸워 다시 한번 승리를 거두었다.

모용황이 장차 바다를 건너 모용인을 토벌하려 하자, 여러 신하들이 모두 간언하며 말했다.

"바닷길은 험하고 위태로우니 마땅히 육로로 쳐야 합니다."

이에 모용황이 말했다.

"과거에는 바닷물이 얼지 않았지만, 모용인이 반란을 일으킨 이후로 세 번이나 얼어붙었다. 옛날 후한 광무제가 얼어붙은 호타(滹沱)를 건너며 대업을 이루었듯이, 어쩌면 하늘이 내게 기회를 주는 것이 아니겠는가! 내 계획은 이미 확고하며, 이를 방해하려는 자가 있으면 참할 것이다!"

그러고는 몸소 삼군을 통솔하여 창려에서 요동으로 얼음 위를 걸으며 진격했다. 모용인은 모용황이 공격해 올 것을 예측하지 못하였다. 모용황의 군사들이 평곽에서 7리쯤 떨어진 곳에 도착했을 때에야 모용인의 척후 기병이 적군의 침입 소식을 전했다. 이에 모용인이 당황스러워하며 출전하였다가 결국 모용황에게 포로로 붙잡혔다. 모용황은 모용인을 죽인 후 승리를 안고 돌아왔다. 그의 대담한 계획과 용감한 진격은 그가 강력한 군사 지도자로서의 지위를 확고히 하는 데 결정적인 역할을 했다.

서기 335~336년 기간에 모용황은 조양문 동쪽에 임금이 직접 농사짓는 적전을 두고 관사를 설치해 관리하도록 했다. 단요는 그의 장수 이영을 보내 요서군 영지의 동쪽인 무흥을 야습하게 했다. 그러나 비를 만나 군을 이끌고 돌아가던 중 도위 장맹(張萌)이 추격해 이영을 사로잡았다. 단란은 수만 명의 군대를 이끌고 곡수정에 주둔하며 장차 유성을 공격하려 했다. 우문 일두귀는 안진에 들어와 약탈을 하며 단란을 지원했다.

모용황은 보병과 기병 50,000명으로 단란과 우문귀를 공격했다. 그의 군대가 유성에 주둔하자, 단란과 우문귀의 두 오랑캐가 모두 도망쳤다. 이에 봉혁을 보내 경기병을 이끌고 추격하여 이들을 격파했다. 이로써 모용황은 또 다른 큰 승리를 거두었다. 모용황은 수차례에 걸쳐 커다란 군사적 성과를 거두었고, 적의 관사에서 그들의 군량을 취하며 20여 일을 보낸 후에 귀환했다. 모용황이 여러 장수들에게 말했다.

"단씨와 우문씨의 두 오랑캐들이 치욕스럽게도 어떠한 공도 세우지 못하고 돌아갔으므로, 분명히 다시 공격해 올 것이다. 따라서 유성 좌우에 매복하면서 기다려야 할 것이다."

그러고는 봉혁을 파견하여 기병을 이끌고 마두산(馬兜山, 요서군 마수산) 인근의 여러 갈래의 길에 복병을 두도록 하였다. 얼마 후 과연 단요의 기병이 도착했고, 봉혁이 이를 매복 공격하여 대파하고 그의 장수 영보를 주살했다. 겸장사 유빈과 낭중령 양경을 보내 동진의 사자로 와 있던 서맹 등을 호송하며 건업으로 돌아가게 하였다. 모용황의 세자인 모용준에게 단요의 여러 성을 공격하도록 지시하고 봉혁에게는 우문귀의 별부를 공격하게 하니, 이들은 모두 큰 승리를 거두고 돌아왔다.

모용황은 군주의 잘못을 간해도 용서한다는 뜻의 납간지목(納諫之木)을 세우고 곧은 말을 듣기 위해 애썼다. 이후에 창려군으로 이동하고, 을련의 동쪽에 호성을 건설했다. 장군 난발을 그곳에 주둔시켜 을련(乙連)을 압박하게 하였고, 또한 곡수에 성을 쌓아 난발을 지원했다.

을련에 심각한 기근이 발생하여 단요가 을련으로 식량을 보냈지만, 난발이 이를 중간에서 가로채어 빼앗았다. 단요는 장수 굴운을 보내 흥국을 공격하게 했다. 모용황의 장수 모용준은 굴운과 오관수가에서 격돌하여 큰 승리를 거두었다. 굴운은 모용준에게 패하여 처형되었고, 그의 무리들은 모두 붙잡혔다.

서기 337년, 봉혁 등은 모용황의 임무가 막중한데도 불구하고 그 지위가 낮은 데 머물고 있으니 의당 연왕(燕王)을 칭해야 한다고 주장하였다. 연왕 호칭 문제는 모용외 시기부터 미루어져 온 문제였다. 모용황은 좌우 신하들의 주청을 받아들여 연왕의 자리에 올랐고, 그 경내의 죄수들을 사면했다. 이로써 중원에 전연, 후연, 서연, 남연, 북연 등 연나라의 다섯 왕조가 성립되는 시발점이 되었다.

모용황은 봉혁을 국상으로, 한수(韓壽)를 사마로 임명하였다. 또한 배개(裴開), 양무(陽騖), 이홍(李洪), 왕우(王寓), 송해(宋該), 두군(杜羣), 황보진(皇甫眞), 유첨(劉瞻), 석종(石琮), 양협(陽協), 평희(平熙), 송황(宋晃), 장홍(張泓) 등을 열경이나 장수로 임명했다. 그리고 문창전을 세우고 금근거를 타고 다니며, 여섯 마리의 말이 끌게 하고 출입할 때에 경계하며 길을 비워 사람들이 함부로 나다니는 것을 금하도록 하였다. 그의 아내 단씨를 왕후로, 세자 모용준을 태자로 삼아 모두 조위 무제 조조, 진문제 사마소 등이 보정하던 때의 전례대로 하였다.

모용황은 단요가 여러 차례 변경에 위협을 가하자 장군 송회(宋回)를 후조의 3대 황제인 석호(재위 334~349년)에게 보내 칭신하며 단요를 칠 군대를 요청했다. 그러자 석호가 군대를 통솔하여 진격하였고, 모용황은 친히 삼군을 이끌고 단요의 도읍인 요서군 영지 북쪽의 여러 성들을 경략하였다. 단요가 의논하여 그를 뒤쫓으려 하였는데, 모용한은 모용황이 몸소 통수하면 반드시 싸움에 이길 것을 알았으므로 이에 단요에게 말했다.

"지금 석호가 우리를 향해 진격하고 있으니 큰 위기를 맞이했습니다. 이제 작은 일로 시간을 낭비할 때가 아닙니다. 연왕이 직접 나선 만큼 그의 병력은 정예입니다. 전쟁에는 늘 위험과 걱정이 따릅니다. 만약 모용황과의 전투에서 패한다면, 남쪽에서 오는 석호의 군대를 어떻게 막을 수 있겠습니까!"

단란이 노기를 띠며 말했다.

"내가 이전에 경의 속임수 쓰는 말을 들었다가 지금의 우환이 생기기에 이르렀으니 또다시 경의 계책에 빠져들 수는 없소."

그러고는 군대를 이끌고 모용황을 추격하였으나 과연 단란이 대패하였다. 모용황이 수천 명의 적을 처단하고 5,000여 호를 약탈한 뒤에 귀환했다. 모용한은 비록 몸은 적국에 망명하고 있었으나 그때그때의 사정에 따라 충성을 다하였으니 모두 이와 같았다.

석호가 서무(徐無, 우북평군 서무현)에 이르자 단요는 밀운산(密雲山, 어양군 밀운구)으로 달아났다. 석호가 진격하여 영지로 들어와서는 모용황이 약속을 어기고 군대를 합류시키지 않았다는 소식에 분노하면서, 모용황을 치고자 극성에 이르렀다.

석호(石虎)의 자는 계룡(季龍)으로 석륵의 조카였다. 무예가 출중하여 석륵의 신임을 받아 어린 나이에 장군이 되었다. 그는 이 시대가 낳은 가장 무서운 전사 중 한 명이었다. 그러나 그의 천성은 평범한 사람들이 이해할 수 없는 포악함으로 가득 차 있었다. 전쟁터에서의 승리는 그에게 단지 다음 학살로 가는 길을 열어 주는 것에 불과했다. 성을 점령할 때마다, 그는 성안의 주민들을 무차별적으로 죽였다. 그의 손에 죽어 간 이들의 숫자는 이미 셀 수 없이 많았다.

석륵은 후조를 건국하고 그의 조카 석호에게 중산공이라는 칭호를 내렸다. 이는 석호의 승전 공적을 인정한 것이었지만, 그에게는 그 어떤 영광도 그의 마음속 깊은 어둠을 지워 주지 못했다. 한편, 석호의 평안을 꿈꾸는 이들은 점점 더 그의 포악함에 공포를 느꼈다. 소문은 빠르게 퍼졌고, 그의 이름은 더 이상 존경의 대상이 아닌, 경계의 대상이 되었다. 사람들은 그의 지나가는 길을 피했고, 그의 눈빛에는 더 이상 인간의 온기를 찾아볼 수 없었다.

그러던 어느 날, 석호는 전쟁터에서 돌아와 조용히 서 있는 한 무덤 앞에 섰다. 그곳에는 그가 죽인 사람들의 이름이 새겨져 있었다. 그는 자신의 행동을 후회하는 것처럼 보였지만, 그의 눈에서는 눈물 한 방울조차 흐르지 않았다. 그는 알고 있었다. 그의 길은 이미 정해져 있었고, 그 어떤 후회도 그의 운명을 바꿀 수 없었다.

석호의 야망은 그의 혈맥보다 더 짙고, 그의 욕망은 그가 걷는 길을 밝히는 불길보다 더 뜨거웠다. 중산왕의 칭호를 받은 그날부터, 그의 마음속에는 황제의 자리를 향한 불만과 갈망이 꿈틀대기 시작했다. 자신의 공로가 누구보다 크다고 여겼지만, 황태자의 자리는 그의 손아귀에서 미끄러져 나갔다. 이에 대한 불만은 시간이 지날수록 독이 되어 그의 내면을 갉아먹었다.

서기 333년, 운명의 바람이 불었다. 석륵이 병으로 쓰러지자 석호는 그 기회를 놓치지 않았다. 권력의 공백을 메우려는 자들 사이에서, 그는 교묘하게 침전을 장악해 정권의 중심에 섰다. 하지만 반대 세력의 압력은 예상보다 강했다. 석륵이 세상을 떠난 후, 석홍이 황제로 오르는 것을 바라만 봐야 했다.

그러나 석호의 야심은 그저 바라보는 것으로 만족할 수 있는 성격이 아니었다. 서기 334년, 그는 권모술수와 압도적인 정치적 능력으로 실권을 자신의 손에 쥐었다. 결국, 석홍으로부터 선양을 받아 기어이 황위에 올랐다. 황제가 된 후 석호의 생활은 눈부시도록 변했다. 그의 욕망은 끝이 없었고, 그의 궁전은 그 어떤 환상보다도 화려했다. 서기 336년, 그는 양국과 업성에 새로운 궁궐을 짓기 시작했다. 이 거대한 궁궐들은 그의 권력과 부를 상징하는 동시에, 그의 극도의 사치와 향락을 드러내는 장소가 되었다.

가장 충격적인 일은 그가 13세에서 20세 사이의 어린 미녀 30,000명을 선택해 궁중으로 불러들인 것이었다. 이들은 그의 향락을 충족시키기 위해 선발되었다. 이러한 행동은 그의 권력이 얼마나 절대적이며, 그의 욕망이 얼마나 무제한적인지를 보여 주는 증거였다. 하지만, 석호의 이러한 생활은 후조의 백성들 사이에서 분노와 불만을 샀다. 그의 호화로운 생활과 끝없는 사치가 나라를 이끄는 황제로서의 책임과 도덕성을 잊게 만들었다. 사람들은 그의 궁궐의 화려함 뒤에 숨겨진 어둠과 부패에 대해 속삭이기 시작했다. 그의 통치는 화려한 궁궐과 무수한 미녀들로 장식되었지만, 그의 영혼은 점점 더 황폐해져만 갔다.

황제 석호의 야심은 화려했던 궁궐의 벽을 넘어, 먼 대지까지 이어졌다. 그의 군대는 불가사의한 힘을 발휘했고, 그의 이름은 이제 먼 땅의 적들에게도 공포의 대명사가 되었다. 석호는 자신의 영토를 확장하고자 하는 끝없는 욕망에 불탔다. 그는 자신을 위협하는 모든 세력을 제거하기 위해 무자비한 공격을 가했다.

서기 338년, 석호는 선비족 단부를 멸망시키는 대업을 이루어 냈다. 그의 군대는 거침없는 힘으로 선비족의 마지막 저항을 짓밟았다. 같은 해, 그는 모용황의 전연을 공격하기로 결심했다. 그의 군대는 번개처럼 전연을 향해 진격했으며, 그들의 발걸음은 땅을 울리고 전연 사람들의 마음을 뒤흔들었다.

석호의 융졸 수십만 명이 사면에서 극성으로 진공하니 성안 사람들이 두려움에 떨었다. 석호의 군대는 불가사의한 힘으로 전선을 밀고 나갔고, 그의 명령하에 집결한 병사들은 천하를 뒤흔드는 거대한 물결이 되었다. 모용황의 통치하에 있던 군현과 여러 부에서조차 모용황을 배반하고 석호를 따르는 자들이 나타났고, 그 수는 36개 성에 이르렀다. 이 배신은 모용황의 군대에 큰 혼란을 초래했으며, 석호의 세력은 순식간에 거대해졌다.

서로 대치한 지 열흘 남짓 지났을 때, 전황은 점점 더 석호에게 유리해졌다. 그의 압도적인 힘 앞에, 모용황의 신하들조차 패배의 그림자를 느꼈다. 좌우의 신하들은 모용황에게 항복할 것을 권했다. 그들의 목소리는 절박했으며, 그들의 눈빛은 패배를 인정하는 슬픔으로 가득 찼다. 하지만 모용황은 고개를 저었다. 그의 눈빛은 여전히 단호했고, 그의 의지는 철같이 굳건했다. 그는 자신이 천하의 주인이라는 사명감으로 가득 차 있었으며, 그 어떤 위협에도 굴복하지 않겠다는 결의를 보였다.

모용황이 말했다.

"고(孤)가 바야흐로 천하를 차지하고자 한다. 그런데 어찌 남에게 항복하겠느냐!"

모용황의 결의는 굳건했다. 그는 아들인 모용각 등을 보내 기병 2,000명을 이끌고 새벽에 출전해 석호의 군대를 기습 공격했다. 모용각의 주도면밀한 공격에 석호의 여러 부대가 놀라고 혼란스러워져 갑옷을 버리고 도주했다. 모용각이 승리의 기세를 몰아 적을 추격했다. 그의 날렵한 기병대는 적군을 쫓아 30,000여 급을 참획하였다. 모용각은 범성을 쌓고 수비병을 두어 이를 지키도록 한 후에 귀환했다.

당시 선비족 선우 단권이 진나라의 표기대장군 요서공이었는데 원래 뛰어난 사람을 좋아해서 마음을 비우고 겸손한 태도로 양유를 초대하였다. 양유가 친구인 성반에게 말했다.

"공자는 조나라에서 반란을 일으킨 필힐의 초청에 기뻐하며 자신을 먹을 수 없는 박과 오이에 비유하였고, 이윤도 '누구를 섬긴들 임금이 아니겠는가, 누구를 부리든 백성이 아니겠는가?'라고 하였소. 성현들조차 이러했으니 하물며 나 같은 사람은 어떻겠소! 단권이 지금 나를 초청하는데, 이것이 어찌 헛된 일이겠소!"

이에 성반이 말했다.

"이제 화하족이 분열되어 무너지고 구주가 쪼개져 버렸으니, 유일하게 궤적이 미칠 만한 곳은 역수(易水) 근처뿐이오. 초야에 숨어 시대의 큰 변화를 기다리는 것은 황하가 맑아질 때를 기다리는 것과 같소. 사람의 수명이 얼마나 되겠소? 옛사람이 인생의 무상함을 말하며 백구의 탄식을 하였고 소유(少游)는 '군의 하급관리조차도 족히 후대에 은혜를 베풀 수 있는데, 하물며 국상이겠는가!'라고 말했소. 경이 이윤과 공자의 행적을 따르려 하니 기미를 미리 알아차리는 것이 신과 같소이다."

그렇게 해서 양유가 초청에 응하여 낭중령과 중군장군으로 임명되고 상경의 지위에 올랐다. 단씨의 다섯 임금을 두루 섬기며 지극히 존중받았다. 단요(段遼)가 모용황과 대립하며 서로 공격하니 양유가 간언하여 말했다.

"신이 들은 바에 따르면, 친한 이웃 나라가 국가의 보배라고 합니다. 모용씨는 우리나라와 대대로 혼인 관계를 맺었으며, 모용황은 뛰어난 덕을 갖춘 임금입니다. 그와 전쟁을 하여 원한을 쌓고 백성들을 고달프게 해서는 안 됩니다. 신은 재앙이 이로 인해 시작될까 두렵습니다. 원하건대 양측이 과거의 실수를 바로잡고 싸움이 시작되기 전처럼 서로 왕래하며 우호적으로 지내도록 해야 합니다. 이로써 국가는 안정을 되찾고 모든 백성이 무거운 부담을 벗는 은혜를 입도록 하십시오."

그러나 단요는 그의 말을 듣지 않았다. 양유는 외직으로 전출되어 연군태수가 되었다. 석호가 영지를 점령한 후 항복하여 북평태수로 임명되었고, 이후 수도로 불려와 상서좌승이 되었다. 그런데 단요가 석호에게 사자를 보내 가짜로 항복한 척하며 군대를 파견해 지원해 줄 것을 요청했다. 석호가 그의 정동장군 마추를 보내 군대를 이끌고 단요를 맞이하게 하였다. 양유가 상서좌승으로서 마추의 사마를 겸하여 종군하였다.

이때 모용황의 아들 모용각은 정예기병 7,000명을 밀운산에 복병으로 두어 석호의 군대를 대파하였다. 모용각은 석호의 사마 양유(陽裕), 장군 선우량(鮮于亮)을 붙잡고 단요와 그의 부하들을 포로로 붙잡아 귀환하였다. 모용황은 양유를 사로잡았다는 모용각의 보고를 받고 그를 직접 만나 보고자 하였다. 모용황은 평상시에 양유의 명성을 익히 알고 있었으므로 그를 즉각 풀어 주도록 명하고는 낭중령으로 임명하고 대장군 좌사마로 올렸다.

동북 방면에서 모용황의 위세가 널리 떨치자, 동진 조정에서는 사자를 보내 모용황에게 벼슬을 내렸다. 모용황을 정북대장군 유주목 겸 평주자사로 임명하고 산기상시를 더해 주었으며, 10,000호의 식읍을 늘려 주고, 지절 도독 선우 요동공은 예전과 같도록 했다. 모용황의 전군사 모용평은 요서에서 석호의 장수 석성 등을 격파했다. 그는 장수 호연황과 장지를 주살하고 1,000여 호를 약탈한 후 승리를 거두고 돌아왔다. 이후 단요가 반란을 일으키자 모용황이 이를 진압하고 단요를 처형했다.

석호가 석성을 시켜 범성을 공격했으나 실패한 후 진격하여 광성을 함락시켰다. 이때 석호는 황제를 칭하고 있었으며, 모용황 또한 스스로 연왕을 자칭하며 중원을 정벌하려는 계획을 세우고 있었다. 동진 조정에서는 이에 대해 아무런 조명도 보내지 않았다. 이에 모용황이 장사 유상(劉祥)을 경사에 파견하여 전리품을 바치고, 군사를 크게 일으켜 중원을 토평할 계획을 알렸다. 또한 유량이 죽고 그 동생인 유빙과 유익이 새로운 장상이 되었다는 소식에, 모용황은 동진 조정에 경고하는 표문을 보냈다.

"신이 전대의 밝거나 어두운 임금에 관해 살펴보니, 현명한 인재를 중용하고 그들과 함께 나라를 이끌었을 때 천하는 평화롭고 번영하였으나, 황후의 친족과 같은 외척을 중용하면 나라는 반드시 쇠퇴하고 국운이 기울었습니다. 주나라의 신백은 현구라 불렸으나 스스로 외부에서 번신으로 머물며 조정 안의 권력을 취하지 않았습니다. 반면, 진소왕과 한무제는 외척을 신임하고 중요한 정무를 맡겼다가 국정을 혼란에 빠뜨리고, 나라를 망칠 뻔했습니다. 한무제 때에 전분을 중용하여 중요한 정무를 그가 모두 결정하였으니, 그의 사후에 이를 갈며 한스러워했습니다. 성제 때에는 외척의 방종이 극에 달해 왕망에게 제위가 쉽게 넘어갔습니다. 매번 이런 일들을 읽을 때마다 그 어느 누가 애통하지 않겠습니까! 폐하께서는 하늘이 내린 빼어난 분으로 진나라의 도를 융성케 해야 마땅하지만 나라에는 우환이 많고 그에 대한 대책은 미흡합니다. 그 까닭을 고찰해 보면, 유량(庾亮)이 원구의 지위에 거하며 무거운 권세와 대업을 맡아 집정하면서 변경의 장수들을 경시한 것이 화근이 되어, 결국 소준(蘇峻)과 조약(祖約)이 분노를 이기지 못하고 국가를 파멸로 이끌었습니다. 태후가 분노하여 갑자기 세상을 떠났으며, 사직을 보호할 사람과 신령의 도움이 없었다면, 승냥이와 이리 같은 악한 마음이 극도로 번성했을 것입니다! 중서감 좌장군 유빙은 내부에서 중추적인 역할을 맡아 주요 사무를 총괄하고, 외부에서는 상장의 지위를 차지하였으며, 유빙의 형제들이 줄지어 섰습니다. 신하 중에 그와 비교할 만한 자가 없습니다. 폐하께서 외삼촌을 매우 친애하더라도 유빙 등은 스스로 자리에서 물러나야 합니다. 만일 폐하께서 구씨를 높이고 현달시키고자 한다면, 조정의 중책을 맡기지 마시고 바깥의 번국에 봉한다면 무슨 문제가 생기겠습니까! 나라가 위태로울 때, 조정의 신하들이 직간하지 않으니, 이런 재상들은 어디에 쓸까요? 옛날 한나라 때 왕장과 유향은 항상 봉사를 올리며 외척인 왕씨 배척을 촉구했지만, 이 때문에 둘 중하나는 죽임을 당하고 다른 하나는 형을 받았습니다. 곡영과 장우는 망설이며 고하지 않았기에 몸은 용납되고 화를 면했지만, 세상 사람들의 비웃음을 샀습니다. 신은 피발(被髮)하고 풍속이 중국과 다른 이민족인 조선인으로서 상장의 지위를 얻어 밤낮으로 오직 보답할 방법을 근심합니다. 다만 밖으로는 원수를 진멸하고 안으로는 충성스러운 임무를 수행하며 전력을 기울여 나라의 은혜에 보답할 뿐입니다. 만약 신이 이를 간언하지 않는다면 다른 누가 할 수 있겠습니까!"

또한 유빙에게 서신을 보내어 말했다.

"그대는 왕후의 친척이자 구씨의 일원으로, 추기를 총괄하고 왕명의 출납과 열장, 주사의 직책을 겸임하며 형제와 함께 경기 지역에서 큰 영향력을 행사하고 있습니다. 이 지위에는 주나라 신백과 같은 중대한 책임감이 따릅니다. 만약 이에 미치지 못한다면, 과거 후한의 양기와 두헌처럼 고위직에 있었던 이들이 나라에 화를 끼치고 자신들도 멸망의 길을 걸었던 역사가 반복될 수 있습니다. 임금들이 자신의 모족들에게 지나치게 의존한 것이 재앙을 초래했으며, 이를 피하기 위해 번국에 봉하는 방법을 선택하지 않은 것은 큰 실수였습니다. 현재 전국이 큰 위험에 처해 중원은 도적의 손에 넘어가고, 백성들의 집안에는 유혈의 앙금과 복수심이 가득합니다. 이런 상황에서 어찌 편안히 소일하고 고아한 담론만 나누며 세월을 보낼 수 있겠습니까! 비록 제 덕이 부족하지만 선제로부터 과분한 은혜를 받아 열장의 자리에 임명되어 여러 군의 백성들을 맡고 있습니다. 여전히 강한 오랑캐를 병탄하고자 하여 한 계절에는 농사에 힘쓰고 나머지 세 계절에는 용병하였습니다. 그 결과 사졸들은 피곤해하지 않고 창고에는 넉넉한 곡식이 있으며 적은 우리를 두려워하고 우리의 강역은 날로 확대되고 있습니다. 하물며 황제의 위엄과 당당한 기세를 어찌 이것과 비할 수 있겠습니까!"

유빙이 모용황의 표문과 서신을 읽어 본 후 매우 우려하였으며, 모용황이 멀리 떨어진 곳에 있어 제어할 수 없다고 판단하여 마침내 하충 등과 함께 상의한 끝에 주청하여 모용황이 연왕(燕王)을 칭하도록 하였다.

서기 338년, 단요가 패배했을 때 그에게 망명하고 있었던 모용황의 서형, 건위장군 모용한은 다시 북쪽으로 가서 우문귀에게 투탁했다. 평소 자신이 위명을 떨쳤기 때문에 결국 몸을 보전할 수 없을 것이라고 여겨 겉으로 미친 척하며 날마다 폭음하고 머리를 풀어 헤치며 크게 노래를 불러 댔다. 우문귀는 그의 행동을 그대로 믿고 통제하지 않았으므로 모용한은 이 기회를 이용해 마음대로 주유할 수 있게 되어 이곳저곳을 돌아다니며 산천의 지형과 전투에 필요한 주요 경로들을 익혔다.

모용황은 상인 왕차를 파견하여 모용한의 상황을 은밀히 살펴보게 했다. 왕차가 모용한을 찾아갔을 때, 모용한은 아무 말도 하지 않고 자신의 가슴을 어루만지기만 했다. 왕차가 돌아와 모용황에게 이에 대해 보고했을 때, 모용황이 말했다.

"모용한이 이제 돌아오고 싶어 하는구나."

그러고는 왕차를 다시 모용한에게 보내 활과 화살을 주었다. 모용한이 우문귀의 준마를 훔쳐 자신의 두 아들과 함께 모용황에게 돌아가고자 했다. 이에 우문귀는 굳센 기병 100여 명을 보내 그를 추격하게 했다. 모용한은 멀리서 자신을 뒤쫓는 자들에게 외쳤다.

"내가 고향을 그리워하여 돌아가려고 하니 이치상 나를 뒤쫓을 까닭이 없다. 내 활 솜씨를 잘 알고 있을 터이니, 가까이 다가와서 스스로 위험을 감수하는 일이 없도록 하라. 내가 너희 나라에서 오랫동안 살았기에, 너희들을 쉽사리 해할 수 없음이 한스럽구나. 너희들이 100보 떨어진 곳에 칼을 세우면 내가 화살을 쏠 것이다. 만약 맞히면 너희는 곧장 돌아가야 하며, 맞히지 못하면 앞으로 나와도 좋다."

우문귀의 기병이 칼을 풀어 땅에 꽂자 모용한은 화살을 하나 쏘아서 정확히 칼날 끝을 맞혔다. 그 결과 쫓아오던 기병들이 두려워하며 흩어졌다. 모용한이 돌아오자 모용황이 깊은 은례를 더해 주었다.

모용황이 석호의 군대를 격파하고자 하여 여유롭게 여러 장수들에게 전략을 말했다.

"석호는 스스로 안락(安樂)의 여러 성들의 수비가 단단하다고 생각해 성의 남쪽과 북쪽은 필시 방비에 소홀할 것이다. 이제 우리가 예상치 못한 사잇길을 통해 뜻하지 않게 출격한다면 기주의 북쪽 땅을 모두 정복할 수 있을 것이다."

이 계획에 따라 모용황은 기병 20,000명을 이끌고 열옹새 밖으로 멀리 달려가 계성에 도착했다. 그는 무수진을 건너 고양(高陽, 하간국)으로 진군하며, 지나는 곳마다 쌓아 놓은 것들을 불태웠고, 유주와 기주에서 30,000여 호를 사로잡아 자신의 영지로 이주시켰다. 이후 모용황은 양유와 당주 등에게 명해 용성을 쌓고 궁묘를 건설하도록 했다.

용성을 쌓고 그곳으로 천도하는 과정에서 양유는 성지와 궁합의 설계를 구상하였다. 양유는 모용황에게 출사한 후 날이 갈수록 그와 가까워졌고, 그에 대한 총애와 영향력이 오래 봉직한 옛 신하들보다 높았지만, 그의 성정이 겸손하고 청렴하며 강직하니 조신 중 우두머리의 지위에 오랜 기간 있었음에도 마치 포의의 선비처럼 행동했다. 그는 떠돌다 죽은 사대부의 시신을 거두어 매장해 주었고, 고아를 돌보는 일에 소홀함이 없었으며, 현명하거나 불초한 선비를 구분하지 않고 모두 성심껏 후대했다. 이런 까닭에 이르는 곳마다 추앙받았다.

하북성 범양 사람인 노심(盧諶)이 항상 그를 칭찬하며 말했다.

"내가 진나라가 청평한 때부터 조정의 선비들을 많이 보았지만 충성심과 의지력이 양유만큼 뛰어난 이는 실로 몇 명을 보지 못했도다."

모용황은 유성을 고쳐 '용성현'이라 불렀다. 영주 유성군은 고대의 고죽국이고, 춘추 시대에는 산융과 비자(肥子) 두 나라가 있었던 곳이다. 한나라 때 요서군 도하의 청산은 유성군에서 동쪽으로 190리 떨어져 있었다. 그리고 창려 극성은 전욱 고양 임금의 옛터로 유성군에서 동남쪽으로 170리 떨어져 있었다. 모용황은 유성의 북쪽, 용산의 남쪽을 복덕의 땅이라 여겨 마침내 용성으로 도읍을 옮기고 새롭게 만든 궁전을 '화룡궁'이라 불렀다. 유성에는 백랑산(白狼山)과 백랑수가 있었으며, 한나라의 부리(扶犁)현 옛 성이 그 동남쪽에 있다.

모용황의 거침없는 행보에 대해, 동진의 성제는 그의 영향력을 인정하고 그를 공식적으로 대우하기로 결정했다. 성제는 대홍려 곽희를 특사로 파견하여 모용황에게 시중 대도독하북제군사 대장군 연왕의 직위를 부여했다. 그리고 나머지 관직은 예전과 같도록 하였다. 여러 공신들 100여 명을 봉했다. 이는 모용황의 군사적·정치적 성공을 공식적으로 인정하는 행위로, 그의 지위와 영향력을 한층 강화시켰다.

서기 341년, 모용황은 수도를 극성에서 용성으로 옮겼다. 그해, 우문귀의 국상인 막천혼이 모용황에 대한 공격을 위해 군대를 이끌고 나섰다. 모용황의 장군들은 적과의 전투를 간곡히 청했으나, 모용황은 그들의 청을 거절했다. 이에 막천혼은 모용황이 자신을 두려워한다고 여기며 경계를 늦췄다. 그는 마음껏 술을 마시고 사냥에 몰두하며 방어를 소홀히 했다. 이러한 막천혼의 방심을 놓치지 않은 모용황은 결정적인 기회를 포착하고는 말했다.

"드디어 막천혼이 방심하며 자만에 빠져 방비를 소홀히 하고 있다. 이제 우리가 공격할 때가 찾아왔다."

모용황은 자신의 아들 모용한에게 기병을 이끌고 막천혼을 공격할 것을 명령했다. 모용한은 신속하고 결정적인 기습으로 막천혼의 부대를 덮쳤다. 막천혼은 대비하지 못한 상태에서 공격을 받아 크게 패배했다. 그는 간신히 목숨만 건지고 탈출했지만, 그가 이끌던 대부분의 군대는 모용한의 손에 붙잡혔다. 이 승리로 모용황의 명성은 더욱 높아졌으며, 수많은 적들은 그의 전략적 능력을 경외하게 되었다.

고구려 공격,
남로인가 북로인가

서기 331년 2월, 고구려의 미천왕이 세상을 떠나고, 그의 태자 고국원왕이 왕위를 계승했다. 하지만 고국원왕은 아버지인 미천왕과 달리 궁중에서 보호받으며 자란 탓에 전쟁을 극도로 두려워하는 심약한 왕이었다. 그는 모용 선비족을 두려워하여 서기 334년 8월 평양성을 증축하는 등 적의 공격을 방어하기 위해 전력을 기울였다. 서기 335년 정월에는 고구려의 북쪽에 신성(新城)을 축조하였다. 이뿐만 아니라 서기 336년 3월에는 동진에 사신을 보내 모용 선비를 견제하고자 하였다.

고국원왕이 용기가 부족하고 전투 능력이 떨어진다는 소문이 모용 선비족 사이에서도 자자했다. 이에 따라 고국원왕의 전방위적인 노력에도 불구하고 서기 339년, 연왕 모용황이 침략해 와 군대가 신성에 이르렀다. 고국원왕은 모용황과의 갈등을 평화적으로 해결하고자 맹약을 청하며 화해의 손길을 내밀었다. 이에 모용황은 군사적 공격을 중단하고 병사들을 이끌고 돌아갔다.

이듬해인 서기 340년, 고국원왕은 더욱 강화된 외교적 노력의 일환으로 자신의 세자를 모용황에게 보내 조현하게 했다. 이러한 조치는 당시의 정치적 관행에 따라 두 나라 사이의 관계를 강화하고 평화를 유지하기 위한 상징적인 행동이었다. 고국원왕이 유약한 왕이라는 사실을 눈치챈 모용황은 차제에 고구려를 조백하 동쪽의 요동에서 축출하기로 계획하고 모용한과 전략을 숙의하였다.

서기 342년 2월, 고국원왕은 환도성을 보수하고, 그 인근에 새로운 요새인 국내성을 축조하였다. 그리고 같은 해 8월, 평양성을 떠나 환도성으로 거처를 옮겼다. 이 당시 고국원왕은 모용 선비족이 고구려를 쳐들어올 것이라는 여러 정보들을 접하고 좌불안석이었다. 평화는 오래가지 않았다. 같은 해 10월, 조백하 서쪽의 용성으로 천도한 연왕 모용황의 눈길이 고구려를 향했다. 그가 신임하는 장군, 모용한은 고구려를 제일 먼저 공략한 뒤 우문부를 멸망시키자고 제안했다.

"우리 연나라 배후에 있는 고구려를 멀리 내몰고, 우문부를 평정한 후에야 서쪽으로 중원을 도모할 수 있습니다. 고구려를 먼저 쳐야 합니다."

모용한의 담대한 계획은 모용황의 결정에 큰 영향을 미쳤고, 고구려에 대한 공격 명령이 내려졌다. 고국원왕은 환도성의 새로운 벽 안에서 평화롭게 나라를 이끌고자 했으나, 모용한의 군대는 이미 국경을 넘어 그의 평화를 위협하고 있었다. 모용한은 전략적인 기습과 압도적인 힘으로 고구려의 방어선을 뚫고 들어갔다. 고구려의 신속한 대응이 요구되었지만, 전쟁을 두려워하는 고국원왕의 결단력 부재는 상황을 더욱 악화시켰다.

고구려와 연나라의 대결은 단순한 군사적 충돌이 아니라, 두 나라의 운명을 건 싸움이었다. 평화를 꿈꾸는 고국원왕의 안취와 영토 확장을 꿈꾸는 모용황의 야망이 격돌했고, 이 전투의 결과는 한민족의 역사를 새롭게 쓰게 될 것이었다.

당시 요동 북쪽의 고구려를 공격하는 길은 두 개가 있었다. 하나는 조백하를 거슬러 올라가 북쪽에서 공격하는 길이다. 이 북도는 평평하고 넓어 유주의 관구검이 고구려 동천왕을 공격할 때 이용했던 길이다. 관구검은 백하를 건너 고구려를 공격하다가 패한 바 있었다. 다른 하나는 남쪽으로 요택을 건너서 요동으로 가는 남도가 있었다. 남도는 요택이라는 늪지대를 지나야 해서 길이 험하고 좁았다.

모든 군신들이 북도를 경유해 고구려를 치는 것이 좋다고 주장했다. 그러자 모용한이 말했다.

"적은 이전의 전투 경험에 입각해 상식적으로 판단하여 반드시 대군이 북쪽 길을 경유할 것이라고 생각하여 북도를 중시하고 남도를 경시할 것입니다. 왕께서는 정예 병력을 이끌고 남도를 따라 공격한다면 예상치 못한 곳에서 타격을 입힐 수 있습니다. 이렇게 하면 환도는 족히 취할 가치조차 없게 될 것입니다. 추가로 별도의 부대를 북도로 파견하여 나아간다면, 설령 차질이 생기더라도 그들의 핵심부가 이미 무너졌기 때문에, 어떤 방향으로도 대응할 수 없을 것입니다."

모용황이 모용한의 전략이 옳다고 여겨 그 말을 따랐다. 서기 342년 11월, 연왕 모용황은 몸소 정예병 40,000명을 이끌고 남도로 출정하였고, 모용한과 모용패를 선봉으로 삼았다. 이때 모용황의 아들인 나이 13세의 모용수도 선봉에 섰다. 이와 별도로 장사 왕우 등을 보내 15,000명의 군사를 이끌고 북도로 출정하여 고구려를 침공하였다.

고구려 고국원왕은 동생 고무(高武)를 보내 정예병 50,000명을 이끌고 북도를 막게 하였고, 자신은 약한 병력을 이끌고 남도를 방어했다. 모용한 등이 먼저 도착하여 전투를 벌였고, 모용황이 대군을 이끌고 이어서 도착하니, 고구려군은 대패했다. 좌장사 한수(韓壽)는 고구려의 장군 아불화도가의 목을 베었고, 연나라의 여러 군대가 고구려군을 대파하고 승승장구의 기세를 타고 마침내 환도성으로 진입하였다. 고국원왕은 혼비백산하여 단기필마로 달아나 단향곡으로 향했다. 전투에서 승리한 모용황은 그 기세로 계속 추격하여 모용황의 장군 모여니가 고국원왕의 어머니 주씨(周氏)와 왕비를 사로잡았다.

한편, 왕우 등은 북쪽 길에서 전투를 벌였으나 모두 패배하였다. 이로 인해 모용황은 더 이상 추격하지 않고 사자를 보내 고구려의 고국원왕을 불렀으나, 왕은 나오지 않았다. 모용황이 군대를 주둔시키고 돌아가려 할 때, 한수가 말했다.

"고구려 땅은 방어가 어렵습니다. 현재 그 왕은 도망쳤고, 백성들은 산골짜기에 흩어져 숨어 있습니다. 우리 대군이 떠나간 후에 그들은 반드시 다시 결집하여 살아남은 무리를 모을 것입니다. 이는 오히려 근심거리가 될 것입니다. 청컨대 고구려 왕의 아버지의 시신을 가져가고 그의 생모를 볼모로 잡아 고구려 왕이 스스로 항복할 때까지 기다렸다가 그때 돌려주십시오. 은덕과 신뢰로 다스리는 것이 최선의 방안입니다."

모용황은 이 의견을 그대로 수용했다. 당시 고구려의 북도 주력인 50,000명이 크게 훼손되지 않았고, 연나라군의 왕우 부대가 궤멸했기 때문에 모용황은 군대를 거느리고 물러났으나 고구려의 핵심 지대는 크게 파괴되었다. 관구검에 의해 파괴된 환도성은 한 세대에 걸

쳐 간신히 원기를 회복했으나, 이로 인해 또다시 파괴되어 고구려는
요동에서 세력을 유지하기 어려웠다.

모용황은 미천왕의 무덤을 파헤쳐 시신을 가져가고, 오랜 세월 동
안 쌓아 온 창고의 보물을 모조리 약탈했다. 또한, 남녀 총 50,000명
을 포로로 잡아가고, 궁전을 불태우며 환도성을 초토화한 후 귀환했
다. 이러한 사건들은 모용씨와 고구려 간의 긴장된 관계와 깊은 원한
을 증폭시켰다.

서기 343년 2월에 고국원왕이 그의 동생을 보내 신하를 칭하며 연
(燕)에 조현하게 하고, 진기한 물건 1,000여 점을 바쳤다. 이에 연왕
모용황이 바로 미천왕의 시신을 돌려주었지만, 여전히 그 어머니를
억류하여 볼모로 삼았다. 이로써 모용황은 고구려에 대한 우위를 확
고히 하였고, 그의 통치 아래 더 많은 영토를 통합하는 데 성공했다.
고구려 고국원왕은 환도성이 완전히 파괴된 데다 모용황이 언제 다
시 쳐들어올지 몰라 현도 북쪽의 평양성에서 3,000리나 떨어진 평양
동황성(현 북한 평양)으로 천도하였다.

서기 345년 10월에 연왕 모용황이 다시 5호 16국 시대 최고의 명장
인 아들 모용각에게 고구려를 공격하도록 하여 남소(南蘇)성을 빼앗
고, 주둔병을 두고 돌아갔다. 이 때문에 고구려는 중원을 도모하려
는 전연의 후환이 되지 못하였다. 이후 전연의 모용씨는 선비단부와
선비우문부를 연이어 멸망시키고, 고구려와 부여를 거듭 공격하여
동북 지역의 유일한 패권국으로 자리매김했다.

수년이 지난 후, 후조의 폭군 석호가 병사하자 그의 여러 아들들
사이에 왕위를 둘러싼 치열한 쟁탈전이 발생했다. 이 과정에서 석호

의 양아들인 염민(冉閔)이 왕위에 오르고 염위를 세웠으나, 곧 폭력적인 정치로 인해 대규모 학살을 일으켰다. 이러한 중원의 혼란을 틈타 모용황의 아들 모용준은 모용각, 모용수 등의 기라성 같은 명장들을 이끌고 화북을 집어삼켜 중원으로 진격, 새로운 권력의 중심으로 떠올랐다.

반면에 고구려는 조백하 동쪽의 환도성을 비롯한 핵심 문명 구역이 파괴되고 국력도 크게 약화되었다. 서기 369년에 고국원왕은 한반도 평양에서 남쪽의 마한백제를 공격하였으나 대패하였고, 이후 마한 연방군의 공격으로 화살을 맞아 사망했다. 이로써 고구려와 마한백제 사이에 깊은 원한이 쌓이게 되었다.

모용황, 우문선비를 제압하고 화북평원을 평정하다

모용황은 몸소 여러 군현들을 돌아가며 농사와 양잠을 적극적으로 권장했다. 그는 백성들이 안정적으로 살 수 있도록 전력을 기울였다. 이러한 노력은 국가의 경제적 기반을 튼튼히 하는 데 크게 기여했다. 또한, 요서의 용성에는 웅장한 궁궐을 세워 그의 권위와 국가의 위엄을 상징적으로 나타냈다.

서기 344년, 모용황은 직접 20,000명의 기병을 이끌고 우문귀에 대한 공격을 진두지휘하기로 결정했다. 그는 아들인 모용한과 모용수를 전투의 선봉장으로 삼아 전장을 지휘하게 했다. 우문귀는 자신의 기장 섭혁우를 파견하여 전력을 다해 모용한의 부대와 치열하게 맞섰다. 모용황은 섭혁우의 전투력을 인정하며, 그가 웅장하고 사나운 전사임을 알고 있었다. 그래서 모용황은 모용한에게 신중하게 행동할 것을 지시했다.

"섭혁우가 용맹스럽고 사나우니 잠시 그의 기세를 피하다가, 적들이 교만해질 때를 기다린 다음에 공격해야 한다."

이 계획은 전략적인 퇴각을 통해 적의 방심을 유도하고, 그들의 교만함을 이용하여 반격의 기회를 잡는 것이었다. 그러나 모용한은 전장에서의 변화를 빠르게 분석하고 전략적인 결정을 내리며, 모용황에게 상황을 보고했다.

"우문귀의 정예병이 모두 여기에 집중되어 있으니, 만약 우리가 이 전투에서 승리한다면 큰 수고로움 없이도 우문귀를 멸망시킬 수 있을 것입니다. 섭혁우는 허명만이 있을 뿐 실제로는 그리 강하지 않습니다. 우리는 적이 우리 군대의 사기를 꺾도록 해서는 안 됩니다."

그러고 나서 모용한은 용맹스럽게 전선을 향해 진격하여 섭혁우와의 격렬한 싸움 끝에 그를 격파하고 그의 군대를 완벽하게 장악했다. 이 결정적인 승리로 우문귀는 패배를 인정하고, 북쪽의 막북 지역으로 후퇴했다. 모용황은 이번 승리를 통해 약 1,000리에 이르는 광대한 영토를 새롭게 개척하고, 우문귀 부족의 50,000여 호를 창려 지역으로 이주시켜 새로운 시작을 알렸다. 그는 섭혁우성의 이름을 위덕성으로 변경하고, 종묘에 승리를 고하는 음지지례라는 개선 의식을 진행했다. 더불어, 병사와 장수들의 공로에 따라 상을 수여하는 논공행상 절차를 진행하여 그들의 공훈을 치하했다.

모용한은 전투 중에 불현듯 날아온 화살에 맞아 오랜 기간 동안 병상에 누워 있었다. 뒤에 병세가 점차 호전되자 자신의 집안에서 말을 타고 스스로의 몸 상태를 시험하였다. 그런데 이 모습을 본 어떤 이가 '모용한이 비밀리에 말타기를 익히고 있으니 그가 커다란 음모를 꾸미는 것으로 의심된다.'고 모용황에게 모함하였다. 모용황은 이미 모용한에 대한 의심을 품고 있었으며, 이러한 소식을 듣고 나서 마침내 그에게 사사를 명령했다. 모용한이 죽음에 임해 사자에게 말했다.

"나 모용한은 의심을 품고 나라 밖으로 도망쳤으니, 그 죄가 죽음으로도 갚을 수 없을 만큼 크지만 나의 해골을 적정에 맡길 수 없다고 생각해 스스로 돌아와 담당 관리에게 자수하였소. 하늘이 나를 불쌍히 여겨 사사된 후에도 시신을 저자에 늘어놓지 않게 해 주었으니, 오늘의 죽음은 내가 죄를 씻고 다시 태어나는 것이오. 다만, 반역자 석호가 중원을 점령하고 아직 평정되지 않았기에, 나는 항상 마음에 새기고 스스로 맹세하길, 더러운 오랑캐를 삼켜 선왕의 유지를 이어가고, 산해의 질책에 사죄할 뜻을 품었소. 이 뜻을 이루지 못하고 죽어 여한이 남지만, 그것이 운명이니 어찌하겠소!"

모용한이 고개를 들어 약을 먹고 죽었다.

모용황의 통치 아래에서 농업 관리 방식은 효율적이고 혁신적이었다. 가난한 가정에 소를 대여해 주고 그들로 하여금 왕실의 정원 또는 경작지에서 농사를 짓게 한 것은, 농민들에게 생계를 유지할 수 있는 수단을 제공하는 동시에, 국가의 식량 생산을 증가시키는 방법이었다. 농민들은 자신들이 생산한 농작물의 일정 부분을 유지할 수 있었으며, 나머지는 국가에 납부했다.

특히, 국영지의 경우 농작물 수확의 80%를 국가가 수취하고 나머지 20%는 농부들이 보유하도록 했다. 이를 통해 국가의 수익을 보장하는 동시에, 농민들에게도 자신들의 노력에 대한 보상을 갖도록 했다. 개인 소유의 소가 있으면서 또한 왕실의 땅에서 농사를 짓는 경우에는 수확량의 70%를 국가가, 30%를 개인이 보유하는 것으로 정했다. 이는 농민들이 자신의 농사 도구나 자원을 가진 경우에는 그들의 수익 비율이 더 높아진다는 것을 의미한다.

이에 대해 기실참군 봉유가 모용황에게 간언하였다.

"신이 듣기로 성왕들은 백성들의 부담을 가볍게 하여 그들의 재부를 보존하는 데 중점을 두었다고 합니다. 농지를 세 등급으로 나누어 수확물의 10분의 1만큼만 세금으로 거두니 백성들의 의식주가 풍족하였습니다. 비록 자연재해가 발생해도 재앙으로 여기지 않았다 하니 어째서겠습니까? 그리고 자질 있는 농업 관리를 통해 농사를 권장하는 데 힘쓰니, 백성들이 저마다 100무(畝)를 경작하면서도 소의 힘을 빌리지 않았습니다. 농사일에 힘쓰는 자는 표창을 받고 반대로 농사일에 게으른 자는 관리로 임용되지 못하는 벌을 받았습니다. 백관들에게 지급하는 녹봉 이외의 곡식은 모두 태창에 보관했으며, 3년을 농사지으면 1년 치 식량이 남았습니다. 이렇게 곡식을 비축하여 공용으로 쓸 때 어찌 부족함이 있고 수재와 한재가 어찌 백성에게 미쳤겠습니까! 옛날의 한고조 유방은 농지 개간이 부실하다 하여 2천 석 수십 명을 불러들여 죽였으며, 후한의 명제 · 장제 때는 태평성대에 버금간다고 일컬어졌습니다. 영가(서기 307~312)의 난 이후로 백성들이 떠돌이 생활을 하니 중원의 민가는 쓸쓸해져 천 리에 걸쳐 민가의 연기조차 보이지 않는 지경에 이르렀습니다. 선왕 모용외께서 뛰어난 무력과 현명한 정책으로 한 지역을 안정시키고 위엄으로써 간악한 자를 처벌하며, 덕으로써 멀리까지 품었다고 합니다. 이로 인해 중국 사람들이 구주와는 다른 부류에 속하는 새외에서 포대기에 아이를 업은 채 10,000리 길을 달려왔습니다. 이는 마치 갓난아이가 자애로운 아버지에게 돌아오는 것과 같았습니다. 유망인들이 원래 거주하던 이들보다 열 배 이상 많아 사람은 많으나 땅은 좁아, 농지가 없는 사람이 열 중 넷에 달합니다. 전하께서는 영민한 자질로 선대의 업을 이어, 남쪽으로는 강력한 조나라를 정복하고 동쪽으로는 고구려를 멀리 밀어내어 3,000리의 땅을 개척하고 인구는 10만 가구를 늘렸습니다. 이로써 무를 계승하여 땅을 확장한 공은 주문왕 서백보다 높은 점이 있습니다. 마땅히 여러 농원들 중 일부를 없애 떠도는 사람들에게 분배하여 이를 생업으로 삼도록 하며, 자산이 없는 사람에게 소를 제공해야 합니다. 이들은 이미 전하의 백성이므로, 이들에게 소를 주는 것은 소를 잃는 것이 아닙니다! 재물을 잘 간직하는 자는 백성들 속에 그 재물을 간직해 둔다 했습니다. 이로써 가까이로는 낙토이기를 바라는 백성들의 마음에 잘 부합하며, 중국인들은 모두 음식을 담은 항아리를 지니고 우리를 받들 것인데, 석호가 그 누구와 더불어 함께한단 말입니까! 게다가 위나라와 진나라가 어려운 시기였음에도 불구하고, 백성으로부터 수취한 것은 수확물의 7~8할에 미치지 않았습니다. 관에서 제공한 소로 농사를 짓는 경우, 관은 6할을, 백성은 4할을 가졌으며, 개인 소유의 소로 농사를 지을 때는 관과 백성이 반반씩 나누었습니다. 이로 인해 백성들이 모두 편안해하고 기뻐하였습니다. 신은 이조차 현명한 임금이 취할 길이 아니라고 보는데, 하물며 이보다 더 늘린단 말입니까! 더구나 수재와 가뭄은 요임금도 피하지 못한 일입니다. 황제는 당연히 수로를 깊게 파고 옛날의 정국과 백공, 서문표, 사기가 관개했던 방식을 따라, 날이 가물면 수문을 열어 비가 오는 것처럼 조치하고 비가 많이 오면 도랑으로 흘러 들어가게 하여, 위로는 가뭄 걱정이 없고 아래로는 홍수 걱정이 없도록 해야 합니다."

서기 345년, 전연에는 요동 북쪽의 고구려와 요동 남부 대방고지의 백제, 우문부와 단부에서 수많은 사람들이 모두 전쟁 때문에 강제로 도읍지로 끌려왔다. 그들이 여기 온 것은 연나라에 대한 존경이나 흠모 때문이 아니었다. 그들의 마음속 깊은 곳에는 고향으로 돌아가고자 하는 간절한 소망만이 남아 있었다. 마구잡이로 백성들을 잡아오는 바람에, 마한 연방에 속했던 대방고지의 백제 사람들도 요서 땅으로 잡혀 올 수밖에 없었다. 전쟁의 혼란 속에서 불가피하게 끌려온 그들에게 있어 새로운 땅에서의 삶은 매우 낯설고 힘든 것이었다.

이때까지만 해도 모용황은 마한 연방에 속한 구태 백제에 대해 우호적으로 대하지 않았다. 이때 기실참군 봉유가 모용황에게 이들 붙잡혀 온 백성들을 새롭게 개척한 땅으로 분산시켜 배치할 것을 건의하였다. 이 당시 현도군 북쪽과 대방고지 등지에서 붙잡혀 온 고구려·백제 사람들은 매일을 그리움과 희망, 절망 속에서 보냈다. 밤이면 별빛 아래 조용히 모여 앉아 고향에서의 추억을 나누며, 각자의 심경을 털어놓았다. 그들의 이야기는 때때로 눈물로 얼룩졌고, 때로는 웃음으로 환기되었다. 하지만 그 모든 순간들이 모여 그들 사이의 결속을 더욱 굳건히 했다.

포로로 잡혀 온 백성들의 숫자가 10만 호에 달하면서, 도성에 몰려 살게 되니 전연의 도성은 그들로 인해 혼잡해지고 공간이 부족해졌다. 이대로 두다가는 연나라의 미래에도 심각한 악영향을 끼칠 게 분명했다. 그래서 이 포로들을 서쪽 변경의 여러 성으로 분산시켜 이주하게 하여, 은혜로써 위무하고 법적인 조치로 단속하도록 했다. 특히 포로들을 원래의 주민들과 섞어 살게 함으로써, 그들이 국가의 내부 상황을 지나치게 자세히 파악하는 것을 방지하려는 의도도 있었다. 이러한 조치는 국가 안정성을 보장하고, 다양한 민족 간의 조화를 이루기 위한 전략적인 결정이었다.

중원이 아직도 완전히 평정되지 않았기 때문에, 축적된 재산이 증가해야 하는 상황이었음에도 불구하고, 관사가 지나치게 많은 데다 놀고먹는 자가 너무 많았다. 사내 한 명이 농사를 짓지 않으면 그는 매년 굶주릴 수밖에 없게 되고, 결국 다른 사람의 노력에 기대에 살아가는 격이었다. 유식자가 수만 명에 달해 국가 경제에 큰 부담을 주며, 이로 인해 모든 가정이 자급자족하는 것이 어려울 정도였다.

모용황은 이러한 문제를 정치적 재앙으로 간주하였다. 뛰어난 경륜을 갖추고 시대의 요구에 부응하는 인재가 있으면 적절한 위치에 배치했다. 무엇보다 농사짓는 사람이 잘 먹고, 누에 치는 이가 잘 입는 하늘의 도가 실현되도록 했다.

모용황이 성채의 높은 탑에서 멀리 펼쳐진 영토를 바라보며 깊은 생각에 잠겨 있었다. 그의 곁에는 충신 봉유가 서 있었다. 봉유는 모용황에게 간언하려는 듯, 숨을 크게 들이마시며 말을 시작했다.

"전하께서는 관대하고 현명하셔서 신하들의 진언을 소중히 여기시며, 어떠한 강한 충언도 겸허히 받아들이고 계십니다. 참군 왕헌과 대부 유명 같은 충신들은 진심을 담아 정성을 다해 진언을 올리며, 비록 용린을 건드릴 수 있었지만 비난받을 행동은 아니었다고 봅니다. 그들을 판결한 자가 왕헌과 유명이 임금을 거슬렀다며 법적 처벌을 주장했으나, 전하께서는 그들을 너그럽게 용서하시며 사형을 면제해 주셨습니다. 직언하는 신하에게 죄를 물으며 동시에 진실을 요구하는 것은 상충하는 행동입니다. 사농공상은 나라의 기반이며, 교육과 학문은 임금의 대사입니다. 특히 군사 훈련과 농업은 나라의 근본이므로 필요한 인원만을 군에 두고 나머지는 농토로 돌려보내야 합니다. 학생이 3년 동안 진전이 없다면 농토로 돌려보내야 하며, 고위직에 부적합한 이들로 자리를 채워 유능한 인재들의 기회를 막지 말아야 합니다. 전하, 왕헌과 유명은 진정한 충신입니다. 원하건대 용린을 거스른 그들의 허물을 용서하시고 그들의 충언에서 효험을 취하소서."

모용황은 봉유의 말에 귀 기울이며 영을 내렸다.

"기실참군 봉유의 간언을 읽어 보니 두려움을 금할 수 없다. 임금은 백성을 나라의 근본으로 여기고, 백성들은 곡식을 생명처럼 여긴다. 이에 농사는 나라의 기초이므로, 2천 석의 군수와 현령, 현장들이 음력 정월에 내린 영을 따르지 않아 농정을 소홀히 한 것은 큰 문제이다. 이들이 농지를 정비하거나 개간하지 않는다면, 형법으로 엄중히 조치해야 하며, 부속된 성읍이나 지방 관리들도 철저히 감독하고 정돈하도록 하라. 주관하는 자는 모든 상황을 명확하게 조사하여 보고해야 하며, 모든 원유는 철폐하고 그 땅을 농사지을 수 없는 백성들에게 나누어 주라. 재산이 전혀 없는 가난한 사람들에게는 목우 한 마리씩을 제공하여 자립할 수 있도록 지원하라. 개인적으로 여력이 있으나 관우를 이용해 농지를 개간하고자 하는 자는 고대의 법을 따라 처리하고, 도랑을 파고 관개하는 일은 공공과 사적인 이익을 위한 것이다. 주관하는 자는 재량껏 물과 뭍의 형세를 이용하여 그 작업을 진행하라."

모용황의 명령은 단호했고, 그의 눈빛에는 나라를 위한 깊은 책임감이 서려 있었다. 그는 자신의 백성들이 충분한 먹을거리를 가지고 풍요롭게 살아가는 것이야말로 참된 왕의 도리라고 믿었다.

모용황이 나직한 목소리로 명령을 내렸다.

"중원은 아직 평정되지 못하고 전쟁이 계속되고 있으니, 관료를 줄이는 일은 신중히 고려해야 한다. 지금은 흉추를 이길 때를 기다리며 차분히 대응해야 할 때다. 백공과 상고의 숫자는 사좌가 열장들과 함께 논의하여 정하고, 나머지는 농토로 돌려보내야 한다. 학생 중에서도 교육에 관여하지 않는 자는 명단에서 제외하라. 무릇 신하가 군주에게 아뢰는 것은 어려운 일이다. 비록 요망하고 불경한 내용일지라도, 그중에서 선한 말을 택하여 따르는 것이 옳다. 왕헌과 유명의 죄는 금출에 처해야 마땅하지만, 그렇게 한다면 고의 도량이 좁다는 비판을 받을 것이다. 그들을 본래의 관직으로 복귀시켜 그대로 간관의 직위에 두도록 하라. 봉유는 충직하고 겸손하여 신하로서의 본분을 잘 지녔다. 『시경』에서도 '말에 보답하지 않음이 없다'고 하지 않았는가! 그에게 50,000전을 하사하라. 이를 안팎에 분명히 알려라. 고의 과오에 관해 진술하고자 하는 자가 있으면 귀천에 구애받지 말고 솔직히 말하도록 하라."

당시 흑룡과 백룡, 각 한 마리씩이 용산에서 출현했다. 모용황은 신하들을 이끌고 현장을 구경하러 갔고, 용으로부터 약 200보 떨어진 곳에서 태뢰 제사를 지냈다. 두 마리 용은 서로 머리를 교차하며 공중에서 빙빙 돌다가, 엉킨 뿔을 풀고 사라졌다. 모용황은 이 광경을 보고 크게 기뻐하며 궁으로 돌아와 그곳의 죄수들을 사면했고, 새로 지은 궁에는 '화룡'이라는 이름을 붙였으며, 산 위에는 용상불사를 세웠다.

국가가 운영하는 학교의 관학생들 중 특별히 뛰어난 대신의 자제들에게 '고문생(高門生)'이라는 칭호를 하사함으로써, 그들의 학업 성취와 능력을 인정하고 격려했다. 옛 궁에는 학교를 세워 활쏘기와 술 마시기 의식을 행하고 매월 학생들의 학업 성취도를 평가하여 우열을 가렸다. 모용황이 본래 문적을 좋아하고 강학하는 데 부지런하여 학도가 매우 많아 1,000여 명에 달했다. 그는 자신의 지식과 가르침을 집대성하여 『태상장』과 『전계』 등의 저술을 지었으며, 이를 제왕과 귀족 자제들에게 가르쳤다.

모용각:
용맹한 전략가의 탄생

모용각은 5호 16국 시대라는 난세가 낳은 걸출한 영웅이다. 그는 정치적으로나 군사 전략적으로 관중, 악의, 제갈량을 훨씬 능가하는 불세출의 호걸이다. 모용각의 군사적 성취는 그의 아버지 모용황의 지도력과 연결되어 있으며, 이는 당시 동북 지역에서 강력한 군사력을 보유한 연(燕)나라의 위상을 강화하는 데 중요한 역할을 했다.

모용각은 모용황의 넷째 아들로 자는 현공이다. 어린 시절부터 신중하고 중후한 성품을 지녔으며, 깊은 사고와 큰 기개를 가진 것으로 알려졌다. 그의 어머니인 고씨(高氏)는 총애를 받지 못했고, 모용각은 처음 모용황에게도 크게 주목받지 못했다.

모용각이 15세가 되었을 때, 키가 8척 7촌(약 200㎝)에 이르렀으며, 용모가 뛰어나고 남성적이며 엄숙한 인상을 주었다. 그는 말할 때마다 세상일에 대한 깊은 지식을 보여 주어, 결국 모용황의 관심을 끌게 되었고, 군사 전략의 임무를 맡게 되었다. 모용각의 군사적 재능은 조조를 뛰어넘는 수준이었고, 전략적 사고는 제갈량과 사마의를 합친 것만큼 뛰어났다. 모용각은 탁월한 용병술과 전쟁 능력으로 모용씨 가문을 빛낸 전쟁의 신과 같은 사람이었다.

이로 인해 모용각은 여러 차례 모용황의 정벌에 참여했으며, 현장에서 수차례 기발한 전략을 구사했다. 특히 요동을 지키는 임무를 맡았을 때 그의 위엄과 은혜로 명성을 떨쳤으며, 고구려조차 그를 두려워하여 감히 침략하지 못했다. 부여를 공격하도록 명령받았을 때, 모용준은 중심에서 지휘만 했지만, 모용각은 직접 전투에 참여했다. 그의 용맹과 전략적인 기량은 전장에서 큰 성과를 거두었고, 그가 나아간 곳마다 적은 무너졌다.

　모용각은 고구려의 중요한 요새인 남소(南蘇)성을 함락시켜 고구려에 대한 연나라의 군사적 우위를 확립했다. 이 성공으로 인해 고구려에 대한 연나라의 영향력이 커졌으며, 지역 내에서 연나라의 군사적 위상이 강화되었다.

　서기 346년, 모용각과 세자 모용준은 17,000명의 기병을 이끌고 동쪽으로 진군하여 부여를 기습 공격, 대승을 거두었다. 이 승리로 부여 왕과 부족민 50,000여 명을 포로로 잡아 연나라의 군사적 위엄을 한층 강화했다. 당시 부여는 동북 대방고지에 위치하고 있었으며, 그곳에서 백제의 국조인 구태왕에 의해 건국된 후 후손들이 이어서 다스리고 있었다. 모용외와 모용황은 공손씨와의 연합을 이유로 부여를 오랫동안 적대시하며 여러 번 공격해 왔다.

　부여는 처음에 요동의 녹산(鹿山)에 자리 잡고 있었으나 5호 16국 시대 이후 요동 지역에서 세력을 확장한 고구려의 공격을 받아 부락이 쇠약해진 뒤 연나라에 가까운 요서 지역으로 이동했다. 하지만 녹산부여는 연나라가 자신들에게 호의적일 것이라고 잘못 판단하고 충분한 방비를 갖추지 못했다. 이때 모용황은 무차별적으로 화북평원을 통일하는 것을 최우선적 전략으로 삼고 있었다. 여기에는 부여도 예외 대상이 아니었다.

　이러한 전략하에 모용황은 세자 모용준을 파견해 모용각, 모용근과 함께 부여를 공격하도록 했다. 모용준의 지휘 아래, 모용각은 군사 작전을 성공적으로 수행해 부여를 멸망시키고, 부여 왕 여현(餘玄)과 부족민 50,000여 명을 포로로 붙잡아 돌아왔다. 부여현은 구태의 후손으로 백제로 나라 이름을 바꾸었으나 여전히 백제보다 부여라는 명칭으로 불리었다. 모용황은 부여 왕 부여현을 진군장군으로 임명하고 자신의 딸을 그의 아내로 시집보내 부여를 연나라 내부로 흡수 병합하였다. 백제는 『양직공도』에 기록된 것처럼 연나라, 즉 래이마한에 속한 상태로 존재했다.

서기 370년 11월 7일 밤, 연나라의 산기시랑 여울(餘蔚)이 부여와 고구려, 상당에서 온 인질 500여 명과 함께 전연의 수도 업성(현 한단시 임장현)의 북문을 은밀히 열고, 어둠 속으로 전진의 병사들을 몰래 불러들였다. 이때 여울은 모용수와 연계되어 있었다. 예전의 부여 왕이었던 여울은 서기 384년, 후연의 모용수가 형양태수로 임명하자 요서군 창려의 선비족 위구(衛駒) 등과 함께 각각의 병력을 이끌고 모용수에게 투항하기에 이르렀다.

부여현의 아들인 여울(餘蔚)은 전연의 멸망에 공을 세워 관작이 부여 왕으로 봉임된 것이다. 녹산부여의 여씨는 대부분 부여 왕 구태의 후손들이다. 따라서 전연이 멸망하는 시점에 이르러서야 이들은 요서 지역을 중심으로 백제라는 역사적 실체로 등장하게 된다. 서기 372년에 여구가 동진 조정으로부터 백제 왕으로 책봉되어 그 실체를 드러내기 시작하였다. 백제가 독자적 세력으로 설 수 있게 된 것은 여울이 모용수의 후연 건국을 지원하면서 연나라와 백제가 마한 연방 내에서 서로 역할 분담을 한 결과로 보인다.

이 시기 모용씨의 여러 차례에 걸친 군사적 성공은 당시 연나라가 화북에서 중요한 군사적 힘을 가진 국가로서의 지위를 공고히 하는 데 기여했다. 또한, 모용각과 모용준의 군사적 능력과 리더십은 연나라의 국력을 확장하는 데 중요한 역할을 했으며, 이는 그들의 아버지 모용황의 외교 및 군사 정책과 궤를 같이했다. 이 시기의 연나라는 그들의 군사적 성공을 통해 지역 내에서 영향력을 늘리고 중요한 정치적 행위자로서의 위치를 다질 수 있었다.

군사적 성취만이 아니라 모용황은 동상(東庠)에 친히 왕림하여 학생들에게 직접 시험을 보게 하고 그중에서 뛰어나고 경전에 특히 능통한 인재를 뽑아 군주를 가까이에서 모시는 신하로 충원했다. 모용황은 탁월한 인재를 양성하는 것에 대한 관심과 열의가 남달랐다. 그리고 날씨가 오랫동안 가물자 백성들의 세금을 면제해 주었다. 그는 민초들의 고통을 경감시키고 삶의 질을 향상시키고자 노력했다.

아울러 새로운 군과 현을 설립하는 등 행정 구역을 개편했다. 성주, 영구, 기양 등의 군을 폐지했다. 발해군 사람들로 흥집현을, 하간 사람들로 영집현을 세웠으며, 광평과 위군 사람들로 흥평현을, 동래와 북해 사람들로 육려현을 세웠다. 오(吳) 사람들로 오현을 세우고는 이들을 모두 연국(燕國)에 속하도록 하였다. 이를 통해 모용황은 행정적 효율성을 높이고 국가의 영토를 조직적으로 관리하려는 의지를 보여 주었다.

모용황이 서쪽 변경에서 사냥할 때 하수를 건너려고 하다가 붉은 옷을 입고 백마를 탄 노인을 만났다. 그 노인은 손을 들어 모용황을 가리키며 경고했다.

"이곳은 사냥터가 아니니 왕은 그만 돌아가시오."

모용황은 이 일을 숨긴 채 말하지 않고 하수를 건너 연일 많은 사냥 감을 잡았다. 이후에 흰 토끼를 쫓아 말을 달리며 활을 쏘려다가 말이 쓰러지면서 모용황이 부상을 입었다. 이 때문에 그는 과거에 부로를 보았던 일을 이야기했다. 수레를 타고 궁으로 돌아와 태자 모용준을 불러 뒷일을 맡겼다.

모용황의 생의 마지막 순간, 그는 아들 모용준에게 중대한 유언을 남겼다.

"현재 중원은 아직 통일되지 않았고, 대업을 이루기 위한 단계에 있다. 너의 동생 모용각은 지혜와 용기를 겸비하고 있으니, 그를 중히 쓰도록 해라."

이 말은 모용준의 마음에 깊이 새겨졌다. 모용준이 제위를 계승하자, 그는 모용각에게 더욱 깊은 신임을 보냈다. 모용각은 여러 전투에서 큰 공을 세워 태원왕에 봉해졌고, 시중 가절 대도독 녹상서의 직책을 받았다.

모용황은 서기 348년에 죽었다. 15년간 재위하였고, 죽을 때 나이는 52세였다. 모용준이 황제를 칭한 후 모용황을 문명황제(文明皇帝)로 추증하였다. 모용외 사후 왕위를 계승한 모용황은 한족(漢族)과 다름없는 유학을 닦았다. 수년간의 전투 끝에 모용황은 단씨 선비와 우문선비를 차례로 멸망시켰다. 후조 황제 석호는 수십만 대군을 일으켜 모용씨를 포위 공격해도 이길 수 없었고, 오히려 후퇴하다가 모용황의 아들 모용각에게 크게 패했다.

8

모용씨의 신라 점령과
월지 세력의 신라왕 등극

래이족과
부여족의 월지 마한 연방

진수(陳壽)가 서기 290년경 서진 시대에 정사 『삼국지』를 저술한 것
은 서기 280년부터 시작되었으므로, 「오환선비동이전」 '한조'의 기록
은 서기 3세기 중반 이전의 사실을 반영한다고 볼 수 있다. '한조'의
첫머리는 다음과 같이 시작된다.

"한(韓)은 대방(帶方)의 남쪽에 있으며, 동서는 바다로 경계를 이루고
남쪽은 왜와 접해 있으니, 면적이 사방 4,000리쯤 된다."

이러한 기록을 바탕으로 마한 55국의 위치를 살펴볼 때, 이들은 중
원의 북경 동남쪽 대방군 남쪽에 위치했다는 것을 알 수 있다. 대방
을 현재의 황해도로 가정하면, 그 남쪽에 사방 4,000리 규모의 영역
이 존재할 수 없다. 실제로 마한 55국의 명칭을 세세히 분석한 결과,
대부분이 씨족명으로 구성되어 있다는 점을 확인할 수 있었다. 씨족
과 지명에 대한 재검토 결과, 마한의 강역은 한반도 서남부뿐만 아니
라 산동과 북경 일대까지를 아우르는 것으로 나타났다. 그 위치를 제
시하면 다음과 같다.

마한 55국 중 선비족 노씨의 래이족 나라는 막로국(莫盧國, 하북
고양), 막로국(莫盧國, 전남 영광), 모수국(牟水國, 경기 양주), 상

외국(桑外國, 산동 임기시), 우휴모탁국(優休牟涿國, 산동 조장시), 속로불사국(速盧不斯國, 경기 김포, 파주), 노람국(怒藍國, 산동 청도시), 자리모로국(咨離牟盧國, 충남 서산), 구노국(狗奴國, 충남 청양), 염로국(冉路國, 산동 유방시), 사로국(馴盧國, 산동 장청현), 만로국(萬盧國, 전북 군산), 불미국(不彌國, 나주시, 광주시), 첩로국(捷盧國, 산동 거현), 모로비리국(牟盧卑離國, 전북 고창) 등 15개국이다.

이에 반해 마한 연방을 영도했던 부여계의 우이족 세력은 월지국(月支國, 나주, 영암, 해남), 백제국(伯濟國, 하북 당산시 남쪽), 원양국(爰襄國, 산동 추성시), 소석색국(小石索國, 산동 제남시), 대석색국(大石索國, 산동 요성시), 신운신국(臣雲新國, 산동 임기시), 신분고국(臣濆沽國, 하북 당산시), 고원국(古爰國, 하북 랑방시), 점리비국(占離卑國, 하북 보정시), 원지국(爰池國, 전남 여수), 비리국(卑離國, 충남 부여), 비미국(卑彌國, 충남 서천), 감해비리국(監奚卑離國, 충남 공주), 고포국(古蒲國, 산동 치박시), 아림국(兒林國, 충남 서천), 내비리국(內卑離國, 대전 유성), 벽비리국(辟卑離國, 전북 김제), 여래비리국(如來卑離國, 전남 화순), 초산도비리국(楚山塗卑離國, 전북 정읍), 불운국(不雲國, 전남 보성), 불사분사국(不斯濆邪國, 순천 낙안), 건마국(乾馬國, 전북 익산), 신소도국(新蘇塗國, 산동 태안) 등 23개국이다. 래이 계열과 부여 계열이 마한 연방 내에서 팽팽하게 균형을 이루고 있었다.

서기 3세기에 접어들면서 중원에서 막호발의 모용 선비족이 급부상하면서 래이마한 세력이 마한 연방을 사실상 주도하는 상황으로 전환된다.

월지족의 신라 점령과
선비족의 왕위 등극

신라의 기원이 되는 진한은 초기에 요동반도에 위치해 있었다. 중
원을 통일한 진시황은 서기전 221년 이후, 호(胡)가 진나라를 멸망시
킬 것이라는 예언을 듣고 몽염 장군에게 요동에 이르기까지 만리장
성을 건설하도록 명령했다. 이 과정에서 북방의 흉노 세력을 강제로
만리장성을 쌓는 고역에 동원하기 시작했다. 하지만 진시황이 서기
전 210년에 사망한 뒤, 진나라는 결국 멸망의 길을 걷게 되었다.

당시 강제 노역에 동원된 사람들은 요동(현재의 당산시 일대)에서
한국, 즉 마한으로 망명하게 되었고, 마한은 이들을 동쪽의 요동반
도 금주와 금성으로 이주시켜 새로운 나라를 세우게 했다. 이는 서기
전 210년경 진한이 요동반도에서 건국되었다는 사실을 나타낸다. 이
지역에는 이가둔 · 최가촌 · 손가둔 · 정가둔 · 배가촌 · 설가둔 등 신
라 6부 성씨촌이 현존하고 있다.

나라 이름은 '서라벌(徐羅伐)' 또는 '사로(斯盧)국'이라 했는데, 이
는 서씨와 나씨 부여, 또는 노씨의 나라라는 뜻으로 해석된다. 왕으
로는 월지 밝족을 대표하는 박씨가 파견되었다. 『삼국사기』에 따르
면, 신라의 시조 임금인 박혁거세는 "처음에 큰 알이 표주박[瓠]처럼
생겼으므로 박(朴)을 성으로 삼았다."고 기록되어 있다. 박(朴)은 '밝
다'는 의미를 담고 있어 밝 세력을 대표하는 성씨이다.

마한은 신라에 임금을 파견한 것뿐만 아니라, 진한인들을 볼모로 잡아 낙랑 지역에서 거주하게 했다. 이와 관련해 『삼국지』「진한조」에는 "낙랑인을 아잔(阿殘)이라 하였는데, 동방 사람들은 나[我]라는 말을 '아(阿)'라 하였으니, 낙랑인들은 본디 진한인들 중에 남아 있던 사람이라는 뜻이다."라고 기록하고 있다.

이후 신라는 요동반도의 지정학적 위치로 인해 커다란 어려움에 직면하게 된다. 수시로 왜가 쳐들어오는가 하면, 낙랑군에서도 빈번히 공격을 가했다. 이에 석탈해 왕 시기에 마한과 협의하여 한반도 동남쪽에 이주를 하게 된다. 이 시기는 서기 42년 김수로가 김해 지역에 가야를 건국한 것보다 23년이나 지난 후였다.

그러나 신라는 빠른 속도로 국력을 회복하고, 김알지 세력이 들어온 이후 지역 패권을 차지할 수 있는 강자로 부상했다. 정치·군사적 강국으로 떠오른 신라는 나라 이름을 '계림(雞林)'으로 바꾸고, 금관국·아라가야 등과 손을 잡고 한반도 동남부를 모두 장악하고자 시도하였다. 그 결과 서기 209년과 212년의 두 차례에 걸쳐 포상팔국전쟁이 일어났고, 신라는 이 전쟁에서 패해 울산 태화강을 경계로 전선을 유지하고 있었다.

서기 262년, 신라에서는 최초로 김씨인 미추왕이 왕위에 올랐다. 석씨였던 첨해이사금에게 왕위를 이을 적자가 없어서, 나라 사람들이 미추를 왕으로 세웠다고 했다. 김씨 왕실의 가계를 살펴보면 시조 김알지(金閼智)로부터 세한(勢漢)−아도(阿道)−수류(首留)−욱보(郁甫)−구도(仇道)로 이어지며, 구도가 미추이사금의 아버지이다. 미추왕은 23년간 재위하였으나 이렇다 할 업적을 보여 주지 못했다. 그 결과 서기 284년, 다시 석씨인 유례이사금이 왕위에 올랐다.

유례이사금이 등극한 이후 독로국의 노씨 세력들이 신라에 대해 일대 공세를 가하기 시작했다. 신라의 석씨 왕들은 월지 세력으로부터 자주적인 나라를 세우고자 하였으나, 특히 래이마한의 노씨 세력들이 이를 용납할 수 없었다. 그 결과 유례왕 시기에 변진 진왕과 독로국의 노씨들이 줄기차게 신라를 공격했다. 『신찬성씨록』 미정잡성조에는 당시 미마나 국주, 즉 변진 진왕의 이름을 '모류지(牟留知)'라고 적고 있다. 포상팔국전쟁을 승리로 이끈 후 모용 선비족이었던 노씨를 변진 진왕으로 삼은 것이다. 함안 말이산 고분군은 노씨의 무덤들로 추정된다.

변진 12개국을 장악한 모씨, 즉 노씨 세력들은 신라에 대한 공세를 더욱 강화하기 시작한다. 서기 287년, 뜨거운 여름 4월의 어느 날, 변진 진왕과 독로국의 문신하고 머리를 짧게 깎은 왜인들이 신라의 일례부를 불시에 기습 공격했다. 밤하늘을 붉게 물들인 불길은 일례부를 잿더미로 만들었고, 1,000명의 주민이 포로로 잡혀갔다. 두려움과 혼란이 신라 땅을 집어삼켰다.

서기 289년 여름, 5월의 소문은 긴장감을 더욱 고조시켰다. 독로국 왜병의 재공격 소식에 마을은 분주히 움직였다. 선박은 급히 손질되었고, 갑옷과 무기는 새롭게 단장되었다. 신라 사람들의 마음 속 깊은 곳에는 두려움과 함께, 맞설 준비의 결의가 서렸다. 서기 292년 여름 6월, 신라인들의 결의는 시험대에 올랐다. 왜병이 사도성을 침공해, 성은 곧 함락되었다. 왕은 일길찬 대곡에게 긴급하게 병사들을 이끌고 와서 성을 되찾으라 명령했다. 전장은 혈투의 장소가 되었다.

서기 294년의 여름은 다시 한번 시련의 계절이 되었다. 왜병이 장봉성을 공격했지만, 이번에 왜병은 승리하지 못했다. 신라의 병사들은 필사적으로 방어하며 적을 물리쳤다. 그러나 부산 동래에 위치한 독로국의 왜 세력은 자신들의 야심을 결코 쉽게 꺾지 않았다. 서기 295년 봄, 변진 진왕 세력과 독로국 세력의 침탈이 날로 심해지자 신라 유례 이사금은 조회에서 신하들에게 말했다.

"왜인이 수차례 우리의 성읍을 침략해 백성들이 편안하게 살 수가 없을 지경이오. 나는 백제와 손을 잡고 일시에 바다를 건너 그 나라에 들어가 공격하려 하는데, 어떻게 생각하시오?"

왜인의 끊임없는 침략 아래, 신라의 백성들은 불안과 공포 속에서 하루하루를 보내고 있었다. 그들의 무자비한 공격은 마을을 파괴하고, 평화로운 삶을 송두리째 흔들어 놓았다. 신라 왕은 이 문제를 해결하기 위해 백제와 손을 잡는 것이 어떤가 하는 제안을 한 것이다.

서불한 홍권이 대답했다.

"전하, 우리 신라 사람들은 육지에서 말 타고 달리는 것에는 익숙하지만 물 위에서의 전투에는 경험이 거의 없습니다. 상황이 이러한데도 위험을 무릅쓰고 원정하는 것은 알 수 없는 위험이 있을 우려가 있습니다. 하물며 백제는 왜와 한통속인데 어찌 함께 일을 도모할 수 있겠나이까?"

왕이 대답하여 말했다.

"그대의 말이 모두 옳도다. 우리 신라의 국운이 기울고 있으니 이를 어찌할 것인가!"

왕의 마음속 깊은 곳에서는 변진 진왕과 독로국 왜인에 대한 두려움이 자리 잡고 있었다. 그들의 잔혹함과 바다와 육로를 통한 전투력은 신라의 군대를 압도하는 상황이었다. 신라 왕은 섣불리 나섰다가 자신의 백성들을 더 큰 위험에 빠뜨릴 수 있다는 걱정에 사로잡혔다.

신라의 백성들은 여전히 불안한 삶을 이어 가야 했다. 왜인의 침략은 계속되었고, 신라의 왕은 그저 먼바다 너머에서 오는 위협을 바라보며 무력감을 느꼈다. 이 결정은 신라 내부에서도 큰 논란을 일으켰다. 일부는 왕의 조심스러운 선택을 이해했지만, 다른 이들은 용기 있게 맞서야 한다고 주장했다.

이 불안한 시기에, 서기 297년, 갑작스러운 전쟁의 그림자가 신라의 평화를 집어삼켰다. 신라의 서쪽 경계를 넘어 이서고국(伊西古國)이 마한 진왕의 지원을 등에 업고 거센 파도처럼 신라를 향해 진격해 온 것이다. 이서고국은 현재의 경북 청도군 이서면 일대에 있었던 나라이다. 이서국은 월지족 백씨(白氏)의 나라로 비단을 생산해 한반도 서남부를 통해 실크로드를 거쳐 서역으로 교역을 하던 나라였다. 이서국에서는 고조선의 지표 유물인 비파형동검이 출토되어 고조선 우이족 문화를 계승한 월지족의 나라였다는 사실을 알 수 있다. 신라와 빈번히 대립하였고, 결국 마한 진왕과 래이마한 노씨 세력의 신라 정벌전의 최선봉에 섰다.

백씨는 월지족 박(朴, 薄)씨와 친족이다. 박과 백은 모두 '밝다'는 의미의 밝에서 비롯된 밝족들이다. 태호 복희의 풍씨에서 기원했다. 풍(風)은 바람을 가리키는 것으로, 박씨·백씨·배씨 등을 가리킨다. 백씨는 대월지족의 나라 박트리아의 도읍인 박트라(Bactra, 노람씨성(盧藍氏城))에서 기원한 람(藍)씨들이다. 산동성 청도에 람촌이 있는데, 이곳에 마한의 노람국이 건국되어 있었다. 『위서』「서역전」

에는 대월씨국의 박라성(薄羅城)에 대해 다음과 같이 언급하고 있다.

"대월지국의 도읍인 노람씨성(盧藍氏城)은 불적사 서쪽에 있는데, 대
(代)로부터 14,500리 떨어져 있다. 북쪽으로는 연연과 접하는데, 자주
침략을 받아 결국 서쪽의 박라성(薄羅城)으로 도읍을 옮겼으며, 불적사
로부터 2,100리 떨어져 있다."

백씨들의 본관 중에 남포(藍浦)가 있는데, 이는 이들이 바람의 람
(藍)을 차용했던 람이(藍夷)들이었다는 사실을 추정케 해 준다. 이들
은 박씨·노씨·나씨 등과 더불어 대월지족의 주축이었다. 박라는
영문으로 발흐(Balkh)로 표기한다. 발흐 고성은 아프가니스탄에서 가
장 오래된 유적이다. 고대 발흐성은 페르시아 동부 호라산(呼羅珊)성
의 한 도시로 원래 배화교의 중심지였으며, 배화교의 창시자인 조로
아스터가 발흐 성에서 탄생하고 사망했다는 전설이 있다.

이서고국이 서쪽에서 금성을 향해 돌진하는 가운데, 남쪽의 독로
국 왜 세력과 변진국들은 울산의 태화강을 건너 금성을 목표로 진군
했으며, 왜군은 포항을 경유하여 금성의 후방을 공격함으로써 삼면
에서의 포위 작전을 펼치며 신라에 전면 공격을 가했다.
　신라 유례 이사금은 전쟁 발발 소식을 듣자마자 급히 전사들을 소
집했다.
　"무엇보다 왜인들의 침략을 막아 내야 하오!"
　왕의 명령이 떨어지자 신라의 전사들은 즉시 전투 준비에 나섰다.
왜의 기습적인 공격에도 불구하고 신라의 주력 부대는 왜군을 맞아

선 자리에서 끈질긴 저항을 펼쳤다. 하지만 신라의 주력이 왜와의 전투에 집중하는 사이, 월지족 백씨가 이끄는 이서고국의 군대가 신라의 방어선을 뚫고 깊숙이 진입했다. 이서고국의 전사들은 물결처럼 신라의 서쪽 지역을 삼켜 갔고, 신라의 방어는 순식간에 무너졌다.

밤이 깊어 가고, 달빛만이 전장을 비추었다. 이서고국의 전사들은 신라의 요새를 하나둘 점령해 나갔고, 결국 신라의 수도 금성은 이서고국의 손에 넘어갔다. 신라의 왕과 귀족들은 이 대재앙 앞에 망연자실해졌다. 절망적인 밤, 왕은 궁전의 누각 위에서 전장을 바라보며 탄식했다.

"하늘이시여, 정녕 우리 신라를 저버리신 것입니까? 우리의 간절한 기도를 들어주소서!"

서기 297년, 이서고국과의 전쟁에서 신라는 패하였다. 그 후 서기 298년 봄 2월, 점령군이 신라의 수도에 진입하니, 정국은 불확실성으로 가득 찬 짙은 안개에 휩싸였다. 이 안개는 5일 동안 계속되었고, 마침내 걷히자 신라의 왕이 사망한 상태로 발견되었다. 외부에서 온 점령군이 신라 왕성을 접수하려 들어왔고, 그 과정에서 왕을 죽여 버린 것이다.

이후 성격이 유약한 기림 이사금이 왕위에 오르게 되었다. 기림 이사금은 서기 300년 봄 정월, 왜국에 전쟁 배상금과 예물을 담은 사신을 교환하기로 결정했다. 그리고 서기 307년, 나라의 이름을 계림에서 신라로 다시 변경했다. 국호 변경은 국가 정체성을 강조하거나 새로운 정책을 시행할 때 특별하게 이루어지는데, 이는 또한 새로운 세력의 도래를 상징하기도 한다. 월지 세력이 전쟁에서 승리한 후에는 항상 점령한 나라의 이름을 부여·나·노가 포함되는 형태로 변경하는 것이 일반적인 관례였다.

서기 312년 봄 3월, 신라는 아찬 급리의 딸을 독로국 왕의 왕자에게 혼인시켜 혼인동맹을 맺었다. 그리고 서기 330년에 신라인들은 처음으로 벽골지(碧骨池)를 만들었는데, 그 둑의 길이가 1,800보(步)였다고 한다. 벽골지는 신라가 아니라 김제에 위치한 마한 벽비리국에 있었다. 신라 백성들이 월지 마한의 강제노역에 동원된 것이다. 실제로 방사성 탄소연대 측정에 따르면, 서기 4세기에 제방이 쌓인 것이 사실로 드러나고 있다.

서기 297년 신라의 점령 이후, 안개에 휩싸인 정국, 왕의 비극적 죽음, 국호 변경, 왜와의 관계 변화, 그리고 마한 벽비리국 제방 건설 등 일련의 사건이 발생했다. 이 사건들은 국가의 통치 구조와 정체성에 근본적인 변화가 일어났음을 나타내며, 점령된 신라가 정치적 변화 속에서 종속적 역할을 수행했다는 사실을 말해 준다. 특히 벽골지 제방 건설 사업에서 신라 백성들이 마한으로 끌려가 강제 노역을 한 사실은, 이러한 변화가 신라 백성에게 미친 영향을 극적으로 보여 준다. 이러한 사건들을 통틀어 볼 때, 신라의 변화는 고대 시대 국가 간의 정치적 상호작용과 전쟁의 승패가 미치는 결과를 반영하는 것으로 해석된다.

이상의 과정을 거치면서 신라는 결국 노씨 세력에게 왕위를 넘겨줄 수밖에 없게 되었다. 서기 356년, 나물(奈勿) 이사금이 왕으로 즉위하였다. 성(姓)은 누(樓)씨이고 이름은 한(寒)이다. 누의 중국어 발음은 노[lóu]이고, 노(盧)는 루[lú]로 발음되어 고대에 두 글자는 호환되어 사용되었음을 알 수 있다. 내물왕은 성이 김씨나 석씨가 아니라 모루 계열 성씨이다. 왕통변경이 일어난 것이다. 노씨는 선비족의 성씨를 가리키며, 부산에 있었던 독로국도 노씨의 나라였다. 노씨는 모씨로도 썼는데, 변진 진왕이 모씨였으므로 이제 한반도 동부가 모두 선비족의 영역으로 바뀌게 된 것이다.

서기 382년, 신라 나물왕 누한은 위두(衛頭)를 중국 전진의 부견(苻堅)에게 사신으로 보냈다. 이때 부견이 위두에게 물었다.

"경이 해동(海東)의 일이 옛날과 다르다고 말했는데, 무엇 때문인가?"

이에 위두가 대답하여 말했다.

"이는 중국과 마찬가지로 해동에서도 역시 시대가 변혁되고 이름과 호칭이 바뀌었다(時代變革 名號改易)는 뜻이옵니다. 지금 시대가 바뀌었는데, 어찌 옛날과 같을 수 있겠습니까?"

시대 변혁은 신라에서 통치자의 출신 변화로 통치 체제의 변혁을 포함해 정치·경제적으로 심대한 변화가 발생했다는 사실을 의미한다. 박·석·김 3개의 성씨로 이어져 오던 신라의 왕통에 새로운 통치자인 노씨가 등장하기 시작한 것이다.

9

피발좌임의 동이족 황제
모용준 시대의 개막

모용준의 연왕 등극과
중원 통일을 향한 진군

모용준(慕容儁)은 모용황의 둘째 아들이다. 그의 할아버지 모용외는 늘 이렇게 말했다.

"내가 복과 인을 쌓았으니 내 자손이 마땅히 중원을 차지할 것이다."

그리고 모용준이 태어났을 때, 모용외는 그의 골상을 보고 이렇게 선언했다.

"이 아이의 골상이 범상치 않으니 우리 가문이 마땅한 후계자를 얻었구나."

모용준은 나이가 들어 신장이 8척 2촌(188㎝)에 달했고, 그의 용모는 크고 씩씩했다. 그는 도서를 널리 보고 문무에 걸쳐 재간과 책략이 있었다. 책 속의 지혜를 체득한 그는 또한 전장에서의 기백으로도 명성을 떨쳤다. 서기 337년에 그의 아버지 조선공 모용황이 연왕(燕王)이 되자, 모용준은 가절 안북장군 동이교위(東夷校尉) 좌현왕에 이어 연왕의 세자로 임명되었다. 이로써 그는 모용외의 예언이 실현되는 길에 한 걸음 더 다가섰다.

서기 348년, 모용황의 죽음이 그의 가문과 제국에 깊은 슬픔과 변화의 물결을 가져왔다. 모용황은 숨을 거두기 직전에 모용준에게 충성스러운 관료들을 잘 대우할 것을 유언했다.

"특히 양무는 충성스럽고 견고하며, 큰일을 맡길 수 있으니, 잘 대우하라."

이듬해인 서기 349년에 모용준은 연왕으로 즉위하며 새로운 시대의 막을 올렸다. 그해 봄, 그는 춘추열국의 전례를 따라 원년으로 칭하며, 경내에 사면령을 내렸다. 그 시기, 석호가 죽어 조와 위가 혼란에 빠졌다. 이 틈을 타서 모용준은 이를 겸병하여 중원 통일의 꿈을 실현하기 위한 대담한 계획을 세웠다.

그는 자신의 형제와 친척들을 중요한 직책에 임명하여 강력한 군사력을 구축했다. 동생 모용각은 보국장군으로, 숙부 모용평은 보필장군으로, 양무는 보의장군으로 삼았다. 또한, 그의 또 다른 동생이자 후에 후연을 세운 모용수는 전봉도독과 건봉장군으로 임명하였다.

모용준은 정예병 20여만 명을 가려 뽑고, 그들을 준비시켰다. 그는 냉철한 판단과 끈기 있는 리더십으로 그들을 이끌었다. 그의 눈은 이미 조와 위의 영토를 향해 있었다. 그의 꿈은 이제 더 이상 꿈이 아닌 현실로 다가가고 있었다. 전쟁의 북소리가 멀리서 들려오기 시작했다. 모용준은 그 소리에 귀를 기울였다. 그는 알고 있었다. 이제 중원을 향한 그의 여정이 진정으로 시작되었음을. 그의 계획은 차근차근 현실로 다가가고 있었고, 그의 군대는 승리를 향해 나아가고 있었다. 모용준의 시대가 개막된 것이다.

서기 349년, 중원의 정세는 더욱 복잡해졌다. 이때 동진의 목제는 진침을 사자로 파견하여 모용준을 사지절 시중 대도독 도독하북제군사 유주·기주·병주·평주 4주의 주목 대장군 대선우 연왕으로 임명하였다. 이로써 모용준은 명실공히 하북 지역의 제반 군무를 총괄하는 권력을 갖게 되었다. 모용준의 권력은 이제 더욱 확고해졌고, 그의 영향력은 멀리까지 뻗어 나갔다. 모용외와 모용황 시대의 전례에 따라, 모용준은 승제를 통해 관작을 봉배하는 권한까지 갖게 되었다.

모용준은 이 새로운 권력을 가지고 하북 지역을 더욱 효과적으로 통치하며, 그의 군대를 강화하고 조직화하는 데 주력했다. 그는 지혜롭고 공정한 통치로 백성들의 신뢰를 얻었으며, 뛰어난 군사적 지도력으로 군대를 강력한 힘으로 만들었다.

서기 349년 모용준은 연왕에 즉위했다. 그의 아버지 모용황이 그랬던 것처럼, 전통에 따라 동진의 연호를 사용하지 않고 자신의 원년으로 칭하였다. 이러한 결정은 중원의 화하족들과 근본 뿌리가 다른 독립적인 권위와 통치의 시작임을 알리고, 중원 통일을 향한 그의 꿈과 의지를 반영하는 것이었다.

서기 349년 동진의 정서대장군 환온이 독호 등준을 파견해 범문을 공격했으나, 그에게 격파당하는 사건이 발생했다. 이는 당시 지역 간의 군사적 긴장과 갈등이 계속되고 있음을 나타내는 사례이다. 또한, 석호가 사망하고 그의 아들 석세가 그의 위치를 이어받았다. 석세의 지위 승계는 당시 정치적 권력의 변화와 지역 권력 구조 내에서의 중요한 변동을 의미했다. 이러한 사건들은 모용준의 통치 기간 중 발생한 중요한 역사적 사건들로, 그의 지배하에 있는 영토와 주변 지역의 정세에 큰 영향을 미쳤다.

이듬해인 서기 350년 2월, 모용준은 중대한 군사적 움직임을 행했다. 모용수에게 20,000명의 병력을 이끌고 요서 창려 도하를 지나 동로로 조를 공격하도록 명령했고, 모여간(慕輿干)에게는 서로의 거용관으로 나가게 했으며, 자신은 중군을 이끌고 노룡새(하북성 탁현 인근)로 나가 군대를 세 갈래로 나누어 조를 공격했다. 모용수가 삼형(三陘, 요서군)에 도착하자 등항은 공포에 질려 창고를 불태우고 안락(요서군)을 버리고 도주해 계성(현 북경시 서남쪽)으로 후퇴했다. 모용준은 노룡에서 출발해 무종(하북성 보정 일대)에 도착했다. 이는 모용준의 군사적 확장 전략의 일환으로, 중원을 향한 그의 야망을 분명히 드러내는 행동이었다.

모용준이 남하해 진격하자, 석호의 유주자사 왕오가 그의 성을 버리고 도망쳤다. 왕오는 자신의 장수 왕타를 남겨 계(유주 광양군 계현)를 수비하게 했지만, 모용준은 계성을 공격해 함락시키고 왕타를 처형했다. 이 승리는 모용준의 군사적 우위와 전략적 능력을 다시 한번 입증하는 것이었다.

이후 모용준은 계성을 자신의 도읍으로 삼아 중원 통일을 향한 그의 꿈을 한층 더 구체화했다. 또한, 광녕군과 상곡군의 사람들을 서무(유주 북평군 서무현)로, 대군의 사람들을 범성(현 탁군)으로 이주시켰다. 이러한 이주 정책은 새로운 통치 영역 안에서의 안정과 질서를 확립하기 위한 조치였다.

이산(李産)은 범양 사람으로, 석씨에게 임관하여 자신의 본군인 범양의 태수로 임명되었다. 서기 350년에 모용준이 남정하여 그 선봉이 군의 경계에 도착하자 고향 사람들이 모두 이산에게 항복하도록 권했다. 이산이 말했다.

"우리는 석씨의 은혜를 받았소. 무릇 다른 이의 녹을 받았으면 응당 그와 더불어 안위를 함께해야 하오. 이제 만약 이러한 절조를 버리고 살아남기를 꾀한다면 장차 의사들이 나를 두고 뭐라 말하겠소!"

석씨의 군대가 붕괴하자, 이산은 마침내 모용준의 진영으로 나아가 항복을 청했다. 모용준은 그를 비웃으며 물었다.

"경이 석씨의 총애를 받아 귀한 직책을 맡았으면서, 어째서 영웅적인 행동은 보이지 않았소? 이렇게 적에게 몸을 굽히는 것이, 과연 열사의 길이라고 생각하오?"

이산은 감정을 억누르며 말했다.

"실로 천명이 돌아갈 곳을 알고 있어 미천한 신이 항거할 수 있는 바가 아닙니다. 그러나 개나 말이 주인을 위하듯 어찌 스스로 애쓰는 일을 잊겠습니까! 다만 외롭고 곤궁한 형세가 닥쳐 힘을 다해도 방법이 없다고 하여 억지로 죽음을 청하는 것은 실로 마땅한 충성의 길이 아니라고 봅니다."

모용준이 그의 강개함을 가상히 여겨 주변 사람들에게 그를 가리키며 말했다.

"이 사람이 참으로 진정한 선비로다."

그 후, 그를 중요한 자리에 배치하였고, 이산은 상서를 역임하였다. 이산은 성품이 강직하고 정직하여 직언을 두려워하지 않고, 임금을 만날 때마다 조정의 득실을 논하는 것을 마다하지 않았다. 이로 인해 동료들은 그를 멀리했지만, 모용준은 그의 깊은 학식과 품격을 공경했다.

이후 이산은 노년을 이유로 국가 운영에 필요한 많은 직무를 수행할 수 없다며 관직을 사양했고, 이에 모용준은 그를 태자태보로 임명했다. 이때 이산은 자신의 아들 이적(李績)에게 이렇게 말했다.

"내 능력으로 볼 때, 이런 직위에 오른 것은 처음 바랐던 것을 이미 넘어선 일이니, 이제 노년에 접어들어 후대의 웃음거리가 되고 싶지는 않다."

그리고는 태자태보 관직을 내려놓고 돌아가 집에서 죽음을 맞이했다.

모용준과
후조 염민의 대결

염민(冉閔)이 석지를 죽이고 황제의 호칭을 참칭했다. 염민은 석호의 양자였으며, 그의 권력 찬탈은 배신과 야망의 극적인 표현이었다. 염민은 마한 연방의 염로국(冉路國)을 기반으로 세력을 확장한 동이 세력이다. 염씨는 상나라의 시조인 제곡 고신 임금의 후손으로 산동성 유방시와 치박시 일대에 건국되어 있었다. 춘추전국 시대에 뛰어난 재상 자산(子産) 염계의 자손들이다.

이러한 상황에서 염민은 상위(常煒)를 사신으로 보내 모용준을 방문하도록 했다. 모용준은 상위를 궁문 앞의 누대 아래로 불러들였고, 자신의 기실인 봉유에게 염민을 힐책하도록 지시했다. 봉유는 염민의 행위를 정당하지 않은 권력 탈취로 간주해 직접적으로 비판했다.

"염민은 석씨가 길러 준 자식인데, 은혜를 저버리고 반역질을 하면서 어찌 감히 황위를 참칭하는 것인가?"

상위가 염민의 권력 참칭을 정당화하는 어조로 말했다.

"하늘의 천명이 내려지는 방식은 항상 같지 않습니다. 삼황 시대에는 이리와 까마귀가 나타나 기록되었고, 한나라와 위나라 시대에는 기린과 용이 나타났습니다. 황상께서는 하늘의 뜻에 응하여 천하를 통치하시는데, 어찌 상서로운 조짐이 없었겠습니까! 게다가, 용병하여 적을 정벌하는 것은 철왕들의 중대한 일이었으니, 은나라 탕왕과 주나라 무왕은 친히 진압에 나서셨고 공자도 이를 칭송하였습니다. 위무제 조조는 환관 집안에서 자랐고 그 가문이 원래 어디로부터 비롯되었는지 알지도 못하지만, 적은 병력으로도 큰 업적을 이루었습니다. 난폭한 북방의 오랑캐로 인해 혼란이 극심할 때, 황상께서 칼을 휘둘러 그들을 정벌하시고 백성들을 구제하셨으니, 그 공로는 하늘에 닿을 만큼 크고 한고조 유방과 견주어도 손색이 없습니다. 하늘의 명을 받드는 데 어찌 불가하다 하겠습니까?"

이에 봉유가 응수하며 말했다.

"석지가 지난해에 태위 장거를 보내 우리에게 구원을 청하면서 전국새가 양국(襄國, 현 하북성 형태시)에 있다고 말했는데, 그 말이 믿을 만하지 않은가? 또 듣기로 염민이 금(金)을 주조하여 자신의 상을 만들었으나 부서져 버리고 완성되지 않았다고 하는데 어찌 염민에게 천명이 있다고 말하는 것인가?"

상위가 말했다.

"석지 일당을 주살하던 날, 업성에 있던 자들은 거의 다 죽고 남은 이가 없었는데 전국새가 무슨 수로 양국으로 향할 수 있었겠습니까? 이는 구원을 청하며 지어내서 하는 말일 뿐입니다. 하늘의 신새는 실제로는 황상에게 있습니다. 게다가 요사한 서얼 석지의 무리들이 기이한 일을 빙자해 여러 사람들을 현혹시키고자 하니 때로 온갖 단서를 개작하여 그 일을 신령스럽게 꾸밉니다. 황상께서 지금 이미 하늘이 내린 부신을 지닌 채 상제에게 유제를 지내고 천하가 손바닥들을 그에게 매달아 의지하고 대업이 그의 한 몸에 모여 있는데, 어찌 이에 관하여 고민하고 장거의 이러한 말을 믿는단 말입니까? 형상을 주조한 일은 들어 보지도 못한 말입니다."

모용준은 장거의 말을 확실하게 믿었고, 염민이 자신의 형상을 주조하다가 실패한 것에 기뻐했다. 이로 인해 그는 염민의 주장에 대한 진실을 깊이 알고자 했다. 이에 자신의 곁에 땔나무를 쌓고 불을 붙이고는 봉유에게 명령하여 자신의 생각을 상위에게 알리도록 했다.

상위는 태연자약한 태도를 유지하며 모용준에게 반발하며 말했다.

"제가 머리를 묶어 성인이 된 이래로 평범한 사람조차 속인 일이 없는데 하물며 천승의 왕을 속이겠습니까! 교묘하게 속이며 허언하면서 목숨을 구하려고 하는 것은 사신이 해서는 안 되는 일입니다. 직언하여 주륙당해 죽는 것이 저의 직분입니다. 땔나무를 더 쌓고 속히 불을 붙이는 것이 그대가 큰 은혜를 베푸는 길입니다."

이때 주변에 있던 사람들이 그를 죽이도록 모용준에게 권했다. 이에 모용준이 말했다.

"옛날에 병사들이 교전할 때에도 그 사이에 사신은 있었소. 상위는 자신이 죽는 것을 꺼리지 않고 자신의 주군을 위해 목숨을 바치려 하는 것을 보니 충신이라 할 수 있소. 그리고 염민에게 죄가 있다고 해서 어찌 사신을 그와 연계시키겠는가?"

그러고는 그를 죽이지 않고 용서하였다.

모용준은 뛰어난 군사 전략을 구사할 능력을 보유하고 있었다. 그는 모용각에게 기주 중산(하북성 보정시 서남쪽 정주) 땅을 공격하도록 하였고, 모용평에게는 노구(기주 박릉군 요양현)에서 왕오를 공격하게 했다. 이러한 움직임은 모용준의 군사적 확장 정책의 일환으로, 중원을 통일하려는 그의 야망을 반영한다.

모용각은 당성(중산국 당현)에 도착했지만, 염민의 장수 백동과 중산태수 후감이 성을 굳게 지키며 강력히 저항하는 바람에 당성을 함락하지 못했다. 이에 모용각은 자신의 수하 장수 모용표를 남겨 공격하게 하고, 직접 기주 상산군을 공격하러 진격했다. 한편, 모용평이 남안에 도착했을 때 왕오가 장수 정생을 시켜 저항하도록 했다. 그러나 모용평은 이를 역격하여 결국 정생을 칼로 베어 죽였다. 전세가 불리해지자 후감은 성을 넘어 밖으로 나와서 항복했다. 모용각은 중산을 함락시키며 백동을 참수해 버렸다. 모용준의 군령은 엄격하고 투명했으며, 그의 지휘하에 있는 제장들은 그의 명령을 철저히 이행했다.

염민의 장무태수 가견이 고성(발해군 고성현)에서 군의 병사들을 이끌고 모용평을 요격하려 했으나, 모용평은 가견을 사로잡고 3,000여 명의 적을 참수하는 승리를 거두었다. 서기 351년에 정령의 적서와 염민의 장수 유준이 자신들이 거느리는 부대를 이끌고 모용준에게 항복했다. 이는 모용준의 권력과 영향력이 커지고 있음을 나타내는 중요한 사건이었다. 모용준은 적서를 귀의왕으로 봉하고, 유준을 좌사마로 임명했다. 적서와 유준의 투항은 모용준의 통치 영역 확장에 크게 기여했으며, 그의 군사적·정치적 영향력을 더욱 강화시켰다.

용병의 귀재 모용각, 기각 전술로 염민 포획

이 무렵 북방에서는 다양한 군사적 움직임과 전투가 발생했다. 선비족인 단근(段勤)이 처음에는 모용준에게 귀부했다가 나중에 반기를 들었다. 이에 대응하여 모용준은 모용각, 그리고 상국 봉혁 등을 파견하여 안희(중산국 안희현)에서 염민을 공격하게 했다. 모용수는 역막(기주 청하국 역막현)에서 단근을 공격했고, 모용준 자신은 중산으로 가서 두 군대를 지원했다.

염민이 두려움에 떨며 상산으로 달아나자, 모용각이 그를 추격하여 고수에서 따라잡았다. 염민이 평상시에 그 권위와 명성을 떨쳤으므로 모용각의 병사들이 모두 그를 두려워하였다. 모용각이 여러 장수들에게 말했다.

"염민의 군대는 쇠약하고 병졸들은 지친 상태이므로, 실로 그들을 제대로 지휘하기 어렵소. 더욱이 염민은 용감하지만 꾀가 부족해 단지 사내 한 명을 대적할 만한 필부에 불과하오. 비록 그가 갑옷과 무기를 갖추고 있다 해도 굳이 공격할 필요도 없소. 나는 이제 군대를 세 부대로 나누어 여러 방향에서 적을 공격함으로써 적의 방어를 분산시키고, 적이 대응하기 어려운 상황을 만들 계획이오. 염민의 성정이 가볍고 날카로우며 또한 우리의 군세가 그들과 필적하지 않음을 잘 알고 있으니 분명 필사적으로 우리 중앙군에게 돌격할 것이오. 나는 이제 갑옷을 입고 방어진을 강화한 상태에서 그가 도착하기를 기다릴 것이니, 여러분들은 다만 병사들을 격려하며 중앙군의 측면에 있다가 전투가 벌어지기를 기다려 적을 좌우에서 협공한다면 반드시 승리할 것이오."

안개가 자욱한 새벽, 산기슭에서 모용각의 두 군대가 고요함 속에서 기다리고 있었다. 모용각은 자신의 병사들을 세 부대로 나누어 놓았다. 한 부대는 자신이 직접 이끌고 염민의 진영을 정면에서 유인할 계획이었다. 다른 두 부대는 그의 수하 장수들이 숲을 통해 적의 측면으로 몰래 다가갈 예정이었다.

"지금이야말로 기각 전술을 발휘할 때다."

모용각은 속삭이며 칼을 뽑았다. 그의 눈빛은 전투의 열기로 가득차 있었다.

전투가 시작되었을 때, 모용각의 부대는 강렬하게 적을 압박했다. 염민의 병사들은 모용각의 부대에 집중하며 방어선을 구축했다. 하지만 그들은 또 다른 두 부대의 존재를 전혀 인지하지 못했다. 모용각의 부장들은 숲을 통해 적의 측면을 노렸다. 그들은 조용하면서도 빠르게 움직이며 적의 약점을 찾아 공격을 개시했다. 순식간에 적의 진영은 삼면에서 공격을 받으며 혼란에 빠졌다.

모용각은 자신의 두 부대가 염민의 측면을 공격하는 것을 보며, "이제 승리는 우리 것이다!"라고 외쳤다. 두 부대의 협공은 완벽했고, 적은 점점 더 압박을 받으며 후퇴하기 시작했다.

해가 높이 떠오를 무렵, 전투는 끝났다. 모용각과 그 부장들은 서로를 바라보며 승리의 미소를 지었다. 기각 전술의 탁월한 실행은 그들에게 결정적인 승리를 가져다주었다. 모용각은 염민을 격파하여 7,000여 급을 참수하고 염민을 사로잡았다. 그를 용성에 보내니 그곳에서 염민을 베어 죽였다.

모용각은 호타(呼沱)에 군대를 주둔시켰다. 염민의 장수인 소해(蘇亥)는 장수 김광(金光)을 보내 수천 명의 기병을 이끌고 모용각을 기습 공격했다. 이에 모용각은 역습 공격하여 김광을 베어 죽이니 소해가 크게 두려워하며 병주로 도망갔다. 이후 모용각이 진격하여 상산을 점거하니 단근이 두려운 마음을 품고 항복을 청했다.

모용준은 이어서 업을 공격했다. 염민의 장수 장간이 성문을 걸어 잠그고 저항하면서 방어했다. 모용준이 또 모용평 등을 보내 기병 10,000명을 이끌고 모용각과 합류하여 업성을 공격했다.

피발좌임의
조선 후예 모용준의 중원 황제 등극

당시 모용준의 궁궐에 있는 정양전 서쪽 산초나무에 제비집이 있었고, 그곳에서 세 마리의 제비 새끼가 태어났다. 이 새끼들의 목에는 꼿꼿한 털이 있었다. 또한 범성에서는 기이한 색깔의 새를 헌상했는데, 그 새의 깃털은 다섯 가지 색깔로 무늬를 이루고 있었다. 이에 모용준은 좌우의 신료들에게 "이것이 무슨 징조요?"라고 물었고, 신료들은 모두 그 의미를 해석했다.

"제비는 우리 연나라를 상징하는 새입니다. 제비 새끼의 머리에 있는 꼿꼿한 털로 이루어진 관은 우리 대연이 번영하여 황제의 관과 유생의 관을 쓰게 될 것을 예시합니다. 새의 둥지가 정양전 서쪽 산초나무에 위치한 것은 지존이 왕궁의 난간 앞으로 행차하여 만국의 조현을 받을 징조로 볼 수 있습니다. 새끼가 세 마리인 것은 천통·지통·인통에 해당하는 천지인 삼통에 응한다는 의미입니다. 또한 신령스러운 새에게 다섯 가지 색깔이 있음은 우리 성조가 장차 오행의 기운을 담은 교훈을 계승하여 천하를 통치할 것이라는 뜻입니다."

모용준은 신하들의 이러한 징조 해석에 매우 기뻐했다. 이는 그의 권력과 성공에 대한 긍정적인 전망을 강화하는 것으로, 그의 자신감과 리더십을 더욱 공고히 하는 데 기여했다.

이후, 장간이 정예병 5,000명을 이끌고 성에서 나와 싸움을 걸어서 전투를 벌였지만, 모용평 등에 의해 격파되어 4,000여 명이 사망했으며, 장간은 단기로 업성에 돌아갔다. 이 전투의 승리는 모용준의 군사적 우위를 다시 한번 확인시켜 주었다. 이에 여러 신하들이 모용준에게 황제의 존호를 칭할 것을 권했다. 그러나 모용준은 겸손하게 대답했다.

"나는 원래 고요하고 쓸쓸한 활 사냥터에서 자란 사람으로 머리를 풀어 헤친 채 왼쪽으로 옷깃을 여미는 피발좌임(被髮左衽)의 풍속을 간직하고 있습니다. 역수의 록이 어찌 내 분수에 맞겠소! 경들이 나를 칭찬하며 높여 주는 것은 바랄 수 없는 것을 과분하게 바라는 것으로, 실로 덕이 부족한 이로서 마땅히 들어 줄 만한 얘기가 아니오."

피발좌임은 공자를 비롯한 중원인들이 동이족의 풍속이고, 자신들과 본질적으로 다른 것이라며 질색하던 조선의 풍습이다. 자공은 제나라 왕위계승전에서 환공이 공자 규를 죽였을 때, 관중이 그를 따라 죽지 않고 적이었던 제환공을 도운 것에 대해 어질지 못하다고 비판했다. 그러자 공자는 관중이 없었더라면 지금 자신들은 동이족들처럼 피발좌임하게 되었을 것이라고 말한 바 있다.

모용준이 자신의 출신과 풍습을 언급하며 존호를 칭하는 것을 거부했던 것은 그가 자신의 뿌리와 문화적 정체성을 인식하고 있었으며, 중원의 전통적인 가치관과는 다른 자신만의 길을 걷고자 했음을 보여 준다.

한편, 모용각과 봉혁은 노구에서 왕오를 공격해 항복시켰으며, 모용평은 업성을 함락시켰다. 업성 함락 후 모용평은 염민의 가족과 신료 및 문물들을 중산으로 이송했다. 이러한 일련의 군사적 성공은 모용준과 그의 휘하에 있는 장수들의 강력한 군사력과 전략적 능력을 만방에 보여 주었다.

이보다 앞서 장간이 이미 황제를 상징하는 전국새를 동진의 수도인 건업으로 보냈다. 그러나 모용준은 이를 활용하여 자신의 권위를 드높이고 역운이 자신에게 있음을 보여 주고자 했다. 그는 염민의 아내가 전국새를 구해 자기에게 바쳤다면서, 그녀에게 봉새군(奉璽君)이라는 호칭을 주었다. 이는 자신의 통치에 신성함을 부여하고자 하는 전략적 행동이었다.

서기 352년 10월, 연나라의 여러 신료들이 연왕 모용준에게 존호를 올리니 모용준이 이를 허락하였다. 모용준은 드디어 황제로 즉위하며 새로운 시대의 시작을 알렸다. 그는 대사면령을 내리고 건원이라는 연호를 원새(元璽)로 칭했다. 이는 그가 독립적인 황제로서의 지위를 공식적으로 선포한 것을 의미한다.

모용준은 또한 백관을 임명하여 통치체제를 확고히 했다. 국상 봉혁을 태위, 모용각을 시중, 좌장사 양무를 상서령, 전서령 장희를 상서우복야, 우사마 황보진을 상서좌복야, 송활을 중서감, 전서령 장희를 상서우복야, 한항(韓恒)을 중서령으로 임명하는 등 다양한 관직을 설정했다. 그 나머지 사람들도 각각 차등을 두어 배수하였다. 이러한 임명은 그의 통치 체계를 강화하고 정치적 권위를 확립하는 데 중요한 역할을 했다.

그리고 모용외와 모용황을 각각 고조 무선황제와 태조 문명황제로 추존하였다. 이러한 일련의 조치에 대해 동진 조정에서는 사자를 파견하여 항의하였다. 이에 모용준이 그 사자에게 말했다.

"너는 돌아가서 너희 천자에게, 짐이 천하의 주인이 없는 때를 맞이하여 중국의 선비들과 백성들에 의해 추대되어 이미 황제가 되었다고 고하거라."

당초 석호가 화산에서 제비를 뽑아 길흉을 점치는 탐책을 통해 옥판을 얻게 되었다. 거기에는 다음과 같은 예언이 적혀 있었다.

"때는 신유년, 끊어지지 않는 선과 같다. 때는 임자년, 드디어 진인이 나타난다."

이때에 이르러 연나라 사람들이 모두 모용준이 황제에 즉위한 것을 그 징조가 실현된 것으로 간주했다. 모용준이 제위에 오른 서기 352년이 임자년에 해당한다. 모용준은 이 예언에 따라 사주(司州)를 중주(中州)로 변경하고, 사예교위 관을 설치하는 등의 조치를 취했다. 신하들은 모용준이 대연의 황제로서 천명을 받았다고 해석하며, 다음과 같이 권했다.

"우리 대연이 천명을 받아 위로는 북방의 신 흑제 섭광기의 계승자가 되고 운력을 전하여 금행의 후를 이어받았으니, 마땅히 하나라의 역법을 따르고 주나라의 면류관을 쓰며, 또한 기치는 검은색을 숭상하고 희생 제물로 쓰는 수컷 짐승도 검은색을 숭상해야 합니다."

모용준은 이 제안을 수용하고, 그를 따르는 문무 관리들과 여러 번(藩)의 사신들의 지위를 모두 3급 올려 주었다. 고하에서 염민을 격파할 때 사로잡은 군대와 업을 수비하는 군사들에게는 일반 병사부터 시작해 각자의 계급에 따라 차등적으로 포상을 수여했다. 직접 전투에 참여해 전사한 장수는 그 지위를 두 계급 승진시켜 주고, 사병의 경우는 그 자손의 부세를 면제해 주었다. 오랫동안 근무한 이들은 각자의 능력에 맞게 승진시켰다.

또한, 모용준은 그의 부인 가족혼씨를 황후로 삼고, 세자 모용엽을 황태자로 임명했다. 모용준의 정책과 결정들은 중원을 통일하려는 그의 목표를 향한 중요한 절차였으며, 그의 통치 스타일과 권력 구축 방식을 반영하였다.

모용준은 용도에 유대를 설립했다. 연나라는 처음 용성에 수도를 두었다가 이 시기에 계로 천도했기 때문에, 용성에 유대를 세우고 그 지역을 용도라고 명명한 것이다. 현도태수 을일(乙逸)을 상서로 임명하여 유대의 사무를 전담하도록 맡겼다. 이러한 일련의 조치들은 모용준이 황제로서의 권위를 확립하고 통치 체제를 강화하는 과정을 보여 준다.

서기 352년, 모용준이 황위에 오른 뒤 장차 오행(五行)의 순서를 어떻게 정할 것인지를 두고 좌우의 신하들 사이에 의견이 분분하였다. 오행상생설에 따르면, 고대에 목덕을 숭상하던 태호 복희족은 화덕의 염제족이 일어나며 쇠퇴했다. 그리고 토덕의 황제가 염제의 후손을 극복하였으며, 황제는 금덕의 소호 세력에게 밀렸다. 그 후 수덕의 전욱 고양이 흥하게 되었다. 이후 왕조의 성격과 순서를 정하는 것은 국가의 중차대한 의례가 되었다.

이때 한항은 병으로 용성에 머물고 있었고, 모용준은 한항을 불러 결정을 내리도록 했다. 여러 신하들이 모여서 논의하며 연나라는 당연히 진나라를 이어 수덕을 취해야 한다고 주장했다. 얼마 후 한항이 도착하여 모용준에게 말했다.

"폐하, 신하들이 우리 연나라가 진나라를 이어 수덕을 취해야 한다고 주장하지만, 신은 이에 반대합니다. 오행 상생설에 따르면, 한나라는 화덕을, 위나라는 토덕을, 진나라는 금덕을 취했습니다. 또한, 석륵의 조나라가 서진을 대신하여 수덕을 칭했는데, 이제 우리 연나라가 조나라의 뒤를 이었다고 보아 목덕을 취해야 합니다."

한항은 연나라가 팔괘의 진(震) 방위에서 시작되었고, 주역에서 진을 청룡이라 칭하며, 용이 목덕을 상징한다고 주장했다. 이는 연나라가 태호 복희의 목덕을 상징하는 것이 자연스럽고, 천명과 부합한다는 논리였다. 이에 반해, 다른 신하들은 석륵의 조나라를 가짜 황제로 보고 완전히 배제함으로써, 연나라가 진나라를 뒤이어 수(水)를 상징해야 한다고 주장했다. 이 의견은 연나라가 조나라를 인정하지 않고, 진나라의 뒤를 이어 수덕을 상속한다는 관점을 반영했다.

이러한 대립은 당시 중원에서 왕조의 정당성과 역사적 연속성을 어떻게 해석할지에 대한 논란을 반영한다. 왕조의 오행 상징은 단순한 상징적 의미를 넘어서, 그 왕조의 천명과 정통성을 표현하는 중요한 요소였기 때문에, 이러한 논의는 당시 정치적·문화적으로 중요성을 지니고 있었다.

모용준은 한항의 말을 경청하며 그의 조언에 깊은 고민을 했다. 그는 한항의 말에 동의했다.

"경의 말이 옳소. 우리 연(燕)이 천명을 받았다는 것은 분명한 징조임을 인정하오. 이는 우리 연나라가 새로운 성장과 도약의 상징으로 목덕을 취해야 한다는 것을 명확히 보여 주는 것이오."

모용준은 한항의 조언을 따라 연(燕)이 목덕을 취하기로 결정했다. 이 결정은 연나라의 새로운 시대를 상징하는 중요한 순간이 되었고,

한항의 지혜와 통찰력은 다시 한번 모용준에게 인정받았다. 모용준은 한항에게 감사를 표하며 그의 충고를 높이 평가했다. 이로써 연나라는 새로운 시대의 번영과 성장을 향해 나아갈 수 있는 기초를 마련했다.

모용준의 비서감인 청하 출신의 섭웅이 한항의 말을 듣고 찬사를 보내며 말했다.

"군자가 없으면 나라가 어떻게 번영할 수 있겠는가! 이 말은 바로 한영군(韓令君)을 지칭한 말이었구나!"

동진의 영삭장군 영호가 진의 팽성과 노군을 들어 반역하고 모용준에게 항복했다. 영호의 항복은 모용준의 연나라가 중원에서 날로 그 영향력을 강화하고 있었다는 사실을 보여 준다. 상산의 이독(李犢)이 수천 명의 병력을 집결해 보벽루에서 반역을 일으켰지만, 모용준은 모용각을 보내 이를 진압하고 항복을 받아 냈다.

당초 염민이 패망한 후, 왕오가 안국왕을 자칭하며 노구를 통치했었는데, 왕오가 사망한 후에는 여호가 그 호칭을 이어받아 노구를 지켰다. 서기 354년에 연의 위장군 모용각이 노구를 포위하고 있다가 3월에 함락하였다. 여호는 패주하여 도망쳤고, 모용각은 전군 열관을 보내 뒤쫓아 야왕(사주 하내군 야왕현)에서 여호의 무리들을 모두 항복시켰다.

여호가 동생을 보내 표문을 받들고 연나라로 가서 사죄하게 하니 연이 여호를 하내태수로 임명하였다. 요양이 양국(梁國)을 바치며 모용준에게 항복하였다. 모용평을 도독이자 진옹익량강양형서예연 10주 하남제군사로 임명하고, 임시로 낙수에서 진수하게 하였다. 또한 모용강을 전봉도독 및 도독 형서이주 연회제군사로 임명하여 하수 남쪽으로 진격하여 점거하도록 했다.

모용준이 화룡에서 계성으로 이동하면서 주변 지역의 사람들에게 상당한 불안과 소동을 불러일으켰다. 처음 유주와 기주의 주민들은 그가 동쪽으로 천도할 것이라고 생각하며, 이에 대해 두려움과 혼란을 느꼈다. 주민들이 서로 놀라고 소란해져 각자 소재하는 곳에 모여서 결탁하였다. 모용준의 수하가 이들에 대한 공격을 제안했지만, 모용준은 이를 거부하고 상황을 더욱 신중하게 다루기로 결정했다.

"여러 소인들이 짐이 동쪽 화룡으로 순행했기 때문에 서로 혼란스러워한 것일 뿐이오. 이제 짐이 다시 계성에 도착했으니 곧 저절로 상황이 안정될 것이오. 그러나 사태가 발생하기 전에 미리 대비하는 것 또한 소홀히 해서는 안 될 것이오."

이에 안팎에 명하여 경계하며 엄히 방비하도록 하였다.

서기 352년 11월, 모용준이 계성에서 황제로 즉위한 후, 서기 354년 10월 다시 화룡(용성)으로 이동했을 때, 유주와 기주 사람들 사이에 소동이 일어난 것이다. 서기 355년 4월에 모용준은 화룡에서 다시 계성으로 되돌아왔다.

모용준의 권력 확장은 여러 지역의 관리들과 다른 나라 지도자들로부터 인정받는 형태로 나타났다. 전진의 2대 황제인 부생(苻生)의 하내태수 왕회와 여양태수 한고(韓高)가 군을 들어 모용준에게 귀부했다. 동진의 난릉태수 손흑(孫黑), 제북태수 고주(高柱), 건흥태수 고옹(高甕) 등이 각각 자신의 군대를 이끌고 반역하여 모용준에게 귀부했다. 이러한 항복은 모용준의 중원에서의 영향력이 날로 강화되고 있음을 보여 주는 사례로, 여러 지역의 지도자들이 그의 권위를 인정할 수밖에 없었다.

당초 모용준의 거기대장군인 범양공 유녕이 유성에 둔거하고 있다가 전진의 부씨에게 항복했었는데, 이때에 이르러 2,000호를 이끌고 계로 와서 자수하니 그를 후장군으로 임명했다.

서기 355년 겨울 12월, 고구려 고국원왕이 사신을 보내 연(燕)에 이르러 사은하고 특산품을 공물로 바쳤다. 그리고 볼모를 바친 후 왕의 어머니를 돌려보내 주기를 요청하였다. 모용준이 이를 승인하고 전중장군 조감을 파견하여 고국원왕의 어머니 주씨(周氏)를 호송하여 귀국하게 했다. 그리고 왕을 영주제군사 정동대장군 영주자사로 삼고 낙랑공에 봉하였으며, 왕호는 변경 없이 예전과 같이 하였다.

이 당시 고국원왕이 연나라에 조공 책봉 관계를 맺음으로써 연나라는 중원으로의 진출을 가속화할 수 있었다. 후방에서 고구려의 위협 요인이 매우 약화됨으로써 연나라는 중원 통일의 장정에 본격적으로 뛰어들 수 있게 된 것이다. 이런 의미에서 모용준은 매우 운이 좋은 군주 중 하나였다.

모용준의 급사황문시랑 신윤(申胤)이 상소하여 말했다.

"무릇 명분과 예법을 중시하는 것은 선왕의 제도입니다. 관리와 임금이 착용하는 면류관의 법식은 시대에 따라 변화되었습니다. 한나라는 소하, 조참의 공로를 인정하여 특별히 대우하였고, 검을 차고 신발을 신은 채로 어전에 오르거나, 입조 시 종종걸음을 하지 않는 특권을 부여했습니다. 이런 공로가 없는 경우 이제 그러한 특별 대우는 폐지되어야 합니다. 위나라와 진나라에서는 태자가 어전에서 바닥에 나무를 댄 신발을 신지 않도록 규정하였습니다. 현재 황태자에게 적용되는 의례가 지나치게 겸손하여 백료와 동등하거나 비슷해지는 것은 조정의 올바른 법식에 어긋납니다. 태자는 제왕과 동등한 원유관을 쓰지만, 이는 귀천을 명확히 구별하지 않는 문제가 있습니다. 태자에게는 천하의 무게가 있으므로 제왕과 동등한 대우를 받아야 합니다."

신윤은 이 밖에도 제사 · 잔치 · 조정의 경축 행사 등 중요한 공식 행사에서 황제가 입어야 할 복식, 그리고 동지에는 군대를 쉬게 해야 하며, 하지와 동지에 북을 치지 않고 악기를 베풀지 않아야 한다는 등 여러 가지 의식과 의례에 대해 주청하였다.

"조복은 천자에게 인사할 때 입는 의복으로, 사람은 하나이지만 상하 관계에 따라 두 개의 제도가 있습니다. 옛 제도를 때로는 폐지하고 때로는 유지하는 것은 예의 진정한 의미에 어긋납니다. 우리 대연이 천명을 받아 순임금의 나라와 하나라를 계승하였으므로, 실행하는 제도는 순임금과 하나라의 제도를 바탕으로 적절히 조정하여 우리 황대의 영구적인 제도로 삼는 것이 마땅합니다. 이는 우리나라의 근본을 확립하고, 지속 가능한 기준을 마련하는 데 중요합니다."

이에 대해 모용준이 말했다.

"검을 차고 신발을 신은 채로 입조할 때 종종걸음을 하지 않는 관례에 관한 사항은 태상에게 보내 상의하도록 하시오. 태자가 곤을 입고 아홉 술이 달린 면류관을 착용하는 것은 황제와 유사한 예로, 이는 시행하기 어렵소. 조신들의 관복 시행과 폐지에 대해서는 모두 세심하게 검토하여 결정하도록 하시오."

모용각의
산동 지역 정벌

단란의 아들인 단감은 염민의 난을 이용해 동쪽으로 이동하여 광고(廣固, 산동 청주 서북쪽)에 주둔하며, 스스로를 제왕(齊王)이라 칭했다. 이는 산동 지역을 중심으로 독자적인 권력 기반을 구축하려는 그의 시도였다. 그는 동진의 건업에 대해서는 칭번하였으나, 모용준에게는 신하로서가 아닌 중표의 예법으로 서신을 보내며 모용준을 정통 황제로 인정하려 하지 않았다.

이에 대응하여 모용준은 모용각과 모용진을 보내 단감을 공격하게 했다. 모용각이 하수를 건넌 후, 단감의 동생 단비는 용맹하고 지모가 있어 단감에게 조언을 했다.

"모용각이 워낙 용병을 잘하는 데다 또한 그의 군대가 성대하여 대항할 수 없을까 두렵습니다. 만약 저들이 군대를 성 아래에 주둔시키면 비록 우리가 항복을 청한다 해도 들어주지 않을까 우려됩니다. 왕께서는 다만 성을 고수하시고 제가 정예병을 이끌고 적을 막도록 해주실 것을 청합니다. 만약 제가 싸워서 이길 경우 왕께서 말을 타고 달려와서 적을 뒤쫓으며 공격한다면, 적들은 한 필의 말조차 무사히 되돌아가지 못할 것입니다. 만약 제가 패하는 경우에는 왕께서 급히 성을 나와 항복을 청한다면 천호후의 지위를 잃지 않으실 것입니다."

단비는 성을 고수하면서 자신이 정예병을 이끌고 적을 막도록 제안했다. 그리고 자신이 나아가 승리해 적을 완전히 격파하면 되고, 패배할 경우에는 단감이 성을 나와 급히 항복을 청하도록 권유했다. 그러나 단감이 이를 따르지 않았다.

서기 356년 1월, 모용각이 군대를 이끌고 하수를 건너 광고에서 100여 리 떨어진 곳에 도착하였을 때 선비족 단부의 제왕 단감이 30,000명의 군사를 이끌고 역격했다. 단비가 자신이 주장한 대로 행할 것을 거듭 요청하자, 단감이 분노하여 그를 베어 죽였다.

1월 30일, 모용각은 제수(濟水) 남쪽에서 단감과 교전하여 크게 이기고는 마침내 그의 동생 단흠과 그의 군대를 모두 포로로 사로잡았다. 단감은 광고로 후퇴하여 성을 고수했고, 모용각은 진격하여 광고를 포위하였다. 제장들이 모용각에게 의당 급히 공격해야 한다고 권하니 모용각이 말했다.

"군사 작전에서는 때로 느슨하고 유연하게 공격해 적을 이겨야 할 때가 있고, 때로는 신속하게 행동해야 할 때가 있소. 만일 적과 아군의 세력이 비슷하며 강력한 외부 지원군이 적에게 있어 양면에서의 위협이 우려되는 상황이라면, 모름지기 신속한 공격을 통해 유리한 위치를 확보해야 하오. 이때는 신속한 행동으로 큰 이득을 얻을 수 있는 것이오. 이에 반해, 아군이 강하고 적군이 약할 뿐만 아니라 적의 외부 지원이 없어 충분히 적을 제압할 수 있는 상황이라면, 차분히 대응하며 적의 붕괴를 기다려야 하오. 『손자병법』에서 말하는 '십위오공(十圍五攻)'은 바로 이러한 상황을 가리키는 것이오. 단감은 은혜로 동맹을 맺어 그의 병사들이 결속력을 유지하고 있으며, 지난 제남 전투에서의 패배는 군이 날카롭지 않아서가 아니라 그들이 용병술에서 전략적 방책이 없었기 때문이오. 이제 저들이 단단한 천험에 의지하고 있고, 위와 아래가 같은 마음이며, 수비에 비해 공격의 세가 갑절에 달해야 한다는 군대의 통례를 따르고 있소. 만일 공격을 서두르면 수십 일 내에 승리할 수 있으나, 다만 우리 사졸들을 상하게 할까 두렵소. 중원에 사변이 발생한 이래로 병사들이 안정을 찾지 못하였으니, 나는 늘 이것을 생각하며 나도 모르는 새 잠자는 것을 잊을 정도였는데 또 어찌 가볍게 인명을 해치겠소! 응당 우리는 인내하고 오래 버티며 적절한 순간을 포착해야 할 따름이오."

모용각의 이러한 접근 방식은 그가 단순히 군사적 승리를 추구하는 장수가 아니라, 군사의 안녕과 병사들의 생명을 중시하며 장기적인 안정을 고려하는 지도자임을 보여 주었다. 제장들과 병사들은 마음속으로 충성의 다짐을 더욱 굳게 했다. 모용각의 용병술과 전략전술은 제갈공명의 그것을 능가하는 것이었다. 그는 병사들의 마음을 휘어잡는 일에도 일가견이 있었다.

제장들이 모용각의 이러한 전략적 접근을 높이 평가하며 모두 말했다.

"저희들이 따라갈 수 없는 탁월한 의견입니다."

이에 그들은 진지를 구축하고 오히려 농사에 힘쓰며 방어를 더욱 강화했다. 단감이 임명한 서주자사 왕등과 삭두선우 설운(薛雲)은 모용각에게 항복했다.

서기 356년 8월, 단감은 홀로 전연의 세력에 대항하기 어렵다는 것을 깨닫고, 단온을 동진의 건업에 사자로 보내 구원을 요청했다. 동진의 목제는 북중랑장 순선을 파견해 구원 작전을 수행하도록 했으나, 순선은 모용각 군이 강성한 것을 두려워해 배회하며 시간을 끌기만 했다.

이후 단감이 출전했으나 모용각에게 대패했다. 11월 14일, 단감이 성을 나와 모용각에게 항복했다. 모용각은 전략적인 지혜와 무력으로 마침내 광고를 손에 넣었다. 성을 함락시킨 후, 그는 항복한 단감을 복순장군으로 임명했다. 이어서 선비·호·갈 삼족의 3,000여 호를 계로 이주시키고, 모용진을 광고의 수호자로 남겨 두었다. 전쟁의 먼지가 가라앉자, 모용각은 군대를 이끌고 개선하여 진군했다.

모용각의 복귀는 영웅의 귀환을 방불케 했다. 그의 지휘 아래 연이은 승리는 그를 당대 무비의 영웅으로, 지혜롭고 통찰력 있는 지도자로 자리매김하게 했다. 그는 단지 군사적 성공만을 이룬 것이 아니었다. 모용각은 그의 지도 아래 전략적 이동을 통해 민족들을 통합하고, 새로운 터전에서의 안정을 모색하는 데 성공했다.

그는 당대 최고의 명장이자 현인으로 평가되었다. 광고의 함락은 모용각의 군사 경력에서 빛나는 순간 중 하나로, 그의 이름은 그 뒤로도 오랜 시간 동안 찬란히 빛났다. 그는 군사적 성취를 넘어 당대의 현인으로, 뛰어난 지도력과 전략적 사고로 후대에도 큰 존경을 받았다. 모용각의 이야기는 전쟁과 평화, 지도자로서의 책임과 통찰력이 어우러진 전설로 남았다.

당시 모용준은 모용각뿐만 아니라 장수 왕등과 조반도 파견해 낭야와 견성을 공격했으며, 이로 인해 동진의 북부 방어선은 큰 혼란에 빠졌다. 이 상황에서 서주자사 순선이 단부의 구원군으로 파견되었다. 그러나 순선이 단온을 따라 낭야에 도착했지만, 모용각의 군대가 강성함을 두려워하여 감히 앞으로 나서 공격하지 못하였다.

결국 순선은 모용각과의 직접적인 전투를 포기하고, 왕등이 견성을 침범하자 군대를 이끌고 장마로 인해 성이 무너진 서주 낭야국 양도현의 성으로 진격하여 왕등을 붙잡아 참수한 후 하비로 귀환했다. 이후 순선은 장수 제갈유와 고평태수 유장에게 각각 군사 3,000명을, 참군 대록에게는 2,000명을 맡겨 낭야군과 태산을 수비하도록 조치했다.

서기 356년 6월, 모용준의 태자 모용엽이 사망하자 시호를 내려 '헌회'라 하였다. 서기 357년에 그다음 아들 모용위를 황태자로 책봉하고, 경내에 사면령을 발표한 뒤 개원하여 '광수'라 하였다. 그의 무군장군 모용수 및 중군장군 모용건을 보내 호군장군 평희 등과 더불어 보병과 기병 80,000명을 이끌고 새 북쪽에서 정령 칙륵을 공격하게 하니 크게 승리하여 10만 명이 넘는 적군을 참하거나 포로로 잡았고, 말 13만 필을 노획하였으며, 소와 양은 수백만 마리에 달했다.

모용준의 조부 모용외에게는 자백이라는 준마가 있었다. 자백은 빼어난 외모와 빠른 힘을 지니고 있었다. 서기 338년에 석호가 극성을 공격했을 때 모용황이 장차 피난하기 위해 탈 준비를 하자, 그의 말이 슬피 울면서 발길질하고 사람을 깨물어 아무도 가까이 접근할 수 없었다.

모용황이 말했다.

"이 말은 선조 때부터 매우 특별한 점을 보였다. 내가 항상 이 말에 의지해 전란을 구제했었는데 지금 나를 태우지 않으려 하는 것은 대저 선군의 뜻이로구나!"

그리하여 피난하려던 것을 그만두었다. 곧이어 석호가 물러나자,

모용황은 그 말을 더욱 귀하게 여겼다. 그 말이 49세에 이르렀음에도 여전히 빠르게 달리며 기력이 줄지 않자, 모용준은 그 말을 포씨총, 즉 포(鮑)씨 3대가 오랫동안 탄 명마와 비교했다. 그리고 그 말의 형상을 구리로 주조하도록 명령하고, 직접 찬사를 쓴 명문을 그 형상 곁에 새겨 넣었다. 이 상은 계성 동액문에 배치되었다. 이해, 형상이 완성되자 마치 운명을 아는 듯 자백은 평화롭게 세상을 떠났다.

흉노선우 하뢰두가 부락 35,000명을 이끌고 모용준에게 항복하니, 모용준은 그를 영서장군 운중군공으로 임명하여 대군 평서성에 거처하도록 하였다. 한편, 동진의 태산태수 제갈유가 모용준의 동군을 공격했다. 모용준은 모용각을 파견하여 맞서 싸우게 했고, 결국 진나라 군대가 패배하였다. 북중랑장 사만(謝萬)은 앞서 양(梁)·송(宋) 땅을 점거하고 있었지만, 이 소식을 듣고 두려움에 휩싸여 도망쳐 돌아갔다. 이후 모용각은 하수 남쪽으로 진병하여 공격하자 여·영·초·패가 모두 함락되었다. 그 후 모용각은 지방관을 임명하고 귀환했다.

이러한 일련의 사건들을 통해 중원의 권력 균형에서 모용준의 연나라는 매우 중요한 우위를 차지하게 되었다. 이러한 기세로 나아가면 중원의 가장 강력한 세력의 자리를 차지할 것이 분명했다.

서기 358년 8월, 진나라의 안서장군 사혁이 숨을 거두었다. 8월 21일, 진나라 오흥태수 사만이 서중랑장 지절 감 사예기병사주제군사 예주자사의 직책을 맡았다. 그 후 사만은 예주의 양·송 땅을 진수했다. 산기상시 치담은 북중랑장 지절 겸 도독서연청기유오주제군사

서연이주자사로 임명되어 하비 지역의 군사 행동을 지휘하게 되었다. 이 변화는 군사력의 새로운 재배치를 의미했고, 전쟁의 바람은 다시금 거세게 몰아쳤다.

서기 358년 9월, 모용준이 장평, 고창 지역을 평정하여 병주를 장악하고 사주·연주·예주 지역까지 세력을 확장했다. 10월, 진나라 제갈유가 연나라 동군을 공격했으나 모용각에게 격퇴당했다. 이 전투에 참여했던 사만도 퇴각했다.

서기 358년 12월, 동진 조정의 명을 받아 북벌에 나선 순선은 태산군 산치를 공략했다. 그곳을 방어하던 모용준의 태산태수 가견이 이끄는 군대는 겨우 700명에 불과했으나, 순선이 이끄는 병력과 비교해 열 배 이상의 차이가 났다. 가견은 적은 숫자의 병력으로도 격렬하게 저항하며 순선의 병사 1,000명을 쓰러트렸지만, 결국 병력의 열세를 극복하지 못하고 생포되었다.

순선이 가견을 구속하고 꾸짖자, 가견은 오히려 순선에게 소리쳤다.

"너 같은 새파랗게 젊은 놈이 어찌 감히 나를 가르치려 드느냐!"

이 말을 들은 순선은 화가 나서 가견을 묶어 둔 채 그대로 빗속에 내버려 두었고, 가견은 며칠 동안 욕을 퍼붓다가 분사했다. 그러나 얼마 뒤, 순선은 모용준의 청주자사 모용진이 보낸 사마 열명(悅明)에게 공격을 받았고, 이때 전연군에게 대패하여 산치를 빼앗기고 말았다. 산치는 연주 태산군의 지명이다.

당시 태산 일대에서는 연나라와 동진의 군대 사이에 치열한 군사적 충돌이 연이어 발생했다. 패전 이후로 병세가 더욱 심각해진 순선은 병을 이유로 사직하고, 치담이 그 뒤를 이어 서연2주자사에 임명되었다. 그렇게 관직에서 내려온 순선은 향년 38세의 나이로 세상을 떠났다. 진나라의 패배는 단순한 전투의 실패를 넘어선 것이었다. 그것은 진나라의 위상에 큰 타격을 주었다.

그다음 해인 서기 359년 10월, 모용준은 동아를 공략하며 새로운 전쟁의 불씨를 당겼다. 동진은 이 위협에 맞서기 위해 서중랑장 사만을 양주 회남군 하채현에, 북중랑장 치담을 연주 고평국 고평현에 각각 주둔시켜 반격에 나섰다. 그러나 기대를 모았던 동진군의 반격은 무너졌고, 패배의 고배를 마시게 되었다.

전쟁의 파도는 멈추지 않았다. 각 지역에서의 충돌과 교전은 연이어 발생했고, 이는 단순히 군사적 대립을 넘어 시대의 격변을 상징하는 사건이 되었다. 모용준과 그의 장수들은 여러 전투에서 활약하며 영향력을 확대해 나갔다. 진나라 군대는 여러 차례 패배를 경험했다.

서기 359년 8월, 태백(금성)이 황도대성 중 하나인 헌원대성을 범했다. 8월 18일에는 달이 북두칠성의 하나인 필대성과 맞닿았다. 점성가들은 이러한 천체 현상을 보고 "변경에서 전쟁이 일어날 것"이라고 예언했으며, 다른 이들은 "아래가 위를 넘보게 될 것"이라고 해석하였다.

그리고 두 달 뒤인 서기 359년 10월, 제갈유가 수군을 이끌고 하수로 진격했으나 패배했다. 이로써 진나라에 또 다른 군사적 실패를 추가했다. 예주자사인 사만은 영(潁)으로 진격했으나 군대가 붕괴되어 패배한 후 동진으로 철수했다. 이 사건으로 인해 사만의 이름은 명부에서 지워졌다.

모용준이 계성에서 업성으로 천도했다. 이는 화북평원에서 중원으로 더 가까이 이동한 것으로 모용준의 중원 진출을 상징하는 사건이다. 서기 357년 12월 19일, 모용준이 업궁으로 들어와 대사면령을 내렸다. 그리고 동작대를 다시 만들었다. 위무제 조조가 업에서 건국한 후 동작대를 만들었고, 석씨가 이를 증수하였다가 전쟁으로 허물어졌다. 모용준은 업에 도읍한 이후 이를 복구하여 과거의 영광을 되살리려 했다.

정위감 상위가 상소하며 말하였다.

"우리 대연이 혁명창제하였음에도 불구하고, 조정에서 인재를 뽑는 방식은 대부분 위·진의 제도를 답습하여 아버지와 할아버지를 염습하여 장사 지내지 않은 자는 관직에 오르는 것을 허락하지 않습니다. 이는 실로 왕도의 정수이자 변경할 수 없는 법식입니다. 그러나 예는 때로 덜거나 더하기도 하였으므로, 한고조 유방이 삼장의 법을 제정하여 진나라 사람들이 안정을 찾았습니다. 최근 중원에서 혼란이 일어난 후, 연속된 전쟁으로 많은 이들이 전투에서 죽거나, 성이 함락되어 패망하거나, 군대가 괴멸되는 등의 재난을 겪었습니다. 그 결과 아버지나 할아버지를 잃고 홀로된 고아가 열 집 중에 아홉에 이릅니다. 게다가 전연·전진·동진의 세 나라가 큰 산처럼 우뚝 서서 서로 대치하니 아비와 자식이 서로 다른 나라에 있어 존망길흉의 소식이 아득하여 하늘 바깥에 있는 듯합니다. 일시적으로 편리한 방식을 임시로 취하거나 혹 춘추 시대에 계찰이 영(嬴)·박(博) 사이에 자식을 장사 지냈던 방식을 따르기도 하지만, 효자가 몸이 가루가 되도록 힘써도 도움이 되지 않고 공손한 손자가 비록 상복을 입지 않더라도 마음으로 애도하며 근신하여도 소용이 없습니다."

상위가 계속 이어서 주청했다.

"비록 영혼만을 불러 시신 없이 장례를 치르며, 아버지와 할아버지를 잃은 깊은 슬픔을 표현하려 해도, 예법에는 초혼허장에 관한 규정이 없으며 법령에도 이와 관련된 명시가 없습니다. 이러한 상황에서 아름다운 옥돌 같은 인재를 품고도 활용하지 않는다면, 그것은 참으로 애통스러운 일입니다. 비천한 출신의 뛰어난 인재를 발탁하여 쓰고, 당대의 귀중한 인재를 적극적으로 활용하는 것이 바람직합니다. 만약 오기(吳起)와 진평(陳平), 진탕(陳湯)과 같은 인물들이 자신의 능력을 발휘하지 못했다면, 한고조 유방이 어떻게 평성의 포위를 뚫고 나갔을 것이며, 이후 흉노 선우 질지의 머리를 한관에 내걸 수 있었겠습니까? 삼가 살펴보건대, 폐하께서 발표하신 무진조서는 과거의 오점을 씻고 천하와 함께 새 출발을 선언하셨으나, 5~6년 사이에 발생한 모순으로 하늘의 이치를 잘 본받고 있는지에 관하여 신의 소견으로는 만족스럽지 못합니다."

모용준이 말했다.

"상위는 덕을 갖춘 연로한 대선비로서 형법에 익숙하고 밝다. 그가 진술한 바를 읽어보니 실로 채택하여 쓸 만하다. 지금 천지 사방이 아직 안정되지 못했고 혼란이 끝나지 않았으며, 뛰어난 인재를 찾아 발탁해야 할 때이나 재능과 품행을 겸비한 인재를 천거할 수 없다. 장차 이 조항을 삭제하고 천하가 통일되어 대동 세상이 도래할 때까지 기다렸다가 다시 논의하도록 하라."

이와 더불어 모용준은 창려와 요동 두 군에 모용외의 종묘를 세우라고 지시했다. 이는 조부 모용외에 대한 존경과 그의 유산을 기리기 위한 조치였다. 범양과 연군에는 모용황의 묘를 짓도록 했다. 그의 호군인 평희에게는 이 두 묘의 건설을 감독하는 장작대장을 겸하게 하여 묘 짓는 일을 감독하게 하였다.

부견의 평주자사 유특(劉特)이 5,000호를 이끌고 모용준에게 항복했다. 하간 사람인 이흑(李黑)이 1,000여 명의 병력을 모아 주군을 공격하고 조강령 위안(衛顔)을 살해했다. 이에 대응하여 모용준의 장락태수 부안이 이흑을 공격하여 베어 죽였다.

이때 상산에서 신묘한 일이 벌어졌다. 큰 나무가 저절로 뽑혔는데, 그 뿌리 아래에서 둥근 옥 70개와 규(珪) 73개가 드러났다. 이 옥들은 정묘하고 빼어난 빛과 색깔을 가지고 있었으며, 보통의 여타 옥과는 다른 특이한 특성을 갖고 있었다. 모용준이 이를 산신의 명으로 여겨 상서랑 단근을 보내 태뢰를 사용하여 제사를 지내도록 했다.

염민이 황제를 칭했을 때, 석호의 장수 이력(李歷), 고창(高昌), 장평(張平) 등이 각자 부대를 이끌고 모용준에게 칭신하고 자녀를 보내 입시(入侍)하도록 했다. 그러나 이들은 얼마 후 동진에 투탁하고 부견과도 결원하여 작위를 받았으며, 전연·전진·동진 사이에서 균형을 맞추며 자신들의 영역을 스스로 굳건히 지키고자 했다. 비록 모용준에 대한 조공사절은 계속 보냈지만 진심으로 존경과 의리를 다하지는 않았다.

그리고 여호가 사주 하내군 야왕현으로 도망갔을 때, 그는 동생에게 표문을 보내 모용준에게 사죄하도록 했다. 이에 모용준은 그를 영남장군 하내태수로 임명했다. 동시에 상당 사람인 풍앙(馮鴦)이 태수를 자처하며 장평에게 합류했다.

서기 358년 2월, 모용평은 상당 지역에서 풍앙을 공격했지만 실패했다. 그러나 3월 20일, 모용평은 추가 병력을 파견하여 결국 풍앙을 격파했다. 풍앙은 다시 여호에게 도망갔고, 장평은 여러 차례 모용준에게 풍앙의 죄를 용서해 달라고 요청했다. 모용준은 풍앙을 경조태수로 임명했으나, 여호와 풍앙은 은밀히 동진과 소통하고 있었다.

9월에는 모용평이 병주의 장평을 공격했고, 양무와 모용장은 연주동군 지역인 동연(東燕)의 고창과 복(濮)의 이력(李歷)을 공격했다. 이력은 사주 형양군 형양현으로 도망갔고, 나머지 병력은 항복했다. 이로 인해 병주의 여러 성채와 제갈양 등이 항복했다. 장평은 3,000명을 이끌고 사주 평양군 평양현으로 도주해 항복을 요청했다. 모용준이 그 나머지 반란 무리들을 모두 항복시켜 상황을 안정시켰다.

장평은 신흥·태원·안문·서하·상당·상군 등의 지역을 장악하고 있었으며, 성채 300여 곳 및 호(胡)와 동진 10여만 호를 통제하고 있었다. 그는 사정장군과 사진장군의 직위를 맡아 정립의 형세를 도모하고자 했다.

병주의 성채들 중 100여 개가 항복했으며, 모용준은 상서우복야 열관을 안서장군 겸 호흉노중랑장 병주자사로 임명해 이 지역을 관리하게 했다. 장평이 임명한 정서장군 제갈양, 진북장군 소상(蘇象), 영동장군 교서, 진남장군 석현(石賢) 등이 이끄는 성채 138개가 모용준에게 항복했다. 모용준은 이 소식에 기뻐하며, 그들 모두를 원래의 관직으로 복귀시켰다.

이 사건들은 당시 중원 지역에서의 복잡한 정치적 상황, 각 지역 세력들 간의 연합 및 대립 구조를 드러냈다. 모용준의 영향력 아래에서도 여러 세력이 자신의 이익을 추구하며 다른 세력과 협력하거나 대립하는 모습을 보였다.

서기 358년 10월 동진의 태산태수 제갈유가 연의 동군을 공격하였다. 모용각이 양무, 모용장을 지휘해 이를 격퇴시켰다. 서기 359년 7월, 고창이 연나라의 공격에 대항할 수 없어 백마(白馬)에서 형양으로 도주하였다. 백마 역시 동연과 가까운 동군의 지명이므로, 서쪽의 낙양 방향으로 달아난 것이다.

이러한 반란 세력과의 전투는 모용준이 어떻게 군사적 우위를 점하고, 지역 안정을 회복해 나갔는지를 잘 보여 준다. 각각의 전투와 작전은 연의 권력 확장과 중원 지역에서의 영향력 강화에 기여했다.

이 무렵에 모용준이 다시 중원을 도모함과 동시에 전진을 정복하고자 했다. 전연이 염민을 멸망시킨 후, 현재의 하북성·하남성·산서성·산동성 등 광대한 지역을 차지했다. 이 중 황하 유역은 전진이 차지한 관중을 제외하고 모두 전연의 소유였다. 당시 중국 북부는 전연과 전진이 동서로 대치하는 상황이었다. 모용준이 중원을 통제한 후, 동진과 전진을 멸망시키고 일거에 천하를 통일하려고 준비했다.

이에 서기 358년에 지방의 각 주군에 영을 내려 호적에 현재 드러나 있는 장정들을 검열하고, 숨겨지거나 호적에 빠뜨려진 이를 자세히 조사하라고 지시했다. 그렇게 해서 각 가정에서 한 명의 장정만 남겨 두고 나머지 장정들을 모두 징발함으로써 보병 150만 명을 모으도록 하였다. 이러한 대규모 군대 동원은 전진에 대한 군사적 압박을 강화하고, 중원 지역에서의 지배력을 확장하려는 전략적 의도에서 비롯된 것이다. 모용준은 이듬해에 이들을 대거 징집하여 장차 낙양으로 진군하여 3방(三方)의 군사 통제권을 확립하고자 하였다.

무읍 출신인 유귀(劉貴)가 상서를 통해 모용준에게 극력으로 간했다. 그는 백성들이 피폐해지고 있으며, 그렇게 병력을 소집하는 것이 법에 부합하지 않을 뿐만 아니라 백성들이 명령을 감당할 수 없어 땅이 붕괴하는 것과 같은 커다란 재앙이 발생할까 두렵다고 진술하였다. 아울러 당시의 정책이 시의에 부합하지 않는 열세 가지 이유를 구체적으로 제시하였다.

모용준이 상서를 읽어 보고는 기뻐하면서 공경들에게 널리 의논하도록 하니, 유귀가 진술한 사안 중 다수가 채택되었다. 그리하여 징병 방식을 삼오점병(三五占兵)으로 고치고 군비를 1년 미루어 주어 모두 이듬해 겨울 업도에 모이도록 명령을 내렸다.

삼오정병의 징병방식은 '세 명의 장정이 있는 가정에서 한 명, 다섯 명의 장정이 있는 집에서는 두 명의 병사를 뽑는 방식'을 말한다. 이러한 대응은 모용준이 정치적으로 유연함을 보였으며, 백성의 부담을 고려하여 징발 인원을 줄였다는 사실을 보여 준다.

모용준은 현현리에 소학을 설립하여 제왕의 자녀들을 교육시켰다. 그리고 자신의 아들인 모용홍을 제북왕으로, 모용충을 중산왕으로 봉하였다. 포지(蒲池)에서는 수많은 신하들을 위한 연회가 열렸고,

분위기가 고조되자 모용준은 시를 읊으며 경전과 역사에 대해 토론했다. 고대 주나라 태자 진에 대한 이야기로 화제가 옮겨 가자, 모용준은 눈물을 흘리며 주변의 신하들을 바라보며 말했다.

"과거 위무제 조조가 요절한 아들 조충을 추념하며 애통해했고, 손권 또한 죽은 태자 손등을 애도하며 슬픔을 멈추지 못했는데, 짐은 항상 이 두 임금이 빼어난 아들을 사랑하는 마음 때문에 대아의 체통을 잃었다고 생각해 왔소. 그러나 모용엽이 죽은 뒤로, 짐의 수염과 머리칼이 반백이 되고서야 비로소 그 두 임금이 충분히 그럴 만한 이유가 있었다는 것을 이해하게 되었소. 경들은 모용엽에 대해 어떻게 생각하시오? 짐이 지금 그를 애도하는 것이 혹시 장래에 괴이한 오류를 남기는 건 아니겠소?"

사도 좌장사 이적(李績)이 대답했다.

"헌회태자(모용엽)께서 동궁에 계실 때, 신은 태자 중서자로서 그분을 가까이에서 모셨기에 그분의 성스러운 자질과 학문에 대한 열정을 잘 알고 있습니다. 신이 듣기로 도가 갖추어지고 허물이 없어지는 것은 성인에게만 해당된다고 합니다. 돌아가신 태자께는 여덟 가지 큰 덕이 있었으며, 신은 그분의 결점을 보지 못하였습니다."

모용준이 말했다.

"경의 말이 다소 지나치다고 느껴지기도 하지만, 시험 삼아 한번 말해 보시오."

이적이 말했다.

"천성적으로 지극히 효성스럽고 성정이 도와 잘 맞아떨어졌으니, 이것이 첫 번째 덕입니다. 총명하고 지혜로우며 빼어난 사고가 자연스럽게 흘렀으니, 이것이 두 번째 덕입니다. 깊고 강인하여 결단력이 좋고 통치에 관한 식견이 뛰어났으니, 이것이 세 번째 덕입니다. 아첨을 경멸하고 사리에 밝으며 정직한 말을 아름답게 여기고 기뻐하였으니, 이것이 네 번째 덕입니다. 배움을 사랑하고 현명한 사람을 존중하며 아랫사람에게 물어보는 것을 수치로 여기지 않았으니, 이것이 다섯 번째 덕입니다. 영민한 자질이 과거 사람들보다 우수하고, 학문이 뛰어나 당대를 초월했으니, 이것이 여섯 번째 덕입니다. 솔직하고 겸손하며 스승과 도리를 존중했으니, 이것이 일곱 번째 덕입니다. 재물을 가볍게 여기고 베푸는 것을 즐겼으며 백성들의 고통을 세심하게 돌보았으니, 이것이 여덟 번째 덕입니다."

모용준이 말했다.

"비록 경이 지나치게 기리며 칭찬한 말이긴 하지만, 만일 그 아이가 살아 있었다면 내가 죽어도 걱정이 없었을 것이오. 짐은 요순 임금처럼 덕 있는 자에게 양보해 천하를 다스리게 할 수는 없지만, 삼왕의 덕을 본받아 그 덕을 가진 아들에게 대대로 전수할 것이오. 태자 모용위가 아직 어리고 그의 능력이 완전히 드러나지 않았는데, 경은 이에 대해 어떻게 생각하시오?"

이적이 말했다.

"황태자께서는 천부적인 자질을 갖추고 계십니다. 어린 나이임에도 불구하고 지혜롭고 총명하며, 날이 갈수록 성스러움과 공경스러움이 더해지고 있습니다. 그러나 아직 팔덕은 갖추지 못했고, 두 가지 결점이 남아 있습니다. 그것은 바로 자주 밖으로 나가 사냥을 즐기고 음악에 빠져드는 것인데, 이러한 행동은 결국 손해가 될 수 있습니다."

모용준이 모용위를 돌아보며 말했다.

"백양(伯陽, 이적)의 말이 약석처럼 유익한 것이니 너는 의당 그 말을 따라 그것들을 그만두도록 하여라."

그러고는 병으로 고통받는 노인과 자활할 수 없는 고아나 과부들에게 곡식과 비단을 하사했다. 이때 모용위는 이적이 모용엽을 칭송하는 말에 앙심을 품고 이적을 끝내 등용하지 않았다.

모용준이 밤에 석호가 자신의 팔을 깨무는 꿈을 꾸고 잠에서 깨어난 후, 이를 몹시 불쾌하게 여겼다. 명령을 내려 석호의 무덤을 파헤치도록 한 후, 관을 쪼개고 시신을 꺼내 이를 짓밟으며 꾸짖어 말했다.

"어찌 죽은 호(胡)가 감히 살아 있는 천자의 꿈에 나타날 수 있단 말이냐!"

그의 어사중위 양약(陽約)이 석호의 잔혹한 죄를 열거하고 오자서가 했던 것처럼 그의 시신을 채찍질한 뒤에 장수에 내다 버렸다. 석호는 죽어서도 부관참시되어 편히 눈감지 못하고 악행의 벌을 받았다.

동진의 제갈유는 다시금 수군과 육군 총 30,000명을 이끌고 모용준의 연나라를 공격하기 위해 진격했다. 석문에서 시작해 황하 강변 가까이에 주둔하며, 제갈유의 부관 광초는 진격하여 고오를 점령했고, 소관은 신책에 주둔했다. 또한, 독호 서경(徐冏)을 파견하여 수군 3,000명을 이끌고 배를 타고 강을 오르내리며 동서의 군대를 지원했다. 이에 맞서 모용준은 모용평과 부안 등을 파견하여 보병과 기병 50,000명을 지휘하게 했고, 동아에서 싸워 동진의 군대를 격파했다.

새 북쪽의 7국인 하란, 섭륵 등이 모두 투항하였다. 갑자기 모용준이 병에 걸려 누우면서 모용각에게 말했다.

"내가 지금 몹시 괴롭고 허약해져서 이겨 낼 수 있을지 모르겠다. 어차피 인생은 길 수도 있고 짧을 수도 있으니, 다시 한탄할 필요가 무엇이겠는가! 다만 동진과 전진이 아직 제거되지 않았고, 태자 모용위가 여전히 어려서 많은 어려움을 감당하기 어려울까 봐 걱정된다. 내가 오래전 송선공의 예를 따라 이제 사직을 너에게 맡기고자 한다."

모용각이 말했다.

"태자는 비록 어리지만 천성적으로 총명하고 성스러워 반드시 잔인한 자들을 제압할 것입니다. 또한 형벌을 남용하지 않고 적절히 사용할 것입니다. 제가 보위를 이어받아 정통을 어지럽힐 수는 없습니다."

모용준이 노하여 말했다.

"형제 사이에 어찌 굳이 꾸며서 말을 하는 것이냐!"

다시 모용각이 말했다.

"폐하께서 만약 신이 천하의 대사를 감당할 수 있는 자로 여기신다면, 어찌 어린 주인을 잘 보좌할 수 있을 것이라고는 생각지 않으십니까!"

모용준이 말했다.

"만일 네가 숙부로서 조카를 잘 보좌한 주공단처럼 행동한다면, 내가 다시 무엇을 걱정하겠느냐! 이적이 명석하고 정직하며, 충성스럽고 신뢰할 만하니, 그에게 큰일을 맡기고 너도 잘 대우해 주어라."

모용준이 병석에 누웠을 때, 그는 모용각과 모용평에게 후사를 맡겼다. 모용위 시대에 들어서서, 모용각은 조정의 권력을 총괄하는 위치에 올랐다.

환온은 모용각의 위협을 인지했다. 동진의 건업에서 모용준의 서거 소식을 듣고 "이제 중원을 공략할 수 있을 것이다."라고 여러 사람이 말했을 때, 환온은 "모용각이 아직 살아 있는 한, 우리가 걱정해야 할 것이 더 많다."라고 말했다.

이 무렵에 군대가 업성에 모이자 도적이 번갈아 일어나 밤마다 공격하며 약탈하고 밤낮으로 사람들이 다니는 길을 끊었다. 이에 백성들이 내는 세금과 부역을 완화해 주며 특별 금령을 두어 적도 중에 고발하는 자에게는 봉거도위의 직을 하사하고 도적의 수령인 목곡화 등 100여 명을 붙잡아 처형하니 혼란이 사그라들었다.

서기 360년 봄 정월, 모용준이 업성에서 군대를 대거 사열하고 대사마 모용각, 사공 양무 등에게 이들을 이끌고 중원 통일 전쟁에 나서려고 하였다. 그런데 군대 동원을 앞두고 갑자기 병세가 위독해지자, 모용각, 양무, 사도 모용평, 영군장군 모여근 등을 불러 유언을 전하고 보정을 맡겼다. 21일에 모용준이 죽었다. 그때 그의 나이는 42세였다. 모용준은 서기 348년 즉위하여 12년간 재위에 있었다. 황제로 재위한 것은 서기 352년부터 360년까지이다.

모용준은 문학과 역사에 큰 관심을 가지고 있어, 즉위 초기부터 말년까지 항상 토론을 게을리하지 않았고, 정무 처리 중 여유가 생길 때마다 가까운 신하들과 함께 의리를 나누며 총 40여 편의 저작을 남겼다. 그의 성격은 엄격하고 위엄 있는 태도를 유지하는 것이었으므로, 편안한 복장으로 공식적인 자리에 나타난 적이 한 번도 없었고,

여가 시간이나 연회에서조차 태만하거나 게으른 모습을 보인 적이 없었다.

모용준은 문무를 겸비한 탁월한 능력과 빠른 결정력을 갖춘 인물이었다. 그의 첫 번째 목표는 중원을 정복하는 것이었다. 석씨 내부의 분란을 활용하여 연나라 선비들의 지지를 얻고, 기주의 말들을 자신의 목적을 위해 동원했다. 단 한 번의 전투로 강대한 적을 패퇴시키고, 두 번의 시도 끝에 견고한 성을 점령하며 그의 위세는 주변에 공포를 불러일으켰다.

그의 영향력은 국경을 넘어서 확장되었으며, 그는 엄청난 업적을 성취했다. 천운이 자신과 함께한다고 믿은 모용준은 대명을 차지하고 보물을 안전하게 지켰다. 그는 경락을 정복했고, 수많은 군중을 지배하려 했다. 그는 백성들 위에 군림하며, 자신의 힘으로 모든 것을 삼켰고, 강남 지역은 그의 명령에 지쳐 갔다.

이 모든 것은 마치 하늘이 소박한 영혼에 싫증을 느끼고 이방인에게 기회를 준 것처럼, 모용준의 칼날은 예리하고 날카로웠다. 그는 천명을 따르며, 자신의 운명을 주도적으로 개척했다. 모용준의 이야기는 중원을 통일하려는 열망, 결단력, 그리고 정복의 열정을 담고 있다.

모용준 사후, 태자 모용위가 황제로 즉위했다. 그때 나이가 겨우 11세였다. 모용외의 넷째 아들이자 태원왕 모용각은 태재와 상서사를 맡아 조정을 보좌했다.

모용각은 전연은 물론 중원 역사상 드물게 볼 수 있는 정치 및 군사 인재였다. 그의 집권 기간 동안, 그는 인재를 적절한 위치에 배치하여 각자가 자신의 역할을 벗어나지 않도록 관리했다. 조정은 신중하고 엄격했으며, 권력을 잡고 있었지만 모든 일에 모용평과 상의했다. 그는 뿐만 아니라 훈구 모여근의 반란을 진압하고, 모용위가 어린 나이에 황위에 오른 불안정한 정치 상황을 안정시켰으며, 동진의 낙양 금용성 · 형양 · 호주 등을 장악하기도 했다. 모용각의 집권 기간은 전연 정권이 비교적 안정적이었던 시기였다.

한편, 전진 정권 역시 발전기에 접어들었다. 전진의 부견은 한족 출신의 왕맹을 중용하여 중앙 집권을 강화하고, 관리 체계를 정비하며, 농업을 장려하고, 학교를 설립하는 등의 조치를 취함으로써 정치가 청렴해지고 사회 경제가 발전하여 국력이 날로 강해졌다. 전진은 전연과 동서로 대치하는 강력한 경쟁자가 되었으며, 부견 역시 천하를 통일하려는 야망을 가지고 있었기 때문에 두 나라 간의 전쟁은 피할 수 없는 것이었다.

불안한 연나라 왕조:
모용위, 모용각, 그리고 모여근의 궁중 권력 투쟁

연나라의 궁전은 신하들의 긴장된 목소리로 가득 찼다. 모용준의 죽음 이후, 누가 황위를 이을지에 대한 논의가 한창이었다. 많은 신하들이 모용각을 추대하고자 하였지만, 그는 고결한 마음으로 거절했다.

"나라에는 이미 계승자가 있으니, 내가 그 자리를 차지하는 것은 옳지 않다."

모용각의 말은 궁중에 울려 퍼졌다. 결국, 모용준의 셋째 아들 모용위가 어린 나이에 새로운 황제로 옹립되었다. 서기 360년, 연나라의 3대 황제의 자리에 오른 그는 경내에 대사면을 선포하고, 연호를 건희로 변경했다. 그의 모친 가족혼씨는 황태후로 봉해졌다.

모용위는 모용각을 태재로 삼아 상서를 기록하게 하고, 주공(周公)의 업무를 수행하게 했다. 그리고 모용평을 태부로 삼아 조정의 정사를 보좌하도록 하였다. 모여근을 태사로 삼고, 모용수(慕容垂)를 하남대도독 정남장군 연주목 형주자사로 삼아, 남만교위를 겸임하게 하여 양국(梁國)에 주둔하게 하였다. 손희(孫希)를 안서장군 병주자사로, 부안을 호군장군으로 임명하였다. 그 밖에도 여러 사람에게 각각 그 지위에 따라 임무를 부여하였다.

이러한 인사 결정은 모용위의 통치 아래 연나라가 새롭게 시작됨을 알리는 것이었다. 황제 모용위는 국가를 안정시키고 번영으로 이끌기 위해 신중한 조치들을 취했다. 물론 이러한 조치는 모용각의 복심이 반영된 것이었다. 새 황제의 통치는 연나라에 새로운 희망과 기대를 가져다주었다.

그러나 점차 나이 어린 모용위의 무능함과 취약성이 두드러지자, 국사는 모용각에게 크게 의존하게 되었다. 모용위의 부침 속에서 모여근은 자신의 공로와 오랜 경력을 자랑스럽게 여기며, 하늘 높은 줄 모르는 교만한 마음을 갖고 있었다. 그는 모용각이 조정 권력을 독점하고 있는 것을 시기하며, 기회를 엿보다가 모용각에게 은밀하게 말했다.

"지금 주상은 어리고, 모후가 정치에 개입하고 있습니다. 전하께서는 양준, 제갈각의 변을 염두에 두고 스스로 보호할 방법을 생각해야 합니다. 천하를 안정시킨 것은 전하의 공로이며, 형이 죽으면 동생이 이어받는 것은 선왕의 제도입니다. 산릉을 지나고 나면, 주상을 한 나라의 왕으로 폐위시키고, 전하께서 존위에 오르셔서 대연의 무궁한 경사를 이룰 수 있습니다."

모용각은 차갑게 말했다.

"그대는 지금 술에 취했나? 어찌 그런 말을 할 수 있는가! 예전에 조장, 오찰(조장은 조비 아들로 위나라 후계자로서 오나라를 침공하여, 오찰의 아버지인 여범을 죽였다. 이에 오찰은 전장에서 조장을 죽였다)이 집안의 어려움에 처했을 때에도 남을 위해 사는 것이 아니라, 자신의 삶을 살아야 한다(장자는 제자가 스승을 위해 사는 것이 아니라, 스스로의 삶을 살아가는 것이 중요하다고 강조했다)고 말했다. 하물며 지금은 후계자가 성공적으로 계승을 이어받고, 천하에 근심거리가 없으며, 재상들이 유지를 받들고 있는데, 어찌 감히 사적인 욕심을 품을 수 있단 말인가! 공은 선제의 말씀을 잊은 것인가?"

모용각의 날카로운 말에 모여근은 크게 두려워하여 사과하고 물러났다.

이 대화는 궁중의 긴장된 분위기를 드러냈다. 모용위는 왕위에 있었지만, 실제 권력은 모용각이 쥐고 있었다. 모여근의 제안은 위험

한 생각으로 여겨졌고, 그의 교만은 그에게 오히려 큰 두려움을 안겨
주었다.

연나라의 궁중에서는 은밀한 권력 투쟁이 벌어지고 있었다. 연나
라의 미래는 불확실한 그림자 속에 가려져 있었다. 모용위의 무력
함과 모용각의 권력, 그리고 모여근의 욕망이 얽힌 궁중은 더욱 깊
은 불안 속으로 빠져들었다. 모용각은 이를 모용수에게 알렸고, 모
용수는 모용각에게 모여근을 처형할 것을 권했다. 이에 모용각이
말했다.

"지금 우리나라는 큰 비극을 맞이했고, 전진과 동진의 두 적이 기
회를 엿보고 있으며, 선황의 황릉도 아직 세워지지 않았다. 그런데
재상들이 서로를 죽이면, 멀리 떨어진 사람들의 기대에 어긋나지 않
겠는가? 나는 용납하고 참을 수 있다."

그러나 모여근과 좌위 모여간은 계속해서 음모를 꾸몄다. 그들은
가족혼씨와 모용위에게 다가가, 모용각과 모용평이 반란을 꾀하고
있다고 거짓말로 아뢰었다.

"태재와 태부가 반란을 꾀하고 있으니, 저희가 금병을 이끌고 그들
을 처단하여 사직을 안정시키겠습니다."

상황을 전혀 모르고 있던 태후 가족혼씨는 이 말을 따르려고 했으
나, 어린 황제 모용위가 말했다.

"두 공은 국가의 친족이며, 선제가 맡긴 사람들이니, 결코 반란을
일으킬 리가 없습니다. 아마도 태사께서 반란을 일으키려는 것이 아
닌가요?"

결국 모용위의 명령으로 그의 시중 황보진과 호군 부안을 시켜 모

여근과 그의 동료들을 체포하여 금중에서 참수하고, 경내에 대사면을 선포했다. 부안을 보내 기병 20,000명을 이끌고 하남을 관찰하게 하고, 회안에 이르러 돌아왔으며, 군의 위세를 과시했다.

모여근을 주살할 때, 많은 사람들이 위험을 느끼고 두려움에 휩싸였다. 그러한 위험한 순간에도 모용각은 평소와 같이 침착하고 자연스럽게 행동했다. 혼자서도 여유롭게 왕래하며, 조언하는 이들의 불안을 달랬다.

"사람들이 두려워하고 있으니, 나는 오히려 자신감을 보여 주어 그들을 안정시켜야 한다. 만약 내가 불안해한다면, 다른 사람들은 누구를 바라볼 것인가!"

그의 이러한 자세를 보며 사람들의 마음이 조금씩 안정되었다. 조정 대신들은 그의 지도력에 감탄했다. 모용각은 항상 마음을 열고 사물을 대했으며, 좋은 방향을 물으며 능력에 맞게 사람을 썼다. 그러나 그는 그들이 자신의 위치를 넘지 않도록 했다. 조정은 삼가고 엄숙하며, 모든 행동에는 일정한 규칙이 있었다. 권력을 잡고 있었지만, 모든 일에 대해 모용평에게 조언을 구했다.

조정에서 돌아오면, 마음을 편안하게 하고 책을 손에서 놓지 않았다. 백료들 중에 잘못이 있어도 그것을 드러내지 않았고, 그 결과 관료들이 그의 덕을 따르게 되어, 잘못을 저지르는 이들이 드물었다.

확장의 시대:
모용위 연나라의 연속된 승리

연나라의 북쪽 국경에는 긴장감이 감돌고 있었다. 모용준이 임명한 영남장군 여호는 야왕에 주둔하며 은밀히 동진과 통교하고 있었다. 동진의 목제는 그를 전장군 기주자사로 임명했다. 이 배신은 연나라에 큰 위협이었다.

모용준이 사망한 후, 여호는 동진군을 이끌고 업을 습격하려는 계획을 세웠다. 하지만 이 계획이 발각되자, 모용위는 모용각 등을 파견해 그를 토벌하도록 명령했다. 모용각은 50,000명의 군대를 이끌고 여호를 향해 진군했다.

부안은 모용각에게 조언했다.

"여호는 궁지에 몰렸으면서도 동진군과 합세한 것처럼 가장하고 있습니다. 동진군이 도착하면, 위아래 모두 사기를 잃을 것이고, 길 중간에서 병력을 배치하는 것조차 감히 하지 못할 것입니다. 이는 병사들의 영혼을 위축시키는 일이며 패배와 멸망의 징조입니다. 전하께서 이전에 광고의 천연의 요새를 이용해 방어는 쉽고 공격하기는 어렵게 하여 장기적인 전략을 세웠습니다. 이제 적의 형태가 이전과 다르니, 신속히 공격하여 천금의 비용을 아끼는 것이 좋습니다."

모용각은 그의 말을 신중히 들었다. 부안이 계속해서 모용각에게 말했다.

"여호는 노련한 적이며, 변화에 능합니다. 그가 준비하는 방식을 보면, 쉽게 해결될 것 같지 않습니다."

전쟁이 시작되자, 연나라 군대는 여호의 부대를 포위했다. 여호는 궁지에 몰렸지만, 그의 전술은 노련했다. 그러나 연나라의 압도적인 힘과 전략적인 공격은 여호의 저항을 꺾었다. 여호의 배신은 연나라에 큰 위협이었지만, 모용위와 모용각의 현명한 대응은 그 위기를 극복하는 데 결정적인 역할을 했다. 여호의 계획은 좌절되었고, 연나라는 한층 더 강력해진 군사력을 과시했다.

모용각이 상황을 감안해 전략적으로 말했다.

"현재 적의 성은 포위되어 고립된 상태이며, 나무 벌채나 채집이 불가능하고, 내부에는 저장된 자원이 전혀 없으며, 외부로부터의 강력한 지원도 기대할 수 없습니다. 단 열흘만 지나면 적은 반드시 굶주려 죽을 것입니다. 왜 굳이 군사의 생명을 희생시키며 단기간의 이득을 좇아야 하겠습니까? 우리는 군사를 엄격하게 준비하고 성을 빈틈없이 포위한 채로, 병사들에게 휴식을 주고, 중요한 관리와 매혹적인 물품으로 적을 유혹하여 분열을 조장해야 합니다. 적이 지칠 대로 지치고 절망하면, 그들 사이에 자연스럽게 균열이 발생할 것입니다. 우리는 아직 지치지 않았지만, 적은 이미 죽은 상태입니다. 이것이 바로 피 한 방울 흘리지 않고 적을 정복하는 전략입니다."

연나라 군대는 여호의 성을 빈틈없이 포위했다. 성안은 고립되었고, 내부의 물자는 바닥나기 일보 직전이었다. 모용위의 명령을 받은 부안과 모용각은 냉정한 전략을 세웠다. 여호는 절망적인 상황에서도 반격을 시도했다. 여호는 그의 장수 장흥 장군을 파견해 7,000명의 정예병을 이끌고 전투에 나섰으나, 부안이 그를 공격하여 격파했다.

3월부터 8월까지 이어진 포위 끝에 야왕이 붕괴되었고, 여호는 남쪽으로 도망쳐 동진에 투항했다. 그의 군대도 모두 항복했다. 그러나 여호의 마음은 계속해서 변덕을 부렸다. 이후 다시 반역하여 모용위에게 돌아갔고, 모용위는 그에게 처음과 같은 대우를 해 주었다. 모용위는 부안과 여호를 파견해 하음을 점령하도록 지시했다. 부안은 북쪽으로 진격해 칙륵을 공격하여 대승을 거두고 귀환했다. 여호는 낙양을 공격하던 중 화살에 맞아 사망했다. 단숭 장군은 군대를 정비해 북쪽으로 이동, 야왕에 주둔하며 상황을 안정시켰다.

황제 모용위는 영동장군 모용충을 형양으로 보내 그 지역을 함락시켰다. 또한 진남장군 모용진을 보내 장평을 정벌하였다. 연이은 승리들로 인해 연나라의 영토가 중원을 향해 서진하기 시작했다. 당시 동진의 관군장군 진우(陳祐)가 낙양을 지키고 있었다. 그는 외부의 위협에 직면하여 구원을 요청하기 위해 동진 황제에게 사자를 보냈다. 황제는 환온 장군을 파견해 진우의 곁을 지키게 했다.

서기 363년, 모용위는 다시 모용평을 보내 허창 · 현호 · 진성을 공격하여 모두 함락시켰으며, 이어서 여남의 여러 군을 공략하고 10,000여 호를 유주와 기주로 이주시켰다. 이 무렵, 모용위의 예주자사 손흥은 상서를 올려 보병 5,000명을 선두로 하여 낙양을 공략할 것을 요청했다.

서기 364년 9월, 태원왕 모용각은 낙양을 목표로 삼고, 주변의 성채들을 전연에 복속시키며 낙양 인근에 사람들을 파견했다. 황하 맹진에는 사마 열희를, 성고에는 예주자사 손흥을 각각 주둔시켜 낙양성을 압박했다.

낙양을 지키던 관군장군 진우는 병력이 겨우 2,000명에 불과하다고 판단, 조정에 위급함을 알렸다. 이에 심경이 자원해 낙양 구원에 나서겠다고 제안했고, 조정은 그의 제안을 받아들여 그를 관군장군의 장사로 임명하며 병사 모집을 허가했다. 심경은 1,000명의 병력을 모아 낙양성에 입성했다.

심경은 여러 번 출격하여 소수의 병력으로 전연군을 격파했지만, 낙양의 포위를 해제하기에는 역부족이었다. 성내의 식량은 점점 줄어들었고, 지원도 끊겼다. 연나라의 거센 공세에 직면하여 진우는 더 이상 버틸 수 없다고 판단, 허창 구원을 명목으로 낙양성에서 심경과 500명의 병력만을 남기고 동쪽으로 떠났다. 하지만 도중에 허창이 이미 함락됐다는 소식을 듣고 남쪽으로 방향을 틀어 애오로 도망쳤다.

서기 365년 3월, 태원왕 모용각과 오왕 모용수는 낙양성을 공격해 함락시키고 심경을 포로로 잡았다. 모용각은 심경을 용서해 주려 했으나, 중군장군 모여건이 나서서 반대했다.

"심경은 특별한 재주를 지녔으나, 결코 우리의 편이 되지 않을 것입니다. 지금 그를 살려 두신다면 나중에 반드시 후환으로 남을 것입니다.”

모용각 또한 모여건의 말을 옳게 여기고 심경을 처형하였다. 모용각은 낙양 서북쪽의 금용(金墉)을 공격하여 함락시킨 후, 수도 업(鄴)으로 귀환했다. 금용성은 삼국 시대 조위의 위문제 조비가 백척루를 건설하였고, 이후 위명제 조예가 이를 확장하여 군사 요새로 만든 곳이다.

모용각은 좌중랑장 모용축을 임시로 절 정노장군 낙주자사로 임명하여 금용을 지키도록 했다. 모용수는 형주 · 양주 · 낙주 · 서주 · 연주 · 예주 · 옹주 · 익주 · 양주 · 진 등 10주의 여러 군사를 총괄하는 도독과 정남대장군 형주목으로 임명되어 10,000명의 병력을 편성하여 노양(魯陽)에 주둔하도록 했다.

모용각은 전진을 견제하기 위해 낙양 서쪽까지 도모하고자 시도했다. 이러한 모용각의 움직임은 전진의 중앙을 크게 동요시켰다. 부견은 직접 동관을 방어하기 위해 군대를 이끌었고, 그의 군대가 돌아온 후에야 중앙은 다시 안정을 되찾았다.

모용각은 장군으로서 위엄보다는 은혜와 신뢰로 사물을 다스렸다. 그는 큰 전략에 집중했으며, 작은 명령으로 군중을 괴롭히지 않았다. 군인이 법을 어길 경우 비밀리에 석방했지만, 도적의 두목을 체포하는 등 엄격함도 유지했다. 그의 진영은 겉으로는 정돈되지 않아 보였지만, 엄격한 방어로 결코 패배하지 않았다.

위기의 연나라:
모용각과 모용평의 고뇌

당시 모용위가 통치하는 연나라에는 연이은 홍수와 가뭄 등 천재지변이 찾아왔다. 이 자연재해는 백성들의 삶을 파괴했고, 연나라는 큰 위기에 봉착했다. 모용각과 모용평은 모두 고개를 숙이고 정치를 되돌려 달라고 요청하며, 자리에서 물러나기를 청했다. 그들은 말했다.

"신들은 무능하고 현명치 못하여, 나라를 다스리기에 적합한 자질이 없습니다."

모용각 등은 자신들의 재능이 부족하여 하늘에서 여러 차례 변고를 일으킨다며 완고하게 자리에서 물러나기를 청했다. 모용위는 모용각 등의 말을 들으며, 무거운 책임감으로 깊은 생각에 잠겼다. 모용각과 모용평이 모두 자리에서 물러난다면 궁중사는 누가 돌볼 것인가! 이들 원로대신들이 물러난다면 연나라에 새로운 정치적 공백이 만들어질 수밖에 없고, 결국 백성들의 불안은 더욱 커질 수밖에 없었다.

그럼에도 모용각은 거듭 자리에서 물러날 것을 주청하였다.

"신들은 선제의 과분한 은총으로 발탁되었고, 또한 폐하의 특별한 대우를 받았습니다. 부족한 재능으로 중책을 맡아 국가 대사를 그르쳤습니다. 위로는 음양을 조화롭게 하지 못하였고, 아래로는 여러 정책을 바르게 설정하지 못하여, 가뭄과 홍수를 조절하지 못하고, 의례와 질서가 흐트러졌습니다. 약한 자가 중대한 임무를 맡고, 밤낮으로 걱정만 하고 있습니다. 신들이 듣건대, 왕은 하늘의 뜻에 따라 나라를 세우고, 방위를 바로잡으며, 임명하는 자는 반드시 재능에 따라야 하고, 관직은 오직 덕으로 승진해야 한다고 들었습니다. 태부의 막중한 위치는 삼광을 조절하는 데 적합하지 않은 인물이라면, 신성한 빛이 손상될 것입니다. 무능한 자가 높은 자리에 있으면 재앙을 초래하고, 중책을 맡으며 후회를 불러오는 것은 언제나 그래 왔으며, 이는 변하지 않는 법칙입니다. 주공단의 공로와 덕망이 뛰어났음에도 불구하고, 가까운 곳에서는 두 공이 불만을 품고, 멀리서는 관숙과 채숙이 흘리는 유언비어가 있었습니다. 하물며 신들은 친인척이라는 이유로 총애를 받고, 능력이 아닌 영예를 받아 오래 천직에 있을 수 없습니다. 이렇게 되면, 어찌 재능 있는 사람들이 빛을 발할 수 있겠습니까! 이에 중년에 상소를 올리고, 진심을 표현합니다. 성스러운 은혜가 오래되어 버림받지 못하고, 잠시 영예를 누렸으나 그 위치에 맞는 책임을 다하지 못하였습니다."

모용위가 모용각 등의 상소를 듣기만 하고 아무런 조치를 취하지 않았다. 모용각은 좌우의 신하가 모두 입조한 자리에서 다시 관직에서의 퇴임을 허락해 줄 것을 강력하게 주장했다.

"신은 스스로 죄인으로 여기며 여러 해를 지냈습니다. 부끄럽게도 중대한 직책을 맡아 이곳에서 일곱 해를 보냈습니다. 마음속으로는 계획을 세웠지만, 생각이 충분치 못해 두 지역에서 사건이 발생하고, 어지러움이 진정되지 않았습니다. 같은 문화를 노래하며, 성한(盛漢)을 부끄럽게 하고, 선제가 맡긴 규칙에 크게 어긋나며, 폐하의 은혜에 맞지 않습니다. 신은 비록 불민하지만 군자의 말을 들었으며, 우구(虞丘)가 양보한 미덕을 잊지 않고, 두 번의 권유로 제자리를 알고, 태재 대사마 태부 사도의 장구를 조심스럽게 보내며, 명령을 기다립니다."

마침내 모용위가 말했다.

"짐은 하늘이 아니어서 일찍이 천재지변에 휩싸였고, 선제가 맡긴 일은 오로지 두 분에게 달렸습니다. 두 분은 존경스러운 가까운 친척이며, 뛰어난 덕을 지녔고, 공덕이 노(魯)와 위(衛)보다 높습니다. 왕실을 지원하고, 짐을 이끌어 주며, 자비와 혜택을 베풀고, 앉아서 아침을 기다리며, 경건하게 밤낮으로 조심하며, 미덕도 이에 이르렀습니다. 그래서 외부의 군중을 휩쓸고, 내부의 아홉 땅을 깨끗이 하며, 사해가 평온하고, 정치가 시기에 맞게 조화롭습니다. 비록 종묘 사직 신령이 도우셨을지라도 그 또한 공의 힘입니다."

불안한 연나라 왕조: 모용위와 그의 신하들

모용위의 말은 그의 신하들에게 깊은 인상을 남겼다. 그들은 각자의 임무와 책임에 대해 다시 한번 생각하며, 연나라의 미래를 위해 더욱 노력하기로 결심했다. 황제의 지혜와 신하들의 충성심이 결합되어, 연나라는 어려운 시기를 극복하고 더욱 강력해질 것이라는 희망을 갖게 되었다.

"현재 관우(關右)에는 아직 굴복하지 않은 저(氐), 강(江)과 오(吳)의 잔적들이 여전히 존재합니다. 지금은 계획과 논의를 통해 육합(六合)을 안정시키고 혼란을 종식시킬 시기입니다. 어찌 자신을 비워 겸손함으로써 맡은 중대한 임무를 위반하는 것이 적절하겠습니까! 왕은 작은 이익을 버리고, 대연(大燕)의 미래를 위한 큰일을 이루어야 합니다."

모용각과 모용평 등이 계속해서 정치를 물려주기를 청했지만, 모용위는 말했다.

"덕을 세우는 이는 반드시 마지막의 선을 자신의 이름으로 삼고, 왕명을 보좌하는 이는 그 공적을 완성함으로써 성과를 남깁니다. 공은 선제와 함께 큰 기초를 시작하고, 하늘의 명을 받들어 흉악한 무리를 제거하며, 주나라의 영광을 이어 천하를 평안하게 했습니다. 그러나 재앙과 사고가 계속되고, 하늘의 빛이 어두워졌습니다. 짐은 미천한 몸으로 대업을 짊어지고 있으며, 선제의 유지를 완성하지 못해 동진과 전진의 적들 사이에서 떠도는 귀신이 되었습니다. 이것이 공적이 완성되지 못한 이유입니다. 어찌 이 상황에서 물러설 수 있겠습니까? 옛 왕들은 천하를 자신의 영예로 여기지 않고, 천하의 걱정을 짊어졌으며, 그 뒤에야 자비와 양보의 정신이 퍼졌습니다. 이제 도덕은 아직 완전치 않고, 거대한 적들이 여전히 남아 있습니다. 종묘와 사직의 중대함은 나 혼자만의 것이 아닌, 공 또한 관심을 가져야 할 사항입니다. 백성을 평안하게 하고, 혼란을 가라앉히며, 미래에 아름다운 유산을 남기고, 주나라와 한나라의 길을 따르는 것에 대해 깊이 고민해야 합니다. 일상적인 규범을 고수하며 최고의 공을 위반하는 것은 적절하지 않습니다."

결국 모용위가 그들의 사임 요청을 거부하였고, 모용각과 모용평 등은 사직 요청을 그만두었다.

비슷한 시기에 양무도 사직 상소를 올렸다. 양무는 우북평 무종 출신의 학자이자 관료였다. 그의 아버지 양탐은 모용외에게 봉사하여 동이교위까지 지냈다. 양무는 어려서부터 청렴하고 학문을 좋아했으며, 기질이 깊고 통찰력이 있었다. 평주 별가에서 시작한 그의 경력은 여러 차례 중요한 제안으로 모용외의 칭찬을 받았다. 모용황 시대에는 좌장사로 승진해 동서로의 정벌에서 군사 조언을 맡았다.

모용준이 중원을 공략할 때, 양무의 승리 기여도는 모용각에 이어 두 번째였다. 모용위가 제위를 계승한 후, 그는 양무를 스승처럼 대우하며 더욱 친절하게 대했다. 태위가 되었을 때, 양무가 탄식하며 말했다.

"옛날의 상림, 서막 등 명신들조차 중요한 임무를 맡아 끝까지 거절했다. 내가 무슨 덕으로 이를 감당할 수 있겠는가!"

그는 직책을 그만두기를 강력히 요청했지만, 모용위는 유순하게 대답하며 거절했다. 양무는 청렴하고 겸손하며, 나이가 들수록 더욱 엄격해졌고, 모용각 이하의 모든 사람들이 그에게 경의를 표했다. 검소한 성품으로 낡은 수레와 말을 타고 다녔으며, 죽을 때까지 재산을 모으지 않았다.

하늘이 내린 장수, 모용각:
지혜와 용맹의 종말

서기 366년, 모용위는 부군 모용려를 보내 동진의 태산태수 제갈유를 공격하게 했다. 제갈유는 회남으로 도망쳤고, 모용려는 연주의 여러 군을 점령하여 방어 관리를 두고 돌아왔다. 이러한 승리는 연나라의 영토 확장에 큰 기여를 했다.

그러나 연나라 내부에서는 모용각의 병세가 깊어져 정치가 불안정해졌다. 모용평은 시기심이 많아 대사마의 자리를 맡기 어려웠다. 모용각은 모용위의 형 낙안왕 모용장에게 중요한 조언을 했다.

"현재 강력한 전진과 동진이 아직 굴복하지 않았고, 두 적이 모두 진격하려 하지만, 그 일을 이룰 방법이 없다. 나라의 안위는 인재를 얻는 데 달려 있고, 나라가 번성하는 것은 현명한 보좌자에 달려 있다. 만약 재능 있는 사람을 발탁하여 충성을 다하게 할 수 있고, 동족과 결맹을 이룬다면, 천하는 그려 볼 가치도 없어지고, 어찌 이 두 적이 문제가 될 수 있겠는가! 내가 평범한 재능으로 선제의 무거운 기대를 받아, 매번 관롱 지역을 평정하고, 동진 지역을 정화하여 선제의 유지를 이루고, 그해에 우려와 책임을 해소하고자 했다. 하지만 병이 더 심해져, 이 뜻을 이룰 수 없을까 두렵고, 그것이 유일하게 남은 한이다. 오왕 모용수는 천부적인 자질과 탁월한 경륜을 지녔다. 사마의 직책은 병권을 통솔해야 하므로, 이를 남에게 물려줄 수는 없다. 내가 죽은 후에는 반드시 그에게 줘야 한다. 너희들은 비록 재능과 지혜가 뛰어나지만, 여러 어려움을 감당하기에는 부족하다. 국가의 안위는 실로 여기에 달려 있으니, 이익을 탐하고 근심을 잊어 큰 후회를 초래해서는 안 된다."

이를 모용평에게도 알렸다. 한 달 후 모용각이 사망하였고, 연나라 사람들은 모두 그의 죽음을 깊이 애도하였다. 죽기 직전, 모용위가 그를 찾아와 후사에 대해 물었다. 모용각은 자신의 마지막 말을 전했다.

"신이 들은 바로는 은혜에 보답하는 것 중에 가장 큰 것은 훌륭한 사람을 추천하는 것입니다. 작은 토목 공사조차도 그러할진대, 하물며 나라의 중요한 변경을 다룰 사람의 경우이겠습니까! 오왕 모용수는 문무를 겸비한 재능을 가지고 있으며, 제나라 환공의 관중과 한나라 유방의 소하에 버금갑니다. 폐하께서 그에게 정치를 맡기신다면, 나라는 조금이나마 안정될 것입니다. 그렇지 않으면, 신은 전진과 동진의 두 적이 반드시 침략할 계획을 세울 것이 두렵습니다."

이 말을 마치고 모용각은 세상을 떠났다. 그의 마지막 유언은 연나라의 미래에 대한 그의 깊은 걱정과 통찰력을 드러냈다. 연나라 전체가 그를 애도했다.

모용각의 죽음은 연나라에 커다란 변화를 가져왔다. 모용각은 문무를 겸비한 뛰어난 인물로 제갈량을 뛰어넘는 전략가이자 명장이었다. 그의 전투 전략은 하늘과 땅을 지배했고, 인간의 경지를 넘어섰다. 먼 훗날 당나라 무묘에서는 고금의 64명의 명장에게 제사를 지냈는데, 그중 한 명이 되었다. 그리고 송나라 사람인 장예가 지은 『17사 백장전』에 선정되기도 하였다.

모용각이 서기 367년에 사망한 후, 전연의 정세는 역전되었다. 모용각이 사망한 후, 시기와 의심이 많은 성격의 모용평이 그의 뒤를 이어 정권을 잡았다. 모용각은 사망하기 전에 문무를 겸비한 오왕 모용수를 대사마로 추천하여 군권을 맡기고 전진과 동진에 맞서도록 했다. 그러나 모용평이 집권한 후, 모용수를 중용하지 않고 모용위의 동생 모용충을 대사마로 임명했다.

관문 너머의 전략:
연나라의 선택

이전에, 동진의 남양독호 조홍이 완을 들어 모용위에게 항복했다. 모용위는 남중랑장 조반을 파견하여 노양에서 완을 방어하도록 했다. 그러나 평화는 오래가지 않았다. 동진의 우장군 환활이 강력한 군대를 이끌고 완을 공격해 왔다. 조반은 완의 방어를 강화하려 했으나, 환활의 공격은 너무나 강력했다. 결국 완은 함락되었고, 조반은 노양으로 달아났다. 그러나 환활은 그를 쉽게 놓아주지 않았다. 환활은 경기병을 보내 조반을 추격했다.

이러한 쫓고 쫓기는 상황 속에 치성에서 대규모 전투가 발생해 두 군대가 치열하게 싸웠다. 결국 조반의 군대는 환활의 공격에 밀려 패배했고, 조반은 포로로 잡혔다. 환활은 승리의 기쁨을 누리며 완을 지키고 귀환했다. 이 전투는 연나라와 동진 사이의 갈등을 극명하게 드러냈다. 조반의 실패와 환활의 승리는 두 나라 사이의 권력 균형을 바꾸었고, 연나라에게 큰 타격을 입혔다.

부견의 장수 부소가 섬(陝)을 점령하고 모용위에게 항복했을 때, 연나라는 중요한 전략적 결정에 직면했다. 당시의 도참 서적에는 '연나라의 말이 마땅히 위(渭)수의 물을 마실 것이다.'라는 예언이 적혀 있었다. 이 예언은 연나라의 야망과 확장에 대한 기대를 상징했다.

부견은 이 소식을 듣고 모용위가 관문을 넘어올 것을 두려워하였다. 그는 화음을 방어하기 위해 정예 부대를 모두 동원했다. 한편, 모용위의 장수들은 소(譙)를 구하기 위해 군대를 보내고 관우(關右)를 공략할 수 있는 전략을 논의했다.

모용평은 본래 경륜이 부족했고, 부견의 첩자들의 활동에 영향을 받아 조심스럽게 의견을 제시했다.

"진(秦)이 어려움에 처해 있지만, 쉽게 공략할 수 있는 상태는 아니다. 조정은 비록 밝지만, 선제만큼은 아니다. 우리의 경륜도 태재의 수준이 아니며, 결국 진을 평정할 수 없을 것이다. 다만 관문을 닫고 군대를 쉬게 하여, 안정된 영토를 보호하는 것으로 충분하다."

그러나 모용위의 위윤 모용덕은 상서를 올려 다른 의견을 제시했다.

"선제는 천명을 따라 시기에 순응하여 시대를 변혁할 명을 받았고, 문덕으로 원만히 하여 멀리 있는 사람들을 품으며 천하를 하나로 통합하려 했습니다. 그의 신성한 업적이 아직 성취되지 못했는데 갑작스레 세상을 떠나셨습니다. 옛날 주문왕 사후 무왕이 계승하여 부흥했습니다. 신은 폐하께서 천명에 따르고 덕을 비교하여 성스러운 공적을 쌓으며, 큰 기초를 확장하고 선대의 뜻을 이어 가고 있다고 봅니다. 역도 저(氏) 적이 관롱(關隴)을 차지하고 왕호를 자칭하며, 악이 쌓여 화가 차고, 서로 의심하며 죽이고, 분쟁이 성벽 안에서 일어나, 세력이 네 나라로 갈라져, 성을 포기하고 구원을 요청하며, 십일 간이 서로 찾아 헤매는 것은 악운이 곧 끝나고 순리가 돌아오는 것이 아니겠습니까! 약한 자가 어둠에 휩싸인 상태를 공격하고, 혼란을 틈타 멸망한 자를 모욕하는 것은 최고의 기회입니다. 지금 진(秦)의 땅이 네 갈래로 나뉘어 매우 약해졌습니다. 때가 도래해 운명이 모였으며, 하늘이 우리를 돕고 있습니다. 천명을 따르지 않으면 그 재앙을 받게 될 것입니다. 오 · 월의 교훈은 우리의 스승입니다. 의당 천인의 만남에 응하여, 목야(牧野)의 깃발을 세워야 합니다. 황보진에게 명령하여 병주와 기주의 군대를 이끌고 포판(蒲坂)으로 직행하게 하고, 모용수에게 허도와 낙양의 병력을 이끌고 소(護)의 포위를 해제하도록 하며, 태부는 경도(京都)의 무력을 총괄하여 두 군대의 후방을 맡게 하소서. 삼보에 전령을 보내고 인정의 소리를 앞세워, 성을 얻으면 후작으로 삼고, 작은 공로도 반드시 보상하소서. 이것은 때를 기다리는 용장과 뜻을 펼치지 못한 걸출한 인물에게 기회가 될 것입니다. 반드시 파(灞)강 위에 굳건히 서고, 운명이 롱(隴) 아래에 머물 것입니다. 천망이 이미 펼쳐졌고, 내외의 세력이 합쳐졌으며, 소수의 반역자들은 도망치거나 항복할 것입니다. 대동(大同)의 일을 이루는 것은 바로 지금입니다. 원컨대 폐하께서 독자적으로 성스러운 계획을 세우시고, 어진 사람들에게 묻지 마소서."

모용위는 상서를 보고 크게 기뻐하며 이를 따르려 했다. 그러나 모용평이 고집스럽게 이를 반대하여 결국 그만두었다.

부소(苻諛)는 모용위와 모용평에게 멀리 내다보는 안목이 없음을 알고, 구원군이 오지 않을까 두려워하며, 모용수와 황보진에게 편지를 보냈다.

"부견과 왕맹은 모두 뛰어난 인물이며, 오랫동안 연(燕)에 해를 끼치려고 계획했습니다. 지금 기회를 잡지 않으면, 연의 군신들이 월왕 구천에 멸망당한 후 용동(甬東)에서 자결한 오왕 부차와 똑같은 후회를 할 것입니다."

모용수가 편지를 받고 황보진에게 개인적으로 말했다.

"사람들에게 해를 끼치는 것은 반드시 진(秦)에 있을 것이며, 우리 주상은 나이가 어려 정사에 마음을 기울이지 못합니다. 태부의 능력을 보면, 어떻게 부견과 왕맹에 맞설 수 있겠습니까?"

황보진이 말했다.

"그렇습니다. 하지만 조정에선 이미 이야기가 돌고 있으니, 계획을 따르지 않으면 어떻게 할 수 있겠습니까!"

이러한 때 부사 열관이 모용위에게 말했다.

"태재 모용각의 정치는 아직 너그럽고 평화롭지만, 백성들 사이에는 드러나지 않은 많은 숨겨진 충성이 있습니다. 전(傳)에 따르면, 오직 덕을 가진 자만이 대중에게 너그럽게 다가갈 수 있으며, 그다음으로 뛰어난 방책은 강력함입니다. 현재 각 군의 진영과 가옥이 삼분되어 연결되어 있으나, 풍토와 교육이 쇠퇴하고, 권위와 규율이 들어서지 못하고 있습니다. 군대를 해산시키고 영지를 폐쇄하여 천부(天府)의 풍요를 실현하고, 법령을 엄정하고 명확히 하여 천하를 정화해야 합니다."

모용위는 엄격한 법령을 적용해야 한다는 열관의 제안을 받아들였다. 열관이 제도를 확립한 후, 조정과 민간은 큰 충격을 받았다. 20만 명 이상이 집을 떠났고, 연나라는 큰 변화의 소용돌이에 휩싸였다.

모용평은 이러한 변화에 크게 불만을 느꼈다. 그는 곧 열관을 불러들여 죽였다. 이 사건은 연나라 내부의 균열을 드러냈다. 모용위의 결정과 열관의 제안은 백성들에게 큰 영향을 미쳤고, 연나라는 불안정한 상태로 몰려갔다.

격동의 전장:
연과 진의 대결

서기 369년 6월, 동진의 대사마 환온이 북벌을 명분으로 강주자사 환충, 예주자사 원진과 함께 50,000명의 병력을 이끌고 연나라의 모용위를 공격하기 위해 출정했다. 이들의 목표는 모용각이 사망한 지 얼마 되지 않은 시점을 틈타 하남 지역을 회복하는 것이었다.

연주자사 손원(孫元)은 이 소식을 듣고 병력을 일으켜 동진의 군대에 호응했다. 환온의 부하 단현은 호륙을 공격하여 연나라의 영동 모용충을 사로잡았다.

이 전투는 양국 사이의 갈등을 극명하게 드러냈다. 동진의 군대는 전략적으로 우위를 점했고, 연나라의 모용위는 심각한 위협에 직면했다. 환온과 그의 동료들은 연나라를 압박했다. 전투는 치열하고 피비린내 나는 것이었다. 동진의 군대는 연나라의 영토 안으로 계속 진격했고, 연나라군은 필사적으로 방어했다. 이 전투는 두 나라의 운명을 결정짓는 중요한 전환점이 되었다.

연나라 황제 모용위는 커다란 위기에 직면했다. 그는 장수 모용려를 보내 황허(黃墟)에서 환온과 맞서 싸우도록 했다. 그러나 모용려의 부대는 환온과의 전투에서 대패하고, 모용려는 혼자서 말을 타고 도망쳐 돌아왔다. 이때 고평 태수 서번(徐翻)이 자신의 지역을 모용위에 귀속시켰고, 이에 연나라는 조금이나마 위안을 받을 수 있었다.

동진군의 환온은 수로를 통해 군수품과 군량을 운반하였다. 환온의 선봉대장 주서(朱序)는 연나라 장수 부안을 임저에서 패퇴시켰다. 환온의 동진군은 연전연승하여 크게 사기가 올라 방두(枋頭)에서 주둔했다. 어린 황제 모용위와 무능한 모용평은 군사 전략에 전혀 능하지 못하였다. 동진군이 연승을 거두자 이들은 공황 상태에 빠져 싸워 보지도 않고 소두를 버리고 북쪽 용성으로 도망칠 계획을 세웠다.

그러자 모용수가 단호히 말했다.

"그렇게 후퇴하시면 전열이 무너져 더 크게 패할 수 있습니다. 신이 공격하겠습니다. 전투에서 이기지 못한다면 그때 도망가도 늦지 않습니다."

이에 모용수를 사지절 남토대도독으로, 모용덕을 정남장군으로 임명했다. 그리고 50,000명의 군대를 이끌고 환온에 맞서도록 했다. 그리고 모용위는 산기시랑 악송을 보내 부견에게 호뢰(하남 영양 서북의 사수진) 서쪽 땅을 내주기로 하고 지원군을 요청했다. 부견은 장군 구지를 보내 20,000명의 군대를 이끌고 낙양에서 출발하여 영천에 주둔시켰다. 이는 겉으로는 지원하기 위함이었지만, 실제로는 기회를 엿보며 연나라의 병합을 노린 것이다.

모용덕은 석문에 주둔하여 환온의 군수품 운송을 차단했다. 그리고 예주자사 이방(李邦)은 5,000명의 정예 병력을 이끌고 환온의 보급로를 끊었다.

환온은 여러 차례의 전투에서 패배하고 보급이 끊기자, 부견의 군대가 다가온다는 소식에 배를 불태우고 무기를 버려둔 채 철수했다. 모용덕은 환온보다 한발 앞서 양읍 동쪽에 도착하여 4,000명의 정예 기병을 이끌고 계곡에 매복하여 공격을 준비했고, 모용수와 함께 전후로 포위 공격하여 환온의 군대를 크게 패배시켰다.

이때 동진의 군대 30,000명 이상이 사망했다. 구지는 환온의 군대가 철수한다는 소식을 전해 듣고는 초(譙)에서 매복 공격을 펼쳐 환온의 군대를 다시 패배시켰다. 또다시 환온군 10,000명 이상이 사망했다.

권력의 그늘:
모용수와 모용평의 대립

어려운 상황 속에서 모용수가 큰 공을 세우자 그의 위엄과 덕이 더욱 높아졌다. 그러나 전공을 하나도 세우지 못한 모용평은 이를 시기하고 못마땅하게 여겼다. 모용수는 자신의 장수 손개(孫蓋) 등이 선봉에서 적의 정예를 파괴한 공로가 있어, 이를 논의하고 승진시킬 것을 제안했지만, 모용평은 이를 기록하지 않고 묵살했다. 모용수가 여러 차례 이의를 제기하며 모용평과 조정에서 다퉜다.

모용위의 모친 가족혼씨는 원래 모용수를 싫어했다. 그녀는 모용수의 부인을 죽음으로 내몰았고, 모용수의 존재 자체만으로도 두려움을 느끼고 있었다. 그래서 그의 전투 공적을 비방했다. 결국 모용평과 함께 모용수를 죽이려는 계획을 세웠고, 오왕 모용수는 음모를 피해 부견에게로 도망쳤다. 모용수가 연나라를 떠났다는 것은 사실상 전연이 붕괴했다는 사실을 의미했다. 그러나 남은 이들은 이를 전혀 알아채지 못했다. 인간은 항상 결과를 보고 나서야 뒤늦게 깨닫는 법이다.

이전에 모용위는 황문시랑 양침(梁琛)을 부견에게 사절로 보냈고, 양침은 돌아와 모용평에게 보고했다.

"진나라가 군대를 동원하고 섬동으로 곡식을 운송하고 있습니다. 제가 보기에 평화가 오래 지속될 것 같지 않습니다. 또한 오왕 모용수가 서쪽으로 도망쳤으니, 반드시 기회를 엿보려는 모의가 있을 것이고, 심각하게 대비해야 합니다."

모용평은 이에 반대했다.

"결코 그렇지 않소이다. 진이 우리의 반역자를 받아들여 평화를 깨뜨릴 리가 없습니다."

양침은 다시 말했다.

"이웃 나라가 서로 병합하는 것은 오래된 일입니다. 더구나 지금은 모두 황제를 서로 칭하고 있으니, 두 나라가 공존하는 것은 불가능합니다. 부견은 기민하고 결단력이 있으며, 좋은 것을 받아들이는 데 능숙합니다. 왕맹은 왕의 재능을 가지고 진취적입니다. 그들의 군신 관계는 서로 잘 어울리며, 천재일우의 시기라고 스스로 자부합니다."

위험한 균형:
연나라의 전략적 고민

황제 모용위와 모용평은 전진과 부견의 움직임에 대해 심각하게 논의했다. 그때 양침이 다시 말했다.

"환온은 걱정할 필요가 없으나, 결국 사람들에게 해를 끼칠 사람은 왕맹이 아닐까요?"

모용위와 모용평은 이를 걱정하지 않았다. 옆에 있던 황보진이 부견의 의도에 대해 걱정을 표현하며 말했다.

"부견이 비록 사절을 보내 왕래하며, 사신을 보내 의도한 바를 전달하지만, 그는 대등한 이웃 나라와 대결하며, 전국 시대와 같은 상황에 놓여 있습니다. 그는 이익 추구에만 관심이 있으며 선을 따르려는 의지가 없습니다. 결국, 그는 신의를 지키지 않을 것이고 장기간의 평화를 유지하려고 하지도 않을 것입니다. 최근에 도착한 사람들이 줄을 잇고, 군대가 낙천에서 움직이기 시작했으며, 전략적 요충지를 살펴보고 있습니다. 이러한 움직임은 적이 가상과 실제를 구분하며 교묘한 계획을 세우고, 바람과 먼지를 통해 국가의 약점을 엿보는 전형적인 전략입니다. 또한 오왕 모용수가 전진으로 도주함으로써 부견의 고문이 되어, 초나라 오자서의 재앙을 초래할 위험이 있습니다. 낙양·태원·호관 등 여러 지역에 모두 군대를 증강시켜 방어를 강화하고, 예상치 못한 위험에 대비해야 합니다."

모용평이 말했다.

"전진은 나라가 작고 힘이 약하며, 우리를 의지하고 있습니다. 또한 부견은 어느 정도 선한 길을 따르며, 결국 반역자의 말을 받아들이지 않을 것입니다. 쉽게 자신을 두렵게 하여 적의 마음을 움직이는 것은 바람직하지 않습니다."

모용위도 이에 동의했다.

혼란의 도가니에 빠진
연나라 조정

연나라 조정에서 헛된 희망 사항을 이야기하며 한가한 시간을 보내고 있는 사이, 부견은 전연에 대한 정벌을 본격화하였다. 부견은 왕맹을 보내 모용위를 공격하도록 했다. 왕맹은 모용축을 금용에서 공격했다. 모용위는 모용장을 보내 구원하도록 했지만, 상황은 급박했다.

하남 형양에서 진을 치고 있던 모용장의 부대는 석문에서 왕맹의 부하 양성(梁成)과 낙주자사 등강의 공격을 받았고, 결국 패배하여 10,000여 명이 사망했으며, 그 후 석문에서 대치했다. 구원병이 도착하지 않자, 모용축은 마침내 금용을 들어 왕맹에게 항복했다. 양성은 또한 모용장을 패배시켜 3,000여 명의 머리를 베고 장군 양거를 사로잡았으며, 모용장은 신락 성을 지키고 돌아왔다.

환온이 패배한 후, 패전의 책임을 예주자사 원진에게 돌렸다. 원진은 화가 나서 수양을 들어 모용위에게 항복했다. 모용위는 대홍려 온통을 보내 원진을 사지절 산기상시 도독 회남제군사 정남대장군 호남만교위 양주자사로 임명하고 선성공에 봉했으나, 원진은 온통이 도착하기 전에 사망했다. 원진의 당파인 주보는 그의 아들 원근을 건위장군 예주자사로 세워 수양을 지키도록 했다.

당시 연나라에서는 외부적으로는 동진의 군대와 부견의 군대가 서로 침략하고 전쟁이 끊이지 않았다. 내부적으로는 모용위의 모친이 정치를 혼란스럽게 하고, 모용평 등이 탐욕스럽고 부패한 행위를 계속 저질렀다. 정치는 뇌물로 이루어졌고, 관직은 능력이 아닌 다른 이유로 주어졌다. 이에 백성들은 분노했다.

연나라 내부에서는 많은 문제가 발생했다. 여러 군현에서 도적들이 대거 일어났고, 업성 중심지에서도 수많은 이상한 일들이 발생했다. 모용위는 두려움에 휩싸여 혼란에 빠졌다. 그래서 사절을 불러 물었다.

"전진의 군대는 어떠한가? 대군이 이미 출동했는데, 왕맹 등에 맞서 싸울 수 있는가?"

모용평이 대답했다.

"진나라는 작고 군대가 약하며, 폐하의 군대의 적이 될 수 없습니다. 경력도 평범하며, 태부의 수준이 아니어서 걱정할 필요가 없습니다."

하지만 황문대랑 양침(梁琛)과 중서시랑 악송은 다른 의견을 내놓았다.

"그렇지 않습니다. 병서의 의미에 따르면, 적의 능력을 계산하고 이를 통해 승리를 얻어야 합니다. 적이 싸우지 않을 것이라 기대하는 것은 완전한 전략이 아닙니다. 경정이 말하기를 '진의 군대는 적지만, 전사는 우리의 두 배이다.'라고 합니다. 군대의 많고 적음은 물을 필요가 없습니다. 또한 전진이 1,000리를 행진하여 전투를 추구한다면, 싸우지 않을 이유가 무엇입니까!"

모용위는 이러한 의견에 기뻐하지 않았다. 그는 전진과 동진의 위협에 맞서 싸울 준비가 되어 있었지만, 내부적인 혼란과 두려움은 어린 황제의 판단을 흐리게 만들었다. 상서좌승 신소(申紹)가 이러한 상황에 대해 우려를 표하며 상소를 올려 말했다.

"신이 들으니 한선제께서 말씀했습니다. '짐과 함께 천하를 다스리는 자, 그것은 바로 뛰어난 이천석이 아니겠는가!' 그래서 특별히 이 선택을 중시하고 반드시 뛰어난 인재를 모두 채용했습니다. 모두 공로를 통해 뽑힌 이들이었고, 내외에서 경험을 쌓았으며, 그들의 능력에 야생 동물도 감동받고, 그 은혜로 군중도 행복했습니다. 현재의 지방 관리는 말단 군인이나 평민 가운데서 뽑히거나, 총애와 시기적인 기회를 통해 선발되는 경우가 많습니다. 이들은 비단 고을과 마을에서 들은 것도 없거니와 조정의 경험조차 없습니다. 또한 성과 평가도 없고, 승진과 강등도 명확하지 않습니다. 탐욕과 나태로 악행을 저지르며, 형벌의 두려움이 없습니다. 깨끗하고 성실하게 법을 따르는 이들은 훈장이나 보상이 없습니다. 백성들은 가난하고 피폐해지며 끊임없이 약탈당하고, 군인들은 도망쳐 강도가 되고 있습니다. 풍속은 쇠퇴하고 변화하며, 서로 교정하는 일이 없습니다. 또한 관리가 많으면 정치가 복잡해지는 것은 오래된 문제입니다. 현재의 관리 수는 한나라의 한 대현(大縣)보다도 적지 않으며, 새로운 군대 이름을 추가하여 과거보다 더 많습니다. 허위의 명칭과 직위, 농업의 폐기, 공공과 사적인 혼란 등으로 사람들의 삶이 무의미해졌습니다. 관직을 통합하고 직책을 줄이며, 농사와 비단 재배를 장려해야 합니다. 전진과 동진 두 오랑캐는 일시적으로 황위를 참칭함에도, 도리를 따르고 감정을 버리면서 엄숙함과 조화로움을 가장하고 있습니다. 하물며 대연(大燕)은 성스러운 빛을 잇고, 군주가 천하를 다스리고 있는데, 혹시라도 아름다운 정치가 훼손되도록 하거나 간사한 도둑을 받아들일 수 있겠습니까? 우리가 이웃의 좋은 점을 본받지 않고 스스로 개선하지 않는다면, 그것이야말로 저들이 바라는 것입니다."

신소는 덧붙여 간언했다.

"전진과 동진은 교활하며 우리 연에 비해 지리적으로 유리한 위치에 있습니다. 그들은 단순히 자신들의 영토를 지키는 것이 아니라, 오히려 침략의 욕망을 갖고 있습니다. 중주는 비옥하고 풍부하며, 두 적에 맞설 수 있는 국력이 있습니다. 군마의 힘이 강하여, 전진과 동진이 두려워하는 것은 말과 기병의 빠른 속도, 즉 국가의 일상입니다. 그러나 적과 싸우는 데 있어서 우리 군대가 신속하게 출동하지 못하는 이유는 무엇입니까? 그것은 바로 세금 제도가 일정하지 않고, 병역이 올바르지 못하기 때문입니다. 각 군과 현의 지방 관리들이 매번 징발할 때, 강한 자를 피하고 먼저 가난하고 약한 자를 선택합니다. 머무르거나 떠나는 이들 모두 곤란한 상황에 처하고, 자원이 부족하여 사람들이 원망을 품고 결국 도망치게 됩니다. 이는 국가의 풍요로움을 손상시키고, 농업의 필수 요소를 잃게 만듭니다. 병력 수가 많은 것이 중요한 것이 아니라, 명령을 잘 따르도록 하는 것이 백배 중요합니다. 군사 규율을 엄격히 하고, 풍요를 우선시하며, 병사들에게 훈련과 전투를 가르쳐야 합니다. 병사들이 일상적인 생활을 영위할 수 있도록 하고, 부모 형제가 안심하며, 자녀가 걱정 없이 볼 수 있도록 해야 합니다. 그렇게 한다면, 물과 불 속으로도 뛰어들 것입니다."

그러자 다른 이가 상소하여 말했다.

"절약과 비용 절감은 선왕들의 모범이며, 화려함을 제거하고 소박함을 추구하는 것은 현명한 후계자들의 항구적인 원칙입니다. 그래서 주공(周公)은 주성왕에게 절약을 기본으로 삼을 것을 권고했습니다. 효경제의 궁녀는 1,000명을 넘지 않았고, 위무제가 궁녀를 총애하며 베푼 선물은 10만을 넘지 않았습니다. 간소한 장례를 지내고 무덤을 짓지 않음으로써 백성들의 힘을 온전하게 해 주었습니다. 현재 후궁에는 4,000명 이상이 있고, 하인과 시중드는 이들이 수십 배에 달합니다. 매일 지출하는 비용이 만금에 이르고, 화려한 옷과 비단이 늘어나고 있으며, 군비는 준비되지 않고 사치품에 치중하고 있습니다. 지금 국고는 고갈되어 군인들에게 제공할 옷조차 없으며, 관료와 귀족들은 호화로움을 뽐내고 있습니다. 이런 풍습은 점차 관습이 되었으니, 이제 시대에 맞는 새로운 지시가 필요합니다. 불필요한 화려함을 없애고, 결혼, 장례 등의 규정을 엄격히 하며, 사치와 번잡함을 금지해야 합니다. 궁궐의 여인들을 내보내고, 상업과 농업의 세금을 균등하게 해야 합니다. 공경 이하의 관료들은 천하를 가족으로 여기고, 신뢰할 수 있는 보상과 처벌을 해야 합니다. 이러한 규정이 엄격히 시행된다면, 환온과 왕맹의 머리를 백기에 걸 수 있고, 전진과 동진 두 나라는 예의를 갖추고 복종할 것입니다. 폐하께서만 한나라의 선대 황제들의 모범을 따르고, 선제의 옷을 수선하는 미덕을 숭상한다면, 쇠퇴한 풍속과 나쁜 관습도 변화될 것이며, 중흥의 노래를 부를 수 있을 것입니다."

또 다른 신하가 모용위에게 간언하였다.

"영토를 확장하고 병합하는 일은 단순히 한 도시의 땅에 국한되는 일이 아닙니다. 융이들을 통제하려면 그들을 덕으로 품어야 합니다. 노양, 상군의 먼 산 너머, 운음의 북쪽에 400여 개의 성이 있지만,

아직도 국경의 외곽을 복속시키지 못해 적을 무찌르는 기반으로 삼지 못했습니다. 고립된 위험에 처한 사람들을 돕고, 내부의 공포를 잘 다스려야 합니다. 병주와 예주를 장악하여 양하를 내려다보고, 운하를 통해 교통 및 물자 수송로를 확보하고 지형을 활용해 방어적 우위를 확보해야 합니다. 진양의 수비를 강화하고 남쪽 변경의 병력을 증가시켜야 합니다. 전투와 방어 준비에 천금의 보상을 제공하여 힘을 축적하고 기회를 기다려야 합니다. 이렇게 하면 한 번의 움직임으로 적을 멸할 수 있습니다. 만약 적이 스스로 죽음을 택한다면, 그들이 영역에 들어오는 순간을 이용해 그들을 차단할 수 있으며, 한 마리의 말도 돌아가지 못하게 할 수 있습니다. 이는 단지 두 적을 막는 것만이 아니라, 근본적인 위협을 제거하는 중요한 방법입니다. 폐하께서 이를 고려해 주시기 바랍니다."

모용위는 이 제안들 중 대부분을 받아들이지 않았다.

모용각이 사망한 후, 전연의 정치는 점차 쇠퇴하고 혼란에 빠졌다. 황제 모용위는 사치스럽고 욕심이 많았다. 전연이 통치 위기를 겪는 상황에서 전진은 전연에 대한 공격을 시작했다. 서기 369년 12월, 전진의 부견은 전연이 동진의 북벌군을 방어하기 위해 원군을 보냈을 때 약속한 호뢰 서쪽 땅을 넘겨주지 않았다는 것을 명분으로 왕맹과 건위장군 양성(梁成), 낙주자사 등강 등에게 보병과 기병 30,000명을 이끌고 낙양을 공격하도록 명령했다. 모용위는 소식을 듣고 낙안왕 모용장에게 10만 정예병을 이끌고 지원하도록 했다.

왕맹은 양성에게 10,000명의 병력을 이끌고 모용장을 맞이하도록 명령했다. 양측 군대는 형양 근처의 석문에서 마주쳤고, 모용장의 군대는 패배했다. 그 결과, 양군은 석문 지역에서 대치하게 되었다. 전연의 낙주자사 모용축은 왕맹의 설득에 따라 항복하고 전진에게 낙양을 넘겼다.

이후 양성은 다시 모용장을 대파하고, 모용장은 신락으로 후퇴했다. 왕맹은 등강을 낙양에 주둔시키고 자신은 군대를 이끌고 개선했다. 전진은 황하를 따라 동쪽으로 진격하고 북쪽으로 올라가는 전략적 요충지인 낙양을 공략했으며, 이로써 후에 노천 전투의 기반을 마련했다.

노천 전투의 패배와
전연의 멸망

서기 370년 6월, 부견은 왕맹을 총사령관으로 임명하고, 양안·등강을 포함한 여러 장수와 함께 보병과 기병 총 60,000명으로 전연을 총공격하라고 명령했다. 출정하기 전, 부견은 왕맹을 파상(灞上)에서 직접 배웅하며 말했다.

"왕맹 장군, 경에게 정예병을 맡기고 중대 임무를 위임합니다. 경은 호관과 상당에서 노천으로 진출하여, 천둥과 번개와 같은 속도로 전연의 수도를 공격하십시오. 적은 병력으로 기회를 제대로 포착하기 위해서는 이 전략밖에 없습니다. 짐도 곧바로 군수품을 준비하여 수륙으로 전진하겠으니, 뒤를 걱정하지 마십시오."

왕맹은 웃으며 대답했다.

"이번 출정에서 남은 호(胡)족을 소탕하는 것은 가을바람이 낙엽을 쓸어버리는 것과 같을 겁니다. 폐하께서는 포로를 수용할 집만 많이 지으면 됩니다."

이에 왕맹은 즉시 동쪽으로 진군했다. 서기 370년 7월 초, 왕맹은 전연의 호관(현 산서성 경내)을 공격하여 성공적으로 점령하고, 상당 태수 남안왕 모용월을 생포했다. 상당의 모든 군현이 전진에 귀속되었고, 전연은 큰 충격을 받았다.

전진의 대장 양안은 별도의 군대를 이끌고 진양(현 산서 태원)을 공격했다. 군사 전략적 관점에서 볼 때, 전진은 군을 두 부대로 나누어 주력은 황하를 따라 노양에서 강을 건너 상당을 공격하는 것이 가장 유리했다. 이 지역을 점령하면 바로 전연의 수도인 업성을 향해 진격할 수 있었다.

다른 한 부대는 진양을 공격하여 주력군의 측면을 보호하고, 연나라의 진양 수비군이 상당으로 남하하여 지원하는 것을 방해하는 일이 필요했다. 또한, 위수와 황하를 통한 운송을 이용하여 대군의 보급을 보장할 수 있었다. 오래지 않아 왕맹의 군대는 또한 진양을 공격하여 함락시키고 병주자사 동해왕 모용장을 포로로 잡았다.

이때 등강은 적군 격파의 보상으로 사예 직위를 요구했지만, 왕맹은 자신의 권한 밖의 일이라며 안정 태수와 만호후를 대신 제안했다. 이에 등강은 불만을 품고 물러섰고, 전연군과 전투를 벌일 때 앞으로 나가지 않았다. 왕맹은 직접 등강의 천막에 가서 그의 요구를 들어주었다. 등강은 장와, 서성 등 장수들과 함께 말을 타고 창을 들고 적진에 돌진했다. 등강이 말했다.

"용감하게 여러 차례 적진에 들어갔다 나오며, 주변에 아무도 없는 것처럼, 깃발을 뽑고 장수를 베며 많은 사상자를 냈습니다."

왕맹은 전연의 정복을 눈앞에 두고 법을 어지럽히고 사사로운 이익을 추구하는 등강을 여러 차례 용납하고 그 장점을 취했다. '나물의 먹을 수 있는 부분만 따면 되는 것이지, 밑에 있는 몸통까지 신경 쓸 필요가 없다.'는 옛말을 그대로 따른 것이다.

서기 370년 8월, 모용위는 급히 태부 모용평 등에게 정예병 40만 명 이상을 이끌고 호관과 진양을 구하도록 했다. 곧이어 왕맹은 호관을 공격하여 전연의 상당 태수 모용월을 생포했고, 전진 군대가 도달하는 곳마다 전연의 군현들이 바람에 나뭇잎처럼 떨어져 항복했다. 양안은 진양을 공격했지만 당시에는 함락시키지 못했다.

같은 해 9월, 왕맹은 투기교위 구창을 호관에 남겨 두고 직접 대군을 이끌고 양안을 도와 진양을 공격했다. 전진 군대는 지하 통로를 파고 진군의 장수 장와가 수백 명의 용사를 이끌고 몰래 도시 안으로 들어가 크게 외치며 관문을 열어 전진 군대를 들여보냈다. 결국 왕맹과 양안은 진양을 함락시켰다. 당시 전연의 모용평은 왕맹을 두려워해 주저하며 진군하지 않고, 대군을 노천(潞川, 현 산서성 남동부 탁장하 동쪽)에 주둔시켰다. 그는 왕맹의 60,000명의 군대가 호관을 점령하고 진양을 차지하는 것을 지켜보며 전투에 나서지 못하고, 노천의 장하를 방어선으로 삼으려 했다.

10월, 왕맹은 장군 모당을 진양에 주둔시키고 직접 대군을 이끌고 노천으로 진격하여 모용평의 군대와 강을 사이에 두고 대치했다. 모용평은 왕맹이 보급로가 길게 늘어진 현군으로 깊숙이 진입한 것을 보고, 움직이지 않는 정(靜)을 이용해 움직이는 동(動)을 제압하려 했다. 즉, 왕맹이 먼 곳으로부터 군대를 이끌고 왔기 때문에 식량과 보급이 부족해지면 싸우지 않고 철수할 것으로 기대한 것이다.

자기 병사에게 물과 나무를 팔아먹은 모용평의 탐욕

모용평은 탐욕스럽고 비루한 성격으로, 이처럼 큰 적이 닥쳤음에도 적을 죽이려는 생각은 하지 않고, 오히려 산을 봉쇄하고 샘물을 독점하여 자신의 돈벌이 수단으로 삼았다. 일부 병사들에게 나무를 하게 한 후 그것을 다른 병사들에게 파는 식이다. 모용평의 병사들은 목숨을 내걸고 나선 전장에서 땔나무와 마실 물을 돈을 주고 사야 했다. 그 결과 모용평의 진중에는 돈과 비단이 산만큼 높이 솟아올랐다. 이러다 보니 장수들과 병사들이 원망하고 분한 마음을 품게 되어 그의 군대는 전투 의지가 전혀 없었다.

업성에 있던 모용위는 이러한 진중의 상황을 보고받고 크게 두려워하여 급히 시중 난이를 보내 모용평을 나무라며 말했다.

"상용왕께서는 고조의 아들로서 마땅히 종묘와 사직을 걱정해야 합니다. 그런데 어찌 군사들을 달래고 공로를 치하하는 일을 하지 않고, 오로지 축재에만 마음을 쓰십니까! 궁중 창고의 보물을 짐과 왕께서 사랑한다고 해서 무슨 소용입니까! 적군이 돌진해 오면, 왕은 그 돈과 비단을 어디에 둘 것입니까! 가죽이 없으면 털은 어디에 붙을 것입니까! 돈과 비단은 군대에 나누어 주고, 적을 물리치고 승리로 돌아오는 것을 우선시해야 합니다."

마침내 그의 돈과 비단을 모두 나누어 병사들에게 되돌려 주고 전투 의지를 북돋았다. 그러나 모용평의 군사들은 이미 사기를 잃어버렸다. 모용평의 재산이 불어난 만큼 원망과 불만이 하늘을 찌를 듯했고, 군심은 흩어졌다.

왕맹은 모용평의 만행에 가까운 행동에 대한 이야기를 듣고 강 건너에 있는 전연군의 진영을 가리키며 말했다.

"모용평은 정말로 못난 녀석이로구나! 연나라 군대는 많고 식량도 충분하지만, 이런 어리석은 장수를 만나면 아무 소용이 없다."

이에 왕맹은 그의 장수 곽경(郭庆)을 보내 기병 5,000명을 인솔하고 밤에 몰래 샛길을 통해 모용평의 진영 뒤로 가서 고산에 불을 질러 전연군의 식량과 장비를 모조리 불태웠다. 이 불길은 하늘을 붉게 물들였고, 200리 이상 떨어진 업성에서도 보일 정도였다.

이때 왕맹이 불빛을 받으며 맹세하듯이 말했다.

"나 왕경략은 나라의 두터운 은혜를 받고 여러 직책을 겸임하고 있는데, 지금 여러분들과 함께 적진 깊숙이 들어왔다. 이제 마땅히 힘을 다하다 죽을 것이며, 전진하는 일은 있어도 후퇴하는 일은 없을 것이다. 함께 공로를 세워서 나라에 보답하여 조정에서 작위를 받고 부모님의 방에서 술잔을 기울인다면 이 또한 아름다운 일이 아니겠는가!"

왕맹의 장졸들이 모두 뛸 듯이 기뻐하며 솥을 깨뜨리고 크게 소리지르며 앞을 다투어 나아갔다. 왕맹군이 전연군에게 노도처럼 들이닥치자 낮까지 전투가 벌어졌다. 싸울 의지가 없었던 모용평의 군대는 크게 패배했다. 해가 하늘의 정중앙에 떠오를 쯤에 전진군은 50,000명 이상의 연나라군을 사살하거나 포로로 붙잡았으며, 계속 추격하여 또다시 10만 명을 사살하거나 붙잡았다. 모용평은 혼자서 말을 타고 업성으로 도망쳤다. 노천 전투는 전진군의 대승으로 끝났다.

서기 372년 모용평은 고구려로 망명했다. 그러나 전연에 수모를 당했던 고구려 고국원왕은 모용평을 붙잡아 포박하여 전진의 곽경에게 넘겨주었다. 이후 부견은 모용평을 급사로 임명하였으며, 이에 모용수가 모용평의 주살을 청원하였다.

"신의 숙부 모용평은 연나라의 악래 같은 간신배로서 성군의 조정을 다시 더럽힐 만한 사람입니다. 원컨대 폐하께서 연을 위해 그자를 처형해 주소서."

그러나 부견은 이를 받아들이지 않고 대신 범양태수로 임명해 조정에서 내쫓았다.

노천(潞川) 전투는 5호 16국 시대 중기에 전진이 북방을 통일하는데 있어 가장 중요한 전투 중 하나였다. 노천 전투는 사실상 전연의 멸망을 결정지었다. 이 전투로부터 한 달도 안 되어 전연은 전진의 강력한 공격으로 멸망했다.

전연은 큰 나라였고 인구가 많았다. 그리고 군대가 강력했고 지형적으로도 유리했다. 결국 망해야 할 요인이 없었음에도, 어린 군주와 무능한 모용평의 탐욕, 그리고 능력 있는 모용수를 내쫓은 것이 복합적으로 작용해 순식간에 멸망하였다. '무능한 자가 나라를 망친다.'는 고사는 이를 두고 하는 말이다. 노천대전은 관도대전, 적벽대전, 비수대전 등과 함께 중원의 고대 전쟁사에서 적은 병력으로 승리를 거둔 네 가지 대전 중 하나로 꼽히고 있다.

왕맹은 노천에서 전연군을 대파한 후 승세를 이어 전진하며 전연의 수도 업성을 향해 진군했다. 모용평의 악행으로 전쟁에서 패했다는 소식을 들은 연나라 백성들은 암담한 상황 속에서 서로 빼앗고 겁탈하는 아수라장 속으로 빠져들었다. 그러나 왕맹군이 도착하자 점차 질서가 잡히고, 백성들이 오히려 편안하게 느끼기 시작했다. 백성들 중에서 누군가가 말했다.

"꿈에서도 기대하지 않았는데, 오늘 태원왕 모용각을 다시 보게 될 줄이야!"

왕맹이 이 말을 듣고 탄식하며 말했다.

"모용각이 기이한 선비라고 하더니, 참으로 백성들을 사랑한 현자로구나!"

그리고 길가에서 태뢰를 갖추어 그에게 제사를 지냈다. 그리고 대군을 이끌고 업성을 포위하는 동안, 왕맹은 부견에게 승전보를 전했다.

전연 모용위의 몰락과
구태백제의 부활

서기 370년 11월, 부견은 대장 이위를 남겨 태자 부홍과 함께 장안을 지키게 하고, 동생 부융을 남겨 노양을 지키게 한 뒤 직접 정예병 10만 명을 이끌고 업성 전투를 지원하기 위해 출발했다. 부견이 업성에 도착한 후, 왕맹과 함께 합류해 성을 강력하게 공격했다. 이때, 전연의 예도왕 모용환은 원성 사정에 주둔했던 모용평의 후계자로, 부대를 이끌고 용성으로 도주했다.

이전에 모용환은 10,000여 명의 군대를 이끌고 사정에 주둔하며 모용평 등의 후방 지원을 담당했다. 하지만 모용평의 패배 소식을 듣고 내황으로 병력을 이끌고 후퇴했다. 그사이, 부견은 등강을 보내 신도(현 형태시 신도구)를 공격했고, 모용환은 선비족 5,000명을 이끌고 다시 화룡으로 물러났다.

서기 370년 11월 7일 밤, 연나라의 산기시랑 여울(餘蔚)이 부여와 고구려, 상당에서 온 인질 500여 명과 함께 전연의 수도 업성의 북문을 은밀히 열고, 어둠 속으로 전진의 병사들을 몰래 불러들였다. 이때 여울은 모용수와 연계되어 있었다. 여울은 서기 384년, 모용수의 후연에서 형양태수로 임명되고 부여 왕 작위에 봉해지기도 했다. 부여 왕으로 칭호를 붙이지만 부여의 실체는 이미 연나라에 병합되어 버린 상태였다.

그 순간, 전연의 황제 모용위와 상용왕 모용평, 낙안왕 모용장, 정양왕 모용연, 자위장군 맹고, 전중장군 애랑 등이 수십 명의 기병과 함께 업성을 탈출해 북쪽 용성으로 내달렸다. 그들의 발걸음은 절박했으며, 어둠은 그들의 도주를 덮었다. 전연의 멸망사는 그렇게 조용히, 그러나 극적으로 그 막을 내렸다.

용성으로 달아난 그들은 뒤를 돌아볼 겨를도 없이 앞으로만 달려야 했다. 연나라가 지닌 영화와 번영은 이제 과거의 이야기가 되어 버렸다. 그들은 새로운 피난처에서 어떤 운명을 맞이할지 몰랐으나, 한때 그들이 이끌었던 대연이 이제는 역사 속으로 사라졌다는 현실만은 분명했다.

모용위는 모용평 등 기병 수십 명과 함께 창려로 도망쳤지만, 부견은 곽경을 보내 모용위를 고양(高陽)에서 추격했다. 부견의 장수 거무가 모용위를 붙잡아 결박하려 했다.

이에 모용위는 말했다.

"너 같은 소인이 어찌 천자를 결박하느냐!"

거무가 대답했다.

"나는 양산(梁山)의 거무로, 범죄자를 결박하라는 명을 받았다. 어찌 천자라 하는가!"

그는 모용위를 부견에게 인도했다. 부견은 모용위의 도주 상황을 추궁했고, 모용위는 대답했다.

"여우는 죽으면 머리를 산으로 향한다. 나는 선조의 무덤에서 죽고 싶었을 뿐이다!"

부견은 애도하며 모용위를 풀어 주고 궁으로 돌아가 문무백관들을 이끌고 항복하도록 했다. 곽경은 모용평과 모용환의 아들을 화룡에서 추격했다. 모용환은 자신의 동쪽을 지키던 모용량을 죽이고 그의 군대를 합병했다. 그리고 요동태수 한조(韓稠)를 평천에서 공격했다. 곽경은 장군 주억(朱嶷)을 보내 모용환을 공격해 체포하고 그를 부견에게 보냈다.

전진은 157군, 1,579현, 가구 246만 호, 인구 998만 명을 얻었다. 부견은 모용위와 그의 왕공 이하, 귀족, 문무백관, 부유한 가문 등 40,000여 호, 50만 명 이상의 사람들을 모두 수도 장안으로 이주시켰다. 그리고 모용위에게는 신흥후의 칭호를 부여하고, 상서로 임명했다. 부견이 수춘을 정벌할 때, 모용위는 평남장군 별부 도독으로 임명되었다.

전연이 멸망하면서 부여 왕 구태의 후손들이 두 번째 부활의 계기를 맞이했다. 당초 구태의 후손들이 속했던 백제와 모용위가 이끄는 전연은 같은 마한의 뿌리를 공유했다. 마한에 속한 나라였던 막호발의 막로국은 중원의 대혼란기를 기회로 잡아 황제국 연나라로 폭풍 성장하여 대륙을 지배하는 위치까지 올라섰다.

반면, 구태백제는 건국 후 동맹이었던 공손씨 세력이 공손연 대에 몰락하면서 오랫동안 성장의 기회를 잡지 못했다. 이후 모용씨와의 주도권 싸움에서 밀려 멸망의 운명을 맞이하기도 했다. 사마염의 지원으로 잠시 복국에 성공했지만, 부여현 시대에 전연에 흡수 병합되며 다시 한번 나라의 독립 기회를 잃었다. 백제는 래이족이 주축인 모용씨 연나라의 지배를 벗어나지 못한 채 어려운 시기를 보내고 있었다.

5호 16국 시대를 맞이하여 백제는 고구려가 급속히 팽창하면서 하북성 대방군에서 요서군으로 그 주력을 이동하였다. 그러나 여전히 연나라는 백제에 대해 적대적으로 대했다. 그 결과 백제를 흡수 병합하였는데, 전진의 총공세를 맞이하여 백제의 부활을 천명하기에 이른 것이다. 마한의 우이족들은 래이족들이 연나라를 건국해 흥성하는 것을 지원하였지만, 백제를 공격하는 것은 용납할 수 없었다.

부여현의 운명은 백제의 마지막 왕족으로 기록될 뻔했다. 그러나 운명의 바퀴는 다시 한번 돌아, 우이 마한의 지원을 받아 백제는 잿더미에서 다시 일어나 기사회생했다. 옛것이 가니 새로운 것이 오는 것이 세상의 법칙이다. 이 새로운 시작은 백제 사람들에게 불가능하다 여겨졌던 희망을 안겨 주었다.

서기 370년 11월 7일 밤, 연나라의 산기시랑 여울(餘蔚)이 모용수를 지원하여 큰 희생 없이 후연이 성립되는 데 중요한 기여를 했다. 그 결과 모용수는 여울을 부여 왕으로 임명했다. 그러나 문제는 우이족의 마한이 건국한 백제를 어떻게 할 것인가 하는 것이었다. 모용수는 당시 백제의 국세가 날로 성장하는 상황을 고려해 백제가 요서 지역과 낙랑군 일대에 활동할 수 있도록 마한 내부의 관계 조정을 추진하였다.

그 결과 모용수는 요동 지역과 요서 지역의 안정을 도모할 수 있었고, 서진 정책을 원만히 수행할 수 있었다. 이로써 연나라와 백제는 일종의 역할 분담을 하게 되었다. 즉, 백제는 연나라의 후방인 고구려의 공격을 방어하고, 중원 세력과의 우호 관계를 유지함으로써 유사시 모든 세력이 일거에 토벌되는 일을 막는 역할을 수행하도록 했다. 그리고 연나라는 중원 장악을 위한 서진 전쟁을 지속시켜 나갔다.

서기 372년 봄, 백제의 새로운 왕 여구가 동진에 사신을 파견하여, 낙랑태수, 백제 왕으로 봉해졌다. 이는 여구가 정식으로 중원의 낙 랑 일대에서 연고권을 가진 왕으로 활동하는 것을 인정받은 것으로, 백제의 발전에 있어 일대 전기라고 평가할 만한 사건이었다.

이후 여구의 후계자 여휘와 여영은 모용초의 남연이 멸망한 후 산 동의 광고 지역 인근의 마한 고포성이었던 거발성(현 치박시)과 한반 도의 고마성(현 공주)에 두 개의 왕성을 두었다. 여구는 동진에 사신 을 보내 자신의 존재를 알렸고, 여구는 최초로 백제 왕으로 책봉되었 다. 이 사건은 백제가 다시 국제 무대에 그 존재를 알리는 중대한 순 간이었다. 백제는 그렇게 천하의 여타 국가들과 다시 연결되기 시작 했다. 백제의 부활은 이제 현실이 되었다.

그리고 서기 373년, 그리고 이어진 379년과 384년에도 백제는 계 속해서 동진에 사신을 보냈다. 이러한 외교 활동은 백제의 외교력과 국력을 증명하는 것이었고, 백제는 다시 한번 동아시아의 중요한 국 가로 자리매김했다. 여울의 투쟁과 마한의 지원이 없었다면 불가능 했을 기적 같은 부활이었다.

백제의 궁정에서는 새로운 활기가 넘쳤다. 여구는 백제의 부활을 위해 노력했던 모든 이들의 헌신에 감사의 뜻을 전했다. 백제의 사람 들은 이제 다시 한번 번영의 길을 걷기 시작했고, 여울의 꿈은 현실 이 되어 백제의 땅 곳곳에 희망의 씨앗을 심었다.

백제의 부활은 많은 이들의 노력과 헌신으로 이루어졌다. 이 기적 같은 이야기는 세대를 거쳐 전해지며, 백제 사람들에게 그 어떤 역경도 극복할 수 있다는 희망의 메시지를 전달했다.

황보진,
청렴하고 투철한 관료의 삶

황보진의 자는 초계이고 안정 조나 사람이다. 젊은 나이에 뛰어난 재능을 인정받은 황보진은 모용외에 의해 요동국의 시랑으로 임명되었다. 모용황이 왕위를 계승하자, 그는 평주 별가로 승진했다. 당시 연나라는 내부적으로 연이어 어려움이 발생하여 백성들이 큰 고생을 하고 있었다. 황보진은 세금을 감면하고 노역을 쉽게 하자는 제안을 했으나, 이 제안이 받아들여지지 않자 관직에서 물러났다.

후에 마추(麻秋)를 물리친 공로로 인해 봉차도독으로 임명되었으며, 요동과 영구 두 군의 태수로 재직하며 훌륭한 정치를 펼쳤다. 모용준이 제위를 차지한 후에는 전서령으로 임명되었다.

이후 모용평과 함께 업성을 공격하여 약탈했지만, 황보진은 아무것도 취하지 않고 오직 사람들을 돌보고 문서와 기록만 보존했다. 모용준이 죽기 직전, 그는 모용각 등과 함께 유언을 받았다.

모여근이 반란을 꾀하자, 황보진은 그 계획을 은밀히 알아냈다. 그리고 모용각에게 그를 제거할 것을 청했다. 모용각은 처음에는 황보진의 경고를 드러내려 하지 않았다. 그러나 곧 모여근의 계획이 발각되어 그는 처형되었고, 모용각은 황보진의 조언에 감사를 표하며 말했다.

"당신의 말을 따르지 않았더라면, 거의 재앙과 낭패를 볼 뻔했습니다."

여호의 반란에 대해 모용각이 조정에서 계획을 논의하면서 말했다.

"멀리 있는 사람들이 복종하지 않는다면, 문덕으로 그들을 끌어들여야 합니다. 지금 여호는 은혜로운 조서로 항복시켜야 하는 것이 아니라 무력으로 정복해야 하는 것이 아닌가요?"

이에 황보진은 무력진압의 당위성을 역설했다.

"여호는 9년 동안 세 번이나 왕명을 거슬렀으니, 그의 간사한 마음을 볼 때, 그의 사악함은 아직 끝나지 않았습니다. 명공께서는 이미 강과 상 지역에서 말의 물을 마시게 하고, 검계에서 글을 새겼으니, 여호와 같이 사소한 인물을 처형하지 않고 방치한다면 또다시 배신할 것이므로 군사적 계산으로 정복해야 하며, 다시는 구두 또는 문서로 설득해서는 안 됩니다."

모용각은 황보진의 조언을 따랐다. 황보진은 관군장군 별부 도독으로 임명되었고, 군대가 돌아온 후에는 진서장군 병주자사 호흉노 중랑장을 맡았다. 정벌에서 돌아온 후에는 시중 광록대부로 승진했고, 연이어 태위 시중으로 승진했다.

부견은 은밀히 연나라를 합병하기 위한 계획을 세웠다. 그는 기회를 살피기 위해 서쪽의 주부인 곽변(郭辯)을 흉노의 좌현왕 조고(曹

縠)에게 접근하도록 하고, 조고에게 사절을 업으로 보내도록 했다. 곽변이 그와 함께 업으로 갔다. 부견은 이미 황보진의 형을 산기상시로 봉사하게 했으며, 조카인 분과 복은 관서에서 명성을 떨치고 있었다.

곽변이 업에 도착했을 때, 여러 공신들을 만났으며, 황보진에게 그의 집안이 진나라에 처형당했다고 전했다. 황보진은 이 말에 화를 내며, 자신은 국경 밖의 사람들과 교류가 없다고 항변했다. 곽변은 모용위에게 그를 조사해 달라고 요청했지만, 모용위와 모용평은 그 요청을 허락하지 않았다.

곽변은 돌아와 부견에게 연나라 조정이 질서가 없어 공략하기 적합하다고 보고했다. 그러나 그는 황보진만이 상황을 파악하고 변화를 알아채는 유일한 인물이라고 평가했다.

부견은 이에 대해 말했다.

"여섯 주의 땅에서 지혜롭고 통찰력 있는 사람이 한 명밖에 없다니! 황보진도 진나라 사람이지만 연이 사용하는 것을 보니, 관서에는 분명히 많은 군자가 있다는 것을 알 수 있다."

황보진은 청렴하고 검소한 성품을 지닌 인물이었다. 그는 욕심이 적어 재산을 쌓는 데 관심이 없었고, 술을 마시더라도 절제를 잃지 않았다. 또한, 그는 문학을 사랑하여 40여 편의 시와 부를 짓기도 했다.

왕맹이 업성에 들어왔을 때, 황보진은 그의 말 앞에서 예의를 갖추어 절을 했다. 다음 날 다시 만났을 때, 황보진은 왕맹을 '대신'이라고 불렀다. 왕맹은 황보진의 모순된 태도에 대해 의문을 제기하며 말했다.

"어제는 절을 하고, 오늘은 대신이라니, 어째서 이렇게 예의가 서로 모순되나요?"

황보진은 침착하게 대답했다.

"어제 당신은 적이었고, 오늘은 국가의 신하입니다. 적에게 절하고 국가의 신하를 존경하는 것이 무엇이 이상한가요?"

왕맹은 이 대답에 크게 감탄하며, 황보진을 높이 평가했다. 이후, 황보진은 부견과 함께 관문에 들어가 봉차도위로 임명되었으나, 그의 생애는 몇 년 후에 마감되었다.

불세출의 영웅 모용수,
인가를 이룰 것인가 파괴할 것인가?

모용수는 조선 민족 최고의 영웅이다. 역사를 통틀어 그만한 인물이 없다. 그는 북방의 오랑캐 출신이 아니라 조선과 한(韓)의 아들이었다.

서기 326년 창려 극성에서 모용황의 다섯째 아들로 태어났다. 어려서부터 지덕이 뛰어나고 기상이 컸다. 신장이 7척 7촌(177㎝)에 달해 손을 늘어뜨리면 무릎을 지나치는 드물게 큰 체구를 가진 도명은, 모용황의 깊은 총애를 받았다.

조선공 모용황은 종종 자신의 자녀들과 아우들을 불러 놓고 말했다.

"도명은 활발하고 신기한 것들을 좋아한다. 그의 미래는 대단할 것이다. 그는 결국 인가를 이루거나 또는 파괴할 수도 있는 큰 인물이 될 것이다."

그러한 예언은 도명을 둘러싼 기대와 두려움을 낳았다.

시간이 흘러 도명의 은혜롭고 강인한 모습은 아버지 모용황의 마음을 사로잡았다. 이로 인해 모용수는 아버지 모용황에게 세자 모용준을 뛰어넘는 극진한 총애를 받았다. 이로 인해 모용준은 유능한 모용수를 견제하는 등 둘 사이의 관계는 점점 긴장감이 고조되었다.

모용수, 이제는 도업(道業)으로 불리는 그는, 궁정 내의 정치적 복잡성과 가족 간의 경쟁을 극복하며 성장했다. 그의 존재는 모용씨의 황실에 새로운 원기를 불어넣었고, 그의 미래에 대한 기대는 더욱 커져만 갔다.

모용수는 자신이 짊어질 운명을 받아들이며, 자신의 길을 찾기 시작했다. 그의 뛰어난 능력과 탁월한 지도력은 곧 전장에서 빛을 발했다. 서기 342년 16세의 청년 모용수는 모용황이 요동의 고구려를 정벌할 때 전쟁에 따라나섰다. 당시 전연과 고구려는 국경을 맞대고 있어 모용황은 항상 고구려가 틈을 타 침입할 것을 우려하고 마음속의 중대한 위협으로 여겼다. 이 전쟁에서 모용황은 고구려 고국원왕을 조백하 일대의 요동에서 한반도 평양 동황성까지 밀어내며 대승을 거두었다. 고국원왕의 고구려는 이 당시 모용황 세력에게 대적할 수 없었다.

전쟁은 모용수에게 새로운 도전과 기회의 장을 제공했다. 그는 전쟁의 혼돈 속에서도 자신만의 길을 개척해 나갔다. 그는 과연 나라를 부흥시킬 것인가, 아니면 나라를 파괴할 것인가? 그의 선택은 곧 역사의 흐름을 바꾸게 될 것이었다.

서기 344년 2월, 전연 왕 모용황이 직접 군대를 이끌고 우문일두귀를 공격했으며, 건위장군 모용한을 선봉장군으로, 유패를 부장으로 임명했다. 또한 모용수와 모용군, 모용각, 그리고 절충장군 모여근 등이 군대를 이끌고 세 갈래로 나누어 진군했다. 우문일두귀는 남라성 성주 섭야간이 이끄는 정예병을 파견하여 맞섰다. 모용한이 섭야간과 격전을 벌이는 동안, 모용수는 군대를 이끌고 측면에서 돌격하여 섭야간을 살해했고, 우문군은 전투 없이 괴멸되었다.

연군은 승리를 쫓아 우문씨의 도성 요서군 자몽천을 공략했다. 우문일두귀는 패배하여 고북구 장성 너머의 막북으로 도망쳐 죽었다. 이후 우문씨는 흩어져 사라졌고, 모용황은 그들의 가축과 재산을 수집하고 그 부족민 5,000여 명을 창려로 이주시켜 1,000여 리의 땅을 개척했다. 모용수는 공로를 인정받아 도향후에 봉해졌다.

모용수의 용맹함과 지략은 전연을 강력한 세력으로 자리매김하는 데 결정적인 역할을 했다. 그러나 이러한 성공 뒤에는 복잡한 정치적 계산과 위험이 도사리고 있었다.

모용수는 요서 도하를 지키며 후조 석호의 침공에 대비했다. 이전에 석호를 격파했으나, 서기 345년에는 석호가 장수 등항을 파견해 수만 명을 이끌고 낙안(樂安, 현 북경시 밀운구)을 점거하며, 전연을 병탄하려는 의도를 드러냈다. 평적장군이 된 모용수는 요서의 도

하를 지키며 등항과 대치했다. 이러한 대치는 양측 모두에 긴장감을
불러일으켰으며, 등항은 모용수의 위엄이 두려워 감히 침범하지 못
했다.

　모용수는 어려서부터 사냥을 즐기며 노는 것을 좋아했다. 한 사냥
도중 낙마하여 이가 부러지는 사고를 겪었다. 모용준은 황위에 오른
후 동생 모용수의 이름을 '결(缺)'로 바꾸게 했는데, 겉으로는 진나라
극결의 이름을 딴 것이라고 했지만, 실제로는 그에 대한 미움 때문이
었다. 즉, 모용수가 이가 부러져 뭔가 부족한 사람이라고 조롱하는
것이었다. 그래서 모용수의 이름은 '수(垂)'로 다시 바뀌었다.
　서기 348년 모용황이 죽자, 모용준이 그 뒤를 이었다. 이때 전연은
20만 명이 넘는 병력을 보유하고 있었다. 서기 349년 후조의 3대 황
제 석호가 사망한 이후 갈족의 후조(趙)와 염민(冉閔)의 위(魏)가 큰
혼란에 빠졌다. 그러나 모용준은 후조가 새로 큰 상을 당했기 때문에
중원에 진격하는 것에 동의하지 않았다. 모용수는 급히 용성(요서군
유성 일대)으로 가서 모용준에게 직접 말했다.
　"이제 후조와 염위의 멸망이 가까워졌으니 화북에는 폐하에게 대적
할 세력이 없습니다. 얻기 힘들고 잃기 쉬운 것이 바로 시기입니다.
좀처럼 만나기 어려운 기회가 찾아왔습니다. 기회를 포착하려면 신
속하게 움직여야 합니다. 이제부터 약한 세력은 병합하고 어리석은
자들을 서슴지 말고 공격해야 합니다."
　그러나 모용준은 이를 허락하지 않았다. 이에 모여근(慕輿根)이 모
용준에게 말했다.
　"왕자 모용수의 말은 천재일우의 기회가 왔으니 이런 때를 놓쳐서

는 안 된다는 말입니다.”

이 말을 귀담아들은 모용준은 봉혁 등 여러 군신의 지지를 받아 모용수를 전봉도독 건봉장군으로 임명하고 20만 명 이상의 정예병을 선택하여 조를 치기 위해 준비했다. 모용수는 이 새로운 역할을 맡으며, 조선의 후예로서 그의 조상들의 용맹함을 이어받아 행동에 옮겼다. 염위는 마한의 일국이었던 염로국의 후계 세력들이다. 서기 3세기 초 산동성 유방시와 치박시 중간 지점에 나라를 세웠다. 제곡 고신의 후예로서 춘추전국시대 염계, 즉 자산(子産)의 후손들이다. 염민은 서기 350년 후조 황제 석지를 살해하고 업(鄴)에서 건국하였다. 그러나 건국 2년 만에 전연의 공격을 받아 멸망했다.

모용수는 전봉도독으로서 적극적인 군사 전략을 수립했다. 그는 조와 위의 혼란을 기회로 삼아 여러 지역을 병합하고 적을 공격했다. 그의 지략과 용맹은 곧 전연의 군사력을 강화시키는 데 큰 역할을 했다.

모용수는 서기 350년 3월, 후조의 계성을 공격해 유주를 함락시켜 화북 일대를 장악했다. 전투에서 승리를 거둔 후 모용준은 항복한 적들을 모조리 참살하려 했다. 그의 계획은 후조인들을 후환이 전혀 없도록 구덩이에 묻어 버리는 것이었다. 모용수는 이러한 모용준의 계획을 듣고 깊은 우려를 표했다. 그는 모용준에게 간했다.

“정벌한 사람들을 묻어 죽이기보다 위로하고 달래는 것이 도리입니다. 이는 선대부터 내려온 규칙입니다. 진나라 소왕이 장평대전에서 승리한 후 항복한 조나라 군 30만 명을 생매장했고, 항우가 진(秦)나라군 30만 명을 다시 생매장하고 나서 모두 중원을 얻는 데 실패했습니다. 장차 중원을 평정하려는 이때, 마땅히 덕으로 그들을 평안하게 따르도록 해야 합니다. 구덩이에 묻어 죽이는 형벌은 우리 군대의 명성에 해가 됩니다."

모용준은 모용수의 조언에 귀를 기울였다. 그는 처벌 계획을 철회하고 항복한 적들에게 관용을 베풀기로 결정했다. 이 결정은 군대의 명성과 중원 평정의 덕목을 지키는 현명한 행동이었다.

얼마 후 모용준은 다시 군대를 이끌고 등항을 공격하기 위해 나섰고, 청량(보정시 청원구)에 이르렀을 때 조의 장군 녹발조가 수천 명을 이끌고 밤에 연군을 기습했다. 모용수는 갑작스런 공격에 맞서 격렬하게 반격하여 10여 명을 칼로 베며 녹발조의 공격을 저지했고, 이후 모여근 등이 병력을 이끌고 녹발조를 물리치며 기습 공격을 성공적으로 막아 냈다.

서기 352년 3월, 조의 의장군 단근이 호족·갈족 10,000여 명을 모아 역막을 지키며 스스로 조황제를 칭했다. 모용수는 군대를 이끌고 역막을 공격했고, 모용수 군이 역막에 도착했을 때 단근과 그의 동생 단사는 성을 넘겨 항복했다. 연위장군 모용각, 부군장군 모용군, 좌장군 모용표 등이 여러 차례 모용수의 불세출의 재능을 추천하며 큰 임무를 맡기 적합하다고 했다. 연주 모용준은 같은 해 모용수를 사지절 안동장군 북기주 사로 임명하고 상산을 지키도록 했다.

서기 354년 4월, 모용준은 황제를 칭하고 원새를 건호로 하였으며, 역사에서는 이를 전연이라 부른다. 이후 하북성, 산동성, 산서성, 하남성 등을 정복했다. 이후 서기 357년 업으로 천도하였다.

모용수의 간언은 모용준에게 중요한 교훈을 남겼다. 그의 조언은 전투에서의 승리뿐만 아니라, 군주로서의 덕과 명성을 중시하는 모

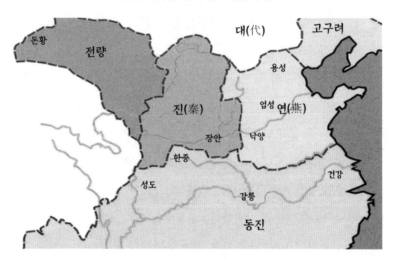

습을 보여 주었다. 이로 인해 모용씨 가문은 이(夷)와 화(華)가 서로
맞붙어 싸우는 형국에서 중원을 덕으로 평정할 수 있는 기회를 갖게
되었다.

운명의 그림자:
음모와 배신

모용씨 가문 내의 권력 다툼은 점점 치열해졌다. 모용준(재위 서기
348~360년)은 모용황(재위 337~348년)의 뒤를 이어 대연 황제라 칭

하며, 모용수를 오왕에 봉하고 신도(현 형태시)에 주둔시켰다. 이때 동진은 전연에 사신을 보내 황제를 칭하는 것에 대해 따졌다. 그러자 모용준은 다음과 같이 말했다.

"그대는 돌아가 그대 황제에게 고하라! 짐은 백성이 가난과 갖은 고통에 신음하는 것을 구해 주어 중국인들에 의해 추대되어 황제가 되었노라고!"

모용수는 오왕에 봉해졌고, 시중 우금장군 녹류대사가 되어 동북 지역에서 큰 이익을 거두어들였고, 정남장군 형연(형주 · 연주) 두 주 목으로 임명되어, 양(梁) · 초(楚)의 남쪽에서 이름을 떨쳤다. 또한 사례가 되어, 왕공 이하에 이르기까지 살피지 않은 적이 없었다. 그러나 가문 내의 음모와 질투는 계속해서 그를 둘러싸고 있었다.

모용위가 모용준을 이어 황제가 되었을 때, 모용각은 태재로서 중요한 위치에 올랐다. 그는 모용수를 매우 중히 여겼고, 모용위에게 조언했다.

"오왕은 장군과 재상으로서의 재능이 신보다 열 배나 됩니다. 선제 께서 나이 순으로 신을 먼저 세우셨습니다. 신이 죽은 후에는, 폐하 께서 오왕에게 정사를 맡기시면, 친신을 겸비한 것이라 할 수 있습니다."

서기 357년, 전연은 병력을 동원하여 새북(장성 북쪽)의 칙륵을 공격했다. 칙륵은 또한 정령, 고차라고도 불린다. 위진 남북조 시대, 대량의 칙륵인이 장성 일대의 새에서 다른 소수민족과 함께 잡거하면서 남하했고, 장성 이북의 막북 초원에 남아 있는 칙륵은 서기 4세기에 점점 강해져 중원을 계속 침략했다. 전연이 중원에 정착한 후,

종종 칙륵인의 습격을 받았다. 같은 해 5월, 모용준은 모용수(당시 부군장군)와 중군장군 모용건, 호군장군 평희에게 보기 80,000명을 이끌고 새북으로 진군시켜 칙륵을 공격해 대파하고 10만여 명을 참하거나 사로잡고 말 13만 필, 소양을 셀 수 없이 획득했다. 북부 국경이 다시 안정되었다.

서기 356년, 동진의 환온이 북벌을 통해 강족과의 전투에서 대승하여 낙양을 차지하게 되었다. 그런데 동진은 낙양을 지킬 수 있는 역량을 갖추지 못하고 있었다. 동진의 조정에서 철군론이 비등해지는 가운데 환온은 소수의 병력만 배치하고 낙양에서 철수했다. 그러자 서기 365년, 전연의 모용각이 모용수와 함께 가볍게 낙양을 점령해 버렸다. 그 후 서기 367년, 전연의 현자였던 모용각이 사망했다.

서기 358년, 모용수는 단말배의 딸 단씨와 결혼했고, 단씨는 모용령과 모용보를 낳았다. 단씨는 재능이 뛰어나고 성격이 강렬하여 황후 가족혼씨와 불화했고, 황후는 이로 인해 한을 품었다. 모용준은 오랫동안 모용수를 못마땅해했으며, 때때로 가족혼 황후의 명령을 받은 사람이 단씨와 요동 고필을 마귀술에 연루되었다고 고발하여 이를 통해 모용수를 연루시키려 했다. 모용준은 단씨와 고필을 감옥에 가두고 고문했다. 그러나 두 사람은 의지가 확고하여 결국 굴복하지 않았다.

모용수는 마음이 아파 몰래 사람을 보내 단씨에게 말했다.

"인생은 언젠가 죽게 마련이니, 이런 고통을 어찌 견딜 수 있겠습니까. 차라리 독약을 마시는 것이 낫습니다."

단씨는 한숨을 쉬며 말했다.

"내가 죽고 싶어서 죽겠습니까! 만약 자신을 악한 반역자로 거짓 고발한다면, 위로는 조상에게 누를 끼치고, 아래로는 왕에게 누를 끼치게 될 것이니, 결코 그럴 수 없습니다!"

후에 결국 단씨는 감옥에서 죽었고, 모용수는 이로 인해 면책되어 평주 자사로 나가 요동을 지키게 되었다. 또한 단씨의 여동생을 후처로 맞았으나, 황후는 그녀를 축출하고 자신의 동생을 모용수에게 시집보냈다. 모용수는 이에 불만을 품었고, 이로 인해 모용준과의 관계가 더욱 악화되었다.

서기 359년 12월, 모용준의 병이 위독해지자 모용수를 업성(현 하북성 임장현)으로 불러들였다. 서기 360년 정월, 모용준이 병사하고 태자 모용위가 즉위했다. 2월에는 가족혼씨를 황태후로 추대하고 태원왕 모용각을 태재로 임명해 조정 정치를 전담하게 했으며, 상용왕 모용평을 태부, 양무를 태보, 모여근을 태사로 임명해 조정 정치를 보좌하도록 했다. 3월, 모용각은 모용수를 사지절 정남장군 도독 하남제군사 연주목 형주자사로 임명하고 양국의 여태에 주둔시켰다.

서기 365년 2월, 모용수는 모용각과 함께 낙양을 공격했다. 3월, 낙양을 점령하고 양무장군 심경을 사로잡아 처형했다. 이후 모용각은 효와 민까지 땅을 빼앗으며 관중을 크게 떨게 했고, 진왕 부견은 섬성에 주둔하며 연군의 진격을 막았다. 모용각은 모용수를 도독 형·양·낙·서·연·예·옹·익·량·진 십주 제군사 정남대장군 형주목으로 임명하고 군대 10,000명을 배치해 노양에 주둔시켰다. 모용각은 모용수가 보여 준 군사 능력에 크게 놀랐으며 그의 역량에 의지하게 되었다. 후에 모용각이 중병에 걸렸을 때, 모용위가 권력을 쥐고 있지 않은 상황과 모용평이 의심이 많다는 것을 걱정하며 연주에게 모용수를 국정을 맡을 인물로 추천했다.

방두 대첩의 영웅 모용수,
궁중 암투의 칼날에 서다

모용각 사후인 서기 369년 4월, 동진 대사마 환온(桓溫)이 낙양을 수복하기 위해 친히 보병과 기병 50,000명을 이끌고 전연을 상대로 한 북벌을 시작했다. 동진 건위장군 단현이 호륙(산동성 어태)을 공략하여 연나라 모용충을 포로로 잡았다.

전연 하비왕 모용려는 정토대도독으로 황허(黃墟, 오늘날 하남성 개봉)에서 진군과 전투를 벌여 연군이 크게 패했고, 연나라 고평 태수 서번은 군을 이끌고 진에 항복했다. 진의 등하와 주서도 연 장수 부안을 패배시켰다. 이에 모용위는 산기상시 이봉을 전진에 원조를 요청하도록 보냈다.

7월, 환온은 무양(산동성 신현)에 주둔하고 전연 손원이 가문을 이끌고 일어나 환온에 호응했다. 환온이 방두(하남성 준현)에 도착했다. 동진 대군은 계속해서 연전연승을 거두어 모용위와 태부 모용평을 크게 두려워하게 만들었고, 고향인 고도와 화룡(요서군)으로 도망치려고 상의했다.

이때 오왕 모용수가 군대를 이끌고 진에 맞서 싸우기를 요청하며 말했다.

"그렇지 않습니다. 신이 공격하겠습니다. 만약 전투에서 패하면 그때 가서 도망쳐도 늦지 않습니다."

모용위는 모용수를 모용장 대신에 남토대도독으로 임명하고 정남장군 모용덕 등 50,000명의 보병과 기병을 이끌고 환온을 저지하도록 했다.

모용위는 또한 산기시랑 악숭을 전진에 보내 구조를 요청하도록 했으며, 조건으로 호뢰 서쪽의 땅을 전진에 할양하겠다고 약속했다. 전진 조정에서는 전연이 망하도록 가만두자는 의견이 대세를 이루었다. 어차피 둘 다 적인데 서로 싸우다 지치면 전진이 우위를 차지하게 될 것이라는 게 중론이었다.

그런데 왕맹은 전연을 구원해야 한다고 주장했다. 그는 입술이 없어지면 이가 시린 법이라며 전진과 전연이 순망치한의 관계임을 주장했다. 그 결과 전후 전연으로부터 땅을 받는 대가로 전연을 지원하기로 하였다. 왕맹은 전연을 지원한 후 흡수하면 북방을 통일할 수 있다고 주장했다.

부견은 왕맹의 의견을 좇아 장수 구지에게 보병과 기병 20,000명을 주어 원군으로 보냈다. 부견은 겉으로는 지원을 내세웠지만 내심으로는 연나라를 병합할 기회를 엿볼 참이었다.

부견은 신하들과 상의하여 왕맹이 먼저 약한 쪽을 돕고 강한 쪽을 치며, 후에 연의 쇠약을 틈타 취하는 전략을 채택했다. 서기 369년 8월, 전진은 장군 구지와 낙주자사 등강에게 보병과 기병 20,000명을 주어 전연을 구조하도록 했다. 구원군은 전진의 낙주(오늘날 하남)에서 출발해 낙양을 거쳐 영천(하남 허창)에 주둔했으며, 산기시랑 강무를 보내 연국에 소식을 전하게 했다.

환온은 연속적으로 패배하고 식량과 물자가 끊겼으며, 전진의 구조병이 도착할 것이라는 소식을 듣고 전함을 불태우고 보급품과 갑옷을 버리며 육로로 군대를 철수시켰다. 환온은 동연(치소는 하남 급현 동남쪽)에서 출발해 철수하는 도중 전연의 추격병이 상류에서 독을 풀까 두려워하여 병사들에게 우물을 파 물을 마시게 하며 700리를 계속 걸어갔다. 전연의 여러 장수들이 추격하고자 했지만, 모용수는 말했다.

"불가합니다. 환온이 처음 철수할 때 두려워했을 것이므로 반드시 경계를 엄중히 할 것이며, 정예병을 후방에 배치해 방어할 것입니다. 공격해 봤자 뜻을 이루기 어려울 것입니다. 오히려 서두르지 않는 것이 낫습니다. 그는 우리가 도착하지 않았다고 생각하여 낮과 밤을 가리지 않고 급히 철수할 것입니다. 그의 병사들이 힘을 다하고 기력이 쇠한 뒤에 그들을 공격하면, 이기지 못할 이유가 없습니다."

이에 모용수는 직접 기병 8,000명을 이끌고 환온 군대를 뒤따라 이동했다. 환온은 정말로 병력을 서둘러 철수했다. 며칠 후, 모용수는 장군들에게 말했다.

"이제 환온을 공격할 수 있습니다."

이에 여러 장수들에게 급히 진군하도록 명령하고, 양읍(하남 휴현) 인근의 방두에서 환온을 추격했다. 모용덕은 먼저 4,000명의 정예 기병을 양읍 동쪽 개울에 매복시켰으며, 모용수와 동서로 환온을 협공하여 진군을 크게 패배시켰으며, 동진의 50,000 대군 중 30,000명의 머리를 베었다.

그 시기에 전진 장군 구지가 초군에서 환온을 가로막아 진군의 사
망자가 또다시 10,000명에 이르렀다. 동진의 장수 손원은 무양에서
연군의 저항을 막다가 연의 좌위장군 맹고에게 붙잡혔다. 서기 369
년 10월, 날씨가 점점 추워지면서 환온은 남은 병력을 모아 산양(강
소성 회안)에 주둔했다.

이처럼 환온군은 퇴각하면서 궤멸적 패배를 당했다. 이로써 환온
의 북벌은 완전히 실패로 끝났다. 모용수는 커다란 공로를 세웠으나
오히려 조정에서 용납되지 못하고 죽음의 위기에 내몰렸다.

모용수가 대승한 방두 대첩의 형세도

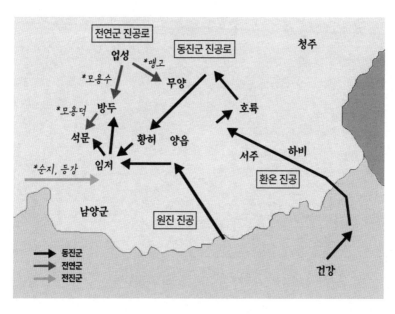

모용수의 전진 망명과
용의 변화의 시작

대첩 뒤의 어두운 그림자:
모용수의 고난과 망명

서기 369년의 방두 전투에서 모용수가 환온의 북벌군을 크게 물리치고 업성으로 돌아와 위엄과 명성을 크게 떨치자, 모용평은 모용수를 질투하고 증오했다. 이후 모용수는 장군 손개 등 부하 장병들에 대한 포상을 제안했으나, 모용평에 의해 보고가 저지되었다. 이에 크게 불만을 품은 모용수는 이에 대해 자주 언급하고 조정에서 모용평과 다투기도 하였다. 태후 가족혼씨는 평소 모용수를 싫어했으므로 그의 전공을 폄하하고 모용평과 모의하여 모용수를 주살하려 했다.

모용각의 아들 모용해와 모용수의 장인 난건이 이를 알고 모용수에게 말했다.

"선제 조치를 취하되, 모용평과 낙안왕 모용장만 제거하면 나머지는 무력할 것입니다."

모용수는 무거운 마음으로 말했다.

"가족들 간에 골육상잔으로 나라를 혼란에 빠트리느니 차라리 내가 죽을 뿐, 차마 할 수 없습니다."

곧, 두 사람은 다시 모용수에게 말했다.

"내부 결정이 이미 확정되었으니, 조치를 서둘러야 합니다."

모용수는 대답했다.

"이미 수습할 수 없다면, 나는 차라리 외부로 피하는 것을 택하겠습니다. 그 외는 논의할 필요가 없습니다."

모용수는 마음속으로 걱정하였지만, 이 사실을 여러 아들들에게 말하지 못했으며, 오히려 아들들이 소동을 일으킬까 봐 우려했다. 세자 모용령이 말했다.

"존귀하신 분께서 근자에 근심이 가득한 것을 뵈니 마음이 아픕니다. 주상은 아직 어린 데다, 태부가 월등한 인물을 질시하니 공로가 높아 오히려 더 의심하는 것은 아닙니까?"

모용수는 대답했다.

"그렇구나. 나는 강한 도적을 물리치기 위해 목숨을 바쳤으며, 본래는 집안과 나라를 보전하려 했는데, 공을 세운 뒤에 오히려 몸을 둘 곳이 없게 될 줄은 누가 알았겠느냐? 네가 이미 내 마음을 알았으니, 나를 위해 어떠한 꾀를 내야 하겠느냐?"

모용령이 말했다.

"주상께서 아둔하고 약하니, 태부에게 모든 것을 맡겼습니다. 일단 화가 발생하면 그 충격이 순식간에 닥칠 것입니다. 지금 가족을 보호하고 몸을 보전하며 대의를 잃지 않으려면, 용성으로 도망가서 겸손한 말로 사죄하며 주상께서 살피실 때를 겸허히 기다리는 것이 좋습니다. 이는 마치 주공이 동쪽에서 기다린 것과 같아 감동을 일으켜 돌아올 수 있을 것입니다. 이는 큰 행운이 될 것입니다. 만약 그렇지 않다면, 안으로는 연·대를 무마하고, 밖으로는 여러 이적을 품에 안고 비여(요서군 비여)의 험준한 땅을 지키며 스스로 보호하는 것이 그다음으로 좋은 대안입니다."

모용수는 후자의 방법이 좋겠다고 생각해 동의했다. 서기 369년 11월 초하루, 모용수는 사냥을 핑계로 의복을 갈아입고 업성을 떠나 고향 용성으로 돌아가려 했다. 그러나 한단에 도착했을 때, 예기치 못한 일이 발생했다. 어린 아들 모용린은 평소 모용수의 총애를 받지 못했기 때문에 도망쳐 모용평에게 고발했고, 모용수의 주변에도 많은 이가 도망하고 배신했다.

모용평이 이를 알고 나서는 모용위 앞에서 모용수를 험담하며 서평공 모용강에게 정예 기병을 이끌고 추격하도록 했다. 범양(하북성 탁현)에 이르렀을 때, 모용수는 모용령에게 후위를 맡겨 모용강이 추격하는 것을 막게 했다.

해가 질 무렵, 모용령이 모용수에게 말했다.

"본래 동도 용성을 보호하려 했으나, 이제 사태가 드러났고 계획이 미처 세워지지 않았습니다. 전진의 군주가 영걸을 불러 모으고 있으니 그곳으로 가는 것이 나을 것입니다."

모용수가 말했다.

"지금의 계책을 두고 보니, 그것보다 안전한 곳이 없구나."

모용수는 말을 분산시켜 종적을 감추고, 남산을 둘러 업성으로 돌아와, 조의 현원릉에서 은둔하였다. 잠시 뒤에 추격자 수백 기병이 사방에서 달려오니 이들에게 대항하였으나 대적할 수가 없었다. 한참을 도망치다가 길을 잃고 어찌할 바를 몰랐다. 마침 추격자들의 매가 바람을 일으키고 비상하니 많은 기병들이 여러 갈래로 흩어졌다. 모용수는 따르던 사람들을 모두 찾은 후 백마를 잡아 하늘에 제사를 지냈다.

세자 모용령이 모용수에게 말했다.

"태부는 재능 있는 이를 시기하고 능력 있는 이를 두려워하여, 사건을 조작해 왔으며, 이로 인해 사람들이 더욱 분노하고 있습니다.

지금 업성 안에서는 아무도 아버님의 처지를 알지 못합니다. 어린아이가 어머니를 그리워하는 것은 동이족이나 화하족이 모두 같듯이, 만일 많은 사람들의 마음을 따라 아무 방비가 없는 상태를 습격한다면, 마치 손가락으로 귀를 잡는 것처럼 쉬울 것입니다. 일이 정해진 후에는 낡은 것을 개혁하고 능력 있는 사람을 간택하여, 조정의 정치를 크게 바로잡아 주상을 보필하고 국가를 안정시켜 가문을 보존하는 것이 큰 공로가 될 것입니다. 지금 이 기회는 정말 놓쳐서는 안 될 것이니, 몇 명의 기병을 주시면 충분히 해낼 수 있습니다."

이에 모용수가 말했다.

"만일 네가 제안한 대로, 일이 성공한다면 정말 큰 복이 되겠지만, 실패한다면 후회해 봤자 아무 소용이 없다. 차라리 서쪽으로 달아나는 것이 모두를 위해 안전할 것이다."

그리고 나서 모용수는 자신에게 닥칠 재앙을 두려워하고, 골육상잔이 벌어지지 않도록 하기 위해 서기 369년 11월 세자 모용령과 함께 부견의 전진으로 망명하기로 했다.

아들 모용마노가 몰래 도망쳐 돌아가려고 하자, 모용수는 그를 죽이고 길을 떠났다. 모용수는 그의 부대를 이끌고 서행하여 하양에 도착해 나루를 관장하는 관리가 자신을 막자 그를 베고 강을 건넜다. 모용수는 마침내 단부인, 아들 모용령, 모용보, 모용농, 모용륭, 모용각의 아들 모용해, 장인 난건, 낭중령 고필과 함께 낙양에 이르러 전진으로 망명했고, 오직 부인 가족혼씨만 업성에 남겼다. 을천의 수주 오귀가 병력을 이끌고 추격했으나, 모용령에 의해 격퇴되었다.

모용각 사후, 전진의 부견은 전연을 침공할 의도가 있었지만, 내란과 모용수의 위엄을 두려워하여 실행에 옮기지 못했다. 그런데 전연의 내부에서 뜻밖에도 권력 암투가 벌어져 모용수를 도모하려는 세력이 늘어났다. 이러한 모호한 시기에 모용수가 전진으로 망명해 오자, 부견은 너무나 기쁜 나머지 성 밖으로 나가 그를 맞이하였다. 그리고 모용수의 손을 잡으며 말했다.

"하늘이 현명한 영걸을 내셨으니, 반드시 함께 큰 업적을 이룩할 것이며, 이는 자연의 순리요. 마땅히 경과 함께 천하를 평정한 후, 태산에 고하고 그런 다음 경을 본국으로 돌려보내어 유주를 세습하게 할 것이오. 그렇게 하여 경이 나라를 떠났어도 자식 된 사람으로서 효도를 다하고 나라를 섬기는 충성심을 잃지 않게 할 것이오. 이 또한 아름답지 않소이까?"

모용수는 부견에게 감사드리며 말했다.

"모국을 떠난 신하로서 죄를 면해 주신 것만으로도 다행스러운 일인데, 본국의 영광은 감히 바라지 않습니다!"

부견은 세자 모용령과 모용해의 재능을 사랑하여 매우 후하게 대우하고, 상으로 거만을 내려 주고, 매번 만날 때마다 그들에게 눈길을 주어 살폈다. 관중의 백성과 군인들은 평소 모용수 부자의 명성을 들어서 모두 그들을 존경했다.

그러나 진나라 재상인 왕맹은 모용수의 웅략을 깊이 인식하고 그가 장차 위협이 될 것을 우려하여 부견에게 말했다.

"모용수는 연의 친척이자 동하의 영웅이며, 너그럽고 인자하여 아랫사람을 후하게 대합니다. 그의 은혜로 인해 연과 조 사이에 그를 받드는 사람이 많습니다. 그는 재능과 권모술수가 탁월하고 그의 자식들도 밝고 결단력이 있어 사람들 사이에서 뛰어납니다. 비유하자

면 용과 호랑이같이 길들일 수 있는 존재가 아니니 차라리 일찍 그를 제거하는 것이 나을 것입니다."

그러나 부견은 따르지 않고 말했다.

"나는 지금 의로 영웅호걸을 모으고 불멸의 업적을 이루려 합니다. 그가 막 도착했을 때, 나는 그에게 진심을 전했습니다. 지금 그를 해하면 사람들이 나를 어떻게 볼까요!"

그리고 모용수를 관군장군으로 임명하고 빈도후로 봉하며 화음의 500호를 식읍으로 삼게 했다.

모용수가 전진에 망명함으로써 전진과 전연 사이의 대치 상황은 전진에게 유리하게 변했다. 모용수와 세자 모용령의 망명은 모용씨 가문 내의 갈등과 권력 투쟁의 절정을 나타낸다. 그들의 도피는 모용씨 가문의 역사에 중대한 전환점이 되었다. 전진에서의 새로운 삶은 모용수에게 새로운 도전과 기회를 가져다주었다.

당시 전연에서는 모용준이 41세의 나이로 병사한 이후 모용위가 제위에 올랐는데, 이때 그 나이가 11살에 불과했다. 이러한 상황에서 모용수의 존재는 부견에게 도전이자 위협이었다. 모용각이 죽은 후에도 부견은 은밀히 전연의 모용위를 정벌하려는 음모를 꾸몄으나, 여전히 모용수의 위명에 눌려 실행에 옮기지 못하였다.

그러나 모용수를 내치고 난 이후 전연은 통치가 느슨해지고 점점 부패해졌다. 그리고 전연은 전진과의 동맹 약속을 번복하고 호뢰(하남 영양 서북의 사수진) 이서의 땅을 할양하지 않았다. 전진의 동맹군에 대한 약속을 저버리고 스스로 동맹을 깨 버린 것이다. 전진은 이를 명분으로 삼아 모용수가 전진에 망명한 이후 불과 1년여 만인 서기 370년 11월에 왕맹으로 하여금 장군 양성, 등강 등과 함께 보병과 기병 30,000명을 이끌고 전연을 공격하도록 했다.

그리고 전진군은 전연의 도읍인 업성을 함락하여 전연을 멸망시켰다. 모용평은 고구려로 망명했으나 고국원왕은 그를 전진으로 송환했다. 모용위는 장안으로 끌려온 후 신흥후 자리에 임명되었다. 이후 부견을 암살하려는 음모를 꾸미다 실패해 결국 죽임을 당했다.

부견이 모용위를 사로잡게 되자, 모용수는 부견을 따라 업성으로 들어갔다. 그는 자신의 여러 아들들을 모아 놓고, 그들 앞에서 비통함을 표현했다. 그러나 모용수는 연의 공경대부 및 옛 부하들과 만나면서 과거의 곤란했던 상황이 떠오르자, 얼굴에 불쾌한 표정을 드러냈다. 전직 낭중령인 고필은 은밀히 모용수에게 말했다.

"대왕께서는 천하를 다스릴 자질을 가지고 계셨으나, 뜻밖에도 운명의 억울함을 겪으셨습니다. 하지만 이제 하늘이 은혜를 내려 영혼이 잠시 머무르게 되었습니다. 이는 큰 변화의 시작이자, 용의 변화가 시작되는 순간입니다. 깊이 바라오니, 그 은혜로 위로해 주십시오. 위대한 인물의 전략에는 반드시 과거의 규범이 담겨 있어야 합니다. 지금이 바로 그물을 뚫고 배를 삼키듯 포용을 널리 실천할 때입니다. 옛 신하의 자손들을 수용하여 산과 같은 업적을 세우십시오. 어찌 한 번의 분노로 이를 포기할 수 있겠습니까? 원컨대 대왕께서 그렇게 하지 않으시길 바랍니다."

모용수는 고필의 말을 깊이 고민하며 수용했다. 부견의 조정에서 그는 경조윤에 오르고 천주후로 승진되었다. 그는 가는 곳마다 정벌전을 펼쳤고, 여러 차례 큰 공을 세웠다. 모용수의 삶은 전진에서의 새로운 역할과 위치로 인해 크게 변화했다. 그는 자신이 처한 상황을 극복하고, 새로운 기회를 찾아 나갔다. 그의 결정과 행동은 그가 과거의 어려움을 극복하고 새로운 미래를 개척해 나가는 밑거름이 되었다.

이후 왕맹은 모용수를 모해하려는 음모를 꾸몄다. 서기 370년 왕맹이 낙양을 공격할 때, 모용수의 아들 모용령을 참군으로 데려갔는데, 계략을 꾸며 모용수의 말이라고 속이는 전언을 보냈다.

"우리 부자가 죽음을 피해 진에 왔으나 왕맹이 원수 대하듯이 참소하고 헐뜯는 것이 날로 심해지고 전진 왕도 그 마음을 알기 어렵다. 내가 들으니 동조에서 최근 후회하여 깨달아서 우리가 돌아오기만을 기다린다고 한다. 내가 이제 동쪽으로 돌아갔으니, 너도 속히 출발하거라."

모용령은 왕맹이 준 신표만 믿고 이를 아버지 모용수의 말이라 여겨 모용위에게로 달아났다. 이에 왕맹은 모용령의 반역 사실을 부견에게 보고했다.

왕맹의 표를 받고 두려움에 휩싸인 모용수는 동쪽으로 도망쳤다. 그가 남전(藍田)에 도착했을 때, 추격대가 그를 사로잡았다. 모용수의 운명은 예측할 수 없는 상황에 처하게 되었다. 부견은 동당에서 모용수를 불러들여 위로했다.

"경이 고국에서 위험에 빠져 짐에게 몸을 맡기러 왔소. 그런데 그대의 현명한 아들은 애석하게도 고향을 그리워하며 호랑이 입으로 들어갔소. 부자와 형제 사이에는 죄가 연좌되지 않는 법이오. 『서경』에서도 '아비는 아비 노릇을 하고, 자식은 자식 노릇을 한다.'라고 하지 않았던가? 경이 어찌 이토록 지나치게 두려워하여 난처한 상황에 처한 것이오?"

이 모든 일이 왕맹의 계략이었음을 눈치챈 부견은 모용수의 작위를 회복시키고 예전과 같이 대우했다. 왕맹의 모략으로 전연에 돌아간 모용령은 모용위의 의심을 사 반란을 일으켰다가 실패하여 결국 죽임을 당했다.

서기 374년 12월, 누군가가 명광전에 들어와 크게 외쳤다.

"갑신 을유, 어양(魚羊은 선비족의 鮮을 가리킴)이 사람을 잡아먹으니, 슬프다 이제 남은 이가 없다."

비서감 주융과 비서시랑 약양 조정 등은 이 기회에 부견에게 모든 선비족을 처단할 것을 청했으나 부견은 듣지 않았다. 모용수는 또 한 번의 위기를 모면했다.

비수대전, 통한의 일보 후퇴로
멸망한 북방의 패자 전진

서기 383년, 동진(東晉)과 북방의 전진(前秦) 사이에 실력 차이가 현격한 전쟁인 비수대전이 벌어졌다. 이 생사존망의 전쟁에서 동진은 80,000명의 군대를 동원하여 전진의 100만에 가까운 대군을 대파하여 중원의 전쟁사에 큰 기적을 일구어 냈다.

서진이 멸망한 후부터 북방에서는 호인(胡人) 정권의 할거와 분쟁이 일어났다. 서기 351년, 티벳계 강(羌), 저(氐)족 부건(苻健, 317~355)이 전진을 창건하여 장안에 도읍하면서 세력이 점차 강대해졌다. 부건의 부친은 부홍인데, 그의 원래 이름은 포홍(蒲洪)이었다. 서기 333년에 포홍은 후조의 석호에게 항복하여 관군장군 경양백에 봉해졌다.

후에 포홍은 저족과 강족 20,000호를 이끌고 용동으로 내려와 풍익군(현 섬서성 대려)에 이르렀고, 석호에게 옹주의 호걸과 저족·강족 10만 여 호를 관동으로 이주시켜 수도를 실질적으로 채우도록 권했고, 이것이 받아들여져 용양장군 유민도독에 임명되어 20,000호를 이끌고 방두(현 하남성 준현)에 거주하게 되었다.

서기 350년 봄, 포홍은 사신을 강좌로 보냈고, 동진 왕조는 포홍을 정북장군 도독 하북제군사 기주자사 광천군공으로 임명했다. 당시 염민이 호와 갈과 관롱 유민을 살해하자 서로 서쪽으로 돌아가는 도중 방두를 지나 대부분 포홍에게 귀속되어, 포홍은 10만 이상의 병력을 거느리고 대장군 대선우 삼진왕을 자처했다. 하늘에 제사지내며 얻은 천문 '초부응왕'과 그의 손자 포견의 등에 풀씨로 쓴 듯한 '부(苻)' 자가 있어 '부'를 성으로 삼았다. 이후 포홍은 후조 석호의 옛 장수 마추에게 독살당했다. 그의 아들 부건이 무리를 이어받았다.

부건은 "민심은 진을 생각한다."는 상황을 바탕으로, 방두에서 관중으로 진군하는 과정에서 진조 정서대장군 도독 관중제군사 옹주자사의 깃발을 들고, 그해 겨울 관중에 도착한 후에도 진 왕조에게 조공을 바쳤는데, 제위를 선포하고 난 후에야 동진 왕조와의 관계를 공식적으로 끊었다.

부홍의 후손들 중 부씨라 하는 사람도 있지만 원래 가문의 성씨를 유지하는 이들은 '포씨'라 불렸다. 포씨의 득성시조는 고대 순임금의 스승이었던 포의자(蒲衣子)이다. 『만성통보』에 따르면, 순임금이 포판(蒲坂)에 도읍을 정하였으며, 그 위치는 현재 산서성 영제시 서쪽 포주 일대에 해당한다.

순임금의 후손들이 이곳에 봉해졌고, 그 후손 중에는 봉지 이름을 성으로 삼은 이들이 있어, 포씨라 불리게 되었다. 포씨 중에는 박(朴)씨라 한 사람도 있다고 한다. 포는 중국어로 푸[pú]로 발음되어 박(朴)과 발음이 같다. 이들은 하동(河東)을 출신으로 삼았으며, 포씨 후손들은 순임금을 포씨의 시조로 섬기고 있다.

부홍의 아들 부건이 건국한 전진은 북방의 강력한 세력으로 부상하며, 남쪽의 동진과 대립 구도를 형성했다. 동진의 환온(桓溫)은 서기 354년 첫 번째 북벌을 감행했으며, 이 과정에서 관중 지역을 공격하기도 했다. 이러한 군사적 움직임은 동진과 전진 사이의 긴장을 더욱 고조시켰다.

서기 357년, 전진의 황제 부견(苻堅, 337~385)은 철저한 개혁을 통해 전진을 강력한 국가로 변모시켰다. 그는 제2대 황제 부생의 악정을 폐지하고 법치를 정비했으며, 수리를 건설하고 군비를 강화하여 북방에서 가장 강력한 세력으로 전진을 일으켰다. 서기 370년부터 376년 사이, 부견은 전연과 전량, 선비 탁발부의 대나라 등 북방의 나라들을 차례로 정복하며 북방을 통일했다. 그의 성공으로 전진의 국력을 크게 떨쳤다. 부견의 눈은 이제 더 큰 목표인 전국 통일로 향하고 있었다.

그러나 전진의 명재상이었던 왕맹은 부견에게 선비족 모용수와 강족 요장 등 내부 단속을 먼저 하고 나서 신중하게 동진을 공격해야 한다고 여러 차례 간언했다. 더구나 한인들이 동이 선비족과 서융 강족보다 동진을 더 아끼는 마음이 있으니 천하 통일은 무리라고 완고하게 부견을 만류했다. 왕맹은 눈을 감기 직전까지도 남정을 하면 안된다고 말렸다. 그러나 전연과 전량, 그리고 대나라를 모두 평정한 이후 부견의 머리에는 천하 통일의 꿈이 아른거리고 있었다. 동진 정도야 대군으로 쓸어버리면 그만이라고 생각했다.

그런데 동진은 부견이 생각하는 만큼 만만한 상대가 아니었다. 사현은 경구에서 북부병을 훈련시켜 여러 차례 전진의 남침을 좌절시켰다. 동진의 이러한 방어 능력은 부견의 야망에 일정한 제약을 가했다. 전진 조정에서는 왕맹이 죽은 후에도 동진 공격에 대한 반대 의견이 많았다. 오로지 모용수와 강족의 요장만이 전쟁에 찬성했다. 모용수는 무엇인가 커다란 변화가 필요했다. 그래서 동진 공격을 적극적으로 주창했다.

결국 부견은 전국 통일을 위해 직접 대군을 이끌고 남하하기로 결심했다. 그의 목표는 동진을 일거에 멸망시키는 것이었다. 이러한 결정은 역사적인 비수대전의 발발로 이어졌다.

사현은 하남성 태강현 출신으로 동진의 명장이었다. 그는 예주자사 사혁의 아들이자 태부 사안의 조카로, 어려서부터 경국재략이 있었다. 사현은 군사를 잘 다스렸고, 사안의 신망을 받았다. 대사마 환온의 휘하에서 그의 군사적 재능은 더욱 빛났다.

서기 377년, 사안은 전진의 위협에 대응하기 위해 사현을 건무장군 연주자사 광릉국상(廣陵國相) 도독 강북제군사로 천거하였다. 사현(谢玄, 343~388)은 유민 중 용맹한 군사를 모집하여 경구에서 '북부병(北府兵)'을 조직하고 훈련시켰으며, 여러 차례 전진의 남침 시도를 좌절시켰다. 사현의 지도력은 동진에 큰 안정을 가져다주었다. 이에 그의 명성은 동진 전역에 퍼져 나갔다.

서기 383년 8월, 부견이 100만 대군을 일으키고 친히 동진 정벌에 나섰다. 부견의 마음속에는 천하 통일이라는 큰 꿈이 자리 잡고 있었다. 과연 중원에서 100만 대군을 감당이나 할 수 있을 것인가 하고 스스로 자신감에 가득 찼다. 11월, 전진의 황제 부견은 친히 100만 대군을 이끌고 남하했다. 그의 군대는 보병 65만, 기병 27만, 우림군 30,000명에 달했다. 이는 동진만이 아니라 천하를 뒤엎을 정도의 강력한 군사력이었다.

부융(苻融)이 이끄는 선봉대 30만 군이 영구에 도착하고, 부견의 본대는 항성에 이르렀다. 이에 동진의 승상 사안은 동생인 정로장군 사석을 필두로 조카인 관군장군 사현 등 80,000명을 이끌고 전진의 대군에 맞섰다. 바야흐로 5호 16국 시대 최대의 전쟁이 막을 올리는 순간이었다.

부견과 부융은 수춘 방면으로 방향을 정했다. 그리고 모용수에게는 한수를 건너 형주로 가도록 명령했고, 요장에게는 장강을 타고 형주로 향하도록 했다. 동진군이 미처 도착하기도 전에 전진의 부융은 수춘성을 공격해 함락시키고 동진의 평로장군 서원희를 포로로 붙잡았다. 부융은 재빨리 부견에게 사절을 보내 자신의 공적을 알렸다.

"수춘이 함락되고 적들이 궁지에 몰렸습니다."

부융의 승전보를 전달받은 부견은 나머지 군사들을 항성에 남겨둔 채 8,000여 경기병만을 거느리고 수춘으로 들어갔다. 그리고 성의 가장 높은 곳에 올라 비수(현 안휘성 수현) 너머의 동진군을 바라보며 동진이 예상보다 만만치 않다고 생각했다. 부견은 부융에게 말했다.

"동진군의 진용이 정연하고 군사들이 정예병들이다. 더욱이 북쪽에서 팔공산을 바라보니 초목이 모두 동진군의 병사들로 보인다."

이처럼 부견은 동진군의 위세에 가슴이 눌려 두려움에 빠졌다. 그래도 겉으로는 아무렇지 않은 듯 적에게 투항할 기회를 주겠다며, 포로로 잡힌 동진 출신의 장군 주서(朱序)를 동진의 사마요에게 사신으로 보내 투항을 권유했다. 주서는 어쩔 수 없이 전진에 투항했지만 진심으로 항복하지는 않고 있었다. 무엇보다 그는 융적이 천하를 차지하는 것을 용납할 수 없었다. 그래서 동진군의 진영에 도착하자마자 전진 군대의 상황을 사석에게 상세하게 설명했다.

"아직 전진의 100만 대군이 모두 도착한 것이 아닙니다. 다 모이면 승부를 해 보나마나입니다. 지금 빨리 교전을 준비하면 저들과 대적할 수 있습니다. 그 많은 군대가 아직 다 모이지 않았으니 속전속결로 싸워야 합니다. 만일 선봉을 꺾는다면 뜻을 이룰 수 있습니다."

주서가 오기 전 동진의 사석은 부견이 수춘에 도착했다는 보고를 받고 전진의 전군이 이미 도착한 것으로 알고 방어에 치중하는 전략을 수립하고 있었다. 그리고 더 나아가 패배를 직감하고 후퇴를 준비하고 있었다. 전진의 군대가 상대하기 어려울 정도로 많아 보였기 때문이다. 그런데 주서의 뜻밖의 조언에 따라 사현은 마음을 바꾸어 전군을 즉각 전투태세로 전환해 다가올 전투를 대비하였다.

이때 사현이 북부군 장수 유뢰지를 보내 낙간에서 양성의 50,000명의 군대를 격파하면서 전진군은 그 기세가 한풀 꺾여 진군을 멈추고 비수 가에 군대를 주둔시켰다. 전진의 병력이 워낙 압도적으로 많은 것을 보고, 동진군은 비수를 사이에 둔 채 전진군과 대치했다.

비수강 양안에서 전진과 동진의 두 군대가 맞섰다. 동진군은 강을 건널 수 없는 상황에 처했다. 사현은 부견에게 사신을 보냈다. 부견은 동진이 항복하러 온 것으로 생각했다. 그런데 의외로 자신들이 강을 건너올 테니 다 건너온 후 단판에 승부를 보자고 하면서 강을 건너는 동안 군대를 잠시 뒤로 후퇴해 달라고 요구했다.

"주서 장군의 이야기를 잘 들었습니다. 동진의 사현장군께서도 불필요한 희생은 최소화해야 한다고 생각하고 있습니다. 정정당당하게 한판 승부로 결판을 내시죠. 저희 동진군이 강을 건너 저 벌판에서 정면 대결을 하도록 해 주시죠."

부견은 동진군이 비수를 중간쯤 건널 때 공격해 모조리 수장시키겠다고 마음속으로 생각하면서 동진 사신의 제안을 수용했다. 이러한 작전은 동생인 부융에게만 알려 주었다. 그리고 전진군의 어느 누구에게도 이러한 사실을 알리지 않았다. 그 흔한 작전회의 한 번 하지 않고 비수에 주둔한 전군에게 퇴각을 명령했다.

"조금만 뒤로 후퇴하라!"

부견은 급히 후퇴를 명했다. 그런데 누가 알았으랴? 한 번 후퇴를 결정한 군대를 제지하는 것이 불가능하다는 사실을. 이제 막 도착하기 시작한 여러 군대들은 후퇴 명령이 무슨 뜻인지 몰라 어리둥절해했다. 전진의 군대가 후퇴하자, 주서 등도 기회를 틈타 전진의 진중에서 큰 소리로 외쳤다.

"전진의 군대가 패배했다! 모두 후퇴하라!"

전진의 군대는 커다란 혼란 상태에 빠져들었다. 주서는 계속해서 "부융의 말들이 쓰러져 죽었고, 군대는 마침내 대패했다!"고 계속 외치며 진중의 혼란을 더 부추겼다. 뒤에 막 합류한 전진의 병사들은 앞에서 무슨 일이 벌어지고 있는지를 전혀 알 수 없었다. 다만 주서 등이 "전진의 군대가 대패했으니 모두 후퇴하라!"고 외친 소리만 들었을 뿐이다. 이에 전진의 군사들은 크게 동요하여 일제히 등을 돌려 뛰기 시작했다.

전진의 대군이 자신들이 패해서 퇴각할 수밖에 없다고 생각하고 서로 앞을 다투어 도망치자, 아무도 이를 제지할 수 없었다. 여러 장수들이 도망치는 병사들의 목을 베었으나 이는 혼란을 더 부추길 뿐이었다.

이 사이에 동진의 80,000명의 군사들은 끊임없이 강을 건너 용감하게 전진의 100만 대군을 공격했다. 전진의 후속 부대들은 영문도 모른 채 모두 후퇴 행렬에 합류했다. 순식간에 벌어진 일이라 100만 대군은 한꺼번에 몰려 삽시간에 서로 밀고 밀치는 바람에 깔려 죽는 자가 부지기수였다. 전진군이 도망치면서 바람 소리와 학의 울음소리만 들어도 모두 동진군의 함성 소리로 착각하고 온몸이 마비되고 발걸음이 떨어지지 않을 정도였다.

전진의 군대가 후퇴하면서 아비규환 상태에 빠지자, 동진군은 이들을 가차 없이 공격하여 전진군을 크게 무너뜨렸다. 동진군의 추격으로 전진군은 뿔뿔이 흩어져 절반 이상이 사망했다. 나중에 잔병을 수습하였는데, 단지 10여만 명만 남았을 뿐이다. 결국 동진군은 비수대전에서 제대로 된 결전 한 번 치르지 않고 대승을 거두었다.

부견은 빗발치는 화살 속에 있게 되었고, 단기 필마로 하북으로 도망쳤다. 도주하는 와중에 하늘을 우러러 말했다.

"하늘이시여, 진정 진나라를 버리시나이까?"

부견은 하늘을 원망하며 정신없이 도망쳤다. 이때 모용수의 30,000명의 군대는 형주로 향하고 있었는데, 부견이 1,000여 기병만을 거느리고 허둥지둥 도망쳐 오는 모습을 발견했다. 그러고는 이내 부견을 구원했다.

모용수, 운명의 갈림길에서 의리를 택하다

부견이 비수대전에 대패했는데, 모용수의 군대는 홀로 온전한 상태였다. 부견은 1,000여 기만을 이끌고 모용수에게로 도망쳐 왔다.

이때 모용수의 세자인 모용보가 말했다.

"우리 전연이 기울어 전진에게 멸망당하고, 임금의 다스림이 쇠퇴했습니다. 지존의 밝은 명령이 적힌 책과 경전은 중흥의 대업을 이루고, 소강의 공을 세우신다고 합니다. 그러나 때가 이르지 않아, 숨어지내며 기회를 기다리고 있습니다. 오늘날 세상은 혼란을 싫어하고, 악한 무리들이 무너지고 있습니다. 이를 두고 하늘이 신의 기틀을 열어, 저희에게 주신 것이라 할 수 있습니다. 천 년에 한 번 있을까 말까 한 기회가 지금 찾아왔습니다. 마땅히 하늘의 뜻을 받들어, 이를 취해야 합니다. 대저 큰 공을 세운 사람은 사소한 절차를 돌보지 않고, 큰 은혜를 베푼 사람은 사소한 은혜를 생각하지 않습니다. 진나라가 이미 삼경을 멸망시키고, 신기를 훔쳐서 모욕하였으니, 그 원한과 치욕은 이보다 더할 수 없습니다. 원컨대 사사로운 감정과 작은 은혜를 생각하지 말고, 나라의 중임을 잊지 마소서. 오목의 복도 이제 도달했습니다."

모용수는 아들의 말을 진지하게 고려했다. 진나라가 이미 큰 피해를 입었고, 전연 멸망의 원한과 치욕은 이루 말할 수 없었다. 모용수는 나라의 중임과 자신의 사사로운 감정 사이에서 고민했다. 모용수는 결국 큰 결단을 내렸다. 그는 자신의 개인적 감정을 뒤로하고 나라의 중임을 우선시하기로 결정했다. 이는 모용수에게 있어서 역사적인 순간이었으며, 그의 결정은 그의 운명을 바꿀 중대한 전환점이 되었다.

모용수는 모용보의 말을 심사숙고한 끝에 응답했다.

"네 말이 맞구나. 그러나 부견에게 진심으로 목숨을 맡겼는데, 어떻게 그를 해칠 수 있겠느냐? 하늘이 진정으로 그를 버렸다면 꾀할 기회는 언제든지 올 것이다. 설령 북쪽으로 돌아가도 다시 그의 빈틈을 기다려야 한다. 우리는 기다림의 미덕을 갖고 있으니, 이전의 뜻을 저버리지 않고 대의로 천하를 도모하는 것이 옳다."

모용수는 부견을 호위하며 장안으로 들어갔다. 그의 마음속에는 미래를 향한 계획이 있었다. 하늘이 허락한다면, 그는 적절한 시기에 북방을 장악할 준비가 되어 있었다. 그러나 그는 의리와 도덕을 최우선으로 여겼다.

비수대전은 80,000명의 동진군이 100만의 전진군을 무참하게 도륙한 전쟁사의 기적으로 불린다. 이 전투는 전쟁 역사에서 전무후무한 사례이다. 수적으로 10배 이상 열세였던 동진이 전략적인 기지와 전술을 활용하여 우세한 전진을 숨 돌릴 틈도 없이 몰아붙여 승전하였다. 이 전투는 중원의 역사뿐만 아니라 군사 전략적 관점에서도 중대한 사건이었다.

모용수는 장안에 머무르며 북방의 정세를 주시했다. 그는 부견과의 관계를 유지하면서도, 미래에 대한 전략적 계획을 세웠다. 그의 마음은 하늘의 뜻과 세상의 변화를 기다리고 있었다.

모용수의 동생 모용덕이 다가와 말했다.

"역사를 통틀어 이웃 나라가 서로를 정복하는 것은 자연스러운 일로 여겨져 왔습니다. 전진이 강세일 때 전연을 병합했고, 이제 전진이 약화되어 다시 그 기회를 노리는 것은, 원수를 갚고 설욕하는 정당한 행위입니다. 어찌 그것을 본래의 뜻을 저버리는 것이라 할 수 있겠습니까! 과거에 등의 기후가 삼생의 충고를 듣지 않아 끝내 초나라에 멸망했고, 오왕 부차가 오자서의 경고를 무시하여 결국 구천에 의해 멸망당한 역사가 있습니다. 과거를 잊지 않음으로써 현명한 결정을 내릴 수 있습니다. 상나라 탕왕과 주나라 무왕의 성공을 잊지 마시고, 한신의 실패를 반복하지 마십시오. 저들의 몰락을 기회로 삼아 천벌을 행하고 죄의 근원을 제거하며, 종묘사직을 부활시키고 중흥을 이루어 대업을 이어 가는 것은 천하의 큰 기회입니다. 이 기회를 놓치지 마십시오. 수만 명의 군대를 이끌고도 부하 장수에 머무는 것은 천시를 거스르고 장래의 재앙을 초래하는 것입니다. 『논어』에서도 '결단을 내리지 않으면 안 될 때 결단을 미루면 오히려 그 때문에 재앙에 처하게 된다.'고 했습니다. 부디 형님께서는 이를 의심치 마십시오."

모용덕의 말은 모용수에게 큰 고민을 안겼다. 그의 말은 모용수가 처한 상황의 심각성과 결단의 중요성을 강조했다. "결단해야 할 때 결단하지 않으면, 그로 인한 재앙을 당한다."는 『논어』의 말이 모용수의 마음속에 울려 퍼졌다.

모용수는 마침내 결정을 내렸다. 그는 부견에 대한 신의를 지키면서도, 자신의 미래와 가문의 운명을 위해 전략적으로 움직이기로 했다. 이 결정은 그의 삶과 그가 이끄는 군대의 미래를 결정짓는 중대한 순간이었다.

모용수는 깊은 성찰 끝에 입을 열었다.

"나는 태부 모용평이 죽이려 했기 때문에, 진나라 군주에게 투신했다. 더욱이 왕맹의 모함에도 불구하고 진주는 여전히 밝고 너그러운 마음을 보여 주셨으며, 국사에 대한 예가 항상 깊었다. 이런 은혜를 받고도 나는 그 어떤 것도 갚지 못했다. 만약 진나라의 운명이 정말로 다하고, 역수가 나에게 돌아왔다면, 그를 제거할 좋은 기회인데 왜 그렇게 하지 않겠느냐? 하지만 관서의 땅은 내 것이 아니며, 그곳에서 혼란이 일어나는 기회를 만나면, 나는 방관하다가 결국 관동을 평정할 수 있다. 군자는 혼란을 이용해 이득을 보지 않으며, 재앙 때문에 서두르지 않고, 또한 상황을 관망할 줄 안다."

이에 병사들이 부견에게 복종하도록 조치했다. 모용수는 단호히 말했다. 지금은 때가 아니며, 부견이 차지하고 있는 땅을 기반으로 삼을 수 없다고. 그래서 관서에서 커다란 일이 생기면 관동 지역에서 새롭게 일어설 것이라는 점을 분명하게 밝혔다.

당초에 모용보는 장안에서 한황, 이근 등과 함께 잔치를 열고 저포, 즉 주사위 놀이를 했다. 그는 바르게 앉아 자세를 정연히 하고, 맹세하며 말했다.

"세상 사람들이 저포에 신이 있다고 하는데, 그것이 어떻게 가능한가! 만약 정말 신이 있어서 부귀를 결정할 수 있다면, 나는 연달아 세 번 노를 얻을 것이다."

그 후 세 번을 던져 모두 노가 나오자 모용보는 공손히 절하며 그 결과를 수용했으며, 이를 '오목의 복'이라고 불렀다. 이 일은 모용보에게 큰 교훈을 주었다. 그는 이를 통해 운명과 기회의 중요성을 깨달았다. 모용보는 이 경험을 바탕으로 미래에 대한 그의 계획과 결정에 더욱 신중을 기울이기로 했다.

부견이 민지에 도착했을 때, 모용수가 업으로 가서 능묘에 절을 올리길 요청했고, 이를 계기로 나라의 권위를 드높여 융적을 안정시키고자 했다. 부견은 이를 허락했다. 이에 권익이 간언했다.

"모용수는 독수리 발톱과 호랑이 이빨을 가진 명장입니다. 그는 현세의 한신과 백기로 불릴 정도로 동하의 호걸이었으니 그의 뜻은 남에게 이용당하는 것이 아닙니다. 잠시 위험을 피해 의탁하고 삼가는 것이지, 덕을 사모해서 온 것이 아닙니다. 넓은 땅과 수많은 성으로도 그의 뜻을 채울 수 없는데, 우리 군대의 칭호로 어찌 그의 마음을 만족시킬 수 있겠습니까? 또한 모용수는 마치 매와 같아서, 배가 고프면 사람에게 붙고, 배부르면 곧 높이 날아 풍진의 기회를 찾아 반드시 하늘로 올라갈 것입니다. 마땅히 그를 주의 깊게 경계하고 억제하여, 그가 원하는 대로 내버려 두어서는 안 됩니다."

부견은 권익의 경고를 무시하고 자신의 장군 이만, 민량, 윤국에게 3,000명의 군사를 맡겨 모용수에게 보냈다. 또한 석월에게는 업을, 장자에게는 병주를 지키도록 했다.

모용수는 이러한 부견의 결정을 통해 자신의 위치를 강화했다. 그는 외적으로는 충성을 표시했지만, 내적으로는 자신의 권력과 영향력을 확대하는 데 초점을 맞추었다. 그의 행동은 계산된 전략과 깊은 사고를 드러냈다.

부견과 모용수:
권력의 그늘과 빛

부견의 아들 부비가 먼저 업성에 도착했을 때, 더불어 모용수도 도착했다. 부비는 업의 서쪽에 머물렀고, 모용수는 회남에서의 패배에 대해 자세히 이야기했다. 때마침 부견의 장수 부휘가 정령 적빈이 병력을 집결해 낙양을 위협한다고 보고했고, 이에 부비가 모용수에게 말했다.

"적빈 형제는 왕의 군대가 작은 손실을 입었다는 이유로 감히 폭력을 휘두르며 반란을 일으켰으나, 자모의 군대로는 그들을 상대하기 어렵습니다. 관군의 뛰어난 전략과 지혜가 아니라면 그들을 멸할 수 없습니다. 함께 가 주실 수 있겠습니까?"

모용수가 대답했다.

"저는 하급 관리로서 전하의 사냥개나 사냥매와 같습니다. 명령을 내리시면 저는 따를 뿐입니다."

이에 많은 금과 비단을 선물하였으나 모용수는 그 어떤 것도 받지 않고, 오직 옛 전원만을 요청했다. 부비는 이를 허락하고, 모용수에게 병사 2,000명을 배치했으며, 그의 장수 부비룡에게 저(氐) 기병 1,000명을 이끌고 모용수를 보좌하도록 했다.

부비가 부비룡에게 모용수를 감시하고 계략을 세우라고 은근히 말했다.

"경은 왕실의 중추요. 비록 나이와 관직은 낮지만, 실제로는 지휘관이요. 모용수가 삼군을 통솔하지만, 경은 계획을 세우고 모용수를 보좌하는 책임자로서, 병력을 운용하여 승리를 꾀하는 권한과 배신을 미연에 막는 책략을 모두 경에게 맡기니, 힘써 주길 바라오."

모용수는 업성의 사당에 들어가 참배하기를 갈망했으나, 부비가 이를 허락하지 않았다. 그러나 그는 굽히지 않고 몰래 사당으로 향했지만 정리가 그를 가로막았다. 이에 분노한 모용수는 관리를 처단하고 정을 화염에 휩싸이게 만든 뒤, 냉정하게 현장을 떠났다. 이 순간, 그의 마음속 깊은 곳에서 오랫동안 잠재되어 있던 반역의 불씨가 타오르기 시작했다.

석월이 부비에게 급히 이 사실을 알리며 말했다.

"모용수는 연나라에 있을 때 국가를 혼란에 빠트리고 자신의 가문마저 어지럽혔습니다. 성조에 목숨을 맡긴 후, 특별한 대우를 받았음에도 불구하고, 갑작스레 방어진을 모욕하고 업신여기는 행동으로 돌아서, 관리를 살해하고 정자를 불태웠습니다. 이는 그의 반역의 형상이 이미 드러났음을 보여 주며, 결국에는 반란의 불씨가 될 것입니다. 현재 장수들이 약해지고 병사들이 지쳐 있어, 엄습한다면 붙잡을 수 있을 것입니다."

이에 부비가 말했다.

"비수대전의 패배로 인해 군신과 친척들이 뿔뿔이 흩어졌는데, 모용수가 성궁을 보호하며 호위한 일은 정말 잊을 수 없는 일이오."

석월이 말했다.

"모용수는 이미 연나라를 배신했는데, 그가 기꺼이 우리에게 충성을 다하겠습니까? 또한 그는 망한 오랑캐인데도 주상께서 이전과 같은 공으로 대우하셨지만, 그는 은덕을 새기고 충성을 맹세할 수는 없기에 우두머리가 돼 반란을 꾀할 것이니, 지금 공격하지 않으면 반드시 후에 해를 입을 것입니다."

그러나 부비는 이를 따르지 않았다.

이에 석월은 밖으로 나와서 다른 이들에게 불평했다.

"공부자는 작은 은혜를 베푸는 것을 좋아하지만, 천하의 큰일을 돌보지 않는다. 결국 우리는 선비(鮮卑)의 노예가 되고 말 것이다."

모용수가 황하 북쪽의 하내에 이르러, 마침내 결단을 내렸다. 그는 부비룡을 처단하고 저(氐) 병사들도 모두 제거했다. 그리고 멀고 가까운 여러 곳에서 병사들을 모으자, 그의 부대는 30,000명에 달했다. 그는 황하를 건너며 뒤따를 수 없도록 다리를 불살랐다. 이는 그의 반란의 신호였다.

그리고 모용수는 포고문을 발표했다.

"나는 비록 겉으로는 진나라를 따랐지만, 마음속으로는 연나라의 부흥을 도모했다. 질서를 어지럽히는 자에게는 반드시 형벌을, 명을 따르는 자에겐 지체 없이 상을 줄 것이다. 천하가 평정된 후, 봉작을 결정할 것이니 의심하지 말라."

그는 이로써 반정의 목적과 계획을 명확히 했다. 적빈이 모용수의 군이 강을 건넌 사실을 듣고, 사신을 보내 모용수를 맹주로 삼으려 했다. 모용수가 이를 거부하며 말했다.

"우리 부자는 진 왕실에 목숨을 의탁했고, 위태로웠으나 '구원을 받았으며, 주상으로부터 비길 데 없는 은혜와 갱생의 혜택을 입었소.

비록 군신의 관계라 하지만, 그 의리는 부자보다 더 깊은데, 어찌 사소한 오해가 있다고 바로 두 마음을 품겠소? 나의 본래 목적은 예주를 구하는 것이었지, 그대들을 향해 가는 것이 아닌데 어찌하여 그런 논의가 나에게까지 미치는 것이오!"

모용수가 낙양을 향해 진격해 웅거하기를 원하면서, 부휘에게 신하로서의 충성과 의리를 보이고, 또한 적빈에 대한 의심으로 인해 그를 격퇴한 후, 이렇게 말하며 거절한 것이다. 모용수가 낙양에 도착했을 때, 부휘는 성문을 닫고 방어하며 모용수의 통행을 허용하지 않았다. 적빈은 다시 장사 하남의 곽통을 보내 모용수를 설득하게 하였고, 모용수는 이에 동의했다.

적빈이 병력을 이끌고 모용수를 만나 황제를 칭하라고 권유하니, 모용수가 말했다.

"신흥후 모용위야말로 나라의 정통이시며, 고(孤)의 군주이시오. 만일 여러분의 힘으로 관동을 얻어 평정한다면, 응당 대의로 진나라를 깨우치며 반정을 받아들이겠소. 군주를 무시하고 존호를 자칭함은 고의 뜻이 아니오."

그리고 모두에게 의논하며 말했다.

"낙양은 사방이 적에게 둘러싸여 있고, 북쪽은 황하에 막혀 있어, 연나라와 조나라를 방어하기에는 지리적 이점이 없소. 오히려 북쪽의 업도를 취하고, 그곳을 점령하여 천하를 제압하는 것이 더 나을 것이오."

모든 사람들이 이를 옳다 여겨 군을 이끌고 동쪽으로 향하고, 건위장군 왕등에게 명하여 석문에 부교를 세우도록 했다.

부견의 비수대전 대패와
모용위의 암살 음모

회남의 비수대전에서 부견이 참패한 후, 모용위는 부견을 암살할
계획을 꾸미기 시작했다. 장안성 내 고요한 그림자 속, 선비족 군대
1,000여 명이 황제 모용위를 지키고 있었다. 바로 그 순간, 모용숙이
한걸음에 모용위의 앞으로 나섰다. 그의 눈빛에는 교활한 계략이 빛
났고, 입가에는 음흉한 미소가 걸려 있었다. 그는 모용위에게 한 계
획을 제안했다. 부견을 속여 모용위 아들의 가짜 결혼식을 빌미로 초
대한 뒤, 그를 암살하기로 한 것이다.

부견은 모용위의 초대를 받고 불길한 예감을 느끼면서도, 이 요청
을 승낙하였다. 한때나마 권력의 중심에 있던 부견은 이제 적의 손아
귀에 놓인 채 조심스럽게 모용위의 성으로 들어갔다. 만남은 화려하
고 정중했으나, 두 사람 사이의 긴장은 칼날처럼 예리했다. 결혼식
장에 중무장한 암살자들이 대기하고 있었다. 그런데 갑자기 폭우가
쏟아지기 시작했다. 부견은 폭우로 결혼식 참석이 어렵다고 판단하
고 자리를 떠났다. 모용위의 계획은 예상하지 않았던 폭우로 인해 실
패로 돌아갔다.

그때 모용위의 계략이 부견에게 폭로되었다. 이에 분노한 부견은
모용위와 모용숙을 살해하고, 장안성 내의 선비족들을 집단 학살했
다. 이 사건은 모용위의 나이 35세 때에 발생했다. 모용수의 도주와
함께 나라를 잃은 모용위는 마지막 모험을 감행했지만, 자신의 계획

을 완수하기 위한 힘을 상실하고 역사 속으로 사라졌다.

이 이야기는 권력의 욕망이 어떻게 인간의 운명을 좌우할 수 있는지, 그리고 복수의 끝이 얼마나 비극적일 수 있는지를 보여 준다.

모용위는 평범한 재능을 지녔으며, 정무를 직접 관장하지도 않았다. 그의 통치는 유능한 보좌진에 의지할 수 없었고, 반역자들의 음모로 얼룩졌다. 그 결과, 금용(金墉)은 그의 손에서 빠져나갔고, 하남에 굴복했다. 동성을 포위하고 막북에 임하였다.

서진의 강력한 병사들은 함곡관에서 멈춰 서서 진격하지 않았고, 동하(東夏)의 생존자들은 업궁(鄴宮)을 기대며 항복했다. 이러한 혼란 속에서 흉포한 기세가 더욱 강렬해졌다. 연나라의 명재상 현공(玄恭) 모용각이 세상을 떠나자, 모용위의 궁정은 폭군과 문란한 조정이 되었다. 모용수는 그의 공덕이 커서 용납받지 못했고, 모용평은 탐욕으로 정치에 간섭했다. 의로운 사람들은 충성과 정직의 길을 끊었고, 참소하는 자들은 침략과 혼란의 바람을 이어 갔다.

그의 시대는 이웃을 경시하면 죄의 대가가 빠르게 돌아오고, 적에 대한 방어도 어려워진다는 평범한 진리를 확인시켜 주었다. 모용위는 흩어진 무리들을 이끌고 죽음을 두려워하지 않는 군대에 맞섰다. 전투가 시작되기도 전에 백구가 함락되었고, 충패는 잠시 계획되었으나 자맥은 폐허가 되었다. 결국 그는 자신을 지킬 지혜를 발휘하지 못하고 이방 땅에서 쓸쓸히 생을 마감했다. 길흉은 오직 인간에게 달려 있다고 할 수 있다.

이후 모용덕이 남연 황제의 칭호를 차지했고, 모용위에게는 사후에 유효제라는 시호가 붙여졌다. 모용외가 서기 285년 공을 칭한 이후, 전연은 모용위까지 네 세대에 걸쳐 이어졌다. 모용위는 11년 동안 재위하였으며, 서기 369년에 멸망했다. 이로써 전연은 85년의 역사를 마감했다.

처음 모용수가 업성을 떠날 때, 부비는 모용수의 아들 모용농과 그 형제 자손들을 업에 남도록 했다. 모용수가 부비룡을 죽인 후, 비밀리에 전생(田生)을 파견해 모용농 등에게 상황을 알렸고, 조나라와 위나라에서 병력을 일으켜 상응하도록 했다. 이에 모용농과 모용주는 한단시 동쪽의 열인으로 도망쳤고, 모용해와 모용소는 형수시 벽양으로 달아나 그 부하들이 모두 이들에게 호응했다. 모용농은 서쪽으로 이동해 사육관위를 상당에서 소집하였고, 동쪽에서는 동아에서 걸특귀를 불러들였다. 이들 각각이 이끄는 병력은 수만 명에 달했으며, 군대는 총 10여만 명에 이르렀다. 부비가 석월을 보내 모용농을 공격하게 하였으나, 진(陳)에서 모용농에게 패배하여 석월은 전사했다.

모용수는 병력을 이끌고 하남 형양에 도착한 후, 서기 383년에 대장군 대도독 연왕을 칭하고는 그 권한으로 행사를 진행하였으며, 연호를 연원으로 정했다. 그의 나이 58세였다. 그는 천자와 같은 권력을 행사하며 자신의 국가를 세우기 시작했다. 통부를 명명하도록 하고, 부에는 사좌의 관직을 두었으며, 왕공 이하는 신하로 호칭하고, 모든 봉행은 왕과 같았다. 적빈은 건의대장군 하남왕으로 봉하고, 적단은 주국대장군 홍농왕으로, 동생 모용덕은 거기대장군 범양왕으로, 형의 아들 모용해는 정서대장군 태원왕으로 각각 임명했다. 아들 모용보를 연왕 태자로 세웠고, 공신들을 봉했다. 이로써 100여 명이 공후백작남의 지위를 얻었다.

병력이 20여만 명에 도달하자, 모용수는 중산(보정시 정주)에 웅거하며 석문을 건너 계속해서 몰아쳐 갔고, 마침내 업성을 공격했다. 모용농·모용주·모용해·모용소 등이 그의 군대와 합류했다.

이에 부비는 시랑 강양을 파견하여 모용수에게 다음과 같이 말했다.

"지난해에 대가가 의지할 곳을 잃었으나, 군께서 천자를 보위하고, 군주를 위해 헌신한 것이 참으로 의로운 일이었습니다. 이는 후세 사람들이 본받을 만한 공적입니다. 마땅히 이전의 미덕을 계승하고 발전시켜, 진정한 충성과 의리를 실현해야 합니다. 어찌하여 숭산의 공적을 포기하고 이런 재앙을 초래하십니까! 선현들은 실수라도 바라면 고칠 수 있다고 했습니다. 마땅히 깊이 사색하시어 깨닫는다면, 지금이라도 늦지 않았습니다."

강양의 말은 모용수의 이전의 충정을 상기시키며, 그의 현재 행동이 잘못되었음을 지적하는 것이었다.

이에 모용수가 강양에게 단호하게 말했다.

"고는 주상으로부터 비길 데 없는 은혜를 받았기에, 장락공의 안전을 바라며 전군을 수도에 이르게 했고, 그 후 고국의 업성을 수복하여 진나라와 영원한 친선 관계를 맺고자 했다. 어찌하여 운명과 기회를 제대로 파악하지 못하고, 업성이 원래의 주인에게 돌아가는 것을 인정하지 않으려는 것이냐? 대의를 위해 친속을 멸하는 행위인데, 더욱이 의리를 찾는 데 있어서는 두말할 것도 없다! 공이 미혹되어 돌아서지 않는다면, 고 또한 전투를 마지막까지 치르고자 할 뿐이다. 이제 사태가 이 지경에 이르렀으니, 설령 목숨을 구걸한다 해도 이를 얻기 어려울 것이다.”

　모용수는 강양에게 자신이 고국인 전연의 업을 수복한 것뿐이며, 이미 결정을 내린 사안을 거둘 수 없고 싸울 테면 싸워 보자는 결연한 의지를 드러냈다.

　강양은 분노한 목소리로 모용수에게 강하게 반박했다.

　“장군은 옛 조국에서 받아들여지지 않아 전진에 몸을 의탁하였는데, 연나라의 조그마한 땅이라도 어찌 장군이 나눠 가질 수 있겠소! 주상과 장군은 풍속이 다르고 종족도 다르며 취향도 다르지만, 주상께서는 장군을 처음 한 번 보시고 특별히 여겨, 쇠도 자를 만큼 두터운 교분으로 장군에게 중대한 임무를 맡기셨소. 장군을 향한 주상의 총애는 가문의 오랜 신하들을 넘어설 만큼 두터웠소. 예로부터 군신 사이의 교분의 무게가 어찌 이보다 깊고 무겁겠소! 바야흐로 장군에게 육척의 고아와 10,000리의 운명을 맡겼는데, 어찌 군주의 군대가 조금 패했다고, 바로 두 마음을 품는단 말이오! 대저 군대를 일으켜도 명분이 없으면, 결국 성공하지 못하고, 하늘이 버린 것은 사람이 지탱할 수 없소. 장군이 명분 없는 군대를 일으켜, 하늘이 저버린 것을 되살리려 하니, 성공할 가능성이 보이지 않소.”

　그리고 계속해서 노기를 띠며 격앙된 어조로 모용수를 비난했다. 강양은 모용수가 전진과 핏줄과 종족 자체가 다르다는 것을 분명히 했다. 그러나 이는 여러 병사들이 듣기에 적절치 못했다. 모용수가 전진과 별개의 종족이라는 것을 확인시켜 준 것이다.

　“장락공 부비는 주상의 원자로서 그 명성과 덕을 당과 위에서 널리 떨치고 있으며, 섬동의 임지에서 중책을 맡아 조정을 위해 성을 지키고 있는데, 어찌 손을 묶고 장군에게 100개 성의 땅을 넘길 수 있단 말이오! 대부는 군주를 위해 죽고, 군주는 사직을 위해 죽지만, 장군은 왕관을 찢고 면류관을 파괴하며 뿌리를 뽑고 원천을 막는 자라면, 장군 스스로 그 병세를 마음대로 할 수 있으니 더 이상 무슨 말이 필요하겠소! 하지만 장군이 70세에 백기 아래 목이 내걸릴 것을 생각하니, 평생을 충성스럽게 살다가 갑자기 반역자로 몰릴 장군 때문에 내 마음이 슬프구려."

모용수는 아무 말 없이 조용히 있었다. 주변에서 그에게 강양을 처단할 것을 권유했을 때, 모용수는 이렇게 말했다.

"본래 전쟁이 벌어졌을 때, 사신이 그 사이에 있으며, 개들은 각자 주인이 아닌 이에게 짖는 법이다. 어찌 그를 심문하겠는가!"

이에 강양을 고이 돌려보내기로 결정했다.

이후 모용수는 부견에게 표를 올려 다음과 같이 말했다.

"신의 재간은 옛 선인들에 미치지 못하며, 가족 간의 불화가 극에 달해 힘든 상황에서 성조에게 목숨을 맡겼습니다. 폐하의 은총이 주한(周漢) 시대보다도 깊어, 지위가 열장이 되고 작위가 열후에 이르렀음에도 불구하고, 힘을 모으는 데 있어 항상 정성이 부족하지 않을까 걱정했습니다. 지난여름에 환충(桓冲)이 스스로 목숨을 끊을 길을 선택했으나, 구름이 걷히는 것을 예측하고 돌아서서 운성을 공격해, 포로를 사로잡고 귀를 벤 걸 헤아려 보니 10,000개가 넘었습니다. 이는 참으로 폐하의 기이한 신산의 결과이며, 또한 어리석은 신이 죽음조차 잊고 세운 공적이었습니다."

서기 383년, 비수대전 직전 여름 5월, 동진의 환충이 북벌을 목표로 10만 병력을 이끌고 전진의 양양을 공격해 왔다. 이에 부견은 거록공 부예와 관군장군 모용수에게 보병과 기병 50,000명의 병력을 지휘해 양양을 구원하도록 했다. 가을 7월, 모용수는 부예로부터 소수 병력으로 환충을 상대하라는 명령을 받았다. 이로 인해 모용수는 전진과의 인연을 내심 끊어 버렸다. 이는 마치 사지로 그를 밀어 넣은 것과 같았기 때문이다.

모용수는 모든 병사들에게 밤마다 각자 10개씩의 횃불을 들게 하여 병력이 실제보다 10배 많아 보이게 위장했다. 이 전략에 환충은 놀라 두려워하며 후퇴하기 시작했다. 모용수는 그렇게 수적 열세를 만회하며 가까스로 사지에서 벗어났다. 그리고 환충을 공격해 공을 세웠다. 표문은 이 상황을 표현한 것이다.

"바야흐로 계주에서 말에게 물을 먹이고, 민회에서 깃발을 올렸지만, 하늘의 도움을 헤아리지 못하고 덕을 혼란스럽게 해, 결국 군대를 되돌려야 했습니다."

모용수는 계주에서 전쟁을 준비했으나 부견이 비수대전에서 군을 후퇴해 패퇴하게 된 것이다. 비수대전은 남북조 시기의 가장 중요한 전쟁이자 중국 역사상 가장 유명한 남북 전쟁이다.

부견이 패한 이후 얼마 안 가 전진이 붕괴되었다. 북방은 다시 혼란에 빠졌고, 동진은 더욱 안정되어 남북 대치가 교착 상태가 되었다. 그러나 동진은 내부 분란으로 결국 멸망했다. 이러한 중원의 자중지란 상태에서 모용수의 후연은 중원의 가장 강력한 세력으로 부상했다. 모용황의 전연 이후 이를 잇는 후연이라는 강력한 새 황제국이 탄생하는 순간이었다.

비수대전에서 전진군은 초목을 보거나 바람 소리를 듣거나 학 소리를 들어도 이를 모두 동진군으로 여겼다. 부견과 전진군은 상황이 역전되었을 때 침착하게 대처하지 못했을 뿐만 아니라, 스스로 진을 어지럽혔고, 결국 패전 국망의 최후를 맞았다. 비수대전은 "놀라지 않고 침착하게 대처하라."는 말을 항상 명심해야 한다는 것을 보여 주었다.

이때 모용수의 측근들은 부견을 시해하려고 모의하였으나 모용수는 더 많은 명분 축적을 위해 부견을 살려서 장안으로 호위했다. 모용수는 부견에게 표를 올려 다음과 같이 말했다.

"폐하께서 갑자기 단기필마로 신에게로 오셨는데, 신은 일말의 망설임도 없이 폐하를 맞이하고 호위했습니다. 그런데 어찌 폐하께서 신의 충심을 성명으로 가늠하실 수 있겠습니까? 천상과 지상의 신들도 신의 마음이 하나임을 알고 있습니다. 신은 조서를 받들고 북쪽으로 순행하였는데, 장락공 부비의 억압을 받았습니다. 그러나 부비는 여러 사람의 마음을 잃고, 속으로 시기심이 많아 신을 외정에 임시로 머물게 하며, 신의 사당 참배 요청도 거절했습니다. 정령의 반란으로 예주가 위기에 처하자, 부비는 신에게 혼자서 문제를 해결하도록 강요하며 병력의 지원을 제한했습니다. 오직 병약한 병사 2,000명만을 주고, 무기도 제공하지 않으면서 임무를 수행하라고 했으며, 비밀리에 부비룡에게 신을 암살하도록 명령했습니다. 낙양에 도착한 후, 평원공 부휘도 신을 신뢰하지 않았습니다. 신은 깊이 고민한 끝에, 전진하면 회음후처럼 공로로 인해 의심받지 않고, 후퇴하면 이광처럼 패배로 인해 비난받지 않을 것이지만, 남을 비방하는 자가 있어 진실과 거짓을 혼란시킬까 두려웠습니다."

모용수는 자신이 부견의 측근들에게 철저히 견제당하고 핍박당했다는 사실을 강조했다. 그리고 말했다.

"정령의 오랑캐와 한족 사이에서, 신의 충성심이 의심받음에도 불구하고 그들은 신을 맹주로 추천했습니다. 신은 이 위탁을 받아 좋은 시작을 했지만, 결국 좋은 결과로 이끌지 못했습니다. 서경을 바라보며 울다가, 눈물을 흘리며 곧장 떠났습니다. 군대가 석문에 머물렀을 때, 구름처럼 사람들이 모여들었고, 그 규모는 주무왕이 맹진에서 800명의 제후들을 모아 상나라를 멸망시킨 그 회합보다, 그리고 한조가 해하(垓下)에서 소집한 것보다도 더 많을 정도로 대단했습니다. 장락공 부비는 위험을 피해 사람들을 흩어지게 하려고 했지만, 그는 고집스럽게 자신의 뜻을 고수했고, 상황의 변화를 이해하지 못했습니다. 신의 자식 모용농은 옛 진영을 수습하여 어려움에 대비했습니다만, 석월이 업성의 무리와 대립하다가 가볍게 엄습하자, 군대가 싸우기도 전에 석월의 머리는 이미 베어졌습니다. 신이 수레 하나만을 가지고 멀리 돌면, 귀순하는 자들이 구름처럼 몰려들었고, 이는 신의 힘이 아닌 하늘의 영이었습니다. 또한, 업성은 신의 고국의 옛 수도입니다. 이제 은혜를 베풀 때가 되었고, 천자의 명령을 받들어 영원히 동쪽의 번국을 지키게 되면, 이는 폐하가 신의 뜻을 존중하는 것이 실현되는 것이며, 동시에 어리석은 신이 은혜를 갚는 정성이 완성되는 것입니다."

그리고 이어서 말했다.

"이제 진군하여 업성을 포위하면서, 부비에게 하늘의 도움을 받았을 때 사람이 해야 할 일을 일깨우고자 했습니다. 하지만 부비는 기회와 운명을 간과하고, 문을 걸어 잠그고 자신만을 보호하려 했습니다. 적절한 때에 나와서 도전하고, 칼과 창이 수차례 맞부딪쳤지만, 항상 폐하의 순수한 천성이 손상될까 두려웠습니다. 이에 조심스럽게 행동하며 섬세한 주의를 기울이고, 갑작스러운 병란을 막고 예방하려 했지만, 결코 과감하게 공격에 나서지 않았습니다. 운명의 전환은 과거와 미래에도 자주 있는 일이므로, 폐하께서 이를 깊이 관찰하시기를 바랍니다."

석문에서 모용수의 군대가 대규모로 모이는 장면은 그의 군사적 영향력과 인기를 부각시켜 주었다. 이 군집은 전설적인 맹진 회합을 연상시키며, 업성에서 치러진 모용수와 석월 간의 대결은 모용수의 군사적 우위를 드러냈다. 실제로 전투가 시작되기도 전에 석월은 이미 패배한 상태였다.

모용수가 업성을 포위하면서 부비에게 천명의 도움을 받을 때 인간이 해야 할 역할을 일깨우려 했다. 하지만 부비는 기회와 운명을 제대로 파악하지 못하고, 스스로를 고립시켜 정치적 불확실성을 드러냈다.

모용수의 표문에 대해 부견이 대답하며 말했다.

"짐이 부덕함에도 불구하고, 신령의 명을 따라 만방에 군림한 것이 30년이오. 변방의 오랑캐들조차 조정에 와서 짐을 만났으나, 오직 동남쪽의 한구석만이 왕명을 멀리했소. 짐이 이에 6군을 일으켜 천벌을 가하려 했으나, 깊은 이치를 깨닫지 못해 비수대전에서 패하였소. 그러나 경의 지극한 충성으로 짐의 몸이 보호받고 사직이 붕괴되지 않았으니, 이는 경의 힘 덕분이오. 『시경』에 이르기를 '마음속 깊이 새겼으니, 어떤 날인들 잊을 수 있겠는가'라고 했소. 바야흐로 경에게 원수와 재상의 직책을 맡기고, 군후의 칭호를 부여하며, 어려움에 처한 이들을 널리 구제하고 큰 공로에 상응하는 보답을 하고자 했소. 하지만 어찌 백이가 갑자기 청렴한 절개를 버리고, 유하혜가 문득 탐욕스러운 사내가 되길 원하시오! 표를 두루 살펴보니 한탄스러움이 분명하여 신하들 앞에서 부끄러울 뿐이오."

그리고 모용수를 용납하게 된 과정을 돌아보며 말했다.

"경이 고국에서 받아들여지지 않아, 단기필마로 목숨을 맡기니, 짐이 경을 장군으로 총애하고, 상빈으로 예우하며, 과거 신하들처럼 임명하고, 공적에 걸맞은 작위를 수여했소. 우리 사이의 신뢰는 깊었고, 마음을 터놓고 서로 의지하였소. 경이 받은 은혜를 간직하며 여생을 함께 늙어 가기를 바랐소. 어찌하여 축수가 뒤집히고, 짐승이 배신하여 해를 끼치는 상황에 이르렀는지 생각하게 됐소. 후회한다 한들, 이를 무엇과 비교할 수 있겠소! 헛된 말로 군신의 관계를 혼란시키고, 자만하며 비유하는 것은 옳지 않으며, 주무왕의 고사를 경과 같은 평범한 사람이 논할 수 있는 것이 아니오! 새장을 벗어난 새를 어찌 그물로 잡을 수 있겠으며, 그물을 벗어난 고래를 어찌 그물로 다스릴 수 있겠소! 경의 노년을 생각하니, 늙어서도 도적이 되고, 살아서는 반역자가 되며, 죽어서는 역귀가 되어, 은밀하게 혼돈을 일으키고, 산 자와 죽은 자에게 독을 퍼트리니, 중원의 남녀가 이보다 더 슬퍼할 일이 무엇이 있겠소! 짐의 역사의 흥망이 어찌 경 때문이겠소! 다만, 장락공과 평원공이 아직 세워지지 않은 해에 두 도읍에서 경을 만나게 돼, 그들의 계략을 헤아려 보니 짐의 마음에 들지 않아, 그것이 한탄스러울 뿐이오."

모용수가 업성의 바깥 성벽을 무너뜨리자, 부비는 중성을 견고히 방어했다. 이에 모용수는 포위를 풀지 않고 참호를 파는 등 공격을 계속했다. 그리고 나이가 들고 병든 병사들을 선별해서 위군의 비향으로 보내, 신흥성을 건설하고 치중을 두며, 장수를 막아 업으로 물이 흘러들도록 했다.

적빈은 정령과 서인에게 비밀리에 연락하여 적빈이 상서령이 되도록 청탁했다. 모용수가 이 사실을 백관들과 논의할 때, 안동장군 봉형이 분노를 표하며 말했다.

"말은 1,000리를 달릴 수 있지만 굴레를 벗어날 수는 없습니다. 이는 사람의 통제가 축생이 할 수 없는 것임을 분명하게 보여 줍니다. 적빈은 융적에 소인으로, 우연히 시기를 만나 형제가 왕이 되니, 환두(驩兜) 이래로 이런 복을 받은 이가 없었습니다. 그러나 갑자기 행실이 교만해져 만족을 모르게 되었고, 다시 이런 요구가 생겨났습니다. 그의 생각이 어그러졌기에, 반드시 그를 처벌하는 일은 올해를 넘기지 않아야 할 것입니다."

모용수는 오히려 참고 인내하며 이를 용서한 다음 포고문을 발표했다.

"적왕의 공로는 분명 재상의 자리에 오르기에 합당하지만, 아직 대가 세워지지 않았으므로, 이 관직을 지금 당장 임명할 수는 없다. 천지와 사방이 평정된 후, 적절한 시기에 다시 이 문제를 논의하겠다."

이에 정령의 수장 적빈은 분노하면서 부비와 은밀히 내통하여 반란을 일으켰다. 그리고 정령에게 둑을 터뜨려 물길을 방해하도록 했다. 하지만 이 음모는 누설되고, 모용수는 적빈을 처단했다. 적빈의 갑작스런 죽음은 그의 야심과 모용수의 냉정한 대응을 드러내는 계기가 되었다.

적빈의 조카 적진이 그의 부중을 인솔하고 북쪽 한단으로 달아났다. 이후 병사들을 이끌고 업성으로 진격해, 부비와 더불어 안팎에서 서로 호응하길 바랐다. 모용수가 적진의 움직임에 대응하여 자신의 태자 모용보와 관군장군 모용륭에게 명령을 내려 이를 격파하게 했다. 적진이 한단에서 북쪽으로 도망쳤을 때, 모용해에게 기병을 이끌고 추격하도록 명령했지만, 하읍에서 전투를 벌여 적진에게 패배했고, 결국 적진은 승영에 주둔하게 되었다.

모용수가 여러 장수들에게 이르길,

"부비가 곤경에 처했으므로 반드시 사력을 다해 지키며 결코 항복하지 않을 것이다. 정령이 배신하여 어지럽히는 것은 우리에게 큰 근심거리이다. 나는 신성으로 병력을 이동시켜, 그의 퇴로를 열어 주고자 한다. 이는 전진의 군주의 옛 은혜에 보답하는 일임과 동시에 적진을 공격할 준비를 철저히 해 두려는 것이다."

이에 군대를 이끌고 업성에서 퇴각하여, 북쪽으로 가서 신성에 주둔했다. 모용농이 황니에서 적숭에게 진격해 이를 격파했다. 모용수가 범양왕 모용덕에게 이르길,

"부비는 내가 그를 내버려 둔다 해도 떠날 수 없는 상황이다. 그래서 그는 장차 진(晉)군을 끌어들여 업도를 지키려 할 것이다. 이러한 이유로 그를 그대로 내버려 둘 수가 없구나."

군대를 전진시켜 다시 업성을 공격하면서, 그가 서쪽으로 도망칠 수 있는 길을 열어 주었다.

모용수는 장차 북쪽으로 가 중산을 도읍으로 삼으려는 뜻을 두고 있었다. 모용농이 이를 알고 수만 병력을 이끌고 그를 영접했다. 모용위가 부견에게 피살되었다는 사실을 전해 들은 백관들은 모용수에게 황제로 등극하기를 권했다.

그러나 모용수는 형인 모용준의 아들 모용충이 관중에서 서연의 황제를 칭하였기에 자신도 황위에 등극하는 것을 꺼렸다.

장안을 점령한
또 다른 서연 황제 모용충

서기 370년, 전진의 부견이 전연을 멸망시킨 후 모용 선비 40,000여 호를 장안으로 강제 이주시켰다. 서연을 건국한 모용위의 동생 모용홍도 이때 관중으로 이주되었다. 부견은 모용홍의 동생 모용충을 총애하여 황궁에 머물게 하다 그를 평양태수에 임명해 평양에서 살게 했다. 이후 모용충은 전진의 부견과 대립하여 장안성을 점령하기 위해 군을 이끌고 나아갔다. 이는 40,000여 호의 모용 선비족 출신 백성들을 구출하기 위한 것이었다.

서기 383년, 부견이 비수대전에서 참패한 후 모용수와 대립 구도가 만들어지자 모용홍이 관동에서 선비족들을 모아 거병하였다. 서기 384년, 모용홍이 관중에서 선비족들을 중심으로 병력을 모아 서연을 건국하였다. 모용영은 장안을 빠져나와 모용홍의 수하로 들어갔다. 모용홍은 모용영을 상서로 삼았다.

전진의 황제 부견은 부휘에게 50,000명의 병력으로 포판(蒲阪)을 지키게 했다. 그리고 옹주목 부예에게 50,000명의 병력을 주어 모용홍을 토벌하도록 명령했다. 모용홍의 동생인 평양태수 모용충은 평양에서 20,000명의 병력으로 형 모용홍과 호응하여 포판을 공격했다.

부예는 화택에서 선비족들을 인솔하고 동쪽으로 도망치던 모용홍과 접전을 벌였는데, 퇴로가 막힌 모용홍의 병사들이 배수진을 치고 치열하게 싸워 전진군을 대파하였다. 이때 부예도 참살되었다.

화택 전투에서 패배한 요장은 부견에게 사자를 파견하여 죄를 빌었으나 부견이 분노하면서 사자들을 모두 죽여 버린 사실을 알고 위수를 건너서 흩어진 강족 50,000여 명을 집결시켜 후진을 건국하였다.

이 무렵 포판을 공격하던 모용충은 전진군과 황하에서 격전을 벌인 끝에 대패하여 선비족 기병 8,000명만을 인솔하고 모용홍에게 합류했다. 여러 곳에서 선비족들이 모용홍에게 몰려들어 그 숫자가 10만여 명에 이르렀다. 모용홍은 부견에게 업성으로 돌아가는 것만 보장해 달라고 말했다.

"전진이 우리 대연을 멸망시켰지만 이제 우리는 진군을 격파하고 다시 부흥을 이루어 냈다. 오왕 모용수가 관동을 이미 평정하였으니 우리 형제, 그리고 종실이 무사히 업성으로 돌아갈 수 있도록 하라. 그렇게만 해 주면 관중의 연나라 사람들은 진나라를 더 이상 공격하지 않겠노라."

궁지에 몰린 부견은 모용위를 압박해 모용홍에게 군사를 물리고 장안으로 들어와서 사죄한다면 모든 것을 용서해 주겠다는 내용의 서신을 보내도록 했다. 그런데 모용위는 서신에 비밀리에 투항하지 말고 끝까지 싸워 황위에 오르라고 덧붙여 썼다. 이를 본 모용홍은 장안으로 진군하면서 황위에 오를 준비를 마쳤다. 그런데 서기 384년 6월, 모용홍은 장안으로 진격하던 중 그의 잔혹함과 무능력에 실망한 수하 장수인 고개와 숙근숭 등의 반란으로 시해당하고 그의 아우인 모용충이 서연의 황제로 옹립되었다.

모용충은 병력을 이끌고 장안성으로 돌격했다. 이때 부견은 20,000여 명의 병력을 이끌고 후진의 요장과 전투를 벌이고 있었는데, 모용충의 서연군이 장안성을 위협하자 전투 대상을 바꿀 수밖에 없었다. 50,000명의 전진군에 맞선 모용충은 기병 수가 많은 것처럼 만들고, 병사들에게 흙먼지를 일으키게 하는 허장성세 전략으로 정서 전투에서 대승을 거두었다.

모용충의 군대가 장안성을 포위하자, 부견은 서기 384년 12월 모용위의 일족과 장안성 내의 모든 모용 선비족을 학살했다. 모용충은 서기 385년 아방성에서 다시 한번 30,000명의 전진군을 물리치고 서연의 황제로 등극했다.

모용충은 부견과 장안성에서 치열하게 전투를 벌었다. 장안성 전투가 치열하게 벌어지면서 성안 사람들은 먹을 것이 떨어져 서로를 잡아먹는 지경에 이르렀다. 서기 385년 3월, 부견이 연전연패를 하고 돌아온 아들 부휘에게 "너는 내 아들임에도 수만 명의 군대를 이끌고 모용충에게 한 번도 승리하지 못하니 살아서 무엇을 하겠느냐?"고 나무랐다. 이에 부휘는 분을 이기지 못하고 자결하는 일까지 벌어졌다.

서기 385년 5월, 모용충이 장안성을 공격할 때 부견은 몸소 전투에 나섰다가 여러 발의 화살을 맞아 많은 피를 흘려야만 했다. 결국 부견은 장안성을 버리고 성 밖으로 도망쳤다. 서기 385년 6월, 부견은 오장산에서 요장의 장수인 오충의 후진군에게 포로로 사로잡혔다. 요장은 부견에게 옥새를 달라고 요구했으나 부견은 이를 거부하다가 같은 해 10월 요장에게 시해되었다. 이때 부견의 나이는 48세였고, 재위한 지는 28년이었다.

서기 386년, 모용충은 마침내 장안성을 점령하는 데 성공하였다. 그러나 그 후 동쪽의 모용수, 그리고 서쪽의 후진 요장과 싸우는 것이 두려워 주춤거리며 장안성에 안주하고자 했다. 이에 서연의 장수 조운(刁雲) 등이 스스로 모용충에 실망해 그를 죽이게 된다. 그리고 선비족들은 모용영을 황제로 옹립했다.

모용영은 대도독 대장군 대선우 하동왕을 자칭했다. 후연의 모용수에게는 사신을 보내 복속할 것을 약속하였다. 모용영은 장자(長子)에 수도를 두고 황제에 즉위하였다. 이때 장자에는 모용유와 모용성, 그리고 모용희가 있었는데, 서연이 성립하면서 후연과 대립이 불가피하다는 사실을 알고 미리 모용수에게로 도망쳤다. 1년 남짓 지나 모용영은 황위를 위협한다는 핑계로 모용준과 모용수의 자손들을 남녀 구분 없이 모조리 죽였다.

서기 385년 4월, 동진의 용양장군 유뢰지가 20,000명의 군대를 이끌고 부비를 구원하러 업성에 이르렀으나, 모용수가 역습하여 패했다. 마침내 업성의 포위를 해제하고 후퇴하여 신성에 주둔했다. 모용수가 신성에서 북쪽으로 퇴각하자, 유뢰지가 모용수를 추격했다. 모용수는 추격자들을 역습하여 크게 격파했다. 부비는 업성을 지키기 어렵다는 판단에 성을 버리고 달아났고, 서기 385년 8월에 모용수가 업성을 수중에 넣게 되었다. 모용수는 이후 중산(하북성 정현)에 도읍을 정하고 내정을 다지는 데 주력했다.

그리고 서기 386년 정월, 모용수는 마침내 황제의 자리에 올랐다. 그리고 아들 모용농을 요서왕, 모용린은 조왕, 모용륭은 고양왕으로 삼았다. 모용수는 조백하 동쪽의 요동 남쪽, 요서, 하북성, 산동성 일대로까지 세력을 확장하였다. 그리고 마침내 후연 건국 10년 만에 화북의 패자로 등극하였다. 모용농은 동호계 오환족 출신의 노리 · 장양 · 고녹관위 등을 설득한 후, 오환족을 유세해 끌어들여 후연의 설립에 기여했다.

적진이 승영을 떠나 행당으로 주둔하게 되면서, 그의 사마 선우걸이 적진을 암살하고, 적씨 가문을 모두 학살했다. 그리고 자립하여 조왕이 되었다. 그러나 진영 사람들이 선우걸을 공격하여 그를 죽이고, 적진의 종제 적성을 왕으로 옹립했다. 이에 적진의 아들 적료는 여양으로 달아났다.

고구려 고국양왕의 요동 습격과 여암의 반란

서기 385년 여름 6월의 태양 아래, 고구려 고국양왕은 40,000명의 정예병을 동원하여 요동을 급습하였다. 후연 황제 모용수는 중원 세력들과의 끊임없는 쟁패 과정에서 항상 고구려의 존재를 의식해야만 했다. 고구려는 원래 요동 북쪽 현도군에서 건국한 요동의 강자였다. 그런데 래이마한의 막씨, 모용씨들이 중원을 차지하면서 고구려도 항상 원래의 요동 지역을 차지하기 위해 분투했다. 고국원왕과 소수림왕의 뒤를 이은 고국양왕은 요동으로 다시 진출하기 위해 군사력을 확충하고 요동을 습격하였다.

이에 앞서 후연의 황제 모용수는 서기 385년 건국 직후 다가오는 고구려의 위협을 인지하고, 전략적 요충지인 요서 용성의 수호자로 대방왕 모용좌(慕容佐)를 임명했다. 용성은 선비의 오랜 영역이었던 유주 계의 남쪽, 조백하의 서쪽에 위치하고 있었다. 모용좌는 평주자사를 겸하였다. 평주는 요동군과 현도군, 대방군을 모두 아우르는 조백하 동쪽의 평원지대를 가리킨다. 전연·후연·북연은 모두 평주 서쪽의 요서군에 도읍을 했다.

원래 고구려는 요동 북쪽의 현도에서 건국했다. 그런데 고국원왕 시기에 모용황의 공격을 받아 난하 너머로 천도하였고, 고국원왕은 평양동황성에서 마한백제를 공격하다 화살에 맞아 사망했다. 고국원왕 사후 고구려는 모든 국력을 쏟아 고토 회복에 나섰다. 그 결과 고국양왕 시기에 수만 명의 군사를 길러 냈고, 이제 고토 회복을 위한 기습전을 전개하기에 이른 것이다.

전쟁의 북소리가 울리고 고구려 군대의 그림자가 요동 위에 드리워 지자, 모용좌는 시급히 사마 학경에게 병력을 거느리고 요동에서 고 구려군을 막도록 했다. 이후 벌어진 전투는 치열하고 한 치의 양보 도 없었다. 요동군과 현도군의 땅은 칼과 전사들의 외침으로 울려 퍼 졌다. 운명의 전환점에서, 불굴의 정신을 가진 고구려 군대가 수비 군을 물리치고 그 지역을 손에 넣었다. 그들은 정복한 땅에서 남녀 10,000명을 포로로 사로잡아 복귀했다.

서기 385년, 한바탕 격변의 바람이 모용수의 통치하에 있는 땅을 강타했다. 건절장군 여암(餘岩)이 하북성 무읍에서 반란의 불길을 지 폈다. 전투 능력이 출중했던 여암은 계성에서 4,000여 명의 병사들 을 이끌고 북쪽으로 가 유주로 향하였다. 당초 백제를 건국한 부여 세력의 주력은 녹산에 있었는데, 모용황에게 공격을 당해 나라가 멸 망당할 위기에 내몰린 바 있었다. 백제는 두 차례나 멸망되었으나 다 시 살아났다.

우이족이 지원하는 백제의 존재는 래이마한 모용씨들에게 눈엣가 시나 마찬가지였다. 여암의 반란 소식은 후연을 휩쓸고 있는 폭풍처 럼 모용수에게 전해졌다. 모용수는 말을 달려 사자를 보내어 유주 장 수 평규에게 칙령을 내려 말했다.

"오로지 굳게 지키기만 하고 싸우지 않고 기다리면, 정령 부족을 무너뜨린 후 내가 몸소 나서서 이를 토벌할 것이다. 그때까지 기다려 라!"

이처럼 모용수는 그의 장수 평규에게 계성을 굳게 지키라고 신신당부했다. 그러나 그는 모용수의 명을 어기고 성을 나와 여암을 공격했다. 그 결과, 평규의 부대는 여암에게 속절없이 패배하고 말았다.

여암의 승리는 그의 군대에 새로운 힘을 불어넣었다. 그는 계에 들어가 1,000여 호의 인구를 붙잡았고, 지나는 곳마다 공격을 가해 병력을 모았다. 마침내 그는 요서군 영지에 근거지를 마련하며, 반란의 불길을 더욱 확산시켰다.

이때, 모용수는 적성의 방어군 중 하나인 선우득이 적성의 머리를 베어 성 밖으로 나와 항복했을 때, 행당으로 들어가 그들의 부하를 전부 처단했다. 그 후 부비는 업성을 포기하고 병주로 도망쳤다.

모용수는 모용화를 남 중랑장으로 임명해 업성의 수호를 맡겼다. 또한, 모용농을 열옹새에서 범성을 경유하여 용성으로 향하도록 파견했으며, 병력을 집결시켜 여암을 공격하게 했다. 한편, 모용린과 모용륭에게는 신도에서 출발해 하북의 발해와 산동의 청하 지역을 순찰하도록 지시했다.

모용농이 장수들과 병사들을 다그쳐 신속히 요서 용성에 이르렀다. 그리고 나서 병사와 말을 10일 동안이나 쉬게 하였다. 여러 장수들이 모두 궁금해서 모용농에게 물었다.

"전하께서 오실 때 걸음을 재촉하셨는데, 지금 여기 와서 오래 머물며 나아가지 않는 이유가 무엇입니까?"

모용농이 호탕하게 웃으며 말했다.

"사실 올 때 급히 서두른 것은 여암이 백랑산을 넘어가 약탈할 것을 걱정했기 때문이오. 이제 그 길목을 장악했으니 무엇 때문에 서두르겠소."

얼마 후, 모용농이 보병과 기병 30,000명을 거느리고 요서 영지에 도착하니 여암의 무리가 놀라서 차츰 모용농에게 항복하였다. 여암 도 상태가 궁해지자 모용농에게 항복할 수밖에 없었다. 모용농은 영 지를 함락한 후 여암과 그 형제들을 다 죽였다.

모용수의 군대는 이제 중원 공략을 위해 후방을 튼튼하게 할 필요 가 있었다. 문제는 요동을 차지하려고 연나라의 후방을 꾸준히 공격 하는 고구려의 공세를 방어하는 일이었다. 이에 따라 연나라군은 요 수를 건너 요동으로 진군하여 고구려를 정벌했다.

모용수는 서기 385년 11월 요수(현 북경 동쪽 조백하)의 물이 얼자, 장군 모용농에게 병력을 모아 강을 건너 요동에 대한 반격을 시작하 도록 했다. 재기된 기세로 그는 요동군과 현도군의 영토를 수개월 만 에 다시 차지했다. 고국양왕의 고구려군은 후연의 공세를 막아 낼 정 도의 군사력을 갖추지 못했다. 선왕인 소수림왕 시기에 고구려의 국 가 기틀을 굳건히 다지는 데 성공하였지만, 풍요로운 요동을 차지하 지 않고서는 군사력을 확장하는 데 큰 어려움이 있었다.

고국양왕은 요양 일대에서 요동 회복을 위한 지난한 노력을 펼쳐 요동과 현도를 차지할 수 있었으나 후연군의 대공세를 막아 내지 못 하고 다시 후퇴할 수밖에 없었다.

모용수는 요동에 대한 실효적 지배를 강화하기 위해 범양 출신의 방연을 요동 태수로 임명했다. 모용농은 통치의 지혜를 갖추고 있었 으며, 유주와 기주의 수많은 전쟁 유민들을 받아들여 새로운 영토에 통합했다.

고구려는 난하를 넘어 후퇴했다. 요동과 현도의 두 군을 회복함으로써 후연의 국력은 더욱 강화되었다. 이러한 연속된 승리들은 모용수의 권위를 더욱 공고히 했다.

11

전신(戰神) 모용수의
황위 등극과
후연 시대의 개막

전쟁의 신 모용수의
후연 황제 등극

모용수와 그의 군대는 요서 용성에 주둔하며 다음 행동을 준비했다. 모용수의 마음은 여전히 무거웠다. 그가 이룬 승리들은 혈투와 희생 위에 세워졌기 때문이다. 그러나 그의 눈빛은 변함없이 단호했다. 후연의 미래를 위한 그의 결심은 더욱 굳건해졌다.

모용수가 서기 386년 정월 60세 노령의 나이에 황제로 즉위했다. 첫 조치로 경내 죄수들을 사면하고 연호를 건흥으로 고쳤고, 백관을 두어 종묘사직을 다스렸으며, 모용보를 태자로 책봉했다. 모용덕을 시중 도독중외제군사 영사례교위로, 무군장군 모용린을 위대장군으로 임명하였으며, 좌장사 사욕관위·우장사 단숭·용양장군 장숭·중산윤 봉형은 이부상서로 삼았고, 나머지 사람들도 차등을 두어 관직을 부여했다. 모친 난씨를 문소황후로 추존하였으며, 모용황의 황후 단씨를 난씨와 비슷하게 예우했다.

모용수의 통치 아래, 후연은 새로운 전성기를 맞이했다. 그러나 권력의 중심에서는 항상 갈등과 대립이 도사리고 있었다. 황제의 지혜와 결단이 후연을 어떤 미래로 이끌지, 중원 내외의 시선은 그에게로 집중되었다.

모용수는 그의 유능한 장군들을 재차 시험하기로 결정했다. 정서장군 모용해, 위군장군 모용린, 진남장군 모용소, 정로장군 모용주에게는 부견의 기주목 부정, 진동장군 부소, 유주목 부모, 진북장군 부량을 공격하라는 명령을 내렸다. 후연의 군대는 거침없이 전진했고, 이들의 목표는 명확했다.

모용해는 부정 등에게 서신을 보내 화북을 깨우쳤다. 그의 지혜롭고 설득력 있는 말은 적들의 마음을 움직였고, 결국 부정 등은 모두 항복했다. 이는 모용수의 전략이 성공적이었음을 증명해 주었다.

모용수는 태자 모용보를 중산에 남겨 방어하도록 하고, 직접 여러 장수들을 인솔하고 남쪽으로 적료를 공격하러 나섰다. 그는 모용해의 능력과 충성을 높이 평가하여, 전봉도독으로 임명하였다.

적료의 부중에는 주로 연나라와 조나라 출신 사람들이 많이 있었다. 그들은 모두 말하길, "태원왕의 아들은 우리 부모와 같은 존재이다."라며 서로 앞다투어 귀부하였다. 그리고 마치 부모와 같은 존경심을 표했다. 그들의 연이어 귀부하는 모습은 모용수의 영향력이 얼마나 강력한지를 보여 주었다.

적료는 공포에 휩싸여 사자를 보내 항복을 청했다. 모용수가 여양에 이르렀을 때, 적료는 윗옷의 한쪽을 벗고 사죄했다. 모용수는 이를 두텁게 위로해 주며 관대함과 위엄을 보여 주었다. 이는 그의 용서와 관용이 얼마나 위대한지를 드러내는 순간이었다.

모용수의 군사적 성공은 단순한 전투 승리를 넘어섰다. 그는 마음과 마음을 이어, 적들마저도 그의 통치 아래 합류하게 만들었다. 후연은 이제 더욱 강력한 국가로 자리매김하고 있었으며, 모용수의 위업은 동이족의 역사에 길이 남을 것이었다.

태자 모용보의 집권과
왕조의 변화

모용수는 태자 모용보를 위해 승화관을 세웠다. 이는 태자가 후연의 정사를 총괄하며 국가의 중요한 결정들을 내리는 장소가 되었다. 모용보는 녹상서로서 크고 작은 황실의 일들을 맡게 되었고, 모용수는 기본적인 사항만을 총괄하는 데 그쳤다. 이로써 권력의 중심이 태자로 점차 이동하는 양상을 보였다.

모용수의 부인 단씨는 황후로 책봉되었다. 이는 그녀의 지위와 모용수의 가문에 대한 명예를 더욱 공고히 하는 조치였다. 단씨의 황후 책봉은 후연의 왕조 안에서 억울하게 죽은 모용보의 모친 단씨의 위상을 강화하려는 깊은 뜻이 담겨 있었다.

태자 모용보는 영시중 대선우 표기대장군 유주목으로 임명되었다. 이러한 다양한 직책은 그의 권력과 책임을 확장시켰으며, 후연의 미래를 그의 손에 맡기는 것이었다. 모용보의 리더십 아래, 후연은 새로운 시대로 나아갈 예정이었다.

고양왕 모용륭은 녹류대상서사로 임명되었으며, 이는 유대를 용성에 세운 것과 함께 후연의 행정 구조에 중요한 변화를 가져왔다. 모용륭의 새로운 역할은 왕조 내의 다른 구성원들에게도 영향을 미쳤으며, 권력의 균형과 조화를 이루는 데 중요한 역할을 했다.

한편, 모용위와 여러 종실이 부견에게 살해된 비극적 사건으로 나라 전체가 애도의 시기를 가졌다. 초혼하고 장사를 지내며, 이들의 죽음을 애도했다. 이는 후연 왕조 내부의 정치적 긴장과 변화를 반영하는 동시에, 모용수의 통치 아래 겪은 손실과 희생을 상기시켰다.

하경의 반란과
모용농의 대응

청하태수 하경은 정릉에서 병력을 모아 반란을 일으켰다. 그의 목표는 후연의 권위에 정면 도전하는 것이었다. 그는 남쪽에서 적료와 연합하면서 더욱 강력한 위협으로 다가왔다. 하경의 움직임은 후연의 안정을 위협했으며, 이는 모용수에게 새로운 시험대가 되었다.

모용농이 이 위기에 대처하기 위해 나섰다. 그는 하경의 반란군을 토벌하는 임무를 맡았고, 이를 위해 그는 군대를 이끌고 전진했다. 모용농은 그의 용맹과 전략적인 사고로 하경의 무리를 베고 정릉성을 파괴했다. 이로써 반란은 실패로 돌아갔고, 후연의 권위는 다시 한번 확인되었다.

모용농은 더 나아가 군대를 이끌고 업성으로 진격했다. 업성은 그 규모가 매우 크고 넓어 방어가 어려운 성이었다. 이에 따라 모용농은 전략적으로 봉양문 큰 길의 동쪽에 격성을 축성했다. 이는 업성의 방어력을 강화하고 적의 침입을 더욱 어렵게 만들려는 조치였다.

이러한 모용농의 빠른 대응과 결단력은 후연의 안정을 유지하는

데 결정적인 역할을 했다. 반란의 진압과 요새의 강화는 후연이 내부적으로나 외부적으로 강력한 국가임을 다시 한번 증명했다. 모용농의 행동은 후연 왕조에 대한 충성과 능력을 동시에 보여 주는 것이었다.

하경의 반란과 그에 대한 모용농의 대응은 후연의 역사에 중요한 사건으로 기록되었다. 이는 왕조 내의 갈등과 그 해결 과정을 통해 후연의 힘과 결속력이 어떻게 강화되었는지를 보여 주는 사례였다.

전통과 변혁 사이에서

상서랑 누회는 모용수에게 상소를 올렸다. 그들은 삼년 상례의 중요성을 강조했고, 전쟁으로 인해 예법이 소홀히 다뤄진 것에 대해 우려했다.

"삼년상은 천하에 통하는 법도입니다. 그런데 전쟁으로 인해 예가 없어졌습니다. 인심이 갖은 방법으로 벼슬만을 구하며, 높은 지위를 구하고자 하니 상복을 입고서도 일을 하는 지경에 이르렀습니다. 과거 성왕들께서 도덕과 예법을 유지하며 권세를 가진 이들의 횡포를 막고, 분파의 길도 차단할 수 있었습니다. 폐하께서 여러 임금들의 쇠락을 종결시키고, 새로운 중흥의 대업을 펼치셨습니다. 이제 천하가 점차 안정되고, 전쟁도 멈추었으니 이제 옛 법식을 따라 허물을 씻고 질서를 회복해야 합니다. 관리들이 큰 상을 당했을 때 삼년상을 지킬 수 있도록 허락하신다면, 이 법이 사방에 퍼져 백성들도 모두 그 예를 따를 것입니다."

누회는 관리들이 벼슬을 구하는 방식과 부고 시에도 상복을 입고 일하는 관행을 지적하며, 이러한 변화가 국가와 사회에 미치는 부정적인 영향을 비판했다. 그리고 삼년상과 같은 전통의 회복을 촉구했다.

하지만 모용수는 이러한 제안을 따르지 않았다. 그는 전통과 변혁 사이에서 균형을 찾아야 했으며, 현재의 상황과 왕조의 필요에 더 중점을 두었다. 모용수는 후연의 안정과 발전을 위해 때로는 전통적인 방식에서 벗어나 현실적인 접근을 선택했다.

이러한 결정은 후연 내에서 다양한 반응을 불러일으켰다. 일부는 모용수의 현대적인 접근을 지지했고, 또 다른 이들은 전통의 중요성을 강조하며 그의 결정에 의문을 제기했다. 이는 모용수의 통치 아래 후연이 직면한 중요한 도전 중 하나였다.

적쇠 세력 토벌과
장자 정벌

적료의 죽음 이후, 그의 아들 적쇠가 왕위를 이어받아 업성을 공격했다. 이에 모용농이 즉시 이에 대응해 나섰다. 그의 공격은 효과적이었고, 적쇠는 결국 패해 달아났다. 모용수는 직접 군대를 이끌고 활대(하남성 활현)에서 적쇠를 정벌하기로 결심했다. 여양진(현 학벽시 동쪽)에 이르렀을 때, 적쇠는 남안에서 방어 태세를 갖추고 있었다.

제장들은 적쇠의 군대가 정예라며 강을 건너지 않는 것이 좋겠다고 간했지만, 모용수는 단호했다. 그는 웃으며 말했다.

"더벅머리 어린아이가 무엇을 할 수 있겠소? 짐이 지금 경들을 위해 그를 처단하겠소."

모용수는 전략을 변경하여 서진에 진영을 옮기고, 소가죽으로 만든 배 100여 척을 가장하여 의병을 싣고 무기를 진열했다. 그리고 물길을 거슬러 배를 저어 올라갔다. 이는 적쇠를 혼란에 빠뜨리려는 전략이었다. 적쇠는 이전부터 대군을 여양에 갖추어 두었으나, 모용수의 움직임을 보고는 군영을 버려둔 채 서쪽을 막으러 갔다.

모용수는 이 기회를 이용해 계림왕 모용진과 표기장군 모용국을 여양진에 몰래 보내 밤에 건너게 하고, 하남에 보루를 세우도록 하였다. 적쇠가 이 소식을 듣고 급히 돌아왔으나 이미 때는 늦었다. 그의 병사들은 피폐해져서 달아나 활대로 돌아갔고, 적쇠는 처자식과 수백 기만을 이끌고 북쪽의 백록산으로 향했다.

모용농이 적쇠의 뒤를 추격하여 그의 일행을 모두 사로잡았다. 적쇠는 단기로 장자까지 달아났으나, 그가 거느리던 7군의 38,000호는 모두 종전처럼 평화로이 살게 되었다. 서주의 유랑민 7,000여 호는 여양으로 옮겨졌다.

이러한 일련의 사건들은 모용수의 뛰어난 지휘력과 전략을 다시 한 번 입증했다. 그의 결단력과 전술적인 변화는 후연을 적의 위협으로부터 보호하고, 왕조의 안정과 번영을 유지하는 데 중요한 역할을 했다. 모용수와 그의 제장들의 행동은 후연의 역사에 길이 남을 전투적 성공으로 이어졌다.

이후 모용수와 그의 여러 장수들은 조정에서 서연의 장자 정벌에 대해 논의했다. 제장들은 모용영과의 불화가 없었으며, 해마다의 정벌과 군역으로 인해 사졸들이 지쳐 있다고 강조하며, 다른 해를 기다려야 한다고 간했다. 모용수가 마침내 이를 따르고자 하였다. 그런데 이때 모용덕이 묘책을 건의했다.

"모용영은 대연의 가지와 잎에 불과한데 황제를 칭하니 백성들의 마음을 통일해야 합니다."

그러자 이를 들은 모용수는 웃으며 자신의 결심을 밝혔다.

"나의 계획은 이미 결정되었도다. 나는 이제 비록 나이가 들었지만, 주머니 속의 계책을 꺼내면, 그를 이길 만큼 충분하다. 이로써 역적을 제압하고 자손들에게 다시는 폐를 끼치지 않도록 하겠노라."

그의 말은 노련함과 경험을 반영하며, 장자를 정복하겠다는 결단력을 드러냈다. 이에 후연 황제 모용수는 서기 393년 11월, 보병과 기병 70,000명을 동원하여 단양왕 모용찬과 용양장군 장숭을 파견하여 서연 모용영의 동생 모용지를 진양에서 공격하도록 했다. 이는 전략적인 움직임으로, 모용영의 힘을 약화시키고자 하는 의도였다.

한편, 모용영은 같은 해 12월 자신의 장수 조운과 모용종이 이끄는 50,000명의 정예병을 노천에 주둔시켜 방어 태세를 갖췄다. 이는 장자를 보호하고, 후연의 공격에 대응하기 위한 조치였다.

모용수의 서연 정벌과
후연의 대흥

모용수는 전쟁의 결정적 단계에 접어들었다. 그는 군대를 세 갈래로 나누어 모용해를 부구로부터 내보내고, 요서왕 모용농은 호관에서 나아가게 했다. 자신은 주력군을 이끌고 사정을 경유하여 서연으로 진출했다. 한편, 모용수는 군대의 이동 경로를 일부러 유출시켜 모용영의 서연군을 혼란에 빠뜨렸다. 서기 394년 4월, 모용수의 모든 군대는 한 달 가까이 전진을 중단했다. 이는 상대를 혼란에 빠뜨리고, 전략적 우위를 확보하기 위한 계략이었다.

모용영은 모용수의 이러한 행동을 속임수로 의심하며, 다시금 군대를 이끌고 태행산맥의 지관을 방어하러 갔다. 모용수는 이에 대응하여 진군해 서연 남부의 천정관을 통해 대벽에 이르렀다. 모용수가 대벽을 에워싸자 모용영은 지관의 병력을 불러들여 후연군과 접전을 벌였다. 모용수는 거짓으로 패배한 척하면서 유인책을 구사해 서연군을 끌어들였다. 그 결과 몇 리도 못 가서 서연군은 후연의 매복병에 후위가 끊겨 사면으로 포위당했다. 그 결과 서연군은 대패하여 8,000여 명이 참수되었다.

패전 소식을 접한 모용영은 도읍인 장자로 도망쳤다. 같은 해 6월, 모용수의 후연군이 장자를 포위하자 모용영은 동진의 옹주자사 치회에게 구원을 요청했다. 동진의 효무제는 후연의 득세를 우려해 청연이주자사 왕공과 예주자사 유해에게 모용영을 구원하도록 명했다.

모용영은 북위에게도 도움을 요청했다. 북위의 탁발규는 진류공 탁발건 등에게 50,000명의 병력을 파견하여 서연을 지원했다.

그런데 동진과 북위의 원군이 도착하지도 않은 시점에 서연 내부에서 내란이 일어나 벌근 등이 성문을 열어 후연군을 불러들였다. 모용수의 후연군은 북문으로 도망치던 모용영을 사로잡고 그를 참수해 죽였다. 이와 함께 모용영이 임명한 공경 조운 등 30여 명도 처형되었다. 이로써 서연은 11년 만에 멸망했다. 모용영이 다스리던 서연의 8개 군 76,800호의 백성, 그리고 전진 황실의 보물 등은 모두 후연에게 돌아갔다. 이는 후연의 군사적 · 경제적 우위를 더욱 공고히 하는 결과물이었다. 모용수의 전략적인 승리는 그의 지도력과 군사적 능력을 다시 한번 증명했으며, 장자의 함락은 후연의 강력한 통치력을 전시하는 중요한 사건이 되었다.

모용수의 통치 아래, 후연의 군사적 확장은 계속되었다. 이번에는 모용농이 하남 땅의 정복 임무를 맡았다. 모용농은 늠구와 양성을 공격하여 이들을 모두 함락시켰다. 이 과정에서 태산과 낭야의 여러 군들도 성을 버리고 흩어져 달아났다. 모용농의 공격은 빠르고 결정적이었으며, 하남 지역의 저항을 효과적으로 무너뜨렸다.

모용농은 바다에 이르기까지 진군했다. 그의 군대는 방대한 영토를 통과하며 놀라운 승리를 이어 갔다. 바다에 이른 그는 지방관인 수재를 설치하였고, 이로써 후연은 해상 무역과 교류의 기회를 확장하고 그 영향력을 바다까지 뻗어 나가게 했다.

모용농의 성공적인 정복 작전 이후, 그는 용성으로 돌아왔다. 용성에서 모용수는 사당에 승전을 알렸다. 이는 후연의 연속된 군사적 성공을 기념하는 의식이었으며, 모용수의 지도력과 제국의 강력한 군사력을 다시 한번 강조하는 순간이었다.

모용수의 승전 고별은 후연 내에서 큰 기쁨과 자부심을 불러일으켰다. 그의 지휘 아래 이루어진 연속된 승리에 후연은 중국 북부의 주요 세력으로 자리매김했다. 모용농의 하남 정복은 후연의 국력을 더욱 확대시키며, 모용씨 왕조의 위업을 역사적으로 더욱 빛나게 했다.

후연의 지원을 받아 어부지리로 폭풍 성장한 탁발규의 북위

모용수는 제갈량의 책략과 관우, 장비의 무력을 겸비한 5호 16국시대 최고의 군주이자 군사책략가였다. 그가 통솔하는 군대는 패배를 모를 지경이었다. 모용수의 군대 앞에는 승리만이 있었을 뿐이다. 그러나 연이은 승리는 진중에 교만함을 불러왔다.

그 결과 군 지도부의 해이 현상이 발생했고, 결국 북위와의 참합피(參合陂, 대동시 북서쪽) 전투에서 무참하게 패배하게 된다. 교만한 군대는 반드시 패배한다는 교병필패의 역사적 교훈은 언제 어디서나 누구에게나 적용되는 불변의 진리였다. 후연이 참합피 전투에서 북위에게 참패하면서 중원에서 밀려나는 등 북방의 정치적 균형에 커다란 변화가 발생하게 된다.

당초 후연과 북위는 그 전신이었던 전연과 대나라 시절부터 우호적인 관계를 유지해 왔다. 두 나라 사이의 관계는 혼인과 외교적 교류를 통해 강화되었다. 모용수는 처음 탁발규가 북위를 건국하는 것을 지지하였다. 그래서 탁발규가 독고부와 하란부를 정복하고 내부를 통일하여 나라를 회복하도록 지원했다. 그러나 북위의 세력이 날로 강해지면서 독립을 도모하기 시작했다. 더 나아가 여러 차례 후연에 복종한 변방의 여러 부족들을 침범하여 쌍방이 반목하며 원한을 쌓았다.

북위의 개국 황제인 탁발규(拓跋珪, 371~409년)는 운중군 성락현(盛樂縣, 산서성 대동시 북서쪽) 출신의 선비족 출신이다. 서기 371년 8월 4일에 참합피 북부에서 태어났다. 서기 386년 혼란을 틈타 내몽골 오르도스 지역에 대국을 재건하고 우천에서 즉위했으며, 이후 위왕(魏王)을 칭했다. 당시 탁발규는 겨우 15세였다.

탁발씨는 나중에 원(元)씨로 성씨를 바꾸게 되는데, 이들은 본래 춘추전국 시기 위나라 필만(畢萬)의 후손들이었다. 원래 하북성 한단시와 요성 사이에 위치한 원읍(元邑, 현 대명현)의 지명을 본따 성씨로 삼았다. 그 후손들이 북방으로 밀려나 탁발씨로 불리었는데, 북위의 7대 황제 효문제 탁발굉 시기(서기 467~499년)에 한화 개혁을 통해 원래의 성씨인 원씨로 개성했다.

탁발규가 처음 위왕을 칭한 시기에 북위는 주변의 강력한 적들에 의해 둘러싸여 있었다. 북쪽에는 하란(賀蘭)부, 남쪽에는 독고(獨孤)부, 동쪽에는 고막해(庫莫奚)부, 서쪽에는 하투(河套) 지역의 흉노 철불(鐵弗)부, 음산 북쪽에는 유연과 고차부, 태행산 동쪽에는 모용수가 세운 후연, 그리고 서쪽에는 모용영이 통치하는 서연이 있었다.

탁발규는 친족 간에 권력을 차지하기 위한 치열한 내부 갈등에 직면하기도 했다. 유환 등은 탁발굴돌의 지시에 따라 탁발규를 죽이려 했고, 막제(莫題) 등도 탁발굴돌과 연계해 탁발규를 견제하고 있었다. 탁발규는 유환 등을 죽이고 막제 등 일곱 성씨를 사면했다. 그러나 탁발규는 내분을 두려워하여 하란부로 피신했고, 음산을 방어의 장벽으로 삼았으며, 후연에 구원을 요청했다.

서기 386년 10월, 탁발굴돌이 접근하면서 북위의 부족 사람들이 불안해했다. 모용수의 아들 모용린이 이끄는 후연 구원군이 아직 도착하지 않았기 때문에, 탁발규는 먼저 북위 사신 안동(安同)을 돌려보내 후연군이 근처에 있다는 것을 알리고 사람들의 마음을 안정시켰다. 그 후 탁발규는 마침내 후연 구원군과 합류하여 고류에서 탁발굴돌을 대파했다. 탁발굴돌은 패잔병을 이끌고 서쪽으로 도망쳐 흉노 철불부에 의존했지만, 결국 그들에게 살해당했다.

서기 386년 12월, 후연은 탁발규에게 서선우의 칭호를 부여하고 상곡왕(上谷王)으로 봉했다. 서기 387년 6월, 탁발규는 마읍(馬邑, 현 삭주시) 남쪽에서 직접 류현을 정벌하러 나아가 미택에서 그의 군대를 대파했고, 류현은 남쪽으로 도망쳐 모용영에게 투항했다.

서기 388년, 탁발규는 고초해(庫草奚) 등의 부족을 대파했다. 이듬해, 고차 등 부족을 대파했고, 390년에는 고차 원흘부를 공격해 대승을 거두었다. 이후 모용린이 이끄는 후연군과 함께 하란부 등을 공격했다. 탁발규는 고차 부족을 여러 차례 공격해 승리를 거두었지만, 유일하게 유연만이 북위에 항복하지 않았다. 그래서 서기 391년 10월에 탁발규는 유연을 대대적으로 공략하여 절반의 부족을 포로로 사로잡았다.

그 후 탁발규는 나머지 부족을 추격하여 그들의 항복을 받아 냈다. 이어서 탁발규는 흉노 철불부를 직접 공격하여 그들의 수도를 공략하여 그 수장 유위진의 일가 5,000여 명을 사로잡았다. 유위진은 도망쳤지만 결국 그 부하에게 시해당했다. 탁발규는 유위진의 일가 5,000여 명을 처형하고 그들의 시신을 황하에 버렸다. 이 전투 이후, 음산 남쪽의 모든 부족들이 북위에 항복했다. 이로써 북위는 주변의 강국들을 모두 물리치고 북방의 가장 강력한 세력 중 하나가 되었다.

후연은 북위보다 2년 먼저 전진으로부터 독립을 선언했고, 당시 후연은 강하고 북위는 약했다. 두 나라는 본래 여러 세대에 걸쳐 혼인으로 얽힌 관계였다. 그래서 탁발씨가 복국 초기에 겪은 여러 차례의 내란과 대외 공격에 후연이 대부분 군대를 지원했다. 북위의 국력이 폭풍 성장할 수 있었던 것은 후연의 지원을 받아 힘들이지 않고 영토와 자원을 늘리는 어부지리를 얻었기 때문이다. 따라서 탁발규는 후연의 지원을 더 받기 위해 후연과 우호적인 관계를 맺고 매년 사신을 주고받았다.

참합피 전투의 참혹한 패전과
후연의 쇠락

서기 391년, 하란부에서 내란이 일어나 하염간과 하눌이 서로 공격하였고, 탁발규도 안내자 역할을 자청하면서 후연에게 군대를 파견해 달라고 요청했다. 하지만 이때 탁발규는 이미 국력이 강해져 후연을 멸망시키려는 생각까지 품고 있었다. 후연의 모용씨도 탁발씨를 통제하려 했고, 양측의 관계는 사실 매우 미묘했다.

이해에 양국 사이의 미묘한 관계는 드디어 실체를 드러내기 시작하였다. 탁발규가 구원을 요청하는 과정에서 자신의 동생 탁발고를 사신으로 보내 후연에 후한 선물을 바쳤다. 그러나 후연은 군마를 보내라고 추가로 요구했다. 탁발규가 후연의 요구를 거절하자 양국 관계가 급속히 악화되었다. 후연과 북위 간의 관계가 끊어지고, 탁발고는 모용보에게 억류되었다. 모용수는 탁발씨들을 북방의 오랑캐로 하대했다.

이에 북위는 서연과 연합하여 후연에 대항했다. 서기 394년 6월, 후연 황제 모용수는 서연을 공격해 그들의 수도를 포위했고, 서연 황제 모용영은 북위에 지원을 요청했다. 탁발규는 구원군을 보냈으나 구원군이 채 도착하기도 전에 서연의 수도 장자(長子)가 함락되었다. 서연 황제 모용영과 그의 공신 및 대장 30여 명은 모두 처형되었고, 서연은 멸망했다. 이로써 화북 지역에는 후연과 북위 두 나라만이 남게 되었고, 두 나라 사이의 대규모 전쟁은 피할 수 없게 되었다.

후연과 북위의 참합피 전투의 형세도

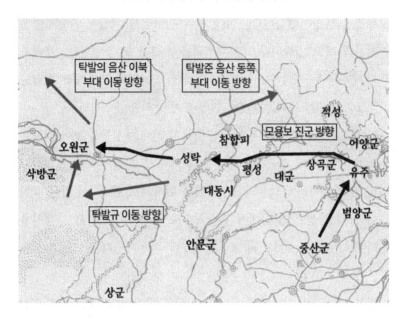

서기 395년 무렵, 북위의 탁발규는 25세의 젊은 야심가인 데 반해 모용수는 이미 나이가 70대에 들어서 전쟁을 원치 않았다. 그러나 모용보를 비롯한 여러 자식들과 동생 모용덕이 끈질기게 전쟁을 요청했다. 서기 395년 5월, 탁발규가 후연의 변경 지역을 침입하자, 모용수는 마침내 무력으로 북위를 정복하기로 결단을 내렸다.

서기 395년 11월, 모용수는 태자 모용보와 요서왕 모용농, 조왕 모용린 등에게 80,000명의 대군을 이끌고 북위를 치라고 명했다. 이뿐만 아니라 이들을 지원하기 위해, 범양왕 모용덕과 진류왕 모용소에게 별도로 18,000명의 군대를 보내 모용보의 뒤를 지원하도록 했다.

탁발규의 장군 장연이 말했다.

"연나라 군대는 최근 적교를 활대에서 깨뜨리고 장자에서 서연의 모용영을 멸망시켰습니다. 이에 우리 위나라를 쳐들어와서 북방을 평정하려 하고 있습니다. 이는 우리를 가볍게 본 것입니다. 우리가 두려워하는 듯 퇴각하면 적들은 승리에 도취되어 오만해질 것입니다. 그때 기회를 틈타 공격한다면 반드시 승리할 것입니다."

이에 북위의 탁발규는 후연이 도착하기 전에 군신들을 모아 대책을 논의한 끝에 '적이 진군하면 아군은 후퇴하고, 적을 깊숙이 유인하고 질질 끌며 타격하지 않는다.'는 전략을 취하기로 했다. 이 같은 방침 하에 도성인 성락(盛樂)에서 전략적으로 후퇴하여 서쪽으로 황하를 건너 황하 서쪽 1,000여 리 떨어진 곳으로 이동하였다.

후연군은 곧장 진격하여 위군의 저항을 받지 않고 순조롭게 오원(五原)으로 진군하여 북위의 다른 부족 주민 30,000여 가구를 항복시키고 잡곡 100여만 곡을 수확하여 그곳에 흑성을 설치하였다. 그 후 후연군은 배를 만들어 강을 건너 공격할 계획으로 황하로 들어갔다. 이와 동시에 탁발규는 군대를 이끌고 강변으로 진군하여 후연군과 대치하면서 우사마 허겸을 후진(後秦)으로 보내 지원을 요청했다. 다른 한편으로는 후연군과 그 수도 중산으로 가는 길을 막았다.

모용보가 중산을 출발할 무렵, 모용수는 병을 앓고 있었다. 탁발규는 첩자를 통해 이 정보를 입수했다. 북위군에 의해 길이 막히자 척후병들이나 사신들이 오가지 못한 탓에, 모용보는 몇 달째 중산에 있는 후연 황제 모용수의 소식을 알지 못했다. 탁발규는 모용보가 오원에 도착했을 때, 중산으로 가는 길에서 후연 사자를 붙잡았다. 그리고 사자들을 이용해 모용수가 이미 죽었다는 거짓 정보를 모용보에게 알렸다.

"황제 폐하께서 병이 악화되어 붕어하셨다고 합니다."

모용수의 일상에 대한 보고를 받지 못하던 모용보와 그 병사들은 모용수가 이미 죽은 걸로 알고 크게 동요했다.

서기 395년 8월에 탁발규는 황하 남안에서 자신의 군대를 정비하였다. 9월 탁발규의 도발에 맞서 모용보의 군대가 황하를 건너려고 하는데, 갑자기 폭풍이 불어 수십 척의 전선이 황하 남안으로 떠밀려 갔다. 이때 북위군이 배에 타고 있던 300여 명의 후연군을 포로로 잡았으나 그들을 모두 풀어 돌려보냈다. 이에 병사들 사이에 강을 건너는 것에 대한 두려운 마음이 일어났다. 결국, 참합에 머물기로 하고 상황을 관망했다. 그런데 그곳에서 갑자기 더 큰 바람과 검은 기운이 일어났고, 그 형상이 제방과 같았다. 이는 불길한 징조로 여겨졌다.

배 수십 척이 남쪽 강변에 표류했다. 사문 지담맹은 모용보에게 "풍도와 기상이 사납고 빠른 데다, 북위군이 곧 도착할 조짐이니, 마땅히 병력을 보내 이를 저지해야 합니다."라고 조언했다. 하지만 모용보는 웃으며 이를 받아들이지 않았다. 지담맹이 거듭 만류하여, 모용린이 기병 30,000명을 이끌고 후군을 맡았으나, 이들은 사냥하며 놀았다.

탁발규는 진류공 탁발건에게 기병 50,000명을 주어 황하 동쪽 기슭에 주둔시켰고, 동평공 탁발의를 보내 10만 명의 기병을 황하 북쪽 기슭에 주둔시켰으며, 또 약양공 탁발준을 보내 70,000명의 기병을 이끌고 후연군의 남쪽을 막았다. 이때 후진의 황제 요흥도 지원군을 파견하여 위군을 구원하였다.

근안이 모용보에게 철수를 권했지만, 모용보는 이를 무시했다. 이에 9월부터 10월까지 20여 일간 후연군과 북위군은 서로 강을 사이에 두고 대치했다. 그사이에 후연 내부에서 내란이 발생했다. 모용린의 부장 모여숭이 모용수가 죽었다고 생각해 반란을 일으켜 모용린을 황제로 세우려 했지만, 계획이 실패하고 처형당했다. 이 사건으로 모용보와 모용린 사이에 서로에 대한 의심이 커졌다.

10월 2일, 모용보는 배를 불태우고 철수했다. 당시 모용보는 황하의 얼음이 얼지 않아 북위 군대가 즉시 도강하지 못할 것이라 생각하고 척후병을 두지 않았다. 그런데 11월 3일에 폭풍이 불어 기온이 갑자기 떨어졌고, 황하가 빠르게 얼어붙자 탁발규는 정예 기병 20,000여 명을 선발해 화급히 황하를 건너 후연군을 추격했다.

후연군이 참합피에 도착했을 때, 사문 지담맹은 군사를 보내 북위의 군사를 막아야 한다고 주장했다. 하지만 모용보는 화를 내면서 이를 거절했다. 이에 모용덕이 나서서 지담맹의 말을 따를 것을 권유했고, 결국 모용보가 모용린에게 기병 30,000명을 거느려 후방에 주둔시켜 비상사태에 대비하게 했다.

그런데 모용린은 기병을 풀어놓고 사냥을 하는 등 북위군의 공격에 대비하지 않았다. 모용보가 기병을 파견해 돌아가서 북위의 군사를 염탐하게 했지만, 기병들이 10여 리 간 다음에 바로 안장을 풀고 잠에 들었다. 북위군이 새벽부터 밤까지 두 배 빠르게 행군해 11월 9일 해 질 무렵에 참합피의 서쪽까지 추격했으며, 후연의 참합피 동쪽에 있는 반양산 남쪽의 강변에 군영을 설치했다. 그런데 갑작스럽게 누런 안개가 몰아쳐, 해와 달조차 보이지 않을 정도로 어두워졌다.

그날 밤, 북위군이 참합피에서 후연군을 기습 공격했다. 탁발규는 밤에 군사를 분산시켜 소리를 내지 않도록 하기 위해 병사들에게 입에 하무(枚)를 물게 하고, 말에게는 재갈을 물리게 하여 몰래 후연군에게 접근하도록 하였다.

10일, 해가 뜨자 북위군은 산 위에 올라가 아래에 있는 후연의 군영을 공격했다. 모용보가 이끌던 후연의 군사들이 동쪽으로 후퇴를 시도했지만, 산과 들에 위군이 가득하다는 것을 알게 되자 크게 동요했다. 그리고 북위군이 공격하자 후연군은 전투 의지를 잃고 물밀듯 도망치기 시작했다. 탁발규는 그 여세를 몰아 군사를 몰아 공격했다. 이 과정에서 말에 밟히거나 서로 짓밟고, 물에 빠져 죽은 병사가 약 10,000명에 달했다. 이어서 탁발준의 지휘하에 북위군은 후연의 병사 50,000명을 사로잡았고, 수천 명만이 살아 도망칠 수 있었다. 돌아온 사졸은 열에 한두 명으로 지극히 적었다.

모용보는 홀로 말을 타고 달아났고, 진류왕 모용소 등이 전사했으며, 노양왕 모용왜노, 계림왕 모용도성, 제음공 모용윤국 등 많은 관리와 장군들이 북위에 붙잡혔다. 북위는 셀 수 없이 많은 무기·갑옷·식량·물품을 노획했다.

당초 탁발규는 포로로 사로잡힌 사람들 중 가운, 가이, 조숭 등 일부 능력 있는 인사들을 제외하고 다른 관리들을 모두 후연으로 돌려보낼 계획이었다. 그러나 중부대인 왕건이 포로들을 모조리 죽여야 한다고 강력히 주장하자 이를 듣고 50,000명의 후연군을 모두 생매장해 죽였다. 참합피에는 이들의 시체가 산처럼 쌓여 있게 되었다. 이후 탁발규는 12월에 운중의 성락으로 되돌아갔다.

애초에 모용보가 유주에 도착했을 때, 그가 타고 있던 수레의 굴대가 아무 이유 없이 부러졌다, 술사 근안이 이를 커다란 흉조라 여겨 여러 차례 모용보에게 돌아갈 것을 권하였으나 모용보가 화를 내며 이를 거부했다. 이러한 무시와 무모한 진군, 리더십 부재, 안이한 대응 등 일련의 사건들은 후연의 지도력이 해이해졌다는 것을 보여 주었으며, 이는 군사력을 약화시키고 정치적인 혼란을 부추겼다. 모용보와 모용린의 의심과 탁발규의 군사적 기민함은 후연에게 또 다른 타격을 입혔으며, 후연 왕조의 쇠퇴를 촉진시키는 중요한 요인이 되었다.

참합피 전투는 후연의 군사력과 정치적 안정성에 큰 타격을 입혔으며, 북위의 지배력을 강화하는 데 중요한 역할을 했다. 후연의 대패는 후연 왕조의 쇠퇴와 멸망을 가속화시켰다. 북위는 이 전투를 통해 더욱 강력한 지위를 확립했다. 이 사건은 5호 16국 시대의 역사에서 결정적인 전환점으로 기록되었다.

모용수의
마지막 순간과 유언

모용보는 참합의 패전에 대해 여러 차례 한탄하면서, 북위를 공격할 기회를 마련해야 한다고 말했다. 모용덕도 또한 모용수에게 권했다.

"북위 사람들이 참합에서의 승리로 인해 태자를 업신여기는 마음을 갖게 되었으니, 임금께서 직접 출전하셔서 그들의 예기를 꺾어야 합니다."

서기 396년 3월, 후연 황제 모용수는 참합피에서의 패배를 만회하기 위해 70세의 고령임에도 불구하고 직접 대군을 이끌고 북위를 공격하였다. 모용보와 모용농은 천문에서 출발하여 북위를 향했다. 정북장군 모용룡과 정서장군 모용성은 청산을 넘어 북위의 평성(현 대동시)을 기습했다.

이때 후연의 병사들은 패배한 지 얼마 되지 않아 모두 북위군을 두려워하고 있었는데, 용성의 병사들은 용감하고 날카로워 서로 앞장서고자 다투었다. 모용수는 중산에서 비밀리에 군대를 이끌고 태행산의 길을 파내어 뜻밖에도 북위의 핵심지인 평성을 직접 공격했다. 평성을 지키던 북위의 진류공 탁발건은 전혀 예상치 못한 공격에 당황했다.

후연의 기습은 완벽했다. 평성은 순식간에 점령되었고, 30,000여 명의 북위 병사들이 포로로 잡혔다. 탁발건은 전투에서 전사했다. 이어서 모용수는 모용보 등을 파견하여 탁발규를 압박했다. 탁발규는 매우 두려워하며 성락에서 도망쳐 군대를 피하려 했다. 용맹하고 전투에 능한 탁발건의 전사 소식이 전해지자, 여러 부족들이 배반하려는 마음을 품어 탁발규는 무척 당황했다.

모용보와 모용농의 군대는 승리를 거두고 중산으로 돌아갔다. 이는 참합피에서의 패배 이후 후연의 군사력과 사기를 회복하는 중요한 승리였다.

후연의 이번 설욕전은 모용씨의 지도력과 군사 전략의 우수함을 다시 한번 입증했다. 이는 또한 북위에 대한 심리적인 압박을 가하며 후연의 군사적 입지를 강화하는 계기가 되었다. 참합의 패배 후 다시 일어선 후연은 잃었던 영토와 명예를 회복하기 위한 새로운 전략을 모색하며, 모용씨의 지휘 아래 다시 한번 중원의 정세에 영향을 미치려 했다.

그러나 이 무렵, 모용수는 평성으로 행군하던 중 참합피 전투가 벌어졌던 곳에 이르렀다. 그는 탁발규에게 학살당한 후연군의 백골이 산처럼 쌓여 있는 참혹한 광경을 목도하고 깊은 슬픔에 잠겼다. 그는 죽은 이들을 위한 위령제를 지냈다. 자신의 부형자제를 잃은 후연 병사들이 슬픔을 이기지 못하고 일제히 통곡했다. 그 모습을 바라보던 군중 속에서도 서러운 울음소리가 크게 울려 퍼졌다. 노령의 모용수는 부끄러움과 분노가 치솟아 피를 토하고 쓰러지고 말았다.

그 직후 병을 얻어 거가를 타고 중산으로 후퇴할 수밖에 없었다. 모용보와 그의 일행은 운중에 이르러 모용수가 중병에 걸렸다는 소식을 듣고는 급히 돌아왔다. 그런데 거가가 중산에 도착하지도 못하고 상곡(현 하북성 회래현)의 저양에 이르렀을 때, 모용수는 죽음이 다가왔음을 느꼈다. 이에 행군을 멈추라 지시하고 태자 모용보와 여러 신하들을 모아 놓고 유언했다.

"지금 화난이 아직 성하니 상례는 간소하게 하라. 아침에 죽으면 저녁에 초빈하고, 일이 끝나면 상복을 입어라. 3일 후 상복을 벗고 정사에 임하라. 강성한 오랑캐들이 틈을 노리고 있으니, 나의 죽음을 숨기고 발상하지 말라. 도성에 도착한 후에 발상하고 상복을 입어라."

모용보 등이 유언에 따라 그대로 행했다. 모용수는 서기 396년에 붕어했다. 향년 71세로 총 13년간 재위했다. 시호는 성무황제였으며, 묘호는 세조라 불렀다.

모용수는 천재적인 영웅이다. 위대한 전략과 전공 때문에 전연에서 의심을 받아 부견에게 피신하였으나, 이후 관대한 정치로 명성을 얻었다. 전진의 부견이 그를 예의를 갖추어 받아들이고, 모용수는 주어진 일에 모든 힘을 다해 전념했다. 그러나 매의 본성은 얽어매기 어렵고, 늑대의 마음은 야생 그대로이다.

여러 번의 기적을 일구며, 하곡에서 50,000명을 무너뜨리고, 비밀 계책으로 배를 띄워, 여양의 일곱 군을 불러들였다. 료음의 옛것을 되돌리고, 중산에 새 사회를 창조했다. 제왕처럼 종교 의식을 거행하며, 제왕의 준비를 했다. 중이가 진으로 돌아갔을 때 다섯 신하의 공덕에 의지했고, 월왕 구천은 오나라를 속여 5,000명의 병력을 얻었다. 두 제왕이 나쁜 상황에서도 특별한 업적을 이루었듯이, 그들은 소수의 군대로 힘을 모아 함께 산악을 뒤집고, 높이 날아오르며 바람과 구름을 다스렸다!

이 무렵 북위의 첩자가 탁발규에게 달려가 알리길 "모용수가 병으로 이미 죽어, 주검을 실은 수레가 군에 있습니다."라고 했다. 북위 조정에서는 참합에서 통곡 소리가 나는 것을 들었기 때문에 모용수가 죽은 것이 틀림없다고 믿고는 급히 진군해 이를 추격했다. 하지만 평성(산서성 대동시)이 이미 함락된 상태라는 사실을 확인하고, 탁발규의 북위군은 퇴각하여 음산(내몽고자치구)으로 물러났다.

모용수의 사후 그의 아들 모용보가 중산으로 돌아가 황위를 계승했고, 탁발규는 일시적으로 직면한 위기에서 벗어날 수 있었다. 탁발규는 천자의 깃발을 앞세우고 연호를 '황시'로 바꾸며, 후연이 점유한 중원 땅을 공격하기 위한 준비를 시작했다.

모용보의 즉위와
후연의 혼란

모용보의 자는 도우이며, 모용수의 넷째 아들이다. 어렸을 때 그는 경솔하고 결단력이 부족했으며, 아첨하는 것을 좋아하는 성향이었다. 우유부단한 성격으로 인해 혼란한 시기에 군주로서의 자질을 갖추기 어려웠다. 부견의 통치 기간 동안 태자세마와 만년령을 역임했다. 부견이 회비 전투에서 그를 능강장군으로 임명했다.

태자가 된 후, 자신을 단련하고 유학을 존중하며 논쟁에 능하고 글쓰기에 재능이 있는 인물로 변모했다. 모용수 좌우 신하들의 신뢰를 얻기 위해 아첨하며 명성을 쌓으려 애썼다. 이에 모용수의 조정 신하들은 일제히 그를 칭찬했다. 모용수 역시 그를 가문을 이어 갈 수 있는 현명한 인물로 평가했다.

모용수가 세상을 떠난 후, 그해 모용보가 황위를 이어받아 영역 내에서 대규모 사면을 발표하고 연호를 '영강'으로 바꾸었다. 그는 태위 고욕관 위를 태사와 좌광록대부로, 단숭을 태보로 임명했다. 나머지 관직은 각자의 자격에 따라 배치되었다. 모용수의 유지에 따라 호구를 재검토하고, 군영을 분할하여 군현에 배치했으며, 사족의 구적을 확정하고 관례를 명확하게 했다. 하지만 엄격한 법과 엄정한 정치로 인해 상하가 덕에서 멀어지고, 백성 중 혼란을 느끼는 이가 대다수였다.

처음에, 모용수는 모용보의 후계자가 아직 확정되지 않아 걱정하였다. 모용보의 서자인 청하공 모용회는 다재다능하고 전략적인 용맹함을 갖춘 인물이었으며, 모용수는 그를 높이 평가했다. 사실 모용수가 모용보를 후계자로 세운 것은 나중에 모용회가 황위를 계승할 것이라는 확신이 섰기 때문이다. 이는 마치 주나라의 고공단보가 계력에게 제위를 넘겨 주문왕에게 권력이 넘어가도록 조치한 것과 유사한 상황이었다.

모용보가 북벌을 진행할 때, 모용회에게 궁중 사무를 대신하게 하고, 태자만큼의 총록과 예우를 부여해 그의 결정을 드러낸 바 있었다. 북위 정벌 시에는 용성을 옛 수도로 삼고 종묘가 위치한 곳으로 정하여 모용회에게 유주 수비와 동북의 중요한 업무를 맡겼다. 이때 모용수는 고위 관리를 선발해 그에게 소속시켜 위엄과 명성을 드높였다. 모용수는 죽기 직전에, 모용회를 모용보의 후계자로 지명하였다. 그러나 모용보는 막내아들 복양공 모용책을 총애하여 모용회에게 큰 관심을 기울이지 않았다.

모용보의 서장자 장락공 모용성은 나이가 동생들과 같음에도 불구하고 자신이 더 연장자라 여겼기에, 모용회가 자신보다 우선하여 존중받는 것을 수치로 여겼다. 이에 모용성은 모용책이 후계자로 더 적합하다고 주장했으며, 모용회를 공개적으로 비방하진 않았다. 이러한 모용성의 의견에 모용보는 기뻐하며 조왕 모용린과 고양왕 모용륭의 의견을 구했고, 그들 모두 이 결정을 지지했다.

결국 모용보는 모용린 등과 협의하여 모용책의 어머니인 단씨를 황후로, 모용책을 황태자로 정하고, 모용성과 모용회에게 왕의 작위를 승진시켰다. 모용책은 열한 살의 어린 나이에 뛰어난 외모를 지녔으나 둔중하고 지혜가 부족한 상태였다.

북위와
연나라의 백사(柏肆) 전투

모용보가 즉위한 이후 후연의 기세가 크게 약화되자 북방의 양대 세력 중 하나였던 북위의 탁발규는 40만 대군을 이끌고 후연에 대한 대규모 반격을 시작했다. 서기 396년 6월, 후연이 지배하던 하북성 지역을 공략하여 광녕과 상곡을 차지했다.

서기 396년 8월, 후연의 새 군주 모용보가 즉위한 이후 많은 잘못된 결정을 내린 시점에 탁발규는 직접 보병과 기병 10만 대군을 이끌고 마읍에서 남쪽으로 출발하여 구주를 넘어 후연의 병주를 공격했고, 동시에 봉진에게 별도의 군대를 이끌고 후연의 유주를 공격하도록 명령했다.

9월이 되자, 북위군은 병주에 도착하여 후연의 요서왕이자 표기대장군인 모용농이 지키던 성을 대파했다. 패전 후 모용농은 진양으로 돌아왔으나, 사마 모여숭이 문을 막고 그를 막아서는 바람에 더 동쪽으로 도망했다. 노천에서 북위의 추격군에 내몰린 모용농은 수천의 기병을 모두 잃고 단지 3명의 기사만을 이끌고 중산으로 도망쳤다. 탁발규는 이에 병주를 점령하고 관리들을 배치하여 지역을 통치했다. 이에 북위의 영향력이 병주를 넘어 하북과 하남 일대로까지 확대되었다.

북위군의 진격이 멈출 줄 모르는 상황 속에서 모용보는 동당에서 신하들과 논의했다. 먼저, 중산윤 부모(苻謨)가 말했다.

"북위군은 강성하고 1,000리를 돌며 싸우며 승리를 이어 가고 있어, 용기가 두 배가 되었습니다. 평원에 기병을 배치한다면, 형세가 더욱 강해져 거의 적수가 되지 못할 것입니다. 험한 지형을 통해 그들을 막아야 합니다."

중서령 휴수가 주장했다.

"북위군은 기병을 주력으로 하여 부대가 신속하게 이동하며, 말 위에서 식량을 운반하는 특징을 가지고 있어, 열흘 이상 지속되지 않습니다. 따라서 각 군현에서 1,000가구를 하나의 보루로 집결시키고, 깊은 해자와 높은 성벽으로 방어선을 구축해야 합니다. 또한 청야에 군대를 배치하여 대기시켜, 적이 약탈할 수 있는 자원이 없도록 해야 합니다. 이렇게 하면 식량과 자원이 고갈되어 60일 후에는 적이 자연스럽게 후퇴할 것입니다."

상서 봉의가 나서며 말했다.

"현재 북위의 군대는 10만에 달하며, 천하에서 가장 강력한 적입니다. 백성들이 취락을 만들고자 해도, 그들을 충분히 보호하기엔 부족합니다. 이는 결국 식량과 병력을 집중시켜 강적에게 자원을 제공하고, 대중의 심리를 동요시키며 약점을 노출하는 결과를 초래합니다. 관문을 단단히 닫고 전투 준비를 갖추는 것이 최선의 전략입니다."

모용린이 말했다.

"북위는 지금 승리의 기세를 타고 있으며, 그 날카로움은 막을 수 없습니다. 우리는 방어를 강화하고 대비해야 하며, 그들이 지쳐 있을 때를 기다려 공격해야 합니다."

모용보는 모용린 등의 제안을 받아들여, 관문을 방어하고 여러 곳에 방어를 설정하는 방법을 포기했다. 그 대신에 대도시의 성을 수리하여 견고한 방어를 하고 들판의 곡식을 모조리 치워 없애는 청야 전술을 구사하는 등 장기전에 대비하기로 하였다. 그 결과, 북위 군대는 남하하며 마치 평원을 가로질러 가듯 순조롭게 진격하여, 한 달 안에 연이어 후연의 분천과 상산을 공략하고 국도 중산을 포위했다. 또한, 탁발의가 업성을 공격하고, 왕건과 이율이 신도를 공격했다. 탁발규의 남하는 단 두 달 만에 후연이 전체 전선에서 철수하게 만들었다.

탁발규는 우율제와 공손란 등에게 옛날 한신이 하북성 정형의 산중에서 사용했던 협로를 비밀리에 개통하도록 명령했다. 서기전 204

년, 초한전쟁 시기에 한신은 이 길을 뚫어 조나라군을 격파하고, 조왕 헐을 사로잡는 데 성공한 바 있었다.

서기 396년 10월, 정형의 좁고 험한 길을 따라 군대를 이끌고 중산성을 공격했다. 당시 후연군은 성을 지키며 장기간 지속될 전투를 준비하고 있었다. 이 때문에 탁발규가 상산을 점령한 후, 그 동쪽의 여러 군과 현의 관리들이 성을 버리거나 항복하면서 북위는 쉽게 중원의 대부분 지역을 점령했다. 북위군은 중산을 점령하는 데 실패했지만, 박릉과 노구를 함락하는 데 성공했다.

후연의 많은 장수들이 두려움에 사로잡혀 바람을 보고 도망쳤으며, 지역 군현들은 모두 북위에 항복했다. 중산·업성·신도의 세 성만이 여전히 저항을 계속했다. 탁발규는 군대를 중산·업성·신도 등 세 방향으로 나누어 공격을 가했다. 자신은 직접 중산을 공격하였고, 탁발의는 업성을, 그리고 왕건과 이율은 신도를 공격하도록 했다. 그러나 탁발규는 후연군의 강력한 저항에 부딪혀 중산성을 넘을 수 없었다. 이에 남쪽의 다른 두 도시를 노렸다.

서기 397년 정월, 북위의 탁발규가 신도(信都, 형태시 신도구)를 직접 공격하자 마침내 후연의 수비장인 의도왕 모용봉이 성을 포기하고 중산으로 도망쳤다. 같은 시기에 후연의 범양왕 모용덕이 업성 (하북성 임장현)을 공격하던 동평공 탁발의와 하뢰노를 이간시키는 데 성공하였다.

모용덕은 탁발의의 사마 정건(丁建)과 내통하고 있었는데, 정건이 하뢰노가 탁발규의 외삼촌이라며 탁발규의 통제를 받지 않으려 한다는 사실과 이간책을 화살편지로 모용덕의 성안으로 쏘아 소상히 설명했다. 정건이 둘 사이를 이간한 후 모용덕에게 투항하면서 탁발의의 노쇠한 군대를 집중 공격할 것을 주장하자, 모용덕은 계양왕 모용진과 남안왕 모용청에게 기병 7,000명을 거느리고 출전하도록 해 북위군을 추격하여 대승을 거두었다.

이처럼 모용덕이 업성의 방어에 성공하였으나 북위는 후연의 수도 중산을 장기간 포위 공격함으로써 승리를 눈앞에 두고 있었다.

서기 396년 말~397년 초의 겨울에 들어서며 추위와 얼음이 매서워졌다. 북위군은 선비족 유목민으로서 공성전 경험이 없었으며 공성무기도 부족했다. 이에 반해 후연은 견고한 방어와 청야전술을 진행하고, 전 도시를 총동원하여 영토를 수호하려고 총력전을 결의했다.

서기 397년 1월까지 북위 군대는 결국 신도를 공략하여 커다란 틈새를 만들어 내는 데 성공했다. 이에 탁발규는 군을 이끌고 중산을 계속 포위 공격했고, 후연은 커다란 위기에 처했다. 바로 이 생사의 중대한 순간에, 북위 내부에서 갑자기 대규모 반란이 일어나 북위가 오히려 궁지에 몰리게 되었다.

먼저, 장군 몰근이 항복하고 북위의 영채를 기습 공격했다. 그다음으로, 북위의 초원 각 부족이 잇따라 반란을 일으켰고, 초원에 남아 있던 탁발순조차 자칭 섭정왕이 되고자 했다. 이러한 절체절명의 상황 속에서 탁발규는 후연과 평화 협상을 결정하고 자신의 동생을 모용보에게 인질로 제공했다.

서기 397년 2월 초, 북위 군대가 평성(현 대동시)으로 철수를 시작했다. 이에 모용보는 북위에 대한 복수심에 사로잡혀 탁발규가 돌아가는 것을 허락하지 않고 대반격을 결정했고, 궁녀와 보물을 보상으로 삼아 산야의 망명자들 중 10,000여 명을 모집했다. 그 후, 전국의 군사력을 총동원해 보병 12만 명, 기병 37,000명을 이끌고 모용농·모용륭·모용린 등 종실의 명장들을 모두 백사(柏肆, 현 석가장시 고성구)에 주둔시켰다. 그리고 호타하 북안에 영채를 설치하여 철수하는 북위군을 차단했다. 후연의 말년, 국가의 존망을 결정짓는 중대한 전투가 이렇게 시작되었다.

서기 397년 2월 9일, 북위군이 호타하 남쪽에 군영을 세우는 것을 목격한 모용보는 최근 모집한 결사대를 활용하기로 결정하고, 정북장군 모용륭을 선봉으로 삼아 북위군의 대영을 기습 공격했다. 그는 직접 바람 모자를 쓰고 족제비 털 갑옷을 입었으며 사슴 전투화를 신고 대군을 이끌어 북위군을 포위하는 형세를 구축했다.

후연의 결사대가 북위군 영채로 돌진하자, 군중은 순식간에 대혼란에 빠졌다. 탁발규는 꿈속에서 놀라 깨어나 신발도 제대로 신지 않고 옷도 제대로 걸치지 못한 채 천막 밖으로 뛰쳐나와 상황을 안정시키려 했다. 천막 밖으로 나온 탁발규는 잠시 마음을 진정시킨 후 주변을 꼼꼼히 살펴보고, 결사대가 재물 약탈에 바쁜 것을 발견했다. 이 기회를 놓치지 않고 탁발규는 빠르게 병력을 모아 기발한 반격을 감행해, 모용륭이 이끄는 연군 10,000여 명의 머리를 베고, 고장 등 장군 4,000여 명을 포로로 잡았다.

새벽까지 치열한 전투가 이어진 후, 탁발규는 부대를 이끌고 모용보의 대본영에 대한 반격을 시작했다. 밤새도록 계속된 격전 끝에 연군의 사기는 크게 저하되었고, 이때 더욱 여러 번 패배하였다. 모용농, 모용린이 차례로 패주했다. 모용보는 이 소식을 듣고 크게 두려워하였다. 모용농과 모용린은 모용보에게 중산으로 후퇴하기를 권했고, 사기가 높아진 북위군을 마주하고 중산으로 철수하기로 결정했다.

철수하는 도중, 탁발규가 계속해서 추격하였으나 연군은 전혀 맞서 싸울 힘이 없었고, 정신이 혼미해진 병사들은 속절없이 무너졌다. 탁발규에 대한 깊은 공포를 느낀 모용보는 포로가 되지 않기 위해 빠르게 움직였으며, 병사들에게 무기와 갑옷을 버리고 가볍게 도망치라고 명령했다. 자신도 칼조차 지니지 않은 채 도망쳤다. 버려진 병기와 갑옷은 수십만에 달했다. 눈보라가 몰아치는 순간, 뒤따르는 북위군은 다시 연군을 대파시켜 수많은 연군이 전사하거나 얼어 죽거나 서로를 짓밟아 죽어 시체가 널브러졌다. 결국 17만 대군 중 겨우 20,000명만이 중산으로 돌아왔다.

탁발규는 갑작스러운 상황의 반전에 직면하여 즉흥적으로 대응하고 기발한 반격을 세워 모용씨의 여러 자식들을 크게 무찔렀다. 연군은 전사와 포로가 10명 중 7~8명에 이르렀고, 무기와 갑옷을 수십만 개 잃고 일거에 1,000리를 달아났다. 후연은 이로써 다시는 북위를 공격할 수 없게 되었다.

강대했던 연국은 참합피와 백사에서의 두 번의 결전을 거치며 정예가 거의 소모되었고, 그에 따른 내란으로 인해 국가의 멸망이 멀지 않게 되었다.

북위군이 내란에 직면해 궁지에 몰린 상황에서 모용보는 대규모 전면전을 치렀으나 오히려 대패했다. 모용보의 군사적 능력은 매우 부족했고, 지휘가 부적절하여, 승리를 얻지 못하고 오히려 10만 이상의 연군이 포로로 잡혔으며, 연국의 마지막 힘이 소멸되었다.

이 전투가 끝나면서, 북위와 후연의 승패가 이미 갈렸다. 모용보는 북위의 강공에 제대로 대응하지 못하고 수도 중산을 포기한 채 북쪽 용성으로 수도를 옮겨야 했다. 결국 서기 397년 10월, 그리고 서기 398년 1월에 후연의 중요 거점인 중산과 업이 북위의 손에 넘어갔다.

서기 398년, 탁발규는 정복한 지역을 순찰하며, 후연의 옛 도읍이었던 중산과 업 등의 주요 점령지에 행대(行臺)라는 기구를 설치하여 그 통제력을 강화했을 뿐 아니라, 그 지역에 거주하던 10만 명 이상의 인구와 관리들을 강제로 이주시켜 반란 세력이 생겨날 만한 싹을 잘라 버렸다. 그해, 순행에서 돌아온 탁발규는 7월에 수도를 성락에서 평성으로 천도하였고, 12월에는 황제의 자리에 즉위했다.

당초 북위군이 중산을 공격하여 방림원에서 주둔하게 되었는데, 그 밤, 상서 모용호가 모용보를 제거하고 모용린을 왕으로 만들 계획을 세웠다. 그러나 모용호의 처형 소니가 이를 모용보에게 알려 계획이 탄로 났고, 모용보는 모용륭에게 모용호를 체포하라고 명령했다. 모용호와 공모한 수십 명은 관문을 뚫고 북위로 달아났다. 모용린은 두려움에 휩싸여 좌위장군 북지왕 모용정을 위협하여 금위군을 이끌고 모용보를 암살하려 했으나, 모용정은 의리로 이를 거부했고, 모용린은 모용정을 죽이고 정령으로 도망쳤다.

처음 모용보는 북위의 침공 소식을 듣고, 모용회에게 유주와 병주의 병력을 이끌고 중산으로 가라고 명령했다. 모용린의 배신 후, 모용보는 모용린이 모용회의 군대를 탈취할 것을 우려해 군대를 보내 맞이하려 했다. 모용린의 시랑 단평자가 정령에서 돌아와, 모용린이 정령에서 군대를 크게 모아 모용회의 군대를 급습하고 용성을 점령할 계획이라고 보고했다.

모용보는 태자 모용책, 모용농, 모용륭 등 10,000여 기병을 이끌고 계에서 모용회를 맞이했으며, 개봉공 모용상에게 중산 방위를 맡겼다. 모용회는 병력을 모으고 군비를 강화하여 보병과 기병 20,000명을 이끌고 전진하여 모용보를 계 남쪽에서 맞이했다. 모용보는 병력을 모용농과 모용륭에게 나누어 주고, 서하공 고욕관 기를 보내 3,000명의 병력으로 중산을 방어하도록 했다.

모용회는 모용책이 태자가 된 것에 불만을 가졌다. 모용보는 이를 모용농과 모용륭에게 알렸고, 두 사람 모두가 말했다.

"모용회는 어리고, 중요한 일을 단독으로 처리하며, 오만함이 습관이 되었을 뿐 다른 의도는 없습니다. 신들이 응당 예의로 그를 꾸짖겠습니다."

유주와 평주의 신하들은 모두 모용회의 위엄과 덕을 기억하며, 그를 떠나고 싶어 하지 않았고, 모두 말했다.

"청하왕은 천부의 자질과 신적인 무용을 갖춰 권략이 남보다 우월하며, 신 등은 그와 함께 생사를 같이하겠다고 맹세했습니다. 왕의 은혜에 감동하여 모두 용기가 배가되었습니다."

그리고 덧붙여 말했다.

"원컨대 폐하와 황태자, 그리고 여러 왕들이 계궁에 머무시고, 왕통과 신하들에게 명하여 전진하여 경사의 포위를 풀게 하고 그 후에 폐하의 수레를 맞이하겠습니다."

모용보의 측근들은 모두 모용회의 용맹과 전략을 두려워하며, 그를 비난하고 허락하지 않았고, 모두 불만을 표했다. 측근들은 모용보에게 모용회를 죽이라고 권했다. 시어사 구니귀는 이를 듣고 모용회에게 알렸다.

"측근들이 은밀하게 계획을 세우고 있고, 주상께서 그 계획을 따르실 겁니다. 대왕께서 의지하시는 건 부모님뿐이며, 이미 아버지께서는 다른 계획을 가지고 계십니다. 왕께서 의지하실 수 있는 건 군대지만, 군대는 이미 손을 벗어났습니다. 나아갈 길도 물러설 길도 막혀, 자신을 구할 방법이 없어 보입니다. 차라리 두 왕을 제거하고, 태자를 폐위시키고, 대왕께서 동궁에서 권세를 펼치시며, 장군과 상신의 직책을 겸해 사직을 구하실 것을 제안드립니다."

그러나 모용회는 이를 따르지 않았다. 모용보는 모용농과 모용륭에게 말했다.

"모용회가 변란을 일으킬 것으로 보이니, 사태는 반드시 일어날 것입니다. 조속히 처단해야 합니다. 그렇지 않으면 큰 재앙이 될까 두렵습니다."

모용농이 대답했다.

"중원이 적과 내부의 배신자로 인해 혼란에 빠져 있습니다. 모용회가 옛 도읍을 진압하고, 수도가 위기에 빠지자 민심을 안정시키기 위해 1,000리를 달려온 것은 그의 명성이 얼마나 뛰어난지를 보여 줍니다. 그것은 융적들을 설복하기에 충분합니다. 또한 그가 반역했다는 것은 아직 명확하지 않으므로, 참고 기다릴 필요가 있습니다. 현재 사직이 불안정한 상태에 처해 있으며, 이제 내부에서 또 다른 처형을 진행한다면, 그것은 폐하의 위엄과 명성을 해치는 일이 될 것입니다."

이에 모용보가 말했다.

"모용회의 역심이 이미 굳어졌고, 왕들께서는 너무 인자하시어 그를 떠나보내길 원치 않습니다. 하지만 갑작스러운 사태가 발생한다면, 그는 반드시 먼저 여러 부친을 해치고, 그다음 짐에게도 해를 끼칠 것입니다. 만약 사태가 실패로 돌아간다면, 짐의 경고를 기억해야 할 것입니다."

모용농과 좌우의 신하들이 간곡히 간언하자, 결국 그만두었다. 모용회는 이 소식을 듣고 더욱 두려워하며 광도의 황유곡으로 도망쳤다. 모용회는 구니귀 등을 파견해 20여 명의 용사들을 이끌고 모용농과 모용륭에게 공격을 가했다. 그 밤, 모용륭은 살해당했고, 모용농은 심각한 부상을 입었다.

그 후에 모용회가 모용보에게 복귀했으나, 모용보는 그를 제거할 계획을 세웠다. 모용회를 안심시킨 후, 모용보는 좌위 모여등을 비밀리에 보내 모용회를 참살하려 했지만 실패했다. 모용회는 자신의 병력과 다시 합류하여 모용보에게 반격했다. 모용보는 급히 수백 명의 기병을 이끌고 용성으로 향했고, 모용회는 병력을 이끌고 그를 추격했다.

모용회는 모용보에게 사신을 보내 아첨하는 신하들을 제거하고 태자를 요구했지만, 모용보는 이를 거부했다. 모용회는 용성을 포위했다. 이때 시어랑 고운이 이끄는 병사 100여 명이 야심한 밤에 죽음을 무릅쓰고 모용회를 습격했지만 그를 죽이지는 못했다. 이에 놀란 모용회의 군대는 모두 흩어졌고, 그는 혼자 말을 타고 중산으로 돌아갔으나, 포위망을 넘어 들어가자마자 모용상에게 살해당했다.

모용상은 스스로를 황제로 선포하고 백관을 임명한 뒤 연호를 바꾸었다. 그는 술과 사치, 방탕한 생활에 빠져 살인을 서슴지 않았으며, 왕과 공작을 포함한 500여 명을 처형했다. 그의 통치는 내외부로부터 공포를 불러일으켰으며, 아무도 그에게 반기를 들지 못했다. 성내에서는 큰 기근이 발생하여, 수십 명의 고위 인사들이 굶어 죽었다.

이에 모용린은 정령의 병력을 이끌고 중산으로 진격하여 모용상과 그의 친당 300여 명을 처형한 후, 다시 황제를 칭했다. 중산에서 기근이 심화되자, 모용린은 신시로 나아가 북위 군대와 의대에서 교전했으나 결국 패배하고 말았다. 북위 군대가 중산을 점령하자, 모용린은 업으로 도망쳤다.

모용덕은 시랑 이연을 보내 모용보에게 남쪽으로 원정을 가자고 제안했고, 모용보는 이 제안에 크게 기뻐했다. 하지만 모용성은 이에 강력히 반대하며, 군대가 이미 지칠 대로 지쳐 있고, 북위가 중원을 새로 평정했으니 군대를 회복시키며 적절한 기회를 기다려야 한다고 주장했다. 모용보는 모용성의 조언을 따르려 했다. 그러나 무장 모여등이 나서며 말했다.

"현재 병력이 집결된 상태이고, 최근 안정된 상황을 활용해 전진하여 공을 세워야 합니다. 사람들을 이끌기는 쉽지만, 함께 계획을 세우는 것은 어렵습니다. 오직 성스러운 판단만이 필요하며, 너무 많은 의견을 듣다가는 논란만 일으키고 결국 군사 작전의 결정을 지연

시킬 수 있습니다."

모용보가 말했다.

"내 계획은 이미 결정되었다. 반대하는 자는 참수할 것이다!"

모용보는 용성에서 출발해, 모여등을 전군 대사마로, 모용농을 중군으로, 모용보 스스로 후군을 맡았다. 보병과 기병 30,000명을 이끌고 을련에 도착했다. 장상 단속골과 송적미는 병사들이 전투를 꺼리는 상황을 이용해, 사공 낙랑왕 주를 살해하고 고양왕 숭을 강제로 세웠다.

모용보는 혼자서 말을 타고 모용농의 진영으로 달려가, 단속골을 진압하기 위해 군대를 이끌었다. 그러나 모든 병사들이 전투를 두려워하며 혼란을 피해 도망쳤다. 모여등의 군대도 무너져 모용보와 모용농은 결국 용성으로 돌아갔다. 이때 난한이 비밀리에 단속골과 내통하여, 단속골이 군을 이끌고 성을 공격했다.

모용농은 난한의 속임수에 빠져 적진으로 몰래 들어가려다가 단속골에게 살해되었다. 군대는 모두 흩어졌고, 모용보는 모용성·모여등과 함께 남쪽으로 도주했다. 난한은 태자 모용책을 섭정으로 세우고 모용보를 맞이하기 위해 사자를 보냈다. 모용보가 계성에 도착한 후 북쪽으로 돌아가려 했으나, 모용성 등은 난한의 충성이 진실한지 여부에 대해 아직 확신할 수 없다고 주장했다.

만약 난한이 두 마음을 품고 있다면 후회할 수 있다는 경고를 받은 모용보는, 결국 말 한 마리만을 타고 남쪽으로 떠났다. 계에서 여양에 이르렀을 때, 모용덕이 황제를 칭하고 있다는 소식을 듣고 두려워 후퇴하기로 결정했다. 한편, 모여등은 거록에서 흩어진 병력을 다시 모으고, 모용성은 기주에서 호족들과 연합했으며, 단의와 단온은 내황에서 병력을 집결시켰다. 모든 군대가 호응하여, 약속한 시기에 모이기로 했다.

이때, 난한은 좌장군 소초를 보내 모용보를 영접하도록 했다. 모용보는 난한이 모용수의 종질이고, 자신은 난한의 사위라는 사실로 인해 난한의 충성심에 대한 의심을 접고 용성으로 돌아갔다. 그러나 난한은 모용보를 외저로 데려간 뒤 암살했다.

모용보는 서기 396년에 황제로 즉위해 44세의 나이로 재위 3년 만에 암살당했다. 난한은 모용보의 태자 모용책을 비롯한 왕족과 대신 100여 명을 살해하고, 자신을 대도독 대장군 대선우 창려왕으로 선포했다. 모용성은 제위에 올라 모용보에게 '혜민 황제'라는 시호를 추증하고, 그의 사당을 '열종'으로 명명했다.

모용황이 용성으로 이주했을 때, 소나무를 사주로 심었다. 이후 전진이 전연을 멸망시켰을 때, 큰 바람이 불어 소나무를 뽑아냈다. 그로부터 몇 년 후, 사주가 있던 곳에서 갑자기 두 그루의 뽕나무가 자라나기 시작했다. 이전에는 요천에 뽕나무가 없었으나, 모용외가 동진과 교류하면서 강남에서 씨앗을 가져왔다. 이 때문에 평주의 뽕나무는 모두 오나라에서 유래했다. 모용외가 세상을 떠난 후 모용수가 오왕으로 중흥을 이루었고, 모용보가 패배할 무렵 큰 바람이 또다시 한 그루의 뽕나무를 뽑아냈다.

고국원왕의 한반도 패주와
여제 100년 전쟁의 발발

고국원왕은 전연의 공격에 의해 환도성이 쑥대밭이 되고 단기필마로 피신해야만 했기 때문에 북도의 주력인 50,000명의 병력을 이끌고 요동 북쪽의 평양성에서 3,000리 이상 떨어진 한반도의 평양 동황성으로 천도할 수밖에 없었다. 그런데 고국원왕이 평양으로 천도해 남쪽의 마한백제 세력에 대해 알아보니, 그들이 바로 전연과 동일한 노씨·막씨·모씨 선비족들이 주축이라는 사실을 알게 되었다.

그래서 서기 369년 가을 9월에 왕이 보병과 기병 20,000명을 이끌고 황해도 배천에 위치한 마한백제의 치양을 공격하기에 이른다. 고국원왕은 부친의 시신을 파헤치고, 모친을 인질로 잡아간 전연의 모용황에 대해 원한을 품고 있었다. 그들의 세력이 한반도까지 영향력을 미치고 있었다는 사실을 알고 분노의 폭주를 해 버린 것이다.

고국원왕(서기 331~371년)은 서쪽으로는 북경 인근 지역에서 남쪽으로는 황해도까지 새롭게 개척된 광대한 영토를 경영해야만 했다. 그러나 서쪽 전선이 무너지면서 많은 영토를 잃었다. 더구나 서기 342년 선비족이 세운 전연 모용황의 침략을 받아 왕도가 점령되는 등 환란을 겪었다. 모용황은 고국원왕의 왕태후와 왕비를 납치해 갔을 뿐만 아니라 고구려 백성의 추앙을 받던 미천왕의 무덤을 파헤쳐 유골을 가져갔다. 그리고 이를 볼모로 고구려를 속국으로 삼고자 하였다.

 그런데 구태 세력을 중심으로 요서 지역에도 근거를 두고 있던 마한 연방 백제는 전연과 주도권 경쟁을 벌여 부여의라 왕이 자결하는 등의 우여곡절을 겪었지만 기본적으로는 우호 관계를 유지했다. 이때 백제는 요동 남쪽의 대방고지에 나라를 건국한 상태였다. 백제는 마한이라는 연방제 시스템 속에서 모용 선비족과 세력을 공유하고 있었다. 이러한 상황을 제대로 알지 못했던 고구려의 고국원왕은 우이족이자 부여족인 백제를 모용 선비족의 연나라 세력과 동일한 세력으로 보고 철천지원수로 여겨 마한 백제를 공격하고자 했다.

 한반도로 천도한 이후 국경을 마주한 최전선에서 마한의 모수국과 속로불사국 등 선비족의 얼굴을 다시금 목도하면서 고국원왕은 밤잠을 제대로 잘 수가 없을 정도였다. 더구나 한성백제에서 반고구려 노선을 분명히 한 근초고왕이 즉위하면서 고국원왕은 백제를 제1의 적으로 간주하게 되었다. 한성백제의 근초고왕(서기 346~375)은 비류왕의 둘째 아들, 즉 친자가 아니었기 때문에 왕통 계승이 정상적이지 않았다. 즉, 근초고왕은 비류왕을 계승한 계왕을 정변을 통해 몰아내고 왕위에 올랐다.

 근초고왕은 자신의 정통성을 확보하기 위해 반고구려 노선을 분명히 했을 뿐만 아니라 황해도 북쪽 지역으로 진출하려는 움직임을 본격화하였다. 이러한 한성백제의 반고구려 행보와 북진 기세를 파악한 고국원왕은 서기 369년 보기(步騎) 20,000명으로 마한백제의 치양을 선제공격하게 된다. 여제 백년전쟁의 서막을 올린 것이다.

 치양전투에서 고구려군은 5,000명 이상이 전사했다. 태자인 근구수가 고구려의 정예병을 격파하고 예성강 상류에 위치한 수곡성 서북까지 진격하였다. 그런데 마한백제 연방의 장군 막고해(莫古解)가 "만족을 알면 욕을 당하지 않고, 멈출 줄을 알면 위험에 처하지 않는다."며 더 이상 추격하지 말 것을 요구했다. 사실상 북상을 저지한 것이다. 막고해는 선비족 출신의 연방군 장수였다.

근구수 왕자는 이러한 진군 중지 요청을 받아들여 더 이상 북상하지 않고 철군하였다. 그는 측근들에게 "지금 이후에 누가 다시 여기에 이를 수 있을까?"라고 아쉬움을 표명할 정도였다. 장군 막고해는 근초고왕의 휘하 장수가 아니라 래이마한의 장수라는 것을 알 수 있다. 진군하여 고구려 깊숙이 공격할 수 있음에도 사실상 중지시킨 것이기 때문이다. 연방군의 입장에서는 고구려만이 아니라 근초고왕도 통제 대상이었던 것이다.

치양 전투에서 승리한 직후인 서기 369년, 근초고왕은 한수 이남에서 군대를 사열한다. 여기서는 깃발을 황색으로 통일했다. 중앙 권력이 강력했던 고구려도 동원된 병력마다 깃발의 색이 달라 각개 격파되었다. 이를 미연에 방지하기 위해서는 군대 깃발만이라도 통일하는 일이 중요했다. 더 나아가 깃발 색이 다르다는 것은 30,000명의 병력이 근초고왕의 독자 군대가 아니라 연방 내에서 지원한 원병이라는 사실을 내보이는 것이기 때문에 깃발을 통일시켜 마치 자신이 주도하는 군대라는 것을 대내외적으로 과시하고자 하는 의도가 있었던 것으로 보인다.

고구려 고국원왕은 서기 371년 겨울 10월에 재차 마한백제를 공격하지만, 패하에서 백제의 복병전술에 걸려 대패하고 만다. 마한백제 연방군은 여세를 몰아 병사 30,000명을 이끌고 고구려 평양성을 공격하였다. 이 전쟁에서 고국원왕은 황해도 지역을 백제에게 점령당했을 뿐만 아니라 평양성까지 밀고 올라온 30,000명의 병력과 싸우다 흐르던 화살에 맞아 그만 사망하고 말았다.

고국원왕이 화살에 맞아 사망한 사실을 백제에서는 몰랐던 것으로 보인다. 그런데 뜻하지 않은 화살 한 방으로 고국원왕이 사망하면서 여제 백년전쟁의 불꽃은 100년 이상 지속되게 된다. 이 화살 한 발이 고구려와 백제 사이의 기나긴 적대전쟁을 불러오는 씨앗이 될 줄을 누가 알았겠는가?

부여 출신의 같은 조상을 갖고 있던 고구려와 백제 사이에 백년전쟁이 발생하게 된 가장 중요한 원인과 계기는 바로 고국원왕의 원통스러운 사망이다. 이로써 서기 369년 고구려 고국원왕이 병력 20,000명을 이끌고 근초고왕의 한성백제를 공격한 이후부터 서기 475년 고구려 장수왕이 백제 한성을 점령하고 개로왕을 시해하여 사실상 한성백제가 멸망 상태에 이르기까지의 106년 동안 고구려와 백제는 국운을 걸고 전면전을 치르거나 그것을 준비하는 등 치열한 갈등 관계를 이어 갔다. 3년에 한 번 정도는 사활을 건 전면전을 치렀다.

어쨌든 당시 마한백제 연방군은 한성십제의 근초고왕(서기 346~375) 군대와 함께 대륙과 한반도에서 고구려와 100년이 넘는 기간 동안 끈질긴 전쟁을 지속했다. 그러나 근초고왕은 마한 월지국 진왕과 금강백제 세력 등 연방 내 중심 세력들의 심한 견제를 받으면서 독자적인 행보를 유지하는 데 어려움을 겪은 것으로 보인다. 전선은 평양성 이남으로 제한되고 더 이상 북진하지 못하였다. 평양성 전투에서도 승전을 눈앞에 두고 철군하고 만다. 만일 30,000명의 정예병이 근초고왕의 독자 군대였다면 고구려를 깨뜨릴 수도 있었을 것이다. 고구려는 정예병이 궤멸되다시피 했기 때문이다.

같은 시기 부여 왕 구태의 후손인 백제왕 여구는 중원의 요서 지역에 근거를 두고 고구려와 대립하고 있었다. 이때만 해도 백제는 모용수의 후연, 즉 래이 마한에 속해 있었다. 이후 여휘와 여영 시기에 백제는 산동 치박시의 고포성(古蒲城), 즉 거발성과 충남 공주 고마성 등 두 곳에 왕성을 두고 대륙과 한반도의 백제를 통치하고 있었다.

백제가 역사의 전면에 등장한 것은 사실상 여구가 최초나 마찬가지였다. 여구와 그 후계자 여휘는 모두 부여 왕 구태의 후손들로 백제 왕성은 모두 부여씨이다. 당시까지 『삼국사기』 「백제본기」에는 부여씨가 등장한 적이 없다. 온조는 해씨로서 부여씨가 아니다. 그가 건국한 나라는 백제가 아니라 십제이다. 서기 197년 부여 왕 구태가 공손탁과 혼인동맹을 통해 백제를 건국한 이후 백제는 마한 연방을 장악해 버린 래이족의 연나라를 후원하는 역할을 수행해야만 했다. 그러나 연나라가 여러 차례 백제를 공격함에 따라 연방 내에서 주도권을 차지하기 위한 경쟁이 가열화되었다.

그 결과 서기 372년 정월에 백제 왕 여구는 동진에 사신을 보내고 왕 책봉을 요구한다. 같은 해 6월 동진에서 백제 왕 여구에게 인사 사절을 보낸다. 『흠정만류원류고』에서는 『책부원구』를 인용하여 "진 간문제 함안 2년 정월에 사신을 보내고, 6월 백제 왕으로 책봉된 여구의 백제는 부여 왕 위구태의 후손이다. 그래서 부여를 성으로 삼았던 것이다."라고 기록하고 있다. 아울러 『통고』를 인용하여 "백제는 후한 말 부여 왕 위구태의 후손이다."라고 적고 있다.

백제 부여씨 왕실의 시조로 받들어진 부여 왕 구태는 대방고지에서 나라를 세웠으며, 부여씨들은 스스로를 낙랑이(樂浪夷)라고 불렀던 동이 양이족의 후예들이었다. 영산강 유역의 월지국 세력도 그 도성을 반내부리라고 불렀다는 것을 통해 부여족들이라는 것을 알 수 있다. 발, 번, 벌, 불, 부리, 비리는 모두 부여를 나타낸다.

포상팔국전쟁에서 영산강 유역 부여족 세력들의 역량을 확인한 진나라에서는 이들의 실체를 인정하고 우호 관계를 맺을 수밖에 없었다. 진나라가 중원의 동쪽에서 백제와 동맹하게 된 것은 당시의 세력 관계상 불가피한 것이었다. 여구는 근초고왕이 사망한 서기 375년 이후에도 살아남아 활동한 것으로 파악된다. 그의 아들인 여휘가 서기 386년에 다시 백제 왕으로 책봉되었기 때문이다.

영산강 세력의 지원을 받고 있던 여구는 백제의 왕으로서 조백하 서쪽의 요서에도 근거를 두고 있었는데, 고구려가 경략한 낙랑을 회복하고 있었다. 이에 동진에서는 서기 372년에 여구를 낙랑태수 · 백제 왕으로 책봉하고, 서기 386년 백제 왕 여휘를 사지절도독 진동장군 백제 왕으로 책봉한다. 서기 386년은 십제 진사왕 2년으로 기록되어 있는데, 진사왕의 이름은 여휘가 아니다. 여휘는 진사왕과 별도의 존재로 대륙과 한반도 서남부를 아우르던 마한백제 연방의 백제 왕이었던 것이다.

이뿐만 아니라 중국 사서 중 백제조를 최초로 기록한 『송서』 「이만열전」에 따르면, 다음과 같은 기록이 등장한다.

"서기 416년 백제 왕 여영(餘映)을 사지절 도독 백제제군사 진동장군 백제 왕으로 삼았다. … 서기 430년 백제 왕 여비(餘毗)가 다시 공물을 바치므로 여영의 작호를 이어받게 하였다. … 여비가 죽고 그의 맏아들 여경이 대를 이어 왕위에 올랐다."

이처럼 부여씨 백제 왕들이 한성백제를 압도할 수 있었던 것은 이들이 영산강 유역 마한 진왕의 지원을 받고 있었기 때문이다. 초기 백제는 마한 진왕의 전적인 지원을 받으면서 성장하였던 것이다. 이와 관련하여 다음과 같은 『양직공도』의 기사를 참조할 필요가 있다.

"백제는 옛적의 래이마한에 속해 있었다. 서진 말기에 고구려가 일찍이 요동과 낙랑을 경략하자, (백제) 역시 요서와 진평현을 차지했다. 서진 이후 항상 번병으로 조공을 바쳤다. 의희 연간(서기 405~418년)에 그 왕 여전(餘腆), 송 원가 연간(서기 424~453년)에는 그 왕 여비(餘毗), 제 영평 연간(서기 483~493년)에 여태(餘太)가 모두 중국의 관작을 받았다. 양나라 초에 여태가 정동장군을 제수받았다. 얼마 후 고구려에 격파당하였다. 보통 2년(서기 521년)에 그 왕 여융이 사신을 보내와 표문을 올려 말하길 여러 차례 고구려를 격파했다고 한다. 백제는 도성을 고마라고 하고, 읍을 담로라고 부르는데, 이는 중국의 군현과 같은 것이다. 22 담로가 존재하는데, 모두 자제와 종친을 보내 나누어 다스리게 했다. 주변의 소국으로는 반파, 탁, 다라, 전라, 사라, 지미, 마연, 상사문, 하침라 등이 부속되어 있다."

이상과 같은 『양직공도』에 따르면 옛 래이마한에 속해 있던 백제는 점차 성장하여 미천왕이 요동과 낙랑을 경략할 때 요서 진평현을 차지하게 되었다. 당초 서진으로부터 부여로 불리던 백제는 모용외에게 합병되었으나 사마염이 복국시키면서 동북에서 진나라의 동맹 세력으로 자리매김했다. 『양직공도』에서 백제가 "서진 이래로 항상 번병으로 조공을 바쳤다."는 것은 바로 이러한 상황을 설명해 준다.

더 나아가 마한백제는 무령왕 시기에 영산강 마한 진왕의 지원하에 22개의 담로를 확보할 수 있었다. 무령왕이 즉위한 지 얼마 되지 않아서 22개 담로국을 개척한다는 것은 불가능한 일이다. 마한 진왕이 이미 확보하고 있었던 담로국들을 백제에 넘겨주었던 것이다. 이들 담로국은 한성십제와는 어떠한 관련성도 찾아볼 수 없다. 대부분 마한 월지국 진왕과 발라국의 정복 전쟁 또는 외교의 산물로 파악되기 때문이다.

근초고왕은 백제가 아니라 한성십제(이후 백제에 병합)의 왕이었다. 한성십제의 입지는 매우 위태로운 것이었다. 실제로 고구려와 국경을 맞대면서 전선을 유지하고 전쟁을 치르지만 마한 연방 전체를 대표하는 진왕과 백제 왕이 따로 있기 때문이다. 김부식은 『삼국사기』에서 한성십제에 초점을 맞추어 「백제본기」를 편찬했는데, 여영과 여비 시기에 가서야 백제와 한성십제가 통합되게 된다. 따라서 백제의 실제 역사는 결과만 같았을 뿐 그 과정은 전혀 다른 방향으로 진행되었던 것이다.

어쨌든 고구려 소수림왕(재위 371~384년)과 고국양왕(재위 384~391년), 그리고 백제의 근구수왕(재위 375~384년), 침류왕(재위 384~385년), 진사왕(재위 385~392년) 등 고구려 광개토왕 즉위 이전 20여 년간에는 백제와 모두 7~8차례 대·소규모 전투가 발생

한 것으로 나타나고 있다. 대체로 소강상태라고 보아도 무방할 정도
이다. 고구려는 보복전을 별렀지만 근초고왕의 후계자인 근구수왕은
서기 369년 시작된 고구려와의 전쟁 상태를 재위 기간 내내 유지시켰
다. 이러한 전투가 대규모 정복 전쟁으로 나타난 것은 광개토왕 시기
에 들어서면서부터이다.

마한 연방군에 의한 고국원왕의 전사는 고구려에게 백제를 철천지
원수로 인식하게 만들었다. 이후 고구려의 소수림왕과 고국양왕은
모두 백제 연방과의 전쟁을 준비했다. 신라는 이 와중에 고구려에 실
성을 보내 볼모외교를 펼친다. 이제 고구려는 거침없이 백제 연방과
전면전을 치를 수 있게 된 것이다. 그런데 한성십제는 진사왕 재위
중 백제와 갈등 관계에 돌입하고, 연방의 후원을 받지 못한 한성십제
는 고구려에 속수무책으로 밀리게 된다.

12

광개토왕의
한강 유역 백잔 초토화와
금강 유역 잔국 토벌

광개토왕의
한반도 정벌전쟁

광개토왕은 이름이 담덕이고, 고국양왕의 아들이다. 그는 태생부터 씩씩하고 용맹스러우며 대담한 포부를 지녔다. 고국양왕 3년인 서기 386년에 태자로 책립되었고, 서기 392년에 고국양왕이 세상을 떠나며 왕위에 올랐다. 광개토왕은 태자에 오름과 동시에 마한백제 세력과의 전투를 통해 이들이 이중의 지배 구조를 갖고 있다는 사실을 간파하였다.

"고국양왕 3년(서기 386년) 봄 담덕을 태자로 삼았다. 가을 8월 왕은 군사를 내어 남으로 백제를 쳤다. 겨울 10월 복숭아와 오얏꽃이 피었다. 소가 말을 낳았는데, 발이 여덟 개, 꼬리가 둘이었다."(『삼국사기』「고구려조」)

여기서 말은 한성십제 세력을 가리키고, 소는 부여 세력, 즉 마한백제를 가리킨다. 이는 소머리를 한 농사의 신을 숭배한 부여계의 금강백제가 한성 백잔의 종주국이며, '발이 여덟 개, 꼬리가 둘이었다.'는 것은 둘은 별개의 세력으로 보이지만 실상은 한 몸뚱이라는 것을 의미하는 것으로 해석된다. 광개토왕이 백제의 세력이 둘 이상이라는 사실을 알게 된 것이다.

광개토왕은 어려서부터 고국양왕의 백제와의 전투 현장에 종군하면서 이러한 마한백제 연방의 지배 구조를 어느 정도 이해하고 있었던 것으로 보인다. 그러나 마한백제는 마한이라는 큰 틀 속에서 우이족 부여 세력과 래이족 선비 세력이 포진하고 있었고, 이 마한의 산하에 금강 유역 및 대륙의 백제와 한성십제, 변진 가야, 열도 왜가 병립하는 더 복잡한 지배 구조를 갖고 있었다.

이에 따라 광개토왕은 즉위 후 한성 백잔 세력과 금강 유역의 백제를 이간하고 교란하는 전략을 능숙하게 구사했다. 진사왕의 실각과 아신왕의 등극은 이 전략이 성공한 결과로 볼 수 있다. 광개토왕은 백제 내부의 다원성을 활용해 한성 백잔의 진사왕과 금강백제의 잔국 왕 여휘를 분리시키는 데 성공했다. 이는 진사왕이 고구려와의 전쟁에서 무대응으로 일관하고 전쟁 와중에 사냥을 다닌 것을 통해 사실을 확인할 수 있다.

서기 392년 가을 7월, 북방의 공기는 전쟁의 먼지로 가득 찼다. 고구려 왕 담덕은 40,000명의 대군을 이끌고 북쪽 변경을 향해 진군했다. 석현성을 포함한 10여 성이 그의 침공 앞에 속절없이 무너졌다. 담덕의 명성은 전쟁터를 넘어 널리 퍼져, 그가 군사를 잘 다룬다는 소문은 백제의 한수 북쪽 부락까지 닿았다. 그 결과, 많은 부락이 고구려의 손에 빠르게 넘어갔다.

같은 해 겨울 10월, 고구려의 기세는 더욱 거세져 20여 일간의 치열한 공격을 거쳐 관미성을 점령한다. 관미성은 사면이 가파른 절벽이며, 바닷물로 둘러싸인 천혜의 요새였다. 광개토왕이 군대를 일곱 길로 나누어 공격하여 성을 점령하였다. 이처럼 대규모 전쟁이 한창인 와중에도, 백잔의 진사왕은 사냥을 떠났다. 열흘 이상이나 길을

떠난 왕은 고구려의 침공 소식에도 불구하고 여전히 숲속을 누비고
있었다.

광개토왕이 기습 공격을 단행한 황해도와 경기 북부에는 노씨 세력
과 오씨 씨족, 왕씨 세력이 대거 포진하고 있었다. 교하 지역에는 교
하 노씨 씨족이 있었고, 인근 해주에는 해주 오씨 세력이 사실상 해
상권을 장악하고 있었던 것으로 파악된다. 그리고 개성 왕씨들도 황
해도 지역에 포진하고 있었다. 이들은 모두 해상 세력으로서 단발문
신한 왜로 불린 것으로 파악된다. 노씨들은 중원에서 선비족으로 알
려진 씨족이다. 결국 광개토왕이 공격한 것은 래이 선비족들과 우이
마한 세력이었다.

고려 시대에 개성의 왕건과 해주 오씨들이 나주 오씨와 연합하여
나주를 점령하고 고려를 건국한 것을 보면, 이곳은 강력한 해상 세력
들이 포진한 마한백제 연방의 해군기지였다. 고구려에게 관미성 장
악이 중요한 이유는 마한백제 수군의 거점인 관미성의 오씨와 노씨,
왕씨 등의 강력한 해상 세력을 약화시키고, 이곳에서 고구려의 수군
을 양성하고 군선을 제조하는 등 왜와 잔국에 대한 토벌을 본격적으
로 준비할 수 있었기 때문이다.

그런데 고구려가 이곳을 20여 일간 공격하는 와중에도 한성 백잔은
아무런 지원도 하지 않았다. 이를 통해 진사왕과 금강백제(잔국) 사
이에 커다란 내분이 발생하였고, 그 결과 진사왕이 광개토왕과 모종
의 거래를 했다는 것을 알 수 있다. 백잔과 고구려 사이에 밀약의 내
용은 고구려가 백잔은 멸망시키지 않을 테니 배후의 잔국(금강백제)
을 치는 동안 백잔은 가만히 있어 달라는 것이 핵심 내용이었던 것으

로 해석된다.

진사왕은 고구려의 본격적 정벌전이 개시되기 이전에는 반고구려 정책을 강력하게 추진하였으나, 정작 고구려의 정벌이 본격화된 이후에는 적극적인 방어 태세를 갖추려는 노력을 전혀 하지 않았다. 오히려 진사왕은 서기 391년 7월과 8월, 전운이 감도는 상황에서 사냥을 다녔다. 그리고 서기 392년 석현성 등이 공격당할 때에도 전투를 기피했다. 더구나 관미성이 점령되어 제해권을 상실하게 되었는데도 적극적인 방어를 하지 않았다. 그리고 또 10여 일 이상 사냥을 다녔다.

이러한 행동은 당시 잔국으로 명명된 마한백제에 대한 노골적인 불만의 표현으로 볼 수 있다. 이때 진사왕은 일종의 양다리 외교를 하고 있었던 셈이다. 진사왕은 반고구려 노선을 바꾸어 고구려와의 전쟁을 방기해 버린다. 마한 진왕은 진사왕의 이러한 행위를 무례한 것으로 보았다. 더 나아가 진사왕이 고구려와 비밀 협력 관계를 맺은 것이 명백한 것으로 드러났다. 이는 백잔으로 불리던 한성십제가 광개토왕의 한반도 정벌 전쟁의 한가운데에 있으면서도 살아남은 세력 중 하나라는 사실을 통해 확인할 수 있다.

마한 월지국 진왕은 진사왕의 이러한 무례와 자해 행위를 더 이상 묵과하지 않고 신속하게 백제 대성팔족 중 하나인 목씨들을 파견하여 그 무례함을 꾸짖었다. 이에 백잔 사람들이 진사왕을 죽여 사죄하였다. 이에 목씨 세력들은 침류왕의 맏아들인 아신을 백잔의 왕으로 옹립하고 돌아왔다.

아신왕은 즉위 직후부터 반고구려 노선을 분명히 하고 전열 정비에

총력을 기울였다. 무엇보다 아신왕은 고구려에게 빼앗긴 석현성과 관미성 등을 회복하기 위해 진사왕 폐위에 1등 공신으로 보이는 진무를 좌장으로 임명하고 서기 393년 관미성을 포위했으나 아무런 성과를 거두지 못하고 퇴각한다. 그리고 서기 394년 가을 7월에는 마식령산맥을 넘어 예성강 중상류의 수곡성을 공격했으나 고구려군에게 패배했다.

서기 395년에도 좌장 진무에게 고구려를 공격하도록 하였으나 광개토왕이 직접 군사 7,000명으로 백제군 8,000명을 전사시켰다. 같은 해 겨울에 아신왕이 직접 군을 이끌고 패배를 만회하기 위해 출전하였으나 큰 눈이 내려 동사자가 대규모로 발생하여 회군하고 만다. 이상의 상황을 종합해 보면, 광개토왕은 전략적으로 움직이는 반면 아신왕의 백잔군은 즉자적 대응으로 일관하고 있음을 알 수 있다. 전쟁 고수와 하수가 전쟁을 하고 있는 셈이었다.

이후 아신왕이 끊임없는 전쟁을 추구함에도 불구하고, 광개토왕은 백잔의 항복만을 받아들이고 직접적인 토벌은 하지 않았다. 다만, 잔국에 대해서는 철저한 토벌을 단행했다. 광개토왕은 종주국을 쳐야 한다는 것을 알게 되었고, 실제 전투에서 한성 백잔에게는 항복만 받아 낸 반면 금강백제는 초토화시킨 것이다.

서기 396년, 고구려의 광개토왕은 전설이 될 전쟁을 준비했다. 백잔, 즉 한성십제는 더 이상 그의 강력한 상대가 아니었다. 그러나 광개토왕의 야심은 한층 더 큰 목표를 향해 있었다. 고마나루(공주)에 자리 잡은 금강백제를 기습적으로 공격하여 완전히 정복하는 것이었다. 소위 잔국 토벌 전쟁이 바로 그것이다.

이른 새벽, 대동강 일대에서 대군을 집결시킨 광개토왕은 전략적인 기습 공격을 위해 병력을 세 개의 진으로 나누었다. 제1진은 한강 수로를 따라 한성으로, 제2진은 인천에 상륙하여 백제의 방어선을 무너뜨리도록 하고, 제3진은 남양만에서부터 충청도를 거쳐 한강 유역으로 북상하도록 했다. 각진은 자신의 목표를 향해 물과 땅을 가리지 않고 진격했으며, 백잔의 후방에 위치한 잔국을 토벌하기 위해 치열한 전투를 벌였다.

　그 전쟁은 백제에게 악몽과도 같았다. 광개토왕의 전략은 백제의 방어를 완전히 무력화시켰고, 잔국은 속수무책으로 고구려의 공격에 무너져 내렸다. 전쟁이 끝날 무렵, 40개 성이 토벌되었고, 이전의 서기 392년에 토벌된 18개 성과 함께 모두 58개 성이 초토화되었다. 「광개토왕비문」에는 고구려의 역사적 승리가 다음과 같이 기록되었다.

　"백잔과 신라는 본래 속민으로서 옛적부터 조공을 바쳐 왔다. 그런데 왜가 신묘년에 바다를 건너와서 백잔과 □□와 신라를 파하여 신민으로 삼으려 했다. 이에 영락 6년 병신년에 왕이 몸소 수군을 이끌고 잔국을 토벌하였다. 군대가 먼저 왜적의 소굴에 이르러 18성을 공격하여 취하였다. 그리고 구모로성, 각모로성, 간저리성, □□성, 각미성, 모로성, 미사성, 고사조성, 아단성, 고리성, □리성, 잡진성, 오리성, 구모성, 고수야라성, 막□□성, □□성, □이야라성, 전성, 어리성, 농매성, 두노성, 비성, 비리성, 미추성, 야리성, 대산한성, 소가성, 돈발성, □□□성, 누매성, 산나성, 나단성, 세성, 모루성, 우루성, 소회성, 연루성, 석지리성, 암문□성, 임성, □□□□□□□ 이성, 취추성, □발성, 고모루성,

윤노성, 관노성, 삼양성, □□성, □고로성, 구천성, □□□□□기국성
들을 취하였다."

이상의 「광개토왕비문」에는 놀라울 정도로 노씨 선비족과 관련된
수많은 성들이 기록되어 있다. 비문에 나타난 노씨 관련 성들은 구모
로성(臼模盧城), 각모로성(各模盧城), 각미성(閣彌城), 모로성(牟盧
城), 미사성(彌沙城), 구모성(句牟城), 고수야라성(古須耶羅城), 고
모야라성(古模耶羅城), 막□□성(莫□□城), □이야라성(□而耶羅
城), 두노성(豆奴城), 누매성(婁賣城), 모루성(牟婁城), 우루성(于婁
城), 소회성(蘇灰城), 연루성(燕婁城), 고모루성(古牟婁城), 윤노성
(閏奴城), 관노성(貫奴城), □고로성(□古盧城), 두노성(豆盧城), 모
추성(模鄒城), 막고성(莫古城), 구모성(勾牟城), 모수성(牟水城), 파
노성(巴奴城) 등 26개에 달한다.

이들 노씨 연관 성들 중 상당수는 현재의 황해도, 경기도, 충남 지
역에 위치한 것으로 나타나고 있다. 당시 경기 북부에는 마한의 모
수국(경기 양주), 속로불사국(경기 김포~파주) 등이 자리 잡았으며,
한성 유역에는 백잔으로 호칭된 십제가 있었다. 그리고 그 남부의 경
기도와 충남 지역에는 자리모로국(충남 서산), 소위건국(충남 보령),
지침국(충북 음성~진천), 구노국(충남 청양), 비미국(충남 서천 비
인), 신흔국(대전 유성 진잠), 비리국(충남 부여), 아림국(충남 서
천), 내비리국(대전 유성), 감해비리국(충남 공주) 등의 소국들이 위
치해 있었다. 이 중 모수국, 속로불사국, 자리모로국, 구노국 등은
노씨와 연관된 나라들이다.

마한의 나라 이름과 광개토왕이 점령한 성들을 비교해서 그 위치를

비정하면, 각미성(파주 교하), 구모로성(충남 청양), 모수성(경기 양주), 모로성(충남 서산), 비리성(충남 부여), 미사성(경기 양평) 등이다. 이 성들이 경기 북부에서 충청남도 사이에 위치하는 것으로 보아 나머지 성들도 모두 한강 북쪽과 남쪽, 금강 유역 등에 위치하고 있었다는 것을 알 수 있다. 이는 선비족 노씨들이 한반도에 주류 세력으로 포진하고 있었다는 사실을 보여 준다. 즉, 선비족은 한민족의 핵심 구성원들이었던 것이다.

「광개토왕비문」에서 잔국은 왜(倭)와 동일한 세력을 지칭한다. 광개토왕의 전쟁 목표는 이 왜를 정벌하는 것이었다. 여기서 언급된 왜는 일본 열도에 있는 세력이 아니라, 한반도 내에 있었던 선비족 노씨와 우이족 마한백제 세력을 가리킨다. 이 세력들은 당시 한반도뿐만 아니라 중원의 화북 평원과 그 남부까지를 지배하고 있었다. 그만큼 왜의 세력이 강성했다는 것을 알 수 있다. 왜는 나중에 일본 왜로 고착화되었지만 본래는 중원에서 세력을 형성했으며, 동이 왜의 주력이 한반도로 이동하였다.

이러한 사실은 비문의 신묘년 기사에 바다를 건너온 왜를 응징하기 위한 고구려의 공격 대상이 잔국이라는 사실에서 분명히 드러난다. 열도 왜는 광개토왕의 정벌과 직접적 관련이 없다. 백잔과 신라를 굴복시켜 신민으로 삼으려 한 세력이 바로 잔국, 즉 마한백제라는 것은 논란의 여지가 없다. 광개토왕은 이미 태자 시절부터 백제가 여러 연방국가로 구성되어 있음을 인식하고 있었다. 비문에서 왜로 불린 잔국이 백잔과 신라 등을 자신의 연방에 편입시키려 하므로 잔국을 토벌한 것이다.

신묘년에 왜가 멀리 열도에서 건너왔다면 열도가 공격 대상이 되어야 합리적이다. 그러나 비문은 왜가 백잔과 신라를 복속시키려 했다고 언급하면서도, 실제 공격 대상은 잔국이었다는 점에서 일반적인 상식과 다르다. 결국, 광개토왕은 금강백제를 주요 적으로 보고 토벌을 단행했던 것이다. 비문의 왜는 일본인이 아니라 동이 왜였던 것이다. 비문에는 이에 대해 다음과 같이 기록하고 있다.

"잔은 정의에 굴복하지 않고 감히 모든 전투에 나와 싸웠다. 왕은 크게 노하여 아리수를 건너 성을 압박하니 잔병이 제 소굴로 도망치므로, 이어 그들의 성을 포위해 공격했다. 백잔왕이 당황하고 다급하여 남녀 1,000명과 고운 천 1,000필을 바쳤다. 그리고 왕에게 귀순하여 스스로 맹세하기를 '지금부터는 영원히 노객(신하)이 되겠습니다.'라고 하였다. 이에 태왕은 그들이 이전에 잘못한 허물을 널리 용서하고, 뒤에 순종하는 정성을 가상히 여긴다고 기록하였다. 그리하여 58개 성과 700개 마을을 얻고, 백잔 임금의 아우와 대신 10명을 데리고 군대를 철수하여 수도에 돌아왔다."

광개토왕의 신라 구원과
임나가라 초토화

서기 396년 잔국 토벌의 결과로 금강백제의 한·예·왜 세력들은 모두 열도로 피신할 수밖에 없었다. 응신왕도 이때 열도로 망명했다. 충남 이북에 위치한 금강백제와 한성백제 지역은 모두 회복하기 어려운 상태에 처하게 되었다. 그러나 백잔은 항복하여 살아남고, 잔국 세력은 토벌되어 사라지고 만다. 「광개토왕비문」에는 잔국 왕의 행방에 대해서는 아무런 언급이 없다. 응신은 열도에 망명한 이후 새로운 나라를 개국한다. 당시 상황을 『일본서기』는 다음과 같이 전하고 있다.

"7년 가을 9월에 고구려, 백제, 임나, 신라인이 함께 내조하였다. 이때 무내숙녜에게 명하여 여러 한인(韓人)을 거느리고 연못을 만들도록 하였다. 그리하여 그 연못을 한인지(韓人池)라고 불렀다."

백제 왕 여휘, 즉 응신왕은 고구려와의 전면전을 주도하였지만 패배하여 열도로 망명하기에 이른다. 위의 기사 내용만 보면 평화로운 상태인 것처럼 보이지만, 실상은 패주하여 일본으로 밀려서 금강 유역을 거점으로 삼았던 왕가 전체가 집단 망명한 것이다. 『일본서기』 「응신천황기」에는 응신이 태어나기 전부터 삼한을 이미 쥐고 태어난 것으로 기록되어 있다. "처음 황태후가 회임하였을 때 천신지기(天神

地祇)가 삼한(三韓)을 주었다."는 것이다.

신공황후 사후 열도에 120년간 왕통이 끊기고 무정부 상태가 지속된다. 그런데 북구주 지역 야마토는 이미 오래전 마한 월지국의 담로국으로서 지배를 받고 있었다. 서기 230년 월지국의 지원을 받고 있던 금강백제 왕세자가 비미호에게 칠지도를 하사하면서 후왕이라는 표현을 사용하고 있기 때문이다. 그리고 북구주나 나라 지역에 라(羅)계 지명이 여러 곳에 나타나고 있어 영산강 발라국 세력이 이미 오래전에 열도를 정벌한 것으로 분석된다.

북구주에는 각라도(各羅島), 말라국(末羅國) 또는 말로국(末盧國), 매두라국(梅豆羅國), 불미국(不彌國), 일향국의 시라(始羅) 등이 있고, 기내에는 나라(奈羅), 나라산(那羅山), 내라산(乃羅山) 등이 있다. 이들 라계 지명은 모두 노씨와 나씨를 비롯한 영산강 세력들과 직접적 연관성이 있다. 특히 열도에는 말로국(末盧國), 불미국(不彌國), 노국(奴國), 미노국(彌奴國), 저노국(姐奴國), 소노국(蘇奴國), 화노소노국(華奴蘇奴國), 귀노국(鬼奴國), 오노국(烏奴國), 구노국(狗奴國) 등 선비족 노씨의 나라들이 10개국이나 존재했다.

열도의 왕통 공백기에는 영산강 유역 세력들이 구주와 기내에 소국들을 세우고 자제나 종친들을 보내 후국으로 직접 지배했던 것으로 보인다. 일본의 고분 시대는 크게 초기(서기 300~375년)와 후기(서기 375~675년) 등 두 시기로 구분할 수 있다. 초기에는 고분 출토물이 일상적인 열도의 유물들이지만, 후기 고분에서는 한반도계의 전쟁 유물들이 다수 출토된다. 결국 말뼈와 말과 관련된 도구의 출토 유무를 시대 구분의 척도로 본다. 이에 따르면 서기 247년부터 390년까지 열도는 전기 고분 시대에서 후기 고분 시대로 넘어가는 시점에 해당한다.

열도의 왕통 공백기에 마한 월지국을 중심으로 한 삼한인들은 여러 소국들을 성립시켜 열도를 장악하고 있었다. 아울러 여구와 여휘 등 영산강 출신 부여씨들은 금강 유역까지 진출하여 서기 4세기 중반경에 이미 백제 왕을 배출하고 있었다. 그런데 여휘가 왕권을 확립하고 강화해 나가는 과정에서 광개토왕의 공격을 받았다. 응신은 백제 왕 여휘와 동일 인물로서 열도에 망명하기 전부터 삼한을 장악하고 있었다. 그리고 열도 왜를 후국으로 지배하고 있었기 때문에 망명국을 별다른 어려움 없이 꾸릴 수 있었던 것이다. 응신이 태어나기 전부터 삼한을 물려받았다는 것은 이러한 상황을 반영한다고 볼 수 있다.

백잔(한성십제)의 아신왕은 광개토왕에게 항복해서 살아남았다. 이로 인해 아신왕은 실각 위기를 맞이하였으나 태자 전지를 열도에 인질로 보냄으로써 서기 397년 5월에 백제연방과 다시 우호 관계를 맺게 된다. 이에 대해 「광개토왕비문」의 영락 9년(399) 기사에는 "백잔이 맹서를 어기고 왜와 화통하였다."고 기록하고 있다.

아신왕은 진사왕이 고구려의 공격에 소극적으로 대처하다가 제거당한 사실을 알고 있었기 때문에 끊임없는 전쟁을 이어 가고자 하였다. 서기 399년에 고구려 공격을 위해 군사와 말을 대대적으로 징발하자, 병역과 전쟁에 지친 백성들이 신라 등으로 도망하여 호구가 줄어들 정도였다. 더구나 잔국이 패망한 서기 396년 이후 엄청난 유민이 남쪽으로 몰려들고 있었다. 영산강 유역과 신라는 물론이고, 가야 지역, 그리고 열도에까지 엄청난 규모의 난민 행렬이 늘어섰다.

잔국 토벌 이후 유민 규모가 얼마나 많았던지 신라 내물왕은 고구려에 사신을 보내 "왜인들이 국경을 무더기로 넘어와 성지를 파괴하고, 노객으로 하여금 왜의 신민으로 삼으려 합니다. 이에 왕에게 귀의하여 구원을 요청합니다."라며 원조 요청을 하기에 이른다. 이에 광개토왕은 왜가 신라의 도성을 위협한다는 구원 요청을 명분으로 서기 400년, 보기 50,000명의 병력으로 기동력을 발휘하여 신라를 구원하고 한반도 왜의 한 축인 임나가라를 초토화시켰다. 이로써 한반도 내에서 영산강 유역을 제외한 한강·금강·낙동강 유역 세력들이 모두 심대한 타격을 받게 되었다. 비문의 내용은 다음과 같다.

"영락 9년 기해년 백잔이 맹세를 어기고 왜와 화통하여 친선을 맺었다. 왕이 순시차 평양에 가셨는데 신라에서 사신을 보내와 왕에게 아뢰기를, '왜인이 신라 땅에 가득 침입하여 성과 못을 파괴하고 노객을 왜의 신민으로 삼으려 합니다.'라고 하며 왕에게 구원을 요청하였다. 왕은 그들의 충성을 불쌍히 여겨 특별히 사절을 다시 보내 그 요청을 허락하시고 비밀 계략을 알려 주었다."

1년을 준비한 후, 광개토왕은 보기 50,000명으로 번개처럼 신라성에 쳐들어가 왜인들을 몰아냈다. 여기서 왜인은 군인들이 아니라 백잔과 잔국의 민간 유민들이 다수여서 물리치는 것으로 그친다. 경자년조의 공격 결과, 신라는 왜로부터는 구원되었으나 고구려의 부용국으로 전락하고 만다. 이와 관련하여 비문에 나타난 내용은 다음과 같다.

"영락 10년 경자년에 보병과 기병 50,000명을 보내 신라를 구원하였다. 남거성을 경유하여 신라성에 들어가니 그 안에 왜인이 가득했는데 관군이 도착하자 왜적이 물러갔다. ㅁㅁㅁㅁㅁㅁ 왜의 뒤로 돌아 급히 추격하여 임나가라(任那加羅) 종발성에까지 이르러 계속하여 성을 함락하니 성이 곧 항복하였다. 이에 안라인 수병으로 하여금 그 성을 지키게 하였다. 또 신라성, 신성을 함락시키니 왜구가 크게 궤멸되었다. 성안의 [이하 16자 결] 열아홉, 왜적을 모두 물리치고 안라인 수병에게 맡기어 지켰다."

"옛날에 신라의 매금(신라왕)이 몸소 와서 잘 따르며 섬기는 행위를 한 적이 없었는데 ㅁㅁㅁㅁ 광개토경호태왕이 ㅁㅁㅁㅁ 신라 임금이 친히 가복을 데리고 와 왕에게 조공하였다."

『일본서기』 응신조에 따르면 금강백제의 "120현(縣)의 백성들"이 도일하지 못하고 신라 안에 머물러 있다는 사실을 인지하고 사신을 파견하여 이들의 무사 귀환을 추진한다. 1호당 인구수를 5인으로 잡고, 1현의 호수를 1,000호로 보면 1현당 인구는 5,000명이다. 그렇다면 120현민은 약 60만 명 정도이다. 『일본서기』가 다소 과장을 하였다고 하더라도 비문의 기사를 감안해 보면 엄청난 인구가 도일한 것은 틀림없는 사실로 보인다. 그런데 3년이 지나도록 사신이 돌아오지 않았다. 무엇인가 실타래가 제대로 풀리지 않은 것이다.

"14년에 백제에서 궁월군이 건너와서 '신은 우리나라에서 인부 120현민을 인솔하여 귀화하려고 하였으나 신라인의 방해로 모두 가라국에 머물고 있습니다.'라고 말하였다. 그래서 갈성습진언을 보내 궁월군의 인부를 가라에서 불러들이도록 하였으나 3년이 지나도록 습진언이 돌아오지 않았다."

궁월군은 백제 사람으로 하타(秦)씨의 시조이다. 그가 대규모 이주민을 거느리고 열도로 들어가려 했으나 신라에서 이들을 묶어 두고 있었다. 이에 서기 403년에 목토숙례 등을 보내 신라를 정벌하도록 하였다. 이에 신라가 놀라서 백제 유민들의 무사도일을 돕는다. 특히 신라가 백제 120현민의 안전한 도일을 보장한다는 차원에서 서기 402년 3월 신라 실성왕은 내물왕의 미사흔 왕자를 인질로 보내기에 이른다.

"8월에 평군목토숙네, 적호전숙네를 가라에 보냈다. 정병을 주며 '습진언이 오래도록 돌아오지 않고 있다. 분명히 신라가 방해하여 체류하고 있을 것이다. 너희들은 빨리 가서 신라를 치고 길을 열도록 하라.'고 명하였다. 목토숙네 등이 정예병을 이끌고 나아가 신라의 국경에 이르렀다. 신라왕은 놀라 사죄하였다. 궁월의 인부를 거느리고 습진언과 함께 돌아왔다."

잔국 토벌에 따른 집단 이주민이 열도에 밀려들어 왔다. 여기에는 금강 유역 백제 왕 역할을 수행하던 영산강의 왕족들도 대거 포함되어 있었다. 그러나 영산강 유역은 전화를 피할 수 있었기 때문에 영산강 유역 자체에서는 유민들이 발생하거나 이동하지는 않은 것으로 보인다. 일본의 인류학자들의 추산에 따르면, 대략 서기 4세기에서

7세기 사이에 적어도 100만 명 이상이 한반도에서 열도로 이주해 온 것으로 추정되고 있다. 이러한 대규모 유이민의 존재와 금강백제 왕가의 망명은 일본의 고대 국가 형성에 결정적 영향을 미쳤다.

마찬가지로 잔국 토벌로 한반도에 존재했던 2개의 백제가 하나로 통합되는 계기가 마련되었다. 잔국은 부여계(여씨)와 래이 선비계(노씨)가 연합한 연방의 중심 국가였다. 백제는 이들 중 백 가지 성씨의 집안(百家)이 바다를 건넜다는 의미에서 스스로 명명한 나라 이름이었다. 그런데 금강백제의 통치 기반이 붕괴된 이후 여신이 한성백제의 상좌평으로 등극한 서기 408년 이후 한성백제와 금강백제는 광개토왕의 한반도 정벌전이 종료되면서 백제(百濟)로 국가명을 변경한다. 잔국 토벌로 여러 갈래의 백제가 하나의 백제로 통일되는 결과가 초래된 것이다.

광개토왕의 후연 등과의 전쟁

광개토왕 시기 고구려는 연나라, 거란, 숙신, 동부여 등과 치열한 전쟁을 벌였다. 하지만 「광개토왕비문」에는 후연과 관련된 기록이 전혀 기록되어 있지 않다. 이는 장수왕 시대에 풍홍이 고구려로 망명해 오면서 북연이 상당 부분 고구려에 흡수되었기 때문으로 보인다. 이미 자신의 세력으로 편입된 집단을 공격한 승리를 비문에 기록해 내부 분열을 조장할 필요가 없었던 것이다. 따라서 연나라와 관련된 내용은 다른 사서의 기록을 참조해야 한다.

먼저, 광개토왕은 거란족에 대한 공격을 강화했다. 이는 비문과 사서 양쪽에 모두 기록되어 있다. 거란은 고구려 북쪽 변경에 위치해 있었으며, 소수림왕 8년(서기 378년)에 고구려를 침공해 여덟 부락을 함락시킨 바 있다. 서기 4~5세기 동안 거란은 주로 북경 북쪽의 고북구 장성 일대와 적봉 북쪽의 서랍목륜하와 적봉 남동쪽의 노합하 일대에 걸쳐 거주했던 것으로 알려져 있다.

서기 392년 9월, 광개토왕은 북쪽으로 나아가 거란을 공격하여 남녀 500명을 포로로 잡아왔다. 또한 고구려로 돌아올 때는 빼앗겼던 백성 10,000명을 불러서 돌아왔다. 비려에 대한 공격은 광개토왕 즉위 원년부터 시작해 서기 395년에 마무리되었다. 이에 대해 「광개토왕비문」에서는 다음과 같이 기록하고 있다.

"영락 5년, 을미년(서기 395년)에 왕은 비려가 끊임없이 분쟁을 일으키자, 몸소 병사들을 이끌고 토벌에 나섰다. 부산(富山)과 부산(負山)을 돌아 염수 상류에서 그들의 근거지를 깨뜨리고, 3개 부족 600~700여 영을 초토화시켰으며, 빼앗은 소와 말, 양 떼의 수가 이루 헤아릴 수 없을 정도였다. 이에 왕은 군대를 회군시켜 평도를 지나 동쪽으로 오며, 유성·역성·북풍을 지났다. 왕은 여유롭게 유람하며 땅의 경계를 둘러보고 사냥하며 돌아왔다."

비려는 거란족의 중심 지방 이름이다. 서기 395년, 후연의 모용수와 북위의 탁발규 사이에서 산서성과 하북성 일대에서 치열한 결전이 벌어졌다. 이 시기를 이용해 고구려는 난하 동쪽을 모두 회복했다. 부산은 공손탁이 공격한 곳으로, 조양시 인근에 위치해 있었다. 이 지역은 원래 모용씨 조선과 부여, 고구려가 모두 함께 살았던 곳이었으나 이제 고구려가 이 지역을 모두 장악하게 되었다.

영락 원년인 서기 391년 9월, 고구려는 거란을 정벌하고 끌려간 고구려 백성을 되찾아 왔다. 서기 395년 원정에서는 염수를 획득했다. 염수는 소금이 나는 호수나 강을 의미하는데, 내몽골 적봉 북쪽에는 여러 염호가 있으며, 서랍목륜하는 염하라는 이름을 가지고 있다. 따라서 비려는 바로 이 지역에 위치했다는 것을 알 수 있다. 광개토왕은 내몽골 지역까지 진출하여 수많은 가축과 소금 생산지를 확보함으로써 경제적 이득을 얻고, 후연 정벌을 염두에 둔 교두보를 확보했다.

서기 398년, 광개토왕은 숙신을 정복했고, 그 결과 숙신은 고구려에 조공을 바치게 되었다. 숙신은 고구려의 방계 국가와 유사한 지위를 갖고 있었던 말갈족의 대표 종족이다. 광개토왕은 소규모 군대를 이용해 반란 세력을 제압하는 정도의 군사 활동에 그친 것으로 보인다. 이를 통해 고구려는 고대 조선처럼 주변 여러 나라로부터 조공을 받는 천자국으로 발돋움했다.

서기 410년, 동부여가 고구려에 더 이상 조공을 바치지 않자, 광개토왕은 생애 마지막으로 정벌을 감행했다. 비문에는 "동부여는 옛날 추모왕의 속민이었으나, 중간에 배신하여 조공을 바치지 않았다. 그래서 왕이 직접 군대를 이끌고 정벌에 나섰다."고 기록되어 있다.

이번 전쟁에서 고구려가 격파한 동부여의 성은 64개, 마을은 1,400여 개에 달하며, 동부여는 이로 인해 큰 타격을 입고 국력이 크게 약화되었다. 결국, 광개토왕의 증손자인 문자명왕 3년인 서기 494년에 동부여는 고구려에 병합되었다.

거란, 숙신, 동부여 등과 달리 연나라는 고구려보다 더욱 강력한 국력을 보유한 황제국이었다. 그러나 광개토왕이 등극한 서기 391년 이후의 시기에 연나라는 후연과 북연의 모용보-모용성-모용희-풍발-풍홍으로 이어지는 내리막길을 치닫고 있었다. 고국원왕이 모용황-모용준-모용수 등 용솟음치는 연나라의 기세를 이기지 못하고 한반도로 후퇴할 수밖에 없었던 반면, 광개토왕은 다시 국세를 확장하여 조백하 일대의 요동까지를 확보할 수 있게 되었다.

후연의 창업주 모용수가 죽고 아들 모용보가 황위에 즉위한 후, 후연은 북위에게 수차례에 걸쳐 공격을 당해 요동 지역을 고구려에게 넘겨줄 수밖에 없었다. 서기 398년, 광개토왕은 조백하 동쪽의 요동 땅을 완전히 장악했다. 후연에서는 고구려 광개토왕을 평주목으로 임명하고, 요동 · 대방의 2국 왕으로 봉하였다. 광개토왕은 처음으로 장사 · 사마 · 참군의 관직을 설치하였고, 후에는 요동군을 경략하였다.

서기 400년 정월의 차가운 겨울, 고구려 광개토왕은 조심스레 사신을 후연의 모용성에게 보냈다. 그 사신의 손에는 고구려의 특산물이 담겨 있었다. 이는 단순한 선물이 아니라, 한반도 동남쪽 신라와 가야 지역으로 정벌을 떠나기 전에 후연의 정세를 탐색하기 위한 은밀한 수단이었다. 처음에 모용성은 이 선물을 기쁘게 받아들였고, 고구려와의 관계 개선을 기대하게 되었다.

그러나 평화의 기대는 그리 오래가지 않았다. 서기 400년 2월, 후연 황제 모용성은 광개토왕이 보낸 특산물의 내용이 성의 없고, 연나라에 대한 고구려의 예절이 오만하다 여기며, 몸소 군대 30,000명을 거느리고 고구려를 기습 공격했다. 표기대장군 모용희에게 선봉을 맡겨, 남소성과 신성 등 두 성을 빼앗고 고구려의 700여 리 땅을 빼앗아 요동으로 영역을 확장했다. 그리고 5,000여 호를 요서로 이주시키고 돌아갔다. 이때 모용희는 용맹함으로 여러 장수 중에서 두각을 나타냈다.

고구려의 광개토왕은 이 예상치 못한 공격에 대응해야 했다. 그의 군대는 치열한 저항 끝에 난하 너머로 퇴각했다. 그러나 광개토왕은 신라와 가야 지역에 대한 정벌전을 승리로 이끈 후 곧바로 후연에 대한 공세를 강화하였다.

서기 402년 5월, 고구려의 광개토왕은 전란의 바람을 일으키며 군대를 이끌고 요수를 건너왔다. 목표는 후연의 숙군성. 후연의 평주자사 모용귀는 성을 지키지 못하고 패주했다. 고구려의 깃발은 요동의 땅을 휘감은 뒤, 요서로 뻗어 나가 화북평원의 운명마저도 흔들었다. 그러나 후연의 모용희는 혼란 속에서도 방향을 잡지 못했다.

시간이 흘러 서기 404년 11월에 광개토왕은 다시 한번 전쟁의 불길을 밝혔다. 이번에는 후연의 유주를 향해 군대를 출병시켰고, 용성으로 진격하였다. 북경 인근의 연군(燕郡)은 고구려의 거센 공격 앞에 순식간에 무너졌다. 광개토왕의 군대는 100여 명을 죽이고 수백 명을 포로로 잡아갔다.

서기 405년 봄, 정월의 차가운 아침이 밝아 오며 후연의 모용희는 고구려를 정벌하기 위해 대대적인 전쟁을 준비했다. 그는 조백하를 건너며 고구려 요동성을 향한 치열한 공격의 서막을 열었다. 모용희의 황후 부씨도 그의 행렬에 합류하여 성문을 깨뜨리는 충거와 지하로 판 길인 지도를 통해 요동성을 공격했다. 요동성(현 하북성 당산시)이 곧 함락될 무렵, 모용희는 중대한 명령을 내렸다.

"짐이 요동성을 평지로 만들어 황후와 함께 수레를 타고 입성할 것이다. 장수와 병졸들은 성을 서둘러 점령하지 말라."

그의 말에 따라 성내 방비가 강화되어 후연군은 성을 함락시키지 못했다. 이때, 갑작스러운 폭설과 폭우가 내려와 많은 병사들이 전사하고, 결국 모용희는 군대를 이끌고 회군했다.

서기 406년 겨울 12월, 모용희와 부씨는 거란을 습격하려고 했다. 그런데 거란군이 멀리 퇴각하자 공격 목표를 상실한 그들은 회군하는 길에 고구려를 공격하기로 결정했다. 그들은 군수 보급품을 버리고 병사들을 가볍게 하여, 고구려를 빠르게 습격해 난하와 요하를 건너며 3,000리나 진격해 고구려를 공격했다. 하지만 고구려의 광개토왕은 후연 군을 고구려 내부로 교묘히 유인하여 대패시켰다. 연나라의 많은 사졸과 말이 병들거나 추위에 얼어 죽어 길바닥을 뒤덮었다. 모용희는 몸소 목저성을 공격했으나, 참패하고 수치를 안고 돌아갔다.

이 무렵 후연 왕실에서는 큰 변동이 발생했다. 중위장군 풍발이 용성에 잠입해 후연의 모용씨 황제인 모용희를 암살하고, 석양공 모용운을 황제로 옹립한 것이다. 모용운의 조부 고화는 전욱 고양 임금의 후손이자 고구려 왕실의 먼 친척이었다.

이 사실을 알게 된 광개토왕은 서기 408년 봄 3월에 북연으로 사신을 보냈다. 그리고 전욱 고양 임금의 같은 후손인 고씨 가문으로서 동족의 예를 행하였다. 북연의 새 황제 모용운은 이에 대한 답례로 시어사 이발을 고구려로 보냈다. 광개토왕은 이러한 교류를 통해 동족으로서의 유대감을 강조하며 요동 지역으로의 진출을 본격화하기 시작했다.

13

마한 세력의 대방 경계 공격과
광개토왕의 반격

광개토왕의
영산강 월지 마한 정벌 전쟁

잔국이 열도로 망명한 이후 삼한 지역에는 영산강 세력만이 살아 남았다. 한강 유역은 초토화되어 고구려에 항복하였고, 금강 유역은 토벌되어 붕괴를 면치 못하였다. 낙동강 유역도 궤멸되었다. 이러한 힘의 균형의 붕괴로 인해 영산강 유역 세력들은 마한, 더 나아가 삼한 전 지역의 실질적 패권을 장악할 수 있었다. 서기 5세기에 들어서 영산강 유역 마한 월지국 도읍인 나주 반남의 고분군이 더욱 대형화되고, 그 부장품도 화려해지는 이유는 바로 이 같은 정치 상황을 대변해 준다.

거듭된 패배에도 불구하고 아신왕은 자신의 정치적 입지를 강화하기 위해 영산강 유역 세력을 한성백제에 끌어들이기에 이른다. 아신왕은 서기 398년 2월 진무를 병관좌평으로 승진시키고, 금강 유역 귀족가문 출신인 사두(沙豆)를 좌장으로 삼은 다음 서기 402년에 왜국에 사신을 보내어 큰 구슬을 요구한다. 큰 구슬은 은유적 표현이라고 볼 수 있는데, 이는 대군을 청한 것으로 보인다. 이에 서기 403년 왜국에서 사신이 오고 언제쯤 어디에서 어디를 칠 것인지에 대한 논의가 이루어진 것으로 보인다.

결국 서기 404년 「광개토왕비문」에 왜로 표현된 세력들이 대군을 파견해 백잔과 연합하여 대방 지역을 공격하였을 뿐만 아니라 평양성을 향해 진격하였다. 이에 북쪽으로 진격하던 광개토왕은 황급히 방향을 돌려 직접 대방 공격에 대응하여 방어에 성공했으나 기습공격으로 심대한 타격을 입은 것으로 보인다. 여기서 대방과 평양은 고국원왕이 요동에서 한반도로 패주한 이후 지명도 한반도로 이동시킨 것을 가리킨다.

  이후 광개토왕은 대방계를 공격한 세력이 어떤 세력인가를 파악하는 데 골몰한다. 고구려가 이미 제해권을 장악하고, 한반도 남부를 뒤흔들어 버린 상태에서 과연 어떤 세력이 살아남아 평양까지 공격해 들어올 수 있었을까?
  그것은 영산강 세력이 유일했다. 당시 영산강 남부에는 부여계 월지 세력이 자리 잡고 있었으며, 영산강 북쪽에는 래이 선비족 노씨와 모씨 세력들이 포진해 있었다. 영산강 마한 진왕 세력은 병신년 조의 잔국 토벌과 경자년 조의 임나가라 공격에서 살아남아 마한 연방을 수호하는 중대한 책임을 갖게 되었다. 또한 영산강 세력은 해외 진출을 통해 강력한 해군력을 확보하고 있었다. 이로 인해 영산강 유역의 마한 월지국 진왕은 출병이 불가피한 상황이었다. 백제의 응신왕이 열도로 도망침에 따라 마한백제 연방의 방어는 전적으로 영산강 세력에 의해 이루어져야 했다. 이때의 주력군은 해주 오씨, 교하 노씨, 개성 왕씨 등 영산강 세력과 연결된 중부권 해상 세력들이었다.
  이들이 대방 지역을 공격한 것은 자신들의 영지를 수복하기 위한 행위로 볼 수 있기 때문이다. 관미성 전투 패배로 기지를 상실한 해주 오씨는 나주 오씨, 동복 오씨와 연결된 세력이었고, 교하 노씨도 광주 노씨와 연결된 씨족이었다. 개성 왕씨는 왕건의 씨족으로서 나중에 고려 건국 세력이 되는데, 해상 세력으로서 영산강 유역과 긴밀한 유대 관계를 형성하고 있었다.

따라서 영산강 세력은 이들과 연합하여 수군을 출병시킨다. 비문의 내용만으로는 대방 지역 전투가 성공적이지 못한 것으로 보인다. 그러나 광개토왕이 집요하게 공격 세력을 찾아 나선 것을 보면, 고구려가 상당한 피해를 입은 것으로 해석된다. 피해도 피해지만, 노골적으로 고구려를 공격한다는 것은 자존심의 문제일 뿐만 아니라 자칫 대대적 한반도 정복전으로 확보한 주도권을 상실할 수 있다는 것이 더 큰 문제였다.

갑진년조 대방 경계 침공 관련 「광개토왕비문」 내용은 다음과 같다.

"영락 14년 갑진년(서기 404년)에 왜가 법도를 거슬러 대방 경계로 침입했다. [잔군과 연합하여] □석성을 [공격하고] 연선(連船)하여 □□□하였다. 이에 왕이 몸소 군사를 이끌고 나가 토벌하였다. 평양성을 경유하여 □□□에서 선봉이 서로 맞섰다. 왕의 군대가 적의 길을 끊고 막아 좌우에서 공격하니 왜구가 궤멸되었고, 참살한 것이 무수히 많았다."

「광개토왕비문」에 나타난 다른 기록들이 특정 성의 취득이나 신라, 가야의 점령 등 구체적인 사건들을 자세하게 기술하는 것과 대조적으로, 여기서는 왜군을 궤멸시키고 무수히 참살했다는 식으로 추상적으로 기록하고 있다. 이 기록은 고구려의 군사적 승리를 강조하려는 의도가 있지만, 실제로 몇 명의 적이 죽었는지에 대한 구체적인 정보는 제공하지 않는다. 이 때문에 이러한 기록은 사실적이라고 평가할 수 없다.

비문 내용에 따르면, 왜는 법도를 지키지 않고 기습적으로 대방 경계로 침입하여 석성을 격파하는 등 광개토왕에게 감히 대드는 행동을 자행했다. 이것을 허를 찔린 기습공격이었다고 공개적으로 적을 수는 없고, 고구려의 제국 통치 구도를 깨려는 법도에 어긋난 행동이라고 규정하고 비난했다.

여기서 왜는 영산강 세력과 연계되어 있던 해주 오씨와 교하 노씨, 개성 왕씨 세력이 주축으로, 수전에 능해 배를 연선하여 석성을 파하고 상륙에 성공한 것으로 보인다. 이들은 대방연안에 상륙하여 평양성 인근 고구려 깊숙이 공격해 들어갔다. 그리고 후연과의 전쟁에서 막 돌아온 광개토왕 군대와 평양성 인근에서 대치하다가 후퇴하였다. 무수한 적을 참살했다는 기록은 어디까지나 고구려 측의 주장이다.

서기 407년 정미년 전쟁은 서기 404년 대방계를 공격한 왜의 실체를 파악하고 이에 대한 공격을 개시한 것으로 볼 수 있다. 그런데 영산강 하구의 신안 안좌도 배널리 고분에서 5세기 무렵의 투구, 갑옷과 함께 칼 5자루, 창 5자루, 화살촉 수십 점, 옥 수십 점 등 다량의 무기류가 일괄 출토되었다.

영산강 유역에서는 무기류가 거의 출토되지 않았으나, 영산강으로 통하는 입구의 한 섬에서 투구, 갑옷, 그리고 다양한 무기류가 일괄적으로 발굴된 것이다. 출토된 투구는 충각부주로, 정수리에서 이마까지 각진 형태를 띠고 있으며, 갑옷은 삼각철판을 연결해 만든 삼각판갑이다. 이 유물들은 모두 5세기에 제작된 것으로 확인되었다. 이 시기는 고구려와 본격적인 전쟁이 진행되던 중요한 시점이다. 안좌도가 사실상 무인도였던 상황에서 군대가 이곳에 상주하며 대기한 것은, 영산강 마한 진왕이 고구려의 남진을 대비하고 있었다는 중요한 증거가 된다.

　3년여에 걸친 탐색과 준비 끝에, 광개토왕은 서기 407년 정미년에 보병과 기병 50,000명을 동원해 영산강 유역에 대한 대규모 토벌전에 나섰다. 대군의 이동에는 기습 공격이 중요했으며, 이를 위해 선박을 이용한 이동 방식이 선택되었다. 만약 보병만으로 진군했다면, 중간에 수많은 매복 공격에 대비해야 했기 때문에, 이동에 많은 시간이 소요됐을 것이다. 따라서 관미성을 장악하며 확보한 해군력을 기반으로 병력을 이동시켜 상륙전을 시도한 것으로 추정된다.
　그러나 영산강 유역은 철저한 준비 상태였다. 대량의 무기와 기계로 무장하고, 수많은 병사들이 갑옷을 착용한 상태였다. 비문에서는 10,000여 개의 갑옷을 획득했다고 기록했는데, 이는 수만 명의 병사가 갑옷을 착용하고 전투를 준비하고 있었음을 시사한다. 이러한 준비 상태를 고려할 때, 고구려군은 사실상 패배한 것으로 해석된다.

광개토왕비문의 전승 기록 비교

공격시기	공격지역	왕 참전여부	전승기록
395년 (을미년)	비려	직접 참전	3개 부락, 600~700개 영 격파. 비려 토벌
396년 (병신년)	백잔 잔국	직접 참전	58개 성, 700개 촌 획득. 아신왕 항복, 남녀 포로 1,000명과 세포 1,000필. 백잔주 동생과 대신 10명 포로

398년 (무술년)	숙신	군사 파견	남녀 300여 명 포로
400년 (경자년)	신라 가라	군사 파견	신라 접수, 신라성 등 격파. 임나가라 초토화 및 종발성 항복
404년 (갑진년)	대방피습	직접 참전	왜구 궤멸, 무수한 참살
407년 (정미년)	왜 백잔	군사 파견	모조리 살상 및 분쇄, 갑옷 10,000벌과 무수한 군수물자 노획, 귀환 중 사구성 루성 등 6성 격파
410년 (경술년)	동부여	직접 참전	동부여 항복, 공파 64개 성, 1,400개 촌

위의 표는 「광개토왕비문」에 나타난 전승 기록을 요약한 것이다. 이를 서로 비교해 보면 갑진년조와 정미년조를 제외하고는 전승 기록이 매우 구체적이고 눈에 보이는 성과가 보인다. 그런데 갑진년조는 왜구 궤멸과 무수한 적 참살이 전공으로 나온다. 그리고 정미년조에는 갑옷 10,000개와 군수물자, 그리고 귀환하던 중 6개의 성을 격파했다는 내용이 핵심이다. 군사전략적 측면에서 현실적으로 평가해 보면, 이것만으로는 가시적인 전공이 무엇인지가 불분명하다. 비문에 부락과 영의 수, 남녀 포로 수까지 구체적으로 기록되어 있는 데 반해 이 두 곳에서는 구체적으로 획득한 성과가 무엇인지 불분명하다.

사구성은 사씨 세력이 있었던 전북 북부 지역으로 추정되며, 루성은 모루(牟婁)계 지명이 많은 전남 영광과 전북 고창 일대로 추정된다. 이 모루계 지명은 영산강 북부에 위치한 래이 모씨와 노씨족이 남긴 지명들이다. 광개토왕은 태자 시절부터 백잔(후국)이 실세가 아니라 그 배후에 더 큰 세력이 존재한다는 것을 정확히 파악하고 있었으며, 그 배후 세력인 왜를 토벌하는 것을 주요 목표로 삼았다.

하지만 광개토왕이 의아해한 것은 잔국을 토벌한 후에도 왜가 다시 공격해 온 사실이다. 이에 그는 열도에 사신을 보내어 탐문했으나, 응신왕의 태자는 자신들의 관련성을 부인하며 사신을 꾸짖었다. 이로 인해 영산강 유역과 남해안에 여전히 강력한 세력이 남아 있음을 광개토왕은 알게 되었다. 특히 남해안은 경자년에 이미 임나가라가 초토화되어 회복이 불가능한 상태였다. 따라서 백잔의 배후 세력인 왜의 주력은 영산강 세력만이 건재한 상태였다.

광개토왕이 보병과 기병으로 공격을 나섰는데, 백잔을 먼저 치지 않고 후방을 먼저 쳤다는 것은 서기 396년 잔국 토벌 시와 동일한 방법으로 상륙작전을 활용했다는 것을 의미한다. 그런데 영산강 유역은 보기로 공격하기 어려운 지역이다. 해양도로 불릴 정도로 뻘이 많고, 바다로 둘러싸여 있기 때문이다. 광개토왕군은 배를 통해 보병과 기병의 병력을 이동시키고 기습전을 수행한 것으로 판단된다.

그런데 수군으로 상륙하여 영산강 유역을 치는 것은 미로에 갇히는 것과 마찬가지다. 영산강 수로는 여러 갈래여서 지형지세를 모르고서는 백전백패일 수밖에 없다. 더구나 서기 404년의 공격으로 보복 공격이 예상되고 있었기 때문에 방어 준비가 철저했을 것이라는 점을 예견할 수 있다.

후삼국 시대의 전투 양상을 통해 광개토왕의 군대와 마한 월지국 진왕 세력 사이의 전투 양상을 가늠해 볼 수 있다. 서기 903년 왕건 군은 당시 재지 세력인 나주 오씨, 나주 나씨 등의 직접적인 안내를 받아 당시 금성의 10여 군현을 점령하였다. 이후 10여 년에 걸친 장기전에 돌입하게 되는데, 서기 909년에는 염해현(지금의 무안 해제 면)에 기습 상륙하여 후백제의 사신선을 나포하였고, 서기 912년에는 진도군을 함락하고, 영산강 하구 압해도 인근 고이도를 장악했다. 견훤군은 현재의 목포-영암 덕진포 일대에 군함을 배치하고 왕건군과 대치했는데, 마침 남동풍이 불자 왕건군이 화공으로 대승을 거둔다.

덕진포 전투에서 승리한 왕건군은 영암 신북면 마산에 진지를 구축하고 반남 자미산성에 주둔하고 있던 견훤군과 대치하게 된다. 왕건과 견훤 군사는 자미산성의 4면 중 유일하게 열려 있던 마산과 자미산성 사이에 있는 신북면 월평리 인근에서 치열한 전투를 벌인다. 고려 시대 삼별초군도 몽고군과 고려 관군에 저항하는 과정에서 반남 자미산성에 상당한 기간 동안 주둔하기도 하였다. 이처럼 나주 반남 자미산성은 서해안에서 호남 내륙으로 진입하는 전략적 거점이었다.

따라서 고구려군이 왜의 본거지로 여긴 나주 세력을 토벌하기 위해 진군했다면 영산강 하구에서 물길을 따라 상류로 이동하려고 했을 것이다. 이때 미리 준비하고 있던 월지국 진왕의 군대는 영산강 둑에 갑옷으로 무장한 병력을 주둔시키고 각종 기계류로 사방 공격을 가했을 것으로 보인다. 결과적으로 고구려군은 영산강 세력 토벌에 실패한 것으로 보인다. 그런데 문제는 백전백승의 광개토왕군이 성과 없이 돌아갈 수는 없는 노릇이다. 그래서 비문에는 다음과 같이 적었다.

"영락 17년 정미년(서기 407년)에 왕은 보병과 기병 50,000명을 출병시키라는 명령을 내렸다. □□□□□□□□ 왕의 군대가 □□과 합전하여 적군을 섬멸하였고, 갑옷 10,000여 개와 군수물자, 무기를 헤아릴 수 없이 많이 뺏어 왔다. 돌아오는 길에 사구성과 루성 □住城 □城 □ □□□□□성 등을 깨트렸다."

여기서도 병력을 얼마를 깨뜨렸는지에 대해 아무런 언급이 없다. 50,000명이나 되는 병력을 보내서 격파했다면, 무엇인가 노획한 것을 백성들에게 보여 주어야 한다. 그런데 군대가 아니라 갑옷(개갑) 10,000개와 숫자도 알 수 없는 군수물자를 뺏었다고 표현하고 있다. 『삼국사기』 「백제 무왕조」에 보면 백제가 당에 명광개(明光鎧), 철갑 등의 갑옷을 바쳤다는 기사가 나온다. 무왕 시기에는 영산강 세력이 왕권을 뒷받침하는 가장 강력한 기반을 이루고 있었다.

이미 서기 407년 2월에 여신이 내신좌평으로 임명되어 영산강 유역 세력들이 사실상 병권을 장악하고 있는 상황이었다는 점을 감안해 보면, 영산강 세력들이 서기 407년 전투에서 개갑·철갑 등을 사용하고 있었다는 사실을 알 수 있다. 보다 구체적으로 마한의 세력권인 고흥 길두리 안동고분에서 서기 5세기 초의 갑옷이 출토되어 407년 전투가 광개토왕과 영산강 세력 사이에 벌어졌다는 사실을 확인할 수 있다.

10,000개의 갑옷이 10,000명의 병력을 의미하는 것은 아니다. 10,000개라는 것은 구체적 숫자라기보다 많다는 의미로 해석되기 때문이다. 그리고 갑옷이 중요하다고는 하나 50,000명의 보병과 기병으로 얻은 것 치고는 너무 초라하다. 그리고 기계는 운반해 갈 수도

없다. 따라서 고육지책으로 돌아가는 길에 백제 성 6개를 깨뜨렸다. 사구성과 루성 등은 전남 북쪽과 전북 지역 마한백제의 성들이다.

서기 407년 봄 2월, 고구려는 궁궐을 늘려 짓고 수리하였다. 노역과 군역을 동시 병행하기 어렵다는 점을 감안하면 봄에는 전쟁이 없었다는 것을 알 수 있다. 광개토왕은 궁궐 건축이 끝난 여름 이후에 출정에 나선 것으로 보인다. 한성백제는 서기 405년 왜국에 인질로 갔던 전지왕이 귀국하여 즉위한 상태였다.

전지왕 3년(407년) 봄 2월에 이복동생인 여신(餘信)을 내신좌평으로 삼고, 해수(解須)를 내법좌평으로 임명하였으며, 해구(解丘)를 병관좌평으로 삼았다. 이들 중 여신은 영산강 부여씨 출신으로 한성백제 관직에 부여씨가 등장한 것은 그가 처음이다. 이러한 인사조치는 한성백제가 영산강 세력과 연합하여 407년 정미년 전쟁에 대비하였다는 사실을 보여 준다. 여신은 정미년 전쟁이 끝난 서기 408년 1월, 상좌평이라는 자리를 새로 만들어 취임한다. 지금의 국무총리와 같은 직책으로 1인지하 만인지상의 실세 자리에 오르게 된 것이다.

이러한 정황으로 미루어 서기 407년 정미년 전쟁에서의 방어 성공을 기념해 영산강 세력이 한성백제에 진입하여 본격적으로 영향력을 행사하기 시작한 것으로 파악된다. 그리고 사실상 왕권을 좌지우지하면서 한성백제 접수 작업을 개시하게 된다. 그리고 서기 5세기에 들어서면서 영산강 유역의 고분군이 더욱 대형화하고 부장품도 화려해지는 것은 이러한 전쟁의 결과라고 말할 수 있다. 이 시기 마한 월지국 진왕들은 서기 1세기 대월지 황녀가 착용한 금관과 동일한 계통의 화려한 금동제 보요관을 착용했다. 영산강 세력의 위상이 더할 나위 없이 높아진 것이다.

이 시기에 부여씨가 한성에 등장한 이유는 잔국, 즉 금강백제의 응신왕이 서기 396년 패배하여 도일하고 난 이후 힘의 공백 상태가 발생하면서 그 공백을 영산강 세력이 메꾸었기 때문이다. 이때부터 한성백제와 금강백제가 하나로 합쳐져 두 개의 백제가 하나가 되었다. 열도에 파견되어 있던 전지왕은 백제로 건너와 왕이 되었지만 실권을 갖지 못한 명목상의 왕으로 머물렀다.

금강백제의 응신은 도일한 이후 재입국을 포기하고 자신이 보유했던 지역들을 전지왕에게 넘겨준다. 그런데 이후 도왜한 열도 천황들이 계속해서 삼한에 대한 영유권을 주장함에 따라 전지왕 이후에는 새로운 백제와 열도의 천황들 사이에서 치열한 외교전이 전개된다. 결국은 백제가 원하는 대로 대부분의 영역을 회복했다.

이와 동시에 서기 5세기 초부터 영산강 유역 세력이 백제의 왕권을 거의 좌지우지하는 상황이 전개된다. 이 시기부터 『중국 25사』에 백제의 부여씨 왕력이 체계적으로 등장한다. 부여씨는 한성백제 왕실을 장악하기 이전에 여구가 이미 백제 왕의 지위를 장악하고 있었다. 그 결과 한성백제의 근초고왕은 진왕제라는 연방 체제하에서 연방의 지원을 받지 못하게 되면서 더 이상의 정복 활동을 수행할 수 없었다.

서기 407년, 공격에서 승리하지 못하면서 광개토왕의 한반도 정벌전쟁은 막을 내렸다. 이후 광개토왕은 동부여 정벌을 제외하고 정복전쟁을 종료하게 되는데, 39세의 나이로 요절한다. 광개토왕의 사망

원인은 여러 가지가 복합적으로 작용한 것일 수 있는데, 영산강 세력에 대한 토벌 실패가 결정적 원인으로 작용한 것으로 보인다. 승승장구하던 위대한 정복 군주인 광개토왕이 패전의 스트레스를 극복하기 어려웠을 것으로 추정된다.

잔국 토벌 이후 응신의 야마토 왜 건국

열도로 망명한 이후 서기 397년, 응신은 북큐슈에서 일향국을 거쳐 기내(오사카) 지역에 도착한 후 임시정부를 세웠다가 서기 400년경 나라 지역으로 이주했다. 야마토 왜를 건국한 것이다. 한반도에서 서기 401년부터 궁월군의 120현민이 건너옴으로써 응신의 열도 정부가 구성을 완료할 수 있게 되었다. 왕이 먼저 오고, 그 뒤에 관료가 따르고, 맨 마지막에 백성들이 따라와서 나라의 건국을 완료하는 거꾸로의 절차를 밟아 망명정부가 구성되었다.

초기에는 망명하다가 '곧 돌아오겠거니.' 하고 나라를 운영하였으나 점차 돌아갈 수 없다는 사실이 확인되면서 응신의 우환은 더욱 커져만 갔다. 그런데 앞에서 언급한 120현민 이외에도 17현민이 더 도왜하였다.

"(응신) 20년 가을 9월에 왜한직(倭漢直)의 조상 아지사주(阿知使主)와 그의 아들 도가사주(都加使主)가 그들이 이끄는 무리 17현(縣)을 데리고 왔다."

결국 광개토왕의 잔국토벌로 한반도에서 도왜한 이주민은 모두 137현민으로, 백제 멸망 당시의 현민을 적용하면 대략 65만 7,000명에서 78만 9,000명으로 70여만 명이 응신을 따라 열도로 이주한 것으로 분석된다. 망명 초기에 응신은 한반도의 담로국들을 친정하고자 한다. 대표적으로 백잔 아신왕이 광개토왕에게 항복 맹약을 맺고 백제 왕에 등극한 것을 추궁하기도 하였다. 아래 『일본서기』의 내용은 이와 관련된 내용이다.

"8년 봄 3월, 백제인이 왕실에 들어왔다[『백제기(百濟記)』에 '아화왕(阿花王)이 왕위에 올라 귀국에게 무례를 범하였다. 이에 우리의 침미다례와 현남(峴南), 지침(支侵), 곡나(谷那), 동한(東韓) 지역의 땅을 빼앗았다. 이 때문에 왕자 직지(直支)를 왕실에 파견하여 선왕의 우호를 다지도록 하였다.'고 한다]."

아신왕이 응신에게 무례했다는 것의 핵심 내용은 아신왕이 광개토왕에게 무릎 꿇고 노객이 되겠다고 약속한 것과 백제 왕으로의 등극을 선언한 것이다. 이에 아신왕은 전지태자를 인질로 보내는 등 우호관계 복원에 전력을 기울인다. 그 결과 침미다례(제주도), 현남(차령이남 충남북 · 전남북), 지침(서북 충청), 곡나(예성강 유역), 동한(포상팔국 지역) 등을 빼앗겼다가 전지를 인질로 보냄으로써 다시 할

양받는다. 응신은 이제 한반도로의 복귀를 포기하고 열도를 통치하는 데 주력해야만 했던 것이다.

전쟁이 일단락되면 승전과 패전 원인, 그리고 우수한 문물의 흡수 등 새로운 요구가 폭발적으로 제기되기 마련이다. 응신은 열도에 들어가면서 열도의 미개한 백성들을 통치하기 위해서는 문물을 전수하는 일이 중요하다는 사실을 알게 된다. 즉, 문자로는 서로 통하지 않기 때문에 뭔가 소통할 수 있는 방법을 찾아야 했던 것이다.

고구려와의 전면전이 한창이던 서기 5세기 초에 백제 아신왕은 아직기를 열도에 파견했다. 당시 일본에 말이 귀하던 터라 말을 데리고 열도에 건너간 것이다. 그런데 아직기는 일본 백성 전체를 교화하기에는 뭔가 부족했다. 그래서 응신은 문자를 가르칠 만한 학자를 물색하다 왕인을 추천받게 된다.

"15년 가을 8월 임신삭 정묘(6일)에 백제 왕이 아직기(阿直伎)를 파견하여 좋은 말 두 마리를 바쳤다. 경(輕)의 언덕 위의 마구간에서 기르도록 하고 아직기에게 사육하는 일을 관장하도록 하였다. 그리고 말을 사육하는 곳을 구판(厩坂)이라고 불렀다. 아직기는 경전도 잘 읽었으므로 태자 토도치랑자의 스승으로 삼았다. 천황이 아직기에게 '경보다 훌륭한 박사가 있는가?'고 묻자 '왕인(王仁)이라는 사람이 있습니다. 그 사람이 우수합니다.'라고 대답하였다. 그래서 상모야군의 조상인 황전별, 무별을 백제에 보내 왕인을 불러오도록 하였다. … 16년 봄 2월에 왕인이 왔다. 태자 토도치랑자는 왕인을 스승으로 삼았다. 여러 전적을 배우니 통달하지 못하는 것이 없었다. 왕인은 서수(書首)의 시조이다."(『일본서기』「응신천황기」)

아직기는 "자신보다 뛰어난 학자가 있는가?" 하는 응신왕의 질문에 왕인을 천거했다. 왕인은 마한 월지국 진왕이 지배하던 영산강 유역 영암에서 『천자문』과 『논어』를 일본에 전파하여 일본의 아스카 문화를 불러일으킨 사람이다. 특히 문자가 없던 열도에 문자를 전함으로써 한국으로 말하면 세종대왕과 같은 문자혁명을 이루어 낸 대학자이다. 일본인들이 지금도 왕인을 숭배하는 것은 그가 미친 영향력이 엄청나기 때문이다.

『속일본기』 제40권 「간무천황기」에는 다음과 같은 기록이 있다.

"한고제의 후손에 란이 있었다. 란의 후손인 왕구가 백제로 옮겨 갔는데, 백제 구소왕 때 성조가 사신을 보내어 문인을 부르심으로 하여 구소왕이 곧 구의 손자인 왕인을 바쳤다. 문은 무생의 시조다."

여기서 왕인의 조부인 왕구는 영산강 유역인 영암으로 이주하여 그곳에서 손자를 보았고, 그를 다시 열도로 보낸 것이다. 그런데 구소왕이 직접 왕인을 바쳤다는 것은 성립 불가능하다. 왕인이 열도에 도착한 것은 구소왕이 사망한 이후인 서기 5세기 초이기 때문이다. 왕씨들은 본래 평양 인근에 근거를 둔 세력이었다. 대체로 서기전 1세기부터 서기 3세기에 이르기까지 평양 지역에 왕씨와 한씨가 유력한 세력 집단으로서 존재하고 있었다.

왕씨는 낙랑의 유민들로서 개성이 본관이다. 고려 왕조를 건국할 때 왕건은 개성에서 해주 오씨 및 나주 오씨와 연계하여 나주를 점령하는 데 성공한다. 이를 통해서 우리는 왕씨들이 이미 고대 시대부터 영산강 세력들과 긴밀한 연계를 맺고 있었다는 사실을 알 수 있다.

따라서 왕씨들이 나주나 영암 일대로 이주하는 일은 매우 자연스러운 일이었다고 할 수 있다.

왕인의 열도 이주 시기는 서기 405년경이다. 왕인이 『삼국사기』나 『삼국유사』에 등장하지 않는 것은 그가 마한인이었기 때문이다. 왕인이 영암의 구림에서 태어났는가, 그리고 그가 전달한 것이 『천자문』이 맞는가에 대해서 끊임없는 논란이 제기되어 왔다. 먼저, 일부 학자들은 한성백제가 영암 구림의 상대포를 직접 관할하였기 때문에 왕인이 이곳에 머물다가 도일했다고 주장한다. 이는 일본의 『고사기』나 『일본서기』가 기록한 백제가 한성백제가 아니라는 사실을 이해하지 못한 데서 비롯된 잘못된 해석이라고 말할 수 있다.

상대포는 영산강 세력들의 핵심을 이루는 국제무역항이며 한성십제 세력이 한 번도 내려온 적이 없다. 상대포는 마한 월지국의 항구로서 동북아만이 아니라 세계의 문물이 교류되는 국제 항구였고, 대륙이나 서역의 문물이 매우 빠른 속도로 유입되고 있었다. 그리고 왕인은 한성백제 왕이 보낸 것이 아니라 응신왕의 초청을 받아 마한 월지국 진왕이 파견한 것이었다. 당시 응신왕은 영산강 세력의 지원을 받고 있었기 때문에 즉각 사람을 보내 왕인을 불러올 수 있었다. 왕인은 영암 구림 상대포 인근에 살고 있어서 응신이 사람을 보낸 지 6개월 만에 열도에 도착하였다. 왕인이 갖고 간 『천자문』은 위나라 종요의 것으로 판단된다.

중단 없는 전쟁을 수행하던 아신왕은 404년 패전을 지켜보고 그 이듬해 사망한다. 그는 전쟁에 대해 두려움이 없었지만 너무 무모하게 나서다 고구려에게 초토화되었다. 그러나 진사왕의 배신으로 한성백제는 왕통이 끊기지 않고 이어지게 된다.

"이해에 백제 아화왕(阿花王)이 죽었다. 천황이 직지왕(直支王)을 불러 '그대는 나라로 돌아가서 왕위를 이으라.'고 말하고 동한(東韓)의 땅을 돌려주면서 보냈다[동한이란 감라성(甘羅城)·고난성(高難城)·이림성(爾林城)이 그것이다]."

『일본서기』의 기사는 응신 16년(서기 285년)에 아신왕이 사망한 것으로 나온다. 그런데 이 기사는 2주갑 인하하면 서기 405년으로 아신왕 사망 시기와 일치한다. 그 뒤를 이어 전지왕(재위 405~420년)이 즉위한다. 응신은 전지왕의 즉위 시 동한의 땅을 모두 돌려줌으로써 한반도에서 온전히 손을 떼게 된다.

백제 전지왕은 부여씨와 해씨를 주축으로 조정을 꾸렸다. 우선 여신(餘信)을 내신좌평으로 임명하고, 해수와 해구를 좌평으로 임명했다. 영산강 세력의 부여씨와 한성백제의 해씨를 기반으로 왕권 안정을 도모한 것이다. 이제 금강백제 왕의 존재가 열도로 사라졌기 때문에 한성백제의 취약한 국력을 영산강 세력들이 뒷받침하지 않으면 안 되었다. 그 결과 여신은 1년 만에 상좌평으로 승진한다. 실세 총리가 된 것이다.

전지왕은 여신 세력이 장악한 조정에서 명목상의 왕위를 유지하였을 뿐이다. 그는 16년간 재위하다가 서기 420년에 사망하였다. 그 뒤를 이어 구이신왕이 등극하나 유명무실한 존재였다. 그 후 여비가 왕이 됨으로써 영산강 세력이 백제 왕위를 장악하게 된다.

서기 5세기 무렵 영산강 유역의 고분은 대형화하고, 위세품도 매

우 화려해진다. 진왕으로서의 왕관도 자체 제작하여 사용했다. 옹
관묘 세력이 백제 전체를 대표하는 세력으로 등장한 것이다. 옹관
묘 세력이 한성백제까지 장악하였지만, 영산강 마한 세력이 곧바로
해체된 것은 아니다. 백제는 어디까지나 연방 국가였으므로 기존의
세력 거점을 그대로 유지하면서 백제의 국정 장악을 후원하였던 것
이다.

구이신왕 시기에는 열도로 건너가 왜가 된 세력과 남아 있는 세력
간에 영토 분쟁이 심각하게 진행되었던 것으로 나타난다. 『일본서기』
에는 인덕천황 41년인 서기 420년에 기각숙녜를 백제에 보내 처음으
로 국군의 경계를 나누어 상세하게 향토의 소출을 기록하였다고 전
하고 있다. 열도로 망명한 세력들은 옛 마한 · 변한 지역에 대한 지배
권을 줄기차게 요구했다. 그러나 전지왕이 볼모로 가면서 넘겨받은
땅이기 때문에 이제 한반도의 땅에 대해 열도로 망명한 세력이 더 이
상 영유권을 주장하기 어려운 상태였다. 그럼에도 왜 5왕은 줄기차
게 영유권을 주장하고 송나라에 사신을 보내 작위를 임명해 줄 것을
요구하기도 한다.

『송서』「왜국조」에 따르면, 서기 451년 가야가 독립해 나가자 이것
도 작위에 집어넣어서 영유권을 주장하기도 하였다. 그런데 가야가
영유권 주장에 등장하는 것을 통해 우리는 이 시기에 금관가야가 변
진 12국에서 이탈하였음을 알 수 있다. 열도 망명 세력과 영유권 분
쟁에서 최종적으로 여신과 여비가 승리하였다. 그 결과 여비가 비유
왕으로 등극하게 된다. 비유왕의 등극은 상좌평이었던 여신의 적극
적 역할과 두 아들인 여경(개로왕)과 여곤(곤지왕)의 역할이 컸다.

여비는 서기 425년 유송에 사신을 보냈고, 서기 430년 문황제로부터 선왕 여영의 백제 왕 책봉을 확인하고 열도 천황들의 영토 요구에 쐐기를 박음으로써 종주권을 회복하게 된다. 비유왕은 21년간 재위하였으나 말년에 흑룡이 날아다니는 등 내란으로 사망하고, 개로왕이 즉위하였으나 10년 이상 왕권을 행사하지 못하는 등 국정이 극도로 혼란스러웠다. 열도의 상황도 그렇게 원만한 것이 아니었다.

여제 백년전쟁에서 영산강 마한 진왕의 역할

고구려의 압도적 우위를 확인시켜 준 한반도 대전쟁 이후 거의 피해를 입지 않고 살아남은 세력은 영산강 세력이 유일했다. 대방 공격에서 다소간의 손실을 입었지만 그것이 회복하기 어려울 정도는 아니었던 것으로 보인다. 영산강 유역에는 밝 세력(박씨 · 백씨 · 여씨 · 서씨 세력)과 래이 세력(노씨 · 나씨 · 목씨 · 모씨 · 오씨 등)이 주축을 이루어 발라국을 성립시키고 있었다.

본래 해상 세력으로 성장한 월지 발라국은 전 세계 고인돌 문화의 맹주로서 중원 화하 세력의 세계관에 굴복하지 않았고, 같은 부여계인 고구려와 우호 관계를 유지하다가 미천왕의 요동 정복 전쟁을 계기로 고구려와 갈등 관계로 돌입하게 된다. 월지국 진왕 체제하에서 발라국 세력들은 나주 철야현에서 철을 꾸준히 제조했을 뿐만 아니라 자신의 영향권 아래 있는 변진에서 수입한 철을 통해 강력한 무력과 군사체제를 갖추고 고구려의 남하를 저지하는 정책을 구사했다.

마한 월지국이 주축이 된 서기 4~5세기 마한에는 영산강 유역을 중심으로 강력한 힘을 발휘한 진왕이 존재했다. 그는 월지국에서 전체 마한을 통치했다. 나주 반남 신촌리 고분에 나타난 금동관과 대형 고분군의 존재는 강력한 왕권을 보유한 정치 세력이 형성되었음을 잘 보여 주는데, 이들 고분은 월지국 진왕의 무덤들이다. 이들은 영산강 내해를 중심으로 세력을 형성하고 있었고, 변진 12국 지배 구조를 성립시켜 서남해의 가야국들과도 긴밀하게 연계되어 있었다.

여제 백년전쟁 과정에서 영산강 세력은 금강백제를 후원하는 방식으로 활동한 것으로 나타난다. 백제 왕이 된 여씨는 마한 진왕실의 일원이었다. 응신왕이 강경한 반고구려 정책을 밀어붙임에 따라 영산강 세력들도 한성백제와 마찬가지로 전쟁을 준비하고 지원하는 역할을 수행했다. 그런데 지리적으로 볼 때 영산강 유역은 한강과 금강에서 멀리 떨어져 있어 백잔 공격(서기 392년), 잔국 토벌(서기 396년), 그리고 신라 구원 및 임나가라 초토화(서기 400년) 등 광개토왕이 압도적 우위를 보이던 초기 전투에서 한발 비켜나 있었다. 따라서 초기에는 병참이나 인력의 배후 지원에 치중하였을 것이다. 광개토왕 이전 백제가 고구려에 우위를 보이던 근초고왕 시기에는 병력을 지원했던 것으로 나타난다.

그런데 서기 396년 금강백제가 토벌되고 열도로 망명한 이후 전쟁 중기에 접어들면서부터는 영산강 세력들도 적극적 참전이 불가피해졌다. 그 결과 서기 404년 관미성 지역을 관할하던 해주 오씨 및 교하 노씨, 개성 왕씨 세력 등과 연합하여 수군을 동원하여 고구려의 대방 지역을 공격한다. 광개토왕이 북방에서 후연과 교전하는 틈을 타서 기습공격을 하여 평양성 인근까지 진출했다. 그러나 광개토왕이 직접 내려오면서 더 이상 진군하지 못하고 퇴각하였다.

이에 광개토왕은 정미년에 영산강 세력에게 보복하기 위해 50,000명의 보병과 기병을 수륙 사방에서 합전하여 공격한다. 그런데 영산강 유역은 천혜의 요새였기 때문에 기계류까지 동원한 마한 월지국(발라국) 군의 방어를 견디지 못하고 갑옷이나 무기류 정도를 거두고 퇴각을 하게 된다. 그 결과 응신왕이 망명한 열도 왜가 토벌되지 않고 살아남을 수 있었다.

전쟁 후기인 서기 475년 한성백제가 멸망하면서 영산강 세력은 새로운 백제를 건국하는 데 결정적 역할을 수행한다. 『일본서기』에서는 천황이 모든 것을 도와주었다고 나와 있지만, 사실 열도의 천황이 할 수 있는 것이라고는 폐허화된 웅진 땅을 백제에 돌려주는 것 이외에 특별히 도와줄 수 있는 것이 없었다. 국고가 전혀 없는 상태에서 백제를 재건하기 위해서는 영산강 세력들의 역할이 결정적이었다. 따라서 전쟁 중기 이후 영산강 세력은 정치·군사적으로 그 위상이 급속히 강화되고 백제 왕실을 장악할 수 있게 된다.

그 결과 영산강 유역의 고분이 더욱 대형화하였고(제2기 고분 시대), 이는 서기 5세기 초부터 영산강 유역 월지국 마한 진왕의 지위가 더욱 강성해졌다는 사실을 보여 준다. 영산강 유역에서는 지금까지 무기류 유물이 많이 발견되지 않고 있는데, 이는 영산강 발라국이 정복 전쟁을 멀리했던 것이 아니라 주로 영산강 밖에서 정복 전쟁을 수행한 결과로 볼 수 있다. 포상팔국전쟁이나 대방전쟁, 북위전쟁 등 대규모 전쟁은 항상 영산강 외부에서 이루어졌다. 그것은 영산강 세력이 활발한 해상 활동으로 군대를 외부로 파견한 결과이다. 서기 407년 정미년 전투의 경우에도 방어를 중심으로 전쟁이 이루어진 것으로 판단된다.

아울러 영산강 유역에서 무기류나 화려한 부장품이 출토되지 못하는 근본 이유는 수많은 고분군이 일제와 도굴꾼에 의해 체계적으로 도굴되고, 유물을 탈취당했기 때문이다. 한마디로 유물 유적 싹쓸이 도굴이 이루어져 고분군의 규모에 부합하는 유물들이 출토되지 못하고 있다.

서기 4세기 무렵 경기도 · 충청도 · 전라도 등 마한 지역에는 한성백제, 금강백제, 영산강 유역의 마한 월지국, 그리고 낙동강 유역의 가야, 열도 왜 등의 유력 세력을 중심으로 연방제 시스템이 가동되고 있었다. 금강백제는 강력한 농업 생산력에 기초한 월지국의 지원하에 유지될 수 있었다. 공주나 부여 등은 드넓은 평야지대가 없는 현재의 지형지세로 보아도 강력한 정치 세력이 존립하기 어렵다는 것을 알 수 있다. 그런데 중국 사서 등의 기록을 고려하면, 웅진에 백제가 도읍한 것으로 나타나고 있어 모든 측면에서 영산강 세력에게 의존하는 정치체제가 성립된 것으로 보인다.

이 시기에 영산강 유역에서는 옹관묘가 점차 대형화하는 추세를 보여 준다. 고분의 크기는 재지 세력이 자의적으로 마구 키울 수 있는 것이 아니라 내·외부 세력들로부터 견제를 받게 된다. 그러나 서기 4세기 이후 영산강 유역 중심부는 아무런 견제도 받지 않고 대형화를 이루어 나갔기 때문에 사실상 마한백제 연방을 영도한 것으로 보아도 무방할 정도이다.

14

서민대왕 모용성:

위기의 순간과 선택

모용성,
후연 3대 황제 등극

모용성의 자는 도운으로 모용보의 서장자였다. 어렸을 때부터 침착하고 예민했으며, 계략이 많았다. 부견이 전연을 멸망시켰을 때, 모용성은 몰래 모용충에게로 달아났다. 모용충이 서연의 황제를 칭했을 때, 모용성은 그의 자만심과 불공정한 보상과 처벌, 그리고 명확하지 않은 정책에 대해 의심을 품었다. 그때 그는 겨우 12살이었다.

모용성은 그의 숙부 모용유에게 조언했다.

"지금 중산왕은 지혜가 일반 백성들보다 떨어지고, 재능이 남들보다 뛰어나지 않으며, 사람들에게 은혜를 베풀지 않고, 스스로 거만합니다. 제가 보기에, 쉽게 패배할 수밖에 없을 것입니다."

그의 말은 중산왕 모용충의 운명을 예견하는 듯했다. 얼마 후, 모용충은 단목연에 의해 살해되었다. 이 소식을 들은 모용성은 모용영을 따라 동쪽 장자로 향했다.

모용성은 다시 모용유에게 말했다.

"지금 우리는 날카로운 칼날 사이의 험난한 길, 의심과 불신의 순간에 놓여, 어리석다면 남들의 의심을 살 것이고, 지혜롭다면 더욱 위험한 상황에 처할 것입니다. 우리는 홍학처럼 높이 날아올라 10,000리를 한 번에 가야지, 그물과 함정에 걸리기를 기다려서는 안 됩니다."

이러한 생각에 따라 모용성은 모용유와 그의 동생 모용회와 함께 비밀리에 동쪽으로 가 모용수에게로 돌아갔다. 그의 결정은 그와 그의 가족의 운명을 새로운 방향으로 이끌었다.

섬서에서 도둑을 만났을 때, 모용성은 그의 용기와 담대함을 보여주었다. 그는 도둑에게 말했다.

"나는 육척의 체구이고, 물에 빠져도 익사하지 않고, 불에도 타지 않는다. 너는 내 칼날을 막을 수 있겠느냐! 100걸음 떨어진 곳에 네 손의 화살을 세우고, 내가 맞추면 너의 목숨을 조심해야 한다. 맞추지 못하면, 나는 스스로를 너에게 넘길 것이다."

도둑은 화살을 세웠고, 모용성은 한 번에 화살을 맞혔다. 도둑은 인정하며 말했다.

"젊은이는 귀한 분의 자제인 것 같아 그저 시험을 해 본 것일 뿐입니다."

그들은 모용성에게 존경하는 모습을 보이며 그를 돌려보냈다.

1년이 지난 후, 모용영은 모용준과 모용수의 자손들을 처단하여, 남녀를 가리지 않고 모두 없애 버렸다. 모용성이 모용수에게로 왔을 때, 그는 서쪽 사정에 대해 물었고, 모용성은 땅에 그림을 그리며 설명했다.

모용수는 웃으며 말했다.

"옛날 위무제가 명제의 머리를 쓰다듬으며, 그를 후작으로 삼았다. 나의 사랑하는 손자가 스스로 찾아왔구나."

그래서 그는 장락공으로 봉해졌다.

모용성은 용맹하고 강직했다. 그는 그의 백부 모용령만큼이나 엄격하고 강렬한 기개를 가지고 있었다. 그는 위험과 도전으로 가득한 삶에서 용기와 지혜를 발휘했다.

모용성:
음모와 충성심의 균형

모용보가 황위에 올라, 곧 황제의 작위를 진행했다. 그리고 모용보가 용성에서 남쪽으로 원정을 떠났을 때, 모용성은 잔류하여 후방을 총괄했다. 단속골의 반란이 일어났을 때, 그는 급히 나가 모용보를 맞이했고, 모용보가 거의 단속골에게 붙잡힐 뻔한 위기에서 그를 구했다.

모용성은 모용보에게 여러 차례에 걸쳐 기발한 계책을 제시했으나, 그의 아버지는 그의 조언을 따르지 않았고, 그 결과 여러 번 패배했다. 모용보가 용성으로 돌아간 후, 모용성은 후방에 남아 있었다.

서기 398년, 갈 곳 없이 방황하던 모용보는 모여등과 모용성을 보내 기주 지역에서 군사를 모으도록 했다. 그러나 모여등의 폭력적이고 잔인한 성품 때문에 백성들 사이에서 원성이 높아졌고, 이에 모용성은 그를 처단했다. 모용성의 간곡한 요청에 따라, 하북성의 거록과 장낙 등 여러 부락이 지지를 보냈다.

난한이 용성에서 조상에게 제사를 지내는 것을 목격한 모용보는 난한이 반역의 마음 없이 후연 조정에 충성을 다하고 있다고 판단해 용성으로 돌아가기를 원했다. 북쪽으로 향하던 중, 하북성 천안에 있는 장조의 집에 잠시 머물게 되었고, 모용성은 용성에 들어가기 전에 난한을 다시 한번 확인해 보자고 제안했다.

모용보는 이한을 난한에게 파견했고, 자신은 석성에 머물렀다. 난한은 이한을 환대하며 자신의 진심을 전하도록 했다. 모용보는 난한이 자신의 아버지의 장인이자, 아들 모용성의 장인이므로 아무런 위험이 없을 것으로 판단했다. 이한이 돌아오기도 전에 모용보는 용성으로 향했고, 아들 모용성은 눈물을 흘리며 만류했지만, 모용보는 결심을 굽히지 않았다. 모용성은 자신의 측근 장진과 함께 숨었다.

모용보가 용성에서 약 40리 떨어진 색막한형에 도착했을 때, 성안의 사람들은 환호하며 그를 맞이했다. 난한은 모용보에게 접근해 죄를 사하고자 했지만, 그의 형제들은 강력히 반대했다. 난한은 동생 난가난을 500기병과 함께 보내 모용보를 맞이하게 하고, 형 난제에게는 무기를 숨기고 성문을 봉쇄해 주민들의 왕래를 막게 했다. 이는 모용보 세력과의 결합을 통한 반란을 미리 차단하려는 의도였다.

난한이 모용보를 만나는 동안, 모용보의 측근 여숭이 조심스레 조언했다.

"난한의 모습을 보니, 변란이 가까워진 것 같습니다. 결정하기 전에 세 번이라도 생각하셔야 합니다. 어찌 그리 섣불리 행동하십니까?"

하지만 모용보는 걱정할 필요 없다며 여숭의 말을 일축했다. 그러나 이동 중, 난한은 여승을 체포했다. 여승은 분노를 표출했다.

"너희 가문은 운 좋게 황실과 인연을 맺고 나라의 사랑과 영광을 받았음에도 불구하고, 이제 찬탈을 꿈꾸다니, 이는 천지를 거스르는 일이다. 얼마 안 가 모두 멸망할 것이다. 그것을 내 손으로 하지 못해 안타깝다!"

그러나 난한은 여승을 처형했고, 모용보도 그의 가문과 함께 시해되었다. 그 당시 모용보의 나이는 43세였다. 난한은 모용보에게 영제라는 시호를 내리고, 그의 측근 100여 명을 처단했다. 그 후 스스로를 대도독 대장군 대선우 창려왕이라 칭했다.

모용보가 난한에게 살해당한 후, 모용성은 슬픔을 전하러 급히 나섰다. 장군 장진은 위험하다며 이를 강력히 반대했지만, 모용성은 결단을 내렸다.

"나는 이제 목숨을 걸고, 내 슬픔과 곤경을 알리러 갈 것이다. 난한의 성격이 어리석고 조심스러우니, 필시 사위인 나를 해치지는 않을 것이다. 열흘에서 한 달 사이에 내 뜻을 펼칠 수 있을 것이다."

그래서 그는 모용보의 장례식에 참석했다. 난한의 부인 을씨는 눈물을 흘리며 모용성을 부탁했고, 난한도 애도하며 그를 위로했다. 그의 아들 난목이 모용성을 맞이하여 궁내에 머물게 하고, 예전처럼 친절하게 대했다. 난한의 형제인 난제와 난가난은 난한에게 모용성을 죽이라고 권했지만, 난한은 따르지 않았다.

모용기는 난한의 외손자였는데, 은밀히 모용성과 함께 모의했다. 모용성은 모용기에게 밖에서 군대를 일으키도록 시켰고, 군대는 수천 명에 이르렀다. 난한은 난제를 보내 모용기를 진압하도록 했다.

모용성,
정치적 기지로 연나라 왕조 부활

난제는 교만하고 타락했으며 난한에게도 무례했기 때문에, 모용성
은 이를 활용해 난한과 이간시키기 위해 다음과 같이 말했다.

"모용기는 어린애일 뿐이며, 이 일을 처리할 능력이 없습니다. 필
시 내부에 호응자가 있을 겁니다. 난제는 본래 오만하여 큰 군대를
맡길 수 없습니다."

모용성의 말을 믿은 난한은 분노하여 난제를 체포하고 처형했으
며, 자신의 무군 구니모를 보내 군대를 이끌고 모용기를 진압하도록
했다.

그러나 난한의 형제들은 난제가 처형된 것을 보고 두려워하며, 군
대를 일으켜 난한에게 반기를 들고 구니모의 군을 공격해 패배시켰
다. 난한은 크게 두려워하며 자신의 아들 난목을 보내 군대를 이끌고
진압하도록 했다.

난목은 난한에게 말했다.

"모용성은 저의 원수입니다. 모용기가 지금 반란을 일으키면 모용
성이 반드시 그에 응할 것입니다. 또한 집안 내부에서 일어나는 변란
의 어려움이 있으니, 마음속의 병을 키우지 말아야 합니다."

난한은 모용성을 주살하려 했지만, 먼저 모용성을 만나 살펴보고
자 했다. 모용성의 아내가 이를 알리자, 모용성은 병이 심각하다고
거짓말하며 더 이상 외출하지 않았고, 결국 난한은 그를 처형하지

않았다.

이후 이한(李旱) · 이조(李早) · 위쌍(衛雙) · 유지(劉志) · 장호(張豪) · 장진(張眞) 등은 모두 모용성의 오랜 친구들이었으며, 난한의 아들 난목은 그들을 자신의 심복으로 삼았다. 모용성은 이들을 동지로 삼아 여러 차례 비밀리에 모여 큰 계획을 세웠다. 난목의 군대가 난난 등을 공격해 참하고, 장병들에게 큰 연회를 열었다. 난한과 난목은 모두 술에 취해 정신이 몽롱해졌다.

모용성은 밤에 화장실을 간다는 핑계로 겉옷을 벗은 채 담을 넘어 동궁에 들어갔다. 그리고 이한 등과 함께 난목을 주살했다. 군중은 환호하며 난한을 공격해 그를 처단했다. 난한의 두 아들 노공화와 진공양이 각각 영지와 백랑에 주둔하고 있었는데, 이한과 장진을 보내 이들을 습격하여 처단했다. 그 결과 내외가 모두 평온해졌고, 남녀 모두가 기뻐했다.

모용성은 겸손하게 자신을 낮추며 황제의 칭호를 사용하지 않았다. 그해, 그는 장락왕으로서 정권을 잡고, 영역 내에 사면을 선포하며 연호를 건평으로 변경했다. 여러 왕들의 작위를 공으로 강등시키고, 문무 관직을 각자의 이전 직위로 복원시켰다.

처음에 모용기는 건안에서 병력을 모으고 난한을 공격하려 했다. 이때 백성들은 일제히 그를 따랐다. 하지만 난한은 조카 전을 보내 모용기를 공격하게 했으나, 모용기는 그를 격파하고 을련에 진을 쳤다.

모용성이 난한을 주살한 후, 그는 모용기에게 군대를 해산하라고 명령했다. 그러나 모용기는 정령의 엄생과 오환왕 용과 함께 병력을 이끌고 모용성에게 반기를 들었다. 그들은 군대를 이끌고 용성에서 10리 떨어진 횡구(橫溝)에까지 이르렀다. 이에 모용성은 군대를 출격시켜 그들을 격파하고 모용기를 사로잡아 돌아왔다. 그는 용과 엄생 등 100여 명을 처형했다.

모용성은 이후 스스로 황제의 자리에 올랐다. 그리고 사형수 이하에 대해 대사면을 선포했다. 헌장태자 모용령을 헌장황제로 추존하였으며, 모용보의 황후 단씨를 황태후로 추존하고, 모용령의 부인 정씨를 헌장황후로 존칭했다. 태자 모용책은 헌애태자로 불렸다.

모용성의 유주자사 모용호, 상서 좌복야 장통, 창려윤 장순이 모반을 일으켰으나, 모용성은 그들을 모두 처형했다. 그리고 연호를 '장락'으로 변경했다. 죄인들은 열흘에 한 번씩 자결하도록 했으며, 매질과 같은 형벌은 없앴으나, 감옥은 여전히 가득 찼다.

서기 400년 1월, 고구려 광개토왕이 사신을 보내 후연의 모용성에게 특산물을 바쳤다. 이는 고구려 광개토왕 9년인 서기 400년 봄 정월에 일어난 일이었다. 모용성은 이를 기쁘게 받아들였다. 고구려는 모용씨와의 관계 개선을 통해 요동으로 진출하려는 의도를 갖고 있었다. 후연의 정세가 매우 불확실하다는 사실을 알게 된 광개토왕은 후연에 대한 직접적인 공격을 피했다.

그런 연후에 흰 몸에 녹색 머리를 가진 참새가 궁궐의 동문에 모여들어 동원에 머물렀고, 20일 후에 떠나갔다. 모용성은 이 기이한 일로 인해 동원의 이름을 하얀 참새의 정원이라는 뜻의 '백작원'으로 바꿨다.

모용성은 시와 노래를 들으면서, 주나라 주공단의 일을 돌아보며 신하들에게 말했다.

"주공단이 주성왕을 보필했지만, 진심으로 상하를 감동시키지는 못했다. 관채 등의 형제를 주살해 유언비어를 차단했음에도 불구하고, 오히려 경전에서 미화되고, 관현악에서 그 덕을 노래했다. 나의 태재 환왕 모용각은 백왕의 마지막을 잇고, 어린 황제가 제위를 찬탈당할 수도 있는 상황에서, 동진과 전진의 두 도적이 염탐하는 가운데 과거보다 어려움이 많았으나, 조정에서 정치를 보좌하고, 군중의 마음을 조율하며, 대외 정책을 펼쳐 영토를 1,000리나 확장시켰다. 예로써 종친들을 다스리고, 덕과 형벌로 제후들을 관리했으며, 우애와 친목을 도모하여 당시에는 논란이 없었다. 그 공훈과 도의 뛰어남이 어찌 주공단과 동일할 수 있겠는가! 그러나 연나라 찬가는 논의되지 않고, 성덕은 기술되지 않으니, 이는 옳지 않도다."

그래서 중서에 명하여 연나라 송가를 다시 작성하여 모용각의 공을 서술하게 했다. 또한 중서령 상충, 상서 양구, 비서감 낭부를 동당에 불러 물었다.

"옛날부터 군자들은 모두 주공단을 충성스럽고 성스러운 인물로 말해 왔는데, 어찌 그것이 잘못된 것이 아니겠는가!"

양구가 말했다.

"주공이 섭정의 중책을 맡고 있으면서도, 능히 군신의 명분을 밝히고, 유언비어의 비방에도 불구하고, 강한 바람을 일으켜 군주를 깨우쳤으며, 그의 도덕은 신령과 연결되어 의로움이 만대에 빛나고 있습니다. 그러므로 그의 높음을 이어받은 후손들이 칭송하고, 후대의 왕들이 아무도 그의 아름다움을 빼앗을 수 없었던 것이옵니다."

모용성이 말했다.

"상령은 어떻게 생각하시오?"

상충은 말했다.

"옛날 주무왕이 중병에 걸렸을 때 주공은 명을 청하는 진심이 있었고, 유언비어가 난무할 때 그의 의로움은 천지를 감동시켰으며 회초리로 매를 때려 아들 백금(伯禽)을 훈계하여 왕의 덕을 가르쳤습니다. 주공의 신하로서의 충성스러움과 성스러움은 시와 책에 기록된 것처럼 유례가 없었습니다."

모용성은 말했다.

"두 군주의 말이 참으로 다르구나! 짐은 주공단의 속임수를 보았지만, 그의 충성과 성스러움은 보지 못했다. 예전에 주무왕이 구령(九齡)의 꿈을 꾸고 주문왕에게 말했을 때, 주문왕은 말했다. '하늘이 네게 구령을 주신 것은 내가 100살을 살고, 네가 90살을 산다는 뜻이다. 내가 너에게 3년을 덜어 주마.' 주문왕이 세상을 떠난 후, 주무왕의 수명이 이미 예견되었다. 주무왕이 계산이 끝나기도 전에 자신의 죽음을 대신할 것을 요구한 것, 이것은 속임수 아닌가! 만약 이것이 하늘의 명을 의심하는 것이라면, 그것은 성스럽지 못한 것이다. 천위를 대신하면서 진정한 충심이 보이지 않았고, 형제 사이에 무기를 들이대는 일이 발생했다. 주문왕의 영향은 가까운 곳에서부터 멀리까지 미쳤기 때문에, 소수의 아내에게 벌을 내리기도 하고 형제에게까지 이르렀다. 주공단은 성스러운 아버지의 교훈을 직접 위반하고 의심을 불러일으키는 길을 따랐으며, 같은 피를 나눈 이들에게 벌을 내려 사적인 분노를 풀었다. 어떻게 충성스럽다고 할 수 있겠는가! 다만 당시에 직언을 하는 사가가 없었기 때문에, 후대의 유생들이 그의 오류를 따랐을 뿐이다."

이에 상충이 말하였다.

"쇠줄을 풀어 바람을 되돌려 보낸 것만으로도 그가 속임수를 쓰지 않았음을 분명히 보여 줍니다. 두 삼촌이 유언비어에 휩싸였을 때, 그는 능히 대의를 위해 친척을 제거하여 끝내 나라를 안정시켰습니다. 또, 아들을 바로잡고 대업을 지원하며 태평성대를 이루었고, 예법을 정립하며 음악을 창작하여 끝없는 축복이 흐르게 했습니다. 이역시 최고의 덕이 아니라고 말할 수 없습니다."

모용성이 말했다.

"경은 단지 완성된 문서에 따를 뿐, 큰 이치를 근본적으로 파악하지 못하고 있다. 짐은 지금 이에 대해 서로 논하고자 한다. 예전 주나라는 후직부터 덕을 쌓고 인을 누적하여 문왕과 무왕에 이르렀다. 문왕과 무왕은 대성인으로서 시대를 응하여 천하를 얻었다. 백성들이 그의 덕을 우러러보고, 천하는 그의 인에 귀속되었다. 주성왕은 어렸음에도 광대한 업무를 관리했고, 점성술로 장수를 예견했으며, 여(呂)·소(召)·모(毛)·필(畢)을 스승으로 삼았다. 만일 주공단이 섭정하지 않았다면, 왕도는 충분히 이루어졌을 것이다. 주공은 근거 없이 안위를 자신의 책임으로 여기고, 조정의 권력을 독점하며, 북면의 예를 무시했다. 관·채는 왕실에 대한 충성심으로, 주공단이 주인을 대신하는 것은 신하의 도리가 아니며 주공단이 어린 주인에게 불리할 것이라고 말했다. 주공단은 마땅히 큰 순리에 따르는 절조를 밝혀야 했으며, 진정한 의리를 드러내어 군중의 의심을 풀어야 했다. 그러나 오히려 병력을 도읍에 배치하고, 마음대로 처형을 집행했다. 불충의 죄가 온 나라에 드러났으며, 주성왕을 훈계하는 「올빼미(鴟鴞)」라는 시를 남겨 비난의 화살을 주인에게 돌리는 것은 무엇을 의미하는가! 또한 주공단이 일을 처리하며 두 공에게 고했지만, 두 공이 주공단의 무죄를 밝혔으나 주성왕의 의심을 관망한 것은, 두 공의 마음에도 주공단에 대한 의심이 있었음을 나타낸다. 그들은 친척들과의 사이를 멀리하지 않으려 했기 때문에, 관숙과 채숙에게 말을 전달했다. 그래서 당시에 충성이 드러나지 않았고, 어짊이 형제에게 미치지 못했다. 권력이 원래의 주인에게 돌아가기를 원하는 군중의 기대가 있고, 천명이 자신에게 있지 않음을 알고 나서야 정사를 성왕에게 돌려주고, 이것이 충성이라고 여겼다. 큰 바람이 나무를 뽑는 징조는 바로 황천이 주도를 보호하고, 문무의 덕을 잊지 않으려는 것으로, 주공의 초기 잘못을 용서하고 주나라 왕실의 큰 미덕을 이루고자 한 것이다. 주공단의 마음을 고려하고, 그의 행동을 원점에서 살펴보면, 그는 천하의 죄인일 뿐, 어떻게 최고의 덕이라고 할 수 있는가! 주공단이 자리에 복귀했을 때, 두 공이 자신들의 본심을 말하지 않은 것은, 관숙과 채숙의 충성을 밝히기 위함이었다."

또한 모용성은 상충에게 물었다.

"이윤과 주공 중 누가 더 현명한가?"

상충이 대답했다.

"이윤은 주공처럼 친밀한 관계가 없었음에도 한 시대의 업적을 이루었습니다. 태갑이 덕을 어지럽혔을 때, 그를 동궁에 유폐시켰다가 그가 과오를 생각하고 개선하자 다시 복귀시켰습니다. 이로써 군주에게 불만이 없고 신하에게 비난이 없게 하여 도를 지키고 사직을 보존했습니다. 그의 미덕은 지금까지 이어져 왔습니다. 신의 생각으로는 이윤의 공적이 주공단보다 높다고 봅니다."

모용성이 다시 말했다.

"이윤은 오랜 신하의 중요성을 드러내고 아형의 임무를 빛냈다. 태갑이 왕위를 계승했을 때, 군주의 도가 아직 완전치 않아, 충성을 다해 보좌할 수 없었다. 동궁에 유폐시킨 것은 이예(夷羿)의 행동과 같다. 어떻게 주공과 비교할 수 있겠는가!"

낭부가 말했다.

"이윤은 신하의 위치에서 군주를 바로잡지 못해 성탕의 도가 무너지고 아무도 따르지 않을까 두려워 동궁에 머물며 천한 사람들과 함께 일하게 하여 농사의 어려움을 알게 했습니다. 그 후에 그를 천위로 돌려보냄으로써 그의 충성을 보여 준 것입니다."

모용성이 말했다.

"이윤이 폐하고 다시 세울 수 있었다면, 어찌 그를 도와 선에 이르게 할 수 없었겠는가! 만약 태갑의 성품이 걸주(桀紂)와 비슷하다면, 3년 사이에 어찌 현명한 군주로 변할 수 있었겠는가? 만일 그의 본성이 순수하고 밝았으며, 의로운 마음이 쉽게 발현된다면, 의당 군주의 덕을 완성시키기 위해 진력을 다해야 할 것인데, 어찌 신하가 군주를 유폐시키고 그 자리를 차지할 수 있단 말인가! 또한 신하가 군주를 섬길 때에는 오직 힘을 다해야 하는 것이지, 어찌 지혜와 인을 숨겨 군주의 악을 이루게 할 수 있는가! 태갑의 일은 짐이 이미 살펴보았다. 태갑은 지극히 현명한 군주였고, 이윤이 세 왕조를 섬겼지만, 눈에 띄는 업적이 없었으며, 조상이 맡긴 공을 잃어버릴 뻔했다. 그러므로 그는 자신의 해와 달과 같은 밝은 덕을 숨기고 이윤의 추방을 받아들여 그의 충절한 아름다움을 이루어 냈다. 비범한 사람만이 비범한 일을 할 수 있고, 비범한 사람만이 이를 볼 수 있다. 오태백이 계력에게 천하를 세 번 양보한 것처럼, 덕이 없는 사람도 칭송받을 수 있는 것이다."

낭부가 말했다.

"오태백은 세 번이나 천하를 양보했으나, 공자가 나타나기 전까지 그의 지극한 덕은 드러나지 않았습니다. 태갑은 천하에 비방을 받았지만, 폐하께서 그의 미덕을 새롭게 밝히셨습니다."

이에 따라 대화를 나누고 시를 지으며, 금과 비단을 차등 있게 하사하였다.

요서 태수 이랑이 요서에 10년 동안 있으면서 경내를 제압하자, 모용성은 그를 의심하여 여러 차례 불러들였으나 오지 않았다. 그의 모친이 용성에 있어서 감히 드러내 놓고 반역하지 못하고, 비밀리에 북위군을 끌어들여 자신을 안전하게 하려는 계획을 세웠으며, 이에 표를 올려 군대를 일으켜 적을 막아 달라고 요청했다. 모용성은 "이는 반드시 속임수일 것이다."라고 말하며 그의 사절을 불러 심문한 결과, 그것이 사실로 드러나 그의 일가를 모두 처단하고, 보국장군 이한을 보내 토벌하게 했다. 군대가 건안에 도착했을 때, 이한에게 돌아오라는 명령을 내렸다.

이랑은 그의 가족이 처형당했다는 소식을 듣고, 3,000여 호를 이끌고 자신을 방어했다. 이한이 도중에 돌아간다는 소식을 듣고 연나라 내부에 변란이 있을 것이라고 여겨 더 이상 대비하지 않고, 자신의 아들 이양을 영지에 남겨 방어하게 하고는, 자신은 북평에서 북위의 군대를 맞이했다.

이 소식을 안 이한은 영지를 기습하여 점령했고, 광위 맹광평에게

기병을 보내 이랑을 추격하여 무종에서 처형했다. 처음에 모용성이
이한을 돌아오게 한 이유를 신하들은 모르고 있었다. 이한이 이랑을
처형한 후, 모용성은 신하들에게 말했다.

"이한을 돌아오라고 한 것은 바로 이 때문이었소. 이랑이 최근에
반역을 일으켜 반드시 관위를 경계할 것이라고 보았소. 그리고 동류
를 모아 선량한 사람을 약탈하고, 산과 늪으로 도망쳐 쉽게 평정할
수 없을 것이라 생각했소. 그래서 의도치 않게 돌아오도록 해, 그들
의 마음을 방심하게 만든 후, 갑자기 습격하여 반드시 이길 수 있도
록 한 것이오."

이에 신하들 모두가 "신묘한 계책입니다."라고 말했다.

이한이 요서에서 돌아왔을 때, 모용성이 그의 장군 위쌍을 죽인 사
실을 듣고 두려워하여 군대를 버리고 도망쳤다. 나중에 그는 죄를 인
정하고 다시 작위를 회복했다. 모용성은 시중 손경에게 말했다.

"이한이 삼군을 총괄하고 전쟁의 중대한 책임을 맡았지만, 굳건히
자리를 지키고 안정을 가져오지 못하고 아무 이유 없이 도망쳤다. 이
는 군법에 따르면 용서받지 못할 죄이다. 그러나 선제들이 위기를 피
할 때, 대중의 마음이 갈라지고 형제들은 친밀함을 잊었으며, 신하
들은 충성과 절개를 잃었다. 이한은 형벌을 받은 자의 몸으로 힘을
다해 명령에 따랐고, 그의 충성과 성실함은 매우 깊어 햇빛처럼 밝았
다. 짐은 그의 자신을 잊은 공로를 기록하고, 그의 죄를 용서하기로
결정했다."

모용성은 황제라는 칭호를 버리고 '서민 대왕' 또는 '서민 천왕'이라
는 칭호를 사용했다. 북위가 유주를 습격하여 자사 노부(盧溥)를 사

로잡아 갔다. 맹광평을 파견하여 구하려 했지만 이미 때가 늦었다.

서기 400년 2월, 연왕 모용성은 고구려 광개토왕의 예절이 오만하다고 하여 몸소 군대 30,000명을 거느리고 고구려를 기습 공격했다. 표기대장군 모용희에게 선봉으로 나아가게 하여, 남소성(南蘇城)과 신성(新城) 등 두 성을 빼앗고, 700여 리의 땅을 넓히고 5,000여 호를 요서로 이주시키고 돌아갔다. 고구려의 광개토왕 군대는 난하 너머로 퇴각했다.

모용성은 백료를 동당에 불러 모아 기능과 예술을 심사하여, 그중에서 탁월한 사람 열두 명을 선발했다. 백관에게 문무의 인재 중 재능이 세상을 도울 수 있는 사람 각각 한 명을 추천하도록 명령했다. 그의 아들 요서공 모용정을 태자로 삼고, 사형수 이하의 죄인에 대한 대사면을 실시했다. 그는 신창전에서 군신 회의를 열면서 말했다.

"경들은 각자의 뜻을 말해 보시오. 짐이 그것을 살펴보겠소."

칠병상서 정신(丁信)은 모용성의 처남으로 열다섯 살이었는데, 나아가 말했다.

"윗사람이 교만하지 않고, 높지만 위태롭지 않은 것, 그것이 신의 바람입니다."

모용성이 웃으며 말했다.

"정 상서는 아직 어린데, 어찌 노인처럼 말을 하는가!"

모용성은 위엄으로 아랫사람을 다스리되, 교만하고 친밀함이 적어 많은 의심을 품었기 때문에, 정신이 그것을 언급한 것이었다.

모용성은 고막해(庫莫奚)를 공격하여 큰 전리품을 얻고 돌아왔다.

좌장군 모용국과 전중장군 진여, 단찬 등이 금병을 이끌고 모용성을 습격하려 했으나, 사건이 발각되어 주살되었다. 사망자는 500여 명에 달했다. 전장군 사회후 단기, 진여의 아들 진흥, 단찬의 아들 단태 등은 대중의 마음이 동요하자 밤에 금지된 지역에서 소란을 피우며 큰 소리로 외쳤다. 모용성은 변고를 듣고 좌우를 이끌고 전투를 벌였고, 대중은 모두 흩어졌다.

잠시 후 어둠 속에서 한 도적이 나와 모용성을 공격하여 상처를 입혔고, 결국 모용성은 전전에 올라가 규율을 강화하고 금위군을 소집했다. 또한 숙부인 하간공 모용희에게 후일을 맡겼다. 모용희가 도착하기 전에 모용성은 사망했다. 그때 그의 나이는 29세였으며, 재위 기간은 3년이었다. 시호는 소무황제로 불렸고, 묘호는 흥평릉, 사당 호칭은 중종이었다.

모용성은 어렸을 때부터 가난하고 천대받으며 떠돌아다녔으며, 성장하면서 집안에 여러 난관을 겪었고, 위험과 안전을 모두 경험했다. 모용보의 어두움과 결단력 부족에서 교훈을 얻어, 결국 권위와 형벌을 엄격히 하여, 사소한 의심조차 미리 차단하고 예방했다. 그 결과, 상하가 활력을 되찾았지만, 사람들은 스스로 안심하지 못했고, 충성스럽고 친밀한 사람들조차 모두 이탈했으며, 옛 신하들은 모두 멸망했다. 친한 이가 없어 참을 수 없게 되었고, 결국 피할 수 없는 운명에 이르렀다. 그해는 서기 401년이었다.

15

후연의 마지막 황제,
모용희

권위와 파멸의 그림자,
모용희의 통치

모용희(慕容熙)는 모용수의 작은아들이다. 처음에는 하간왕에 임명되었으나, 운명의 바람은 그를 다른 길로 이끌었다. 어느 날, 단속골의 난이 발발하고, 모용씨 가문의 여러 왕들이 잔혹하게 살해당했다. 하지만 모용희는 기적적으로 살아남았다. 그는 고양왕 모용숭의 총애를 받아 죽음을 면할 수 있었고, 이후 난한이 모용보를 죽이고 모용희를 요동공으로 삼아 종사를 잇게 했다.

모용성이 즉위하자, 작을 낮추어 공으로 삼았다. 그리고 도독중외제군사 표기대장군 상서좌복야 영중령군 등 여러 중요한 직책을 맡게 되었다. 그는 고구려와 거란으로의 원정에 종군하여 용맹함으로 유명해졌다. 이때 모용성은 다음과 같이 말했다.

"아우의 영웅적인 모습에서 세조 모용외의 풍모를 느끼게 됩니다. 홍은 그 정도가 못 되는 것 같습니다."

그러던 중, 모용성이 갑작스레 세상을 떠났고, 나라는 혼란에 빠졌다. 태후 정씨(丁氏)는 나라의 어려움을 타개하기 위해 속히 주상을 세워야겠다고 생각했다. 조정에서는 평원공 모용원이 세워지기를 바랐으나 태후 정씨의 마음은 모용희에게 있었다. 결국, 태자 모용정을 폐위하고 모용희를 맞이하여 황제로 즉위시키도록 했다.

군신들은 모용희에게 모용원을 세워 양위하기를 권했으나, 모용원이 고집스럽게 모용희에게 양보를 청하자 결국 모용희가 황위에 올랐다. 모용희는 자신의 위치를 확고히 하기 위해 대신 단기·진흥 등을 참살하고 삼족을 멸했다. 그러고는 황위를 다투던 모용원에게도 혐의를 뒤집어씌워 자살하게 만들었다. 모용희는 사형죄 이하를 사면하고, 연호를 '광시(光始)'로 바꾸었다. 북연대의 이름을 '대선우대'로 변경했다. 또한, 좌우보를 설치하여 상서 다음의 위치에 두었다. 이 모든 일련의 사건들은 모용희의 권력에 대한 강한 의지와 치열한 투쟁을 보여 주는 것이었다.

모용희가 즉위하는 데 결정적 공헌을 한 정씨는 사실 모용희와 간통 관계를 맺고 있었다. 모용희는 사내다움으로 인해 여성들에게 인기가 많았다. 정씨도 그중 한 명으로, 자신과 사통한 모용희를 황제의 자리에 오르게 한 것이다. 이것이 결국 후연을 멸망의 길로 이끌 것이라는 것을 누가 알았으랴!

모용희는 권력의 정점에 서자, 정씨 대신 다른 여인들에게로 마음을 돌렸다. 부귀인(符貴人)이 그 첫째였다. 이로 인해 정씨는 깊은 원한을 품고 모용희를 폐위시키려는 음모를 꾸몄다. 그녀의 공모자는 다름 아닌 모용희의 형제인 칠병상서 모용신이었다.

이들의 내란 음모를 알아챈 모용희는 분노를 억누를 수 없었다. 그는 정씨를 무자비하게 핍박하여 결국 자살하게 만들고, 겉으로는 왕후의 예로 후히 장사 지내게 했다. 그 후, 모용신도 처형함으로써 자신의 권력을 확고히 했다.

어느 날, 모용희가 북원에서 수렵을 즐기고 있었을 때였다. 그때,

석성령 고화(高和)가 사례교위 장현(張顯)을 살해하고 성문을 걸어 잠그며 모용희의 길을 막았다. 모용희는 기병을 이끌고 반격했고, 고화의 군대는 전투도 벌이지 못하고 무기를 버리며 항복했다. 모용희는 성에 들어가 고화를 처형했다.

이 사건 이후, 모용희는 여러 주·군과 선우팔부의 장로들을 동궁으로 불러 모아, 그들에게 병환이나 어려움이 없는지를 세심하게 물었다. 이는 그가 비록 권력을 위해 냉혹한 행동을 했음에도 불구하고, 자신의 신민들에 대한 관심과 배려를 잊지 않았음을 보여 주는 행동이었다.

그러나 모용희는 화려함을 좋아하는 황제였다. 자신의 권위를 세운다는 명목으로 용등원이라는 거대한 정원을 건설했다. 이 정원의 규모는 어마어마하여 좌우 너비가 10여 리에 달했으며, 공사에 투입된 인력만 20,000명에 달했다. 정원 안에는 인공산인 경운산을 쌓았는데, 너비가 500보, 봉우리 높이가 17장에 달했다. 또한 소요궁, 감로전 등 화려한 전각들을 건설했으며, 수백 개의 방들이 서로 이어져 있었다.

그는 천하거라는 운하를 개착해 궁으로 물길을 이끌었고, 소의 부씨를 위해 곡광해, 청량지 등의 연못을 파며 호사를 누렸다. 그러나 각종 토목공사에 동원된 많은 사졸들이 여름 더위가 심해지자 휴식을 취하지 못하고 갈증으로 죽는 자가 태반이었다.

모용희가 성 남쪽에서 유희를 즐기고 있을 때, 큰 버드나무 아래 멈추게 되었다. 이때 한 노인의 목소리가 들렸다.

"대왕, 이제 그만하십시오."

이 말에 화가 난 모용희는 버드나무를 베어 버리게 했다. 그런데 벤 나무 안에서 길이가 한 길이 넘는 뱀이 기어 나왔다.

이 사건 직후 모용희는 귀빈 부씨(符氏)를 황후로 세웠으며, 사형수 이하의 죄수들을 사면하는 등의 행보를 보였다. 그의 행동들은 호사와 사치, 그리고 권력의 남용을 드러내는 상징적인 장면들로 기억된다.

후연 황제 모용희의
애정 행각과 비극적 종말

모용희는 황제가 되기 이전에는 매우 용맹스러운 장수였다. 그는 즉위 직후 나라 북쪽의 거란을 습격해 커다란 승리를 거두었다. 그러나 전장에서 돌아오면 그는 항상 호사스러움에 빠져 살았다. 그 결과 전장의 장졸들도 사기가 떨어지고 기강이 서서히 무너지기 시작했다. 모용희가 즉위한 이듬해인 서기 402년, 모용발이 영지를 공격하여 요서 지역에서 북위를 몰아내는 성과를 거두었다.

그러나 이내 5월에 동쪽에서 광개토왕의 고구려군이 요수를 건너와 용성 동북쪽의 숙군성을 공격하자, 성을 지키던 평주자사 모용귀는 결사적으로 싸울 생각도 하지 않고 그대로 성을 버리고 도망쳤다. 고구려군은 난하를 건너 요동 지역을 완전히 장악한 데 이어 요서 지역까지도 넘보고 있었다. 화북평원 전체가 위험에 빠져들었는데도 모용희는 정신을 차리지 못했다.

이 무렵 그의 총애를 받던 소의 부씨가 죽었다. 모용희는 그녀에게 민황후라는 시호를 내렸고, 그녀의 부친인 부모(苻謨)에게 태재(太宰)라는 직위와 문헌공이라는 시호를 추증했다. 모용보는 두 명의 부씨 자매에게 빠져 국정을 소홀히 하고 있었다. 부씨 부인들은 아름답고 농염하였으며, 모용희는 그들과 매일 연회를 즐기는 등 방탕한 생활을 이어 갔다. 그들이 보자 하면 만사를 제치고 뛰어나갔으며, 심지어 형벌과 상사의 큰 정령 등 정치적 결정들도 두 사람을 통해 이루어졌다. 주왕을 타락시켜 상나라를 멸망으로 내몬 달기와 서주를 몰락으로 내몰고 간 주유왕의 포사가 되살아난 듯했다. 모용희는 부씨 자매와 함께 즐기다 여생을 마쳐도 한이 없다고 생각했다.

처음에 소의 부씨에게 병이 있어 용성 사람인 왕온이 치료할 수 있을 것이라 단언하였으나 얼마 뒤인 서기 404년 7월에 사망했다. 모용희가 그의 그릇된 장담에 분노하여 수레가 다니는 문에 세워 놓고 사지를 찢어 불에 태웠다. 황후는 들판에서 노는 것을 좋아하여 모용희가 그녀를 따라 북쪽의 백록산(白鹿山)에 오르고, 동쪽으로 청령을 넘었으며, 남쪽으로 창해까지 이르렀다. 그러나 잦은 유희로 인해 백성들의 삶이 피폐해졌고 사졸들은 늑대 등 들짐승에게 뜯기거나 추위에 얼어 죽은 자가 5,000여 명에 이를 정도였다.

이러한 후연의 상황을 간파한 고구려의 광개토왕은 서기 404년 북경 인근의 연군(燕郡)을 침입해 100여 명을 죽이고 수백 명을 잡아갔다. 이러한 고구려의 공격으로 인해 많은 사람들이 희생되었고, 모용희는 고구려를 정벌하기 위해 대규모 전쟁을 시작했다. 서기 405년 봄 정월에 모용희가 조백하를 건너 고구려 요동성을 공격하자 부씨도 따라나서 성문을 깨뜨리는 충거와 지하로 판 통로인 지도(地道)로 성을 공격했다.

요동성을 막 점령하려는 찰나에 모용희가 말했다.

"적의 요동성을 깎아 평지로 만들면 짐이 황후와 수레를 타고 들어갈 것이니 장수들과 병졸들은 먼저 오르지 말라."

이에 성안에서 방비를 엄중하게 할 수 있게 되어 후연의 군대가 공격해도 함락시킬 수 없었다. 마침 폭설에 폭우가 내려 병사들이 여럿 죽었고 결국 군대를 이끌고 회군했다. 패전 직후 돌아와 업성의 봉양문을 본떠 홍광문을 만들고 그 위에 삼층 누각을 세웠다.

이는 모용희가 오로지 전쟁과 토목 건설에 국력을 소비했다는 사실을 잘 보여 준다. 그는 신하들의 충성스러운 간언을 물리치고 오로지 자신의 권력과 영향력을 과시하는 데 전력을 기울였다. 모용희의 이러한 행동들은 그의 군주로서의 무능력과 국가에 대한 무책임한 태도를 보여 주는 사례 중 하나에 불과했다.

서기 406년 겨울 12월에 모용희와 부씨가 거란을 습격했는데, 형북(陘北)에 이르렀다가 그 무리가 많은 것을 보고 두려워하여 그냥 돌아오려 했다. 그러나 부씨가 모용희의 말을 듣지 않고 고집을 부리며 말했다.

"폐하, 이곳까지 친림하셨사온데 아무런 성과도 없이 돌아가면 모두들 폐하를 업신여길 것이옵니다. 그러니 차제에 고구려를 습격하시지요.”

결국 모용희는 군수 보급품을 버리고 병사들을 가볍게 하여 고구려를 습격해 난하와 요하를 건너 3,000리나 진격해 들어갔다. 고구려 광개토왕의 군대는 후연군을 고구려 내부 깊숙이 유인하여 대패시켰다. 이 과정에서 병들거나 추위에 얼어 죽은 많은 사졸과 말의 시체가 길바닥을 뒤덮었다. 모용희는 몸소 고구려 목저성(木底城)을 공격했으나 참패를 면치 못하고 돌아왔다.

전장에서 돌아온 모용희는 다시 모용보의 여러 아들들을 몰살시켰다. 후연의 큰 성들인 비여(肥如)와 숙군(宿軍)을 지키기 위해 구니예를 진동대장군과 영주자사로 삼았고, 상용공 의(懿)를 진서장군 및 유주자사로 삼아 영지를 지키게 했다. 그리고 상서 유목(劉木)을 진남대장군 및 기주자사로 임명해 비여를 지키도록 했다.

그리고 다시 부씨를 위해 승화전을 짓는 데 승광전보다 한 배 더 높게 만든다고 북문으로부터 흙을 옮겨 오도록 하자, 흙의 가격이 치솟아 곡식의 가격과 같아졌다. 전군 두정(杜靜)이 관을 이고 궁궐을 찾아가 상서를 올려 간언하였다. 이에 모용희는 몹시 분노해서 그를 참수한 후 그가 이고 온 관에 입관시켰다.

부씨는 항상 여름에는 얼린 생선회를, 겨울에는 여름에 자라는 약초인 생지황을 먹고 싶어 했다. 관리들이 아무리 애써도 구하지 못하면, 구하지 못한 사람들을 사형에 처하라는 지시를 내렸다. 그의 잔혹함은 하늘을 찌를 지경이었다.

부씨가 사망하자 모용희는 슬퍼하며 몸부림쳤는데, 마치 자신의 부모를 잃은 것보다도 더한 반응이었다. 모용희는 부씨의 시신을 안고 어루만지며 슬프게 말했다.

"몸이 이제 차갑게 식었으니 이제 우리 운명도 여기서 끝이구나!"

모용희는 갑자기 쓰러져 한동안 기절했다가 깨어났다. 대렴을 마친 후 다시 관을 열어 교접했다. 부모님 상을 당했을 때 입는 참회의 상복을 입고 죽을 먹었다. 신하들에게 궁으로 들어와 통곡을 하도록 지시했고, 승려들에게도 소복을 입혔다. 관리에게 곡을 제대로 하는지 검사하게 하여 눈물을 흘리는 자는 충효롭다 여겼고, 그렇지 않은 자들에게는 죄를 물었다. 이에 군신들은 공포에 떨며 매운 것을 삼켜가며 억지로 눈물을 흘렸다.

모용륭의 부인 장씨는 모용희의 형수로서 뛰어난 미모와 사려 깊은 마음씨를 지녔다. 그런데 모용희가 갑자기 장씨를 부씨와 함께 순장하려 하자, 그녀는 수의를 훼손하고 저주의 물건을 넣었다. 결국 장씨는 처형되었다. 세 딸이 머리를 숙이며 애도하고자 했으나, 모용희는 이를 허락하지 않았다.

공경 이하의 백성들에게 명령을 내려 묘지 건설에 동원시켰고, 이 과정에서 관아의 창고를 거덜 냈다. 묘지 아래로 세 개의 샘을 막고 둘레에 수로가 조성되었으며, 무덤 안에는 상서 팔좌의 초상을 그려 넣었다.

모용희가 말했다.

"참으로 잘 만들었다. 짐도 곧 이 무덤 속 황후 곁으로 갈 것이다."

이 말을 들은 이들은 모두 불길한 예감을 느꼈다. 우복야 위구 등은 자신들 역시 순장될까 두려워하며 목욕재계를 하고 죽음을 기다렸다. 부씨의 무덤은 휘평릉이라 불렸다. 모용희는 머리를 풀어 헤치고 맨발로 부씨의 장례 행렬을 따랐다.

상여가 얼마나 높고 컸던지 북문을 헐고서야 나갈 수 있었다. 장로들이 몰래 모여 자기들끼리 수군거리며 이야기했다.

"모용씨 스스로 저 문을 부수었으니, 이제 오래가지 못할 듯하오."

중위장군 풍발과 좌위장군 장흥이 모용희의 잔혹한 통치에 연루되어 도망쳤을 때, 상황이 급변했다. 모용희의 정치가 잔인무도함에 분노한 풍발의 종형 만니 등 22인은 맹약을 맺고 모용운을 주군으로 추대했다. 그들은 상방의 무리 5,000여 명을 동원해 문을 닫고 지켰다. 중황문 조락생이 도망쳐 이를 고발했다.

이에 모용희는 말했다.

"어찌 감히 쥐새끼 같은 도적놈들이 황위를 넘본단 말인가! 내가 돌아가 모두 처단할 것이다."

모용희는 머리를 묶고 갑옷을 입은 채 말을 몰아 난을 진압하기 위해 용성으로 달려갔다. 밤에 용성에 도착한 그는 북문을 공격했으나 실패하여 용등원으로 도망쳤다. 미복 차림으로 숲속에 숨어 있다가 은신처에서 사람들에게 붙잡힌 모용희는 모용운에 의해 처형되었고, 그의 아들들과 함께 성의 북쪽에 묻혔다.

모용희가 처형될 때 그의 나이는 겨우 23세였으며, 재위 기간은 6년이었다. 모용운은 모용희를 부씨의 무덤에 안장하고 '소문황제'라는 시호를 부여했다. 이는 후연이 멸망하고 북연이 탄생하는 순간이었다.

아이들이 노래하는 동요에서 이렇게 부르곤 했다.

짚 한 묶음, 양쪽 끝이 타 버리네.
까까머리 아이가 와서 연나라를 멸망시키네.

짚단 '고(藁)' 자는 위에 '풀 초(艸)', 아래 '벼 화(禾)'가 있는데, 양쪽 끝이 타 버린다는 것은 '화(禾)'와 '초(艸)'가 모두 사라지며 '높을 고(高)' 자로 변한다는 뜻이다. 모용운의 부친은 이름이 '발(拔)'이며, 어렸을 때의 자는 '독두(禿頭)', 즉 '까까머리'였다. 더욱이, 이 아이는 셋째를 의미하는데, 모용운은 '발'의 셋째 아들(季)이었다. 결국 모용희는 모용운에 의해 멸망하니, 그 노랫말이 실현된 셈이다.

모용수가 서기 384년에 황제로 즉위해 시작된 후연의 역사는 서기 407년 모용희에 이르러 멸망했다. 후연의 역사는 총 4대에 걸쳐 24년간 이어졌다.

16

모용덕의 남연 건국

남연 황제로 등극한
모용덕

서기 396년 말, 북방의 땅은 전쟁의 소용돌이 속에 있었다. 북위가 후연을 침공하며 하북 일대는 새로운 지배자의 손에 넘어갔다. 이러한 격변의 시기에 모용덕은 후연의 승상 령기주목으로 임명되어 업성에서의 장기간 농성을 지휘했다.

서기 397년, 후연의 수도 중산이 북위에게 함락되고 모용린이 달아나자, 모용덕은 북위의 위협이 가까워짐을 느끼고 활대로 자신의 근거지를 옮겼다. 그곳에서 그는 연왕을 자칭하며 남연의 기틀을 마련했다. 활대를 중심으로 세력을 정비한 모용덕은 남연의 군주로서 새로운 국가를 일으키려 했다.

그러나 서기 399년, 수하의 망명 세력 부광이 반란을 일으키고, 활대에서도 반란이 일어나 북위에 항복하는 사태가 벌어졌다. 이에 근거지를 상실한 모용덕은 자신을 따르는 수하들의 의견을 수용하여 남쪽으로 내려와 연주 북부를 장악했다.

모용덕은 전연의 군주 모용황의 막내아들이다. 그의 어머니 공손(公孫)씨는 태양이 배꼽으로 들어오는 꿈을 꾸었고, 낮잠을 자다가 모용덕을 낳았다. 모용덕은 성년이 되기 전에 이미 신장이 8척 2촌에 이르렀고, 용모가 준수하며 이마에는 태양과 초승달 모양의 표식이 있었다. 여러 가지 책을 넓게 보고 성품이 맑고 조심스러우며 재능이 많았다. 모용준이 황제의 지위에 오를 때, 모용덕은 양공으로 봉해졌고, 후에 유주자사와 좌위장군을 역임했다.

모용위가 즉위하자 범양왕으로 봉해지고, 점차 위윤(魏尹)으로 옮겨지고, 산기상시에 임명되었다. 전진에서 부견의 동생인 부쌍이 섬서를 점거하고 반란을 일으키자, 모용덕은 모용위에게 속히 부견을 토벌할 것을 권하였다. 그러나 그의 말이 원대한 전략을 품고 있다고 평가되었음에도 불구하고 모용위는 그의 조언을 받아들이지 않았다. 모용덕의 형 모용수는 그를 매우 높이 평가하고 함께 국가의 큰 계획을 논의했다. 모용수는 모용덕에게 말했다.

"너의 통찰력과 지식이 발전하여, 이제 더 이상 학식이 짧은 오(吳)나라 시골구석의 여몽이 아니다."

방두의 전투에서, 모용덕은 정남장군으로서 모용수와 함께 동진군을 대패시켰다. 그러나 모용수가 부견에게 도망친 후, 모용덕은 직위를 박탈당했다. 서기 370년에 전연이 부견의 전진에게 멸망당한 후 모용위가 패배하고 장안으로 끌려갔을 때, 부견은 모용덕을 장액태수로 삼았다.

부견이 패배한 후인 서기 385년, 부견과 그의 후궁인 장부인은 서로를 잃어버렸고, 모용위가 장부인을 보호하려 했을 때, 모용덕은 모용위에게 정색하며 말했다.

"옛날 초장왕이 진(陳)나라를 멸망시키고, 무신(巫臣)의 간언을 받아들여 하희를 버렸습니다. 이 불길한 사람은 혼란을 일으킬 것입니다. 원래 군에 관련된 일에 여인을 가까이해서는 안 됩니다. 전진의 패배군이 응당 여기에서 나올 것입니다. 눈을 감고 지나가야 합니다. 어찌 보호하려 하십니까!"

모용위는 따르지 않았고, 모용덕은 말을 타고 떠났다. 형양에서 돌아와 모용위에게 말했다.

"옛날 월왕 구천이 회계에서 머물며 결국 오나라를 얻었습니다. 성인은 시기에 따라 행동하며, 모든 것을 성공시킵니다. 하늘이 재앙을 뉘우치게 하여 전진군을 패배시켰으니, 그 피해를 이용해 사직을 복원해야 합니다."

서기 383년, 부견이 중원 통일을 위해 동진을 침공하는 비수대전을 일으키자 모용덕은 그의 형 모용수와 함께 종군하였다. 모용덕은 장액을 떠나면서 어머니 공손씨에게 금 칼을 증표로 남겨 주었다. 비수대전에서 부견이 대패한 이후인 서기 384년에 모용수가 후연을 건국하고 부견의 서장자인 부비와 전쟁을 벌였다. 이 소식이 장액에 전해지면서 모용덕의 일족은 모조리 처형되었고, 어머니 공손씨와 형수 단씨만이 살아남게 되었다.

모용덕은 모용수의 치세에 다시 범양왕에 책봉되었으며, 단씨를 새로운 부인으로 맞았으나 후계자를 얻지 못하였다. 모용수는 모용덕을 중앙에서 방위하고 정사에 참여하도록 했다. 오랜 후, 사도로 옮겼다. 그때 모용영이 장자를 점령하고 10만 명의 병력을 가지고 있었다. 모용수는 자신의 친족들을 몰살한 모용영을 공격할 것을 논의했다. 모든 신하들이 이를 의심스럽게 여겼지만, 모용덕은 나아가 말했다.

"옛 선조들이 쌓아 올린 덕이 여전히 우리의 귀에 메아리치며, 그 덕분에 폐하께서는 계획하지 않으셨음에도 용맹하심을 자연스레 깨

닿게 되셨습니다. 이는 성스러운 덕과 옛사랑, 인연 덕분인데, 연나라와 조나라 사람들이 신하로서 폐하를 모시는 것을 기뻐하였습니다. 지금 모용영이 이미 황제를 칭하며 화하족과 융인들을 선동하여 군중들을 자신의 행렬에 합류시키고, 사냥이 끊임없이 이어지고 있습니다. 그를 먼저 제거하고 대중을 단합시켜야 합니다. 옛 광무제가 소무에게 쳐들어가 포위했을 때, 백관의 고단함을 돌보지 않았습니다만, 그를 비난할 수는 없습니다. 병법에서도 말하듯, 긴급한 상황에서는 어쩔 수 없이 조치를 취해야 합니다. 폐하께서 이미 승낙하신 것입니까!"

모용수는 웃으며 모용덕에게 말했다.

"사도의 의견이 짐의 의견과 같다. 두 사람이 한마음이 되면, 그 이익은 금을 끊을 수 있다. 나의 계획이 결정되었다."

그래서 모용덕의 조언을 따랐다. 서기 396년, 모용수가 임종할 때 그의 아들 모용보에게 업성을 모용덕에게 위임하도록 명령했다. 모용보가 즉위한 후, 모용덕을 사지절 도독 기연청서형예육주제군사 특진 거기대장군 기주목으로 삼고 남만교위를 겸하며 업성을 지키도록 했다.

서기 396년 말부터 북위가 후연을 전면적으로 공격하기 시작하여 화북 지역 대부분이 북위군의 수중에 떨어졌다. 업성에서 오랫동안 방어에 치중하던 모용덕은 서기 397년 10월, 후연의 수도 중산이 북위에 함락되자 업성을 포기하고 황하를 건너 활대로 이주했다.

북위의 장수 탁발장이 업성을 공격했으며, 모용덕은 남안왕 모용청 등을 보내 밤에 기습 공격하여 북위군을 패배시켰다. 북위군이 신성으로 후퇴했고, 모용청 등은 승세를 몰아 공격하기를 요청했다. 이에 별가 한착이 나아가 말했다.

"옛날 사람들은 신전에서 승리를 계획한 뒤 전투에 나섰습니다. 현재 북위에는 공격할 수 없는 네 가지 이유가 있고, 연에는 움직이지 않는 것이 좋은 세 가지 이유가 있습니다. 북위군이 멀리서 공격해 오는 것이 첫 번째 이유로, 야전에서 우리가 이익을 볼 수 있습니다. 깊숙이 침입해 장기간 머물며 군대를 위험한 상황에 노출시키는 것이 두 번째 이유입니다. 선봉이 이미 패배한 상황에서 후방이 아직 견고한 상태라는 것이 세 번째 이유입니다. 적이 많고 우리는 적다는 점이 네 번째 이유입니다. 군대가 해당 지역에서 독립적으로 싸우는 것은 움직이지 않아야 할 첫 번째 이유입니다. 움직여 승리하지 못하면 대중의 신뢰를 얻기 어렵다는 것이 둘째 이유이고, 성곽이 아직 강화되지 않아 적의 공격에 대비할 준비가 되지 않은 상태라는 것이 세 번째 이유입니다. 이러한 모든 상황은 병법에서 피해야 할 것들입니다. 그러므로 깊은 해자와 높은 성벽을 구축해 태연하게 적을 기다리는 것이 더 현명합니다. 적이 원정을 오며 식량을 운반하는 동안, 약탈할 곳이 없으면 오랜 시간 지속될수록 적은 자원을 소모하고, 공격 시 많은 손실을 입을 것입니다. 군대가 지치고 기회가 도래하면, 잘 계획된 전략으로 승리할 수 있습니다."

모용덕이 말했다.

"한 별가의 말은 좋은 전략입니다."

그래서 모용덕은 모용청을 불러 군대의 방향을 돌렸다. 북위는 요서공 하뢰노와 탁발장을 보내 20,000명의 기병으로 업성을 포위했으며, 모용덕은 참군 유조를 보내 요흥에게 구원을 요청하도록 하고,

또한 자신의 모친의 형제 문제를 상의했다. 그러나 요흥의 군대가 오지 않아, 대중은 큰 공포에 휩싸였다. 이에 모용덕은 직접 전사들을 격려하고 세심하게 다독였다. 사람들이 그의 은혜에 감동하여 모두 죽음을 불사하게 되었다.

한편, 탁발장과 하뢰노 사이에 내분이 생겨, 각자 군대를 이끌고 몰래 빠져나갔다. 탁발장의 사마 정건이 병력을 이끌고 항복했으며, 탁발장의 군대가 지쳐 패배할 수 있다고 전했다. 모용덕은 장군을 보내 탁발장의 군대를 추격해 격파했고, 그때부터 사람들의 마음이 굳어졌다.

서기 397년, 북위의 군대가 중산으로 진입했을 때, 모용보는 계(薊)로 피신했다. 이에 중산을 지키던 모용상이 다시 황위를 참칭했다.

이때 유조가 요흥에게서 도착했고, 요흥의 태사령 고노(高魯)가 조카 왕경휘를 따라 유조와 함께 옥새 하나와 예언의 비문을 보냈다. 거기에는 "덕 있는 자는 번성하고 덕 없는 자는 멸망한다. 덕이 천명을 받아 부드럽지만 다시 강해진다."라고 적혀 있었다. 또한 이런 소문이 돌았다.

"큰 바람이 불어 티끌을 날리고, 여덟 우물과 세 칼이 갑자기 일어난다. 천하가 끓는 가운데 중산이 무너지고, 오직 덕 있는 사람만이 삼대를 차지한다."

그래서 모용덕의 신하들은 의논하여, 모용상이 중산에서 황위를 칭하고 북위의 군대가 기주에서 세력을 과시하는 가운데, 모용보의 생사가 불분명하기 때문에 모용덕에게 즉시 황제 칭호를 사용할 것을 권했다. 모용덕은 이에 따르지 않았다. 모용달이 용성에서 업으로 달려와 모용보가 아직 살아 있다고 주장하자, 신하들의 논의가 중단되었다. 곧 모용보는 모용덕을 승상에 임명하고 기주목을 겸임하게 하며 남하를 총괄하게 했다.

모용덕의 조카 모용린이 의대에서 업성으로 달려와 모용덕에게 말했다.

"중산을 이미 잃어버렸고, 북위가 승세를 이어 업성을 공격할 것이 분명합니다. 비록 식량이 축적되어 있지만, 성이 견고하기 어렵고 사람들의 마음이 불안정해서 전투로는 이길 수 없습니다. 북위의 군대가 도착하기 전에 대중을 이끌고 남쪽으로 건너가 노양왕과 합류하고 활대에서 병력을 모으고 곡물을 축적해 기회를 엿보는 것이 상책입니다. 북위가 중산을 점령할지라도 오래 머물지 않고 약탈한 뒤 돌아갈 것입니다. 사람들이 이동하기를 원하지 않지만, 상황은 자연스럽게 변하고, 그때 힘을 집중해 도움을 주면, 북위는 내외로 적을 맞이하게 되어 옛날 사람들이 의지할 곳이 생기고, 너그러움과 신뢰를 넓혀 유민을 모으면 한 번에 취할 수 있습니다."

이전에 모용화도 모용덕에게 남쪽으로 이동할 것을 권했다. 그래서 그 제안을 받아들였다. 서기 398년, 40,000가구와 27,000수레를 이끌고 업성에서 활대로 이동하기로 했다. 바람을 만나 배가 침몰하고 북위의 군대가 거의 다가왔으며, 대중이 두려워하여 여양으로 후퇴할 것을 논의했다. 그날 저녁에 물이 얼어붙어 그 밤에 군대가 건넜고, 아침에 북위의 군대가 도착했을 때 얼음이 녹았다. 마치 신이 있었던 것처럼. 그래서 여양진의 이름을 '천교진'으로 바꿨다.

활대에 도착하자 경성이 미성과 기성에 나타났고, 장수에서 백옥을 얻었는데, 그 형태가 옥새와 같았다. 그래서 모용덕은 연의 옛 관례에 따라 원년을 칭하고, 경내에서 사형수 이하를 대사면하고 백관을 설치했다. 모용린을 사공 및 영상서령으로 임명하고 모용법을 중군장군으로, 모여발을 상서좌복야로, 정통(丁通)을 상서우복야로 임명했다. 나머지도 각각 차이를 두어 봉하였다. 처음에 하간에서 기린이 나타났고, 모용린이 이를 자신의 길조로 여겼다. 그 후 비밀리에 반란을 모의했으나 발각되어 죽음을 당했다. 그 여름에 북위의 장군 하뢰노가 병력을 이끌고 합류했다.

이때, 모용보가 용성에서 남쪽으로 도망쳐 여양(黎陽)에 이르렀고, 자신의 중황문령인 조사(趙思)를 보내 모용종을 맞으러 오게 했다. 모용종은 모용덕의 종제로서 위기에 처했을 때 적과 대면하여 지혜와 용기를 겸비하고, 여러 차례 기발한 전략으로 모용덕을 도와 크게 성공했다. 이에 정사에 크건 작건 모든 일을 맡겨 결국 조정의 원로대신이 되었다. 그는 최초로 모용덕에게 황제를 칭하도록 권한 사람이었는데, 이를 듣고 불쾌해서 조사를 붙잡아 감옥에 넣고, 모용덕에게 급히 사람을 보내 상황을 보고했다.

모용덕은 자신의 신하들에게 말했다.

"경들이 이전에 사직의 큰 계획을 위해 나에게 섭정을 권했다. 나도 계승 황제가 도망가고, 사람과 신이 주인을 잃었기에, 임시로 군중의 의견을 따라 대중의 기대에 부응했다. 지금 하늘이 재앙을 후회하고 계승 황제가 돌아왔으니, 나는 마차를 준비해 맞이하고, 죄를 사과하고 다시 사저로 돌아갈 것이다. 경들은 어떻게 생각하는가?"

그의 황문시랑인 장화가 나아가 말했다.

"세상을 놓고 다투는 시기에는 용맹한 자만이 일어설 수 있고, 난세에는 소심한 자가 성공할 수 없습니다! 폐하께서 만일 평범한 여인의 자비로움을 따라 하늘이 부여한 대업을 포기한다면, 한번 권력이 떠나가 버리면 심지어 목숨조차 지키기 어려울 것입니다. 어떻게 후퇴나 양보가 있을 수 있겠습니까!"

모용덕은 말했다.

"나는 옛사람들이 반대를 취해 순리를 지키는 방식이 충분하지 않다고 생각하여, 중간의 길에서 망설이며 결정하지 못한 것이다."

모여호는 모용보의 허실을 급히 물어보기 위해 부탁했고, 모용덕은 눈물을 흘리며 그를 보냈다. 그러고는 수백 명의 장사들을 이끌고 조사를 따라 북쪽으로 가서 모용보를 죽이려고 계획했다. 처음에 모용보가 조사를 보낸 후, 모용덕이 섭정 자리에 올랐다는 것을 알고 두려워하여 북쪽으로 도망쳤다. 모여호가 가 보았지만 아무도 만나지 못하고 조사를 붙잡아 돌아왔다. 모용덕은 조사가 고전을 익힌 경험이 있어서 그를 중용하려고 했다. 조사가 말했다.

"옛날 관우가 조조를 중히 여겼지만 여전히 유비의 은혜를 잊지 않았습니다. 저는 비록 형벌을 받은 천한 노예지만, 국가의 은혜를 입었습니다. 개와 말도 마음이 있으니, 하물며 사람이겠습니까! 상에 돌아가려 합니다. 제 절조를 밝히기 위해서입니다."

모용덕은 그를 붙잡았지만, 조사가 화를 내며 말했다.

"주나라가 쇠퇴하고 진(晉)과 정(鄭)이 나란히 보좌했으며, 한나라에는 일곱 나라의 어려움이 있었는데, 실제로는 양왕(梁王)에 의존했습니다. 전하께서는 친족 중에서는 숙부이시고, 지위에서는 상대(上台)이시지만, 왕실을 보호하기 위해 선두에 서서 여러 군주들을 이끌지 못하고, 오히려 뿌리의 기울기를 조륜(趙倫)의 일로 여기셨습니다. 비록 신포서가 진나라를 울린 것과 같은 효과는 없을지라도, 여전히 군주와 신하가 맹세를 맺지 않는 혼란의 시대를 그리워하지 않습니다."

모용덕이 분노하여 그를 참했다.

남연 황제 모용덕의
꿈과 운명

서기 399년 말, 모용덕은 동쪽 청주를 지배하고 있던 군벌 벽려혼을 공격하여 무너뜨렸다. 모용덕이 거(莒)성에 이르렀을 때, 봉부(封孚)가 그에게 항복했다. 봉부는 남연의 최고 수준의 참모였다. 이에 모용덕이 말했다.

"짐이 청주를 평정하는 것을 기쁘게 생각하지 않고, 경을 얻은 것을 더욱더 기쁘게 생각한다."

봉부는 항상 외부에서 비밀스러운 일을 총괄하고 내부에서도 은밀한 모의에 참여하며, 비록 지위가 높고 중요하지만 겸손하고 포용력이 있어 대신의 품격이 있었다.

모용덕은 이후 광고를 수도로 정하며 남연의 영토를 확장했다. 이러한 모용덕의 활약은 남연의 국력 강화와 영토 확장의 시작이었다.

그의 리더십과 전략은 남연을 한 시대의 강국으로 만드는 데 결정적인 역할을 했다.

서기 400년, 모용덕은 산동의 광고에서 황제의 자리에 오르고 연호를 건평이라 칭했다. 자신의 이름도 모용비덕으로 바꾸었다. 모용덕은 청주와 연주 북부 지역을 통치하면서 내정을 안정시켰고, 동진이 환현의 황위 찬탈로 인해 혼란을 겪는 사이에 강소성 일대를 점령하려고 하였다.

그러나 황제에 즉위한 지 얼마 되지 않아, 모용덕은 자신이 장액에 두고 온 가족들이 몰살당했다는 참혹한 소식을 들었다. 이 충격적인 소식은 그에게 깊은 상처를 남기며 병으로 이어졌다. 나이 든 황제의 건강은 계속해서 악화되었고, 병이 재발하며 남연의 동진 정벌 계획은 번번이 좌절되었다.

모용덕의 남은 시간은 야심과 꿈이 무너지는 가운데 흘러갔다. 그는 한때 강력한 군주였으나, 이제는 병상에서 국가의 미래를 걱정하는 노인이 되어 있었다. 남연은 그의 리더십 아래 성장했지만, 그의 병약함과 가족의 비극적인 소식은 국가에도 큰 타격이었다.

17

남연의 새로운 태양:
모용초의 등극

모용초,
전쟁의 틈에서 피어난 희망

서기 405년, 남연에는 변화의 바람이 불었다. 황제 모용덕의 건강은 계속 악화되고 있었고, 나라는 불안정한 상황에 처해 있었다. 그러던 중, 모용덕은 자신의 바로 위 형 모용납의 유복자가 장안에 살아남아 있다는 소식을 듣고, 조카를 찾기 위해 사람을 보냈다.

모용초는 남연의 황제인 모용덕의 형, 북해왕 모용납의 아들이다. 전진의 부견이 전연을 정벌한 후, 모용납을 광무태수로 임명했다. 그러나 몇 년 후 그는 관직에서 물러나 집을 장액으로 옮겼다. 모용덕이 남정을 위해 출정했을 때, 어머니 공손씨에게 금으로 만든 칼을 남기고 떠났다. 모용수가 산동에서 병력을 일으키고 부창이 모용납과 모용덕의 아들들을 붙잡아 모두 처형했다.

모용납의 모친 공손씨는 나이가 많아 사면을 받았고, 그의 부인 단씨는 임신한 상태여서 처형을 집행하지 않고 대신 감옥에 수감되었다. 감옥의 관리 호연평은 이전에 모용덕의 관리였는데, 일찍이 죽을죄를 지었다가 사형에 처해질 뻔했으나 모용덕에 의해 사면된 바 있었다. 호연평은 모용덕에 대한 은혜를 갚기 위해 공손씨와 단씨를 구출하여 강중으로 탈출했고, 그곳에서 모용초가 태어났다.

모용초의 탄생은 전쟁과 권력의 변화 속에서도 생명과 희망이 지속될 수 있다는 사실을 보여 준다. 그는 어려운 상황에서 태어났지만, 가족은 그를 지키기 위해 많은 노력을 했다. 이러한 배경은 그의 성장과 후에 마주할 여러 사건들에 깊은 영향을 끼쳤다.

모용초의 삶은 극적인 변화를 겪었다. 10살이 되던 해, 할머니 공손씨가 세상을 떠나면서 모용초에게 금으로 만든 칼을 건네주며 "천하가 평화로워지면 너도 동쪽으로 돌아갈 수 있을 것이다. 그때 이 칼을 네 숙부에게 전해 주거라."라고 유언했다. 이 말은 모용초에게 미래에 대한 사명감을 심어 주었다.

호연평의 보호 아래, 모용초와 그의 모친은 여광에게로 도피했고, 이후 여륭의 항복으로 장안으로 옮겨졌다. 모용초의 모친이 모용초에게 말했다.

"우리 모자가 온전히 살아남게 된 것은 다 호연평 덕분이다. 호연평은 이제 죽고 없으나 나는 네가 그의 딸을 배필로 맞아 은혜에 보답했으면 한다."

모친의 말에 따라 호연평의 딸과 혼인한 모용초는 새로운 가정을 이루었다. 그러나 그의 과거와 삼촌들의 존재는 그에게 불안과 위험을 야기했다. 모용초는 여러 삼촌들이 동쪽에 있어 요흥씨에게 등용될까 두려워 미친 척을 하며 걸식했다. 진나라 사람들은 대부분 그를 천한 사람으로 취급하였으나, 오직 요소(姚紹)만이 그의 가치를 인정하여 요흥에게 그를 붙잡아 두고 관직과 직위를 부여하라고 조언했다. 이에 모용초는 자신을 드러내지 않고 더욱 숨김으로써 신중히 행동했다.

요흥이 그를 비루하다 여겨 요소에게 말했다.

"아름다운 외모 안에 못생긴 골격 없다'는 속담은 틀린 말 같소."

이 덕에 모용초는 거취의 자유를 얻을 수 있었다. 온갖 멸시와 고초를 견딘 끝에 모용초는 같은 고향 사람 종정원을 통해 삼촌이 자기를 찾는다는 사실을 알게 되었고, 그는 어머니와 아내에게도 알리지 않은 채 남연 황제 모용덕에게로 향했다.

남연의 강역인 태산군 양보에 이른 후, 진남장사 열수에게 편지를 보내 자신이 왔음을 알리고, 그를 만났다. 열수는 이 사실을 연주자사 모용법에게 보고했다.

"조금 전에 북해왕 모용납의 아들을 보았습니다. 그 몸매가 웅장하고 기품이 높으며, 처음으로 천족에게 기이한 인물이 많다는 것을 알게 되었습니다."

모용법이 이를 무시하듯이 말했다.

"옛날에 성방이 가짜로 위태자를 자처했을 때, 사람들은 그를 구별하지 못했습니다. 이것 또한 천족입니까?"

그러면서 모용법은 모용초가 소문을 듣고 찾아온 사칭범이라고 생각해 그를 맞이하지 않았다. 이에 모용초는 모용법을 원망하게 되었다.

황제 모용덕은 모용초가 연주에 도착했다는 소식을 뒤늦게 접하고, 그를 맞이하기 위해 3,000명의 기병을 파견했다. 모용초는 장안을 떠나 남연의 수도 광고에 도착하여, 모용덕이 어머니에게 남겼던 증표인 칼을 바쳤다. 모용덕은 금도를 손으로 쓰다듬으며 비극적으로 목숨을 잃은 가족들의 추억에 잠겼다. 그 후, 모용초가 임종 직전 할머니 공손씨로부터 들은 이야기를 전하자, 모용덕은 그를 꼭 안고 통곡하며 눈물을 흘렸다.

　모용덕은 어린 모용초가 자신의 조카임을 알아보고 매우 기뻐하며 그를 따뜻하게 맞이했다. 모용초는 생기발랄하고 우수한 외모를 가졌으며, 그의 태도와 행동은 감상할 가치가 있었다. 모용덕은 모용초를 깊이 존중하며, 그를 북해왕으로 봉했다. 그리고 시중 표기대장군 사리교위로 임명하고, 개부를 설치해 자신의 보좌로 삼았다.

　모용덕에게 아들이 없었기 때문에 모용초를 후계자로 생각하고, 만춘문 내에 그를 위한 저택을 지어 아침저녁으로 그와 오랫동안 애틋한 시간을 보냈다. 모용초 또한 숙부 모용덕의 마음을 깊이 헤아려, 안에서는 기쁨을 다해 받들고, 밖으로는 몸을 굽혀 사람들에게 다가갔으므로 내외로부터 칭송을 받았다. 서기 405년 10월, 모용덕은 군신들 앞에서 모용초를 황태자로 선포했다.

　모용덕의 건강은 점점 나빠졌고, 얼마 지나지 않아 세상을 떠났다. 모용덕의 죽음은 남연에 큰 충격을 주었으나, 모용초가 그의 뒤를 이어 황제의 자리에 올랐다. 서기 405년에 사위위를 차지하고, 경내에 대사면령을 내리고 연호를 '태상'으로 바꾸었다.

　모용덕의 부인 단씨를 황태후로 높이고, 북지왕 모용종을 중외 제군 도독 녹상서사로, 모용법을 정남 도독 서양양남양 4주 제군사로, 모용진을 개부의동삼사 상서령으로, 포를 태위로, 죽중을 사공으로 임명했다. 반총을 좌광록대부로, 봉숭을 상서좌복야로 임명하고, 그 외의 봉임에도 각각 차이를 두었다. 그 후에 다시 모용종을 청주목으로, 단꿍을 서주자사로, 공손오루를 무위장군 령둔기교위 내참정사로 삼았다.

모용초의 등극은 남연에 새로운 원기를 불어넣었다. 그는 젊고 역동적인 지도자로서, 남연을 새로운 시대로 이끌어 갈 준비가 되어 있었다. 그러나 그의 앞에는 아직도 풀어야 할 많은 문제와 도전이 남아 있었다.

모용초의 불안정한 통치: 반란, 내분, 그리고 도전

남연의 새 황제 모용초는 옛 신하들과 대립을 겪으며, 친우인 공손오루를 중용하고 측근 정치를 펼치기 시작했다. 이 상황에 봉유가 모용초에게 조언했다.

"신은 다섯 가지 큰 것은 변방에 있지 않고, 다섯 가지 작은 것은 뜰 안에 있지 않다고 들었습니다. 모용종은 국가의 기둥이자 사직이 의지하는 바이며, 단굉은 외척으로서 존경을 받고 있습니다. 지혜로우며 가까운 이들이 이를 모두 지켜보고 있지요. 당연히 백궤를 도와야 할 것이지, 멀리 변방에 있어서는 안 됩니다. 현재 모용종 등이 변방으로 나가고 공손오루만이 내부에서 보좌하고 있는 상황에 대해, 신은 몹시 불안합니다."

모용초가 황제로 새롭게 취임한 뒤, 모용종 등의 권력이 자신을 압박한다고 느껴 공손오루에게 물었다. 공손오루는 조정의 정치를 독단적으로 이끌고 싶어 했기 때문에, 모용종 등이 내부에 머물기를 원치 않았다. 태위 봉부는 여러 차례 옛 대신들을 가까이하라고 조언했지만, 그의 조언은 결국 실행되지 않았다. 남연의 개국공신인 모용종과 단굉은 모두 불만을 품고 서로에게 말했다.

"황견의 가죽이 결국 여우 털로 된 옷을 덧대는 것으로 쓰일까 걱정된다."

공손오루가 이 말을 듣고, 의심과 불화가 점점 커졌다.

처음 모용덕을 찾아왔을 때, 모용초는 자신을 사칭범으로 몰았던 모용법에게 불만을 가지고 있었다. 모용법 역시 모용초에게 화를 내어 그를 외관에 두었고, 이로 인해 두 사람 사이에 원한이 생겼다. 모용덕이 사망하자, 모용법은 장례식에 참석조차 하지 않았고, 모용초는 이에 사람을 보내 꾸짖었다. 모용법은 항상 위기가 닥칠까 두려워했고, 이러한 우려는 결국 서기 406년에 모용종·단굉 등과 함께 반란을 일으키는 결과로 이어졌다.

모용초가 이를 알고 소환했지만, 모용종은 병을 핑계로 나타나지 않았다. 이에 모용초는 모용종의 파벌인 시중 모용통·우위 모용근·산기상시 단봉을 처형하고, 차사 봉숭을 동문 밖에서 차에 매달아 처형했다. 서중랑장 봉융은 북위로 도망쳤다.

모용초의 통치 아래 남연은 독재 체제로 변모했다. 그는 사치와 폭정을 일삼으며 황제로서의 권력을 남용했다. 이러한 모용초의 통치는 남연에 큰 혼란을 초래하고 많은 불만을 가져왔다.

도성 내의 반란 세력을 제거했다고 판단한 모용초는 계림왕 모용진

등을 파견해 청주에 있는 모용종을 공격하도록 하고, 모용욱 등을 보내 서주에 있는 단굉을 쳤다. 그리고 제양왕 모용응과 중서시랑 한범(韓範)을 파견하여 연주에 있는 모용법을 공격하게 했다. 먼저, 모용욱이 거성을 점령하자, 서주자사 단굉은 서주를 포기하고 북위로 도망쳤다. 연주로 향하던 모용응은 한범을 죽이고 군을 장악해 도성인 광고를 습격하려는 계획을 세웠으나, 이 사실을 사전에 들키는 바람에 오히려 한범에게 공격받아 모용법에게 도망쳤다.

한범은 모용응의 군대를 통합해 모용법과 모용응을 물리쳤고, 모용법은 북위로, 모용응은 후진으로 각각 달아났다. 모용종은 모용진에게 패하여 청주가 함락되자, 가족을 살해한 뒤 고도공 모용시와 함께 도주하기 위해 땅굴을 파고 후진으로 도망쳤다. 이와 같이 반란 세력을 성공적으로 소탕했음에도 불구하고, 도망쳤던 봉융이 청주의 도적들을 모아 석새성을 기습하고 진서대장군 여울(餘鬱)을 살해하면서, 남연의 민심은 여전히 안정되지 않았다.

당시 모용초는 정사를 소홀히 하고 사냥과 유흥에만 몰두해 백성들의 삶이 고달파졌다. 그의 복야 도절이 조언했으나 그는 이를 받아들이지 않았다. 대신 모용초는 체벌형과 구등선을 재시행하겠다고 선포하며 다음과 같이 지시했다.

"북도가 무너지고 규범이 사라져 법령과 헌법은 하나도 남아 있지 않다. 천하를 다스리는 근본이 여기에 있다. 덕으로 인도할 수 없다면 반드시 형벌로 규제해야 한다. 우순과 같은 대성인도 구두를 통해 법을 집행하도록 했으니, 형벌은 불가피한 것이다!"

그러나 체벌형 논의는 조정의 의견이 분분해 제대로 시행할 수가 없었다. 모용초가 황위를 이어받았을 때, 정치가 권력자에 의해 좌우되고, 많은 구습이 어긋나며, 규범이 날로 무너지고, 잔혹함이 점점 심해졌다. 봉부는 여러 차례 바로잡으려 했지만, 모용초는 이를 받아들이지 않았다.

후에 모용초가 봉부에게 말했다.

"짐은 백왕 중 누구와 비교할 수 있겠는가?"

봉부가 대답했다.

"걸왕과 주왕의 주인입니다."

모용초는 매우 부끄럽고 화가 났다. 봉부는 천천히 걸어 나가면서 태도를 바꾸지 않았다. 사공 국중이 놀라 봉부에게 말했다.

"천자와 말할 때, 왜 그리 거칠게 하나요? 적당히 사과해야 합니다."

봉부가 말했다.

"나이 일흔에 무덤나무가 이미 솟아오르고 있으니, 오직 죽을 곳만을 구하고 있을 뿐입니다."

그러고는 결국 사과하지 않았다.

봉부는 모용초 3년인 서기 407년, 71세를 일기로 집에서 사망했다.

한편, 이 시기 모용초의 모친 단씨와 처 호연씨는 후진의 장안에 머물고 있었다. 서기 407년, 모용초는 가족들을 억류하고 있었던 후진의 군주 요흥에게 이들의 송환을 공식적으로 요청했다. 요흥은 이들을 송환하는 조건으로 남연이 후진에 신하로 복속하고 태악의 악기와 무녀들을 바치도록 요구했다. 이것이 어려우면 동진의 포로 1,000여 호를 보낼 것을 요구하였다. 모용초는 대신들에게 이 문제를 신중하게 논의할 것을 명했다.

좌복야 단휘는 논의하여 말했다.

"지금 폐하께서는 사직을 이어받으셨으니, 자신의 친척 문제로 인해 천하를 다스리는 존엄을 굽혀서는 안 됩니다. 또한 태악의 가무 여성들은 모두 전대의 예인들로, 그들을 주어 풍속을 바꾸게 해서는 안 됩니다."

이에 상서 장화가 나서서 말했다.

"동진의 변경을 침략하면 반드시 원한을 사게 될 것입니다. 우리가 그들을 침공할 수 있다면, 그들도 우리를 침략할 수 있으며, 전란이 끊이지 않아 나라에 이롭지 않습니다. 옛날 손권은 백성의 생명을 중히 여겨 자신을 굽혀 위나라에 복종했으며, 혜시는 사랑하는 아들의 생명을 아껴 자신의 뜻을 버리고 제나라를 존중했습니다. 하물며 폐하의 어머니께서 아직 후진에 계시는 혼란한 시기에, 잠시 황제의 칭호를 낮추어 지극한 효심을 표현하는 것이 마땅합니다. 권변의 도는 경전에서도 인정하는 바입니다. 한범은 지혜와 능력이 뛰어나 상황을 바꿀 수 있고, 기민한 변론으로 상대를 기울게 할 수 있으며, 예전에 요흥과 함께 전진 태자의 중사인으로 있었습니다. 그를 보내 칭호를 낮추고 화해를 꾀할 수 있습니다. 이른바 한 사람에게 낮추어 만 사람 위에 서는 것이 바로 이것입니다."

모용초가 크게 기뻐하며 말했다.

"장 상서가 내 마음을 얻었도다."

그리고 모용초는 신하들의 반대에도 불구하고 요흥의 요구를 수락하며 후진에 신하로 복속했다. 모용초의 이러한 결정은 남연 내부의 반발을 촉발했다. 그의 통치는 점점 더 불안정해졌고, 남연은 내부의 분열과 외부의 위협 속에서 휘청거리기 시작했다. 모용초의 독재와 오만은 그와 남연의 운명을 어두운 미래로 이끌었다.

한범이 모용초의 사신으로 장안에 도착했을 때, 요흥은 그에게 말했다.

"이전에 봉개가 왔을 때, 연왕이 짐과 더불어 예를 다투었소. 그런데 경이 오자마자 순순히 복종하는구려. 이는 '작은 나라가 큰 나라를 섬긴다.'는 춘추 시대의 원칙에 따른 것인가, 아니면 전적으로 어머니에 대한 효도로 인해 스스로 굴복한 것인가?"

한범이 말했다.

"주나라의 작위에는 다섯 등급이 있었고, 공작과 후작은 그 품계가 달라 작은 것이 큰 것을 섬기는 예절이 이로 인해 생겨났습니다. 지금 폐하께서는 새롭게 부상하여 명성을 얻은 황제로 서쪽의 서진을 밝히시고, 우리 남연의 주상께서는 조상의 유산을 이어받아 동쪽의 제(齊)에서 왕업을 세우셨습니다. 두 분은 천하를 나누어 왕위를 함께 차지하셨습니다. 사절을 통해 우호 관계를 맺는 일은 의리를 존중해 겸손하고 온화해야 합니다. 이에 벗어나 교만하게 과시하거나 허세를 부리는 행위는 마치 오나라와 진나라가 맹주 자리를 다투고, 등나라와 설나라가 서로 높음을 겨루는 듯해서, 대진의 위엄 있는 명성을 해치고, 연나라의 웅장한 아름다움에 손상을 줄까 두렵습니다. 이로 인해 양측 모두에게 손실을 가져오지 않을까 마음이 불안합니다."

요흥이 화를 내며 말했다.

"만일 경의 말대로라면, 이것은 '작은 것이 큰 것을 섬긴다.'는 이유로 온 것이 아니라는 뜻이 되오.”

한범이 말했다.

“비록 ‘작은 것이 큰 것을 섬긴다.’는 원칙 때문이기도 하지만, 우리 연나라 군주의 순수한 효심이 겉모습의 화려함보다 더 중요하기 때문에, 폐하께서 부모를 공경하는 도리를 몸소 체험한다는 뜻에서 너그러운 마음을 내려 주시길 바랍니다.”

요흥이 말했다.

“짐은 오랫동안 서한의 정치가인 가생(賈生)에 대해 보지 못했고, 스스로 그를 능가한다고 여겼으나, 이제 보니 그에 미치지 못함을 알겠소.”

이에 요흥은 한범을 위해 옛 친구에게 베푸는 예를 갖추고, 평생의 우정을 되새기며 한범에게 말했다.

“연왕이 여기 있었을 때, 짐도 그를 보았소. 그의 용모와 품격은 괜찮았지만 기민함과 논변에서는 별로였소.”

한범이 말했다.

“큰 논변이 어눌함은 성인들이 아름답게 여기는 바입니다. 무엇보다 당시 연왕은 황제가 되지 않았고, 기회를 기다리는 동안 겸손하게 지냈습니다. 만일 그가 태연하게 걸었다면, 대업을 이어받지 못했을 것입니다.”

요흥이 웃으며 말했다.

“경은 칭찬을 전하기 위해 온 것 같구려.”

한범은 기회를 포착해 설득했고, 요흥은 매우 기뻐하며 한범에게 천금을 하사하고, 모용초의 어머니와 아내를 돌려보내기로 약속했다.

이때 모용응이 양보에서 요흥에게 투항하러 와서 요흥에게 말했다.

"연왕이 칭번하게 된 것은 높은 덕과 현명한 군주를 받드는 본의가 아니라, 오직 잠시 어머니를 위해 스스로 굴복한 것뿐입니다. 옛날의 황제들도 군대를 동원해 볼모를 요구했는데, 어떻게 그의 어머니를 그냥 돌려보낼 수 있겠습니까! 그의 어머니가 한 번 돌아가면, 모용초는 다시 신하를 칭하지 않을 것입니다. 먼저 그에게 기예를 보내도록 만든 후에 그의 어머니를 돌려보내야 합니다."

요흥이 원외산기상시 위종을 사신으로 보내 모용초에게 조서를 내리니, 모용초는 신하의 예로 조서를 받들었다. 모용초는 좌복야 장화와 급사중 종정원을 장안으로 보내, 요흥에게 태악의 악기와 무녀 120여 명을 바쳤다. 요흥은 매우 기뻐하며 장화와 종정원을 불러 연회를 열었다.

술이 돌고 노래와 춤이 시작된 후, 요흥의 황문시랑 윤아가 웃으면서 장화에게 말했다.

"옛날 은나라가 멸망할 무렵, 악사들이 주나라로 갔듯이, 지금 악사들이 연나라에서 진나라로 온 것을 보면, 흥망성쇠가 이미 예견된 것 같습니다."

이에 장화가 호쾌한 목소리로 대답했다.

"옛적부터 황제들은 도를 달리하여 각기 다른 방식으로 위업을 이루었습니다. 교활하고 교묘한 방법이 모두 성공의 열쇠였습니다. 그래서 노자는 '원하는 것을 얻기 위해서는 먼저 그것을 포기해야 한다.'고 하셨지요. 지금 악사들이 서쪽으로 들어왔다면, 반드시 다시 동쪽으로 돌아올 것입니다. 이는 화와 복이 교차하는 것을 의미하는 징조입니다."

요흥이 이 말을 듣고 쾌씸하게 여겨 말했다.

"예전에 제나라와 초나라가 서로 다투어 연속적으로 전쟁을 일으켰소. 경은 작은 나라의 신하인데, 어떻게 감히 대국의 관리에게 맞설 수 있는 것이오!"

장화는 더욱 겸손하게 말했다.

"신이 처음 상국에 파견될 때는 진심으로 상국과의 우호를 바라는 마음뿐이었습니다. 하지만 상국이 소국의 신하를 경시하고 국주와 나라를 모욕했습니다. 신하로서 어찌 그런 말에 대해 조금의 답변도 하지 못하겠습니까!"

이에 요흥은 장화를 매우 칭찬하고, 귀국하는 날 장화 일행에게 모용초의 어머니와 처를 돌려주는 동시에 예물을 두둑하게 챙겨 남연에 보냈다. 모용초는 친히 청주 대현 마이관까지 나와서 그들을 맞이했다.

서기 408년 정월, 모용초는 그 아버지를 목황제로 추존하고, 어머니 단씨를 황태후로, 부인 호연씨를 황후로 삼았다. 남쪽 교외에서 제사를 지내는 도중, 말만 한 크기의 붉은 쥐 같은 동물이 나타나 제단 옆까지 왔다가 곧 사라졌다. 그때는 대낮이었음에도 불구하고 이 짐승이 나타나자 강한 바람이 불어 주변이 어두워지고 행궁의 깃발과 장식이 모두 찢어졌다.

이에 모용초는 크게 두려워하면서 태사령 성공수에게 원인을 물었더니, 성공수는 다음과 같이 대답하였다.

"황제께서 간신을 믿고 선량한 이들게 죽이며, 세금을 많이 걷고 노역을 과하게 시켜 백성들이 괴로워한다는 뜻이옵니다."

이 말을 들은 모용초는 측근인 공손오루와 복진 등을 추방했지만,

얼마 지나지 않아 다시 조정으로 불러들였다. 그해에 광고(廣固)에서 지진이 일어났고, 천제(天齊)의 물이 솟았으며, 우물의 물이 넘치고 여수는 말랐으며, 황하와 제수는 얼었으나 면수(湎水)는 얼지 않았다.

동진의 유유가 남연의
모용초를 멸망시킨 광고전투

서기 409년 정월 초하루에 모용초는 동양전에서 군신들에게 조석을 행하였는데, 음악의 정렬이 완비되지 않았다며 한탄하고, 요흥에게 기예를 보낸 것을 후회했다. 그러고는 동진에서 악사들을 납치해 올 계획을 세웠다. 그의 영군장군이 이에 반대하며 간언했다.

"선제께서는 옛 수도의 몰락 후, 삼제(三齊)를 가라앉혔습니다. 만약 시기가 무르익지 않았다면, 계획을 중단해야 합니다. 지금 폐하께서는 성공한 규칙을 이어받아, 문을 닫고 군사를 양성해야 합니다. 기회를 기다리며, 남쪽 이웃과 원한을 맺거나 적을 늘리는 일은 해서는 안 됩니다."

이에 모용초가 "내 계획은 이미 정해졌으니, 경과는 말하지 않겠다."라고 하였다. 그래서 서기 409년 2월 그의 장군 곡곡제·공손귀 등을 보내 수유를 침략하게 하여, 성공적으로 점령하고 양평 태수 유천재와 제음 태수 서연, 제남 태수 조원을 포로로 붙잡고 크게 약탈한 뒤 돌아왔다. 남녀 2,500명을 간추려 대악교에게 맡겼다.

당시 공손오루는 시중 상서를 겸하며 좌위장군까지 맡아 조정의 정치를 독차지했다. 그의 형 공손귀는 관군 상산공이었고, 숙부 공손퇴는 무위 흥락공이었다. 이 밖에도 공손오루의 종친들은 모두 황제의 왼쪽과 오른쪽을 보좌했으며, 왕공들마저 공손오루 가문을 두려워했다. 모용초는 수유 함락의 공로를 논하여 곡곡제 등을 모두 군·현공으로 봉했다.

계림왕 모용진이 용기를 내 간언했다.

"신이 듣기로 신하는 보상 체계를 마련해 공로가 있는 사람을 기다린다고 들었습니다. 공적이 없으면 후작이 될 수 없습니다. 지금 공손귀가 재앙을 불러일으키고 군사를 동원해 싸우며 백성을 해치는데, 폐하께서 그를 봉하셨습니다. 이것은 적절한 일이 아니지 않습니까! 충언은 귀에 거슬리는 법이지만, 친하지 않은 사람은 이런 말을 하지 않습니다. 신은 비록 서투르고 무능하지만, 국가의 친척으로서 솔직히 말씀드립니다. 오직 폐하만이 계획을 세울 수 있습니다."

모용초는 화를 내고 대답하지 않았으며, 이후 모든 관리들이 입을 다물고 감히 말을 꺼내지 못했다. 상서도령사 왕엄이 공손오루에게 아첨하여 상서랑으로 승진하고 제남 태수로 나가게 되었으며, 이후 상서 좌승으로 부임했다. 당시 남연 사람들이 말하기를, "후작이 되고 싶다면 공손오루를 섬겨라."고 하였다.

서기 409년 2월, 모용초는 공손귀 등에게 기병 3,000명을 이끌고 동진의 회하 북쪽 제남을 침략하게 하여 양평 태수 유천재, 제남 태수 조원을 포로로 잡고, 남녀 1,000여 가구를 약탈하였다. 국경에서 지속적으로 문제를 일으킨 모용초에게 화가 난 동진의 권력자 유유는 3월에 남연을 정복하기 위해 첫 번째 북벌을 시작하기로 결정했다.

유유(劉裕)는 팽성군(현 강소성 서주) 출신이며, 동진에서 남북조 시대에 걸쳐 탁월한 정치가, 군사가로서, 남조 유송(劉宋)의 개국 군주(재위 서기 420년 7월~422년 6월)이기도 하다. 서기 399년부터 그는 동진 내부적으로는 손은의 반란을 진압하고, 동진의 황위를 찬탈한 환현이 세운 환초(桓楚)를 멸망시켰으며, 서촉 및 노순(盧循)의 반란을 잠재우고, 유의, 사마휴지 등의 분열과 반항 세력을 소멸시켜 남방에 100년 만에 통일 상황을 만들었다. 특히 서기 404년에는 유유가 군대를 일으켜 황제를 자칭한 환현(桓玄)을 격파했다. 다음 해, 진안제를 옹립하여 복위시키고 동진의 조정을 통제했다.

남연의 황제 모용초는 동진이 내란 상태에 빠진 것을 보고, 서기 406년부터 여러 차례 군대를 파견하여 동진 국경을 습격하고 남하하여 회북을 공략하였다. 팽성(지금의 강소성 서주) 이남의 진나라 백성들은 남연군을 저항하기 위해 성을 쌓고 자체 방위를 했다. 이 시기 남연 통치 집단 내의 모순이 점점 심화되고 모용초는 간사하고 악덕한 자를 신뢰하고 어진 이들을 처형하며 과도한 세금과 노역을 부과하여 백성들의 강렬한 반발을 촉발했다.

서기 409년 4월에 유유는 대군을 이끌고 수도 건강을 출발하여, 하비에 배와 물자를 남기고 낭야에 도착했다. 모용초는 다시 동양전에서 군신들을 소집해 동진군을 격퇴할 방안을 논의했다.

이때 공손오루가 말했다.

"오나라 군대는 가볍고 빠르며, 결단력이 있어 전투에 유리합니다. 처음에는 기세가 날카롭고 용감스러워 정면승부를 피해야 합니다. 대현을 점령하여 그들의 진입을 막고, 시간을 끌어 그들의 예기를 꺾어야 합니다. 그런 다음 천천히 2,000명의 정예 기병을 선발하여 해안을 따라 남쪽으로 진격시켜 그들의 식량 수송을 차단하고, 또한 단휘에게 연주의 군대를 이끌고 산비탈을 따라 동쪽에서 공격하도록 명령하여 그들의 배후를 강타하는 것이 상책입니다. 각지의 방어군에게는 위험한 지형에 의존해 자신들을 견고히 방어하도록 하고, 저장해야 할 물자를 점검한 뒤 나머지는 모두 태워 버리고 들판의 작물도 제거하여 적에게 먹을 것을 제공하지 않도록 해야 합니다. 견고한 성벽을 구축하고 농경지를 비우는 견벽청야(堅壁淸野)로 적의 약점을 기다리는 것이 중책입니다. 적이 대현을 넘어서 진입한 후, 우리가 성 밖으로 나가 맞서 싸우는 것이 하책입니다."

이에 모용초가 말했다.

"수도 지역은 번성하고 인구가 많아서 즉시 주둔하여 방어하기 어렵습니다. 들판에 푸른 새싹이 널려 있는데, 갑자기 제거할 수 없습니다. 설령 새싹을 없애고 성을 방어한다 해도, 생명을 보전하는 것은 짐이 할 수 없습니다. 왜 먼저 농작물을 파괴하고 스스로 약해 보여야 하나요? 지금 우리는 다섯 주의 영토를 차지하고 있으며, 산과 강의 견고함을 바탕으로, 전차 10,000대와 철마 10,000마리가 있습니다. 적이 대현을 넘어 평지에 이르더라도, 우리는 천천히 정예 기병으로 그들을 짓밟을 것입니다. 편안함을 유지하며 적을 기다리는 (以逸待敵) 것이 바로 성공의 열쇠입니다."

보국장군 하뢰노와 모용진은 평지에서 싸우는 것이 더 나을 것이라고 간곡히 충고했지만, 모용초는 산에서 매복하는 계획에 너무 몰두하여 장군들의 조언을 모두 무시했다. 하뢰노가 퇴청하면서 공손오루에게 말했다.

"황상이 나의 계책을 수용하지 않으니, 나라가 망할 날이 머지않았소이다."

모용진이 말했다.

"폐하의 명령대로라면, 평원에서 전투용 말을 사용해야 하며, 대현에서 나와 맞서 싸워야만 합니다. 싸워서 이기지 못해도 여전히 후퇴하여 방어할 수 있습니다. 적이 대현에 들어오게 해서는 안 되며, 이는 자신을 곤경에 빠뜨리는 일입니다. 과거 성안군이 경계의 정형관을 지키지 못해 결국 한신에게 항복했고, 제갈첨은 험요한 곳을 점거하지 않아 등애에게 포로가 되었습니다. 저는 천시보다는 지리가 중요하다고 생각합니다. 대현을 방어하는 것이 최상의 전략입니다."

모용초는 이를 따르지 않았다. 모용진은 나가면서 한착에게 말했다.

"주상께서 새싹을 없애지 못하고, 요새를 지키지 않으며, 또한 사람들을 이동시켜 침략자를 피하는 것도 거부하니, 이는 마치 유비에게 촉을 빼앗긴 유장과 같소이다. 올해 나라가 망하면, 나는 반드시 죽겠지만, 여러분 같은 한족 선비들은 오월 사람처럼 단발문신하여 동진으로 끌려갈 것이오."

모용초가 이를 듣고 대노하여 모용진을 감옥에 가두었다. 그 후 거성과 양보 두 요새의 수비병을 한데 모아, 참호를 파고, 해자를 수리하며, 군마를 선발해 적이 오기를 기다렸다. 서기 409년 여름에 유유의 동진 군대가 동완(東莞)에 진주했다. 모용초는 정로장군 공손오루, 좌장군 단휘, 보국장군 하뢰노 등에게 보병과 기병 50,000명을 거느리고 수도 광고 남쪽 임구(臨朐)에 진을 치게 했다.

곧이어 동진군이 대현을 넘자 모용초는 두려워져 병사 40,000명을 이끌고 임구에서 단휘 등과 합류했으며, 공손오루에게 말했다.

"진군하여 천원(川源)을 점령해야 합니다. 진(晉)군이 도착하면 물이 없어 싸울 수 없을 것입니다."

공손오루는 기병을 이끌고 빠르게 천원을 점령하러 갔다. 그러나 유유의 선봉장군 맹룡부가 이미 천원에 도착했고, 공손오루는 싸움에서 패배하고 돌아왔다.

동진군은 전차 4,000대를 좌우 양익으로 나누어 방진을 이루며 천천히 전진했다. 전차는 모두 청색 천으로 덮었으며, 마부는 장창을 들고 있었다. 또한 경기병을 기동 부대로 활용했다. 군령은 엄중했고, 부대는 정돈되어 있었다. 임구에서 몇 리 떨어진 곳에서, 연군의 정예 기병 10,000명 이상이 잇따라 도착했다.

유유는 연주자사 유판, 유판의 동생 병주자사 유도련, 자의참군 유경선, 도연수, 참군 유회옥, 신중도, 소막 등을 지휘하여 힘을 합쳐 공격했다. 태양이 서편으로 기울 때, 유유는 자의참군 단소를 보내 임구로 직행하게 했다. 단소는 건위 장군 향미, 참군 호판을 이끌고 급히 전진하여 그날 임구성을 함락시켰고, 연군의 대장기를 끊고 모용초의 전부의 치중(輜重)을 획득했다.

모용초는 임구성이 함락되었다는 소식을 듣고 대군을 이끌고 도주했다. 유유가 직접 병사를 이끌고 추격하자 연군은 계속 달아났다. 모용초는 광고로 도망쳤다. 진군은 모용초의 말, 수레, 옥새, 표범 꼬리 등을 포획하여 경사로 보냈다. 단휘 등 10여 명의 대장을 참살하였으며, 참획한 병사가 수천 명에 이르렀다.

모용초는 광고 도성 안의 사람들을 작은 성으로 옮겨 피신시키고, 그의 상서랑 장강을 시켜 요흥에게 군사를 요청하도록 했다. 모용진을 석방해, 녹상서사와 도독중외제군사로 승진시켰다. 그리고 모용초는 군신들을 소집해 사과하며 말했다.

"짐이 성업을 이어받았으나 현명하고 어진 인재를 등용하지 못하고 오만하게 처신하였습니다. 이미 엎질러진 물은 다시 주워 담을 수 없습니다. 후회막급이지만 어쩔 수 없습니다! 지혜로운 자는 위험한 상황에서 계략을 펼치고, 충신은 어려움에 처했을 때 절개를 세우는 법이라 하였습니다. 모든 분이 힘을 합쳐 기묘한 계책을 세워 어려운 상황을 극복해 주길 바랍니다."

모용진이 나와서 말했다.

"백성의 마음이 모두 폐하 한 분에게 달려 있습니다. 폐하께서 이미 여섯 군대를 이끌고 있으나 몸소 도망치며 패배를 선도하니, 군신들도 더는 신뢰를 가지지 못하며, 선비들과 서민들도 모두 낙심하고 있어 내외적으로 더 이상 의지할 것이 없습니다. 만일 후진이 내환을 겪고 있다면, 우리를 돕기 위해 군대를 파견할 시간이 없을지도 모릅니다. 우리는 다시 한번 결전을 벌여 천명을 다투어야 합니다. 지금 돌아온 병사들이 수만 명이나 되니, 금과 비단, 궁녀들을 모두 내어놓고 모두에게 상을 주어 이를 통해 사람들을 이끌고 전투에 임하도록 하세요. 하늘이 우리를 돕는다면, 적을 충분히 물리칠 수 있습니다. 성공하지 못한다 해도, 죽음도 가치가 있으며, 문을 닫고 적의 포위 공격을 기다릴 수는 없습니다."

사도 모용혜가 말했다.

"그렇지 않습니다. 지금 동진군이 연전연승하여 승기를 타고 있는

데, 우리와 같은 패군의 장수들이 어찌 그들을 막을 수 있겠습니까! 후진이 비록 대하의 혁련발발과 대치 중이지만, 아직 걱정할 정도는 아닙니다. 더욱이 우리 남연과 후진 두 나라가 연합해 적을 막는 것은 이미 입술과 이가 서로 의존하는 상황과 같이 되었고, 지금 우리가 외란을 겪고 있으니, 후진은 반드시 구원군을 보낼 것입니다. 그러나 역사를 통틀어 구원을 요청하려면 대신을 보내야만 중병을 청할 수 있습니다. 그래서 조나라의 소신이 세 번을 청해도 초나라는 병력을 보내지 않았지만, 평원군이 한 번 사절로 나서자 구원병이 도착하여 포위를 풀었습니다. 상서령 한범은 도덕과 위엄이 높아 연과 후진 두 나라 모두가 존경하는 인물로서 구원을 요청하는 데 적합합니다. 그를 보내 원조를 요청하여 이 어려운 시기를 극복해야 합니다."

이에 한범과 왕포를 파견하여 후진의 요흥에게 구원병을 요청하였다. 요흥은 그의 요청에 거짓으로 응답했지만 실제로는 진군을 두려워해 병사를 보내지 않았다.

곧이어 유유의 군대가 광고성을 포위하고, 사면을 에워쌌다. 누군가가 비밀리에 유유의 군대에게 말했다.

"만일 장강(張綱)에게 성을 공격하게 하면 성을 함락시킬 수 있습니다."

그달에 장강이 장안에서 돌아와 곧바로 유유에게 항복했다. 유유는 장강에게 성 주변을 돌며 크게 외치게 했다.

"혁련발발이 진군을 대파했으니, 우리를 구원할 병력은 없다."

모용초가 분노하여 장강에게 비밀 화살을 쏘아 대자, 장강은 결국 물러났다. 우복야 장화, 중승 봉개 모두 유유의 군대에게 붙잡혔다. 유유는 장화와 봉개를 시켜 모용초에게 편지를 쓰게 하여 모용초의 조기 항복을 권유했다. 모용초는 유유에게 편지를 보내, 자신을 번신으로 삼아 달라고 요청하고, 대현을 경계로 삼으며 천 마리의 말을 바치겠다면서 화해를 제안했다. 유유는 이를 허락하지 않았다.

강남의 증원 부대가 계속 도착했다. 상서 장준이 장안에서 돌아와 유유에게 항복하며 말했다.

"지금 연나라 사람들이 굳게 방어하는 이유는 외부의 한범을 의지하고, 진나라의 구원을 기대하기 때문입니다. 한범은 명망이 있으며 요흥과는 옛날 친구라서, 혁련발발이 패한 후에 진나라가 반드시 연나라를 구원해 줄 것이라고 믿습니다. 한범을 비밀리에 유인해 큰 이익으로 유혹하여, 그가 우리에게 오면 연나라 사람들은 절망하고 자연스레 항복할 것입니다."

유유가 그의 제안을 따라 한범을 산기상시로 추천하며 그를 유인하기 위해 편지를 보냈다. 그때 후진의 2대 황제 요흥은 이미 그의 장군 요강을 보내 보병과 기병 10,000명을 이끌고 한범을 따라 낙양에서 장군 요소와 합류하여 연합 병력으로 구원하려는 시늉을 했다. 그런데 혁련발발이 후진군을 크게 패배시키자 요흥은 곧바로 요강을 장안으로 불러들였다.

당시 요흥이 사신을 보내 유유에게 말했다.

"모용초는 본래 우리와 이웃하며 우호적이었소. 지금은 어려운 처지로 인해 우리 후진에게 구원을 요청하였으니, 짐은 정예 기병 10만 명을 보내 직접 낙양을 점령할 것이오. 동진군이 후퇴하지 않으면,

짐은 철기를 명령하여 직진할 것이오.”

유유는 후진의 사신에게 큰 소리로 말했다.

“요흥에게 전하라. 남연을 평정한 후 3년 동안 정전하고, 그다음에 관중과 낙양을 평정할 것이다. 이제 스스로 문 앞까지 와 준다면, 바라던 바이니 어서 오라고 하라.”

유목지는 후진의 사신이 왔다는 소식을 듣고 급히 왔으나, 유유는 이미 그를 돌려보냈다. 유유는 요흥의 말과 자신의 답변을 유목지에게 자세히 전했다. 유목지는 우려를 표하며 유유에게 말했다.

“평소에 크고 작은 일에 대해 먼저 고려하도록 하였는데, 이번 일은 왜 그렇게 성급하게 답변하였나요? 요흥에게 한 답변은 적을 위협할 수 없을뿐더러, 오히려 그들을 자극할 뿐입니다. 남연이 아직 정복되지 않았고, 동진 조정에서는 노순의 반란으로 속히 돌아오기를 제촉하고 있는데, 만약 후진의 구원군이 갑자기 도착한다면, 어떻게 대처할 것입니까?”

이에 유유는 웃으며 말했다.

“이것은 군사의 비밀입니다, 당신이 이해할 수 없는 것이므로 말하지 않았습니다. 병사는 신속함이 중요합니다. 만약 그들이 정말로 구원군을 보낸다면, 우리가 알게 될까 봐 두려워할 것이고, 어떻게 사절을 먼저 보낼 수 있겠습니까? 이것은 그들이 이미 우리 군대의 남연 공격을 보고 내심 두려워하며, 자기변명의 말을 하는 것뿐입니다.”

이때 한범은 탄식하며 말했다.

“하늘이 연나라를 멸망시키려 하는가!”

이 무렵 우연히 유유의 편지를 받은 한범은 마침내 그에게 투항했다. 유유는 한범에게 말했다.

"경이 신포서와 같은 공적을 세우고 싶었을 텐데 왜 빈손으로 돌아왔는가?"

한범이 대답했다.

"저의 조상이 사공으로 있을 때부터 대대로 연나라의 은총을 받았기에, 저는 진심으로 눈물을 흘리며 후진에 연나라 구원을 요청했습니다. 후진에 여러 변고가 있어서 저의 진심은 효과를 얻지 못했고, 하늘이 연나라를 멸망시키려 하는 것 같습니다. 명공을 돕는 것이죠. 지혜로운 자는 기회를 보고 행동하는 법인데, 제가 어찌 오지 않을 수 있겠습니까!"

다음 날, 유유는 한범과 함께 성을 돌며 순찰했고, 이에 연나라 사람들은 마음이 흐트러지고 두려워하여 더 이상 방어할 의지가 없었다. 유유는 한범에게 말했다.

"경이 성 아래로 내려가 모용초에게 생사의 흥망을 알리세요."

한범이 말했다.

"저는 비록 공의 특별한 은혜를 받지만, 아직 연나라를 도모할 마음이 없습니다."

유유는 이에 크게 칭찬하며 강요하지 않았다. 주변 사람들이 모용초에게 한범 일가를 죽여 나중에 배신하는 일을 막으라고 권했다. 모용초는 패배가 임박했음을 알고 있었고, 또한 한범의 동생 한착이 충성을 다하여 잘못을 탓하지 않았다. 그해 동래(東萊)에서는 피가 비처럼 내리고 광고성 문에서는 밤마다 귀신 울음소리가 들렸다.

서기 410년 정월 초하루에, 모용초는 천문에 올라 성 위에서 군신들에게 조정을 열었고, 말을 죽여 장졸들을 대접했으며, 문무백관에게 승진과 봉수를 내렸다. 모용초의 총애를 받는 희첩 위부인도 성 위에 올라 동진군의 강성함을 보고 모용초의 손을 잡고 두 사람은 마주 보며 울었다. 한착이 간하여 말했다.

"폐하께서는 백육회합을 겪으며, 이제야말로 최선을 다해 저항할 때인데, 여인과 함께 슬퍼하고 있으니, 이 얼마나 비루한가요!"

모용초는 눈물을 닦으며 한착에게 사과했다. 그의 상서령 동예는 모용초에게 성 밖으로 나가 투항할 것을 권했지만, 모용초는 매우 분노하여 동예를 붙잡아 감옥에 가두었다. 하뢰노와 공손오루는 지하 통로를 파서 동진의 군대와 싸웠지만 불리했다.

하간인 현문이 유유에게 말했다.

"옛날에 조나라 사람이 조억(曹嶷)을 공격할 때, 천기를 보는 자가 민수가 성을 에워싸고 있어 공격으로는 점령할 수 없다고 했으나, 만약 오룡구를 막는다면 성은 자연스레 함락될 것이라고 했습니다. 석호는 이 조언을 따랐고, 결국 조억이 항복을 요청했습니다. 나중에 모용각이 단감을 포위할 때도 같은 방법을 썼고, 단감이 항복했습니다. 항복한 후에는 곧 오룡구를 터뜨렸습니다. 지금 옛 기초가 여전히 남아 있으니, 이를 막을 수 있습니다."

유유가 현문의 말을 따랐다. 이때, 성안의 남녀 대부분이 다리가 약해지는 병에 걸렸다. 모용초가 가마를 타고 성 위로 올라갔고, 상서 열수는 모용초에게 말했다.

"하늘과 땅이 무정하여 적을 도와 우리를 학대하게 하니, 전사들이 병들었습니다. 날이 갈수록 약해지고 텅 빈 성을 지키며, 외부에서의 원조도 기대할 수 없습니다. 하늘의 뜻과 인간의 일을 이제 알수 있습니다. 만약 국운이 다한 것이라면, 요순이 왕위를 양보한 것처럼 재앙을 복으로 바꾸고, 성스러운 뜻을 공경하는 것이 최선입니다. 나라의 안위를 위해 헌신한 허나라, 정나라의 행적을 따라 종묘의 계승자를 보전하는 것이 좋습니다."

모용초는 한숨을 쉬며 말했다.

"흥망성쇠는 모두 천명에 달려 있습니다. 짐은 보검을 휘두르며 죽기를 각오할지언정, 옥을 물고 살기를 구하지 않겠습니다."

그때 장강은 유유를 위해 충차를 만들어, 나무판으로 차를 덮고 가죽으로 감싸며 여러 가지 교묘한 장치를 설치했다. 성 위의 화석궁, 화살 등이 무용지물이 되었다. 또한 비루, 매달린 사다리, 나무 막이 등을 만들어 급히 성벽에 접근했다. 모용초는 매우 분노하여 장강의 모친을 성루에 매달아 살해했다. 성안에서 항복하는 사람들이 끊임없이 이어졌다. 유유는 사방에서 공격하여 많은 연나라 사상자를 냈고, 열수가 결국 성문을 열고 유유의 군대를 받아들였다.

서기 410년 2월 5일, 광고성이 함락되자, 모용초는 수십 명의 신하와 함께 성 밖으로 도망쳤으나, 정로적 조교서가 그를 사로잡았다. 유유는 항복하지 않은 죄로 모용초를 꾸짖었으나, 그는 태연하게 아무 말도 하지 않고, 오직 어머니를 유경선에게 맡겼을 뿐이었다. 모용초는 건강(현 강소성 남경)으로 압송되었고, 남연은 이로써 멸망하였으며, 모용초는 거리에서 참수되었다. 그때가 그의 나이 26세로, 재위한 지 여섯 해였다.

모용초 사후 시호나 묘호는 없었으며, 일부 역사가들은 그를 남연의 마지막 군주라고 불렀다. 모용초는 또한 토욕혼을 제외하고는 5호 16국 시대에 존재한 선비 모용부에서 나온 마지막 황제였다. 모용초만이 아니라 남연의 왕과 공작 이하, 그리고 포로로 잡힌 사람 10,000여 명과 말 2,000필이 죽임을 당했다.

서기 410년, 광고의 함락과 함께 남연은 11년 동안 지속하다가 역사 속으로 사라졌다. 모용초의 패배는 그의 오만한 결정과 부족한 지도력의 결과였다. 그는 한때 남연을 지배했던 강력한 황제였으나, 결국은 그의 나라와 함께 멸망의 길을 걸었다.

유유의 북벌군은 모용초의 군대를 압도하며 남연의 종말을 가져왔다. 이 전쟁은 남연의 영토와 국력을 약화시키고, 최종적으로는 그들의 역사를 종식시켰다.

동진 왕조는 수도를 강남으로 옮긴 이후 내란이 끊이지 않고, 여러 차례 크고 작은 전쟁이 발생했음에도 불구하고 기본적으로 통일된 강산을 유지했다. 이는 북방의 여러 국가들이 분쟁하고 전쟁이 빈번하여 사회 경제가 심각하게 파괴된 쇠퇴한 상황과는 크게 달랐다.

유유가 정권을 잡은 후, 과세를 경감하고 생산력을 발전시키는 조치를 취했다. 또한 강남의 자연적인 경제 지리적 조건 덕분에 동진의 경제력은 점차 강화되었고, 강력한 전차 · 보병 · 수군 · 기병 등 대규모 군대를 훈련하고 동원했다. 이 군대는 수량과 질 모두에서 남연군보다 확연히 우월하여 남연을 이기는 데 견고한 물질적 기반을 제공했다.

유유의 후진 멸국과 북위와의 대결, 새로운 세력 백제의 부상

서기 410년 동진의 유유가 선비족 모용씨의 남연을 정복한 후, 그는 이어지는 5년 동안 동진 내의 군웅들을 제거하는 데 집중했다. 서기 415년, 양양에서 사마휴지를 패배시키며 동진 내의 모든 강대 세력을 복속시키는 데 성공하였다. 그리고 서기 416년, 다시 북벌을 단행하여 북위군을 격파하였다. 이후 후진 내부의 내란을 기회로 삼아 서기 417년에는 장안을 공격해 후진을 멸망시켰다. 이후 북위와 본격적으로 대립하며 남북조 시대의 막을 올렸다.

유유는 회북·산동·하남·관중 등지를 회복하고 낙양·장안 두 도시를 되찾았으나 별 미련 없이 군대를 남쪽으로 되돌렸다. 북벌에 성공한 이후 그는 그 지역들에서 모두 후퇴하고 동진으로 복귀하여 거대한 군공으로 인해 동진의 군정 대권을 총괄하게 되었고, 상국 양주목에 임명되며 송왕에 봉해졌다.

서기 420년, 황제가 되고자 했던 유유는 직접 자기 입으로 그 말을 꺼내기 어려워 대신들을 초대한 연회에서 동진의 운명이 이미 기울었음에도 불구하고 황실을 부흥시키고 북벌을 통해 영토를 확장했다고 발언했다. 그는 느닷없이 "동진 조정에서 최고 영예를 누렸지만 이제 황혼기에 들어섰으므로 고향에 내려가 편안하게 살고 싶다."고 말했다. 대부분의 대신들은 그의 은퇴 의사를 그대로 받아들였으나 중서령 부량만이 그의 진정한 의도를 파악했다.

부량은 곧 동진의 마지막 황제 공제에게 유유에게 양위할 것을 권유했다. 유유는 공제의 양위를 받아들여 57세의 나이에 남교에서 황제로 즉위하였고, 국호를 송으로, 수도를 건업으로 정했다. 그러나 유유의 통치 기간은 매우 짧았으며, 서기 422년에 유유는 재차 북위를 정벌할 계획을 세웠으나 출병 전 재위 3년 만에 병으로 세상을 떠났다.

유송 8세(서기 420~479년) 60년간의 역사를 기록한 송서에 백제의 역사에 대한 기록이 최초로 등장한다. 백제는 『삼국지』 한조의 마한 55국 중 백제(伯濟)로 처음 기록된 이후 『후한서』 한조에도 백제(伯濟)로 기록되었으나 백제조 자체가 없이 부여조에 백제 개국시조 구태에 대한 기록이 등장한다. 그리고 구태백제의 계보는 간위거, 부여마여, 부여의려, 부여의라, 부여현, 부여울 등으로 이어진다.

이후 부여가 모용 선비의 연나라, 즉 래이 마한 연방에 흡수되었다. 이후 동진에 사신을 보내 백제 왕으로 책봉된 여구와 여휘가 나타난다. 이때까지 중국의 사서에는 어디에도 백제와 관련된 기록이 존재하지 않았다. 그러다 『송서』에 백제와 관련된 기록이 처음 기록되기 시작한 것이다.

바람이 차가운 가을날, 백제 왕은 요서에서 전쟁의 불길을 피우기로 결심했다. 좌장 진무를 비롯한 여러 장수에게 명하여, 잃어버린 대방 땅을 되찾기 위해 고구려에 대한 공격을 시작하게 했다. 그곳은 패수, 요동의 풍경과 어우러져 고요히 흐르던 강이었지만, 그날만큼은 전쟁의 함성 소리로 가득 찼다.

고구려 왕 담덕은 백제의 침공 소식을 듣자마자 7,000명의 군사를 이끌고 직접 패수, 즉 조백하의 강가에 진을 치고 백제군을 맞이했다. 그의 눈빛은 강철처럼 단단했고, 그의 목소리는 군사들의 마음을 용기로 채웠다. 그는 군사들에게 말했다.

"우리의 땅을 지키는 것은 우리의 명예다. 오늘, 여러분의 용기가 고구려의 힘을 천하에 증명할 것이다."

백제군은 힘차게 고구려의 진을 향해 돌진했다. 진무는 자신의 병사들이 고구려의 방어선을 뚫고 들어갈 것을 확신했다. 하지만 고구려의 방어는 예상보다 훨씬 견고했고, 담덕 왕의 지휘 아래 고구려 군사들은 물러서지 않았다.

처음엔 백제군도 호기롭게 싸웠으나, 고구려의 반격은 빠르고 치명적이었다. 싸움은 장시간 이어졌고, 칼과 창이 부딪치는 소리, 전사들의 고함 소리가 격렬한 피바람을 불러일으켰다. 전투가 끝났을 때, 백제군은 크게 패하여 8,000명이 넘는 전사가 쓰러졌다. 진무는 참담한 패배를 목도하며, 살아남은 군사들을 이끌고 물러나야만 했다.

백제 왕은 소식을 듣고 크게 절망했다. 그의 꿈과 함께 대방 땅을 되찾겠던 희망도 흔적도 없이 사라졌다. 그는 홀로 왕실의 정원을 거닐며 무거운 책임감과 패배의 쓴맛을 느꼈다. 하지만 그는 포기하지 않았다.

"이 패배는 끝이 아니라 새로운 시작이 될 것이다."

백제와 고구려의 이야기는 아직 끝나지 않았으며, 이 땅에서 새로운 역사가 다시 쓰일 것이라 믿었다.

조백하의 서쪽, 요서 지역에 자리 잡은 백제는 북위와 끊임없이 대치하는 상황에서 고군분투하고 있었다. 이 거친 땅에서 백제의 왕 여영은 중원의 외곽을 통치하는 지도자로서의 무거운 책임을 지고 있었다. 백제 왕 여영은 자신의 통치하에 있는 동쪽 땅들을 안정시키려는 큰 부담을 안고 있었다. 그의 왕국은 자주 북위의 압박을 받았으며, 때로는 그 경계가 무너질 듯 위태롭게 느껴졌다.

그러나 유송의 유유가 남연을 정벌한 후 상황이 변하기 시작했다. 유유는 요서 지역에 대한 백제의 세력 확장을 성원하면서 백제와의 새로운 동맹을 제안했다. 이러한 유유의 제안은 여영에게 그야말로 신의 한 수였다. 백제의 세력을 확장할 수 있는 기회였고, 그는 이를 통해 불안정했던 자신의 왕국에 새로운 기반을 마련할 수 있었다. 여영은 즉시 유송과의 관계를 강화하고, 군대를 재정비하여 요서 지역을 안정화하는 데 집중했다.

백제 왕 여영은 뛰어난 외교력을 발휘했다. 그는 이 지역을 단순히 군사적으로만 점령하는 것이 아니라, 문화와 경제의 교류를 촉진하면서 백제와 중원의 관계를 더욱 돈독히 했다. 이러한 노력은 결국 조백하 서쪽의 요서 지역을 백제의 중요한 거점으로 만들어 갔다.

서기 425년, 백제 왕 여영은 유송 황제에게 공물을 바쳤고, 이는 두 나라 간의 우호 관계를 더욱 공고히 하는 계기가 되었다. 유유의 칙령은 그의 충성과 노력을 인정하며, 백제를 중원의 방패로서 중요한 역할을 맡기도록 했다. 이로써 여영은 동방의 정사를 부지런히 처리하며 선대의 공업을 잇는 큰 임무를 부여받았다.

이러한 외교적 성공은 백제를 단순한 국경 지역의 소국에서 중요한 전략적 동맹국으로 변모시켰다. 여영의 지도 아래 백제는 중원과의 관계를 강화하고, 안정적인 통치를 이어 가며 그 명성을 날로 높여

갔다.

서기 416년, 백제 왕 여영(餘映)은 사지절 도독 백제제군사 진동장
군 백제 왕으로 책봉되었다. 그리고 유송의 고조가 황위에 오른 후
진동대장군으로 벼슬을 높여 주었다. 서기 424년에 여영(餘映)이 장
사 장위(張威)를 파견하여 동진 조정에 공물을 바쳤다.

백제 왕 여영은 동방의 조용한 지배자였다. 유유가 산동의 래이족
남연을 멸망시킨 후 내정과 북벌에 치중하면서 산동 지역은 또 다른
토착 세력인 우이족 백제에게 사실상 넘겨주었다. 백제는 급속히 팽
창하여 대륙의 동쪽 끝, 산동과 유주를 아우르는 광활한 영토를 차지
하게 되었다. 그의 정치적 지혜와 외교적 기량은 유송 황제의 눈에
띄어, 유송 황제는 여영을 백제왕으로 책봉하고 진동장군으로 임명
하여 동방의 판도를 새롭게 다듬도록 했다.

서기 416년, 여영은 새로운 왕위에 오르자마자 주변의 혼란을 수
습하고 중앙의 권위를 확립하는 데 주력했다. 그의 통치 아래 백제는
번영을 맞이했고, 그의 명성은 더욱 빛났다. 그는 늘 중원과의 교류
를 중시했으며, 자신의 권위를 확고히 하기 위해 유송과의 외교 관계
를 강화하는 데 집중했다.

서기 424년, 여영은 자신의 충성과 의리를 보여 주고자 유송 조정
에 공물을 바치기로 결정했다. 그는 장사 장위를 선발하여 풍부한 공
물과 함께 조정으로 파견했다. 장위는 여정을 거치며 무수한 어려움
을 겪었지만, 결국 성공적으로 유송의 조정에 도착하여 여영의 선물
을 전달했다. 이는 유송 황제에게 큰 감동을 주었고, 백제와 유송 간
의 우호 관계를 더욱 공고히 했다.

유송 황제는 여영의 충직함과 성실함에 감사를 표하며, 그를 동방의 참된 방패로 인정했다. 그의 명에 따라, 여영은 더욱 큰 책임감을 느끼며 자신의 영토를 지키고 번영시키기 위해 노력했다. 그는 산동과 유주 일대에서 백성들이 평화롭고 풍요로운 삶을 영위할 수 있도록 법과 질서를 확립하는 데 집중했다.

백제 왕 여영의 이야기는 단순한 지배자의 이야기가 아니다. 그는 중원의 동서를 잇는 다리와 같았으며, 그의 지혜와 결단력은 동방의 땅을 안정시키고 유송의 신뢰를 얻는 데 큰 역할을 했다. 그의 통치 아래 백제는 새로운 황금기를 맞이했고, 그의 이름은 역사 속에 길이 남게 되었다.

18

북연 황제 모용운,
모용씨에서 고씨로

고구려 후예 모용운의
후연 황제 등극

모용운은 본래 고씨로, 고구려 왕족의 한 지류였다. 모용씨 자체가 전욱 고양의 후손으로 막씨와 모씨, 그리고 고씨가 그 후손이다. 고구려 출신인 모용운이 천왕으로 추대되었다는 점, 그리고 그를 추대한 풍발 역시 고씨를 명문으로 여기고 있다는 점에서 당시 모용 선비족과 고구려의 관계, 경계를 이동하며 살았던 사람들의 모습을 살펴볼 수 있다.

모용운의 선조들은 오랜 세월 동안 북방의 광활한 대지를 누비며 살았다. 그들은 용맹한 전사이자 현명한 지도자로서 부족 간의 갈등을 해결하고, 새로운 땅을 개척하는 데 큰 역할을 했다. 고구려 왕족의 일원으로서 모용운은 어릴 적부터 뛰어난 용맹함과 지도력을 발휘했다.

시간이 흘러, 북방의 정세가 변화하며 모용씨와 고씨 사이의 관계도 변화했다. 모용씨는 강력한 선비족 가문으로 성장했고, 고씨 또한 명문 가문으로서의 위상을 유지했다. 그러나 고구려와 모용씨 사이의 경계는 점점 모호해졌다.

그러던 어느 날, 모용운은 고구려의 숲속에서 고민에 잠겼다. 그의 마음속에는 고구려와 선비족 사이에서 자신의 위치를 찾아야 한다는 깊은 고민이 있었다. 그는 자신의 뿌리를 찾고자 여행을 떠났고, 그 여정은 그를 선비족과 고구려 사이의 경계로 이끌었다. 그곳에서 그는 풍발과 만났다. 풍발은 고씨의 명성을 높이 평가하는 인물로, 모용운의 용맹함과 지도력에 깊은 인상을 받았다. 풍발의 제안으로 모용운은 천왕으로 추대되었다. 이는 모용씨와 고씨, 그리고 그들이 살았던 땅과 사람들 사이의 복잡한 관계를 상징하는 중대한 사건이었다.

모용운의 추대는 고구려와 선비족 사이의 새로운 연결 고리를 만들었고, 그는 두 문화 사이를 연결하는 다리 역할을 했다. 그의 통치하에 고구려와 선비족 사이의 교류가 활발해졌고, 서로 다른 문화와 전통이 조화를 이루기 시작했다.

모용운은 사려 깊고 포용력이 있으며, 말이 적고 신중하여 많은 이들을 속일 정도로 조용했다. 많은 사람들이 그가 우매한 것이 아닌가 하고 생각했으나 오직 풍발(馮跋)만은 그의 포부와 너그러움을 높이 사서 벗으로 삼았다. 모용보가 태자가 되었을 때, 모용운은 무예 급사로 동궁을 보좌하였고, 나중에 시어랑에 임명되었다. 그는 모용회의 군대를 습격해 격파하는 큰 공을 세웠다. 이로 인해 모용보의 눈에 띄어, 양아들로서 모용씨의 일원으로 받아들여지며 석양공에 봉해졌다.

모용희가 부씨의 장례식에 몰두하고 있는 사이에 풍발은 모용운을 찾아가 이를 알렸다. 그리고 나라의 정세를 이용해 새로운 권력을 잡을 중대한 계책을 털어놨다. 풍발은 모용씨의 시대가 끝나 가고 있음을 강조하며, 모용희의 포악함과 요망한 행동이 나라를 망칠 것이라 경고했다. 모용운은 두려움에 떨며 자신의 약한 건강을 이유로 거절했다.

"어린 시절, 오랫동안 병을 앓아 세상일에 무관심했습니다. 경이 이제 대사를 도모하려 하는데, 잘못 보고 추대하는 것일 수 있소. 이 렇게 결정을 내리지 못하는 것은 자신감이 없고 덕이 부족해 임무를 제대로 완수할 수 있을지 걱정되기 때문입니다."

그러나 풍발은 모용운을 계속해서 설득했다. 그는 이 기회가 1,000 년에 한 번 있을까 말까 한 절호의 기회라고 주장하며, 모용운이 고 구려 왕족 고씨의 후계자가 되어야 한다고 강조했다.

"모용씨의 시대는 이미 쇠퇴하고 있고, 하간왕 모용희는 포악함에 더해 음란한 여인에게 빠져 반역과 반란이 일상이 되었습니다. 이 상 황에서 백성들은 그 피해를 견디기 어려울 정도입니다. 열 집 중 한 집이 반란을 고민하고 있는 것은 나라가 망할 때임을 하늘이 보여 주 는 징조입니다. 공은 명문가 고씨인데 어찌 그의 양자로 사십니까! 이제 세상이 뒤집어질 때입니다. 1,000년에 한 번 올까 말까 한 절호 의 기회인데 공은 어찌하여 사양하신단 말입니까!"

풍발의 말에 깊은 영향을 받은 모용운은 결국 풍발의 제안을 받아 들였다. 그들은 함께 모의를 꾸미기 시작했으며, 모용운은 모용희의 부패한 통치로 인해 고통받는 백성들을 구하기 위한 결단을 내렸다. 이 순간, 모용운은 자신의 고씨 혈통과 모용씨 양자로서의 정체성 사 이에서 새로운 길을 찾아야 했다. 모용운은 풍발의 강한 설득과 군중 의 지지 속에 결국 천왕의 자리에 오르게 되었다. 그리고 고씨 성을 다시 사용하기 시작했으며, 나라 전체에 사면령을 내려 사형수 이하 죄수를 용서했다.

국호를 '대연'이라 하고 연호를 '정시'로 바꾼 모용운은 풍발을 시중 도독중외제군사 등 높은 관직에 임명하며 그의 충성과 노력을 보상 했다. 또한, 그는 50여 명의 고위 관료들과 사졸들에게도 작위를 주 고 보상을 나눠 주며 새 정권의 안정을 도모했다. 모용희의 관리들도 작위를 보전해 주었다. 이러한 행동들은 모용운이 단순히 통치자로 서의 역할을 수행하는 것을 넘어서, 자신의 정치적 기반을 공고히 하 는 데 중점을 두었음을 보여 준다.

그리고 부인 이씨를 천황후로, 아들 팽을 태자로 삼음으로써, 모용 운은 자신의 가족과 가까운 이들을 중심으로 새로운 왕조의 기반을 다졌다. 이는 그가 단지 권력을 잡은 것이 아니라, 새로운 왕조의 건 설과 그의 가문의 장기적인 안정을 목표로 하고 있음을 의미한다.

풍발의 배신과
모용운의 최후

서기 408년 봄 3월에 고구려 광개토왕이 북연에 사신을 보내왔다. 그리고 전욱 고양의 같은 후손으로서 동족의 예를 행했다. 북연 황 제 모용운은 시어사 이발(李拔)을 보내 답례했다. 모용운의 조부 고 화(高和)는 고구려 왕실의 먼 후손인데, 스스로 전욱 고양 임금의 후 손이라 하여 고씨를 성으로 삼았다. 고구려 광개토왕은 이러한 점을 십분 활용하여 사절을 보내 동족으로서의 유대감을 표해 요동으로의 진출을 가속화하기 시작한 것이다.

모용운의 운명은 역설적이고 비극적인 국면을 맞이했다. 그는 월기교위 모여량(慕輿良)의 모반을 진압하며 자신의 권력을 유지하는 데 성공했지만, 가장 믿었던 이들에게 배신당하는 역설을 경험했다.

모용운이 동당에 들어설 때, 환관 이반과 도인이 보고할 것이 있다며 검을 숨기고 들어왔다가 모용운을 공격했다. 모용운은 책상을 들어 방어하려 했으나 도인이 달려들어 그를 시해했다. 모용운은 자신이 스스로 세운 공덕 없이 호걸에게 추대되었으므로 늘 주변을 경계하며 조심스러워했다. 그래서 장사를 길러 복심으로 삼았는데, 이반과 도인 등이 금위군으로 경호 임무를 맡았다. 그는 그들에게 막대한 상금을 주고, 자나 깨나 입는 것, 먹을 것을 똑같이 했는데, 결국 그들에게 패망했다.

이러한 배신은 모용운의 통치 스타일과 리더십에 대한 깊은 반성을 불러일으킨다. 그는 호걸들의 추대로 권력을 잡았지만, 그들의 충성심을 확보하고 관리하는 데 실패했다. 이는 권력의 균형과 신뢰의 중요성을 간과했음을 보여 주는 사례로, 역사적으로 많은 군주들이 겪은 공통된 문제점이다.

사실상 모반을 주도한 풍발은 모용운의 시신을 동궁으로 옮기고 혜의황제라는 시호를 내렸다. 모용운의 최후는 권력과 충성, 배신의 복잡한 관계를 잘 드러내며, 역사 속 인물들의 운명이 어떻게 예측 불가능한 방향으로 흘러갈 수 있는지를 보여 준다.

19

풍발,
북연의 두 번째 황제로 등극하다

천왕의 자리에 등극한
풍발

북연의 두 번째 황제인 풍발(馮跋)의 자는 문기로, 장락 신도(信都) 사람이다. 북연을 건국한 모용운이 측근들에게 살해되었을 때, 그의 자제들도 모두 함께 목숨을 잃었다. 풍발은 반란 세력들을 진압하고 황제에 즉위한 후, 국호를 포함해 연나라의 모든 것을 물려받았다.

풍발은 서기전 661년 주나라 시기 진(晉)나라 대신인 필만(畢萬)의 후손이다. 이후 그 후손들이 서기전 403년 한(韓)씨와 조(趙)씨 두 가문과 함께 진나라를 삼분하여 위나라를 건국하였다. 이로써 필만은 위(魏)씨의 시조가 되었다. 필만의 오랜 시조 중에는 산동 하택 지역에서 하백족(河伯族)을 형성한 풍이(馮夷)가 있다. 필만의 자손들이 풍향을 영지로 받아 그 명칭을 따서 성을 풍으로 바꾸었다. 그 결과 풍과 위, 두 성은 같은 뿌리이다.

북연 국주 풍발은 필만의 39대 후예라고 자칭하고, 북연이 망한 후 국주 풍홍의 손녀인 풍태후가 수십 년 동안 북위의 조정을 장악하며, 풍씨는 더욱 높은 존경을 받게 되었다. 이 가문에서 여러 명의 왕작이 나오며, 그 영향력은 동여당·경조당으로까지 뻗어 나갔다. 풍발의 뿌리는 산동의 하택까지 거슬러 올라가며, 복희의 딸 복비와 혼인한 풍이(馮夷)에 이르렀다. 고구려 국조 주몽의 모친인 유화부인이 하백족의 따님으로 풍유화(馮柳花)였다. 나중에 북연의 풍홍이 고구려에 투항한 것이나 이후 장수왕 시기 북위의 전권을 풍씨 부인이 장악한 이후 커다란 갈등이 없었던 것은 이들이 핏줄로 연결되어 있었기 때문이다.

영가의 난이 일어났을 때, 풍발의 조부 풍화(和)는 상당으로 피난해야 했다. 그러나 이 가문은 무력과 도량으로 더욱 단단해졌다. 풍발의 아버지, 풍안은 모용영의 시대에 장군이 되어 그 용맹함을 떨쳤다.

모용영이 멸망한 이후, 풍발은 변화의 바람을 타고 동쪽의 화룡으로 이주하여 장곡에 정착했다. 그곳은 그에게 새로운 시작의 땅이었고, 그의 존재만으로도 주변에는 마치 누각 위를 떠도는 구름처럼 신비로운 기운이 감돌았다. 풍발은 어릴 적부터 심오한 생각을 갖고 있었으며, 말이 적고 인자하며 관대한 성품을 지녀 사람들의 마음을 어루만졌다. 술을 좋아해 한 말을 마실 때조차 흐트러짐이 없었다.

세 동생이 모두가 협객을 자처하며 방탕한 생활을 이어 갔음에도, 풍발만은 가문의 명예를 지키며 집안의 관리에 힘썼다. 이에 그의 부모가 그를 기특하게 여겼다. 그리고 그가 머무는 곳마다 누각 같은 구름이 피는 등 신비로운 현상이 일어나, 사람들은 그를 기이한 존재로 여겼다. 한번은 밤에 하늘의 문이 열리고 신령스러운 빛이 환하게 뜰 안을 밝혔는데, 그것은 마치 천상의 존재들이 풍발의 집을 축복하는 듯했다.

모용보가 후연의 황제로 즉위한 후 풍발을 중위장군에 배속했을 때, 풍발의 운명은 더욱 굳건해졌다. 그는 이 지위를 통해 자신의 능력을 발휘하며, 모용씨의 멸망 이후 북연을 창건하는 데 결정적인 역할을 하게 된다. 그러나 이야기는 여기서 끝나지 않았다.

어느 날, 풍발의 동생 풍소불과 그의 친구들이 물가에서 놀고 있을 때, 놀라운 일이 벌어졌다. 그곳에서 황금빛을 띠는 금룡 한 마리가 물 위로 올라왔다가 사라졌고, 이 광경을 목격한 그들은 경이로움에 가득 찼다.

풍소불이 만니와 친구들에게 물었다.

"너희들 중에 금룡을 가까이서 본 사람 있어?"

이에 만니(萬泥) 등이 모두 대답했다.

"한 번도 본 적이 없어요."

이에 풍소불이 용을 잡아 모두에게 보여 주자 다들 상서로운 일이라며 경이로워했다. 풍발의 가문에 일어난 이 기적 같은 사건들은 단순한 우연이 아니었다. 그것은 그의 가문이 천상과의 깊은 연결을 가지고 있음을 보여 주는 증거였다. 풍발의 지혜롭고 신중한 행동, 그리고 그 주변에서 일어나는 신비한 사건들은 모두가 그를 존경하게 만들었고, 그의 이름은 후세에도 불멸의 이야기로 회자되었다.

이 이야기는 후연의 황태자 모용희의 귀에도 들어갔다. 그는 풍발에게 금룡을 가져와 보라고 명령했다. 하지만 풍소불이 이를 숨겼고, 이로 인해 모용희는 풍발 형제에게 원한을 품게 되었다. 이후 모용희가 황제로 즉위한 이후, 비밀리에 풍발 형제를 암살하려 했다. 얼마 지나지 않아 풍발은 모용희의 금지 사항을 위반했고, 풍발은 예기치 못한 변고가 자신에게 닥칠까 두려워 여러 동생들과 함께 산속으로 몸을 피했다.

풍발은 매일 밤 혼자서 산을 걸었고, 이상하게도 그가 다니는 길에서는 맹수들마저 길을 피했다. 이는 마치 자연이 그의 비범한 운명을 인정하는 듯한 모습이었다. 이 모든 일련의 사건들은 풍발이 모용희의 정권을 이어받고 북연을 창건하는 길로 이어지는 중요한 전조로 작용했다.

당시는 부역이 번잡하고 잦아 사람들이 부담을 이기지 못하던 때였다. 풍발과 그의 형제들은 절박한 상황에서 모용희에 대한 반란을 계획했다. 그들은 모용희의 혼란과 포악함, 그리고 자신들에 대한 적대감을 지적하며, 더 이상 앉아서 죽임을 당할 수 없음을 깨달았다. 일행 중 한 명이 말했다.

"모용희는 혼미하고 포악한 데다 우리 형제를 특히 미워합니다. 이제 뾰족한 수가 없으니 가만히 앉아 죽음을 기다릴 수는 없습니다. 시기를 봐서 병력을 일으켜 공후의 업을 세워야 합니다. 성공하지 못하면 그때 죽어도 늦지 않습니다."

드디어 풍발과 두 형제는 만니 등 22인과 함께 모의했다. 그리하여 가마를 타고 부인에게 수레를 몰게 한 후, 몰래 용성으로 들어가 북부 사마손호의 집에 몸을 숨겼다. 그들은 끈기 있게 기다리다 결국 모용희를 살해하고 모용운을 북연의 새 황제로 추대했다. 모용운이 풍발을 사지절 시중 도독중외제군사 정북대장군 개부의동삼사 녹상서사 무읍공으로 삼았다. 이러한 임명은 풍발의 용맹과 지혜, 그리고 그의 가문이 겪은 시련과 그들의 끈질긴 생존 의지를 인정한 결과였다.

어느 날 연회 도중에 갑자기 왼팔에서 피가 흘렀고, 풍발은 이를 불길하게 여겼다. 이때 중랑장 왕수가 말했다.

"이것은 천명이 감응한 것, 즉 하늘의 뜻에 따른 신호가 아닙니까?"

이에 풍발은 그에게 이에 대해 절대 입 밖으로 꺼내지 말 것을 당부했다. 그 후, 모용운이 환관 이반과 도인에 의해 살해당하는 사건이 발생했다. 풍발은 홍광문으로 올라가 이 사태를 조용히 바라보며 상황의 전개를 지켜보았다. 이때, 장하독 장태와 이상이 풍발에게 말했다.

"이처럼 무도한 세력이 어찌 이곳까지 이르렀단 말입니까! 저희가 공을 위해 저들을 처단하겠습니다."

이에 이상은 칼을 뽑아 들고 아래로 내려갔다. 그리고 그는 이반의 머리를 베어 서문에 걸었고, 장태는 도인을 건물 안에서 처단했다. 모두가 풍발을 주군으로 추대하자 풍발이 말했다.

"범양공 풍소불은 재략이 남다르고 난을 평정하는 데 뜻을 두었으니 흉악한 무리를 소탕한 것은 모두 공의 공훈이오."

풍소불이 사양하며 말했다.

"신은 아버지와 형이 천하를 차지해 그 자식과 동생에게 전한다는 말은 들었어도 자식과 동생이 아버지와 형의 업적을 가리고 먼저 차지한다는 말은 듣지 못했습니다. 아직 기반을 다지지 못한 상황에서 극심한 위기로 옴짝달싹 못하고 있던 상황에서 하늘이 만들어 주신 것을 헛되이 보낼 수 없으니 이 일은 대형께 달려 있습니다. 바라오니 위로는 하늘의 명을 따르고 아래로는 백성들의 마음에 부응하시길 바랍니다."

신하들이 간곡히 청하자 결국 풍발이 허락하였다.

그 결과 서기 395년, 풍발은 창려에서 천왕(天王)의 자리에 올랐다. 연(燕)이라는 나라 이름을 그대로 유지하면서, 그 영토 내에 사면령을 내리고 연호를 '태평'이라고 명명하였다. 이는 새로운 시대의 시작을 알리는 중대한 행사였으며, 풍발의 지도 아래 연나라는 평화와 번영을 추구하는 방향으로 나아갔다. 그는 여러 사신들을 보내 군국을 순행하게 하여 풍속을 살피고, 백성들의 삶의 질을 향상시키기 위한 노력을 기울였다.

북연 풍발의 현명하고 실용적인 통치

풍발은 조부 풍화를 원황제로, 부친 풍안을 선황제로 추존하고, 모친 장씨(張氏)를 태후로 올렸으며, 부인 손씨(孫氏)는 황후로 삼고, 아들 풍영은 태자로 삼았다. 그리고 동생 풍소불을 시중 거기대장군 녹상서사로, 풍홍을 시중 정동대장군 상서우복야 급군공으로, 종형 만니를 표기대장군 유평이주목으로, 무은제를 상대장군 요동태수로, 손호를 시중 상서령 양평공으로, 장흥을 위장군 상서좌복야 영녕공으로, 곽생을 진동대장군 영우위장군 진류공으로, 종형의 아들 유진을 정서대장군 병청이주목 상곡공으로, 요소를 진남대장군 사례교위 상당공으로, 마불근을 이부상서 광종공으로, 왕난을 시중 무군

장군 영천공으로 임명하였다. 그 나머지도 문무에 따라 관직을 배정하고 각각의 차이를 두어 각자의 자리로 나가도록 했다.

얼마 뒤, 만니가 자신의 관직에 대해 항의하며 변경을 청했을 때, 풍발이 말했다.

"짐이 부덕한 몸으로 군신들에게 잘못 추대되긴 했지만 앞으로 형제들과 희로애락을 함께할 생각입니다. 아직 나라의 상황이 안정되지 못한 상태에서 황족에게 부여한 중요한 자리는 친척의 도리를 밝히고자 하는 것이 아니니 지금 그 자리를 누가 감당할 수 있겠습니까! 또한 국방은 나라의 울타리이며, 비록 다른 사람이 있더라도 우리 형제만 못할 것입니다!"

그리하여 개부의동삼사를 더해 주었다. 서기 410년, 풍발은 깊은 애도를 담은 조서를 내렸다.

"옛날 한 고조 유방은 죽은 의제를 위해 삼일장을 치러 애도를 표함으로써 천하가 그의 인덕으로 돌아왔다. 짐과 고운은 의리상으로는 군신이오, 은혜로는 형제 이상이다. 고운과 그의 부인 및 자녀에게 예를 다해 장례를 치러 주고, 고운의 사당을 구정에 세우며, 20가구의 정원을 두고 사시마다 제사를 지내게 하라."

처음 풍발이 등극했을 때, 만니와 유진은 자신들이 친척이자 큰 공을 세웠다고 여겨 스스로를 공복으로 삼을 것으로 생각했다. 풍발은 이들을 지방장관으로 중요한 자리에 임명했음에도 불구하고, 둘 다 서운해하며 원한을 품었다. 특히 성격이 거칠고 용기가 남달랐던 유진은 비밀리에 만니에게 다가가 말했다.

"저 유진에게 큰 계책이 있으니 숙부와 함께 도모하고 싶습니다."

결국 만니는 백랑(白狼)으로 달아나 병사를 모아 반란을 일으켰다. 풍발은 풍홍과 장군 장흥에게 보병과 기병 20,000명을 이끌고 토벌하도록 명령했다. 그리고 풍홍은 사신을 보내 만니에게 회유의 말을 전했다.

"옛날 우리 형제가 바람과 구름의 기운을 타고 날개를 어루만지며 일어섰습니다. 군공께서는 천명이 내리고 인망이 달렸다며 주상을 추대하여 보위에 오르게 했습니다. 땅을 나누어 벼슬을 내린 것은 응당 형제들과 함께하려는 것이었는데, 어찌 변경에서 병란을 일으켜 형제 사이의 우애를 저버리고 알백이 되려 하십니까! 과오를 고칠 수 있다면 그보다 더 좋은 것은 없습니다. 마땅히 어지러운 마음을 내려 두고 함께 황실을 돌봅시다."

만니는 이 말을 듣고 항복하고자 했으나, 유진은 검을 들고 화를 내며 말했다.

"대장부가 죽고 사는 일은 하늘의 명에 달린 것인데 어찌 항복을 말합니까!"

결국, 전투가 일어났고, 장흥은 풍홍에게 전략을 조언했다.

"적이 내일 출전하려는 것을 보니 오늘 밤 필시 우리 군영을 소란스럽게 할 것입니다. 삼군에 명해 뜻밖의 일에 대비하도록 하시오."

풍홍은 비밀리에 병사들에게 건초 열 줄기를 주고 불을 준비하게 하며, 복병을 매복시켜 기다렸다. 그날 밤 유진은 정말로 정예병 1,000명을 보내 군영을 공격했다. 그러자 무리가 일시에 불을 붙이고 복병이 요격해 모든 사람을 한 사람도 남겨 두지 않고 참획했다.

유진 등이 두려움을 못 이겨 나와 항복하였으나, 풍홍은 그들을 모조리 살해했다.

풍발은 이 일을 계기로 풍소불을 대사마로 삼고, 요서공으로 고쳐 봉했다. 그리고 풍홍을 표기대장군 중산공으로 올려 봉함으로써, 가문의 안정을 다시 확립했다. 풍발은 조정의 어려움과 백성들의 곤궁함을 인지하고, 이를 해결하기 위한 조서를 내렸다.

"근자에 이르러 여러 가지 사건들이 연이어 발생하여 어려움이 끊이지 않다 보니 부역은 번잡하고 혹독해져 백성들의 삶이 고달파졌소. 그런 만큼 과거의 학정은 모두 없애고, 너그러운 정치를 펼쳐 일처리를 간략히 하도록 하시오. 고을의 수령들은 은혜로운 마음으로 백성들을 대하도록 하고, 난대 도관의 경우에는 이를 더더욱 밝게 살피시기를 바라오."

이 조서는 모용희가 패망했을 때 일어난 일과도 연결된다. 당초 기공인 이훈(李訓)이 보물을 훔쳐 도망쳤다. 보물은 거만의 가치를 지니고 있었다. 이훈은 이를 마불근에게 팔아넘겼고, 마불근은 이훈을 방략령으로 삼았다. 이에 임용되지 못한 이가 이러한 사실을 궐하의 비석에 써 놓았다. 만천하에 이 사실이 알려지자 풍소불은 이를 풍발에게 고함과 동시에, 마불근을 면직하고 죄를 추궁할 것을 청했다.

풍발이 말했다.

"대신이 충성스럽고 맑은 절개가 없으면 조정에서 공공연하게 돈과 재물이 오가는 법이오. 비록 짐이 제대로 살피지 않아 일어난 일이지만, 마불근은 이를 시장에서 거래했으니 법적으로는 문제가 없소. 그러나 지금은 국가 창업의 기틀을 다져 나가는 시점이라 규범을 제대로 갖추지 못했소. 마불근은 한미한 곳에서 발탁했으니 군자의 뜻 같은 건 없을 터이니 특별히 용서하는 것이오. 다만 이훈은 소인배로서 조정의 선비들을 욕보였으므로 사형에 처해야 할 것이오."

이러한 결정으로 상하가 모두 숙연해지고, 뇌물로 청탁하는 일이 없어졌다.

유연의 용곡률이 사신을 파견하여 풍발의 딸인 낙랑공주와 혼인을 청하며 말 3,000필을 바쳤다. 풍발은 신하들에게 이를 논의하도록 명령하였다. 이에 풍소불 등이 의논하여 말했다.

"역대의 관례들을 살펴보면, 왕실의 여성을 나라 밖 육이(六夷)에게 시집보낼 때는 비빈의 딸만 허용했습니다. 낙랑공주는 황제의 따님으로서 그리 지위를 낮춰 시집보내는 것은 적합하지 않습니다."

그러나 풍발은 다른 관점에서 이 문제를 바라보았다.

"여자가 태어나 지아비를 따라가는 것이니 1,000리가 어찌 멀다고 하겠는가! 짐은 신뢰를 중히 여기는데 어찌 그들을 속일 수 있겠소!"

그의 결정으로 낙랑공주의 결혼이 허락되었다. 풍발은 유격대장인 진도에게 기병 2,000명을 이끌고 낙랑공주를 유연까지 전송하도록 명령했다. 풍발의 명령은 이 결혼이 북연과 유연 두 나라 간의 신뢰와 우호를 다지는 외교적 조치임을 시사한다. 이러한 결정은 장기적으로 양국 간의 평화와 교류를 촉진하는 중요한 계기가 되었다.

이와 별도로, 고막해의 우출고진이 3,000여 명을 거느리고 와서 교역을 청하며 말 1,000필을 바치자, 풍발은 이를 허락하고 영구에 교역장을 두었다. 이 결정 역시 외부와의 교류를 확대하고, 경제적 이익을 증진시키려는 풍발의 의지를 반영한다. 그뿐만 아니라 교역장의 설립은 외교와 경제의 결합을 통해 연나라의 번영을 추구하는 풍발의 정책 방향을 드러낸다.

풍발은 안으로는 백성을 중심으로 한 정치를 펼쳐 나갔다. 여러 사신들을 군국으로 파견하여 순행하게 하여, 홀로된 노인, 자립할 수 없는 고아, 오랫동안 병을 앓고 있는 사람들에게 곡식과 옷감을 차등 있게 나눠 주도록 했다. 그리고 효성스럽고 우애 있는 자, 성실히 농사짓는 자, 집안을 화목하게 이끄는 순종적인 여성들을 찾아 모두 포상하고 이를 널리 알리도록 했다. 창려의 학월, 영구의 장매성, 주조, 온건덕(溫建德), 하찬 등 현량한 인물들을 발탁하여 관리로 임용함으로써 풍발은 유능하고 덕성 있는 인재들이 국가를 이끌도록 했다.

태상승 유헌(劉軒)을 보내 북부인 500호를 장곡으로 이주시키고 조부의 무덤 관리 마을을 조성하는 등 풍발은 인구 이동과 토지 관리에도 주목했다. 태자 풍영을 대선우로 삼고 사보를 설치하여 황위 계승 준비에도 신경 썼다. 이와 더불어 풍발은 농사와 양잠을 장려하는 조서를 내리고 노역을 줄이며 세금을 경감하여 백성들의 부담을 덜어 주었다. 이를 통해 국가의 경제적 기반을 강화하고자 했다. 그리고 농사에 나태한 자는 처벌하고, 힘쓰는 자에게는 상을 주어 농업 생산성을 높이려는 노력을 기울였다. 이와 관련하여 상서 기달에게 명해 이를 법으로 규정하도록 했다.

그리고 매번 지방관을 친히 동당에서 만나 정치의 요체를 묻고, 솔직하게 모든 이야기를 다 하도록 했다. 이를 통해 풍발은 통치의 투명성과 소통을 중시하는 자신의 정치 철학을 드러내 보였다. 이로 인해 조정과 민간이 앞을 다투어 권면하였다.

그 이전에 하간 사람 저광은 풍발에게 옛 나라의 일족들을 불러들일 것을 제안했다.

"폐하의 지극한 덕이 때에 감응하여 용이 동하로 날아드는 상서로운 징후가 드러나고 있습니다. 이에 옛 나라의 일족들이 조양으로 머리를 기울이며 하루를 한 해 보내듯이 하고 있습니다. 만약 신에게 가서 맞이하라 하시면 멀다 않고 다녀올 것입니다."

풍발이 말했다.

"그곳은 여기와 격리되어 수천 리를 돌아가야 하는데, 어찌 불러들일 수 있겠소?"

저광이 말했다.

"장무군은 바다에 인접해 있고, 뱃길로 바로 연결되어 요서의 임유에서 나가면 어렵지 않습니다."

풍발이 이를 허락하였다. 이에 저광을 유격장군 중서시랑으로 임명하고 재물을 넉넉하게 지급하여 출발하도록 했다. 저광이 풍발의 종형 매, 종제 도를 데리고 장락에서 5,000여 호를 이끌고 내분했다. 매를 위위로 삼아 성양백에 봉하였고, 도는 태상으로 삼아 고성백에 봉했다.

이러한 조치는 풍발의 통치 아래 연나라가 외부와의 연결을 강화하고, 옛 나라의 일족들을 통합하여 국력을 확장하려는 전략적 노력의 일환으로 볼 수 있다. 저광과 같은 인물들이 중요한 역할을 맡아 나선 것은, 풍발이 능력과 제안에 귀를 기울이고, 유능한 인재들을 적재적소에 배치하여 국가의 발전을 도모하려는 의지를 보여 준다.

거란의 고막해가 연나라에 항복했다. 이에 그 대인을 귀선왕에 임명했다. 이는 연나라의 권위와 영향력이 주변 민족에게까지 미치고 있음을 증명하는 사례로, 풍발의 국가 운영에 있어 안정과 화합을 추구하는 정책이 주변 국가와의 관계에서도 긍정적인 결과를 가져왔음을 보여 준다. 풍발이 조서를 내려 말했다.

"지금 국경에 위협이 없고 백성들이 평온하게 생업에 종사할 수 있게 되었다. 이러한 시기임에도 여전히 논밭이 황폐하고 관리가 시기에 맞춰 감독하지 않고 있어, 집집마다 자급자족하기를 바라는 것이 어렵지 않겠는가! 뽕나무와 적삼나무의 이익은 생명의 근본이다. 이 땅에는 뽕나무가 적어 백성들이 그 이익을 누리지 못하고 있으니 백성들에게 각각 뽕나무 100그루, 적삼나무 20그루씩을 심게 하라."

이러한 조치를 통해 농업 생산성을 높이고 양잠업을 장려하는 정책을 시행하고자 했다. 이는 농업과 양잠업을 국가의 경제적 기반으로 삼으려는 풍발의 의도를 반영하며, 백성들의 생활 수준 향상과 국가 경제 발전에 기여하고자 하는 그의 노력을 드러낸다. 또한, 풍발은 사망 관련 조서를 통해 성인의 예를 따라 절제와 단순함을 강조했다.

"성인이 예를 만들었는데, 장례에는 정도가 있다. 옷과 이불을 가득 담고 관과 상자를 튼튼하게 만들면 무슨 소용인가? 사람이 죽으면 영혼은 하늘로 올라가고 살과 뼈는 땅으로 돌아간다. 아침에 죽으면 저녁에 썩어, 추위와 따뜻함을 가리지 않으니 수놓은 비단으로 옷 입히고 명주로 봉해 준다 한들 어찌 알겠는가! 후히 장례를 치르고 비싼 비용을 들여 개장하는 것은 죽은 자에게 아무런 이로움이 없으며, 살아 있는 자에게는 손해가 되는 일이다. 그런 까닭에 조상은 옛 제도에 따라 사당을 세우되 절대로 능침을 고쳐 조성하지 말라. 경내에 선포하고 지금부터 모두 이 영을 시행하도록 하라."

풍발의 이러한 조치들은 국가의 내부 정책과 외교 정책 모두에서 그의 현명하고 실용적인 통치 철학이 반영되어 있음을 보여 준다. 그는 국가의 안정과 번영을 위해 백성들의 생활을 개선하고, 불필요한 사치를 줄이며, 주변 국가와의 관계 개선을 통해 연나라의 위상을 높이고자 했다. 이러한 접근 방식은 그가 연나라를 통치하는 동안 국가의 안정과 발전에 크게 기여했다.

연나라 내부의 불화와 비극적인 결말

북위의 사신 경이가 연나라에 도착했을 때, 풍발은 황문랑 상루를 보내 길에서 그를 맞이하게 했다. 그러나 풍발이 북위에 신하를 칭하지 않음에 따라 경이가 성을 내며 인사 없이 지나쳤고, 도착한 후에도 풍발이 다시 상루를 보내 그 노고를 위로했으나 경이는 화를 내며 인사를 받지 않았다. 이 상황에서 산기상시 신수(申秀)는 풍발에게 말했다.

"폐하께서 경이를 예로 대우하셨건만 감히 교만하기 이를 데 없으니 용납할 수 없습니다."

중급사 풍의가 다시 경이의 오만함을 과장해 풍발을 격노하게 했다. 풍발이 말했다.

"각자의 뜻대로 하도록 하라. 한 사람도 굽힐 수 없는데, 하물며 한 지역의 주인을 굽힐 수 있겠는가!"

풍발은 가급적 서로의 자존심과 입장을 존중하고자 하였다. 그러나 결국 경이를 감금하고 항복하기를 청했다. 경이가 굴복하지 않자 풍발이 그를 붙잡아 두고 돌려보내지 않았다. 이러한 강경한 조치로 인해 연나라와 북위 사이에 긴장 관계가 조성되었다.

이 무렵, 우물이 3일 동안 말랐다가 다시 나오기 시작했다. 상서령 손호의 마을에서 개와 돼지가 교미하는 이상한 일이 발생했다. 손호가 이를 보고 불길한 징조로 여겼다. 그래서 태사령 민상(閔尙)에게 점을 치도록 요청했다. 민상이 말했다.

"개와 돼지는 서로 다른 종인데 둘이 교미했다는 것은 본성을 어기고 본질을 잃었다는 것을 의미합니다. 이는 홍범에서 말하는 개의 재앙이 되어 장차 난이 일어나고 대중을 잃고 패망할 징조입니다. 명공께서는 재상으로서 최고의 관직에 계시니 주변 사람들이 모두 바라보고 있고, 여러 동생들도 모두 열후에 봉해져 권세가 왕실에 버금가는 존귀함을 갖고 있습니다. 그런데 마을 안에서 요상한 일이 발생한 것은 경고의 신호입니다. 공께서는 만족함을 잃지 않도록 경계하시고, 더욱 겸손하고 검소하게 행동한다면 요상하고 괴이한 일은 이내 사라지고 오랫동안 길함을 누리실 겁니다."

손호는 이러한 해석에 숙연해하면서도 내심 불쾌해했다. 손호는 공적인 입장과 사적인 감정 사이에서 균형을 찾아야 하는 어려움을 느꼈다.

창려윤 손백인과 손호의 동생 질지, 질지의 동생 을발(乙拔) 등은
모두 재능이 있고 용맹하기로 유명했다. 그들은 풍발이 즉위한 이후
모두 개부를 기대했으나 풍발이 허락하지 않자 이를 자주 원망했다.
매번 조회와 같은 공적인 자리나 잔치가 있을 때마다 항상 검을 빼서
기둥을 찍고 불만 섞인 어투로 말했다.

  "대업을 일으키고 공을 세웠으나, 허접한 장수 자리에나 머물러 있
으니 이게 어찌 한나라가 나라를 오래도록 유지할 수 있었던 논공행
상에 비할 수 있을 것인가!"

  이러한 행동은 결국 풍발의 분노를 샀고, 그는 세 사람을 사형에
처했다. 동시에 손호를 좌광록대부 개부의동삼사 녹상서사로 승진시
켜 위로의 뜻을 전했다. 세 동생이 모두 죽자 손호는 깊은 원한을 품
고 기쁨을 드러내지 않았다. 이에 풍발이 노하여 그에게 사약을 내렸
다. 얼마 뒤 요동태수 무은제가 자신이 손호나 장흥보다 더 많은 공
을 세웠음에도 변방으로 보낸다며 표를 받길 거부하고 불온한 원망
의 말을 쏟아 내며 몰래 반란을 꾀했다. 풍발이 이를 알고 그들을 죽
였다.

  이러한 사건들은 풍발의 통치하에서 발생한 내부의 불안과 갈등을
드러내며, 풍발이 직면한 통치상의 어려움과 도전을 보여 준다. 풍
발의 결정들은 단호하고 결연한 통치자의 면모를 보여 주지만, 동시
에 권력의 중심에서 발생한 불화와 이로 인한 비극적인 결과들을 통
해 권력 유지와 정치적 안정을 위한 그의 노력이 얼마나 험난했는지
를 보여 준다. 이 사건들은 연나라 내부의 정치적 긴장과 권력 투쟁
의 심각성을 강조하며, 풍발이 그의 통치를 유지하고 국가를 안정시
키기 위해 어떠한 결정들을 내려야 했는지를 보여 준다.

풍발이 조서를 내렸다.

"무력으로 혼란을 평정하고, 문화로 나라를 다스려, 만백성을 편하게 하고 풍속을 가지런히 한다는 말은 진실로 믿을 만하오. 근자에 이르러 세상이 어지러워 예악이 붕괴하고, 마을에서는 노랫소리가 끊겼으며, 후손들은 가르침을 받을 수 있는 곳이 없어 폐허가 된 학교의 모습을 한탄한다고 하니 안타까울 따름이오. 훌륭한 글과 아름다운 풍속을 이루고자 한다면 문장을 숭상해야 할 것이오! 태학을 세워 장락의 유헌, 영구의 장치, 성주의 탁승을 박사랑중으로 삼고 2천 석 이하 자제들 중 15세 이상을 선발하여 가르치도록 하시오."

풍발의 동생 풍비가 앞서 난을 일으켰다가 조백하를 건너 고구려로 도망쳤다. 풍발이 다시 그를 받아들여 용성에 도착하자 좌복야 상산공으로 삼았다. 유연의 곡률이 그 동생 대단에게 쫓겨나 일가족을 데리고 풍발에게 피신해 왔다. 이에 풍발은 그에게 요동군에 거처를 마련해 주고 그를 빈객의 예로 대우했다. 그리고 풍발은 그의 딸을 소의로 삼았다.

하지만 여름 5월까지 3개월간 비가 내리지 않는 가뭄에 직면하자, 곡률은 상서를 올려 요새 북쪽으로 돌아가기를 청했다. 이에 풍발이 말했다.

"나라를 버리고 10,000리를 떠나왔으니 내부에서 응원하는 이도 없을 것입니다. 만일 강병을 갖춰 보내 드려도 군량을 공급하기 어렵습니다. 병력도 적으니 그 힘이 버티기 어려울 것입니다. 게다가 옛사람들은 1,000리를 돌아 공격하는 것도 어려워했는데 하물며 수천 리나 되지 않습니까!"

풍발의 만류에도 불구하고 곡률이 간청했다.

"대군을 번거롭게 동원할 필요가 없습니다. 그저 기병 300명이면 족합니다. 칙륵국에 도착하기만 하면 사람들이 필시 기쁜 마음으로 맞으러 나올 것입니다."

이에 풍발은 어쩔 수 없이 허락하고 선우 전보 만릉에게 기병 300기를 이끌고 따라가게 했다. 그러자 만릉이 장거리 원정을 못마땅하게 여겨 흑산에 도착할 무렵 곡률을 죽이고 돌아왔다. 동진의 청주자사 신영(申永)이 사신을 보내 바다를 건너와서 풍발에게 조공하였다. 풍발이 답례로 그의 중서랑 이부(李扶)를 사신으로 보냈다. 유연의 대단은 풍발이 곡률을 죽인 것으로 알고 그에 대한 답례로 사신을 파견하여 말 3,000필과 양 10,000마리를 바쳤다.

이 무렵, 붉은색 기운이 연나라의 사방에 감돌고 있었다. 이는 북위의 위세가 강력해지고 있음을 상징하는 병란의 징조로 해석되었다. 태사령 장목(張穆)이 풍발에게 말했다.

"이는 병란의 기운입니다. 지금 북위의 위세가 육합을 제어하고 있는데 사신의 교류가 끊겼습니다. 예로부터 국경을 마주한 이웃 나라와 우호 관계를 맺지 않은 경우는 없었습니다. 의를 어기고 이웃에게 분노를 사는 것은 멸망의 길을 택하는 것입니다. 응당 전에 왔던 사신을 돌려보내시고 화약을 맺고 동맹하는 것이 마땅합니다."

풍발이 말했다.

"짐이 이미 그렇게 하려고 생각하고 있었소."

그러나 이러한 노력에도 불구하고, 북위의 군대가 당도하자 상황은 급박하게 돌아갔다. 얼마 후 북위군이 이르자, 풍발은 선우 우보고니에게 기병을 이끌고 가 살펴보게 했다. 그런데 성에서 15리 거리에서 북위군과 마주치자 달아나 돌아왔다. 다시 장수 요소(姚昭), 황보궤 등을 보내 맞서 싸우게 했으나 황보궤가 날아오는 화살에 맞아 전사했다. 풍발의 군대가 패배했다. 이에 풍발이 북위에게 화친을 요청하자, 북위가 방비를 갖추고 군대를 돌렸다.

이후 풍발의 통치 기간 동안 지진과 산사태와 같은 자연재해가 발생하고, 홍광문의 문루가 무너지는 등 불길한 사건들이 연이어 일어났다. 또 지진이 일어나 우침이 무너졌다. 풍발이 민상에게 물었다.

"여느 해에 비해 여러 번 지진이 발생했는데, 경이 그 이유를 명확히 말해 줄 수 있겠소?"

민상이 말했다.

"땅은 음에 속하며 백성을 주관합니다. 진동이 원래 좌우로 발생하는데, 최근 진동은 모두 오른쪽으로 향하니 신은 백성이 서쪽으로 옮겨 갈까 두렵습니다."

풍발이 말했다.

"나 역시 심각하게 우려하고 있소."

사자를 나누어 파견해 군국을 돌아보도록 하여 백성들의 질병이나 어려움을 보살피도록 하고, 고아와 노인 같이 자립할 수 없는 사람들에게 곡식과 옷감을 나눠 주게 했다.

그리고 서기 430년에 풍발이 사망했다. 그 후, 동생 풍홍이 풍발의 아들 풍익을 죽이고 자립했으나, 이후 북위의 공격을 받아 동쪽 고구려로 도망쳤다.

20

고구려 장수왕,
북연의 황제 풍홍을 죽이다

북연 황제 풍홍의
고구려 망명

북방의 찬바람이 용성을 휘감았다. 풍홍, 한때 북연의 위엄을 자랑하던 이의 이름은 이제 배신과 오만의 상징이 되어 있었다. 고구려로의 망명은 그에게 새로운 시작이 될 수도 있었으나, 그의 오만한 성격은 그를 불운의 길로 이끌었다. 그의 눈에 비치는 것은 오직 자신의 욕망과 야망뿐이었다.

서기 407년은 북연에 큰 변화가 있던 해였다. 용성에서 풍발의 모반으로 모용희가 제거되고 고운이 북연의 황위에 오르며 새로운 시대가 열렸다. 풍홍은 정동대장이 되어, 군대를 이끌며 새로운 황제를 위해 싸웠다.

시간이 흘러 서기 409년, 풍발이 북연의 황제에 자리에 오르자 풍홍은 우복야의 자리에 올랐다. 그의 권력은 날로 커져만 갔다. 서기 410년, 풍만니와 풍유진 등이 반란을 일으켰다. 이때 풍홍은 장흥과 함께 반란군을 진압하는 데 앞장섰다. 그의 무자비한 전투 방식은 적들에게 공포의 대상이었다. 그는 반란군 진압 후 표기대장군으로 승진하였고, 중산공에 봉해졌다.

풍홍의 삶은 권력과 야망, 배신과 오만의 굴레 속에서 끝나고 말았다. 그는 한때 북연의 황제였으나 북위에 나라를 빼앗기고 고구려에 망명했다. 결국 그의 이름은 역사 속에서 오만과 배신의 대명사로 남게 되었다.

장수왕이 북연 황제 풍홍을
죽이다

조백하 서쪽에서 북연이 쇠락의 길을 걷는 동안에 그 동쪽인 요동에서는 고구려 장수왕(長壽王)이 즉위하였다. 그의 이름은 거련(巨連)이다. 광개토왕의 원자로 몸과 얼굴이 크고 잘생겼으며 뜻과 기운이 호걸을 초월하였다. 원년인 서기 413년에 장사(長史) 고익(高翼)을 동진에 파견하여 표를 올리고, 붉은 털과 흰 털이 섞인 준마를 바쳤다. 동진의 안제(安帝)가 왕을 고구려 왕 낙안군공(樂安郡公)으로 봉하였다.

고구려 장수왕은 서기 427년, 드디어 수도를 대동강 유역의 평양에서 요동의 조백하 상류 평양성으로 천도했다. 고구려는 영토가 남북 2,000리, 동서 3,100리의 사방 5,100리에 달하는 엄청난 대국으로 성장했다. 이제 후방이 모두 평정되었기 때문에 조백하 서쪽의 요서 지역을 비롯한 중원으로의 진출 의지를 분명하게 드러냈다.

서기 430년, 북연의 운명은 다시 한번 소용돌이치기 시작했다. 풍발이 병으로 쓰러지자, 풍홍은 그의 오랜 야심을 실행에 옮겼다. 그는 군사를 거느리고 황위를 둘러싼 풍익과의 치열한 권력 다툼에 뛰어들었다. 풍홍의 야망은 무서운 속도로 실현되었고, 결국 그는 풍익을 무찌르고 그의 목숨을 빼앗는 데 성공했다. 그러나 그의 야망은 여기서 멈추지 않았다. 풍발의 아들 100여 명을 모조리 죽이고 황제로 즉위한 그는 북연의 새로운 지배자가 되었다.

그러나 권력의 정상에 오른 풍홍의 통치는 평화롭지 못했다. 서기 436년, 북위의 대대적인 공격이 시작되었고, 도읍 화룡성은 위기에 처했다. 과거 자신이 배신한 고구려에 망명을 요청했다. 고구려의 갈로맹광이 이끄는 군대의 도움으로 요동에 도착했으나, 북연은 북위에게 이미 멸망된 후였다. 망국의 군주로서 자중자애해야 했으나 그는 고구려에서 여전히 기고만장한 행동을 보였다.

이때 장수왕은 북위와 화친하는 길을 선택했다. 그 결과 서기 435년 6월 20일, 북위에 사신을 파견하여 공물을 보내 친선 관계를 맺었다. 이때 장수왕은 북위 황제의 이름을 청해 국서나 역사 기록에서 피휘할 것임을 천명했다. 이는 북위를 황제국으로 인정한다는 상징적 의미가 있다. 이에 탁발도는 북위 황제 계보와 휘자를 기록하게 하여 고구려에 주었다. 그리고 북위는 장수왕을 도독요해제군사 정동장군 영호동이중랑장 요동군개국공 고구려 왕으로 임명하였다.

북위에서는 동쪽의 고구려가 자신들과 친선하여 북연 공격을 지원하지 않을 것을 알고 북연 정벌에 나섰다. 서기 435년 6월 22일 고구려 사신이 채 조백하를 건너기도 전에 탁발도는 표기대장군 낙평왕 탁발비, 진동대장군 굴원 등에게 기병 40,000명을 이끌고 북연을 침공하도록 명령했다.

같은 해 7월 24일, 탁발비 등이 북연의 도읍인 화룡성에 도착했다. 이때 북연의 풍홍은 북위에 항복할 뜻을 전하며 소고기와 술을 가지고 북위 군사들을 위로하고 갑옷 3,000벌을 바쳤다. 굴원은 풍홍이 태자를 인질로 보내지 않은 것을 책망하며 남녀 6,000여 명을 약탈하고 돌아갔다.

　그런데 서기 435년 가을, 북위의 빈번한 공격으로 북연은 국세가 날로 위축되고 위아래가 모두 생사존망을 걱정하며 두려워하였다. 이에 태상 양민이 풍홍에게 속히 태자를 북위에 인질로 보낼 것을 권했다. 이에 풍홍이 말했다.

　"내가 태자를 인질로 보내는 일은 차마 하지 못하겠다. 만일 사태가 급해지면 동쪽의 고구려에 의지하였다가 훗날을 도모할 것이다."

　양민이 말하였다.

　"북위는 천하를 들어서 한 귀퉁이를 치는 데 이기지 못할 까닭이 없습니다. 고구려는 믿을 수 없으니 처음에는 친한 듯하다가 변심할까 두렵습니다."

　풍홍은 양민의 말을 듣지 않고 비밀리에 상서 양이(陽伊)를 고구려에 보내 자신을 맞이해 주기를 요청했다.

　서기 436년 2월, 북연의 풍홍은 북위에 조공하고 태자를 인질로 보내게 해 달라고 요청하였다. 그러나 북위 태무제 탁발도는 이를 허락하지 않고 장차 군대를 파견하여 북연을 토벌할 의지를 밝혔다. 이때 북위에서는 고구려에도 사신을 보내 북연을 토벌할 것이라고 알렸다. 연왕의 죄를 알리면서 북연과 내왕하지 말고 돕지도 말라고 요구했다.

　서기 436년 3월 20일에 탁발도는 평동장군 아청, 안서장군 고필에게 기병 10,000명을 이끌고 북연을 토벌하도록 했다. 이때 평주자사 탁발영이 요서의 여러 군대를 이끌고 그들과 합류하였다. 4월에 북위군이 북연의 백랑성(요서 용성 인근)을 공격하여 점령하였다. 사기를 잃은 북연군은 속수무책으로 무너졌다.

고구려 장수왕은 장수 갈로맹광을 보내 무리 수만 명을 거느리고 북연의 사자 양이를 따라 화룡성에 이르러 풍홍을 맞이하게 하였다. 고구려군은 화룡성 동쪽에 위치한 임천에 주둔하였다. 북연의 상서령 곽생이 백성들이 고구려로의 이주를 꺼리자 성문을 열어 북위군을 맞아들이려 하였다. 그러나 북위군은 이를 의심하여 성안으로 들어가려 하지 않았다.

곽생이 결국 병사를 수습하여 연왕을 공격하였다. 풍홍은 고구려 군대를 이끌고 동문으로 들어가 곽생과 궁궐 아래에서 싸움을 벌였다. 이 교전 중에 곽생은 화살에 맞아 사망했다. 고구려 장수 갈로맹광이 성안으로 들어가 병사들에게 명령하여 낡은 옷을 벗도록 하고 북연의 무기 창고에서 예리한 병기를 취하여 나누어 주고 성안을 샅샅이 약탈하였다.

서기 436년 5월 5일, 풍홍이 용성에 있는 백성들을 이끌고 동쪽으로 이동하면서 궁전에 불을 질렀다. 불은 10일 동안 꺼지지 않고 타올랐다. 이로써 풍씨의 북연은 풍발과 풍홍의 2대를 거치며 28년간 존속하다가 멸망했다.

부인들도 갑옷을 입고 거주하도록 명령하였고, 양이 등은 정예의 병사들을 이끌고 행영 바깥에 있었다. 갈로맹광이 기병을 이끌고 궁전 뒤쪽에 있었는데, 사방을 경계하는 방진을 치고 앞으로 전진하니, 앞과 뒤 사이의 거리가 무려 80여 리에 달했다. 북위 고필의 부장인 고구자는 기병을 이끌고 그들을 추격하려 하였으나 고필이 술에 취해서 칼을 뽑아 그를 제지했다. 이로 인해 풍홍은 도망칠 수 있었다.

탁발도가 이 소식을 전해 듣고 분노하여 죄수를 수송하는 수레로 고필과 아청을 불러들였다. 그리고 평성에 이르자 그들 모두를 성문 병졸로 삼아 내쳤다.

5월 8일, 탁발도는 산기상시 봉발을 고구려에 사신으로 보내 풍홍을 북위에 송환해 달라고 했다. 이때 고구려가 풍홍을 송환하지 않을 경우 고구려와 북위가 전쟁을 할 수도 있었다. 그러나 북연과의 특별한 인연으로 인해 마지못해 풍씨들을 받아들였다. 북위에서는 고구려의 조치에 대해 우려를 표명했다. 따라서 북연 황제 풍홍은 고구려의 입장에서는 애물단지나 마찬가지였다. 북위에서는 계속해서 풍홍을 넘겨주기를 요구했다.

서기 436년 9월, 고구려는 풍홍을 북위에 보내지 않고 사신을 통해 표문을 전해 말했다.

"마땅히 풍홍과 함께 왕의 덕화와 가르침을 받들겠습니다."

고구려는 사실상 풍홍을 보내라는 북위의 요구를 거절했다. 탁발도는 고구려의 일방적 주장에 화가 치밀어 올랐다. 고구려는 북위의 조서를 모조리 무시하였고, 이제 일촉즉발의 전화로 번지는 것이 수순이었다. 탁발도는 서쪽 지방의 기병을 발동해 고구려를 공격하는 방안을 의논하라고 명령했다. 이때 유혈이 말했다.

"진나라와 농서 지역 사람들은 새로 편입된 백성들인지라 마땅히 우대하여 세금과 요역을 면제해 주어야 합니다. 그들이 풍요롭고 충실해지기를 기다린 후에 그들을 이용하소서."

낙평왕 탁발비가 말하였다.

"북연이 지배하던 화룡 땅이 새로 평정되었으니, 의당 농사짓기와 누에치기를 넓히고 닦아서 군수물자를 풍요롭게 한 후에 나아가 빼앗는다면 고구려는 한 번에 멸망시킬 수 있습니다."

이처럼 모두가 고구려와의 결전을 반대하자, 탁발도는 마침내 고구려 정벌을 그만두었다. 서기 437년 2월 북위의 탁발도가 유주로 갔다. 그리고 3월에 남평왕 탁발혼을 진동대장군 의동삼사로 삼아서 화룡을 지키도록 하였다.

서기 438년 3월, 고구려 장수왕은 처음 북연 황제 풍홍이 요동에 도착한 후 사신을 보내 그를 위로하면서 말했다.

"용성왕 풍군께서 요동까지 와서 노숙하느라 병사들과 말들이 고달프겠소."

이때 풍홍의 운명은 또 한 번의 굴욕적인 전환을 맞이했다. 그는 한때 북연의 황제로 군림하며 영토를 지배했으나, 이제는 고구려의 장수왕에 의해 '용성왕 풍군'으로 칭해졌다. 이는 그의 군주로서의 지위를 군왕급으로 낮추는 것이었고, 풍홍에게 있어서는 극도의 모욕이었다.

북연의 도읍인 용성, 즉 화룡성은 한때 그의 권력의 상징이었고, 풍씨는 북연의 왕실이었다. 그러나 이제 그는 나라 없는 군주, 영토를 잃고 권력의 그림자만 남은 채 방랑하는 운명에 처했다. 고구려의 장수왕은 그 시대의 최강자였고, 고구려는 전성기를 맞이하고 있었다. 이에 비해 풍홍은 나라도, 군대도, 심지어 자신의 명예마저 잃은 채 떠돌이 방랑자에 불과했다.

풍홍은 이 새로운 호칭, '용성왕 풍군'을 받아들이며 그의 굴욕적인 처지를 깊이 인식하게 되었다. 그의 마음속에는 분노와 쓰라림이 교차했다. 한때는 그가 주변 나라들에게 공포의 대상이었으나, 이제는 고구려의 은혜에 의존해야만 하는 처지가 된 것이다.

이러한 장수왕의 말은 풍홍에게는 더 큰 모욕으로 다가왔다. 한때 강대국 북연의 황제였던 그에게 이러한 대우는 참을 수 없는 굴욕이었다. 분노와 부끄러움이 그의 마음을 휘감았고, 풍홍은 황제의 명을 칭하며 무례함을 따져 물었다.

이에 고구려에서는 이 같은 풍홍의 반응에 그를 평곽에 거처하게 한 후, 북풍으로 옮겨 그곳을 다스리는 책임자로 임명했다. 이러한 결정은 풍홍에게 어느 정도의 권한을 주면서도 그를 통제하려는 의도를 담고 있었다. 하지만 풍홍은 고구려를 업신여겨, 마치 북연의 황제로 있을 때처럼 정치를 하고 형벌을 내리며 포상하는 일을 계속했다.

이에 분노한 장수왕은 풍홍에게 시중드는 사람들을 빼앗고 그의 태자인 풍왕인을 인질로 삼으며, 그의 처신을 경고했다. 이러한 상황은 풍홍에게 또 다른 충격과 모멸감을 안겨 주었다. 한때 그가 가졌던 모든 권력과 영광은 이제 멀리 사라지고, 그는 자신의 아들마저 인질로 잃어버린 채 무기력한 상태에 놓였다.

풍홍의 삶은 이제 완전히 굴복의 길을 걷고 있었다. 그는 끝없는 권력의 추구와 오만한 행동으로 인해 자신의 나라와 가족, 그리고 마지막으로는 자신의 명예까지 잃어버렸다. 고구려의 냉혹한 땅에서,

풍홍은 자신의 운명을 저주했다. 한때 북연의 황제로 군림하던 그였지만, 이제는 남의 땅에서 추방당한 난민에 불과했다. 고구려의 장수왕에게 수모를 당하며 그의 마음속에는 원망의 불길이 타오르고 있었다.

풍홍은 고구려를 원망하며 남조인 유송으로부터의 구원을 갈망했다. 그는 유송의 문황제 유의륭에게 사신을 보내 자신을 받아 달라고 호소했다. 이에 유의륭은 왕백구를 비롯한 사신들을 보내 풍홍을 넘겨 달라고 요청했다. 그러나 이러한 행동은 고구려의 장수왕을 더욱 격노하게 했다. 장수왕은 유송의 요청을 단호히 거부하고, 장수 손수(孫漱)와 고구(高仇) 등을 파견하여 풍홍을 북풍에서 처형하라는 명령을 내렸다.

서기 438년, 풍홍은 손수와 고구가 이끄는 고구려군의 맹렬한 공격을 받았다. 그 자신은 물론 그의 자손 10여 명이 모두 함께 비참한 최후를 맞이했다. 이 소식을 들은 왕백구는 분노하여 북연군의 잔당과 함께 7,000여 인을 이끌고 손수와 고구를 기습했다. 이때 고구는 전사하고 손수는 포로가 되었다. 그럼에도 장수왕이 군대를 이끌고 와 왕백구를 역습하여 그를 사로잡았다.

장수왕은 왕백구 등이 제멋대로 사람을 죽였다 하여 처형하려 했으나, 신하들의 만류로 유송에 압송하였다. 유의륭은 고구려가 멀리 떨어져 있는 나라이므로 그 뜻을 거스르지 않으려고 왕백구 등을 잠시 감옥에 가두어 두었다가 얼마 후 풀어 주었다.

이러한 혼란 속에서 풍홍은 장수왕으로부터 '소성황제'라는 시호를 받으며 역사 속에 남겨졌다. 그의 아들 풍랑의 딸은 후에 북위의 문

성제 황후, 문성문명황후 풍씨가 되었다. 처음 풍발이 서기 395년에 즉위하여 풍홍까지 2대에 걸쳐 28년을 이어 갔다.

서기 439년 12월, 고구려 장수왕은 북위에 사신을 보내 북연의 용성에서 철수할 것을 요구했다. 북연의 왕이 고구려에서 죽었으니 북연 땅의 일부를 고구려에서 관리하겠다는 것이었다. 북위에서는 전쟁 불사를 외치는 목소리가 드높았다. 그러나 중원의 정세가 더 화급해짐에 따라 고구려와는 더 이상 다툴 수 없었다. 고구려와 북위는 이 무렵부터 서기 462년까지 23년여 동안 외교 관계를 중단하였다.

서기 463년 송나라에서는 장수왕을 사지절 산기상시 독평 영이주 제군사 정동대장군 고구려 왕 낙랑공으로 삼았다. 평주와 영주를 모두 관할한다는 뜻이므로 이 시기에 고구려가 요서 지역까지 진출했다는 것을 알 수 있다.

서기 466년 봄 3월, 고구려 장수왕이 북위에 사신을 보내 조공하였다. 북위의 문명태후, 즉 북연의 마지막 왕인 풍홍의 손녀이자 요서군궁 풍랑(馮朗)의 딸인 풍태후(馮太后)가 황제 현조(顯祖)의 비빈이 사는 육궁이 제대로 갖추어지지 않았다는 이유로, 왕에게 교서를 보내 왕녀를 추천하도록 요청하였다. 장수왕이 표를 보내 다음과 같이 말하였다.

"딸은 이미 출가하였으므로 동생의 딸로서 부응하기를 청합니다."

문명태후가 이를 받아들이고, 안락왕 진과 상서 이부 등을 파견해 국경에 이르러 폐백을 보내왔다.

또 어떤 이가 왕에게 권하여 말하였다.

"북위는 과거에 북연과 혼인을 맺었으나 얼마 안 있어 정벌을 단행하였습니다. 이는 북연의 국내 상황을 행인을 통해 상세히 파악했기 때문입니다. 이러한 전례가 있으니, 우리도 마땅히 적절한 방편을 내세워 이를 거절하여야 합니다."

이에 왕이 마침내 글을 올려 그 여자가 죽었다고 핑계를 대었다. 북위는 이를 거짓이라고 의심하며 다시 가산기상시 정준을 파견하여 엄중히 질책하며 말했다.

"만일 여자가 정말로 죽었다면 종실의 다른 딸을 다시 골라서 보내는 것을 허락한다."

이에 장수왕이 말했다.

"만약 천자께서 그 전의 허물을 용서하신다면, 삼가 명령을 받들겠습니다."

때마침 현조가 사망하여 이에 그만두었다.

고구려 장수왕의 위례성 점령과
한성백제의 멸망

고구려 장수왕을 자극한
백제 개로왕의 어설픈 외교

장수왕이 황금의 왕좌에 앉은 그 순간, 고구려의 역사는 새로운 장을 열었다. 그는 내정의 안정을 찾고, 북위·남송과의 외교 관계를 두텁게 하는 데 힘썼다. 고구려는 이 시기에 북위와 남송을 견줄 만한 강대국으로 자리매김했다.

하지만 모처럼 찾아온 평화로운 시기에도 고구려와 백제 사이의 오랜 갈등의 불씨는 여전히 피어오르고 있었다. 부여씨 백제의 개로왕은 고구려 광개토왕 시기에 패전으로 얼룩진 고구려와의 굴곡진 역사를 바로잡고자 했다. 특히 서기 469년 내정을 안정화한 뒤 고구려와의 관계를 공격적으로 전환하려 했다.

서기 472년, 고구려 장수왕이 한반도 평양에서 요동의 패수와 인접한 평양성으로 수도 이전을 결정했다. 이는 고구려에 새로운 기회를 제공했지만, 동시에 내부적인 혼란을 야기하기도 했다. 이 혼란의 틈을 타, 개로왕은 북위에 사신을 보내 표문을 전달했다.

"제가 동쪽 끝에 나라를 세웠으나, 이리와 승냥이 같은 고구려가 길을 막고 있습니다. 저와 고구려는 뿌리가 모두 부여에서 나왔으므로, 선조 시대에는 서로의 옛정을 존중하였는데, 그의 조상 쇠(고국원왕)가 경솔하게 우호 관계를 깨뜨리고 직접 군사를 이끌고 우리 국경을 침범했습니다. 원한이 쌓이고 전란이 30여 년 동안 이어지면서, 재정은 바닥나고 힘은 고갈되어 국력이 점점 약해졌습니다."

표문에서 개로왕은 고구려와의 전쟁이 30여 년간 지속되었다고 언급했다. 이는 사활을 건 전면전이 벌어진 것이 30여 년 동안이나 지속되었음을 의미한다. 하지만 실제로 고국원왕이 백제를 공격한 이후 전면전 준비와 지속된 갈등을 고려할 때, 백제와 고구려 양국은 약 100여 년 동안 불구대천의 원수로 전쟁 상태에 돌입해 있었다.

이러한 상황 속에서 개로왕은 고구려 고국원왕이 과거에 일으킨 여제 간의 전쟁을 언급하며, 고구려를 현시점의 우환거리로 지목했다. 그의 메시지는 분명했다. 북위와 백제가 손을 잡고 고구려를 양면 공격하자는 것.

그러나 이러한 요청은 너무나도 성급한 것이었다. 북위와 백제 사이에는 진정한 외교 관계가 형성되지 않았고, 고구려와 북위 사이의 힘의 균형은 민감한 상태였다. 개로왕의 메시지는 단지 전쟁의 불씨를 다시 지피는 역할을 했을 뿐, 그의 원대한 목표를 이루기에는 턱없이 부족했다.

서기 472년, 백제의 개로왕이 북위에 고구려 침공을 요청하는 밀서를 보낸 사실이 고구려에 알려졌다. 북위가 개로왕의 표문을 고구려에 보냈다. 고구려 장수왕은 표문을 보고 크게 분노하며 곧바로 전쟁 준비에 돌입했다. 고구려의 장군들은 전략 회의를 열고, 백제의 공격적인 태세에 어떻게 대응할지를 논의했다.

한편, 백제의 개로왕은 북위의 지원을 얻기 위해 고군분투했다. 그는 자신의 결정이 고구려와의 오랜 갈등을 종식시킬 마지막 기회라고 믿었다. 그러나 그의 계획은 북위의 침묵 속에 묻혔고, 결국 자신이 조성한 긴장의 고리는 백제 내부로 되돌아왔다.

고구려 장수왕의 위례성 점령과
한성백제의 멸망

고구려 장수왕은 고국원왕의 원한을 갚고자 하는 굳은 결심 아래, 3년간 백제 위례성을 향한 대규모 토벌 준비에 착수했다. 그의 계획은 단순한 복수를 넘어 고구려의 영토 확장과 국력 강화를 목표로 하고 있었다. 이 목적을 위해, 그는 먼저 승려 도림을 백제로 파견했다.

도림은 간첩으로서의 임무를 지닌 채, 개로왕과의 바둑 대국을 통해 접근하여 그의 신뢰를 얻었다. 도림은 개로왕과 바둑을 두는 가운데, 섬세한 말솜씨로 개로왕의 마음속에 분노와 불안을 조장했다.

"선왕이신 여비왕의 해골이 아직도 들판에 방치된 사실을 생각할 때마다, 가슴이 찢어지는 듯한 고통이 밀려옵니다."

그리고 도림은 성곽과 궁실이 낡아 왕권이 약해 보인다며, 다양한 토목 공사를 시작할 것을 제안했다. 개로왕이 도림의 바둑 솜씨와 말재주에 놀아나 나라 사람들을 징발하여 성을 만들고, 궁궐과 누각, 전망대 등을 짓느라 엄청난 국고를 탕진하였다. 그러는 사이 국방에 중요한 지역들이 방치되면서 백제의 방어 능력이 점차 약화되었다.

한편, 고구려는 이미 광개토왕의 시대부터 전략적으로 확보한 영토를 기반으로 남진 작전을 치밀하게 준비하고 있었다. 고구려의 전사들은 한탄강과 임진강을 따라 진격하며, 황해도에서의 전략적 우위를 활용해 백제와의 국경선을 넘어섰다. 임진강과 한탄강을 따라 설치된 보루군은 고구려의 군사력을 한강 유역까지 확장시키는 데 결정적인 역할을 했다.

서기 475년, 고구려 장수왕은 도림이 도망쳐 와 백제의 피폐해진 상황을 아뢰니 준비된 수군과 함께 백제를 수륙 병진으로 정벌하고자 하였다. 이러한 체계적인 침공 준비에 고구려는 전략적 우위를 선점할 수 있었다. 고구려의 전사들은 아차산 일대에 진을 치고, 양주 분지를 넘어 한강 상류 유역으로 진출했다. 고구려의 깃발이 위례성의 하늘 아래에 펄럭이던 그날, 백제의 운명은 이미 결정된 것이나 다름없었다.

서기 475년 가을 9월, 천둥 같은 말발굽 소리와 함께 고구려의 장수왕이 몸소 30,000명의 대군을 이끌고 위례성을 향해 진군했다. 백제의 개로왕이 도림의 속삭임에 넘어가 국고를 낭비하는 사이, 고구려는 침묵 속에서 전쟁의 불길을 준비하고 있었다. 장수왕의 명령하에 고구려군은 완벽하게 조율된 기습 공격으로 위례성을 포위했다.

백제의 개로왕은 성문을 닫고 필사적으로 버티려 했지만, 고구려군의 포위망은 철저했다. 네 방향에서 동시에 협공하는 고구려군은 바람의 방향을 이용해 성문에 불을 질렀고, 곧바로 성벽이 불길에 휩싸였다. 성안에서는 혼란이 극에 달했고, 일부 백성들은 공포에 질려 성 밖으로 항복하려 했다.

칠 일 낮과 칠 일 밤의 공격 끝에, 고구려군의 압도적인 힘에 백제의 방어선은 무너졌다. 위례성은 함락되었고, 개로왕은 궁지에 몰렸다. 마지막 순간에 개로왕은 동모제 문주에게 신라로 도움을 청해 오라는 절박한 명령을 내렸다. 문주는 서둘러 목협만치와 조미걸취를 데리고 남쪽으로 길을 나섰다.

한편, 고구려의 대로 제우, 재증걸루, 고이만년 등이 군사를 이끌고 성의 북쪽을 공략했다. 일주일 만에 북쪽 성을 함락시킨 그들은 남쪽 성으로 방향을 틀어 공격을 이어 갔다. 개로왕은 상황이 어렵게 되자 결국 기병 수십 명을 거느리고 성문을 나가 서쪽으로 도망쳤으나, 고구려 병사들이 추격하여 왕을 사로잡았다.

고구려의 장수 걸루 등이 개로왕 앞에서 말에서 내려 절을 한 후, 왕의 얼굴을 향해 세 번 침을 뱉었다. 재증걸루와 고이만년, 이들은 과거 백제 사람으로 반역하여 고구려로 도망친 자들이었다. 이들은 개로왕의 죄목을 나열한 다음 아차성(阿且城) 밑으로 끌고 가 처형했다. 이로써 왕은 물론 대후, 왕자 등 위례성 안에 있었던 백제 왕실 구성원들이 모조리 고구려군의 손에 의해 생을 마감했다. 그리고 남녀 8,000명을 포로로 잡아갔다.

위례성이 함락되고 연기가 하늘을 뒤덮은 그날, 문주는 신라 경주에 도착했다. 그리고 자비왕에게 구원의 손길을 청했다. 자비왕은 내물왕 누한(樓寒)의 손자로 선비족 출신이다. 선비족들의 성씨는 모 · 루 · 노씨 등을 사용하고 있었다. 백제 개로왕의 동모제 문주는 선비족 모씨로 이름은 모도(牟都)이다. 백제 비유왕 여비의 왕비가 왕의 사후 재가하여 모도와 곤지를 낳았다. 곤지의 아들이 동성왕으로, 이름은 모대이다.

  문주가 신라로부터 군사 10,000명을 얻어 돌아왔으나 궁궐은 모두 불에 타 없어지고 백성들도 살 수 없는 지경이었다. 고구려군은 비록 물러갔으나 더 이상 도읍을 할 수가 없어 목협만치와 함께 남쪽으로 내려와 웅진 고마나루에 도읍하고 마침내 왕위에 올랐다.